中国人力资源和社会保障
年 鉴
（工作卷）

CHINA HUMAN RESOURCES AND SOCIAL SECURITY YEARBOOK

2017

中国劳动社会保障出版社
中国人事出版社

图书在版编目(CIP)数据

中国人力资源和社会保障年鉴. 2017/人力资源和社会保障部组织编写. -- 北京：中国劳动社会保障出版社：中国人事出版社，2017

ISBN 978-7-5167-1493-5

Ⅰ.①中… Ⅱ.①人… Ⅲ.①人力资源管理-中国-2017-年鉴②社会保障-中国-2017-年鉴 Ⅳ.①F249.21-54②D632.1-54

中国版本图书馆 CIP 数据核字(2017)第 289237 号

中国劳动社会保障出版社
中 国 人 事 出 版 社 出版发行

（北京市惠新东街 1 号　邮政编码：100029）

*

北京盛通印刷股份有限公司印刷装订　　新华书店经销

880 毫米×1230 毫米　16 开本　62 印张　1.25 彩色印张　1485 千字

2017 年 12 月第 1 版　　2017 年 12 月第 1 次印刷

定价：498.00 元

读者服务部电话：(010) 64929211/84209103/84626437

营销部电话：(010) 84414641

出版社网址：http://www.class.com.cn

《中国人力资源和社会保障年鉴》
编辑委员会成员

《中国人力资源和社会保障年鉴》
编辑部成员

编 辑 说 明

一、《中国人力资源和社会保障年鉴（2017）》是关于人力资源和社会保障工作的专业性史料工具书。全书收录了2016年度我国人力资源社会保障工作重要文献、资料和数据，记录了2016年度我国人力资源社会保障事业发展概况，客观反映了人力资源社会保障工作改革发展成就、经验以及今后需要继续研究解决的问题。该书是对党政机关领导干部和各部门工作人员、人力资源社会保障系统工作者、企业领导和人力资源管理者，以及人力资源社会保障科研理论工作者有价值的参考用书和工具书。

二、本年鉴分文献卷、工作卷两卷。文献卷包括人力资源和社会保障重要文献、2016年人力资源和社会保障大事记。工作卷包括人力资源和社会保障工作概览、全国人力资源和社会保障工作、地方人力资源和社会保障工作、人力资源和社会保障统计资料。

三、本年鉴中，全国人力资源和社会保障工作分为28个部分：就业工作、人力资源市场建设与管理、职业能力建设、军转安置、专业技术人才工作、事业单位人事管理、公务员管理、城镇职工养老保险、失业保险、医疗保险、工伤保险、生育保险、城乡居民基本养老保险、社会保险经办管理、社会保险基金监管、劳动关系、劳动人事争议调解仲裁、机关事业单位工资福利离退休工作、农民工工作和发展家庭服务业促进就业工作、法治建设、劳动保障监察、规划统计、信息化建设、科学研究、窗口单位作风建设与干部教育培训和评选表彰、新闻宣传政务信息报刊与出版、国际及与港澳台地区交流合作、社团活动；地方人力资源和社会保障工作47篇。

《中国人力资源和社会保障年鉴（2017）》的编辑出版是在全国人力资源社会保障系统的共同努力下完成的。在此，向所有参加编辑出版工作的领导和同志表示衷心的感谢。

《中国人力资源和社会保障年鉴》编辑部

2017年10月

目　　录

工作卷

人力资源和社会保障工作概览

全国人力资源和社会保障工作

地方人力资源和社会保障工作

统计资料

工作卷

人力资源和社会保障工作概览

2016年人力资源和社会保障工作情况

2016年是党和国家各项事业开创新局面的重要一年。面对错综复杂的国际环境和艰巨繁重的国内改革发展稳定任务，全国人力资源社会保障系统认真贯彻党中央、国务院决策部署，履职尽责、勇于担当，改革创新、主动作为，各项工作都取得了新的进展。

一、就业形势保持总体稳定

（一）就业目标全面完成。

在经济下行压力加大、化解过剩产能任务艰巨、城镇新成长劳动力增多的情况下，始终将保持就业形势稳定作为头等大事，深入实施就业优先战略和更加积极的就业政策，加强工作调度和督促检查，稳住了就业基本盘。2016年全国城镇新增就业达到1 314万人，年末城镇登记失业率4.02%，全面完成城镇新增就业1 000万人以上、城镇登记失业率控制在4.5%以内的目标。

（二）高校毕业生等重点群体就业工作取得新进展。

人力资源社会保障部、教育部印发《关于实施高校毕业生就业创业促进计划的通知》（人社部发［2016］100号），旨在加强部门协同、信息共享、工作对接，把有就业创业意愿的毕业生全部纳入就业创业促进计划。为进一步引导和鼓励高校毕业生到基层工作，中央组织部、人力资源社会保障部等九部门印发《关于实施第三轮高校毕业生“三支一扶”计划的通知》（人社部发［2016］41号），进一步加大为基层输送和培养青年人才的力度。通过综合施策，基本实现应届高校毕业生就业水平不降低的目标。人力资源社会保障部、发展改革委等七部门印发《关于在化解钢铁煤炭行业过剩产能实现脱困发展过程中做好职工安置工作的意见》（人社部发［2016］32号），明确了企业内部挖潜、转岗就业创业、允许内部退养、公益性岗位兜底等职工安置渠道，扎实做好建立工作机制、摸清底数、强化服务、加强分类指导、预防和处置突发事件等工作，职工安置工作平稳有序。加强就业援助，确保零就业家庭实现动态清零。深入实施《鼓励农民工等人员返乡创业三年行动计划纲要（2015—2017年）》，促进更多农民工返乡就业创业。人力资源社会保障部、财政部、扶贫办印发了《关于切实做好就业扶贫工作的指导意见》（人社部发［2016］119号），通过开发岗位、劳务协作、技能培训、就业服务、权益维护等措施，扎实做好农村贫困劳动力转移就业工作。

（三）加大职业培训工作力度。

人力资源社会保障部印发《关于实施化解过剩产能企业职工特别职业培训计划的通知》（人社部发［2016］52号），组织转岗职工参加有针对性的职业培训，帮助其提高转岗就业创业能力。人力资源社会保障部、农业部等五部门联合印发《关于实施农民工等人员返乡创业培训五年行动计划（2016—2020年）的通知》（人社厅发［2016］90号），进一步推动农民工、建档立卡贫困人口、大学生和退役士兵等人员返乡创业培训工作。

（四）强化公共就业服务。

人力资源社会保障部印发《关于加快推进公共就业服务信息化建设和应用工作的指导意

见》（人社厅发［2016］159 号），将就业创业工作的新目标、服务对象的新需求和信息技术的新发展深度融合，不断提升就业服务和管理能力。开展就业援助月、春风行动、民营企业招聘周、高校毕业生就业服务月、大中城市联合招聘等专项活动，有针对性地为各类群体和用人单位提供就业服务。举办双创活动周、“中国创翼”青年创业创新大赛等活动，在全社会营造良好的创业创新氛围。人力资源社会保障部印发《关于“先照后证”改革后加强人力资源市场事中事后监管的意见》（人社部发［2016］49 号），进一步发挥市场在促进就业中的作用。

二、社会保障体系建设取得新进展

（一）社会保障制度建设加快推进。

全面实施机关事业单位养老保险制度。国务院印发《关于整合城乡居民基本医疗保险制度的意见》（国发［2016］3 号），积极推动“六个统一”和管理体制整合，制度运行总体平稳。为认真落实全国卫生与健康大会精神，人力资源社会保障部印发《关于积极推动医疗、医保、医药联动改革的指导意见》（人社部发［2016］56 号），进一步推动“三医联动”，探索深化医保支付方式改革，更好发挥医保在深化医药卫生体制改革中的基础性作用。研究制定生育保险和医疗保险合并实施的办法。人力资源社会保障部印发《关于开展长期护理保险制度试点的指导意见》（人社厅发［2016］80 号），在部分城市开展长期护理保险制度试点。

（二）社会保险费率适当降低、待遇水平稳步提高。

围绕促进实体经济发展、帮助企业降低成本，在 2015 年降低失业、工伤、生育保险费率的基础上，经国务院常务会议审议通过，人力资源社会保障部、财政部印发《关于阶段性降低社会保险费率的通知》（人社部发［2016］36 号），再次阶段性降低养老保险单位缴费费率和失业保险费率，预计全年可降低企业成本 1 200 多亿元。按照国务院部署，第一次实现企业和机关事业单位退休人员养老金待遇同步调整，1 亿多名退休人员受益。城乡居民医保政府补助水平由 2015 年的年人均 380 元提高到 420 元。推进大病保险全覆盖，积极缓解困难群体的大额医疗费用负担。

（三）基金监督管理和经办管理服务进一步加强。

人力资源社会保障部、财政部印发《职业年金基金管理暂行办法》（人社部发［2016］92 号），对管理职责、基金投资、收益分配及费用、计划管理及信息披露、监督检查等作出明确规定，进一步规范了职业年金基金管理。推进基金监督行政执法与刑事司法衔接，加大对社保领域违法犯罪行为惩处力度。截至 2016 年年底，30 个省份实现了省内异地就医持卡结算，全国跨省异地就医直接结算工作取得积极进展。

（四）完成社会保险扩面征缴任务。

深入实施全民参保计划，积极开展扩面征缴工作。截至 2016 年年底，基本养老、城镇基本医疗、失业、工伤、生育保险参保人数分别达到 8.9 亿人、7.4 亿人、1.8 亿人、2.2 亿人、1.8 亿人，同比分别增加 2 943 万人、7 810 万人、763 万人、457 万人、680 万人。社会保险基金收支总体平衡，2016 年全国五项社会保险基金总收入为 5.4 万亿元，总支出为 4.7 万亿元，同比分别增加 7 551 亿元、7 900 亿元。社会保障卡持卡人数超过 9.6 亿人。我国在覆盖城乡社会保障体系建设中取得的成就获得国际社会充分肯定和高度评价，国际社会保障协会授予中国政府“社会保障杰出成就奖”。

三、人才队伍建设进一步加强

（一）进一步完善人才体制机制。

中共中央办公厅、国务院办公厅印发《关于深化职称制度改革的意见》，多年来困扰人才工作的评价机制不科学、用人主体自主权落实不够等问题将得到有效化解。人力资源社会保障部印发《关于加强基层专业技术人才队伍建设的意见》（人社部发［2016］57号），拓展了基层专业技术人才职业发展空间。为转变政府职能、推进“放管服”改革，继续大幅削减职业资格许可和认定事项，2016年国务院取消162项职业资格许可和认定事项，各地也取消了一批自行设置的职业资格，持续降低人才负担和制度性成本。

（二）专业技术人才队伍建设稳步推进。

做好政府特殊津贴和国家百千万人才工程人选选拔工作，经国务院批准，确定2016年4 973人享受政府特殊津贴。深入推动万名专家服务基层行动计划，积极开展海外留学人才项目，组织实施专业技术人才知识更新工程，全年完成急需紧缺人才培养和岗位培训127万人次，新建20个国家级专业技术人员继续教育基地。

（三）技能人才队伍建设进一步加强。

实施国家高技能人才振兴计划，开展国家高技能人才培训基地、国家级技能大师工作室和技师培训项目建设。大力弘扬“工匠精神”，人力资源社会保障部隆重表彰了30名中华技能大奖获得者和299名全国技术能手，国务院领导同志邀请获奖的中华技能大奖获得者和全国技术能手代表到中南海进行座谈，听取做好高技能人才工作的意见建议，突出宣传了一批优秀技能人才的典型。首次制定实施技工教育“十三五”规划，将技工院校改革发展推向深入，企业新型学徒制试点工作取得积极成效。全年新增高技能人才290万人。

（四）引进外国人才和智力工作取得新进展。

党中央、国务院对加强新形势下引进外国人才工作作出部署，为引才引智改革发展作出顶层设计。启动实施外国人来华工作许可制度试点工作。大力实施国家“千人计划”外专项目和高端外国专家项目，完善外国专家管理及留学人员回国服务体系，取得良好引才引智效果。

四、人事制度改革进一步深化

（一）公务员队伍建设不断加强。

公务员分类管理取得突破。中共中央办公厅、国务院办公厅印发《专业技术类公务员管理规定（试行）》和《行政执法类公务员管理规定（试行）》，为专业技术类和行政执法类公务员分别建立单独的职务序列和管理制度。国务院办公厅印发《关于转发人力资源社会保障部 国家公务员局“十三五”行政机关公务员培训纲要的通知》（国办发［2016］92号），推进“十三五”行政机关公务员培训工作。中央组织部、人力资源社会保障部、国家公务员局印发《关于推进公务员职业道德建设工程的意见》（人社部发［2016］54号），明确了公务员职业道德的主要内容，进一步规范公务员职业行为。2016年，全国共招录公务员19.5万人。同时，公安机关人民警察招录培养制度改革和公务员聘任制试点稳步推进，公务员考录、公开遴选、平时考核、表彰奖励、培训等工作取得新进展。

（二）事业单位人事管理不断规范。

中共中央组织部、人力资源社会保障部印发《关于进一步做好艰苦边远地区县乡事业单位公开招聘工作的通知》（人社部规［2016］3号），着力解决艰苦边远地区吸引留住人才难的问题。经国务院批准，人力资源社会保障部、中央组织部、中央编办、财政部印发《关于建立机关事业单位防治“吃空饷”问题长效机制的指导意见》（人社部规［2016］6号），在全国部署建立防治“吃空饷”问题的长效机制。

（三）军转安置任务顺利完成。

各地认真贯彻落实中央决策部署，拓宽安置渠道，改进安置办法，确保计划分配军队转业干部安置任务圆满完成。创新军转培训方式，进一步加强自主择业军转干部管理服务工作，大力扶持自主择业干部就业创业，全面完成军转安置工作各项任务。

五、工资收入分配制度改革进一步推进

（一）机关事业单位工资制度改革深入推进。

积极稳慎推进机关事业单位收入分配制度改革，进一步完善机关事业单位工资结构，建立健全基本工资标准正常调整机制。人力资源社会保障部、财政部完善了艰苦边远地区津贴增长机制，调整了艰苦边远地区津贴标准，进一步提高了艰苦边远地区工资待遇水平。经国务院批准，组织中央有关事业单位实施绩效工资工作。

（二）企业工资管理工作进一步加强。

深化国有企业负责人薪酬制度改革工作取得积极进展，中央企业已按照新的制度规定执行，地方国有企业改革稳步推进。国务院办公厅印发《关于全面治理拖欠农民工工资问题的意见》（国办发［2016］1号），加强源头治理，开展专项行动，保障农民工工资支付的长效机制逐步健全。各地根据实际情况稳慎调整最低工资标准。积极开展企业薪酬试调查工作，为正式建立薪酬调查和信息发布制度奠定了基础。

六、劳动关系总体和谐稳定

（一）劳动关系协调工作取得积极进展。

深入贯彻落实《中共中央　国务院关于构建和谐劳动关系的意见》，31个省份和新疆生产建设兵团出台了实施意见。指导去产能企业依法妥善处理分流职工的劳动关系。深入开展增强劳动力市场灵活性相关研究。进一步健全协调劳动关系三方机制，深入推进集体合同制度攻坚计划实施。以农民工、小企业为重点，督促企业和职工依法签订劳动合同。

（二）劳动人事争议调解仲裁工作持续加强。

修订《劳动人事争议仲裁办案规则》和《劳动人事争议仲裁组织规则》，进一步规范仲裁办案程序，加强仲裁机构和队伍建设。总结验收第二批国有企业劳动争议预防调解示范工作，将预防调解示范工作由国有企业扩大到非公有制企业，调解仲裁效能进一步增强。

（三）劳动保障监察执法力度不断加大。

人力资源社会保障部印发《企业劳动保障守法诚信等级评价办法》（人社部规［2016］1号），将劳动用工、工资支付情况作为评价的重要依据，根据企业诚信实行分级分类动态监管。印发《重大劳动保障违法行为社会公布办法》（人力资源和社会保障部令第29号），定期向社会公布重大违法行为，加大对违法行为的监督和惩戒力度。

（四）为农民工服务工作取得新成效。

国务院农民工工作领导小组办公室会同有关部门围绕有序推进农民工市民化，积极研究配套政策，为农民工落户城镇创造条件，推动农民工逐步平等享受城镇基本公共服务。开展中心城市家庭服务体系建设，积极推广经验，鼓励家庭服务进社区。积极推进家庭服务业规范化职业化建设，深化千户百强家庭服务企业（单位）创建工作。

全国人力资源和社会保障工作

就 业 工 作

一、就业目标全面完成

2016年，全国城镇新增就业1 314万人，城镇失业人员再就业554万人，就业困难人员就业169万人，年末城镇登记失业率为4.02%，完成年初确定目标（城镇新增就业人员1 000万人以上，城镇失业人员再就业500万人，就业困难人员就业120万人，城镇登记失业率控制在4.5%以内）。

二、继续实施更加积极的就业创业政策

（一）推动各部门开展促进就业工作。

3月，国务院就业工作部际联席会议全体会议召开，马凯副总理出席会议并讲话。经研究审定，联席会议印发2016年工作要点及成员单位主要工作安排，对各部门共同做好就业工作进行安排部署。中央财政继续加大就业补助资金支持力度，当年共安排就业补助资金439亿元，为就业创业政策落实提供了坚实保障。

（二）完善更加积极的就业政策。

为贯彻落实李克强总理考察就业工作时的重要指示精神，研究制定有利于稳定和扩大就业的新政策，人力资源社会保障部广泛征集有关部门及社会各界政策建议，委托研究机构开展课题研究，会同国际劳工组织举办专家研讨会，形成了政策文件稿，内容主要包括实施就业优先战略、支持新就业形态发展、促进创业带动就业、抓好重点群体就业创业、加强教育培训和就业创业服务等方面。7月16日，中国人民银行、财政部、人力资源社会保障部联合印发《关于实施创业担保贷款支持创业就业工作的通知》（银发［2016］202号），对创业担保贷款政策和制度进行调整完善。

三、努力做好高校毕业生就业工作

（一）完善和落实高校毕业生就业创业政策。

2月2日，人力资源社会保障部印发《关于做好2016年全国高校毕业生就业创业工作的通知》（人社部函［2016］18号），从完善落实政策、实施精准帮扶、加强组织领导等方面对全国人社系统做好高校毕业生就业工作作出部署安排。5月20日，国务院召开全国普通高等学校毕业生就业创业工作电视电话会议，李克强总理对会议作出重要批示，刘延东副总理、马凯副总理出席会议并讲话，对做好2016年高校毕业生就业创业工作进行了全面部署。11月29日，在山东省济南市召开高校毕业生就业工作调度推进会，调度各地工作进展，推动重点工作任务落实。12月30日，中共中央办公厅、国务院办公厅印发《关于进一步引导和鼓励高校毕业生到基层工作的意见》（中办发［2016］79号），进一步创新体制机制，完善政策措施，健全服务体系，加快构建引导和鼓励高校毕业生到基层工作的长效机制。同时，继续加大政策扶持和就业帮扶力度，做好少数民族毕业生就业创业工作。

（二）实施高校毕业生就业创业促进计划。

10月26日，人力资源社会保障部会同教育部出台《关于实施高校毕业生就业创业促进计划的通知》（人社部发［2016］100号），启动高校毕业生就业创业促进计划，实现就业创

业有机结合，实施能力提升、创业引领、校园精准服务、就业帮扶、权益保护五项行动，加强部门协同、信息共享、工作对接，促进毕业生就业创业。11 月 11 日，召开推进高校毕业生就业创业工作视频会，部署动员各地深入实施高校毕业生就业创业促进计划，推动做好高校毕业生就业创业工作。11 月 15 日，在江西省南昌市召开高校毕业生实名制就业工作座谈会，交流工作经验，规范实名制工作管理，改进基于信息化的就业管理服务。

（三）加强高校毕业生就业服务。

结合高校毕业生的特点和就业需求，人力资源社会保障部会同有关部门组织开展了一系列全国性就业服务活动。3 月和 10 月，分别组织开展了第三届部分大中城市联合招聘高校毕业生（春季）活动和第四届部分大中城市联合招聘高校毕业生（秋季）活动。通过举办城市联合网络招聘大会、跨区域巡回招聘会、现场招聘会等系列活动，为高校毕业生提供 339.1 万个岗位信息。4 月 1 日至 5 月 30 日，会同教育部、国资委开展了第五届中央企业面向西藏青海新疆高校毕业生专场招聘活动，依托中国国家人才网开通活动专栏，发布招聘信息，为三地高校毕业生（包括西藏籍应届中专毕业生）和中央企业搭建岗位对接平台。4 月 18 日至 24 日，会同教育部、全国总工会、全国工商联组织开展全国民营企业招聘周活动，向以高校毕业生为重点的各类求职者集中提供民营企业岗位信息。9 月 1 日至 30 日，在全国组织开展了高校毕业生就业服务月活动。以“实名登记精准服务，帮助更多高校毕业生就业”为主题，综合运用各项政策措施和服务手段，为 2016 届及往届离校未就业高校毕业生提供有针对性的就业服务。活动期间共提供就业岗位 202.1 万个，为 71.3 万名未就业毕业生办理了登记，对 17.1 万名毕业生开展了就业援助。此外，各地人力资源社会保障部门还结合当地实际组织开展了公共就业人才服务进校园活动，为高校毕业生送政策、送岗位、送服务。

四、大力促进群体就业和推进公平就业

（一）聚焦就业扶贫加强农村劳动力转移就业工作。

1 月，人力资源社会保障部、国务院扶贫办、全国总工会、全国妇联印发《关于做好 2016 年春风行动的通知》（人社部函［2016］13 号），明确将农村建档立卡贫困劳动者列为重点服务对象，对春风行动作出部署。3 月下旬，按照汪洋副总理指示精神，会同国务院扶贫办研究劳务输出对接有关问题，并在全国就业工作座谈会上对就业扶贫工作作出部署。4 月，人力资源社会保障部、国务院扶贫办印发《关于开展粤湘劳务协作试点工作的通知》（人社部函［2016］67 号）和《关于同意湖北省郧西县与广东省开展劳务协作试点工作的函》（人社部函［2016］74 号），部署粤湘鄂劳务协作试点工作。6 月，会同国务院扶贫办分两次赴湖南省湘西州、花垣县，广东省广州市、深圳市和湖北省郧西县等劳务协作试点地区调研督查。7 月 15 日，会同国务院扶贫办在北京召开建档立卡贫困人口就业有关工作座谈会，研究贫困人口就业服务有关问题。8 月 15 日，会同国务院扶贫办在湖南省长沙市召开粤湘鄂劳务协作试点总结会，总结试点工作经验，部署下一步重点工作。9 月，组织人民日报、中央电视台、工人日报、中国日报等中央媒体赴试点地区开展采访宣传活动。11 月，研究制定就业扶贫政策文件和农村贫困劳动力就业服务工作指南，开发农村贫困劳动力就业信息平台。12 月 5 日，会同财政部、国务院扶贫办印发《关于切实做好就业扶贫工作的指导意见》（人社部发［2016］119 号）。12 月 9 日，在北京组织召开全国就业扶贫工作视频会议，交流推广安徽、山东、湖北、湖南、广东、山西等地经验做法，全面部署就业扶贫工作，深入推进农村贫困劳动力转移就业相关工作。

（二）稳妥做好去产能企业职工安置工作。

人力资源社会保障部明确将做好化解钢铁

煤炭行业过剩产能中的职工安置工作列为全系统的重点工作，建立专门工作协调机制，明确工作安排和任务分工。会同相关部门出台《关于在化解钢铁煤炭行业过剩产能实现脱困发展过程中做好职工安置工作的意见》（人社部发〔2016〕32号），制定职工安置突发事件预防和应急处置预案、特别职业培训计划、东北等困难地区就业援助等一系列配套文件。开发上线化解过剩产能企业职工信息系统，编写系统使用手册，按月调度工作进展，全面建立职工实名制数据库。实施职工特别培训计划，加强就业服务和政策扶持，对困难人员实行托底帮扶，多措并举促进去产能企业职工实现转岗就业。积极做好政策解读，及时回应舆论关切，组织相关媒体开展专题宣传，总结推广一批地方典型工作经验。2016年，去产能企业职工安置工作总体平稳有序，为改革发展营造了和谐稳定的社会环境。

（三）支持农民工等人员返乡创业。

6月3日，人力资源社会保障部组织召开就业工作部际联席会议返乡创业工作专题会，通报了工作进展情况，听取《鼓励农民工等人员返乡创业三年行动计划纲要》组织实施情况汇报，对农业部起草的《关于落实和完善支持农民工等人员返乡创业政策的具体方案》进行了专题研究，并对下一步工作作出部署安排。8月29日，人力资源社会保障部与河南省政府在郑州签署共同推进河南省农民工返乡创业工作备忘录，双方将围绕强化农民工返乡创业培训、拓展农民工返乡创业资金支持渠道、加强农民工返乡创业服务、提升农民工返乡创业管理水平，共同推进河南省农民工返乡创业工作，发挥河南省在中西部地区农民工返乡创业工作中的示范带头作用。人力资源社会保障部在第二届“中国创翼”青年创业创新大赛中专门设置了农民工返乡创业专项赛，并列入双创活动周活动安排，营造了支持鼓励返乡创业的浓厚社会氛围。

（四）推进就业援助工作。

4月，梳理地方就业援助政策，为进一步健全就业援助制度做准备。11月，会同发展改革委、全国总工会、共青团中央、全国妇联印发《关于开展东北等困难地区就业援助工作的通知》（人社部发〔2016〕106号），针对辽宁、吉林、黑龙江、河北、山西等地区经济下行压力加大、去产能任务重、失业风险有所上升的情况，开展11项专项行动，整合社会资源，动员系统力量，稳定东北等困难地区就业局势。配合中办督查室研究制定困难地区督查调研计划。12月，会同中国残联联合下发开展2017年就业援助月专项活动的通知。12月21日，在山西省太原市召开就业援助月暨东北等困难地区就业援助现场会。

（五）进一步完善外国人就业管理制度。

3月，为加强中法两国青年交流，为我国青年赴法实习提供机会，根据中法两国政府于2015年签署的《中华人民共和国政府和法兰西共和国政府关于千人实习生计划的协议》，双方以照会形式确定了《中华人民共和国政府和法兰西共和国政府关于千人实习生计划协议的实施方案》。人力资源社会保障部办公厅印发了《关于实施中法千人实习生计划有关事项的通知》（人社厅发〔2016〕46号），明确于2016年4月1日起正式启动中法千人实习生计划。12月，会同有关部门研究制定关于允许优秀外籍高校毕业生在华就业的政策措施。

（六）统筹做好其他群体就业工作。

1月和12月，按照国家禁毒委统一部署，分别在贵州、福建开展禁毒工作督查。6月，配合国家禁毒办印发《社会面吸毒人员风险分类评估管控办法》（禁毒办通〔2016〕37号），参与2016年禁毒论坛活动。研究禁毒社工队伍建设有关问题，推进禁毒宣传教育工作。10月，会同中国残联等部门和组织印发《残疾人就业促进“十三五”实施方案》（残联发〔2016〕48号）。此外，配合全国政协和国家民委研究少数民族就业有关问题。配合全国政协、民政部和中央军委政治工作部研究退役士兵就业创业有关问题。配合公安部研究社会综合治理和流动人口管理有关问题。配合民政部研究优抚安置、军民融合发展、老龄人力资源开发有关问题，做好农村留守儿童关爱工作。配合司法部研究刑满释放人员服务管理和社区矫正有关问题。配合卫生计生委和全国妇联研究全面二孩政策与就业相关问题。配合体育总局研究退役运动员就业服务有关问题。

（七）努力推进公平就业工作。

6月，召开就业公平座谈会，与各高校、研究机构专家和有关部门共同研讨公平就业领域的突出问题。11月，召开国有企业招聘应届高校毕业生信息公开工作座谈会，了解相关工作进展情况，听取部分中央企业和部分省份意见建议，研究解决工作中存在的问题。做好中央企业招聘应届高校毕业生信息公开工作，在部官网专栏中持续发布招聘信息。

五、全面开展公共就业服务专项活动

（一）就业援助月活动。

元旦、春节期间，会同中国残联在全国开展以“就业帮扶、真情相助”为主题的就业援助月专项活动，采取多种有针对性的帮扶措施，帮助各类就业困难人员和残疾失业人员实现就业。活动期间，全国共走访63.5万户就业困难人员家庭；登记认定40.9万名未就业困难人员，其中残疾就业困难人员5.6万名，低保家庭成员8.4万名；帮助31.9万名就业困难人员实现了就业，其中残疾就业困难人员3.1万名，低保家庭成员5.5万名；登记认定1.7万户零就业家庭，帮助1.6万户零就业家庭中1.8万人实现就业；为招用17.2万名就业困难人员的3.8万户企业落实就业扶持政策，帮助60.7万名就业困难人员落实了岗位补贴和社保补贴等政策。

（二）春风行动。

在春节后农村劳动力进城务工高峰期，会同国务院扶贫办、全国总工会、全国妇联在全国范围内部署开展主题为“搭建供需平台，促进转移就业”的春风行动，通过需求调查、政策宣传、岗位信息发布、专场招聘活动、技能培训、创业支持、劳动维权和市场整顿等活动，为各类有转移就业意愿的农村进城务工人员求职就业提供有针对性的政策支持和就业服务，为有招聘用人需求的用人单位提供招聘服务。活动期间，全国共发放“春风卡”等宣传资料4 729.38万份，组织专场招聘会2.27万场，提供免费咨询等就业服务2 309.99万人次（女性1 030.90万人次）；实现本地企业吸纳农村劳动者就业699.59万人（女性307.16万人）；实现跨地区有组织劳务输出545.00万人（女性223.16万人）；接受创业服务68.43万人（女性28.48万人）；组织参加职业技能培训231.88万人（女性69.16万人），参加创业培训19.43万人，享受培训补贴的有57.91万人；提供劳动维权服务和法律援助142.51万人（女性55.00万人）；推荐用工规范诚信企业7.99万家，推荐诚信服务机构0.94万家。

（三）民营企业招聘周。

4月，人力资源社会保障部会同教育部、全国总工会、全国工商联以“促进供需对接，助力转型发展”为主题，组织全国31个省（区、市）县级以上城市开展了“2016年全国民营企业招聘周”活动。招聘对象以应届高校毕业生为重点，同时面向各类求职者。招聘企业以民营企业为重点，同时鼓励各类企事业单位参加招聘活动。通过组织多种形式的招聘活动，为高校毕业生等求职者与民营企业等用人单位搭建供需对接平台，提供就业信息发布、就业政策咨询、职业指导、技能培训、创业项目推介、劳动权益维护等服务。加强对大数据、“互联网+”等新技术及远程招聘、视频面试等新型招聘手段的应用，强化供求匹配，为供求双方提供便利、高效的对接服务。活动期间，全国共有17.4万家民营企业参加了招聘周活动，现场提供各类岗位信息312.3万条；有86.1万名求职者与用人单位达成了就业意向，其中高校毕业生35.7万人，农村进城务工劳动者32.9万人，就业困难人员10万人。招聘现场累计发放政策宣传品687.3万份，提供维权及法律援助约 19.4 万人次。为配合全国民营企业招聘周活动的开展，中国公共招聘网开辟招聘周活动专版，发布岗位信息 10 万余条，涉及招聘单位 2.2 万个，招聘人数 65 万人；访问量近 20 万人次，访客人数约 2.3 万人。

六、加强完善公共就业和人才服务

（一）加快推进公共就业服务信息化工作。

10 月，人力资源社会保障部办公厅印发《关于加快推进公共就业服务信息化建设和应用工作的指导意见》（人社厅发［2016］159 号），对加快公共就业服务业务应用系统建设、打造“互联网＋”公共就业创业服务平台、加强就业形势分析研判、开展资金审核监管与服务绩效考核、夯实信息化基础等工作进行了全面部署，指导各地以“互联网＋”思维引领，推动就业服务和就业管理工作理念创新、模式创新和技术创新。进一步加强中国公共招聘网升级改版工作，为各类求职人员提供更加全面、更具实效的岗位信息。2016 年，中国公共招聘网日均发布有效招聘岗位信息 20 余万条，涉及招聘人数超过 115 万人。同时，推进全国就业信息监测平台建设，截至 2016 年年底，平台已覆盖全国 3.45 亿名劳动者。

（二）进一步健全公共就业服务体系。

按照国务院推进户籍制度改革意见精神，进一步完善全国统一的就业失业登记管理办法，研究新形势下加强公共就业创业服务工作的具体措施。结合开展窗口单位改进作风专项行动，指导各地落实公共就业和人才服务制度，提供精细化、专业化服务。组织开展第四批国家级充分就业社区推荐认定工作，进一步发挥充分就业社区典型引路作用，大力推动基层就业。全国公共就业服务体系进一步完善，通过县（区）以上综合性服务机构（包括政府举办的人才交流服务机构和劳动就业服务机构）、街道（乡镇）和社区（行政村）的基层服务窗口，以及就业训练、创业担保贷款、创业服务等服务实体向求职者和用人单位提供就业服务。到 2016 年年底，3.8 万个街道、乡镇建立了服务窗口，覆盖了 99％的街道和 97％的乡镇，46.7 万多个社区和行政村聘请了专职或兼职的工作人员，覆盖了 93％的社区和 75％的行政村。当年，各级公共就业和人才服务机构共办理登记求职 4 042.6 万人次，介绍成功 1 675 万人次，为用人单位办理登记招聘 5 301.5 万人次，为 3 877.8 万人次办理了就业登记，为 1 685 万人次提供了职业指导服务，为 410 万人次提供了创业服务。

（三）确定第三批全国创业孵化示范基地。

为进一步推进创业孵化基地建设工作，发挥示范引领作用，人力资源社会保障部办公厅于 8 月印发《关于推荐第三批全国创业孵化示范基地有关问题的通知》（人社厅发［2016］129 号）。按照通知要求，全国共有 26 个省份和新疆生产建设兵团报送了相关推荐材料。经审查、公示、部务会审定，北京普天德胜科技孵化器等 34 家基地被确定为第三批全国创业孵化示范基地。至此，经人力资源社会保障部审核确定的全国创业孵化示范基地达到 71 家。

七、加强就业形势监测和分析

（一）做好就业统计监测工作。

继续做好城镇新增就业、失业人员再就业、困难人员就业数据月度统计汇总和城镇登记失业人员、城镇登记失业率数据季度统计汇总工作，定期进行数据分析，形成就业数据分析报告。开展 31 个大中城市就业形势分析和 11 省市人力资源市场供求和企业用工情况监测工作，按月对相关情况进行汇总分析。开发上线去产能企业职工信息管理系统，开展实名制信息采集录入工作，建立了统计月报制度，及时掌握职工安置进展情况。开展 10 省份 500 个行政村农村劳动力转移就业监测工作，及时掌握外出、返乡人数变化情况，并按照国务院领导要求，将监测村数量扩大到 20 省份 2 000 个行政村，开展试调查工作。根据形势变化，针对新情况、新问题，修订完善部分就业统计报表制度。

（二）定期开展就业形势分析研判。

与相关部门组织开展多个项目，运用统计、调查、监测以及实地调研、课题研究等多种手段，从就业失业总体状况、劳动力市场运行、企业用工、重点群体就业等多个维度，分析研判就业形势，按季度形成分析报告呈报国务院领导。同时，针对东北地区形势趋紧问题，撰写了专题报告报国务院领导，提出应对建议。

人力资源市场建设与管理

一、重大改革任务顺利完成

一是制定出台进一步引导和鼓励高校毕业生到基层工作的意见。落实党的十八届三中全会要求和中央改革办重点改革任务，报请中央全面深化改革领导小组审议通过，中共中央办公厅、国务院办公厅联合印发了《关于进一步引导和鼓励高校毕业生到基层工作的意见》(中办发［2016］79号)，明确了新时期推进高校毕业生到基层工作的基本原则、保障措施。加快构建引导和鼓励高校毕业生“下得去、留得住、干得好、流得动”的长效机制。这是继2005年中央下发引导鼓励高校毕业生到基层工作文件后，继承创新，由中央下发指导新时期工作的重要纲领性文件，对于进一步推进高校毕业生到基层工作具有重要的里程碑意义。二是研究拟订《人力资源市场条例》。落实中央党建改革方案、中央全面深化改革领导小组部署和国务院立法计划，在充分调研、深入论证、广泛征求意见的基础上，研究拟订了《人力资源市场条例》文稿，历经八年努力，在适用范围、基本原则、基本制度框架等重大问题上与相关部门达成一致意见，9月经部务会审议通过后正式报国务院，在立法上迈出了重要一步。

二、人力资源市场整合改革目标基本实现

整合人才市场和劳动力市场，建立统一规范的人力资源市场，是一项重大改革任务，也是大部制改革的标志性工程。一是人力资源市场的统筹管理基本实现。目前全国85%以上的区县统一了市场管理职能。二是公共就业和人才服务体系基本形成。省、市两级因地制宜设立了综合性或专门性公共就业和人才服务机构，85.4%以上的区县级机构已经整合。对公共就业服务、公共人才服务、市场监测、流动人才党员管理服务、人事档案管理等共性的同类服务，实行了统一的服务标准和服务规范，简化优化服务流程，不断提高服务效率，方便服务对象。三是公共服务与经营性服务分离改革目标基本达到。全国各级公共就业和人才服务机构设立的人力资源服务企业80%以上实现了“职能分开、机构分设、人员分离、分类管理”。这表明市场整合改革目标已经基本实现，“功能完善、机制健全、运行有序、服务规范”的人力资源市场体系基本形成。

三、人力资源市场“放管服”改革积极推进

一是印发《关于“先照后证”改革后加强人力资源市场事中事后监管的意见》(人社部发［2016］49号)。这是“先照后证”改革以来，在人力资源市场领域首个事中事后监管的政策文件，从规范行政许可、创新事中事后监管、加强基础建设、强化日常监督检查、推进社会协同共治等五个方面提出十六条意见，是今后一个时期人力资源市场管理的指导性文件。二是不断创新监管方式。积极推进“双随机、一公开”和年度报告制度，在国务院所属部门人才中介服务机构中试行年度报告公示制度。加快推动人力资源服务标准化建设，流动人员人事档案管理、人力资源培训、人力资源管理咨询3项国家标准发布实行，人力资源服

务机构能力指数等 4 项标准已报送国家标准化管理委员会，人力资源服务标准化、规范化进程不断推向深入，对人力资源市场的技术支撑效应初步显现。持续开展清理整顿市场秩序专项行动，严厉打击职业介绍领域各类违法违规行为，切实维护人力资源市场良好秩序。三是有序扩大人力资源市场对外开放。按照国家关于在辽宁等地新设立 7 个自贸试验区的部署，积极做好自贸区内外商投资人力资源服务机构扩大开放政策试点。在我国与其他国家和地区签订的多边或双边服务贸易协议中，根据对等开放的原则，允许部分国家或地区投资者在我国设立合资人力资源服务机构可拥有多数股权，较好地适应我国人力资源市场对外开放的需要，国际知名人力资源服务机构均已进入我国人力资源市场，并在猎头、管理咨询、外包等高端服务业态中获得长足发展。

四、人力资源服务业实现快速发展

目前 20 个省（区、市）出台了促进人力资源服务业发展的专门文件，对行业健康快速发展发挥了重要作用。2016 年，继续采取多种措施推进人力资源服务业繁荣发展。一是研究制定人力资源服务业发展行动计划。二是批复建立中国长春、南昌、西安人力资源服务产业园。国家级人力资源服务产业园达到 11 家，行业集聚发展效应显现。三是实施人才培养工程。继续举办“全国人力资源服务业发展能力建设高级研修班”和“人力资源服务业博士后学术交流会”，促进了行业的人才培养和理论研究。行业发展态势良好。从产业形态看，人力资源外包服务、管理咨询、高级人才寻访等新业务增长较快；从龙头企业培育看，部分企业进入中国企业 500 强，有 59 家人力资源服务企业在新三板和国外挂牌上市。截至 2016 年年底，全国共有 2.67 万家人力资源服务机构，从业人员 55.3 万人，帮助 1.8 亿人次实现就业和流动，为 2 820 万家次用人单位提供了人力资源服务，行业全年营业总收入 1.18 万亿元，已成为现代服务业新增长点，在促进就业和经济社会发展中的作用进一步增强。

五、高校毕业生“三支一扶”计划深入实施

一是圆满完成第二轮“三支一扶”计划，累计参加人员 27.6 万人，涉及 2 322 个县，项目引领示范作用更加凸显，得到国务院领导充分肯定，李克强总理和刘延东、马凯副总理作出重要批示。二是印发《关于实施第三轮高校毕业生“三支一扶”计划的通知》（人社部发［2016］41 号），紧紧围绕全面建成小康社会奋斗目标，围绕打赢脱贫攻坚战的战略部署，瞄准教育、农业、卫生、水利和扶贫等事业发展对人才的需求，每年选拔招募 2.5 万名、五年共 12.5 万名毕业生，有针对性地为基层输送和培养青年人才。三是实施“三支一扶”人员能力提升专项计划。会同财政部印发《“三支一扶”人员能力提升专项计划实施方案》（人社厅发［2016］136 号），建立健全“三支一扶”教育培训制度，通过组织开展示范培训项目和一般培训项目，进一步提高“三支一扶”人员服务基层工作能力水平，提升实施项目的质量和效果。

六、人才流动公共服务水平进一步提高

一是简化优化人事档案管理服务。落实李克强总理等国务院领导同志批示精神，研究制定印发《关于简化优化流动人员人事档案管理服务的通知》（人社厅发［2016］75 号），实行档案接收告知承诺制等一系列便民利民措施，进一步简化办事环节，优化服务流程。二是落实中央深化人才发展体制机制改革要求，研究人事档案管理服务信息化建设基本思路。将健全流动人员人事档案基本公共服务体系列入国家“十三五”规划、“十三五”基本公共服务均等化规划重点建设项目。三是举办全国人力资源市场高校毕业生就业服务周活动，更好发挥市场在促进高校毕业生就业中的作用。四是支持河北、江苏等省份开发编制急需紧缺人才目录；服务京津冀协同发展等重大战略，不断提高区域人才交流合作水平。

职业能力建设

2016年，面对繁重的改革创新任务，职业能力建设工作坚持围绕中心、服务大局、突出重点、改革创新的工作思路，突出问题导向，创新政策措施，扎实推进各项工作取得新进展。

一、召开全国职业能力建设工作暨全国职业培训教材建设工作座谈会

4月12日至13日，人力资源社会保障部召开全国职业能力建设工作暨全国职业培训教材建设工作座谈会，汤涛副部长出席会议并作重要讲话。会议主要内容是深入学习贯彻党的十八届五中全会和习近平总书记有关讲话精神，落实全国人力资源社会保障工作会议部署，总结“十二五”和2015年职业能力建设工作和教材建设工作情况，交流工作经验，分析面临的形势，部署“十三五”重点工作任务和2016年工作安排。会议高度概括了“十二五”时期和2015年职业能力建设工作进展，高技能人才工作取得长足进步，职业培训发展迅猛，技工教育实力增强，职业资格制度逐步规范，技能大赛蓬勃开展，基础工作稳步提升。全面分析“十三五”时期职业能力建设工作面临的形势和任务，要求深入贯彻习近平总书记系列重要讲话和党的十八届五中全会精神，自觉践行创新、协调、绿色、开放、共享的发展理念，立足当前、着眼长远、突出重点、锐意改革，大力弘扬精益求精的新时期工匠精神，以全面提高劳动者素质为目标，以加快高技能人才队伍建设和促进就业创业为重点，以着力解决体制机制障碍问题为导向，努力建设培养培训、评价使用、竞赛选拔、表彰激励、法规政策和宣传引导六大工作体系，为实施人才强国战略和供给侧结构性改革提供强大支撑。会议明确指出，2016年是全面建成小康社会决胜阶段的开局之年，也是推进结构性改革的攻坚之年，要大力加强职业培训，持续强化高技能人才队伍建设，全面推进技工院校可持续发展，做好职业资格制度改革攻坚，精心组织好技能竞赛活动，深入开展“技能中国”等主题宣传活动，营造促进技能人才成长的良好社会氛围。会议还对做好职业培训教材建设工作进行了部署。

二、深入实施国家高技能人才振兴计划，大力开展职业技能竞赛，推进技能人才队伍建设

一是实施新一轮国家高技能人才振兴计划，开展高技能人才培训基地、技能大师工作室和技师培训项目建设。组织开展电工钳工专业国家级技能大师工作室带头人交流活动。推动各地落实技师培训补贴政策，加快高技能人才培养步伐。全年全国1 755万人次参加职业技能鉴定，1 446万人次获得职业资格证书，其中343万人次获得高级工及以上职业资格证书。二是组织开展第十三届高技能人才评选表彰活动，对30名“中华技能大奖”获得者和299名全国技术能手进行表彰。召开高技能人才座谈会，马凯副总理出席会议并作重要讲话。完成高技能人才享受国务院政府特殊津贴推荐工作。三是贯彻落实习近平总书记、李克强总理批示要求，参加世界技能组织2016年大会并宣布我国申办2021年第46届世界技能

大赛意向，推出上海市作为承办城市。四是在北京、上海、广东等13个赛区组织开展第44届世界技能大赛全国选拔赛，共43个参赛代表队、1 040名选手参加了45个项目的角逐，竞赛规模、参赛人数和竞技水平都成为历届之最。共选拔388名选手，开展第44届世界技能大赛集训活动。组织开展2016年中国技能大赛，完成国家级一类大赛6项，国家级二类竞赛42项。推动各类职业技能竞赛活动蓬勃开展，全国上千万人次企业职工和院校学生参加，扩大了技能大赛的社会影响。

三、以农民工和高校毕业生为重点，大规模开展职业培训

一是落实党的十八届三中全会提出的“构建劳动者终身职业培训体系”改革任务和五中全会提出的“推行终身职业技能培训制度”的要求，研究起草推行终身职业培训制度文件，强化顶层设计，为进一步完善职业培训体系奠定基础。二是完善政策措施，制定出台化解过剩产能企业职工特别职业培训计划、农民工等人员返乡创业培训五年行动计划（2016—2020年）、残疾人职业技能提升计划（2016—2020年）等政策文件。三是按照国务院要求，在全国继续开展农民工职业技能提升计划——“春潮行动”，2016年完成农民工职业技能提升培训913万人次。四是大力加强创业培训工作，修订创业培训教学计划大纲和创业培训教材。组织开展创业培训师资选拔培训工作，在西藏和四省藏区、新疆举办了5期创业培训师资培训班，培训130名创业师资。

四、制定《技工教育“十三五”规划》，推动技工院校改革创新

一是制定人力资源社会保障部首个技工教育五年规划——《技工教育“十三五”规划》，明确“十三五”时期技工教育主要目标和政策措施。二是会同教育部、发展改革委、财政部等部门制定出台技工院校招生、技能脱贫、技校学生实习管理和教师企业实践等方面的政策措施。三是启动建设职业训练院试点工作，在10个省份28所院校部署开展试点工作，为推动技工院校多元办学探索新途径。四是首次开展技工教育和职业培训工作督查，实现全国全覆盖。全方位部署招生工作，召开技工院校招生工作视频会，稳定技工院校招生规模。五是举办两期骨干技工院校校长培训班，组织部分技工院校校长赴德国培训，会同团中央举办技工院校团委书记培训班，提升技工院校管理人员工作能力。

五、创新技能人才培养模式，提高技能人才培养质量

一是深入推进一体化课程教学改革试点工作。印发《关于做好技工院校第三批一体化课程教学改革试点工作的通知》（人社厅函［2016］416号），部署推动工业机器人应用与维护等17个专业一体化课程教学改革工作。二是进一步扩大企业新型学徒制试点。会同财政部印发《关于开展第二批企业新型学徒制试点工作的通知》（人社厅发［2016］112号），启动企业新型学徒制第二批试点工作，将试点范围扩大到22个省份。目前，各地正在结合本地区实际情况，制定试点工作办法，建立与试点企业的联系制度，积极推动技工院校（培训机构）与企业对接，有效推进试点工作。三是开展职业培训包开发工作。印发《关于推进职业培训包工作的通知》（人社厅发［2016］162号），颁布《职业培训包开发技术规程（试行）》，进一步规范职业培训的培养目标、培训要求、课程内容、培训方法和考核评估等内容，部署首批10个职业培训包开发工作。

六、规范职业资格认定，深化职业资格管理改革

一是经国务院批准，分两批取消145项技能人员职业资格，总计减少280项，完成了减少70％职业资格许可认定事项的任务。二是在广泛征求意见基础上，研究提出93项技能人员职业资格并向社会公示。三是在统筹研究

减少职业资格许可认定事项和职业资格目录清单的同时，制定进一步减少和规范职业资格许可和认定事项的改革方案。四是印发《人力资源社会保障部关于推动行业组织有序承接技能人员水平评价类职业资格具体认定有关工作的通知》（人社部发〔2016〕31号），就进一步做好行业组织承接技能人员水平评价类职业资格具体认定工作提出明确要求。五是按照国务院要求，全面清理名目繁多的各种行业准入证、上岗证等。同时，对各地落实国务院关于减少职业资格许可认定工作情况进行督导检查。

七、持续做好宣传工作，提升技能人才队伍建设影响力

一是落实李克强总理关于世界青年技能日批示精神，首次在全国部署开展“7·15世界青年技能日”主题宣传活动，实现国内国际联动。二是大力弘扬工匠精神。组织编制《技工院校工匠精神教育课教学大纲（试行）》，开发《工匠精神读本》、《古今中外工匠精神故事汇》等读物，在全国技工院校广泛开展以弘扬工匠精神为主要内容的新学期第一课活动。三是创新宣传形式。与中央电视台合作制作《中国大能手》（第二季）节目。持续做好“技能中国”微信公众号、《中国劳动保障报》职业能力建设专版宣传工作。四是围绕重点活动、关键节点持续深入做好宣传工作。深入开展“技能中国行”、“走基层、技校行”等主题宣传活动，重点围绕世界技能大赛全国选拔赛、第46届世界技能大赛申办、第十三届高技能人才表彰、世界青年技能日、全国职业教育活动周、技工院校招生等深入开展形式多样的宣传活动。五是围绕职业资格改革进程，及时进行宣传引导。对完成减少70%职业资格许可认定事项任务、进一步减少和规范职业资格许可和认定事项的改革方案等，都进行了宣传解读，及时回应社会关注，营造良好的舆论氛围和社会环境。

军转安置

2016年，在党中央、国务院、中央军委领导下，经过各级党委、政府和军队各级组织共同努力，按照中央关于做好深化国防和军队改革期间军转安置工作的部署和要求，圆满完成5.8万余名军队转业干部安置任务，自主择业军队转业干部管理服务工作不断加强，军队转业干部教育培训工作探索创新，军转安置制度改革研究工作深入开展。

一、动员部署军队转业干部安置工作

（一）召开国务院军队转业干部安置工作小组会议。

5月23日，国务院军队转业干部安置工作小组会议在北京市召开。会议总结了2015年军转安置工作，研究了2016年工作安排。国务院军队转业干部安置工作小组组长、人力资源社会保障部部长尹蔚民主持会议并讲话。国务院军队转业干部安置工作小组副组长、人力资源社会保障部副部长张义珍作工作报告。国务院军队转业干部安置工作小组副组长、军委政治工作部主任助理崔昌军出席会议并讲话。国务院军队转业干部安置工作小组成员及成员单位负责同志参加会议。

（二）部署全国军队转业干部安置工作。

6月7日，2016年全国军队转业干部安置工作会议在北京市召开。中共中央政治局委员、中央组织部部长赵乐际传达了习近平总书记在中央政治局常委会审议深化国防和军队改革期间军转安置工作文件时的重要讲话，中共中央政治局常委、中央书记处书记刘云山出席会议并作重要讲话，中共中央政治局委员、中央军委副主席许其亮出席会议；中共中央政治局委员、国务院副总理马凯对做好2016年以及深化国防和军队改革期间的军转安置工作作动员部署。动员部署会由国务院军队转业干部安置工作小组组长、人力资源社会保障部部长尹蔚民主持。国务院军队转业干部安置工作小组成员和成员单位代表，各省（区、市）军转安置工作小组负责同志、党委组织部负责同志、人社厅（局）长和军转办主任，军队各大单位分管负责同志或政治工作部（局）负责同志、干部部门负责同志或转业办主任，各省军区（卫戍区、警备区）负责同志和转业办主任参加会议。

会议指出，习近平总书记关于深化国防和军队改革期间军队转业干部安置工作的重要讲话，深刻阐明了做好深化国防和军队改革期间军转安置工作的重大意义，就关心关爱军转干部、创新安置工作机制、做好宣传舆论工作、加强组织领导等提出明确要求，具有很强的指导性和针对性，为做好军转安置工作提供了重要遵循，一定要深入学习领会，认真贯彻落实。

会议强调，根据党中央关于深化国防和军队改革、裁减员额30万的战略部署，今后5年全军和武警部队将有一大批干部退出现役转业地方工作。做好深化国防和军队改革期间军队转业干部安置工作，要深入贯彻习近平总书记重要讲话精神，统一思想认识，明确工作要求，切实把这项拥军爱军的重大工程抓紧抓好。要认真落实中央关于军队转业干部安置的政策要求，妥善安排计划分配军队转业干部，加强自主择业军队转业干部管理服务工作，引导广大军队转业干部在新的岗位上再立新功。要积极稳妥推进军转安置工作改革创新，把握好改革的方向目标，着力解决制约军转安置工作发展的重点难点问题，加强重要改革举措的统筹，努力形成既体现我国政治制度特点、又符合时代发展要求的中国特色退役军官安置制度。各级党委和政府要加强组织领导和指导协调，把军转安置工作摆上突出位置，作为考核领导班子和领导干部政绩的重要内容，健全完善军转安置工作领导责任制，抓好督促检查，确保各项任务落到实处。各地区各部门和各接收单位要严格执行中央各项安置政策，严肃安置工作纪律，确保军转安置工作风清气正。

会议要求，各地区各部门要正确把握深化国防和军队改革期间军转安置工作面临的新形势、新任务，认真贯彻落实关于做好深化国防和军队改革期间军队转业干部安置工作文件的精神，改进完善安置办法，积极拓宽安置渠道，创新安置工作机制，严格落实安置政策，千方百计做好计划安置，大力促进就业创业，切实加强教育培训、待遇保障、随调随迁家属等相关服务，努力把军队转业干部接收好、安置好、使用好，为中央战略决策顺利实施提供坚强有力的保障支撑。

各省（区、市）按照统一要求，相继召开军转安置工作会议，对本地区的军转安置工作进行动员部署。

6 月 28 日，中央单位军队转业干部安置工作会议在北京市召开。会议传达了 2016 年全国军队转业干部安置工作会议精神，总结了 2015 年中央单位军转安置工作情况，部署了 2016 年接收 700 名军队转业干部的安置任务。国务院军队转业干部安置工作小组副组长、人力资源社会保障部副部长张义珍出席会议并讲话。中央和国家机关各部委，各直属机构、事业单位、人民团体，各中央企业干部（人事）部门负责同志参加。

二、全面落实军队转业干部安置工作各项任务

（一）计划分配军队转业干部安置工作。

6 月 28 日，国务院军队转业干部安置工作小组、中央组织部、中央机构编制委员会办公室、人力资源社会保障部、财政部、军委政治工作部、军委后勤保障部七部门联合下发《关于做好 2016 年军队转业干部安置工作的通知》（国转联［2016］4 号，以下简称《通知》），对 2016 年度军队转业干部安置工作提出具体要求。《通知》明确，根据中央关于深化国防和军队改革、裁减员额 30 万的战略部署，2016 年全军和武警部队有 5.8 万名干部转业地方，其中计划分配 2.92 万余名，自主择业 2.88 万余名。《通知》强调，要深入贯彻习近平总书记关于做好深化国防和军队改革期间军转安置工作的重要指示精神，认真落实《军队转业干部安置暂行办法》（中发［2001］3 号）、《关于进一步做好军队转业干部安置工作的意见》（中发［2007］8 号）以及关于做好深化国防和军队改革期间军队转业干部安置工作等文件的规定，按照全国军转安置工作会议的部署要求，扎实做好军转安置各项工作，确保中央关于军转安置工作的方针政策落到实处。《通知》要求，各省（区、市）要加强对军转安置工作的组织领导，按照规定的时间节点有序推进安置工作，10 月底前落实计划分配军队转业干部定岗定位，向部队发出军队转业干部和随调家属报到通知，12 月底前完成年度安置任务。

截至 12 月底，2016 年度军队转业干部安置任务顺利落实，2.9 万余名计划分配军队转业干部得到妥善安置，9 400 余名师团职干部得到重点安置。中央单位共接收安置军队转业干部近 800 名，超额完成了年度安置任务。

（二）自主择业军队转业干部安置工作。

各省（区、市）军转部门按照年度安置计划，接收安置了 2.88 万名自主择业军队转业干部，顺利完成档案接收、待遇保障、扶持就

业等任务。全国累计接收安置自主择业军队转业干部18万余名。

3月31日，国务院军队转业干部安置工作小组办公室会同人力资源社会保障部相关职能单位在湖北省武汉市召开会议，对全国自主择业工作信息平台试点运行工作进行部署和培训，北京市丰台区、黑龙江省哈尔滨市、山东省青岛市、湖北省、云南省、甘肃省兰州市6个试点地区的同志参加。9月23日，国务院军队转业干部安置工作小组办公室印发《关于做好全国自主择业工作信息平台推广运行工作的通知》，对信息平台全国推广运行进行了部署。

9月23日，国务院军队转业干部安置工作小组、人力资源社会保障部、财政部、中央军委政治工作部联合印发《关于调整自主择业军队转业干部津贴补贴标准的通知》（国转联［2016］5号），根据移交地方安置的军队退休干部退休费调整情况，调整了自主择业军队转业干部津贴补贴标准。

9月27日至28日，全国自主择业工作座谈会在江西省南昌市召开，会议贯彻落实全国军转安置工作会议精神，总结交流工作，研究分析面临的新形势，明确今后一个时期工作思路和重点任务。国务院军队转业干部安置工作小组副组长、人力资源社会保障部副部长张义珍出席会议并讲话。各省（区、市）自主择业工作机构负责同志，部分省（区、市）人社厅（局）分管自主择业工作的厅（局）长和军转办主任，中央军委政治工作部全军转业办负责同志参加会议。

10月中旬和11月上旬，国务院军队转业干部安置工作小组办公室委托军转培训中心，分别在陕西省西安市和福建省福州市举办自主择业工作培训班，对退役金调整工作进行具体布置，对退役金发放系统和自主择业工作信息平台运行维护进行培训，对自主择业政策进行系统讲解。各省（区、市）及部分地（市、区）从事自主择业工作的同志参加。

12月26日，国务院军队转业干部安置工作小组、中央组织部、人力资源社会保障部、财政部、中央军委政治工作部联合印发《关于加强自主择业军队转业干部管理服务工作的通知》（国转联［2016］6号），对进一步做好新形势下的自主择业军队转业干部管理服务工作提出了明确要求。

（三）军队转业干部教育培训工作。

在推进军转教育培训各项工作科学化、制度化和规范化的同时，重点按照中央做好深化国防和军队改革期间军队转业干部安置工作关于“探索开展军队转业干部进高校专项培训”的要求，研究起草专项培训配套文件，为下一步工作落实提供政策依据。

扎实开展前移培训和适应性培训，指导各地积极组织深入部队宣讲政策活动。5.4万余名军队转业干部报名参加前移培训网络课堂，占当年军队转业干部总数的94.5%。适应性培训实现了全覆盖。

指导各地大力开展以就业创业为重点的形式多样的自主择业军队转业干部个性化培训。加强课程优化和制度建设，提高管理服务水平，进一步提升自主择业网络培训实用性和吸引力。自主择业网络培训参训人数达3.5万人。

根据新形势新要求和军队转业干部实际需求，不断增强教育培训实效性和针对性，实现以培训促安置、以培训促更好发挥作用。全国计划分配军队转业干部上岗前专业培训参训率达98%。11月23日至12月下旬，联合北京大学和清华大学开展中央国家机关和中央管理的在京企业事业单位军队转业干部教育培训工作，600余名军队转业干部参加培训。

4月至10月，就探索开展军队转业干部进高等学校专项培训工作，会同军委政治工作部全军转业办听取了部分高等学校、安置接收单位以及部队干部（转业）部门和军队转业干部意见，与有关部门达成了一致意见，形成了开展有关工作的指导意见。

三、深入开展军转安置制度改革研究

为做好深化国防和军队改革期间军转安置工作，会同有关部门研究形成了《关于做好深化国防和军队改革期间军队转业干部安置工作的通知（稿）》。经中央审议批准后，5月6日正式下发关于做好深化国防和军队改革期间军队转业干部安置工作的通知，从军队转业干部安置去向条件和自主择业条件，完善编制、职数、经费保障办法等方面，提出了一系列特殊措施和倾斜政策，为做好改革期间的军转安置工作提供了有力的政策制度保证。

按照中央改革办的要求，牵头承担“畅通具备条件的军队转业干部进入法治专门队伍的通道”改革任务。12月30日，人力资源社会保障部、中央组织部、中央政法委、中央编办、中央军委政治工作部、中央军委政法委印发《关于加强政法部门接收安置军队转业干部工作的指导意见》（人社部发［2016］139号）。

专业技术人才工作

2016年，专业技术人才工作认真贯彻党的十八大及十八届三中、四中、五中、六中全会精神和习近平总书记关于人才工作重要指示精神，充分发挥政府人才工作综合管理部门职能作用，全面推进人才规划纲要和专业技术人才队伍建设规划实施，加速推进人才评价机制改革，加强人才队伍建设，实施人才工程项目，完善人才公共服务。

一、人才发展体制机制改革扎实推进

一是贯彻落实中共中央《关于深化人才发展体制机制改革的意见》（中发［2016］9号）（以下简称《意见》），对人力资源社会保障部牵头的31项改革任务逐项明确责任单位、成果形式和进度安排，提出64条具体落实措施。举办全国人社系统学习贯彻《意见》培训班，加大协调力度，推进改革任务落实。二是按照中央全面深化改革有关部署，研究制定《关于分类推进人才评价机制改革的指导意见》，建立健全符合不同人才成长规律和实际特点的评价机制。三是制定出台《关于加强基层专业技术人才队伍建设的意见》（人社部发［2016］57号），从改革完善评价机制、基层事业单位人事管理制度、激励机制、引导人才向基层流动、提升能力素质、提高服务保障水平等方面提出25条加强基层专业技术人才队伍建设创新举措，提升人才服务基层经济社会发展能力。四是以部党组名义上报党中央、国务院贯彻落实全国科技创新大会精神情况报告。围绕实施创新驱动发展战略和深化科技体制改革，配合做好安徽、广州等6地全面创新改革试验方案和北京、上海2个全国科创中心建设方案研究制定工作，推动形成有利于创新发展的人才体制机制。

二、高层次人才选拔培养工作有序实施

一是配合实施“万人计划”，遴选97名百千万工程领军人才人选。二是开展享受政府特殊津贴专家选拔工作，经国务院审批，确定2016年享受政府特殊津贴人员4 973名。三是实施万名专家服务基层行动计划，资助101个项目，新设20个国家级专家服务基地。四是举办全国专家管理软件培训班，组织百千万人才工程人选3期专题研修班、2期创新讲坛、1次出国培训。五是开展专家海南休假活动。

三、职称改革工作稳步推进

一是稳步推进职称制度改革。中共中央办公厅、国务院办公厅印发《关于深化职称制度改革的意见》（中办发［2016］77号），全面推开中小学教师职称制度改革，基层卫生专业技术人员职称制度改革成效明显。二是改革完善职业资格制度。再取消2批共162项职业资格许可和认定事项，2013年以来分7批共取消434项职业资格，国务院部门设置的职业资格削减比例达到原总量的70%以上。研究提出国家职业资格目录。部署清理各类行业准入证、上岗证。三是加强职业资格设置实施监管。组织职业资格清理取消工作“回头看”。印发《关于加强专业技术人员资格考试安全工作的通知》（人社部发［2016］64号），修订《专业技术人员资格考试违纪违规行为处理规

定》(人力资源和社会保障部令第 31 号)。组织实施 37 项专业技术资格考试，858 万人参加考试，200 余万人取得职业资格证书。

四、留学人员回国工作不断加强

一是贯彻落实李克强总理重要批示精神，向国务院上报支持留学人员回国创新创业工作的报告。配合中央组织部制定国家重点引才目录。为破解中国“绿卡”办理难问题，函洽公安部，突破现行政策，为入选全国重点海外高层次人才引进计划的留学回国人才及家属办理永久居留开辟绿色通道。二是实施引才工程。配合中央组织部开展“千人计划”创业人才评审。实施高层次留学人才回国资助、留学人员回国创业启动支持计划、留学人员科技活动项目择优资助，投入 4 051 万元支持 587 名留学回国人员创新创业。大力实施海外赤子为国服务行动计划，遴选 42 个为国服务项目，资助 750 万元，分别比上年增长 31.25％和 29.31％。三是加强服务体系建设。召开留学人员回国服务工作部际联席会议，指导“千人计划”服务窗口开展有关工作。新设省部共建留学人员创业园 3 个，截至 2016 年年底，省部共建创业园总数达 49 个。举办留学人员回国创业高级研修班、创业导师走进留学人员创业园等活动，宣传解读政策、开展创业指导。

五、博士后工作创新发展

一是实施博士后创新人才支持计划，首批 200 人入选。二是加大博士后国际交流计划、“香江学者计划”、中德博士后交流项目实施力度，引进项目资助人数从上年的 200 人增加到 400 人，派出项目和学术交流项目资助人数从 100 人增加到 120 人；“香江学者计划”资助 60 人；中德博士后交流项目资助 15 人。三是支持博士后创新创业，试点建设全国博士后创新示范中心（广东省江门市）和中国博士后成果转化基地（河北省廊坊市）。四是开展博士后学术交流，举办博士后学术交流活动 35 场次，开展博士后管理工作培训、博士后科技服务团、博士后挂职服务等工作。五是完善博士后日常经费和科研经费投入机制，制定印发 2016 年博士后日常经费资助计划，资助经费达 9.3 亿元；开展中国博士后科学基金第 59 批、第 60 批面上资助，第 9 批特别资助工作，全年累计资助 7 383 人，资助经费达 5.6 亿元。

六、专业技术人员继续教育工作深入开展

一是贯彻落实《专业技术人员继续教育规定》(人力资源和社会保障部令第 25 号)，推动各地、各部门做好制度衔接。二是实施专业技术人才知识更新工程。资助国家级高级研修项目 300 个，培训高层次专业技术人才 2.1 万名，完成急需紧缺人才培养培训和岗位培训 127.35 万人次。新建 20 个国家级继续教育基地，举办基地管理培训班。三是启动第五批新疆特培工作，实施西藏特培工作。召开第五批新疆特培工作会议，选拔新疆 200 名、西藏 120 名少数民族学员到内地进行特殊培养，选拔 200 名新疆少数民族学员在疆内进行特殊培养，开展 4 期专家服务团活动。四是召开中国继续工程教育协会第六届会员代表大会，开展专业技术人才知识更新工程中期评估，加强继续教育公共服务网络平台建设。

七、人才综合协调工作统筹推进

一是组织召开部人才工作领导小组会议，制定印发部 2016 年人才工作要点，指导推动人社系统落实国家中长期人才发展规划纲要。二是做好中央人才工作协调小组、制造强国建设领导小组等近 30 个部际小组涉及人力资源社会保障部的人才工作，与教育部、民政部等部门会签印发制造业人才发展规划指南、加强集成电路人才培养、加强网络安全人才培养、加强社会工作人才岗位开发激励保障等政策文件。三是组织实施 34 项西部和东北地区高层次人才援助项目，人才工作与产业发展、区域发展结合更加紧密。

事业单位人事管理

一、贯彻落实《事业单位人事管理条例》

（一）配套政策法规建设稳步推进。

一是研究制定《事业单位工作人员奖励规定》，已经部第112次部务会审议通过。二是修改完善《关于处分规定执行中若干问题的意见》、《事业单位申诉案件办理规则》；办理4件中央直属事业单位工作人员申诉案件。三是研究起草了《事业单位工作人员考核规定》和《事业单位工作人员竞聘上岗规定》，在全国人事、组织系统征求意见，召开专题座谈会听取部分行业主管部门和各地人社厅（局）意见。四是召开座谈会研究讨论制定事业单位人事监督规定的思路和主要内容。

（二）指导地方和部门贯彻落实条例。

加强贯彻实施《事业单位人事管理条例》的指导，先后举办3期事业单位人事改革培训班，培训700余名全国各地人社厅（局）和各部门事业单位人事管理工作业务骨干。

二、进一步深化事业单位人事制度改革

（一）落实中央部署，破解难点，推动事业单位人事改革取得进展。

一是建立防治“吃空饷”问题长效机制。为巩固“吃空饷”专项治理成果，经国务院同意，人力资源社会保障部、中央组织部、中央编办、财政部联合下发《关于建立机关事业单位防治“吃空饷”问题长效机制的指导意见》（人社部规〔2016〕6号）。二是鼓励事业单位工作人员创新创业。按照党中央、国务院关于加快实施创新驱动发展战略和大众创业万众创新等要求，研究起草鼓励和支持事业单位专业技术人员创新创业的指导意见。三是研究编外用人问题。根据中央编委会议有关要求，起草妥善解决机关事业单位编外用人问题的政策思路。

（二）配合做好事业单位人事制度改革相关工作。

一是配合中央编办做好分类推进事业单位改革工作，制定行政执法类和生产经营类事业单位改革中相关的人事管理政策。二是配合教科文卫等有关行业部门做好高校、科研院所、公立医院、文化等行业体制改革中涉及事业单位人事制度改革的相关工作。三是配合发展改革委、财政部等部门做好行业协会商会与行政机关脱钩、公务用车制度改革、党政机关和国有企事业单位培训疗养机构改革、政府购买服务相关工作中涉及的人员安置政策研究及组织实施工作。四是配合中央宣传部研究中央主要新闻单位采编播岗位人事管理制度改革意见。

三、继续做好聘用制度、岗位管理制度和公开招聘制度实施工作

（一）聘用制度稳步推进。

一是加大工作指导，推动事业单位新进人员，续聘、调整岗位等各类人员签订聘用合同，进一步巩固聘用制度在事业单位全覆盖的成果。二是天津、河北、吉林、四川等地积极完善聘用合同管理政策，修订聘用合同范本，规范解除、终止聘用合同流程。

（二）岗位管理制度建设进一步完善。

一是研究起草《事业单位管理岗位职员等级晋升制度的试点意见》，选择部分县市开展

数据统计和工资测算工作。二是基本确定《关于事业单位专业技术一级岗位设置的实施意见》的工作思路，会同中央组织部到上海、浙江调研，在全国范围内开展专业技术二级岗位实施情况调研。批复中医科学研究院研究员屠呦呦为专业技术一级岗位人员。三是研究起草《关于事业单位特设岗位设置管理的指导意见》，召开座谈会听取各地人社部门和部分中央国家机关人事部门负责同志的意见。四是继续推进岗位设置管理工作，指导地方做好岗位设置的方案变更备案工作。五是有序开展中央直属和中央国家机关所属事业单位岗位设置方案变更的备案工作。

（三）公开招聘制度改革更加适应事业单位需求。

一是为贯彻中央打赢脱贫攻坚战的决策部署，破解基层招人难、留人难，会同中央组织部出台《关于进一步做好艰苦边远地区事业单位公开招聘工作的通知》（人社部规［2016］3号），并联合公务员管理办公室召开各省（区、市）、人社厅（局）会议，专题部署落实。二是巩固整治公开招聘突出问题专项行动成果，起草《关于进一步扎实做好事业单位公开招聘工作的意见》。三是严肃公开招聘纪律，研究起草《事业单位公开招聘违纪违规行为处理办法》。四是指导部考试中心开展事业单位公开招聘分类考试工作，到湖北、甘肃参加事业单位公开招聘考试巡考。五是加强事业单位公开招聘信息服务平台建设。为中央联络部、中央党校、国家铁路局等部门在人力资源社会保障部门户网站上发布事业单位公开招聘信息和拟聘人员公示信息。

公务员管理

2016年，公务员管理部门认真贯彻落实党的十八大和十八届三中、四中、五中、六中全会精神，深入贯彻习近平总书记系列重要讲话精神和治国理政新理念新思想新战略，按照全国组织工作会议、全国人力资源社会保障工作会议和全国公务员管理工作会议部署，围绕中心、服务大局，聚焦改革、精心组织，积极推进，各项工作任务进展顺利，成效明显。

一、公务员职位管理工作

（一）公务员分类改革。

党的十八届三中全会提出，要深化公务员分类改革，推行公务员职务与职级并行、职级与待遇挂钩制度，抓紧建立专业技术类、行政执法类公务员管理制度。按照中央要求，中央组织部、人力资源社会保障部、公务员局研究制定了《专业技术类公务员管理规定（试行）》、《行政执法类公务员管理规定（试行）》（以下简称两个《规定》）。2016年4月，中央全面深化改革领导小组第二十三次会议审议通过两个《规定》。同时指出，深化公务员分类改革，加快建立专业技术类、行政执法类公务员管理制度，是落实党的十八届三中全会决定的举措。要着眼于提高管理效能和科学化水平，确立体现工作性质和职位特点的职业发展通道，分类录用、分类考核、分类培训，突出对公务员特别是基层公务员的持续激励，更好调动公务员积极性。7月，中共中央办公厅、国务院办公厅印发两个《规定》。两个《规定》的出台，为从事专业技术、行政执法工作的公务员建立了符合自身特点的单独职务序列和专门管理制度，有利于提高公务员管理效能和科学化水平。

（二）建立公务员职务与职级并行制度。

为进一步完善公务员制度，推行公务员职务与职级并行、职级与待遇挂钩制度，拓展公务员职级晋升通道，进一步调动广大公务员的积极性，2016年12月25日，第十二届全国人民代表大会常务委员会第二十五次会议作出决定，授权国务院在部分地区和部分在京中央机关开展公务员职务与职级并行制度试点工作，暂时调整适用《中华人民共和国公务员法》有关规定。

（三）公安机关人民警察职务序列改革。

按照中央要求，中央组织部、人力资源社会保障部、公安部、公务员局研究制定了《公安机关执法勤务警员职务序列改革试点方案》、《公安机关警务技术职务序列改革试点方案》，经中央全面深化改革领导小组第十九次会议审议通过。2016年9月，四部门在重庆联合召开会议，在部分地区启动了公安机关人民警察职务序列改革试点工作。

（四）聘任制公务员试点。

2016年，聘任制公务员试点工作继续稳步推进。试点在扩大机关选人用人视野，满足用人需求，改善队伍人员结构、知识结构等方面发挥了重要作用。聘任制公务员具有突出的专业优势和市场背景，竞争意识强，履行合同情况较好，提高了机关工作效率，增强了机关实施公共管理的专业性、针对性和有效性，充分发挥了聘任制灵活、高效的制度优势。

（五）中央机关公开遴选和公开选调工作。

为全面贯彻落实党的十八大和十八届三中、四中、五中全会精神，中央机关继续组织开展公开遴选和公开选调公务员工作，进一步完善了相关政策措施，不断提高工作的科学化、规范化水平。一是进一步强调基层工作要求，维护基层队伍稳定。明确“除选调生外，应符合在本级机关工作的最低年限；没有规定的，须在本机关工作2年以上”，引导基层公务员有序交流。二是进一步优化考生报名方式，提高报名和资格审查效率。升级考试报名系统，将原来考生以电子邮件发送《报名推荐表》的方式改为直接在报名系统上传提交方式，大幅提高了考生报名效率，减轻了各部门资格审查工作量。三是有效整合命题资源，着力提高命题质量。将处级公开遴选职位与公开选调职位命题资源进行有效整合，着力提高试题质量，不断提高命题工作的科学化水平。2016年，中央机关公开遴选和公开选调工作稳步推进，61个部门共拿出521个职位，其中公开遴选职位505个，公开选调职位16个。公开遴选和公开选调工作8月发布公告，9月在北京等17个考点城市组织进行笔试。面试实行“一职一卷”，由各遴选、选调部门根据职位特点自主命题，或采取“3＋X”方式确定面试题本，部分单位还根据需要组织进行了职位业务水平测试。考察原则上按照2∶1的比例差额进行，全面考察人选的德才表现、工作实绩和群众口碑，根据考察情况和职位要求确定人选。最终，470余人通过公开遴选和公开选调进入中央机关工作。

（六）民用机场公安机构管理体制改革督导。

按照《进一步推进民用机场公安机构管理体制改革会议纪要》、《国务院办公厅关于转发民航局等部门进一步推动民用机场公安机构管理体制改革工作方案的通知》和国办有关领导要求，参与了民航局、公安部、中央编办、财政部等部门共同开展的民用机场公安机构管埋体制改革督导工作，并牵头对河北、湖北、宁夏等3省区进行督导和实地调研，督促地方政府扎实推进改革工作。

二、公务员考试录用工作

（一）落实中央改革任务。

深入推进公安机关人民警察招录培养制度改革。拓宽招警渠道，落实招警政策，招录改革开局良好。全国26个省（区、市）分别组织了面向公安院校公安专业应届毕业生和社会考生的招警工作，共招警32 514名。其中，面向公安院校公安专业毕业生招警15 697名，入警率达80.2%，同改革之前的73%相比有较大幅度提高。30个省（区、市）开展了技侦、反恐等特殊职位招录，共录用887名。27个省（区、市）根据实际情况采取政策倾斜，招录84名公安英烈子女入警。

开展各地落实《关于做好艰苦边远地区基层公务员考试录用工作的意见》情况督查工作。各地招录计划向基层倾斜，县乡机关招录人员在总招录人员中占比为70.6%。考录政策向基层倾斜，通过放宽专业和学历限制、降低开考比例、单独划定笔试合格分数线等措施，有效缓解了艰苦边远地区基层机关“招人难”问题。严格基层机关新录用人员管理，明确了最低服务年限等相关规定，较好地保证了基层机关新录用公务员队伍稳定。

（二）完善考录制度。

会同中央组织部印发《公务员考试录用违纪违规行为处理办法》（人力资源和社会保障部令第30号），依据《刑法修正案（九）》的规定，结合公务员考试录用信用体系建设，依法依规打击考试作弊。会同卫生计生委修订了《公务员录用体检通用标准（试行）》及《公务员录用体检操作手册（试行）》（人社部发［2016］140号），进一步提高了公务员录用体检工作科学化、规范化水平。会同中央组织部联合印发了《关于进一步加强公务员录用考试安全工作的通知》（人社厅发［2016］172号），对推进考试工作规范化建设、加强考点管理、加大打击作弊力度、净化考试环境、加强队伍建设和健全问责制度等提出要求。各地坚持问题导向，结合实际研究制定完善了考录有关政策，江苏、湖南等地研究制定了特殊职位公务员录用办法，江苏制定了面试考官管理办法，重庆、四川制定了公务员录用考察办法，浙江制定了公安机关人民警察录用考察工作细则，天津、重庆、甘肃、西藏、新疆等地制定了考试劳务费用支出管理办法。

（三）推进考录科学化。

开展公务员计算机化考试调研，设计开发机考软件系统，在公安院校公安专业毕业生招警考试（考生规模 2.2 万人）行政职业能力专业科目中进行试点。开展全国公务员分类分级考录实施情况调研，进一步完善公务员分类分级考录框架体系。加强考试测评基地建设工作，组织召开首次考试测评基地经验交流会。加强对测评基地建设的指导，积极完善相关管理制度，充实专家队伍，各基地圆满完成了试题命制、课题研究等各项任务，为地方考录工作提供了较强的技术支撑。

组织完成 2017 年度中央机关招考笔试试题命制工作，指导完成两次省级同步招考笔试和公安部公安机关执法勤务职位招警考试专业科目试题命制工作。完成 2016 年度中央机关招考通用面试试题命制工作，征集评审试题约 50 套，继续在国税、海关、铁路公安、统计调查队、交通部海事、质检系统推进自主命题试点工作，89％的考生使用部门自主命制的试题进行面试。创新面试题型和组织形式，首次进行了结构化小组面试的试点。

积极开展考录科研工作，完成了针对专业性较强的公务员职位的考录测评方法、法治思维能力在公务员考录中的测评、情景判断测验技术在公务员录用考评中的应用、常识判断测验能力考察体系、基于项目反映理论的试卷分数等值方案、公务员考试题库系统安全结构设计与实现等 6 项课题的结题工作，并启动了新中国公务员考录工作大事记编撰、论证分析题型设计及其测量、基于公务员考生面试技巧识别与控制、公务员专业科目笔试命题指南、我国公务员录用考试的合理性等 5 项新课题研究。加强面试考官培训工作，共培训中央机关面试考官约 1 000 人，指导支持新疆、湖南、广西等地举办了 21 期面试考官培训班，培训面试考官 4 000 余人。

（四）完成当年公务员招考工作。

认真组织 2016 年度中央国家机关及其直属机构考试录用工作。计划录用公务员和机关工作人员 27 817 名，199.6 万人次报名，通过资格审查人数 139.46 万人，比上年减少 1％，参加公共科目笔试人数 92.9 万人，实际录用 25 376 人，占录用计划数的 91％。录用人员中，中央一级机关 1 509 人（其中中央党群机关 306 人），中央机关设在地方的直属机构（含省、市、县三级）23 867 人。各地公务员招考达 120 余项次，报名人数近 500 万人，共招录公务员近 17 万人。

（五）夯实考录工作基础。

印发 2016 年行政机关公务员考试录用工作要点，部署全国考录工作。举办地方考录工作人员培训班，不断提高考录工作人员业务能力和水平。强化考试安全管理，细化考务组织，加强与公安、工信等部门的协调配合，健全联席会议机制，完善全国公务员考试录用违纪违规人员信息库，严厉打击考试作弊行为，指导有关地方妥善处理“4·23 疑似考题泄露”问题，保证了地方录用考试的安全顺利进行。健全全国考录系统信息交流机制，及时通报、共享各地重点工作情况。

三、公务员考核奖励工作

（一）公务员考核。

不断完善考核制度。配合中央纪委机关、中央组织部出台《关于受党纪处分公务员年度考核有关问题的答复意见》（组通字［2016］60 号）、受组织处理公务员年度考核意见。会同公安部研究起草《公安机关人民警察考核办法》。继续推动平时考核工作试点扩面。会同中央组织部研究起草《公务员平时考核办法》，召开北京、天津、陕西 3 个片会听取意见。全国已有20多个省份印发加强平时考核的文件。7月，在青岛召开公务员平时考核座谈会，交流试点经验。全国省级公务员管理部门设立的平时考核联系点达1 600多个，天津、河北、吉林、江苏、浙江、重庆等6省市已实行或部署全面铺开工作。会同中央组织部对全国平时考核工作进行调研，形成《平时考核问题研究》调研报告。加大工作指导力度。支持江苏、重庆、质检总局等地及部门召开平时考核部署会。12月，在江西九江举办公务员考核奖励培训班，支持黑龙江、江苏、安徽等地组织考核奖励业务培训。

（二）公务员奖励。

加大正向激励力度，落实中央关心爱护干部的要求，引导公务员履职尽责。会同中央组织部研究调整公务员奖励奖金标准，积极配合部相关职能单位开展规范公务员奖金政策文件起草工作。会同海关总署研究起草《海关系统奖励规定》。会同公安部研究在公安队伍中开展“全国公安机关为民服务示范单位和示范岗”创建活动，发挥示范带头作用，深入推进争做人民满意的公务员活动。11月，在北京召开中央机关公务员考核奖励工作座谈会。批复中央国家机关51个部门2015年度公务员奖励方案。支持卫生计生委、外交部、税务总局开展重大专项工作及时奖励。向中央党政机关发放公务员奖励奖章、证书。

（三）国家表彰奖励。

全力推进党和国家功勋荣誉表彰制度建设。认真落实党和国家功勋荣誉表彰委的任务和要求，重点做好国家功勋荣誉表彰条例起草工作。按照功勋荣誉表彰委审议意见，条例名称定为《国家功勋荣誉表彰条例》，扩大了适用范围，做到覆盖全面、统一完备。研究起草《中共中央　国务院　中央军委表彰奖励项目增设管理办法》，启动研究功勋荣誉表彰奖励获得者待遇规定及困难帮扶政策，以及功勋荣誉表彰委分工任务。严格执行部级荣誉称号表彰计划申报审批制度。人力资源社会保障部先后会同23个部门联合表彰先进集体1 289个、先进个人1 639人，开展了追授李保国、姜仕坤等同志相关荣誉称号的14次及时表彰活动。为体现党和政府对先进人物的关心关爱，牵头组织5类19名先进模范代表参加2016年国庆招待会；分别在海南、重庆、辽宁、广东4省市组织开展4期118名省部级以上荣誉称号获得者休假疗养活动。

（四）评比达标表彰。

一是创新表彰方式方法，统筹做好二十国集团（G20）杭州峰会表彰奖励工作。落实习近平总书记关于G20杭州峰会总结表彰的重要批示精神，经报全国评比达标表彰工作协调小组领导批准，采取记功、嘉奖、通报表扬的方式，对有功集体和人员进行表彰奖励。2016年共有12个部门和浙江省开展了表彰奖励工作，集体记功127个、嘉奖44个、通报表扬895个，个人记功184个、嘉奖551个、通报表扬10 947个。二是采取超常规举措，设立国家扶贫攻坚奖。落实精准扶贫、精准脱贫要求，会同国务院扶贫办研究建立国家扶贫荣誉制度，提出在“十三五”脱贫攻坚期间每年开展一次“脱贫攻坚奖”表彰活动等建议。会同国务院扶贫办开展了第一届全国“脱贫攻坚奖”评选工作。三是突破原有模式，建立乡村教师荣誉制度。在坚持教育系统表彰奖励面向基层、面向一线的基础上，会同教育部开展乡村教师从教30年首次荣誉证书颁发工作。四是严格审核评比达标表彰项目。分3个批次审核了17个地方和11个部门报送的89个项目，在撤销或合并12个原有常设项目的基础上，提出同意设立常设项目19个；同意调整或变更保留项目24个，开展临时性项目24个；不同意设立、开展、调整或变更项目10个。五是加强监督检查。按照习近平总书记重要指示精神，会同中央组织部等部门对“山寨劳模颁奖”进行深入调查，形成调查处理报告并报中央；严肃查处了有关单位违规开展的3项评比达标表彰活动。圆满完成《汶川特大地震抗震救灾志·英雄模范志》分卷编纂出版工作。

四、公务员培训与监督工作

（一）公务员思想道德建设。

一是加强政治理论培训和理想信念教育。继续强化党的十八大和十八届三中、四中、五中、六中全会精神和习近平总书记系列重要讲话精神的学习培训，促使广大公务员坚定理想信念，提高政治理论素养，不忘初心，继续前进。二是大力推进公务员职业道德建设。与中央组织部、人力资源社会保障部共同印发《关于推进公务员职业道德建设工程的意见》（人社部发［2016］54号）。指导各地各部门持续开展公务员职业道德培训和主题实践活动，推进公务员职业道德建设。三是推动开展宪法宣誓工作。研究制定并报请国务院印发《国务院及其各部门任命的国家工作人员宪法宣誓组织办法》（国办发［2016］59号）。会同国务院办公厅组织举办国务院任命的国家工作人员首次宪法宣誓仪式，国务院总理李克强监誓，国务委员兼国务院秘书长杨晶主持。加强工作指导，推动各地各部门宪法宣誓工作深入开展。

（二）公务员能力素质建设。

一是加强业务宏观指导。通过开展实地调研、组织召开座谈会、下发调查问卷等方式，总结各地各部门“十二五”培训纲要落实情况，在此基础上制定并报请国务院转发《“十三五”行政机关公务员培训纲要》（国办发［2016］92号）。印发《2016年全国行政机关公务员培训工作要点》，推进各地各部门做好公务员培训工作。二是认真举办示范培训班。组织举办厅局级公务员管理研讨班和中央机关处长任职示范培训班。组织开展2016年中央机关新录用公务员初任培训工作，举办培训班14期，培训新录用公务员1 200余人。积极推动各地各部门专门业务培训和在职培训深入开展。三是深入开展对口培训。制定印发2016年公务员对口培训计划和《关于进一步加强公务员对口培训班管理的通知》，实施培训班次方案审核制度，加强培训管理和评估。全年举办培训班40期，培训骨干公务员2 400余人，为东部地区与中西部地区、东北地区协调发展搭建了平台，提供了智力支持。四是加强培训基础建设。会同中央组织部、财政部研究修订《中央和国家机关培训费管理办法》（财行［2016］540号）。举办培训管理者培训班，加强培训管理者队伍建设。组织开展初任培训分类培训课题研究。推动探索运用“互联网＋公务员培训”新模式，提高培训实效。

（三）公务员惩戒申诉工作。

一是研究制定公务员惩戒相关政策。积极与中央纪委、中央组织部等部门沟通，做好相关问题研究，推动《行政机关公务员处分条例》修订。配合中央组织部对被追究刑事责任的国家工作人员受处分情况开展排查清理。及时修订有关专项处分规章，会同中央纪委等部门印发《关于修改〈城乡规划违法违纪行为处分办法〉的决定》等。进一步规范公务员处分和解除处分备案工作。二是推动各地各部门组建公务员申诉公正委员会。省级公务员主管部门申诉公正委员会已基本组建完成。三是依法办理申诉案件。依法受理并审理发展改革委、工商总局、知识产权局有关人员的申诉案件，维护公务员合法权益。

五、公务员综合管理工作

（一）做好公务员统计工作。

会同中央组织部相关职能部门开展2015年度全国公务员统计数据会审，编印统计资料，完成统计分析报告。通过《2015年度人力资源和社会保障事业发展统计公报》公布公务员统计相关数据，同时在公务员局门户网站发布。与中央组织部相关职能部门共同开展2016年公务员队伍建设专题统计分析工作，评审出各地各部门多篇优秀分析报告编印通报，并对公务员统计软件进行升级改版和测试。中央组织部、人力资源社会保障部、公务员局共同印发《关于2016年全国公务员统计工作有关事项的通知》（组通字［2016］54号），部署2016年度全国公务员统计工作，在上海浦东干部学院举办统计工作培训班。

（二）推进全国公务员管理信息系统建设。

积极推进汇总版一期软件研发和试点应用。5月，会同相关单位先后召开汇总版一期软件研发项目分级保护测评问题咨询会、公务员管理信息系统与机关事业单位养老保险系统关联性课题研讨会。7月，中央组织部、人力资源社会保障部、公务员局联合开展全国公务员管理信息系统汇总版1.0软件测试培训工作，研讨应用汇总版1.0软件开展公务员登记和公务员统计业务，听取对推进公务员管理信息系统建设的意见和建议。11月，中央组织部、人力资源社会保障部、公务员局联合召开汇总版1.0软件技术试点总结会，8家试点单位作了试点工作经验交流，会议部署了下一步全国公务员管理信息系统建设任务。

（三）做好参照公务员法管理工作。

与中央组织部联合开展参照管理专题调研，了解全国参照管理整体情况，做好参照管理与事业单位分类改革有机衔接工作，指导各地处理好参照管理审批遗留问题。完善参照管理审批流程，依法做好事业单位参照管理审批和日常管理工作。配合中央综合执法体制改革，积极做好有关参照管理和行政执法体制改革的工作任务。

（四）重大会议。

1月29日，中央组织部、人力资源社会保障部、公务员局在北京召开全国公务员管理工作会议。会议全面贯彻党的十八大和十八届三中、四中、五中全会精神，深入贯彻习近平总书记系列重要讲话精神，按照全国组织部长会议和全国人力资源社会保障工作会议部署，总结2015年及“十二五”时期的工作，分析“十三五”时期公务员管理工作面临的形势和任务，安排部署2016年工作。当日上午，中央组织部副部长、人力资源社会保障部党组书记、部长尹蔚民作工作报告，中央组织部副部长兼干部一局（公务员管理办公室）局长（主任）邓声明主持会议；下午，邓声明作会议总结，人力资源社会保障部副部长、国家公务员局党组书记、局长信长星主持会议。国家公务员局党组成员、副局长卢雍政、吴云华、陈刚出席会议。各省（区、市）、新疆生产建设兵团、副省级市党委组织部分管副部长和政府公务员局局长，中央和国家机关各部委、各直属机构组织人事部门负责同志，中央组织部、人力资源社会保障部、公务员局有关司局负责同志参加会议。

7月22日，国家公务员局在北京召开2016年年中务虚会。会议深入学习贯彻习近平总书记系列重要讲话精神，总结上半年工作，推动落实下半年重点工作，围绕解决公务员队伍中存在的不作为、不会为、乱作为问题的有效措施进行交流研讨。人力资源社会保障部副部长、国家公务员局党组书记、局长信长星主持会议并讲话。国家公务员局党组成员、副局长吴云华、陈刚出席会议。各省（区、市）及新疆生产建设兵团公务员局主要负责同志和局机关工作人员参加会议。

城镇职工养老保险

2016年，是全面建成小康社会决胜阶段的开局之年，也是推进养老保险制度改革的攻坚之年。一年来，在人力资源社会保障部党组的统一部署和坚强领导下，养老保险工作坚持“四个全面”的战略部署，以建立更加公平更可持续的养老保险制度为目标，以深化改革、完善政策为重点，积极进取，开拓创新，取得新的重要进展。

一、形成改革和完善基本养老保险制度总体方案

在改革方案的深化研究阶段，多次向马凯副总理汇报研究进展情况，明确改革方向和重点任务。为广泛听取意见，凝聚共识，会同财政部连续召开专家学者座谈会及22个省份（含新疆生产建设兵团）人社、财政厅（局）长座谈会，听取对改革方案的意见，马凯副总理直接主持会议听取10省份分管副省长（副市长）的意见，促进在更大范围内形成改革共识。2016年12月，改革方案已经国务院常务会议、中央全面深化改革领导小组会议审议并原则通过。

二、机关事业单位养老保险制度改革工作取得积极进展

为进一步加强对改革的指导，本着轻重缓急、成熟一个出台一个的原则，先后印发了《关于机关事业单位养老保险制度改革有关问题的通知》（人社厅发［2016］38号）和《关于实施机关事业单位养老保险制度改革后职务升降工作人员养老保险待遇计发问题的复函》（人社厅函［2016］267号）。同时，建立并完善月调度制度，会同人力资源社会保障部和财政部的相关职能单位组成联合督导组分赴工作进度较慢省份实地重点督导。2016年12月底，大部分省份启动了参保缴费和由社保经办机构发放待遇工作。

三、调整企业和机关事业单位退休人员基本养老金工作顺利实施

经国务院批准，从2016年1月1日起，为2015年年底前退休人员提高基本养老金水平，总体调整水平为2015年退休人员月人均基本养老金的6.5%左右。此次调整是企业退休人员第12次连续调整基本养老金，也是2014年10月1日机关事业单位养老保险制度改革以来，机关事业单位退休人员和企业第一次同步调整待遇，实现了各类退休人员待遇调整的“并轨”，共有1亿多名退休人员受益，社会反映平稳。同时，继续提高企业离休人员基本养老金水平。自2016年7月1日起，为2016年6月30日前已按规定办理离休手续并按月领取基本养老金的企业离休人员提高基本养老金水平。此外，配合机关事业单位养老保险制度改革，组织制定在京中央国家机关事业单位退休人员基本养老金调整方案。印发了2016年调整在京中央国家机关事业单位退休人员基本养老金的通知，确保了在京中央国家机关事业单位退休人员基本养老金调整工作的平稳落实。

四、养老保险关系跨省转续政策进一步完善

印发《人力资源社会保障部关于城镇企业

职工基本养老保险关系转移接续若干问题的通知》(人社部规〔2016〕5号),进一步完善企业职工基本养老保险关系转移接续政策。

五、稳步推进企业年金发展

截至2016年三季度,全国建立企业年金的单位7.6万个,参加职工2 324万人,积累资金10 666亿元,初步显现了补充养老的作用。目前,人力资源社会保障部已会同财政部,在广泛征求各方面意见的基础上,形成了《企业年金办法(稿)》,拟在履行相关程序后尽快印发。

六、进一步规范基金收支管理相关政策

通过下发《关于进一步加强企业职工基本养老保险基金收支管理的通知》(人社部发〔2016〕132号),明确严格费率调整、规范参保缴费政策、控制养老待遇水平等措施,进一步加强基金收支管理,促进基金收支平衡,确保基本养老保险可持续发展。

失业保险

2016年，全国失业保险工作认真贯彻落实党的十八大和十八届三中全会关于增强失业保险预防失业、促进就业功能的精神，按照中央经济工作会议提出的“去产能、去库存、去杠杆、降成本、补短板”五大任务要求，紧紧围绕稳定就业和保障民生工作大局，深化改革，锐意进取，进一步完善失业保险预防失业、促进就业政策体系，大力支持企业稳定就业岗位，切实推动降低失业保险费率政策落实，服务就业大局成效明显。

一、失业保险制度总体运行平稳

失业保险参保和领金人数继续呈增长态势。截至12月末，全国参保人数为18 088.8万人，同比增加762.8万人，参保人数较上年年末增加的有30个省份。其中，农民工参保人数为4 658.9万人，环比增加42.1万人，同比增长10.4%。全国共为483.9万名失业人员发放失业保险金，比上年增加27.1万人。有21个省份领金人数较上年年末略有增加，11个省份减少。

失业保险基金运行平稳可持续。2016年，全国失业保险基金收入1 228.9亿元。全国失业保险基金支出976.1亿元，比上年增加239.7亿元，增长32.6%。其中，用于保障失业人员基本生活的失业保险待遇支出421.6亿元（含失业保险金、为领金人员缴纳的医疗保险费、丧葬抚恤补助、价格临时补贴、农民合同制工人一次性生活补助等），占基金总支出的43.2%，比上年占比下降5.9个百分点；用于职业培训和职业介绍的两项补贴、稳定岗位补贴、东部7省（市）扩大基金支出范围试点以及各地用于促进就业和预防失业支出541.6亿元，占基金总支出的55.5%，比上年占比增加7.3个百分点；其他支出和转移支出12.9亿元，占基金总支出的1.3%，比上年占比下降1.4个百分点。基金累计结余5 333.3亿元，比上年增长4.9%。

二、深入贯彻落实降费率政策

降费率是落实降成本改革任务的重要举措。4月14日，经国务院同意，人力资源社会保障部、财政部印发《关于阶段性降低社会保险费率的通知》（人社部发［2016］36号），决定从2016年5月1日起两年内，暂将失业保险总费率阶段性降至1%～1.5%。各地高度重视，积极贯彻落实，抓紧出台配套政策文件，制定具体实施办法，调整参保信息系统，努力克服困难，确保降费率政策及时落地，进一步降低企业经营成本，充分体现政府对企业和职工的关心。加上2015年降费率政策，两年共减收失业保险费900亿元。

三、参与做好职工安置政策研究和工作指导

一是配合发展改革委等部门制定《国务院关于钢铁行业化解过剩产能实现脱困发展的意见》（国发［2016］6号）、《国务院关于煤炭行业化解过剩产能实现脱困发展的意见》（国发［2016］7号）。参与去产能目标任务分解落实、制定配套文件、协调资金保障、典型经验推广、专项督查等化解钢铁煤炭行业过剩产能实现脱困发展部际联席会议机制各项工作，

参与职工安置配套政策制定和业务指导工作。二是参与降杠杆率、市场化债转股文件中关于职工安置政策的起草和协调工作。经中央政治局常务委员会会议、国务院常务会议审议通过,《国务院关于积极稳妥降低企业杠杆率的意见》(国发〔2016〕54 号)于 9 月 26 日下发。三是指导各地做好相关政策宣传、资金协调保障、配合监督检查等方面工作,切实推动地方和企业按规定妥善安置职工,维护职工合法权益。

四、继续落实稳岗补贴政策

各地结合本地实际,以去产能行业、企业为重点,扎实做好稳岗补贴审核发放工作。2016 年,全国共发放稳岗补贴 259 亿元,比上年增加 132 亿元,增长 104%;惠及 46 万户企业,比上年增加 37 万户,增长 411%;涉及 4 832 万名职工,比上年增加 3 102 万人,增长 179%。实施稳岗补贴政策,在减轻企业负担、保障职工权益、维护就业和社会稳定等方面,取得了积极成效。

五、失业保险制度建设不断加强

一是配合国务院法制办进行专题调研,就修订《失业保险条例》的重要分歧点进行深入研究,形成关于失业保险领金人员特点、失业保险基金支出范围等系列研究报告,并加强与有关部门的沟通协调。研究修订《失业保险金申领发放办法(修订稿)》和起草《失业保险关系转移接续暂行办法(草稿)》,作为《失业保险条例》配套政策予以储备。二是继续指导东部 7 省(市)进一步规范试点支出项目,加大失业保险促进就业力度,为构建失业保险预防失业、促进就业政策体系积累更多经验。

六、完善失业动态监测预警机制

进一步优化监测样本和指标,提高数据分析报告质量。从监测数据看,岗位总体呈流失状态,流失幅度收窄,岗位流失率同比下降。钢铁行业流失率波幅较大,煤炭行业流失率小幅企稳。通过扩大增量调整结构增强监测样本代表性,调整监测指标。各地按照要求,扩大监测范围,抓紧推进增加监测样本企业数量,进一步优化样本结构。

七、切实保障失业人员基本生活

全国领取失业保险金人员月人均领取 1 051.4 元,比上年年末增加 91.1 元,增长 9.5%。经国务院常务会议审议通过,人力资源社会保障部会同发展改革委、民政部、财政部、国家统计局联合印发《关于进一步完善社会救助和保障标准与物价上涨挂钩联动机制的通知》(发改价格规〔2016〕1835 号),对生活困难的失业人员按照规定发放价格临时补贴,从失业保险基金中支出。北京等 10 个省份根据当地社会经济发展水平和基金运行情况,适度调整了失业保险金标准。

八、失业保险经办管理服务水平不断提升

不断完善失业保险基金会计核算和财务管理机制,突出重点,着力健全内控制度,进一步推动基金监管常态化、实时化。科学编制基金预算,严格制度执行和支出管理,强化基金预算约束,进一步提高基金收支规范性和使用效益。进一步修订完善失业保险统计指标体系,加强统计分析,提高上报统计数据的完整性、准确性、及时性。切实做好联网数据上报工作,严格失业保险联网数据督报制度,进一步健全数据上报情况通报制度,不断提高数据质量。指导各地进一步加大失业保险经办机构信息化建设力度,提升经办服务能力,提高经办管理水平和服务质量。扎实开展业务培训,提高工作人员政策水平和业务素质。加强失业保险基层服务平台建设,充实工作力量,完善工作经费保障机制,提高失业保险公共服务水平。

医疗保险

2016年，各级人力资源社会保障部门深入贯彻党中央、国务院一系列决策部署，扎实有序开展工作，在城乡居民医保制度整合、长期护理保险制度试点、发挥医保在医改中的基础性作用等方面取得了新进展、新突破。

一、圆满完成扩面计划，基金运行总体平稳

截至2016年12月底，城镇基本医保参保人数74 392万人，比上年年底增加7 810万人，其中职工医保参保人数29 532万人，比上年年底增加638万人，居民医保参保人数44 860万人，比上年年底增加7 171万人（增长较多的省份有河北、四川，分别增加4 992万人、2 344万人）。

全年基本医疗保险基金收入13 084亿元，比上年增长16.9%，支出10 767亿元，比上年增长15.6%，基金运行总体平稳。其中，职工医保基金收入10 274亿元，支出8 287亿元；居民医保基金收入2 811亿元，支出2 480亿元。

二、提高居民医保财政补助水平，保障水平稳步提高

人力资源社会保障部会同财政部印发《关于做好2016年城镇居民基本医疗保险工作的通知》（人社部发［2016］43号），明确当年居民医保补助标准在2015年的基础上提高40元，达到人均420元；居民个人缴费在2015年基础上提高30元，达到人均不低于150元。保障水平稳步提高，职工医保和居民医保政策范围内住院医疗费用基金支付水平稳定在80%和70%左右。

三、推进城乡居民基本医疗保险制度整合

2016年年初，国务院印发《关于整合城乡居民基本医疗保险制度的意见》（国发［2016］3号）。按照国务院要求，召开专题工作视频会作出部署，积极推进制度整合。先后制定印发了《关于做好贯彻落实〈国务院关于整合城乡居民基本医疗保险制度的意见〉有关工作的通知》（人社部发［2016］6号）、《关于切实做好整合城乡居民基本医疗保险制度推进工作的通知》等文件，指导地方做好国务院文件的贯彻落实工作。截至2016年年底，除国务院文件印发前已经实现整合的天津、上海、浙江、山东、广东、重庆、青海、宁夏等8个省（区、市）和新疆生产建设兵团，其余23个省（区、市）除西藏自治区外，均对建立统一的城乡居民医保制度作出了总体规划部署。从地方实践看，制度整合后，制度更加公平，管理服务水平进一步提高，城乡居民特别是农村居民的医保待遇显著提升。

四、巩固完善城乡居民大病保险

按照中央打赢脱贫攻坚战的总体部署，聚焦建档立卡农村贫困人口，制定印发《关于在打赢脱贫攻坚战中做好人力资源社会保障扶贫工作的意见》（人社部发［2016］71号），配合有关部门联合研究制定了《关于实施健康扶贫工程的指导意见》（国卫财务发［2016］26号）、《关于做好2016年城乡居民大病保险工作的通知》（国医改办发［2016］2号），明确提出当年重点巩固完善大病保险，居民医保财

政补助人均新增40元中的10元用于大病保险，通过采取降低起付线、提高报销比例、取消封顶线等政策措施，对困难人群实施更加精准的支付政策。配合有关部门开展了建档立卡农村贫困人口因病致贫、因病返贫调查，摸清了贫困人口医疗保障情况底数。

五、探索建立长期护理保险

按照中央任务部署，深入调研，总结国内外经验，广泛征求社会各界意见，制定出台《关于开展长期护理保险制度试点的指导意见》（人社厅发［2016］80号），选择长春、上海、重庆、广州等15个城市试点，摸索改革路径，积累经验，探索建立适应中国国情的长期护理保险制度。截至2016年年底，4个原已开展试点的城市进一步完善了政策，3个新开展试点的城市出台了试点文件，其他城市已经完成方案设计。

六、完善医保支付范围和结算管理

落实《关于加快推进残疾人小康进程的意见》（国发［2015］7号）要求，以专家投票遴选的方式确定了纳入基本医疗保险（含新农合）的20项医疗康复项目，会同相关部门印发《关于新增部分医疗康复项目纳入基本医疗保障支付范围的通知》（人社部发［2016］23号），要求各省份完成规定项目的调整，原已纳入支付范围的其他医疗康复项目继续保留。启动国家基本医疗保险、工伤保险和生育保险药品目录调整。成立多部门参与的目录调整领导小组，经广泛征求社会各方意见，确定目录调整工作方案。坚持专家评审机制和公平公开公正的原则，严格按照工作方案开展工作，拟于2017年年初发布新版目录。

七、积极参与深化医药卫生体制改革

贯彻落实全国卫生与健康大会精神。尹蔚民部长在《人民日报》发表学习全国卫生与健康大会精神的署名文章。制定印发《关于深入学习贯彻全国卫生与健康大会精神的通知》（人社部发［2016］88号），召开系统视频会进行动员部署。制定印发《人力资源社会保障部关于积极推动医疗、医保、医药联动改革的指导意见》（人社部发［2016］56号），对人社部门推动三医联动改革进行了全面部署。参与制定《“健康中国2030”规划纲要》、《“十三五”医改规划》、《卫生与健康“十三五”规划》、《推广深化医药卫生体制改革经验的若干意见》、《推进家庭医生签约服务指导意见》、《促进健康医疗大数据应用发展的指导意见》等医改文件。组织开展“发挥医保对医改引领作用的研究”、“十三五”期间医疗保险制度建设等课题，参与完成世界银行、世界卫生组织“三方五家”深化医改联合研究报告。

工伤保险

2016年，工伤保险工作深入学习贯彻习近平总书记系列重要讲话、党的十八大和十八届三中、四中、五中、六中全会精神，按照全国人力资源社会保障工作会议要求和全国工伤保险工作座谈会部署，深入梳理面临的矛盾问题，在吃透内外形势要求的基础上，紧扣工作重点难点，各项工作取得积极进展。

一、全力推进建筑业工伤保险参保扩面工作

通过会议调度、发文部署、定期通报、专项督查、联合督查等形式，层层传递压力，狠抓项目参保率这一工作抓手，全力推进建筑业工伤保险参保扩面工作。一是召开推进建筑等高风险行业参加工伤保险工作座谈会、调度会，请部分工作成效显著的省份介绍经验，听取意见建议，加强部署，指导各省（区、市）和新疆生产建设兵团有针对性地制定推进建筑业参保的具体工作措施。二是在前期充分调研论证的基础上，印发《人力资源社会保障部办公厅关于加快推进建筑业工伤保险工作的通知》（人社厅发［2016］43号），针对工作中存在的问题，要求各地加强领导、狠抓落实，切实推动工作再上一个台阶。三是从下半年起，每双月对各省（区、市）和新疆生产建设兵团建筑项目参保情况进行通报，提出下一步推进工作的要求，并对10个推进较慢的省份进行督查，深入了解地方实际，查找存在的问题，督促指导地方采取有效措施。在突出抓好项目参保率的同时，许多省围绕项目参保新模式的需要，通过实施便捷参保、快认快结、完善服务等措施，在参保项目和农民工中树立了工伤保险“灵活方便、保障有力”的良好形象，推动实现了以“要我参保”到“我要参保”的转变。

截至2016年年底，全国新开工建筑项目79 051个，其中参保项目75 958个，参保率96.1%；在建建筑项目86 251个，其中参保项目74 489个，参保率86.4%；建筑施工企业参加工伤保险人数为1 896万人，比上年年底增加612万人，同比增长47.7%；全国参加工伤保险总人数为21 887万人，比上年年底增加455万人，同比增长2.3%，其中农民工参保7 510万人，事业单位参保2 882万人。2016年全国工伤保险基金收入733亿元，同比下降2.8%，基金支出611亿元，同比增长2%。2016年，全国享受工伤保险待遇共计191万人。

二、指导各地做好降低工伤保险费率工作

2015年，人力资源社会保障部会同财政部印发了相关政策文件，自2015年10月1日起，对工伤保险费率政策进行调整完善，降低工伤保险费率，进一步加强工伤保险基金管理。政策的实施在科学确定企业费率、减少企业缴费方面发挥了积极作用。2016年，继续指导各地落实相关政策，认真做好测算工作，准确确定用人单位行业分类和基准费率标准，定期进行单位费率浮动，加强基金风险控制管理，实现了费率政策调整的平稳过渡。除重庆因基金只够当期支付没有出台降低费率的政策外，全国30个省（区、市）和新疆生产建设兵团均出台或转发了费率政策，并按新的费率

政策调整了企业缴纳工伤保险的费率。企业少缴工伤保险费130余亿元。

三、做好工伤保险法规政策标准的完善工作

一是人力资源社会保障部会同民政部、国家卫生计生委印发《工伤保险辅助器具配置管理办法》(人力资源和社会保障部令第27号),就工伤保险辅助器具确认与配置程序、管理与监督、法律责任等方面作出规定,规范工伤保险辅助器具配置管理。二是印发《人力资源社会保障部关于执行〈工伤保险条例〉若干问题的意见(二)》(人社部发〔2016〕29号),进一步细化完善政策,妥善解决实际工作中的突出问题,促进提高依法行政水平。三是与国家卫生计生委等部门共同印发《关于印发加强农民工尘肺病防治工作的意见的通知》(国卫疾控发〔2016〕2号),进一步强化了患尘肺病农民工的保障工作。四是会同财政部、国家卫生计生委、国家安全监管总局有关职能单位研究起草工伤预防费使用管理暂行办法。五是征求地方和有关部门意见建议,进一步修改完善关于推进工伤保险基金省级统筹的指导意见。六是开展职工非因工或因病丧失劳动能力程度鉴定标准的研究制定工作。七是委托有关研究机构对“突发疾病死亡情形工伤认定”、“工伤认定中的劳动关系问题”等政策难点进行深入研究,为政策的完善提供理论支撑。八是组织召开工伤保险待遇政策中德研讨会,研究解决工伤保险待遇与民事赔偿关系问题。

四、做好工伤保险政策宣传培训工作

印发《人力资源社会保障部办公厅关于组织开展2016年全国工伤保险集中宣传活动的通知》(人社厅函〔2016〕114号)和《人力资源社会保障部办公厅 中华全国总工会办公厅关于组织开展2016年工伤保险知识微信竞答活动的通知》(人社厅函〔2016〕112号),在全国组织开展了工伤保险集中宣传活动,重点宣传建筑业参加工伤保险有关政策,联合全国总工会开展了“工伤保险微信知识竞答”活动。活动取得了良好的宣传效果和社会效应,引起强烈反响。截至12月31日,全国共有146.2万人参与答题,累计答题超过296.2万人次,“中国工伤保险”微信公众号关注人数达到117.3万人。依托“中国工伤保险”微信公众平台推出“人社工伤、为民服务”专题报道,截至8月31日,直接阅读量达6.65万人次。据不完全统计,活动期间各地共发送工伤保险公益短信1 867万余条,印发各类宣传材料1 465万余份,深入企业宣传3.9万余次,现场接受咨询308万余人次,各地广播电视对工伤保险集中宣传的报道信息7 800余条。各地还举办各类工伤保险政策业务培训班4 000余次,累计培训人数约40万人次。9月,在四川省成都市组织工伤保险政策培训班,对各省(区、市)和新疆生产建设兵团、各副省级城市人力资源社会保障系统工伤保险行政部门、经办机构、劳动能力鉴定机构的120人进行培训,收到了良好的效果。

五、扎实做好工伤保险其他业务工作

一是进一步扩大工伤预防试点范围,印发《人力资源社会保障部办公厅关于确认贵州省为全国工伤预防试点地区的函》(人社厅函〔2016〕123号)和《人力资源社会保障部办公厅关于确认青海省为全国工伤预防试点地区的复函》(人社厅函〔2016〕184号),确认增加贵州省、青海省省本级和海南州为工伤预防试点地区。二是积极配合审计署,指导各地认真做好全国工伤保险基金审计工作。三是做好信访相关工作,积极配合办公厅处理有关疑难上访案例,认真研究信访中反映的突出问题,2016年共处理人民来信1 853件。四是积极参与同日本、卢森堡、奥地利、罗马尼亚、塞维利亚等国的社会保险协定谈判商签工作,配合做好签署中荷、中法社保协定相关工作,派员参与做好二十国集团劳工就业部长会会务工作。

生育保险

2016年各级人力资源社会保障部门按照党的十八大和十八届三中、四中、五中、六中全会精神，稳步推动生育保险工作，各项工作取得积极进展，顺利完成全年目标任务。

一、生育保险覆盖人群稳步扩大，待遇水平不断提高

截至2016年12月底，全国生育保险参保18 451万人，比上年增加680万人。其中机关936万人、事业单位2 347万人、企业14 720万人、其他人员448万人。全年全国生育保险基金收入521.9亿元，同比增长4%；基金支出530.6亿元，同比增长29%；当期赤字8.7亿元。年末，基金累计结存676亿元。

享受生育保险待遇人数逐年增加，待遇水平不断提高。全年全国享受生育保险待遇913.7万人次，比上年增加271.8万人次，增长率42.3%。人均生育保险待遇支出为15 385元，其中人均生育医疗费4 303元。

二、研究生育保险和基本医疗保险合并实施总体思路和试点方案

按照党的十八届五中全会精神和《中华人民共和国国民经济和社会发展第十三个五年规划纲要》提出的“将生育保险和基本医疗保险合并实施”的要求，人力资源社会保障部与财政部、卫生计生委共同研究起草了《生育保险和职工基本医疗保险合并实施试点方案》，提出“保留险种、保障待遇、统一管理、降低成本”的总体思路，推进实现两项保险合并实施工作。通过整合两项保险基金及管理资源，强化基金共济能力，提升管理综合效能，降低管理运行成本。试点方案广泛听取相关部门、地方和专家学者的意见与建议后，经国务院同意，按照有关程序提请全国人大常委会审议通过并授权在河北省邯郸市等12个试点城市开展试点工作。

三、指导地方进一步完善生育保险政策

结合2016年1月1日起实施的《中华人民共和国人口与计划生育法》和国家全面实施二孩人口政策，人力资源社会保障部指导地方抓紧研究生育保险政策与国家人口生育政策衔接的相关问题，解决生育保险实际运行中的重点难点问题，进一步规范生育保险待遇项目及标准。北京、天津、山西、辽宁、浙江、安徽、广东等地积极配合国家人口计生政策的落实，结合生育保险基金收支平衡状况，进一步调整地方的生育保险法规。

城乡居民基本养老保险

一、城乡居民基本养老保险参保人数继续增长

2016年首次制定下达城乡居民基本养老保险（以下简称城乡居民养老保险）参保扩面任务分解指标，召开6次会议，举办2期培训班，开展20余次实地调研，督促指导扩面任务进展。截至2016年12月底，全国城乡居民养老保险参保人数50 847万人，超出年度新增参保目标267万人，比上年增加375万人，其中60周岁以上实际领待人数15 270万人。

二、城乡居民养老保险缴费水平持续提高

指导部分有条件的地区开展提高最低缴费档次试点。北京、天津、上海、山东、江苏、广东6省市和部分市县先后提高了最低缴费档次标准。2016年全国城乡居民养老保险参保缴费人员平均缴费249元，比上年增加27元。

三、部分省份提高城乡居民养老保险基础养老金

全国已有27个省级政府及新疆生产建设兵团基础养老金高于国家规定的基础养老金最低标准。2016年，北京、天津、河北、内蒙古、吉林、上海、江苏、福建、山东、湖南、广东、西藏、青海等13个省级政府发文，再次提高当地基础养老金标准。截至当年12月底，全国月人均养老金达到117元，其中基础养老金105元。

四、城乡居民养老保险基金监管进一步加强

对2015年涉及城乡居民养老保险基金的几起重大案件专题调研分析，查找漏洞，总结教训，完善制度。将案情及教训作为培训、会议的重要内容向各地通报警示，堵塞漏洞，强化监管，牢固树立法律红线不能碰、法律底线不能逾越的观念。人力资源社会保障部相关职能单位相互配合，开展城乡居民养老保险经办机构内部控制专项检查。

五、稳步推进被征地农民社会保障工作

2016年，完善并落实被征地农民社会保障政策被列入全国人力资源社会保障系统年度工作重点，相关工作取得积极进展。截至年底，全国共有21个省（区、市）按照《社会保险法》和《物权法》要求进一步改革完善原有政策，将符合条件的被征地农民纳入国家基本养老保险制度。按照国务院工作要求，组织3个国家土地征收改革试点地区交流试点经验，组成多个调研组赴山西、湖南、吉林、宁夏、新疆、内蒙古、广西、湖北等省区调研被征地农民社会保障工作，认真总结各地创新做法和实践经验。按计划举办了一期全国部分省区被征地农民社会保障工作培训班，召开了一个全国会议，合力理清推进改革的思路。为完成国务院“人地钱挂钩”政策督查任务，人力资源社会保障部办公厅于8月印发《关于对被征地农民社会保障工作进行月调度的通知》（人社厅函［2016］322号），调度全国各地逐月上报征地社保工作进展情况。截至12月底

上报数据汇总，全国符合条件的被征地农民约 5 769.4 万人，通过给予养老保险补贴纳入社会保障范围的约 3 824.4 万人。

六、积极开展城乡居民养老保险宣传工作

一是在《中国社会保障》杂志上推出了一期《共享之光——城乡养老保障的中国路径》专刊，在全国两会期间向全国人大代表和政协委员赠送，免费向人力资源社会保障系统发放 20 多万份。二是联合中国劳动保障报社，对山东省东营市和临沂市、山西省晋城市和运城市、江苏省南京市和连云港市、甘肃省嘉峪关市和酒泉市、贵州省遵义市和黔东南州以及新疆维吾尔自治区、宁夏回族自治区进行了典型集中报道。三是充分利用部门户网站、微信群和部内宣传平台，宣传城乡居民养老保险。四是印制了口袋书《城乡居民基本养老保险制度百问百答》，免费向民族地区、边远地区、贫困地区发放 42 220 册。

七、持续推进全国党员干部现代远程教育专题教材制播工作

2016 年，人力资源社会保障部党员干部远程教育专题教材制播工作首次采用政府采购方式确定制作单位，规范了工作流程，建立起了制度规范，圆满完成了 26 个小时的制作任务。中央组织部对 2015 年度制播的专题教材进行评奖，人力资源社会保障部制作的《经办零距离　服务心贴心》获二等奖，《幸福从这里出发——江苏连云港 16 周岁以上被征地农民全部纳入社会保障体系》获三等奖。

社会保险经办管理

2016年是“十三五”的开局之年，全国社保系统全面贯彻落实党中央、国务院的重大决策部署，以深化社会保险制度改革为引领，进一步织密扎牢社会保障安全网，机关事业单位养老保险改革全面启动，异地就医联网结算取得阶段性成果，全民参保计划进一步扩大实施范围，阶段性降低社会保险费率任务圆满完成，“五证合一”登记制度改革平稳实施，医疗保险城乡统筹加快推进，各项社会保险参保人数继续增加，各项保险待遇水平继续提高，基金收支运行平稳，基金规模继续扩大，社保经办规范化、信息化、专业化建设继续推进，服务体系建设取得了新突破。2016年11月，国际社会保障协会在其第32届全球大会期间授予中国政府“社会保障杰出成就奖”，体现了国际社会对我国社会保障事业发展成就的高度认可。

一、着力推动改革任务落地，维护社会和谐稳定

机关事业单位养老保险制度改革实施工作取得实质性进展，全国所有省份开展了参保登记工作，参保缴费和领取待遇人数达到2 439.2万人，在京中央国家机关事业单位养老保险也全面启动参保登记。全国跨省异地就医结算工作正式启动，所有省份实现了省内异地就医直接结算，北京等27个省份正式接入国家异地就医结算系统平台。城乡居民基本医疗保险制度整合工作扎实推进，所有省份对整合工作都作出总体规划部署，其中22个省市统一由人社部门管理，已整合地区制度运行总体平稳，初步形成社保统一管理的大格局。阶段性降低社会保险费率有力支持了供给侧结构性改革，在国务院决定适当降低失业、工伤和生育三项保险费率（失业、工伤和生育保险费率分别降至2%、0.75%和0.5%）的基础上，2016年再次阶段性降低养老保险单位缴费费率和失业保险费率，全年降低企业成本约1 050亿元。社会保险关系转移接续工作持续推进，2016年全国办理基本养老保险关系跨省转续200万人次，较2012年增加85.3万人次，增长74.4%，2012年以来累计办理860万人次，转移资金达到1 717亿元；截至2016年年底，全国累计办理城乡养老保险制度衔接55万人次，转移资金23.6亿元，累计转接退役军人养老保险关系208万人；2016年全国基本医疗保险关系跨统筹地区转续190万人次，较2012年增加100万人次，2010年以来累计转续797万人次。

二、实施全民参保计划，将更多人群纳入社会保障体系

以实现社会保险全覆盖为目标，深入推进全民参保计划，23个省份已全面启动登记工作，四项社会保险覆盖范围不断扩大。截至2016年年底，基本养老保险参保人数88 777万人（城镇职工37 930万人、城乡居民50 847万人），比2012年增加9 980万人（城镇职工增加7 503万人，城乡居民增加2 477万人）；基本医疗保险参保人数达到74 392万人（城镇职工29 532万人、城乡居民44 860万人），比2012年增加20 751万人（城镇职工增加3 046万人，城乡居民增加17 704万

人）；工伤保险参保人数 21 889 万人，比 2012 年年底增加 2 879 万人；生育保险参保人数 18 451 万人，比 2012 年增加 3 022 万人。基本医疗保险已基本实现全覆盖，基本养老保险覆盖率超过 80%，建筑业参加工伤保险“同舟计划”稳步实施，2016 年年底建筑业新开工项目参保率达到 96%，建筑业参保人数达到 1 896 万人，比 2012 年新增 918 万人。

三、各项社会保险待遇稳步提高，人民群众获得感不断增强

（一）养老金标准连续调整。

企业职工养老保险待遇经过 12 年连调，月人均养老金提高到 2 362 元，比 2012 年增加 676 元，增长 40.1%。2016 年机关事业单位和企业退休人员基本养老保险待遇首次同步调整并发放到位，养老保险制度的公平性进一步提高。全国城乡居民养老保险实际领取待遇人数 15 270 万人，比 2012 年增加 2 195 万人，增长 16.8%；基础养老金月人均水平超过 105 元，比 2012 年增加 50 元。

（二）医疗保险待遇进一步提高。

城镇职工基本医疗保险享受待遇人数 17 364 万人，比 2012 年增加 3 695 万人，增长 27.0%。城乡居民基本医疗保险补助提高到人均 420 元，比 2012 年的 240 元增加 180 元；享受人数为 16 536 万人，比 2012 年增加 10 658 万人。职工医疗保险和居民医疗保险政策范围内住院费用基金支付比例分别达到 80%和 70%左右。大病保险覆盖城乡居民超过 10 亿人，各省大病保险政策规定的支付比例不低于 50%，有效缓解了困难群体的大额医疗费用负担，受益人员的实际报销比例提高了 10 个百分点左右。2016 年完成医疗保险药品目录调整，扩大了参保病人用药范围，增设了谈判药品目录。

（三）工伤、生育保险待遇水平随工资增长和社会经济发展得到提高。

工伤保险享受待遇人数 196 万人，待遇支出项目增加，一次性工亡补助金标准大幅提高，从 2012 年的 43.6 万元提高到 2016 年的 62.4 万元，增长 43.1%。二孩政策的出台使得越来越多的育龄妇女享受到生育保险待遇，2016 年生育保险享受待遇人数 914 万人，比 2012 年增加 561 万人，增长 158.9%。

四、基金管理得到加强，基金运行总体安全平稳

2016 年，全国四项社会保险（基本养老、基本医疗、工伤、生育）基金总收入 52 334 亿元，总支出 45 912 亿元，分别比 2012 年年底增加 22 734 亿元、23 033 亿元，年平均增长率分别为 15.3%、19.0%；基金征缴收入 39 186 亿元，比 2012 年增加 15 332 亿元，年平均增长 13.2%；基金累计结余 60 778 亿元，比 2012 年增加 25 726 亿元，年平均增长 14.8%，社会保险各项基金保持了基金收支总体平衡。基金监管进一步加强，建立健全社保欺诈查处和移送机制，出台社会保险欺诈案件管理办法。印发《关于进一步加强企业职工基本养老保险基金收支管理的通知》（人社部发[2016] 132 号），指导各地规范养老保险费率调整和参保缴费政策，加大收支管理力度。强化医疗行为监管，医保智能监控系统已覆盖 72%的地市级统筹地区，从 2012 年的 25 个统筹地区增加到 2016 年的 275 个统筹地区。医保支付范围和结算管理不断完善，加大社保待遇领取核查和稽核工作力度，2012—2016 年，全国实地稽核五项社会保险共查出少缴社会保险费 153 亿元，补缴到账 144 亿元；查出冒领社会保险待遇金额 7.6 亿元，冒领追回到账 7.1 亿元；稽核查出违规医疗、工伤和生育保险定点医疗机构和定点零售药店 10.6 万个，违规金额 21.3 亿元，追回金额 20.7 亿元（含罚金）。

五、创新社保经办管理，提高精准管理便捷服务水平

（一）整合政府部门数据资源，推进互联网与社会保险经办深度融合。

以开展全民参保计划为契机，主动打破目

前公共服务部门之间数据不通、信息不畅形成的“信息孤岛”情况，积极推动数据共享和互联互通，推动社保经办业务与“互联网+”技术深度融合。

（二）社会保险标准化工作提质增速。

积极推进多个标准制定与宣贯工作，积极倡导“标准化+”服务，2016年年底已颁布社会保险国家和行业标准17项，56个市县作为社会保险标准化“先行城市”已启动建设，上海医保中心、无锡社保中心成为国家服务业标准化示范单位，社保经办服务标准化体系进一步健全。

（三）构建全方位、一体化的社会保险公共服务体系。

持续推进电子社保示范城市工作，推广“综合柜员制”模式，推行网上服务一体化、移动化以及自助终端服务普及化、社银一体化、咨询服务多样化。异地领取养老金资格认证工作已基本实现网上协助认证目标，并逐步将认证范围由城镇职工逐步扩展到城乡居民。社会保险业务档案规范化管理成效显著，全国市县两级社保机构规范管理达标率达到93%和86%。全国社会保障卡持卡人数达到9.72亿人。窗口单位作风建设取得显著成效，125个社保经办机构被表彰为“全国人力资源和社会保障系统2014—2016年度优质服务窗口”。

（四）积极贯彻国务院“放管服”决策部署。

以落实“五证合一”登记制度改革为契机，进一步简化和优化了社会保险登记流程，取得了群众少跑腿和减轻经办机构事务性负担的双赢效果。在全国范围内启动全面取消“两定资格审查”，定点医药机构确认由原来的行政部门进行资格审查后再与经办机构签订服务协议的“两步走”转变为仅由经办机构与符合条件的医药机构签订服务协议的“一步走”，印发了《基本医疗保险定点医疗机构协议管理规程》，同步下发协议范本（2016版），提高了管理效率。

社会保险基金监管

2016年，社会保险基金监管工作在党中央、国务院和部党组的关心和领导下，完善机构和职能设置，积极推进重点改革任务，强化依法监督，实现了“十三五”规划良好开局。

一、做好基本保险基金监督工作

一是开展专项检查。在全国范围内组织开展企业职工退休审核审批检查。针对检查发现的问题，各地采取有效措施，加强督促整改，促进了制度完善，规范了经办管理。二是推进“信息网络＋监督”建设。依托“金保工程”开展社会保险基金监管系统联网应用，并与专项检查相结合，提高监督效率。截至2016年年底，已有29个省份、382个市级，近90%以上的县级实现了联网。三是健全社保欺诈查处和移送机制。印发《社会保险欺诈案件管理办法》（人社厅发［2016］61号），超过2/3的省份建立了查处和防范社会保险欺诈联席会议制度，一些地方还将行政司法协作机制扩大到了法院和检察院。四是推进行业、企业社保移交。联合财政部、国资委，对部分省市及中央行业企业社会保险纳入地方管理工作开展约谈督导，敦促各地加大移交工作力度。五是推动安全评估试点。参加社会保险基金安全评估试点的8个省份根据实际和各险种特点，以“应收尽收、应缴尽缴、应保尽保”为重点，完善安全评估指标及权重，提高了评估的科学性和针对性。

二、推进基本养老保险基金投资运营

一是明确受托机构。报经国务院批准，会同财政部印发关于授权全国社会保障基金理事会为基本养老保险基金投资受托机构的函，明确社保基金会养老基金投资受托机构的身份。二是提出工作要求。会同财政部印发关于做好基本养老保险基金委托投资工作有关问题的通知，对地方开展委托投资工作提出要求，明确承诺保底收益和不承诺保底收益两个合同版本，供地方结合实际情况自行选择。三是会同财政部印发关于核准基本养老保险基金存款银行范围的函，明确养老基金存款银行范围。四是会同财政部、社保基金会研究制定托管机构和投资管理机构评审办法，评选出4家托管机构、21家投资管理机构。截至2016年年底，北京、上海、河南、湖北、广西、云南6省（区、市）与社保基金会签署了投资合同，首批委托资金总规模3 400亿元。

三、强化年金市场监管

一是印发了《人力资源社会保障部　财政部关于印发职业年金基金管理暂行办法的通知》（人社部发［2016］92号），制定下发了《职业年金计划备案和编码规则》（人社厅发［2016］168号）、《职业年金计划管理合同指引》（人社厅发［2016］169号）、《职业年金基金管理运营流程规范》（人社厅发［2016］170号）、《职业年金基金数据交换规范》（人社厅发［2016］171号）等配套文件，为顺利启动职业年金基金管理运营工作做好准备。二是为保留“补充保险经办机构资格认定”行政许可事项，与各方做好沟通与说明工作，并取得明显成效。三是根据国务院批准的建信养老金管理公司业务范围，按程序组织评审，认定该公司符合受托资格、账户管理资格和投资管理资格。四是完成了对第二批企业年金基金管理资格的第三次延续工作，对5个法人受托机构、9个账户管理机构、4个托管机构及6个投资管理机构进行了资格延续。五是强化年金信息披露制度，完善披露内容，规范披露指标，按季度对企业年金基金管理情况进行分析，相关信息利用部门户网站等多种媒体向社会公开。六是加强合同备案工作，全年共完成172个企业年金养老金产品审核备案，变更28个央企单一计划企业年金基金管理合同；同时，指导各省市规范企业年金合同备案及管理工作。七是加大政策储备力度，对扩大年金基金投资范围、不同产品的特性、收益水平、风险程度等进行研究。截至2016年年底，76 298万家企业建立了企业年金，参加职工2 324.75万人，累计基金11 074.62亿元，年加权平均收益率3.03%。

四、加强全国社会保障基金监管

一是配合国务院法制办出台《全国社会保障基金条例》。二是会同财政部印发全国社保基金直接股权投资管理办法和完善信托投资担保方式等政策文件。三是会同财政部研究划转部分国有资本充实社保基金实施方案。四是加强日常监管，审定社保基金月度、季度、年度财务报告和年度审计报告。

五、加强系统工作人员能力建设

举办5期全国社会保险基金监督业务培训班，其中3期培训班分别联合财政部、公安部共同举办，全年共计培训1 160人；分别协助黑龙江、内蒙古、山西、江苏等省（区）举办业务培训班，共计培训700人。截至目前，全国基金监督工作人员共有6 100人经考试合格持有基金监督检查证。

劳动关系

一、全面贯彻落实中发10号文件

按照中共中央、国务院《关于构建和谐劳动关系的意见》（中发［2015］10号）的要求，全力推进构建和谐劳动关系工作。指导和推动各地出台实施意见并做好贯彻落实工作。截至2016年年底，31个省份和新疆生产建设兵团全部出台实施意见，并对工作任务进行了分解，制定了分工方案，明确了牵头单位和参加单位，就抓好落实工作提出明确要求。各地将构建和谐劳动关系工作纳入重要议事日程，精心组织，作出部署。一些地方将构建和谐劳动关系工作纳入各级政府经济社会发展规划和政府目标责任考核体系，强化考核监督。北京、天津、内蒙古、辽宁、福建、江西、安徽、广西、甘肃、云南、西藏等地和新疆生产建设兵团将构建和谐劳动关系有关指标纳入省级政府对地市领导班子绩效考核评价体系或综治考评体系，辽宁、内蒙古等地制定了构建和谐劳动关系工作绩效考评办法。各地认真贯彻落实文件精神，创新工作思路，加大工作力度，构建和谐劳动关系工作取得积极成效。

二、全面实施劳动合同制度

一是深入推进劳动合同制度实施，督促企业和职工依法签订劳动合同，不断提高劳动合同签订率和履约质量。山西等地继续以农民工、小企业为重点，开展劳动合同签订专项行动。上海出台了夯实基层劳动用工管理基础工作的实施意见。重庆对303户重点企业“一对一”进行服务，上门对近千户企业开展“诊断式”用工管理指导。二是继续贯彻落实《劳务派遣暂行规定》，规范劳务派遣用工。全面摸底各地和超比例用工的中央企业的用工调整情况，督促加快用工调整力度。福建等地印发通知，督促指导超比例用工单位制定并落实用工调整方案，规范劳务派遣行政许可办理流程。三是开展了增强劳动力市场灵活性研究，广泛听取了社会各界的意见建议。四是规范职业足球俱乐部等劳动用工管理。人力资源社会保障部会同相关部门下发《关于加强和改进职业足球俱乐部劳动保障管理的意见》（人社部发［2016］69号），配合交通运输部提请国办下发《关于深化改革推进出租汽车行业健康发展的指导意见》（国办发［2016］58号）和《网络预约出租汽车经营服务管理暂行办法》（交通运输部、工业和信息化部、公安部、商务部、工商总局、质检总局、国家网信办令2016年第60号），会同教育部制定下发了《职业院校学生实习管理办法》（教职成［2016］3号），规范了职业足球俱乐部运动员、出租车司机、网约车司机、职业院校实习生权益。

三、积极稳妥做好化解过剩产能企业职工安置中劳动关系处理工作

人力资源社会保障部等部门联合印发了《关于在化解钢铁煤炭行业过剩产能实现脱困发展过程中做好职工安置工作的意见》（人社部发［2016］32号），其中明确了企业妥善处理劳动关系的政策意见；印发了《化解过剩产

能职工安置工作中突发事件预防和应急处置预案》，指导地方全力做好突发事件预防和处置工作。各地抓紧完善分类处理劳动关系的政策措施，加大对化解过剩产能企业劳动关系处理的指导力度。多数省份出台了本省化解钢铁煤炭行业过剩产能职工安置工作的实施意见。江苏印发去产能职工分流安置方案参考式样。天津、浙江、江西等地派出精干力量主动联系和服务企业。

四、深入推进集体合同制度攻坚计划实施

人力资源社会保障部会同全国总工会、中国企联/中国企业家协会、全国工商联指导各地做好攻坚计划总结收尾工作。湖北等 29 个地区将推进集体协商制度工作纳入地方政府目标考核体系。为切实提高协商实效，各地针对不同企业类型、企业规模、管理基础、经营状况等，加强分类指导。为扩大协商覆盖面，各地和各部门树立行业集体协商典型，将行业集体协商领域由传统行业向旅游、IT 网络等新兴行业拓展。为推动导游权益保护，人力资源社会保障部与国家旅游局共同发文，在吉林省延吉市、福建省厦门市、湖北省宜昌市开展导游劳动报酬集体协商试点。2016 年，《重庆市集体合同条例》出台，截至 2016 年年底，全国有 29 个省（区、市）和多个城市共出台了 41 部集体协商地方性法规和政府规章。全国经人力资源社会保障部门审查累计有效的集体合同 191 万份，涉及职工 1.78 亿人。

五、继续加强企业工资宏观调控工作

一是建立健全保障农民工工资支付长效机制。2016 年 1 月，国办印发了《关于全面治理拖欠农民工工资问题的意见》（国办发[2016] 1 号），从全面规范企业工资支付行为、健全工资支付监控和保障制度、推进企业工资支付诚信体系建设、依法处置拖欠工资案件等方面，对解决拖欠农民工工资问题作了全面具体的规定。二是完善最低工资制度，探索建立最低工资评估机制。2016 年，辽宁、江苏、重庆、上海、海南、山东、天津、河北、北京 9 个省份调整了最低工资标准，平均调增幅度为 10.7%。全国月最低工资标准最高的是上海的 2 190 元，小时最低工资标准最高的是北京的 21 元。开展 2016 年全国最低工资标准调整情况评估工作。三是指导各地完成 2016 年工资指导线发布工作。全国共有 21 个省份发布了企业工资指导线，基准线多在 8% 左右。北京、天津、内蒙古、吉林、广东、福建等地探索发布了重点行业工资指导线。四是探索建立企业薪酬调查和信息发布制度。开展了 2016 企业薪酬试调查工作。在全国 31 个省（区、市）、153 个城市的 18 个行业门类、约 7 万户企业中开展调查。五是推动国有企业负责人薪酬制度改革。制定下发中央企业负责人基本年薪基数认定办法、薪酬信息披露等配套办法。指导中央部门和地方制定配套政策，全面落实国有企业负责人薪酬制度改革，审核兑现所监管企业负责人 2015 年薪酬并向社会公开。推动地方抓紧实施省以下地方政府管理企业负责人薪酬制度改革。

六、加强劳动标准管理工作

一是做好特殊工时制度审批，加强对地方特殊工时审批指导。截至 2016 年年末，经各级人力资源社会保障部门审批且在有效期内实行特殊工时制度的企业 8.2 万户，涉及职工 1 430 多万人。2016 年，人力资源社会保障部对中国医药集团总公司和中国通用技术集团公司等 4 家中央企业部分岗位实行特殊工时制度的申请进行了审批。加强对实行特殊工时行业岗位研究，推动修改完善有关特殊工时管理规定。二是进一步推动落实带薪年休假制度。开展带薪年休假落实情况全国调研摸底工作，认真总结近年来各地推动落实带薪年休假及企业落实带薪年休假制度的经验做法，指导各地继续做好带薪年休假制度落实工作。根据人力资源社会保障部 2016 年 11 月开展的人力资源社会保障基本情况（60 个城市）调查显示，有超过半数的职工享受了带薪年休假。

七、逐步健全协调劳动关系三方机制

一是加强国家协调劳动关系三方会议制度建设。召开了国家协调劳动关系三方会议第二十一次会议。三方办公室根据国家协调劳动关系三方会议 2016 年工作要点制定重点工作调度表，分解工作任务，明确时间进度安排。召开两次办公室主任会议，加强工作调度，交流信息，分析研判形势，研究解决劳动关系有关问题。健全成员单位间信息交流和课题研究成果共享机制。二是加强三方机制组织建设。内蒙古、山西、河北、吉林、安徽、福建、河南、湖北、广西、重庆、贵州等 11 个省份建立协调劳动关系三方委员会，由省级政府领导担任主任，进一步加强了组织领导。各地继续探索完善三方机制的运行机制和职能，充分发挥三方机制在构建和谐劳动关系中的作用。三是继续深入开展和谐劳动关系创建活动。11 个省份将和谐创建表彰纳入省级表彰目录。北京实行市级评优、区和街（乡）扩面的分类和谐劳动关系创建模式，天津、上海出台了完善和谐劳动关系创建活动实施办法，浙江开展“双爱”活动综合试验区创建工作，江苏开展推进和谐创建活动 5 年行动计划，山东开展和谐劳动关系城市创建活动，重庆开展创建活动评价地方标准制定工作。

八、积极开展构建和谐劳动关系综合试验区建设

天津滨海新区作为部省共建的构建和谐劳动关系综合试验区，继续开展劳动关系领域综合性改革，探索可复制、可推广的经验。江苏、四川、广东、山东、湖北积极申请建设部省共建的构建和谐劳动关系综合试验区，结合本地实际大胆探索创新劳动关系工作思路、体制机制和方式方法，创造出很多新鲜经验。河北、吉林、安徽、江西、广东、湖南、四川、新疆等地大力推进省市共建和谐劳动关系综合试验区建设，取得初步成效。

劳动人事争议调解仲裁

2016年，全国劳动人事争议调解仲裁系统深入贯彻党的十八大和十八届三中、四中、五中、六中全会精神及习近平总书记系列重要讲话精神，认真落实全国人力资源和社会保障工作会议以及全国劳动人事争议调解仲裁工作座谈会要求，谋划“十三五”时期调解仲裁工作总体思路和目标任务，进一步加强劳动人事争议处理效能建设，着力完善制度、创新机制、提升能力，不断提高调解仲裁规范化、标准化、专业化、信息化水平，不断提高调解仲裁质量、效率和公信力，各项工作都取得了很大进展。

一、依法及时处理大量劳动人事争议案件

全年全国各地劳动人事争议调解仲裁机构共处理劳动人事争议案件177.1万件，同比上升2.9%；涉及劳动者226.8万人，同比下降2.1%。其中，10人以上集体劳动人事争议案件2.3万件，同比上升10.1%；涉及劳动者60.5万人，同比下降6.5%。共办结案件163.9万件（含仲裁机构不予受理案件12.4万件），同比上升1.8%。其中，调解组织结案68.7万件，仲裁机构结案82.8万件。案件调解成功率为65.8%，仲裁结案率为95.5%。调解仲裁工作在矛盾纠纷多元化解机制中发挥了重要作用，为构建和谐劳动关系与维护社会稳定做出了积极贡献。

二、健全完善调解仲裁制度

（一）加强顶层设计。

一是研究制定《关于进一步加强劳动人事争议调解仲裁完善多元处理机制的意见》。聚焦预防协商、调解、仲裁、调裁审衔接和基础保障五大机制，完善劳动人事争议多元处理机制，推动将其纳入综治工作（平安建设）考评。强化企业在劳动争议处理中的第一道防线作用，加强协商调解在劳动争议处理中的基础地位，创新劳动人事争议调解仲裁制度，完善调解、仲裁、诉讼衔接，进一步夯实基础保障，充分发挥调解仲裁在社会矛盾纠纷多元处理机制中的作用。二是修订《劳动人事争议仲裁办案规则》和《劳动人事争议仲裁组织规则》。依法细化终局裁决范围、完善仲裁组织机构设置，强化仲裁员队伍建设，加强仲裁监督，进一步健全劳动争议调解仲裁机制，突出仲裁便捷高效优势。三是与最高人民法院民一庭开展联合调研，进行座谈研讨，共同制定裁审衔接工作机制中长期计划，进一步建立健全裁审衔接工作。

（二）各地结合实际制定并实施调解仲裁地方性法规及政策。

浙江省在全国率先实施了《劳动人事争议调解仲裁条例》。北京、天津、河北三省市人社厅（局）共同印发了《关于京津冀劳动人事争议协同处理工作的意见》，加强资源共享，加大协作配合力度，建立区域合作处理劳动争议机制。上海市人社局与综治办联合印发了《关于进一步加强本市劳动争议调解仲裁工作推进劳动争议多元化解工作的意见》。江苏省人社厅与省总工会印发了《重大集体劳动人事争议多方联动调解和仲裁快速处理意见》。福建省制定了《劳动人事争议仲裁员廉洁自律规

定》，为仲裁员划出红线，严格规范办案行为。广东省制定了《劳动人事争议仲裁员分级管理试行办法》，将仲裁员分为九个级别进行管理，可以逐级晋升，创新了仲裁员管理制度。重庆市人社局制定了仲裁委员会工作规则、代理人规定、终局裁决适用、立案管辖规则、举证责任分配规则、重大集体劳动争议处理、简易程序等24项制度。四川省人力资源和社会保障厅会同省总工会、省企业联合会/企业家协会、省工商联出台了《关于建立劳动人事争议仲裁委员会“三方驻会”制度的意见》；会同省司法厅、省总工会印发了《关于在各级劳动人事争议仲裁院派驻法律援助工作站的通知》；会同省高院提出《关于创新劳动人事争议裁审衔接工作机制构建和谐劳动关系的意见》。青海省建立了《劳动人事争议仲裁委员会工作规则》、《劳动人事争议仲裁档案管理规定》等5项工作制度，为调解仲裁工作提供了制度保障。

三、加强专业性劳动争议调解工作

（一）积极将调解工作纳入当地平安建设综治考评。

各地认真贯彻落实《关于加强专业性劳动争议调解工作的意见》，加强调解组织、制度、队伍和基础保障建设。截至2016年年底，北京、江苏、浙江、福建、江西、山东、河南、广东、云南、甘肃、宁夏及新疆生产建设兵团等12个省份将劳动人事调解工作纳入当地平安建设综治考评。江西省印发了劳动人事争议调解仲裁工作综治考评办法和考评指标，探索总结的诚心、细心、精心、耐心的“四心”工作法在全国综治会议上推广交流。

（二）重点推动乡镇（街道）劳动就业社会保障服务所（中心）调解组织建设。

截至2016年年底，全国劳动就业社会保障服务平台调解组织组建率达到90%以上。内蒙古自治区调解仲裁机构已实现和工会系统调解数据的有效共享。辽宁省印发了《关于开展劳动法律公益服务“千街万企行”活动的通知》，组织全省优秀劳动人事争议调解仲裁专家、律师，深入企业、乡镇街道一线提供劳动法律公益服务。吉林省开展了街道（乡镇）“精准调解”试点，按照属地管理原则，探索“一接、二调、三观、四找、五议、六改”的“精准调解”工作方法。贵州省印发了《劳动人事争议基层调解组织工作台账（试行）》，依托劳动关系信息系统，建立调解组织、调解员数据库，实现调解组织、调解员信息实时动态管理。陕西省印发了《关于开展基层劳动人事争议调解组织规范化建设检查的通知》，指导各市（区）对辖区内基层调解组织、调解工作规范化开展情况进行摸底检查。

（三）继续推进非公有制企业商（协）会劳动争议预防调解示范工作。

在总结第二批国企示范工作经验做法基础上，启动第二批非公有制企业商（协）会劳动争议预防调解示范工作。示范内容主要包括：健全加强调解组织，指导服务会员企业开展劳动争议预防工作，加强与人力资源社会保障部门和工商联组织的联系，参与重大集体劳动争议处理等。上海、浙江等15个省（区、市）按照示范工作要求，积极开展本区域相关企业商（协）会劳动争议预防调解示范工作的培育指导。

四、不断提升仲裁办案质量和效率

（一）加大仲裁办案指导力度。

人力资源社会保障部办公厅印发了《关于进一步做好农民工工资争议调解仲裁工作的通知》（人社厅发［2016］175号），加强对涉及农民工工资争议案件处理工作的指导，进一步提高办案效率和质量；印发了《关于妥善做好涉“e租宝”劳动争议案件处理有关工作的通知》，指导各地仲裁机构做好涉“e租宝”案件处理工作。江西省定期编发《劳动人事争议调解仲裁办案交流》，规范同类案件处理的法律适用和尺度标准，做到全省类案同裁。湖南省出台《劳动人事争议仲裁办案若干标准》，统一办案标准尺度，规范自由裁量权限。海南省编写了《劳动人事争议仲裁类案参考》，印发全省仲裁机构学习参照。北京、山东等省市精选发布十大仲裁典型案例，加强办案指导。

（二）优化仲裁办案方式。

一是优化办案程序。浙江省落实条例简易案件处理规定，对于工伤保险、劳动报酬等农民工争议案件，加快案件处理，将结案期限缩短至30日。二是案件分类处理。重庆市探索案件分类预防处理机制，实施劳动仲裁“一案三书”机制，即简单争议立案前使用《协商建议书》，立案后使用《调解建议书》，典型案件裁决后使用《仲裁建议书》。三是创新送达方式。黑龙江省哈尔滨市和海南省三亚市仲裁院积极与邮政部门沟通，建立了“劳动人事仲裁专递”，较好解决了仲裁文书的送达难题。四是开展便民服务。广西壮族自治区推行流动仲裁庭，到发生争议的用人单位开庭审理案件，在处理案件的同时做好普法工作。云南省在借鉴深圳市要素式办案的基础上，研究操作更便捷的办案模式（2＋2），即当事人填写两份表格，仲裁机构制作两份表格，可以让证据举证质证意见得到清晰对比，使争议焦点一目了然，让裁决结果清晰、易懂，降低当事人起诉率。

（三）提高仲裁终结率。

2016年，各地仲裁机构通过仲裁调解方式处理案件39万件，占仲裁结案数的47%；通过终局裁决方式处理案件10.4万件，占裁决案件的28.4%，同比上升51.4%。黑龙江省终局裁决率达到63%，上海市达到50.7%，位居全国前列。通过这两种方式，有59.7%的案件终结在仲裁阶段，同比上升14.4%，及时有效地维护了争议当事人合法权益。北京市统一规范了终局裁决的内容、程序、标准和做法，印制了“终局裁决”法律法规宣传折页，通过立案窗口发放给当事人，将符合条件的争议案件化解在仲裁阶段，当年全市终局裁决率达到35%。江苏省统一终局裁决案件口径，终局裁决率同比提升20个百分点。

五、加强基础保障工作

（一）加强调解仲裁机构队伍建设。

一是对全国调解仲裁机构和队伍建设基本情况进行摸底调查，请有关科研单位对仲裁院实体化建设情况进行第三方评估，为进一步加强调解仲裁工作提供基础依据。湖北省率先在全国开展调解仲裁工作“四化”，即标准化、信息化、规范化、专业化建设试点，印发了《关于开展全省劳动人事争议调解仲裁工作“四化”建设试点的通知》，试点已在武汉、襄阳、荆门、恩施四市启动。二是积极推动仲裁院的标准化建设。河北省印发了《全省劳动人事争议仲裁院标准化建设意见》。安徽省发出《关于开展劳动人事争议仲裁院标准化建设试点工作的通知》，指导合肥市、淮北市先行开展试点工作。山东省按照《关于组织开展全省标准化劳动人事争议仲裁院创建活动的通知》，对31家标准化仲裁院进行了实地考核验收。新疆维吾尔自治区出台《劳动人事争议仲裁院规范化建设指导意见》，为进一步做好全区仲裁机构规范化、标准化建设提供了依据和抓手。三是加大培训力度。人力资源社会保障部举办了7期劳动人事争议调解仲裁培训班，共培训学员1 500余人次，进一步提升了调解仲裁队伍专业化水平和办案能力。按照人力资源社会保障部党组“智力援藏”要求，会同西藏自治区人社厅组织2批48名西藏基层仲裁员赴内地仲裁院实训，提升了仲裁员的实际办案能力，增强了西藏自治区仲裁机构与内地仲裁机构间的沟通交流。

（二）加快推进调解仲裁信息化建设。

一是通过季度通报、召开专题会议、调研督查等方式加大办案系统推广应用力度，总结推广工作进展较快地区经验，督促进展缓慢地区加快进度，推动办案系统地市仲裁机构应建尽建，逐步推行线上办案。截至2016年年底，在全国463个地市级以上仲裁机构中，已经使用办案系统的有411个，占88.8%，线上办案率达到59.7%。浙江省将系统使用情况纳入全省年度劳动人事争议案件处理评查指标，将信息化工作纳入人社系统年度工作考核。河南省18个省辖市、10个直管县全部安装了仲裁办案软件系统，一半的省辖市、直管县建成了数字化庭审直录播建设平台，调解仲裁信息化建设实现了新突破。重庆市人社局印发了《关于加强调解仲裁案件网上办理的通知》，进一步加大调解仲裁信息管理系统运行力度，提升调解仲裁案件网上办理的及时性、准确性。甘肃省采取省级集成模式，通过一次性集中建设将业务经办服务延伸到基层乡镇街道。二是开发案件信息监测系统，基本确定以《劳动人事争议调解仲裁管理信息系统指标集与代码》和《全国调解仲裁案件信息监测指标体系》为主的指标体系。三是通过信息化手段提高统计分析质量。年初召开统计工作会，分析争议处理形势，提出统计工作要求。每季度及时汇总各地争议处理数据，深度分析争议案件涉及地域、行业、企业、劳动者群体等指标，全面动态反映争议案件处理情况和劳动人事争议风险点状况，为决策提供有力支撑。

（三）加大调解仲裁宣传工作力度。

一是从2016年4月8日起在《中国劳动保障报》每两周刊发一期调解仲裁专版，主要刊发地方经验、专家点评、工作动态、典型案例、人物写真等文章。二是从10月26日起，开通“中国劳动人事争议调解仲裁”微信公众号，每周刊发2期（周三、周五），每期3条内容，主要设置要闻速递、立法动向、法规政策传真、工作动态、典型案例、职业风采、服务之窗等栏目。三是继续发挥人力资源社会保障部门户网站调解仲裁管理司子网站作用，宣传推广各地调解仲裁工作经验做法。四是建立了全国调解仲裁工作处长群、调解仲裁通讯员群、调解仲裁统计工作群等3个微信工作群，下发了《关于加强劳动人事争议调解仲裁宣传工作的通知》。目前，形成了“一网一刊一号”、三个微信工作群的宣传格局，实现了法律宣传、政策解读、办案指导、信息交流、典型引导等功能，切实提升了调解仲裁办案质效和社会公信力。

机关事业单位工资福利离退休工作

2016年，机关事业单位工资福利离退休工作深入贯彻落实党的十八大和十八届三中、四中、五中、六中全会精神及习近平总书记系列重要讲话精神，按照全国人力资源和社会保障工作会议的部署和部年度工作要点的安排，积极探索，统筹推进，机关事业单位工资收入分配制度逐步完善，在提高工资水平、探索适应不同职业群体特点的工资政策方面迈出重要步伐。

一、调整机关事业单位工作人员基本工资标准和增加离休人员离休费

落实机关事业单位基本工资标准调整机制，综合考虑国民经济发展、财政状况和物价变动等因素，合理确定增资水平，进一步提高基本工资比重，优化工资结构。经国务院批准，国务院办公厅转发了关于调整机关事业单位工作人员基本工资标准和增加机关事业单位离休人员离休费三个实施方案。人力资源社会保障部会同财政部召开电视电话会议部署，及时研究解决实施中遇到的问题，印发宣传提纲，指导做好组织实施工作。及时研究制定出台调整港澳地区内派人员、驻外使领馆工作人员、飞行专业人员、野外地质勘探队工作人员、测绘地理事业单位系统测绘队工作人员、水上作业事业单位船员和潜水员、体育运动员等特殊行业事业单位和副部级事业单位部分管理人员、执法勤务机构警员基本工资标准等配套文件。截至2016年12月底，全国范围内的调资工作基本完成。

二、完善公务员工资制度

适应公务员分类管理改革的要求，推进工资管理由大一统的模式转向探索适应不同职业群体的工资政策。一是根据法官检察官工资制度改革试点方案，经党中央、国务院同意，人力资源社会保障部、财政部印发法官、检察官和司法辅助人员工资制度改革试点实施办法，召开电视电话会议部署试点实施工作。采取多种方式督促指导落实。二是按照关于完善人民警察工资待遇政策的方案要求，经报国务院批准，调整了人民警察警衔津贴标准，并做好实施工作。研究起草了完善人民警察值勤岗位津贴和法定工作日外加班补贴政策方案。三是根据公安机关执法勤务警员和警务技术职务序列改革试点方案，商有关部门研究起草了配套工资政策，经人力资源社会保障部部务会审议通过，报送国务院。四是根据关于建立公务员职务与职级并行制度的试点意见，研究起草了配套工资政策，经人力资源社会保障部部务会审议后报送国务院。五是根据国务院领导指示，在前期工作的基础上，就完善公务员奖金制度召开座谈会听取地方和中央有关部门的意见建议，调研地方现行政府绩效管理及奖励性补贴发放情况，修改完善政策思路和有关文稿。六是继续开展公务员和企业相当人员工资调查比较研究，开展2016年度公务员工资试调查，运用工资试调查数据验证分析比较方法。

三、完善事业单位工资收入分配制度

完善事业单位绩效工资制度，研究对不同类别事业单位绩效工资总量调控办法，健全与岗位职责、工作业绩、实际贡献紧密联系和鼓励创新创造的分配激励机制。一是根据中央深

化医药卫生体制改革的部署要求，会同财政部、卫生计生委、中医药局起草《关于开展公立医院薪酬制度改革试点工作的指导意见》，经国务院医改领导小组审定，与相关部门达成一致后报送国务院。二是完善事业单位高层次人才收入分配机制，在前期开展课题调研的基础上，征求部分省份、行业主管部门和事业单位意见建议，研究起草了《关于完善事业单位高层次人才收入分配激励的意见（稿）》，正在进一步修改完善。三是组织中央有关事业单位实施绩效工资。经国务院批准，会同财政部印发中央有关事业单位实施绩效工资的通知，召开会议进行部署，印发答复口径，及时指导有关部门做好组织实施工作。

四、完善地区工资政策

一是在进一步总结规范津贴补贴工作和调研分析的基础上，会同财政部修改完善实施地区附加津贴的意见报国务院。二是经国务院批准，人力资源社会保障部、财政部在调整艰苦边远地区津贴标准的同时，完善了艰苦边远地区津贴增长机制，明确标准调整周期和水平增长比例。三是研究调整西藏特殊津贴标准和提高高海拔地区折算工龄补贴标准。贯彻落实中央第六次西藏工作座谈会精神，结合2016年基本工资标准调整，研究提出调整西藏特殊津贴标准的方案，与相关部门和地方达成一致，按程序报送国务院。会同财政部在调研测算的基础上，研究提出提高高海拔地区折算工龄补贴标准的意见报国务院。

五、认真做好其他工资工作

一是经党中央、国务院同意，中共中央组织部、人力资源社会保障部、财政部印发调整离休干部特需经费标准的通知，提高离休干部特需经费标准。二是经国务院批准，人力资源社会保障部、财政部印发关于建立传染病疫情防治人员临时性工作补助的通知，建立传染病疫情防治人员临时性工作补助。三是印发关于第31届奥运会运动员教练员奖金标准等问题的通知，调整第31届奥运会运动员教练员奖金标准。四是调整林业调查规划事业单位职工、测绘地理信息事业单位职工、地震事业单位职工野外工作津贴等特殊岗位津贴补贴标准。五是落实中央文件精神，印发关于为土地革命战争时期及以前参加革命工作的老工人发放一次性补助的通知，为土地革命战争时期及以前参加革命工作的老工人发放一次性补助。六是做好纪念中国工农红军长征胜利80周年相关人员人数统计和纪念章发放工作。七是做好中央国家机关工资统发工作，保证财政工资准确及时发放到位。完成2016年机关事业单位工资年报统计，为研究制定工资政策提供数据支持。按时完成全国“两会”人大建议、政协提案178份办理工作。八是完成部分中央和地方工资业务、统发统计和调查比较2期培训班。

农民工工作和发展家庭服务业促进就业工作

一、农民工工作

2016年，各地区、各成员单位深入贯彻党中央、国务院关于农民工工作的决策部署和国务院农民工工作领导小组第四次全体会议工作安排，认真落实《国务院关于进一步做好为农民工服务工作的意见》（国发［2014］40号），在经济下行压力持续加大的情况下，各项工作仍然取得新的明显成效。农民工就业总体稳定，工资收入继续增加，享受基本公共服务范围持续扩大，城镇落户门槛逐步降低，社会融合工作积极开展，农民工市民化稳步推进。

（一）预防和解决拖欠农民工工资问题的长效机制逐步健全。

人力资源社会保障部等部门研究制定并报请国务院办公厅印发了《关于全面治理拖欠农民工工资问题的意见》（国办发［2016］1号），进一步明确目标任务，从全面规范企业工资支付行为、健全工资支付监控和保障制度、推进企业工资支付诚信体系建设、改进建设领域工程款支付管理和支付方式等方面完善了政策措施。同时，进一步健全了解决企业拖欠工资问题部际联席会议制度，调整充实了成员单位，明确了职责分工，完善了工作机制。各地区、各有关部门认真抓好国办发1号文件的贯彻落实，截至2016年年底，各省（区、市）政府普遍出台了全面治理拖欠农民工工资问题的实施意见，完善了工作协调机制，许多地区将保障农民工工资支付工作纳入政府考核评价范围或社会治安综合治理考核内容。2016年，全国共查处工资类违法案件32.3万件，追发工资待遇350.6亿元，欠薪案件和欠薪金额均比上年下降。为保障2017年春节前农民工工资支付，各地区已按部际联席会议的统一部署，全力开展工资支付情况专项执法检查。

（二）促进农民工就业创业的政策措施更加精准。

落实党中央、国务院精准扶贫、精准脱贫战略部署，大力推进就业扶贫工作。人力资源社会保障部与国务院扶贫办在广东、湖南、湖北开展劳务协作试点的基础上，印发了《关于切实做好就业扶贫工作的指导意见》（人社部发［2016］119号）。国务院农民工工作领导小组办公室会同人社、科技、教育、住房城乡建设、安全监管、扶贫、工青妇等部门（单位）编制了"十三五"时期农民工职业技能培训综合计划，组织落实《政府工作报告》提出的每年培训2 100万人次以上农民工的任务。据初步统计，2016年全年培训农民工2 311万人次。加大扶持农民工返乡创业工作力度，人力资源社会保障部会同有关部门共同印发了《关于实施农民工等人员返乡创业培训五年行动计划（2016—2020年）的通知》（人社厅发［2016］90号），发展改革委会同有关部门先后组织206个县级地区开展了支持农民工等人员返乡创业试点工作，人民银行会同有关部门联合印发了《关于实施创业担保贷款支持创业就业工作的通知》（银发［2016］202号）。2016年，全国农民工总量为2.82亿人，比上年增加424万人；其中外出农民工1.69亿人，比上年增加50万人。

（三）推动农民工及其随迁家属在城镇落户的政策环境进一步改善。

发展改革委、公安部报请国务院印发了《关于深入推进新型城镇化建设的若干意见》（国发［2016］8号）和《推动1亿非户籍人口在城市落户方案》，对加快落实户籍制度改革政策、进一步拓宽落户通道等作出了新的部署。截至2016年年底，各省（区、市）和新疆生产建设兵团均印发户籍制度改革实施意见，普遍放宽了农业转移人口和其他常住人口落户城镇条件。同时，全面推动实施居住证制度，完善居住证持有人享有基本公共服务和便利的政策，积极引导未落户农民工及其随迁家属依法申领居住证。截至2016年年底，全国已有25个省（区、市）出台了《居住证暂行条例》实施办法。

（四）保障农民工随迁子女平等接受教育工作力度进一步加大。

财政部、教育部为落实《国务院关于进一步完善城乡义务教育经费保障机制的通知》（国发［2015］67号），2016年中央财政安排城乡义务教育补助经费1 345亿元，支持农民工随迁子女平等接受义务教育。教育部报请国务院印发了《关于统筹推进县域内城乡义务教育一体化改革发展的若干意见》（国发［2016］40号），提出改革随迁子女就学机制，进一步强化流入地政府责任，将随迁子女义务教育纳入城镇发展规划和财政保障范围，增强城镇接纳随迁子女就学能力。制定以居住证为主要依据的随迁子女入学政策，切实简化优化随迁子女入学流程和证明要求，推动“两免一补”资金和生均公用经费基准定额资金随学生流动可携带，实现混合编班和统一管理，促进随迁子女融入学校和社区。教育部印发了《关于进一步推进高中阶段学校考试招生制度改革的指导意见》（教基二［2016］4号），要求各地进一步完善和落实随迁子女在当地参加中高考的政策措施。2016年，全国义务教育阶段农民工随迁子女在公办学校就学比例保持在80%以上；全国除西藏外的30个省份有11.8万名随迁子女在当地参加高考，比上年增长47%。

（五）支持农业转移人口市民化的政策体系取得重大突破。

财政部报请国务院印发了《关于实施支持农业转移人口市民化若干财政政策的通知》（国发［2016］44号），明确强化流入地政府的主体责任，建立农业转移人口市民化奖励机制，在奖补资金分配上向吸纳跨省流动农业转移人口较多地区和中西部中小城镇倾斜。2016年，中央财政用于农业转移人口市民化的奖励资金达到100亿元。国土资源部等部门联合印发了《关于建立城镇建设用地增加规模同吸纳农业转移人口落户数量挂钩机制的实施意见》（国土资发［2016］123号），全面建立了科学合理的人地挂钩机制，为如期实现1亿左右农业转移人口和其他常住人口在城镇落户提供用地保障。

（六）农村留守儿童关爱保护工作机制不断完善。

民政部报请国务院印发了《关于加强农村留守儿童关爱保护工作的意见》（国发［2016］13号），建立了农村留守儿童关爱保护工作部际联席会议制度，两次召开农村留守儿童关爱保护工作视频会议，推动各地把农村留守儿童关爱保护工作作为各级政府重要工作内容，落实县乡镇人民政府属地责任，强化民政等有关部门的监督指导责任。民政部会同教育部、公安部开展农村留守儿童摸底排查工作，全国共摸排出农村留守儿童902万人。根据摸排情况，与相关部门部署开展以“合力监护、相伴成长”为主题的关爱保护专项行动，各地依据摸排结果做好重点对象的干预帮扶和救助保护工作。

（七）农民工工作协调机制的作用进一步发挥。

国务院农民工工作领导小组办公室认真落实马凯副总理在领导小组第四次全体会议上的讲话要求，加强了对农民工工作的调查研究、统筹协调和督促检查。组织农业部、国土资源部、住房城乡建设部等部门开展农民工市民化重大问题专题调研，形成了推动农民工平等享受城镇基本公共服务、农民工全家进城落户后土地承包权和集体收益分配权处理、宅基地使用权处理、解决农民工住房问题4个调研报告。建立办公室成员重要工作研究会商制度，开展工作调度。在全国建立一批信息直报点，及时掌握各地农民工工作情况。组织开展第十次全国农民工工作督察。与国家统计局联合开展农民工市民化进程动态监测，与文化部、全国总工会联合印发了《关于进一步做好为农民工文化服务工作的意见》（文公共发［2016］2号）。印发《国务院农民工工作领导小组办公室关于加强为农民工服务宣传工作的意见》。2月1日，国务院农民工工作领导小组在北京召开全国优秀农民工和农民工工作先进集体表彰大会，表彰981名全国优秀农民工和100个农民工工作先进集体，总结交流先进典型经验，对做好新时期农民工工作作出部署。李克强总理作出重要批示。国务院副总理、国务院农民工工作领导小组组长马凯出席会议并讲话。

二、发展家庭服务业促进就业工作

2016年，发展家庭服务业促进就业部际联席会议各成员单位和各地区，按照部际联席会议第八次全体会议工作部署，进一步落实《国务院办公厅关于发展家庭服务业的指导意见》（国办发［2010］43号），认真落实《国民经济和社会发展第十三个五年规划纲要》提出的发展家庭服务业目标任务，围绕“增加服务供给、提高服务质量”，着力完善扶持家庭服务企业发展的政策体系，着力加强家庭服务行业规范化建设，着力推进家庭服务从业人员职业化建设，推动家庭服务业工作取得新进展。

（一）扶持家庭服务业发展的政策措施进一步完善。

一是进一步将发展家庭服务业纳入相关规划。民政部、商务部将居家和社区养老服务、家政服务分别纳入《民政事业发展第十三个五年规划》、《居民生活服务业发展“十三五”规划》。民政部、发展改革委、财政部、人社部等16部门印发《城乡社区服务体系建设规划（2016—2020年）》，将家庭服务、健康服务、养老服务纳入“十三五”时期城乡社区服务体系建设整体布局。发展改革委、民政部、人社部、商务部等24个部门（单位）印发《关于促进消费带动转型升级行动方案》，开展康养、家政服务扩容提质行动。

二是进一步加大对发展养老服务的支持力度。民政部、发展改革委等部门报请国务院办公厅印发《关于全面放开养老服务市场提升养老服务质量的若干意见》。民政部、发展改革委、财政部等部门印发《关于支持整合改造闲置社会资源发展养老服务的通知》和《关于中央财政支持开展居家和社区养老服务改革试点工作的通知》，出台利用社会资源发展养老服务、以奖代补促进居家和社区养老服务改革试点等政策措施。

三是进一步完善家政服务税收优惠政策。财政部等部门在对员工制家政服务已免征3年营业税基础上，于2016年1月再次出台政策，将免征营业税政策延续至2018年12月31日。结合生活性服务业纳入“营改增”税制改革试点，自当年5月1日起，对员工制家政服务收入实行免征增值税政策。

四是积极探索建立长期护理保险制度。人力资源社会保障部印发《关于开展长期护理保险制度试点的指导意见》，在15个城市开展试点，对建立长期护理保险制度进行改革探索。

五是进一步加强基础设施建设。2016年，继续安排中央预算内投资支持老年养护机构和社区日间照料中心等设施建设，进一步完善“居家为基础、社区为依托、机构为支撑、医养相结合”的养老服务体系。截至当年9月底，全国已经建成社区养老服务机构和设施达12.9万个，社区互助型养老设施6.34万个，社区养老床位303.6万张。民政部门依托社区服务设施鼓励和引导家庭服务企业（单位）进驻社区，积极推进社区公共服务综合信息平台建设和智慧社区建设试点，集成社区公共服务、便民服务等资源信息，帮助家庭服务企业不断提高服务能力。

六是进一步推动各项政策措施落实。部际联席会议办公室围绕加快推动中心城市家庭服务体系建设，组织召开中心城市家庭服务体系建设工作经验交流会，进一步推动72个联系点中心城市落实各项政策措施。围绕壮大家庭服务市场主体，举办促进家庭服务业发展培训班，对2015年度全国家庭服务百强企业负责人进行了培训。

（二）家庭服务业规范化建设进一步加强。

一是推进家庭服务业标准化建设。在国家标准方面，民政部指导全国社会福利服务标准化技术委员会出台了《社区老年人日间照料中心服务基本要求》、《社区老年人日间照料中心设施设备配置》2项国家标准。人力资源社会保障部指导全国家政服务标准化技术委员会出台了《家政服务母婴生活护理服务质量规范》、《家政服务机构等级划分及评定》2项国家标准。截至2016年年底，共计发布11项家庭服务业国家标准。在行业标准方面，民政部、商务部分别围绕养老服务、社区照料服务、家政服务加大了行业标准的制（修）订工作。商务部按照厘清边界、增强行业标准适用性原则，启动了22项家政服务行业标准的集中复审工作。

二是推进家政服务诚信建设。部际联席会议办公室会同商务部对加强家政服务行业监管和行业自律问题进行了深入调研，会同发展改革委、民政部、商务部、全国总工会、全国妇联研究起草了《关于加强家政服务行业监管和行业自律的通知（稿）》，目前正在进一步征求相关部门和地方的意见，将尽快印发实施。同时，商务部、人力资源社会保障部指导各地积极开展家政服务诚信制度建设，上海市建立了家庭服务业注册制度，福州市建立了家政服务“二维码”制度，广州市建立了家政服务诚信平台等。

三是探索建立家庭服务纠纷调解仲裁制度。商务部指导山东省将商事纠纷处理引入家庭服务业，通过地方商事仲裁委员会授权，在家庭服务行业协会设立商事纠纷调解仲裁机构，受理仲裁标的额在50万元以下的家庭服务纠纷，并面向全国提供家庭服务纠纷调解仲裁服务，对化解家庭服务矛盾纠纷起到了积极作用。

（三）家庭服务从业人员职业化建设进一步加强。

一是进一步加大职业培训力度。人力资源社会保障部会同全国妇联制定印发《巾帼家政服务专项培训工程实施方案》，结合“十三五”精准扶贫，加强贫困妇女培训，促进贫困妇女从事家政服务，实现家庭脱贫。民政部会同相关部门在全国认定65个全国职业院校养老服务类示范专业点，开展养老服务专业建设和教学改革，加快养老服务人才的培养。各级民政部门依托各类培训资源，积极开展养老护理员培训，组织养老护理员职业技能鉴定11 572人次，培训高级养老护理员240名。全国总工会通过实施“技能培训促就业行动”，培训家政服务从业人员26万余人，培训就业率68.7%。共青团中央重点面向农村青年、去产能过程中的下岗青年开展包括家庭服务在内的各类示范培训47班次，补贴培训经费420万元。全国妇联指导各级妇联组织开展月嫂、老人护理、家务料理等各类家政服务培训班，全年共培训70万人次，安置妇女就业50万人。

二是积极推进家庭服务业培训能力建设。围绕贯彻落实《关于开展家庭服务业规范化职业化建设的通知》，人力资源社会保障部指导各地开展家庭服务业职业培训示范基地建设工作，河北、浙江、福建、广东、四川遴选了10个以上省级示范基地，其他各省份普遍遴选了1～5个省级示范基地，有力推进了家庭服务职业培训工作。全国妇联开展了全国巾帼家政转移就业培训基地创建活动，有12家家政服务机构通过认定。

三是进一步加强就业服务。各级人社部门、工会组织通过实施春风行动、就业援助月等活动，积极开展就业服务，引导劳动者到家庭服务企业就业。加强区域劳务输入输出合作，指导中国华北家庭服务业人力资源市场开展了华北5省份家庭服务业劳务输出输入对接。各级妇联通过加强巾帼家政服务品牌建设，不断发展壮大巾帼家政服务企业（单位），引导和吸纳更多女性劳动者到家政服务行业就业。

四是积极开展家庭服务职业技能竞赛活动。全国妇联与部际联席会议办公室共同主办了全国巾帼家政服务职业大赛，在各地普遍开展选拔赛的基础上，全国31支代表队进行了实地竞赛，9支代表队进行了电视总决赛，大赛取得圆满成功，不仅提高了家政服务从业人员的职业认同感和职业素质，而且扩大了社会影响，提升了家政服务的社会地位。北京、天津、河北还共同举办了京津冀家庭服务职业大赛，探索了区域合作机制。

（四）家庭服务业基础工作进一步加强。

一是加强宣传工作。部际联席会议办公室通过发展家庭服务业简报、《中国劳动保障报》“农民工专版”、《家庭服务》杂志等，积极宣传党中央、国务院的决策部署以及出台的扶持政策措施，总结推广各地促进家庭服务业发展的新鲜经验，宣传典型家庭服务企业和优秀从业人员，开展“千户百强”家庭服务企业（单位）创建成果宣传。全国总工会、共青团中央、全国妇联发挥各自优势，通过开展形式多样的活动、录制家政服务节目在广播电视等媒体上播出，取得了良好的宣传效果。

二是加强课题研究。民政部、人力资源社会保障部、商务部等部门围绕发展家庭服务业的重点、难点问题，积极开展专题研究，形成了一批研究成果。部际联席会议办公室围绕税制改革，对部分地区、部分家政服务企业开展调研，就“营改增”对家政服务企业的影响进行分析，为完善和落实政策提供参考。

三是加强统计调查工作。商务部依据商贸流通行业统计信息平台，对2015年家政服务业典型企业统计数据进行测算和定性分析，形成了《中国家政服务行业发展报告（2016）》。经国家统计局批准，人力资源社会保障部建立了家庭服务业统计调查制度，在部分城市开展了试调查。

法治建设

在党中央、国务院坚强领导下，人力资源社会保障部全面贯彻党的十八大和十八届三中、四中、五中、六中全会精神，深入贯彻习近平总书记系列重要讲话精神，认真落实党中央、国务院决策部署，扎实推进人力资源社会保障法治建设（以下简称法治人社建设），各项工作取得新的进展。

一、法治人社建设开创了新局面

落实党的十八届四中全会决定和《法治政府建设实施纲要》，研究制定了《人力资源和社会保障法治建设实施纲要（2016—2020年）》，对全面推进法治人社建设进行全面规划，提出了未来五年法治人社建设的总思路和施工图。同时，做好纲要贯彻实施相关工作，加强工作调度，保障2016年各项任务按期完成。

二、立法工作取得积极进展

一是国务院公布了《全国社会保障基金条例》（国务院令第667号），自2016年5月1日起施行。二是配合国务院法制办做好《失业保险条例（修订草案）》的修改审查工作；研究起草了《人力资源市场条例（草案）》，于2016年9月上报国务院；做好《外国人来中国工作管理条例（草案）》、《国务院关于职工婚丧假的规定（草案）》起草和协调工作。三是制定发布了《工伤保险辅助器具配置管理办法》（人力资源和社会保障部令第27号）、《重大劳动保障违法行为社会公布办法》（人力资源和社会保障部令第29号），修订了《公务员考试录用违纪违规行为处理办法》（人力资源和社会保障部令第30号），《企业年金办法（草案）》已经部务会讨论通过，待报国务院批准后发布；研究修改《专业技术人员考试违纪违规行为处理规定（试行）》，并向社会公开征求意见。此外，专业技术人员考试违纪违规行为处理、劳动人事争议仲裁、社会保障卡管理使用等规章制定工作按计划有序推进。

三、文件清理取得新成绩

落实稳增长、促改革、调结构、保民生的要求，按照国务院文件清理工作的统一部署，先后分四批对新中国成立以来人力资源社会保障部制发的文件进行了全面清理，共宣布失效文件768份，废止文件354份，宣布废止部门规章15件。其间，还先后三次对193份国务院文件提出初步清理意见。

四、行政审批制度改革进一步深化

根据审改办部署，对部本级保留的6项行政许可事项进行了清理，在反复沟通协调、研究论证的基础上，提出了处理意见，经部务会讨论通过后反馈审改办，拟同意取消2项。同时，对中央指定地方实施的行政许可事项进行了清理，拟取消1项。

五、“七五”普法开局良好

落实中央关于法治宣传教育的新要求，在总结“六五”普法经验的基础上，研究制定了《全国人力资源社会保障系统法治宣传教育第七个五年规划》，对“七五”普法工作进行了全面部署，结合人社法治宣传教育实践，提出了在技工院校将学习人社法律法规作为必修课、实行“谁执法谁普法”责任制、加强新媒体新技术运用等新的法治宣传教育举措。此外，做好“六五”普法总结相关工作，评选推荐全国法治宣传教育先进单位和先进个人，通报表扬法治宣传教育工作成绩突出的单位和个人。

六、统筹推动立法、执法和法律实施检查工作

在抓好重点工作的同时，注意统筹推动立法、执法监督和法律实施检查按计划有序进行。一是及时处理行政复议和行政应诉案件，共处理行政复议申请210多件，处理行政应诉案件91件。二是共对130多份部内文件进行了合法性审查，研究起草了《人力资源社会保障部规范性文件合法性审查规定（草案）》。三是配合全国人大常委会执法检查组做好民族区域自治法、老年人权益保障法、出境入境管理法执法检查相关工作。四是对行政审批制度改革、落实行政执法责任制等进行深入研究，做好“放管服”涉及人力资源社会保障部任务的相关工作。五是办理103件部外法律法规征求意见。六是办理全国人大代表议案和建议、全国政协委员提案。七是做好社保谈判、国际劳工公约批准及履约、有关法律法规执行中难点问题研究协调等工作。

劳动保障监察

2016年，全国劳动保障监察机构全面贯彻党的十八大和十八届三中、四中、五中、六中全会精神，落实全国人力资源社会保障工作会议要求，主动适应经济发展新常态，以深入贯彻国务院办公厅《关于全面治理拖欠农民工工资问题的意见》（国办发［2016］1号，以下简称国办发［2016］1号文件）为统领，继续围绕加强劳动保障监察能力建设工作主线，坚持稳中求进工作总基调，坚持服务人力资源社会保障工作大局，面对复杂的维权形势和繁重的执法维权任务，加大突出违法问题整治力度，推进执法体制改革和制度机制创新，加强机构队伍建设和基础保障，努力推进劳动保障监察事业实现新发展，各项工作都取得了新的成绩。

一、认真贯彻落实国办发［2016］1号文件

1月17日，国办发［2016］1号文件印发后，解决企业拖欠工资问题部际联席会议制度得到进一步健全，调整充实了成员单位，明确了职责分工，完善了工作机制。同时，全力推动治理拖欠农民工工资问题的政策措施贯彻落实。5月13日，解决企业拖欠工资问题部际联席会议召开全国电视电话会议，马凯副总理出席会议并作重要讲话，对贯彻落实国办发［2016］1号文件提出了明确要求。9月，部际联席会议组织对各地贯彻落实国办发［2016］1号文件和电视电话会议精神情况进行了全面督查。截至年底，各省（区、市）政府普遍出台了全面治理拖欠农民工工资问题的实施意见，完善了工作协调机制，许多地区将保障农民工工资支付工作纳入政府考核评价范围或社会治安综合治理考核内容。各地预防和解决拖欠农民工工资问题的长效机制逐步健全，属地监管责任进一步落实。2016年，全国各级劳动保障监察机构共查处工资类违法案件23.3万件，同比下降14.8%；共为372.2万名劳动者追发工资等待遇350.6亿元，涉及劳动者人数同比下降22.7%，涉及工资数额同比下降16.7%，国办发［2016］1号文件的贯彻落实取得了一定的成效。

二、劳动保障监察日常执法和专项整治工作取得新成效

各级劳动保障监察机构以易发、频发劳动保障违法问题的行业和企业为重点，进一步扩大日常巡视检查和书面审查范围，推行网上书面审查，及时发现和纠正违法行为，努力做到主动执法不留死角、不存盲区。全年共巡视检查用人单位190.8万户次，书面审查用人单位222.6万户次，共查处劳动保障违法案件32.3万件，督促用人单位与202.7万名劳动者补签劳动合同，为372.2万名劳动者追发工资等待遇350.6亿元，督促3.8万户用人单位为63.3万名劳动者补缴社会保险费17.3亿元，切实维护了劳动者合法权益和社会稳定。

在认真做好日常执法的同时，针对劳动保障和人力资源市场领域出现的突出违法问题，人力资源社会保障部还在全国范围内组织开展了三项专项整治活动，并联合有关部门组成工作组深入各地开展督查。

3月1日至3月31日，会同国家工商行政管理总局在全国联合开展清理整顿人力资源市场秩

序专项行动，共检查单位12.8万户次，查处违法案件8 716件，其中，未经许可擅自开展劳务派遣业务案件829件，取缔非法职业介绍活动1 739件。专项行动的开展，打击了非法职业中介侵害求职者权益的违法行为，维护了广大求职者的合法权益，规范了人力资源市场秩序。

6月15日至7月29日，在全国范围组织开展用人单位遵守劳动用工与社会保险法律法规情况专项行动，共检查单位59.7万户次，查处违法案件17.2万件，责令支付工资及赔偿金17.8亿元，督促缴纳社会保险费11.8亿元。此次专项行动的开展，根据当前保障农民工工资支付工作形势，突出了对工程建设领域拖欠农民工工资问题的执法检查。

11月11日，人力资源社会保障部会同部际联席会议成员单位印发《关于开展农民工工资支付情况专项检查的通知》，从2016年11月15日至2017年春节前，在全国范围内部署开展专项整治行动。12月1日，部际联席会议召开全国电视电话会议，对做好岁末年初保障农民工工资支付工作进行了再动员、再部署。各地按照统一部署，集中开展宣传活动，全面开展欠薪问题和欠薪隐患排查化解工作。

三、劳动保障监察制度建设取得新成果

按照中央全面深化改革精神的要求，坚持顶层设计、稳步推进，制定出台3项重要劳动保障监察制度。

一是制定出台《企业劳动保障守法诚信等级评价办法》（以下简称《评价办法》）。《评价办法》规定，由人力资源社会保障行政部门依法根据各类企业遵守劳动保障法律、法规和规章的情况，对企业进行劳动保障守法诚信等级评价。《评价办法》的实施，将有利于提高劳动保障监察的针对性和执法效率，督促各类企业自觉遵守劳动保障法律规定，规范用工，树立守法诚信形象，推动劳动保障法制环境建设。

二是制定出台《重大劳动保障违法行为社会公布办法》（以下简称《公布办法》）。《公布办法》对重大劳动保障违法行为的认定标准、公布内容、公布途径等作出了明确规定。《公布办法》的实施，将有利于切实加大对重大劳动保障违法行为的惩戒力度，发挥社会舆论监督作用，督促和引导用人单位遵守劳动保障法律、法规和规章。同时还有利于进一步规范社会公布行为，促进依法行政。

三是制定出台《关于在人力资源和社会保障领域推广随机抽查规范事中事后监管的通知》。推广随机抽查是落实中央关于简政放权、放管结合、优化服务的重要举措，有利于减少对企业的执法干扰，进一步规范劳动保障监察执法行为。各省级人力资源社会保障部门制定本地区随机抽查事项清单，建立行政执法人员名录库，做到了底数清晰、内容明确和依据充分。

四、劳动保障监察机构队伍建设稳步推进

各地进一步贯彻落实《关于加强劳动保障监察执法能力建设的意见》（人社部发［2015］67号），加强与机构编制管理、财政部门的沟通，努力形成贯彻落实工作的整体合力。截至2016年年底，20个省（区、市）的人力资源社会保障部门已经会同机构编制管理、财政部门联合印发了贯彻实施意见。许多地区结合本地实际进行了延伸拓展，突出重点，整体推进，细化目标任务，落实职责分工，规定时间节点，在加强劳动保障监察综合执法、规范机构性质、加强执法人员配备、将劳动保障监察工作用车列入执法用车范围、统一规范劳动保障监察标志和着装、建立办案补贴制度等方面取得积极进展。在劳动保障监察行政执法体制改革方面，一些省（区、市）先行先试提出了改革方案，进行了有益探索，取得了初步进展。在劳动保障监察业务培训方面，组织了机构负责人、监察师资以及法律制度3期全国培训班，修改完善了《劳动保障监察资格培训和岗位培训大纲（试用）》和《劳动保障监察资格培训教材》，为提升监察队伍业务素质和执法能力提供了有力支撑。

规划统计

2016年，规划统计工作围绕中心，服务大局，积极发挥规划引领、决策支撑、服务保障作用。

一、规划工作

一是编制完成并组织实施人力资源和社会保障事业发展“十三五”规划纲要。“十三五”时期是全面建成小康社会决胜阶段，编制实施“十三五”规划具有特殊的重要意义。7月6日，人力资源和社会保障事业发展“十三五”规划纲要正式印发，7月14日召开了视频会，尹蔚民部长出席会议并讲话，对贯彻落实“十三五”规划纲要进行动员部署，标志着《人力资源和社会保障事业发展“十三五”规划纲要》（以下简称《规划纲要》）编制工作如期完成。《规划纲要》分为9章39节，提出了“十三五”时期人力资源和社会保障事业发展的七大目标和15项主要指标，阐述了人力资源和社会保障工作六大板块和基本公共服务的重点任务及重大举措，其中设置了14个专栏，是指导今后一个时期人力资源和社会保障事业发展的纲领性文件。《规划纲要》印发后，组织开展了系列宣传活动，编印了《规划纲要》单行本和学习读本，举办了全国人力资源和社会保障系统规划培训班，印发了部内分工方案，并指导全国各地人力资源和社会保障系统做好规划编制和实施工作。

二是编制实施人力资源和社会保障事业发展年度计划。加强年度计划与规划的有机衔接，年初下达2016年人力资源和社会保障事业发展计划。层层分解落实全国总量计划，加强计划监测分析，按季监测，半年、全年进行计划执行情况通报。经各方共同努力，当年计划主要指标顺利完成，实现了“十三五”良好开局。科学测算，综合平衡，编制2017年人力资源和社会保障事业发展计划草案，明确了年度人力资源社会保障工作的基本目标和政策导向。

三是组织开展对口支援工作。贯彻落实第六次中央西藏工作座谈会精神，印发了落实第六次中央西藏工作座谈会推进西藏人力资源和社会保障事业发展的意见及推进四省藏区人力资源和社会保障事业发展的意见两个文件，明确部内相关单位工作任务，指导系统人力资源社会保障部门开展对口援藏工作。8月和11月分别召开了全国人力资源社会保障系统对口援藏工作座谈会和部分省市对口支援四省藏区工作座谈会，尹蔚民部长出席西藏会并作重要讲话，汤涛副部长出席四省藏区会并作重要讲话。认真贯彻落实中央第二次新疆工作座谈会精神，按照任务分工积极推进各项工作，按期调度工作进展，并研究解决相关问题。配合发展改革委审核了“十三五”时期中央支持新疆、西藏和四省藏区经济社会发展规划建设项目方案，以及各对口支援省市“十三五”时期对口支援新疆、西藏和四省藏区经济社会发展规划。

四是继续实施基层劳动就业和社会保障服务设施建设项目。2016年，中央预算内投资安排4亿元，支持110个县、297个乡镇开展基层劳动就业和社会保障公共服务设施项目建设。项目实施7年来，中央预算内投资136亿元，共支持中西部地区 1 500 多个县、5 500 多个乡镇改善了公共服务设施，其中涵盖了 81%的国家级贫困县和 77%的集中连片贫困地区所辖县，有力地保障了基层公共服务能力和水平的提升，为老百姓获得更加优质高效便捷的劳动就业和社会保障公共服务创造了更好的条件。同时，2016 年中央预算内投资安排 5 亿元，支持 29 个（1 个省级、19 个市级、9 个县级）公共实训基地建设。

二、统计工作

一是加强统计综合管理和数据审核把关。认真贯彻落实习近平总书记等中央领导同志关于统计工作的重要批示精神，开展统计违法案例警示教育，加强统计法规教育培训，强化人力资源和社会保障统计数据的审核把关，提高统计数据质量。

二是改革创新统计调查制度。适应人力资源和社会保障事业发展要求，修订完善统计报表制度。对人力资源社会保障部共 130 多张报表的统计报表制度从内容到形式都进行了较大修订，特别是在就业、社保领域，更好地适应了新的业务工作要求。

三是积极推进统计保障支撑事业发展。创新统计公报发布的形式和内容。2015 年度人力资源社会保障统计公报进行了较大调整，内容更精简突出，同时第一次翻译成英文，印成中英文对照单行本，在 G20 等重要国际会议上发送，成为人力资源社会保障部对外宣传的一张新名片。

四是加强统计分析和决策咨询工作。完善部内统计分析决策咨询制度，组织有关专家撰写统计分析报告和参考，在部《统计分析报告》和《统计分析参考》以及《国际统计监测》上刊发统计分析和监测文章近百篇，为部领导决策和各项业务工作提供决策咨询。

五是加强社区直报调查数据的深度开发利用，完成了人力资源社会保障政策满意度调查各项工作。

六是按照中央人才办的统一要求，完成了 2015 年度全口径人才资源统计汇总工作。

七是大力推进人力资源社会保障统计数据仓库建设。完善了统计数据仓库技术，对全部统计人员进行了数据仓库的上岗培训，开展了统计历史数据的整理，并将相关数据入库。

三、信息化工作

一是金保工程二期（中央本级）项目正式启动。2016 年 4 月 5 日，金保工程二期（中央本级）项目初步设计和投资概算方案经第 128 次部党组会审议通过，正式报国家发展改革委审批；6 月 7 日，获得发展改革委正式批复，工程建设总投资 2.72 亿元。7 月 7 日，人力资源社会保障部召开金保工程二期项目启动会。尹蔚民部长对金保工程二期项目建设作出重要批示，强调“金保工程二期项目是我部一项重大基础性工程，对于推动人力资源和社会保障事业发展，提升人力资源和社会保障系统工作科学化、规范化水平，具有重要的支撑作用。要加强工程建设的组织管理，确保优质高效完成任务，真正经得起历史、实践的检验”。信长星副部长出席会议传达尹蔚民部长批示并作动员讲话，游钧副部长主持会议。部属有关单位、公务员局有关司负责同志参加会议。

二是完成金保工程二期中央异地灾备中心建设选址工作。金保工程二期中央本级将通过自行购置设备、租用第三方运营商专业机房的方式，建设异地数据级灾备中心，实现人员、单位等基础信息及重要应用系统数据的备份。为做好异地灾备中心的选址工作，部相关职能单位在广泛调查了解、实地调研和专家论证的基础上，提出了异地灾备中心建设选址建议。6 月 6 日，经部党组会审议确定。

三是跨省异地就医结算系统上线试运行。为贯彻落实党中央、国务院关于加快实现基本医疗保险异地就医费用直接结算的要求，人力资源社会保障部在金保工程二期项目中优先启动了跨省异地就医结算系统建设。12 月 7 日，异地就医结算子系统开发完成并通过初步验收，系统上线试运行，全国第一批共 20 个试运行省份开始陆续接入国家平台。

四是新农保信息系统试点工程建设加快推进。2016 年，新农保信息系统试点工程所有项目采购工作均已完成。9 个统一应用系统开发项目有 8 个完成初步验收并投入试运行，试运行成效明显；其中 5 个系统在完成试运行的基础上通过最终验收。

信息化建设

2016年，人力资源和社会保障信息化建设以党的十八大和十八届三中、四中、五中、六中全会精神为指导，积极研究落实国家“互联网+”、大数据等战略部署，大力推进社会保障一卡通，围绕人力资源和社会保障中心工作及各项改革任务要求，着力加强重要应用系统建设和信息资源开发利用，不断开展信息化公共服务创新，信息化工作取得新成效，实现了“十三五”良好开局。

一、统筹推进“互联网+人社”及重点项目建设

印发《“互联网+人社”2020行动计划》（人社部发［2016］105号），明确了“互联网+人社”行动目标、工作任务和48项行动主题。以身份认证、医保结算、缴费和待遇领取等为重点，开展线上社会保障卡（以下简称社保卡）服务模式和系统建设方案研究。开展人力资源和社会保障信用综合评价研究，建立信用评价指标体系和信用评价建模方法，形成“人社个人信用分”，构建了人力资源和社会保障信用综合评价个人信用评分卡。适应云计算技术的发展，组织研发了人力资源和社会保障行业云架构应用支撑平台（LEAF6平台），并制定了《人力资源和社会保障行业云建设指南》。完成金保工程二期（中央本级部分）立项工作，按照国家政务信息化工程项目建设要求，全力推动项目实施，完成国家异地就医结算系统开发。加快新农保信息系统试点工程建设，完成5个应用系统的最终验收，3个应用系统的初步验收，以及相关软硬件设备采购工作。

二、深入拓展社保卡发行应用

截至12月底，全国社保卡持卡人数达9.72亿人，普及率达70.3%，超额完成年度发卡任务；实际发卡城市（含省本级）达372个，地市覆盖率达96.6%。继续推进社保卡应用，确定32个地区作为第一批社保卡综合应用示范基地，启动第二批（64个地区）社保卡综合应用试点示范工作，全国人力资源和社会保障领域102项社保卡应用目录的平均开通率超过80%。配合跨省异地就医直接结算工作，全面推进社保卡跨省应用。改造和完善用卡环境，建立快速发卡、出省检查、异地卡服务等服务机制，支持社保卡全国通用。完成第三代社保卡规范研究工作，实现扩展非接触式读写接口、升级使用SM（商用密码）系列标准算法等，完成社保卡密钥管理系统升级。

三、逐步夯实业务协同基础

加快社保卡持卡人员基础信息库（以下简称持卡库）建设，实现对个人基础信息、社保卡基础信息的统一管理，并与国家异地就医结算系统完成对接，为跨地区用卡提供鉴权和密钥认证服务。截至12月底，31个已发卡省份（含新疆生产建设兵团）的省级持卡库全部上线并接入部持卡库，实现与全国183个业务系统对接，入库人数9.29亿人，社保卡信息7.55亿条。指导各地推进就业失业登记、社会保险登记、劳动用工备案信息共享和业务协同工作，逐步统一业务入口，形成业务联动机制。开展人力资源和社会保障用人单位基础信

息库建设，推动各地用人单位基础信息的集中统一管理和共享共用，实现全国的共享协同，为“五证合一、一照一码”登记制度改革提供支持。配合工商总局下发《工商总局等五部门关于贯彻落实〈国务院办公厅关于加快推进“五证合一”登记制度改革的通知〉的通知》（工商企注字［2016］150 号），与工商总局确定了数据交换指标与格式标准。

四、全力落实重点改革任务

一是全力推进国家异地就医直接结算工作。完成国家异地就医结算系统开发任务并上线运行。印发《关于做好基本医疗跨省异地就医住院医疗费用直接结算工作的通知》（人社部发［2016］120 号）、《关于加快推进跨省异地就医结算系统建设的通知》（人社厅发［2016］185 号）等一系列文件，推进部省异地就医结算系统对接，做好联调测试和试运行工作，将社保卡作为参保人员跨省异地就医身份识别和费用结算的唯一凭证，对异地就医人员优先发卡。二是按照城乡医保制度整合要求，充分发挥人力资源和社会保障系统信息化建设优势，推进城乡居民基本医疗保险信息系统建设，全力支撑城乡居民医保制度运行。三是落实机关事业单位养老保险信息系统建设任务，完成部本级系统建设，全国 30 个省份完成系统上线。四是建成化解过剩产能企业职工安置信息系统，支持各地开展数据上报工作，定期汇总化解过剩产能职工安置信息。五是经商国务院扶贫办，开发建设了全国农村贫困劳动力就业信息平台，并构建贫困劳动力数据库，推动农村贫困劳动力就业信息共享，为各地人力资源社会保障部门精准找人、精准服务提供支撑。

五、加快推进主体业务系统建设

一是就业领域。印发《关于加快公共就业服务信息化建设和应用工作的指导意见》（人社厅发［2016］159 号），加快推进就业服务和就业管理工作全程信息化，全面提升服务能力和管理水平；完成就业监测二期系统开发，以及 23 个省份的系统实施工作。二是社会保险领域。启动全国个人社保权益网上查询系统开发工作；推进全民参保登记系统建设，并在河北、甘肃两省开展试运行工作。推进基本医疗保险医疗服务监控系统建设，全国 275 个市级统筹地区已开展智能监控工作。三是人事人才领域。研究制定了人事人才一体化系统建设方案；自主择业军转干部管理信息平台系统上线运行；完成中央机关公务员 2017 年度招考网上报名工作（共报名 210 万人次，咨询电话 7 万人次），以及公开遴选和公开选调网上报名、公安院校公安专业毕业生招考工作。四是劳动关系领域。推动劳动保障监察管理信息系统、调解仲裁办案系统在各省份的建设实施，大部分地区已建成或启动建设；推进实施全国劳动保障监察信息监测制度，2016 年共入库监察案件监测信息 18.42 万件；初步制定了仲裁监测指标，全国仲裁员管理系统已累计登记 6.5 万名调解仲裁工作人员。

六、推动跨地区业务系统应用取得新实效

2016 年，中国公共招聘网累计发布招聘岗位信息 401.08 万条；养老保险待遇状态比对查询服务系统响应查询请求 3 353 万人次；异地居住退休人员领取社会保险待遇资格协助认证系统认证 73.37 万名异地居住人员，新开通人脸识别认证渠道，满足异地退管人员的远程认证需求；社保关系转移系统办理业务 92.61 万笔。军人退役养老保险关系转移接续业务，累计上传 133.22 万条退役军人养老保险信息。

七、有序推进信息监测和数据共享应用

就业监测数据上报量为 3.43 亿人；养老保险、医疗保险、失业保险、工伤保险和生育保险联网监测数据上报量分别为 8.55 亿人、6.41 亿人、1.77 亿人、1.81 亿人和 1.60 亿人。完成常规性统计及对外数据服务工作。完成企业薪酬调查等 6 个专项调查和分析，以及

公共服务机构市场职业供求等市场监测与数据分析。积极参与国家人口基础信息库项目建设，完成人力资源社会保障部牵头建设的任务；配合做好国家法人基础信息库的立项工作，推动与财政、工商、民政、质监等部门的数据共享。与国务院扶贫办开展数据交换，为各地开展就业扶贫信息的核实比对提供了支持。

八、不断加强公共服务体系建设

推进人力资源社会保障系统公共服务信息化建设，明确了构建统一的公共服务信息平台，面向社会提供一体化信息服务的建设思路。“12333电话咨询服务”被列入国家“十三五”规划纲要的基本公共服务项目清单，为统筹落实有关要求，印发了《关于加快推进12333电话咨询服务事业发展的指导意见》（人社厅发〔2016〕186号），推进12333电话咨询服务实体化、专业化、规范化、多样化和一体化发展。组织开展12333示范单位创建活动，示范引领全国12333协调发展。全国11家12333荣获“全国人力资源社会保障系统2014—2016年度优质服务窗口单位”荣誉称号。全国360多个地区已开通12333电话咨询服务，咨询员达4 000多人，2016年全国话务总量超过1亿次。以“走近社保卡”为主题举办12333全国统一咨询日活动。成功构建G20就业工作组网站和工作平台。

九、不断拓展网络覆盖范围

全国部省市三级网络覆盖332个地市，实现了地市节点全覆盖，城域网覆盖95.8%的各类人力资源和社会保障管理服务机构，街道、乡镇的联通率分别为97.6%、97.5%，医疗保险协议服务机构联通率为99.2%。开展部省骨干网络升级，开展了部省主用线路升速工作，并结合向电子政务外网迁移，制定部省联网实施方案和与政务外网的对接方案。规范各地业务专网配置变更。完成部电子政务内网立项，开展了实施准备工作。

十、进一步提高安全支撑能力

配合有关部门组织开展国家关键信息基础设施网络安全检查、骨干网保密安全检查等多次针对全系统的检查工作，确定部本级8个信息系统为国家关键信息基础设施。加强人力资源和社会保障领域国产密码应用，推动电子认证系统的国产密码算法升级改造。完成部级认证系统及4个省级电子认证系统的升级改造。在部分省份开展网络安全防护试点建设。建立了部本级重要网站的外围监测机制。强化敏感时期的信息安全监控，确保G20等重要会议及敏感时期网络和全系统信息安全处于总体稳定状态。

科学研究

2016年，中国人事科学研究院和中国劳动保障科学研究院在部党组的领导下，全面贯彻党的十八大和十八届三中、四中、五中、六中全会精神，认真开展“两学一做”学习教育，紧紧围绕部中心工作，以重点工作突破带动整体工作的推进，圆满完成了各项工作任务。

一、人事科学研究

全年完成科研项目80余项，发表学术论文百余篇，出版专著多部。多项研究成果得到部领导的肯定性批示，供决策参考，并获学术界好评。

（一）认真完成部交办的各项科研任务。

全年共承担部下达各类课题十余项。研究内容涉及公务员法修改、公务员平时考核、高精尖人才培养、事业单位人员创业政策、人力资源服务外包、留学人员回国创新创业和电子商务发展对就业的影响等人力资源社会保障领域的热点难点问题。

（二）积极承担中央单位委托的研究工作。

承担了中央组织部、中央宣传部、中央网信办、科技部和国家外专局等部门下达的6项课题。开展了不同区域人才政策比较研究、全国宣传思想文化人才统计分析、网络与信息化安全人才管理体制改革、科技规划纲要实施中的人才队伍建设评估和文教类外国专家评估等研究，有关研究成果已报高层领导参考或在实际工作中运用。

（三）努力为全国组织、人力资源社会保障部门和企事业单位提供高质量的决策咨询。

承担了有关省市组织、人力资源社会保障部门委托的17项课题，一些企事业单位委托的12项课题，为地方及有关单位的人才队伍建设和人事制度改革贡献了智慧。其中，“京津冀人才一体化发展规划纲要”研制工作是受北京、天津、河北三地组织部门联合委托开展的，将对京津冀一体化进程的推进产生积极影响。

（四）动员国内科研力量开展协作攻关。

组织科研合作网单位开展了20项合作课题研究。课题成果质量较往年有较大幅度提高。与此同时，为落实中央关于加快创新驱动的战略部署，推动人力资源工作领域的改革发展，开展了以“经济新常态下的人力资源管理变革”为主题的论文征集活动，得到地方人力资源社会保障部门的积极响应，共征集论文155篇，评选出获奖论文34篇，并汇编成册，供广大人力资源实践与理论工作者参考。

（五）进一步提升刊物、网站及学术出版工作质量。

人科院的重要科研成果载体《中国人事科学》（月刊）、与国际行政科学学会共同举办的《国际行政科学评论》（中文版、季刊）均按工作计划正常编辑印发。由《第一资源》更名、以人科院和人才研究会名义共同主办的《中国人才研究》集刊的组稿编辑工作也在进行之中。人科院网站和人才研究会网站遵守宣传纪律规定，严把政治关与质量关，刊发了大量学术动态信息。

《中国人力资源发展报告》（蓝皮书）、《中国人事科学研究报告》（年度学术报告集）和《全国人才与人事研究主题征文获奖作品集》

（年度主题论文集）已按计划出版。

承担了“十三五”国家重点出版物出版规划项目“人才强国研究出版工程”中七大类89种著作的组织编写工作。丛书编写工作全部完成，正式出版67本，出版社在编22本。

组织编写了《人力资源服务概论》、《大数据人力资源管理》等通论性著作。与有关出版社合作出版的“中国人事科学研究院学术文库”收编了人科院学者的学术作品。

（六）聚焦热点难点问题开展多种形式的研讨活动。

在开展主题论文征集和认真总结以往科研工作成绩的基础上，2016年11月，组织召开了“经济新常态下的人力资源管理变革主题研讨会”，来自全国各省（区、市）人力资源社会保障部门及科研机构、企事业单位的代表参加了会议。这次会议主题明确，参会代表广泛，形式新颖，受到国内同行广泛关注与好评。

人力资源服务业发展研讨是人科院组织开展国内学术交流活动的重点。2016年，与陕西省人力资源社会保障厅、西安市人民政府共同举办“丝路经济带人力资源服务发展研讨会”，与宁波市人民政府共同举办“中国（宁波）人力资源服务创新创业大赛暨创新创业研讨峰会”，广受业界关注，扩大了学术影响力。此外，还举办了多种小型研讨会，如绩效管理研讨会等，深化了对有关问题的认识。

（七）组织开展国际学术交流，不断扩大我国公共行政与人力资源研究的国际影响力。

在国际学术交流方面，重点工作是承办国际行政科学学会暨国际行政院校联合会2016年联合大会。这次会议由人力资源社会保障部、国家行政学院主办，是我国继1996年后，时隔20年再次举办的国际行政科学学会的年会，而与国际行政院校联合会年会同时举行则属首次。大会共有来自50多个国家和地区的500多名专家学者和政府官员参加，其中外国参会者300余人。会议规模大、会期长、会议场次多（共计108场），所涉因素众多、统筹组织工作繁重，国务院领导及部领导高度重视。尹蔚民部长在大会开幕式上致辞，孔昌生副部长作主旨报告，张义珍副部长在闭幕式上致辞。大会组委会由孔昌生副部长任主任。在部相关职能单位、四川大学、成都市人民政府的大力支持下，会议取得圆满成功。

2016年，在参加国际学术组织的换届选举中，余兴安成功当选国际行政科学学会副主席，吴江成功连任亚洲公共行政网络主席，进一步巩固了我国在国际行政科学领域的领导地位和话语权。此外，人科院与清华大学合作举办东部地区公共行政组织（EROPA）电子政务研究中心“大数据与公共服务”国际研讨会，与欧洲公共行政组织合作举办欧亚行政网络专场会。还组织多个团组出国（境）参加学术活动，接待多国团组来访，深化了国际和地区学术交流。

二、劳动保障科学研究

全年共组织开展各级各类课题研究270多项。其中，在研国家社科基金重大项目3项、重点课题1项、青年项目1项，部重大及部级课题12项，部相关职能单位委托课题50多项，院级课题96项，横向课题100多项，国际合作项目2项。

（一）围绕中心，服务大局，开展科学研究。

一是开展促进就业相关研究。继续开展国家社科基金重大项目“化解产能过剩矛盾中职工就业和安置政策研究”，形成8个子课题和专题报告初稿，3篇调研报告和阶段性研究成果得到部领导重要批示，向社科基金管理办公室提交1篇《成果要报》稿件并已被采纳刊登；“产业转型升级下的高校毕业生就业研究”的2篇阶段性研究成果报部领导参阅，得到尹蔚民部长和信长星、邱小平副部长的批示。开展本年度部重大政策课题“动力转换期的劳动力市场政策调整问题研究”，为政府部门了解经济新常态下劳动力市场政策的实际效果、准确把握改革方向提供参考；“返乡农民工就业创业问题研究”取得预期成果。开展本年度中国青年创业现状调查研究，对6个省（区、市）8 000余名创业者开展调查，为创业政策和服务持续完善提供参考。开展“第三次工业革命对就业的影响研究”、“农村电商对促进农民创业就业的影响”、“创业园运行模式研究”，取得积极成果。开展就业季度形势分析研究，分析报告上报国务院和部领导，为研判就业和经济形势，进行宏观决策提供重要参考依据。承担“职业资格框架研究”课题，得到部领导及相关职能单位肯定，有关政策建议已被采纳。完成技工教育“十三五”规划研究，提出了我国技工院校在“十三五”期间改革发展的指导思想、总体目标和具体任务以及推进各项工作的措施和步骤建议。完成部领导交办的“工匠精神”研究。此外，还开展职业指导分级服务、职业培训、新经济模式下灵活就业、就业城乡一体化等研究，取得了积极成果。

二是开展社会保障相关研究。社会保障综合性研究方面，完成部重大政策研究课题“社会保险法修订问题研究”，为完善社会保险法提供理论参考。承担部相关职能单位课题“社保协定中特定人群有关问题研究”。养老保障有关研究方面，承担相关职能单位委托项目“养老保险精算平衡与基金可持续研究”、“提高领取基本养老保险待遇最低缴费年限研究”、“新就业形态从业人员社会保险问题研究”、“我国基本养老保险个人账户计发办法研究”、“养老保险的基本理念、制度模式及财政责任研究”、“个人养老金制度研究”。开展基本科研项目“调整基本养老保险费率问题研究”、“技术进步、资本深化对城镇企业职工基本养老保险筹资的影响”等研究。医疗保险有关研究方面，完成“医疗保险付费总额控制的实施和评估研究”、“基本医疗保险省级统筹调剂金研究”、“职工医保筹资和待遇调整机制研究（二期）”、“退休人员医疗保险缴费问题研究”。开展“药品价格形成机制与医保支付”第一期研究工作、“医疗服务价格形成机制与医保支付”第一期研究工作。承担“重特大疾病医疗保障与管理”、“医疗保险点数结算法”、“医院医保管理问题与对策”、“非处方药管理与医保支付”、“发挥医保在医改中的基础性作用”、“全民医保下社保与商保功能定位和保障衔接”、“生育保险和医疗保险合并实施问题”、“基本医疗保险省级统筹模式”、“医疗保险综合改革政策”、“城乡居民医保制度整合跟踪”、“完善职工医保门诊待遇保障政策”，以及“社会医疗保险‘新俾斯麦’改革模式及其在中国的应用”、“医疗保障改革追踪”等研究任务。工伤保险有关研究方面，完成“突发疾病死亡情形工伤认定基本准则研究”、“工伤保险与长期护理保险制度边界及政策衔接研究”等部级课题。农村社会保险有关研究方面，完成“部分省区被征地农民社会保障政策实施效果评估”课题，开展“农村土地征收制度改革试点县被征地农民社会保障工作跟踪研究”，完成“被征地农民社会保障筹资机制与政策建议研究”。长期护理保险有关研究方面，完成部科技项目“我国社会长期护理保险制度构建研究”。社保基金管理与经办服务有关研究方面，承担部科技项目和部内委托项目“社会保险费征缴体制研究”、“社会保险基金中期规划编制研究”、“社会保险关系转移接续研究”、“全民参保登记计划实施效果评估研究——基于试点地区的问卷调查分析报告”、“全民参保登记计划实施成本测算”、“全民参保登记计划宣传方案”、“全民参保登记计划评估指标体系研究”等课题或专项工作。开展“完善退休人员社会化管理服务研究”。

三是开展劳动关系相关研究。承担“劳动力市场灵活性与法律规制研究”，提出《劳动合同法》修订建议，得到部领导高度重视。开展“TPP劳工条款对我国相关制度的影响及应对研究”，对TPP劳工章节的条款内容和实施机制进行系统解读，分析TPP劳工标准对我国的可能影响，提出相应的对策建议。承担“共享经济平台用工管理模式研究”。继续开展国家社科基金青年项目“我国劳动者过度劳动问题及其政府规制研究”，取得积极进展。开展“基层政府劳动关系矛盾集成化解模式研究”。对拟送审的劳动合同、集体合同和劳务派遣有关标准进行修改完善。开展劳动定额定员标委会秘书处工作，组织开展劳动定额定员有关标准复审及制修订工作。

四是工资收入分配研究。承担完成了中财办交办的“扩大中等收入群体比重问题研究”，人力资源社会保障部和中央组织部交办的“完善适合机关事业单位特点的工资制度研究”，国务院领导交办的“最低工资制度对产业竞争力影响分析”等重大政策研究。完成部重大课题“我国工资收入宏观调控工具评估与完善问题研究”和“提高技能人才待遇问题研究”。完成部级课题“基于收入分配视角的我国社会保险缴费水平问题研究”和“制造业高技能人才评价与激励机制研究”。承担并完成部相关职能单位委托的“国有企业职业经理人薪酬管理研究”、“改革国有企业工资决定机制”、“农民工工资增长与企业人工成本比较研究”、“养老保险缴费工资基数研究”以及2016年企业薪酬调查工作、2014—2015年最低工资标准调整状况评估、2016年最低工资标准调整状况评估及2017年调整建议等项目。完成国有企业职业经理人激励约束机制、当前我国制造业劳动力成本比较优势、农民工工资增长对企业人工成本影响、公务员工资决定和增长机制、提高低收入工薪劳动者收入水平的对策、建立符合我国公立医院特点的薪酬体系若干问题等科研任务。

五是开展综合性及国际比较相关研究。承担体改研究会“去产能过程中的就业创业、社会保障和劳动关系研究”课题，形成初步成果。承担发展改革委“中外社会保障缴费水平对比分析”。承担部级课题“部分国家应对结构性失业措施研究及借鉴”、“中外促进青年就业政策制度比较研究”。完成“国外社会保险基金预算编制比较研究”。完成“国外人力资源市场立法”，课题成果送国务院法制局参考。完成“劳动和生产组织及劳动治理相关问题研究”、“美国高校毕业生就业政策及做法经验研究”、“国外标准工时制度对劳动效率和企业管理的影响研究”、“日本长期护理保险制度研究”和“国外医生薪酬制度研究及借鉴”等研究项目，以及“我国履行第11号、26号、144号国际劳工公约情况报告”。完成的“人力资源社会保障精准扶贫政策配套研究”成果，得到部领导批示肯定。此外，还承担发展改革委“劳动就业和社会保障公共服务能力建设研究”课题。开展农民工工作、生活状况等相关研究。

（二）加强交流，拓展合作，提升劳动保障科研质量。

一是开展国际交流活动。以“经济转型升级对劳动和雇佣关系的影响及其应对措施”为主题，成功主办“国际劳动与雇佣关系协会第9届亚洲会议”，安排4次全体会议和34场专题研讨会，得到来自20多个国家和有关国际组织代表的高度评价。组织院所科研骨干赴韩国出席第14届东北亚劳动论坛，与韩国劳动研究院、日本劳动政策研究研修机构就“老龄化社会与就业：现状及政策任务”进行深入研讨。邀请国际劳工组织政策研究司代理司长等来华参加“国际就业形势研讨会”并洽谈合作。参加第105届国际劳工大会、国际劳工组织第328届理事会，国际劳工组织在曼谷举办的体面劳动与劳工问题培训，国际劳工组织等开展的“促进全球供应链体面劳动”等活动。与香港退休计划协会、澳门社会保障学会、台湾社会保险教育发展协会以及美国信安集团等境外社保机构进行交流研讨。

二是加强国内学术交流与合作。加强对地方科研机构的指导与合作，合作研究项目数量增加至34项，合作范围不断扩大，推动了双方的科研工作，取得良好成果。加强与科研实践基地的交流合作。院所继续推进科研创新实践基地建设，实现合作研究、资源共享、共同发展的目标。组织召开有关座谈研讨会。在部相关职能单位支持下，在成都市成功组织构建和谐劳动关系综合试验区经验交流会，九家部省共建、省市共建综合试验区参与交流，总结各地探索构建中国特色和谐劳动关系的经验，得到部领导充分肯定。与首都经济贸易大学联合召开“2016年劳动经济形势分析会”。组织召开劳动关系、新经济模式与灵活就业发展、职业指导分级服务、就业城乡一体化创新实践等研讨会。继续组织举办中国劳动讲堂。组织召开“2016年度科研合作交流研讨会”，就下一步科研合作进行交流和研讨。

三是打造科研精品，编发有关信息。资助《中国劳动保障发展报告（2016）》（蓝皮书）、《国际人力资源社会保障报告（2016）》、《2015—2016中国人力资源蓝皮书》、《国外就业质量评价指标体系比较》等多项优秀科研成果出版。加强对《中国劳动》杂志的业务指导，使之成为劳动保障领域研究成果的重要宣传和转化阵地。与部相关职能单位合作编发《国际统计监测分析》，编发《社会保障研究》、《国际人力资源和社会保障动态研究》等内部刊物。

窗口单位作风建设与干部教育培训和评选表彰

2016年，在部党组的坚强领导下，围绕中心，改革创新，认真配合中央巡视组开展集中巡视工作，积极开展系统窗口单位作风建设，大力开展干部教育培训，抓好系统评比表彰工作，有效提高了系统和部内干部的党性修养和能力素质，进一步提高窗口单位干部服务能力、服务意识，为推动人力资源社会保障事业改革发展提供了有力支持。

一、高度重视，严肃认真地配合中央巡视组开展集中巡视工作

按照中央巡视组要求，配合巡视组做好教育培训有关工作。其中，根据部党组部署安排，牵头做好职业培训有关整改工作，协同有关单位做好职业培训自查工作，向部党组专题汇报了部属事业（企业）单位职业培训情况，并提请部党组印发了关于部属事业（企业）单位职业培训巡视反馈问题整改的通知，进一步规范了部属有关单位开展职业培训工作。同时还研究印发了人力资源社会保障部干部领取讲课费和部属单位举办培训班支付课酬的规定等。

二、突出重点，牵头抓好人力资源社会保障系统窗口单位作风建设

2016年全国人力资源社会保障系统窗口单位作风建设总的要求是：认真贯彻党的十八大和十八届三中、四中、五中全会精神，深入贯彻习近平总书记系列重要讲话精神，按照国务院关于简化优化公共服务流程有关指示要求，以推进标准化、信息化、便利化建设和工作队伍建设为重点，通过加强统筹协调、创新方式手段，坚持问题导向、强化责任追究，加强组织领导、加大工作力度，不断提升窗口单位工作队伍能力和素养，提升窗口单位服务质量和服务水平。

（一）窗口单位作风建设取得了突出成绩。

人力资源社会保障系统各级各类窗口单位牢固树立民本理念，加强组织领导，创新服务手段，改进服务方式，转变服务态度，服务能力、服务质量和服务水平大幅提升，取得了突出成绩。

一是进一步规范平台建设。各级人社部门持续加大投入，加强基础建设，升级换代设备，改造服务场所，服务大厅普遍标准统一、干净整洁，相关标识醒目，条件好的地方还设置了咨询服务区、即时办结区、业务受理区和自助服务区，办事群众进门就有了舒适感、认同感。

二是进一步转变服务态度。各级窗口单位积极贯彻“五制、四公开、三亮明”的工作要求，严明服务纪律，规范服务流程，加大问责力度。工作人员热情接待群众，规范文明用语，耐心讲解流程、政策和要求，认真回应每项诉求、办好每件事情、化解矛盾纠纷。群众反映强烈的“门难进、脸难看、话难听、事难办”的问题得到根本好转。

三是进一步改进服务方式。各级人社部门注重整合资源、优化配置，加强同类窗口单位合并和功能重组，窗口单位普遍实现由多地分散办公向综合集中服务转变，由多个窗口办理向“一站式”办公、“一门式”服务转变，在

此基础上，机关转变职能，窗口优化流程，群众跑路少了，办事更加便捷了。

四是进一步创新服务手段。各地在继承优良传统的基础上，加大创新力度，服务手段由过去单一的窗口办理，实现了向窗口办理、上门服务、网上经办等多种手段综合办理转变。同时针对特定对象、特殊要求，积极采取预约服务、延时服务和应急服务等便民措施，服务更加人性化。特别是许多地方大力推行“互联网＋公共服务”，实现了网上受理、网上经办、网上反馈、网上查询“一条龙”服务，群众足不出户即可享受数字化、现代化的便捷服务，大大提高了质量和效率。

（二）窗口单位作风建设主要做法。

一是加强组织协调。召开窗口单位作风建设领导小组会议，总结2015年工作推进情况，部署2016年工作任务。印发《2016年全国人力资源社会保障系统窗口单位作风建设工作要点》（人社厅发［2016］32号）和《2016年全国人力资源社会保障系统窗口单位作风建设部内成员单位责任分工》，并积极协调成员单位狠抓落实。

二是抓好督导调研。组织12个明察暗访小组，于6月分别对山西、贵州、湖南、四川、青海、浙江、云南、江苏、天津、湖北、福建、宁夏等12个省（区、市）的5级186个窗口单位进行明察暗访，要求做到“先暗访后明察”，有效掌握了系统窗口单位作风建设改进成效第一手资料，并将明察暗访中存在的共性问题向各省份印发通报，个性问题分别点对点反馈，督促地方抓好整改落实。继续委托人科院开展全国人力资源社会保障系统窗口单位规范选人用人问题研究，着力加强窗口单位规范化建设。

三是抓好示范培训。先后围绕人力资源社会保障系统窗口单位作风建设，面向全国市县人社局长，举办了全国市级、县级人社窗口单位作风建设专题培训班，共430人，进一步提升了基层人社部门负责同志推动窗口单位作风建设的思想认识和能力水平。

三、从严管理，改革创新，注重提高干部培训质量

认真贯彻落实中央关于加强干部教育培训工作的一系列决策指示，深入学习贯彻习近平总书记系列重要讲话精神，始终坚持社会主义办学方向，紧紧围绕党和国家事业发展需要来开展。

（一）开展干部培训的主要特点。

一是坚持服务大局。重点围绕人社工作全面深化改革、围绕重点业务和中心工作设置培训主题、安排培训内容，较好地推进了业务工作。

二是坚持从严治训。认真贯彻落实中央和部党组要求，严格执行培训计划，坚持从严治训、厉行节约，进一步改进了培训作风。特别是要求各单位对举办培训班是否执行中央八项规定和人力资源社会保障部九项规定精神进行了自查。

三是注重提高质量。努力改进培训方式，进一步开展培训需求调研、质量评估，充分运用案例式、研讨式、体验式教学方法，增强了培训针对性、实效性，提高了培训质量。

（二）干部教育培训工作主要做法。

一是明确培训计划。印发《人力资源社会保障部2016年度业务培训班计划》，严格按照年度培训计划和有关制度规定开展培训班审批工作。2016年，除个别部属单位工作需要单列计划的培训班次外，部务会审议通过的财政拨款培训班计划共125期（部机关87期，部属事业单位38期），全年实际举办118期。4个教育培训机构在承办部内财政拨款培训班的基础上，还自主举办各类收费性培训班93期，培训系统干部约1.5万人次；承接系统内外培训班174期，培训人员约1.4万人次。2016年，部属单位共举办各类培训班385期，培训系统内外干部4.96万人次。此外，人事司牵头举办培训班11期，累计培训部内和系统干部1 092人。其中，以强化理论武装、党性教育和规章制度为重点，举办了司级干部、处级干部、

新入部人员培训班，共培训部内干部233人。

二是严肃政治纪律。印发《关于对干部教育培训外请讲课人和讲课内容严把政治关的通知》，对各类干部教育活动严守党的政治纪律、加强审核把关、落实主体责任作出明确规定。

三是突出理想信念教育。在部内举办党性教育和党风廉政教育专题辅导的同时，大力开展党性教育专题培训，并要求系统和部内的各类培训班把党性教育和党风廉政教育作为培训的主课和必修课内容。确保干部每参加一次培训就接受一次党性教育，同时将系统队伍建设和部内干部的有关班次放在红色教育基地、党性教育基地举办。

四是多种方式组织培训。组织举办3期“人社部讲坛”，共计约750人次听取专题报告。选派85名干部参加中央党校等调训，组织40名司级干部参加专题研修，组织全部司级干部参加干部网络学院学习，其中28名同志完成学习“贯彻党的十八届五中全会精神网上专题班”。

五是全面开通全国人力资源社会保障系统干部在线学习平台。在部党组领导下，专门成立了全国人力资源社会保障系统干部在线学习平台工作领导小组，由分管人事工作的副部长担任组长。2016年，组织全国人力资源社会保障系统干部开展注册学习工作。截至12月，共有20余万名干部进行了注册学习，课程主要包括理论武装、党性教育、人社业务和综合知识共257门课（约600学时），累计405万学时，受到系统干部欢迎，同时该平台还被评为第二届中央国家机关十大学习品牌。

四、组织优质服务窗口评比表彰工作，营造良好氛围

2016年年初，部务会研究通过《人力资源社会保障部2016年度评比表彰工作计划》。根据有关规定，指导开展中华技能大奖和全国技术能手评比表彰、全国人力资源社会保障系统2014—2016年度优质服务窗口评比表彰工作。同时，按照中央从严管理要求，对相关职能司局开展表彰工作提出规范意见。

第十三届高技能人才表彰工作。评选第十三届中华技能大奖获得者30名，全国技术能手299名。12月8日，在北京召开了第十三届高技能人才表彰大会。同日，国务院在中南海召开高技能人才座谈会，国务院副总理马凯出席并作重要讲话。

全国人力资源社会保障系统2014—2016年度优质服务窗口评比表彰工作。授予北京市人力资源社会保障局电话咨询中心等390个单位“全国人力资源社会保障系统2014—2016年度优质服务窗口”荣誉称号。12月28日，全国人力资源社会保障工作会议暨优质服务窗口表彰大会在北京召开，会议隆重表彰了全国人力资源社会保障系统2014—2016年度优质服务窗口。

新闻宣传政务信息报刊与出版

2016年，深入学习贯彻习近平总书记关于新闻舆论工作重要讲话精神，认真贯彻落实党中央、国务院的决策部署，围绕中心、服务大局，按照增强“五个意识”、实现“六个突破”、加强“四项建设”的总思路，统筹策划，精心组织，人社宣传工作取得了新的明显成效，政务信息工作进一步提升科学化、规范化水平，部属报刊充分发挥宣传作用，出版集团转变发展方式，为深化人社改革、推动人社事业创新发展营造了良好的舆论氛围。

一、人社宣传工作

全年共举办10场新闻发布活动，尹蔚民部长，信长星、汤涛、游钧、张义珍副部长等部领导出席重大政策例行媒体吹风会和专题新闻发布会。尹蔚民部长发表署名文章3篇。部属单位共受理各类媒体采访近500人次，中央主要媒体刊（播）发人社稿件千余篇。人力资源社会保障部门户网站发布新闻信息和政策解读1 120余条，开展在线访谈10次。新媒体建设有了良好开端，人力资源社会保障部政务微信公众号自9月下旬开通以来，订阅用户超7.3万人，阅读人数超180万人，多篇内容被中国政府网转载；在《人民日报》客户端政务号上人力资源社会保障部发布稿件796条，累计订阅人数超过1 609万人；“今日头条”人力资源社会保障部官方头条号累计发布稿件555篇，阅读人数达到289万人。中央宣传部（国务院新闻办）对中央部门2016年新闻发布工作进行了综合考核评估，人力资源社会保障部等10个部门考核结果为优秀。

（一）综合管理切实加强。

一是先后召开人力资源社会保障部宣传工作领导小组会议、人力资源社会保障部所属新闻出版单位座谈会和全国人社宣传工作座谈会，深入学习贯彻习近平总书记的重要讲话、全国宣传部长会议精神和尹蔚民部长重要批示。二是认真贯彻落实人力资源社会保障部党组关于意识形态工作的要求，加强分析、研判和管理。三是制定印发人力资源社会保障部办公厅《关于严肃新闻宣传和出版纪律的通知》、《关于进一步加强部门户网站管理考核的通知》和《关于政务微信运行管理办法的通知》，进一步加强管理，强化宣传纪律。四是按照中央关于新闻出版工作的统一部署，加强报刊出版行政管理，办理报刊出版单位年度核验、报刊记者证年检、增刊申请、报刊主办单位变更、报刊名称和刊期变更、重大出版选题备案、国家出版基金资助项目等有关事项核准手续。

（二）主题宣传年活动深入扎实。

一是制定印发年度宣传工作要点和政策主题宣传年活动方案，全面启动人社政策主题宣传年活动，推动系统上下将政策宣传融入重大改革、专项活动、经办服务和新闻发布中，掀起了全面宣传解读政策的热潮。二是结合整合城乡居民医保、全面治理拖欠农民工工资、减少职业资格许可、降低社保费率和基本养老金调整、全民参保计划等重大改革政策，通过国务院重大政策吹风会、新闻通气会、答记者问、专家解读、编印改革热点问题宣传册、制播公益宣传片等，深入宣传改革，广泛凝聚共识。三是通过召开推进会、在人力资源社会保障部“两报”开辟专栏和专题调研、编发工作信息等形式，督促和推动全国人社政策主题宣传年活动扎实推进。

（三）专题宣传有声有色。

一是会同部属相关职能单位与央视财经频道合力打造播出《中国大能手》第二季和重点组织中央电视台、中国网络电视台、中国网等媒体视频直播第44届世界技能大赛中国选拔赛开幕式，弘扬工匠精神和劳动光荣、技能伟大的时代风尚。二是结合就业援助月、春风行动等活动，通过印发宣传画、在中央人民广播电台《中国之声》频道播出“公益报时”、中央媒体集中宣传促进高校毕业生就业创业经验，为“大众创业、万众创新”营造良好的社会氛围。三是结合全国人社工作会议和就业、社保、劳动关系、公务员管理、军转等全国性专项业务会议，组织中央和部所属媒体同步宣传工作成就、形势和任务，为进一步做好人社工作增信心、添动力。四是根据公务员考录网上报名的特点，组织新华网、人民网、新浪、搜狐、网易等各大网站同时发布招考消息和开展在线访谈，解答网民关心的热点问题。

（四）典型宣传影响广泛。

积极协调中央宣传部下发宣传报道通知，组织中央媒体深入宣传人社领域各类典型，进一步树立了人社部门良好形象。一是曝光了三批欠薪犯罪典型案例，集中宣传了各地保障农民工工资支付的先进经验和湖北省枣阳市劳动监察大队党支部书记章红军、广西壮族自治区南宁市江南区劳动监察大队大队长陈美杏的先进事迹。二是组织中央主要媒体重点宣传全国优秀农民工和先进集体典型，组织央视《焦点访谈》栏目录制播出工作专题《农民工进城：有钱挣、留得下》。三是结合“五一”、“五四”和第十三届高技能人才评选表彰等重要时间节点，组织中央媒体推出了一线劳动者典型事迹、“三支一扶”计划先进典型、粤湘鄂劳务协作先进经验和高技能人才先进典型。

（五）舆论引导主动及时。

一是通过中央宣传部专题报告会、国新办专题新闻发布会、中国政府网在线访谈和两会“部长通道”采访，人力资源社会保障部门户网站在线访谈、政策解读、专家访谈等形式，围绕就业创业、社会保障等热点难点民生问题，解析形势，澄清误读。二是人力资源社会保障部例行新闻发布会制度不断完善，每季度召开例行新闻发布会，新闻发言人权威发布人社工作进展情况并答记者问，对舆论关注的热点问题进行解读，回应社会关切，每次到场的境内外媒体均在30家以上，新华社、《人民日报》、中央电视台、中央人民广播电台等媒体对发布会做了大量报道。三是充分发挥网络传播快、报送精准的特点，通过部门户网站、政务微信公众号和今日头条、人民日报客户端等平台，第一时间发布信息、解读政策、明辨是非。四是坚持舆情每日监看报送和专题分析、月度综合分析制度，及时发现倾向性、苗头性问题，着力做好重大改革举措出台、重点业务工作推进、重大突发事件的舆情应对工作，舆情引导机制进一步健全。

（六）网络新媒体宣传成效明显。

一是改版部门户网站。进一步优化功能、简化设计、规范流程，强化网站实用性和便捷性，认真做好有关栏目维护，及时准确发布和解读权威政策信息。建立日常监测、月度通报和年度评分相结合的网站考核体系，网站月均访问量超过150万人次，比改版前提升了30%。二是开通部政务微信。经过广泛调研和精心策划，开通后的政务微信紧紧围绕人社中心工作，从主题内容、语言风格到发布形式，坚持权威准确、亲和为民的原则，不断提高发布质量。三是拓展新媒体平台作用。开通“今日头条”人力资源社会保障部官方头条号。人力资源社会保障部在人民日报客户端政务号上的关注度稳步提升，在人民日报社2016中国移动峰会上，人力资源社会保障部荣获“移动政务公开十佳”称号。四是举办全国人社系统新媒体宣传培训班，邀请中央网信办、国办政务公开办、清华大学新闻传播学院的专家授课，张义珍副部长出席并讲话，全国31个省

（区、市）及新疆生产建设兵团人社部门负责新媒体宣传工作的128名同志参加培训。

（七）对外宣传等工作进一步加强。

7月，在二十国集团（G20）劳工就业部长会议期间，组织了专题新闻发布会，尹蔚民部长介绍会议的主要成果，并就境内外媒体关心的热点问题答记者问。设计制作并向驻华使馆、在华国际组织和我驻外使馆（使团）及港澳地区有关机构赠阅《中国人力资源和社会保障事业发展（2011—2015）》（英文版）画册。

二、政务信息

政务信息工作紧紧围绕党中央、国务院重大决策部署和人力资源社会保障中心工作，聚焦人社事业发展的难点、焦点、热点问题，积极构建大信息工作格局，进一步提升工作的科学化、规范化水平，通过挖掘典型经验，及时反映重点工作进展情况，为领导同志了解实际情况和科学判断形势提供了优质高效的信息服务。全年共采用各地人社部门报送信息319条，编发《每日动态》220期、《工作信息》52期、《人力资源社会保障部简报》44期、《要情快报》24期。

（一）围绕中心工作加强信息报送。

结合中共中央办公厅、国务院办公厅定期信息报送要点和部全年各阶段重点工作，围绕《政府工作报告》中明确的人力资源和社会保障重点任务、国务院简政放权电视电话会议精神等国务院重要决策部署和重大会议精神的贯彻落实情况，就业、社保等月度指标完成情况，机关事业单位养老保险制度改革、医保全国联网和异地就医直接结算、落实社保降费措施、推进大学生就业和农民工返乡创业、职业培训、公务员考录等重点工作进展情况，积极反映人社重点工作推进中的新思路、新举措、新经验以及深化改革中的新情况、新问题，为党中央、国务院提供高效的信息服务和决策支持。

（二）围绕重点业务加强信息编辑。

加大信息专刊的编发力度，紧盯人社重点业务工作推进情况，择主择重、精选专题，编发社会保障卡、社会保险基金监管、工伤预防、建筑业参保、“大众创业、万众创新”、治理拖欠农民工工资、人社法治建设、人力资源市场建设、职业能力建设、人力资源和社会保障信息化建设、构建和谐劳动关系综合试验区、高校毕业生就业创业、山东省“就业扶贫车间”精准扶贫、专业技术人才工作、养老保险工作、长期护理保险制度试点等专刊，部分专刊分多期持续编发，专刊转发江苏省基金监督条例、宁夏回族自治区全面治理拖欠农民工工资问题的意见等具有借鉴意义的地方政策文件。同时，针对专刊内容特点，采取更加灵活的编辑方式，进一步提高刊物可读性、易读性，进一步增强《人力资源社会保障工作信息》的指导性。

（三）围绕信息质量加强制度建设。

进一步完善信息收集制度，健全信息收集网络，加强对各地人社系统信息部门和信息直报点的管理，信息收集范围不断向基层和一线延伸。进一步完善信息报送制度，要求各级人社部门认真做好重要动态信息和专题性信息报送工作，特别是加强就业和社会保障等月度、季度、年度重要数据的报送。进一步完善重要信息约稿制度，围绕中心工作、重要部署、重大突发事件，主动向相关职能部门、下级人社部门、科研机构等约稿，加强综合研判，强化精深加工，更好地发挥信息工作辅助决策的参谋助手作用。进一步完善信息反馈和考评制度，健全情况通报和信息反馈制度，及时向信息报送单位反馈信息采用情况和领导批示情况，定期总结各单位信息报送情况，激励各单位不断提高信息工作质量和水平。

三、部属报刊

（一）中国人事报刊社。

2016年是人事报刊稳步发展的一年，报刊质量进一步提升，发行量再创新高，影响力进一步扩大，班子和干部队伍建设取得新成效。

《中国组织人事报》服务大局，思想性和可读性不断增强。一是及时传递中央关于党的建设和组织人社工作的新思想新要求新部署。突出报道组织人社部门学习贯彻习近平总书记系列重要讲话精神和党的十八届五中、六中全会精神的动态与举措，深入报道“两学一做”学习教育、地方各级党政领导班子换届、全国组织部长会议、全国军转安置工作会议、全国人社工作会议等重大部署。二是围绕公务员队伍建设、专技人才队伍建设、高技能人才队伍建设、人社政策宣传年活动、窗口单位作风建设、人力资源市场等重点工作撰写专题评论、综述，加强政策解读，宣传各地的经验做法和改革成效。三是加快报网刊网融合。8月正式开通中国组织人事报新闻网、大国人才微信公众号，和原有的中国组织人事报微信公众号形成了“一网两微”的新媒体宣传格局，与报刊同步宣传、同步引导。四是改进报道形式。制定了新的版式实施细则，形成了端庄、简洁、活泼、易读的版面风格；积极运用图片、图解、漫画、图表、视觉新闻等方式，丰富版面元素，活跃报纸版面。五是发行量创历史新高，超过30万份。全年出版《中国组织人事报》146期，1 168个版面。

《中国人才》月刊全面报道中央领导同志关于人才工作的重要活动和重要论述，准确传达中央关于人才工作的新思想新要求；围绕人才体制机制改革重点任务和社会关注的人才发展热点难点，推出系列分析性报道和话题讨论；深入挖掘各地各部门落实人才工作重点任务的改革新实践、新探索。

《转业军官》月刊及时传递中央关于军转安置工作的新部署新要求，全面报道国务院军转安置工作小组会议和全国军官安置工作会议的工作部署；围绕深化国防和军队改革以及安置工作中的重点难点问题进行专题策划、深度探讨；报道各地工作实践和军转干部风采，采写了军地40多家工作典型和30多位军转干部典型。

《人事政策法规专刊》月刊紧紧围绕人事法制建设、依法行政工作，及时刊发中央和各部委最新出台的人事人才政策法规，精心编辑政策问答、地方文件选编、法治巡礼、案例评析等栏目，进一步增强了实用性。

（二）中国劳动保障报社。

中国劳动保障报社坚持“三贴近”原则，深入开展“走转改”活动，突出重点，创新形式，报刊质量继续提高，发行、经营稳中有升，媒体融合实现新发展，队伍建设进一步加强，《中国劳动保障报》发行量达到20万份。

一是重大会议、时事及政务报道准确及时。全方位、多角度报道全国两会，以综述、专题、专访、图片等形式，用8期近30个版面报道两会，刊发两会新闻稿246篇（幅）。报社网站、微博、微信、新闻客户端等新媒体，累计发稿300多篇。及时报道重要时事要闻，主要有党的十八届六中全会、纪念建党95周年暨“七一”表彰大会、纪念长征胜利80周年大会、习近平总书记关于党的新闻舆论工作的重要讲话、李克强总理到人力资源社会保障部考察并主持召开就业工作座谈会、国务院印发《关于整合城乡居民基本医疗保险制度的意见》、中国政府荣获国际社会保障协会“社会保障杰出成就奖”等重要时事新闻。报道人力资源社会保障部重要会议召开、重要文件刊布和部机关工作运行动态等方面内容，做好政务报道。

二是人社业务宣传全面深入。以人力资源社会保障政策主题宣传年活动为抓手，围绕国家相关方针政策，策划栏目和版面，做好政策解读，开设了《怎么看怎么办》、《图说“十三五”》、《图解化钢煤产能职工安置》、《12333政策咨询》、《法律服务》、《声音观察》等栏目，访谈专家，解读政策，有效引导舆论。紧跟人力资源社会保障部重大工作部署，抓住社会热点话题，开展主题宣传，先后推出“关注高校毕业生就业”、“关注技工教育系列报道”、“聚焦中国特色和谐劳动关系建设”、“聚焦城乡居民医保制度整合”、“人社精准扶贫”、“‘十三五’规划纲要解读”、“聚焦城乡居民养老保险”等主题报道，讲政策、说成效。

三是报刊质量继续提高。“走转改”活动深入开展，组织全社采编人员分批深入基层，发掘地方工作亮点。推出“人社工作调研行·关注化产能职工安置”、“创业中国”、“技能中国”、“异地就医即时结算”、“城乡居保”、“走基层·一线见闻”等系列报道。优化栏目设置，创新栏目形式，加强版面栏目研究，开设“2016人社政策主题宣传年”、“‘两学一做’在基层”、“医保人话医保”、“我是一名技校生”等新专栏。合作提升宣传报道指导性，与部属相关职能单位的合作进一步增强，报纸政策性、指导性、专业性更加突出。在继续开设《工伤保险》、《职业能力建设》、《农民工》专版的基础上，新开《调解仲裁》、《劳动监察》专版。

四是新媒体建设进步明显。2016年，报社新媒体平台新增人力资源社会保障部政务微信和中国劳动人事争议调解仲裁微信、中国社会保障微信，现有新媒体平台9个。截至年底，人力资源社会保障部政务微信关注人数达7万人，总点击量达167万次。其他平台关注人数获得了快速增长，“中国工伤保险”微信最高关注人数达到137万人，报社微信关注人数突破3万人，“技能中国”微信关注人数接近2万人，“中国劳动人事争议调解仲裁”微信关注人数接近1万人。在国家信息办发布的年度报告中，中国劳动保障报社新媒体成为年度行业媒体中成长最快的三家媒体之一。目前，报社已实现全媒体一体策划、报网微集束报道，新媒体传播力不断提升。

五是报社所属“三刊”在创新中发展。《中国社会保障》更新了板块和栏目，围绕社保改革中心工作，制作38期专题，涉及医保改革、机关事业单位养老保险制度改革并轨、护理保险、社保云等热点话题。《中国人力资源社会保障》成立了指导委员会，根据人力资源社会保障部中心工作，每期集中报道一个省份落实重大政策的做法，并完成“创业中国”增刊的制作出版工作。《劳动和社会保障法规政策专刊》成立了指导委员会，开设一批新栏目，如专家解读、行政复议、地方动态等，权威性、指导性、专业性进一步增强。

四、出版工作

2016年，中国人力资源和社会保障出版集团围绕部中心工作，按照由向规模要效益到向质量要效益发展方式转变的新要求，积极开拓创新，攻坚克难，团结奋进，较好地完成各项工作任务，取得比较显著的成绩。全年出版新书700种，销售码洋4.69亿元，营业总收入2.9亿元，净资产达14亿元。社会效益成效显著，所属中国劳动社会保障出版社在中央出版单位总体经济规模综合评价中位列八强，获得国家科技部、中央宣传部、中国科协授予的“全国科普工作先进集体”荣誉称号。

（一）提升选题质量和效益。

围绕人社系统工作需要和政策宣传重点，开发一系列品质和效益均好的重点选题。围绕人社政策主题宣传年活动，开发了法律法规汇编、政策法规专辑、主题宣传画、宣传册、宣传片以及宣传活页等。配合全国工伤保险集中宣传活动，策划出版《工伤保险知识手册》、《工伤保险知识宣传画》，取得较好的宣传效果。精心制作出版的《中华人民共和国宪法》宣誓版，在国务院首次宪法宣誓仪式上使用。自主开发出版了《工匠精神读本》、《古今中外工匠精神故事汇》，得到技工院校师生好评。启动工业机器人等先进制造业相关专业教材研发工作。围绕终身职业技能培训体系建设，启动国家基本职业培训包开发工作。同时，加强与科研院所、高校合作，出版了一批优质图书，包括《国际人力资源社会保障报告(2016)》、“学徒制译丛”、《国际比较雇佣关系》等；与部相关职能单位合作，开发《政府经济学》、《城市管理学》等公共管理教材；与各地职业培训机构、实训中心合作，开发《迈向职场第一步》等职业培训教材；与国企合作，开发地铁、航空等专业的企业培训教材30余种。

（二）带动数字出版快速推进。

策划“中国就业创业培训服务云平台”项目获得财政资金支持，《中华人民共和国职业分类大典数据库》（网络出版物）获得北京地区相关奖励专项资金补贴，《建筑施工工伤事故案例警示录（DVD）》获国家级奖项——中华优秀出版物提名奖，填补了集团空白。在各类项目引领下，数字产品种类不断丰富，实现了优质内容资源的深度开发和多维应用。开发职业教育类数字教材近百种，制作视频和动画2 000多个，微视频600余分钟；开发职业培训课程涉及5个职业38门数字课程、500多小时在线视频课程；开发世赛项目涉及3个系统9个技能讲解展示视频；人力资源社会保障法律法规等数据库产品开发取得初步成果。二维码技术在各类教材中得到应用，特别是部分职业教育专业教材已广泛使用，丰富了教材的表现形式。

（三）积极扩大营销宣传效果。

集团所属各个部门密切配合，面向技工院校教学管理人员和一线教师，组织培训班，职业教育教材使用率持续增长。广泛走访地方培训主管部门，达成多地合作项目，带动职业培训用书增长。完善营销政策，促进中国人事考试图书网与考试报名平台实现对接。积极协调发行站工作，发行站年销售进一步增长。不断创新和拓展服务方式与内容，服务终端客户18万人次。积极开展打盗工作，查办多个大案要案，查获盗版图书25万册，码洋600余万元。首次获得国家知识产权局颁发的2016年度有功单位集体奖。

（四）生产经营管理水平持续提高。

加强生产保障部门调度协调，保证了生产质量、效率和效益。积极探索图书设计市场化运作，引进社外工作室，提升了产品质量。广泛采用新工艺，CTP（计算机直接制版）印刷技术使用率提高到72%，促进印品质量提高和印制周期的缩短。强化图书印装过程质量管控，确保图书印刷质量。2016年度出版集团有396种图书被评为年度出版物优质产品，并第六次荣获北京质量协会印刷分会颁发的出版物优质奖（集团下属中国劳动社会保障出版社已连续十年荣获该奖项）。同时，按照中央和人力资源社会保障部的各项新规定、新政策，制定或修订《出版集团工作规则》、《资金管理办法》、《出版合同管理办法》等20多项制度，促进集团经营管理科学化。启动新的三年发展规划编制工作，为集团跨越式发展提供指导。

一年来，出版集团坚持正确的政治导向，注重顶层设计，为可持续发展谋篇布局；突出重点、统筹兼顾，以重点突破带动整体质量效益全面提高。强化作风建设，营造风清气正的工作环境，要求员工牢固树立“四个意识”，爱岗敬业、埋头苦干、勇于担当，以饱满的精神状态投入到出版工作中。

国际及与港澳台地区交流合作

2016年，围绕国家总体外交和人力资源社会保障工作中心任务，多渠道开展相关领域多边、双边合作活动，人力资源社会保障部与国外对口部门的合作再上新台阶，多边外交亮点纷呈，技术合作、国际条约和国际职员工作成效显著，与港澳台地区的交流合作不断拓展。

一、积极参与双边关系建设

在习近平主席和白俄罗斯总统卢卡申科的见证下，尹蔚民部长与白方代表签署两国部门间合作谅解备忘录。尹蔚民部长参加李克强总理和德国总理默克尔共同主持召开的第四轮中德政府磋商，并在两国总理见证下与德方代表签署两国部门间关于进一步加强合作的联合声明。落实中法两国总理会谈成果和李克强总理重要指示，制定落实中法千人实习生计划协议实施方案，积极推动我国青年赴法实习。人社领域双边合作水平显著提升，对口合作成果被纳入国家领导人会谈成果之中，合作更加务实。尹蔚民部长成功访问格鲁吉亚，会见格总理克维里卡什维利并与格劳动、卫生和社会事务部签署合作备忘录。信长星副部长访问奥地利，与奥联邦劳动、社会和消费者保护部签署合作谅解备忘录。邱小平副部长访问波兰，与波家庭、劳动和社会政策部签署合作备忘录。张义珍副部长访问墨西哥，与墨劳动和社会福利部签署合作谅解备忘录。人社领域双边合作范围持续拓展，合作内容不断丰富，国际朋友圈越来越大。张义珍副部长赴美出席中美战略与经济对话机制下的第六轮中美劳工部门对话；先后邀请孟加拉公共管理部国务部长萨迪克、法国国家高等社会保障学院代表团等高级代表团访华；接待亚美尼亚劳动和社会事务部副部长哈鲁迪安扬，捷克劳动和社会事务部部长玛尔克索娃，美国国务院国际残疾人权利特别顾问霍伊曼、劳工部残疾人就业政策代理助理部长什亥、商务部常务副部长安德鲁斯、卫生和公共服务部代理副部长韦克菲尔德，日本厚生劳动省总括审议官胜田智明等代表团来访；与美国、法国等国家的交流对话不断加强，与周边国家的传统合作关系继续巩固。

二、大力加强人社领域多边外交

发挥主场优势，成功召开2016年二十国集团劳工就业部长会议，马凯副总理出席开幕式并致辞，尹蔚民部长主持会议，孔昌生副部长出席会议。会议聚焦劳动世界挑战，通过了《创新与包容：让就业机会更加充分，就业能力更强，就业质量更高》的部长会议宣言，其中《二十国集团创业行动计划》成为杭州峰会的十大成果之一，为杭州峰会的成功做出贡献。积极推动国际劳工组织总干事盖·莱德出席二十国集团杭州峰会和李克强总理与主要国际经济组织负责人“1+6圆桌对话会”活动，国际劳工问题在我国参与国际经济治理进程中具有越来越重要的影响。尹蔚民部长代表中国政府领取了国际社会保障协会授予的“社会保障杰出成就奖”，并在颁奖仪式上作了题为《中国社会保障的主要成就和基本经验》的讲话，国际社会对我国社保制度建设和发展成就给予高度评价和由衷赞赏。举办国际行政科学学会暨国际行政院校联合会2016年联合大会，来自50多个国家和港澳台地区的500多名代表出席大会。利用国际讲坛，讲述中国好故事，分享中国人力资源社会保障事业的发展成绩和经验。信长星副部长率中国三方代表团参加第105届国际劳工大会并在会上发表《携手消除贫困，共享美好未来》的大会发言。孔昌生副部长率我国三方代表团赴印度尼西亚出席国际劳工组织第16届亚太区域会议，并作题为《携手合作，务实进取，共创亚太地区劳动世界的美好未来》的大会发言。积极参加国际劳工局第326、327、328次理事会。认真履行成员国义务，完成3份公约履约报告。孔昌生副部长赴老挝出席第九届东盟与中日韩劳工部长会议，介绍了中国在人力资源社会保障领域改革中取得的成就，并提出进一步加强东盟与中日韩在人社领域合作与交流的务实倡议。汤涛副部长率团参加世界技能组织2016年大会，正式提出申办2021年第46届世界技能大赛。信长星副部长、邱小平副部长分别率团参加第一届和第二届金砖国家劳工就业部长会议及就业工作组会、第38次APEC人力资源开发工作组会议。积极参与国际劳工组织等国际组织的活动，树立负责任大国的形象，扩大了我国在国际劳工就业领域的影响力。

三、围绕中心开展技术合作项目

尹蔚民部长与国际劳工组织总干事盖·莱德在北京签署《中华人民共和国人力资源和社会保障部与国际劳工组织合作谅解备忘录》，将中国人力资源社会保障部与国际劳工组织的合作提升到新水平。亚洲开发银行技援项目“可持续社会保险研究项目”顺利结题，为我国养老保险改革顶层设计提供了研究支撑。与加拿大就业和社会发展部/劳工部积极磋商，完成劳动争议调解仲裁方面的项目立项；邀请该部副部长斯特林访华，续签两部在产业关系和劳动标准领域的合作框架，签署劳动调解员和仲裁员能力建设合作项目协议。顺利开展中国/国际劳工组织南南合作项目，与国际劳工组织亚太局积极协调做好该项目的组织管理工作；孔昌生副部长赴泰国出席了中国—国际劳工组织就业促进南南合作项目总结会。通过组织柬埔寨和老挝代表团来华培训，在两国开展就业服务培训及教材开发等工作，促进了两国就业服务的发展，并提高了劳动力市场效率。举办中国—东盟—国际劳工组织社会保障高层研讨会，孔昌生副部长和国际劳工组织总干事盖·莱德共同出席研讨会并致辞。技术合作项目的选择更加精准，对人力资源社会保障部中心工作的促进作用更加明显。

四、稳步推进国际条约谈判

尹蔚民部长与荷兰副首相兼社会事务和就业大臣路德维希·阿舍尔在海牙签署《中华人民共和国政府和荷兰王国政府社会保障协定》。孔昌生副部长与法国外交和国际发展部部长让-马克·艾罗在北京签署《中华人民共和国政府和法兰西共和国政府社会保障协定》，与芬兰驻华大使马寰雅在北京签署《关于实施中华人民共和国政府和芬兰共和国政府社会保障协定的行政协议》。完成了与西班牙、卢森堡社保协定文本磋商工作，积极推进与奥地利、日本等国的社保协定谈判，与罗马尼亚、塞尔维亚开展了社保协定谈判技术磋商。根据协定，双方派遣人员、船员、空乘人员、外交领事机构人员等将免除在对方国家的相关社会保险缴费。社保协定的签署将有效维护在对方国家就业人员的社会保障权益，减轻双方企业和人员的社保缴费负担，进一步便利两国经贸和人员往来。积极参与中美、中欧投资协定谈判和中加自贸协定劳工议题磋商，服务我外交大局。

五、积极做好国际职员工作

举办第六期国际职员后备人员培训班，支持中国联合国协会举办第六期国际公务员能力建设培训班，加强了国际职员后备人员能力建设。邀请联合国人力资源厅、联合国开发计划署、联合国儿童基金会等专门机构的官员来华开展外联活动，与人力资源社会保障部举行工作会谈，并分别在人力资源社会保障部、清华大学、浙江大学和同济大学举办了四场宣介会。国际职员后备人员和在校大学生、社会青年踊跃参与人数达 1 800 余人，激发了他们去国际组织工作的兴趣。成功协助联合国进行青年专业人员（YPP）考试，有 49 人参加考试。在人社系统选拔三名优秀青年干部，即将赴国际劳工组织担任初级专业人员（JPO）。精心维护国际组织人才服务平台，及时发布国际组织岗位空缺信息，提供竞聘指南，平台点击量位居部内各子网站前列。一些优秀人才已经通过平台发布的信息成功竞聘国际组织岗位。前后方密切配合，国际职员日常管理服务水平不断提高。上述工作的开展，为更多优秀人才赴国际组织任职提供了便利。

六、做好人社领域涉港澳台工作

孔昌生副部长在北京会见香港特区政府劳工及福利局局长张建宗，就内地与香港在人力资源发展、社会保障建设等领域的协调合作交换意见。根据香港特区政府“贵宾访港计划”安排，孔昌生副部长率团赴香港进行工作访问，参观香港立法会等机构并会见特区政府劳工及福利局、发展局、内地事务局等部门负责人，加强了与香港特区政府有关部门的联系。配合中央台办继续推动台胞在大陆就业创业等有关工作，梳理人力资源社会保障部涉台工作情况和台胞权益保护工作清单，人社领域涉台工作取得新进展。

社团活动

一、中国人才研究会

（一）积极举办重大学术研究交流活动，加强人才理论创新与指导工作。

根据党和国家及部党组关于人才工作及其体制机制深化改革的部署、要求，举办了三次重大学术研究交流活动。

一是举办了“学习贯彻中央《关于深化人才发展体制机制改革的意见》专家座谈会”。专家座谈会于4月8日在北京召开，何宪会长出席会议并讲话。相关研究机构、高等院校和科技部、卫生部等人才研究方面的专家、学者或负责人，以及《光明日报》、人民网、《中国组织人事报》、《中国人才》杂志、中国知网等多家媒体记者共计40多人参加了会议。大家紧紧围绕《关于深化人才发展体制机制改革的意见》的部署和要求，分别从人才管理体制改革、人才优先保障、人才培养支撑、人才评价创新、人才创新创业激励、人才流动渠道畅通、加强对人才工作领导等方面，作了专题发言并进行了交流。

二是举办了“高校人才培养与就业创业”理论研讨会。理论研讨会由中国人才研究会与中国青年政治学院共同举办。部分省（区、市）的人才研究会负责人，高校、科研院所的有关专家、学者以及人才服务企业代表等160多人参加了会议。会议围绕“高校人才培养与就业创业”有关重点、热点、难点问题进行了专题发言和交流。大会收到全国各省（区、市）人才研究会及有关高校和科研院所专家、学者及实际工作者的论文200多篇，经过大会组织的专家评审委员会的初审、复审，并经中国人才研究会会长办公会议讨论，30篇论文被评为一等奖，50篇论文被评为二等奖，100篇论文被评为优秀奖。

三是举办了“中国旅游人才发展沙龙（理论研讨会）”。2016年9月22—26日，四川省委、省政府在乐山市（峨眉山）举办“中国第三届四川国际旅游交易博览会”。经与乐山市人民政府协商，决定共同举办“中国旅游人才发展沙龙（理论研讨会）”，并将此次会议作为“中国第三届四川国际旅游交易博览会”的一项重要主题活动。何宪会长出席了会议并作总结讲话。全国部分高校及职业技术院所的专家、学者和当地市、县（区）人社部门的有关负责同志110多人参加了会议。参会代表围绕“旅游人才与产业创新发展”这个中心议题，展开了深入热烈的讨论交流，提出了很好的意见和建议。

（二）深入开展学术研究活动，努力多出高质量人才研究成果。

把加强人才理论研究，推进人才研究事业，提升人才研究水平，多出高质量的人才研究成果，作为充分发挥智库作用的中心任务，集中精力多出成果。

一是编制下达了《中国人才研究会2016年度科研课题指南》。“中国金融人才发展问题与对策研究”、“创新自主示范区人才发展研究”、“积极就业政策促进大学生创业研究”、“新常态下海外高层次人才引进机制研究”、“互联网环境下高校女性人才开发与管理研究”、“基础教育系统人才评价机制研究”、“加强基层政治干部军事素质培养问题研究”、“青年社会工作人才队伍建设研究”、“中国人才高地建设研究”等9项课题，被列入2016年度重点研究问题。同时，对2015年度批准的10项重点科研课题进行了验收结题，其中有6项课题荣获研究会优秀科研成果一、二、三等奖；4项课题形成有关咨询建议等被内部资料刊发，并报送部有关部门及领导参阅。

二是举办了“中国人才50人圆桌论坛”。1月17日，中国人才研究会和西南财经大学发展研究院等单位联合主办这次论坛。论坛围绕“‘十三五’规划与深入实施人才优先发展战略”、“加快推进人才发展体制改革和政策创新”、“如何建立具有国际竞争力的人才制度优势”、“大众创业、万众创新，聚天下英才而用之”等主题，进行了深入探讨。国内近百名人才研究领域的专家、学者聚集一堂，积极建言献策。

三是召开了“十三五”工资福利制度改革理论研讨会。6月8日，中国人才研究会借“工资福利专业委员会”成立之际，召开了这次研讨会。会议围绕国家机关公务员、事业单位和企业的工资福利制度改革“三大”领域的议题，展开了专题研讨。来自全国各省（区、市）和中央国家机关相关职能机构的工资福利研究专家、学者与实际工作者80多人参加了会议。何宪会长出席了会议。与会同志就“公务员年终考核奖励制度的改革与完善”、“事业单位绩效工资改革”、“符合医疗卫生行业特点的薪酬制度设计”、“高校综合改革背景下的大学人事分配体系设计”等，发表了各自的研究成果。

四是举办了“中国服饰人才开发与服装定制发展趋势研讨会”。8月13日，中国人才研究会与国家纺织人才交流培训中心、北京服装学院等单位共同主办了这次研讨会。中国纺织工业联合会、中国服装设计师协会、中国职业装行业协会、北京服装学院等专家、学者和著名服装设计师、服装定制知名企业代表共100多人参加了会议。与会代表围绕“中国服饰人才开发与服装定制发展趋势”进行了深入研讨交流，并达成广泛共识。

五是启动“中国金融人才发展问题与对策研究”重大课题。中国人才研究会先后两次召开会议，研讨课题方案和开题启动。何宪会长主持会议，中国人民大学、中国银行业协会、中国银行业监督管理委员会、中国证券监督管理委员会、中国保险监督管理委员会的相关人员，以及总报告和各分报告的组长或执笔人共20多人参加了会议。与会人员对实施方案及总报告、分报告重点内容的撰写和调研路线、方式、方法等进行了深入讨论，提出了很好的意见和建议。何宪会长对课题任务的进度与完成等提出了具体要求。

（三）召开第六次代表大会，研究部署未来发展定位和方向。

中国人才研究会于9月8日在北京召开了第六次会员代表大会暨人才发展体制机制改革研讨会。著名物理学家、诺贝尔物理学奖获得者、美国哥伦比亚大学教授李政道向大会发来贺词并提出希望。人力资源社会保障部副部长张义珍出席会议并作了重要讲话。各省（区、市）人社厅（局）领导、人才研究会负责人及相关高校、科研院所的专家和学者共200多人参加了会议。

张义珍副部长在讲话中充分肯定了中国人才研究会第五届理事会5年来的工作成绩。对新一届理事会的工作，她提出五点要求：一是进一步加强更好实施人才强国战略和深化人才发展体制机制改革有关重大问题的研究，充分发挥人才工作智库作用；二是进一步加大人才研究成果的收集、宣传，加强人才研究专家队伍建设；三是进一步加强咨询建议工作，当好党和国家人才工作决策参谋助手；四是进一步加强人才专业委员会及地方人才研究会建设，扩大人才研究服务领域和覆盖面；五是进一步加强自身建设，不断提升人才研究工作水平。

根据民政部及《章程》的规定，中国人才研究会进行了换届选举。会议选举何宪同志继续担任中国人才研究会新一届会长。何宪会长代表中国人才研究会第五届理事会作了工作报告。

会议对第五届理事会期间全国人才研究专家、学者及实际工作者的人事人才优秀科研成果进行了表彰奖励。会议期间，还举办了“人才发展体制机制改革论坛”，特别邀请了全国6名中青年人才学专家、学者作了专题演讲，并请5名资深人才研究专家和与会代表就深化人才发展体制机制改革的热点、难点问题进行了对话交流。

（四）加强专业委员会建设，扩大人才研究领域和影响力。

一是加强专业委员会的审批和设立工作。为建立健全科学的工资水平决定机制，深化薪酬改革，决定设立工资福利专业委员会。经过半年多的筹备，6月8日召开成立大会。大会讨论通过了专业委员会章程及选举办法，并推选何宪为专业委员会名誉会长，中国人民大学曾湘泉教授为会长。

二是加强专业委员会的组织建设。为进一步推动青年人才研究工作深入开展，对青年人才专业委员会进行组织调整。

三是加强专业委员会的工作指导。2016年，先后有服饰人才、汽车人才、妇女人才、工资福利、金融人才等专业委员会召开相关人才发展或行业、专业人才开发等理论研究会，中国人才研究会事先都对这些活动进行报批，并安排相关领导出席会议，给予指导。研究会领导还对部分专业委员会进行工作调研，听取汇报、加强指导，既体现其独特性，又能和总部的工作保持一致，健康发展。

（五）加强地方人才研究会工作指导，增进上下互助交流。

6月21日，召开了地方人才研究会会长座谈会，辽宁、重庆、江苏、海南、广西、吉林、上海、四川、山西等地人才研究会相关负责同志30多人参加了会议。何宪会长出席会议并作了总结讲话。他要求地方人才研究会要切实抓好人才研究工作，多出成果，出好成果；要加强队伍建设，解决研究人才青黄不接问题；要做好研究成果转化和宣传工作，使研究人员的成果充分发挥作用，得到社会承认；要加强业务交流，互相学习，促进共同发展。

（六）加强人才研究成果宣传，提升人才研究会影响力。

一是组织编写《人才发展体制机制改革理论与实践研究》一书，已由中国人事出版社公开出版发行。二是加强宣传平台建设，对中国人才研究网的信息，做到及时更新并注重质量和影响力，同时编印5期《中国人才研究会动态》。三是积极宣传研究成果。据不完全统计，2016年，中国人才研究会所属人才研究专家、学者等，在《中国组织人事报》、《中国人才》及《中国人事科学》等国家级报刊和内部刊物上发表人才研究成果20多篇，在地方报刊和内部刊物发表人才研究成果100多篇，发挥了人才智库作用。

二、中国继续工程教育协会

（一）召开会员代表大会，顺利完成协会换届工作。

3月30日，协会在北京召开第六届会员代表大会，选举产生以全国人大外事委员会副主任委员、人力资源社会保障部原副部长王晓初为理事长的第六届理事会。理事会成员中，常务理事单位67家、理事单位235家。人力资源社会保障部副部长汤涛到会并讲话，协会第五届理事长戴光前作大会工作报告，王晓初理事长就新常态下如何开展好协会第六届理事会工作进行了工作部署。来自有关部委、全国各地人社厅（局）、教育科研单位、大型企业、行业协会以及部内相关司局的300多名代表参会。其间，分别召开了有关省市人社厅（局）理事会员单位工作座谈会、部分在京行业协会理事会员单位工作座谈会。

（二）围绕重点项目，参与组织实施专业技术人才知识更新工程。

一是承办国家级专业技术人才知识更新工程高级研修项目。围绕工程确定的12个重点领域和9个现代服务业领域，举办“中国自主化先进核电技术研究前沿”、“3D 打印与激光制造智能化”、“继续教育管理者能力提升”、“现代化进程中的城市治理问题”等 4 期国家级高级研修班，培训高层次、骨干专业技术人才近 300 人。

二是推进国家级专业技术人员继续教育基地建设。参加人力资源社会保障部相关职能单位组织的“国家级专业技术人员继续教育基地负责人能力建设高级研修班”，并作为第二批获批的国家级基地作经验交流发言。联合有关理事会员单位，在信息技术、环境保护、电子商务、电力、水利、石化、知识产权保护等多个领域，开展岗位培训和急需紧缺人才培训项目。

（三）发挥智库优势，承接继续教育专项课题研究工作。

一是完成人力资源社会保障部相关职能单位委托的“专业技术人才知识更新工程中期评估项目”研究工作。赴天津、广西、贵州、浙江、河南等地开展实地调研，收集了 31 个省（区、市）、12 个国家部委、10 个国家级专业技术人员继续教育基地、4 家行业协会的工程实施材料，形成评估报告、评估指标库和评估方案等成果。

二是完成中国工程院 2016 年咨询研究项目“我国继续工程教育远程培训问题研究”。赴山东、江苏等地，与中车集团、华电集团、大唐集团、北京公交集团等单位累计召开座谈会 14 场、发放问卷 1 200 份，形成多份座谈纪要、调研报告、专家访谈纪要和问卷分析报告等。

三是成功申报中国工程院 2017 年咨询研究项目“工程技术人员职业资质认证国际发展趋势研究”，批准经费 50 万元。中国工程院院士、清华大学教授聂建国任课题组组长。

（四）立足专业领域，推进继续教育网络培训工作。

一是与地方合作开展专业技术人员继续教育公需科目网络培训。会同河北、新疆、西藏等地，围绕公需科目开展专业技术人员继续教育网络培训工作，累计培训 20 万人次。

二是整合网络精品课程，开展行业领域专业科目网络培训。与清华大学、国家知识产权局培训中心、中国信息协会、中国环境科学学会等单位合作开发多门相关领域的精品网络课程，搭建了多个分领域的在线学习平台。

三是优化国家继续教育公共服务平台和中国继续工程教育协会网功能建设。

（五）深化国际交流合作，扩大继续教育国际影响力。

一是赴葡萄牙参加第 15 届世界继续工程教育大会。协会常务理事、中国高级公务员培训中心副主任吴秀君当选国际继续工程教育协会第 15 届理事会副主席，分管产品、服务等工作；协会副理事长、中国中车股份有限公司副总经济师兼人力资源部部长薛松代表产业界当选国际继续工程教育协会第 15 届理事会理事。

二是赴美国参加国际继续工程教育协会冬季理事会暨美国工程教育协会产学研研讨会，赴芬兰参加国际继续工程教育协会秋季执委会。

三是赴韩国参加东南亚、东亚及太平洋地区工程教育协会研讨会暨第 26 次执委会，完成我国代表连任亚太协会执委成员的竞选任务。

四是与美国斯坦福大学、美国国际教育联盟等机构就在线培训、资源引进、互访交流等方面谋划合作。

（六）加强协会自身建设。

一是面向理事会员单位开展协会会刊《继续教育》的征稿和征订工作，受邀参加“21世纪继续教育论坛”并作主旨报告。

二是召开在京理事会员单位工作座谈会，就协会未来发展和推进合作等事宜听取意见和建议。

三是健全协会内部管理制度。制定协会内控管理办法，规范协会内部管理流程。

三、中国人才交流协会

（一）认真做好高校毕业生就业创业服务工作，会员单位的主渠道作用得到较好发挥。

围绕就业优先战略实施，按照协会理事会

安排部署，充分发挥协会优势，凝聚行业力量，推动高校毕业生就业创业服务工作。

一是组织开展了第二届“中国创翼”青年创新创业大赛。协会与全国人才流动中心承办了第二届“中国创翼”青年创新创业大赛，数十万名青年创业者积极参与。全国共有12 905个项目报名参赛，经各省级初赛有587个项目进入半决赛，180个项目晋级全国决赛。尹蔚民部长出席全国总决赛及大赛优秀项目展示活动并讲话，张义珍副部长为获奖选手颁奖。大赛已成为全国人社系统深入推进“双创”工作、引导支持青年创新创业的标志性活动，显现出较强的平台优势和社会影响力。

二是承办了第三届部分大中城市联合招聘高校毕业生（春季）和第四届部分大中城市联合招聘高校毕业生（秋季）专场活动。活动汇集大中城市的资源优势，分别举办了城市联合网络招聘大会、跨区域巡回招聘活动和现场招聘会，为2016届、2017届高校毕业生及往届离校未就业高校毕业生提供就业信息、就业指导和政策咨询等服务。

活动期间，城市联合网络招聘大会共有306个省、市级公共就业人才服务机构参与，26.2万家用人单位提供339.1万个就业岗位，活动平台日均页面点击量600多万次，毕业生投递简历197.1万份，达成初步就业意向42.4万人。跨区域巡回招聘活动共有235个省市组团参与，组织6 189家用人单位提供15.8万个岗位信息，18.2万名高校毕业生入场求职，达成初步就业意向7.4万人。各地举办高校毕业生现场招聘会1 167场，10.7万家用人单位提供210.8万个就业岗位，发放宣传资料102.1万份，提供咨询服务75.5万人次。

三是承办了2016年全国人力资源市场高校毕业生就业服务周活动。各地人力资源服务机构和广大会员单位高度重视，全国共有163家人力资源服务机构参与，组织现场招聘会1 023场，7.2万家用人单位提供101.3万个就业岗位，参会毕业生101.9多万人。参加网络招聘会的3.7万家用人单位提供43.3万个就业岗位，日均点击量460.1多万次，投递简历37万份，发放宣传材料115.3万份，开展就业指导1 431场，提供咨询服务20万人次，达成初步就业意向31.7万人。

四是组织会员单位积极参与实施中法千人实习生计划。会员单位和分支机构发挥自身优势，积极挖掘和收集有意向接收法国实习生在华企业的需求信息。

此外，协会引领会员单位开展高校毕业生就业指导、就业见习、创业培训、校园招聘、现场招聘和网络招聘等系列就业服务活动，促进毕业生与用人单位的有效对接，发挥会员单位在推动高校毕业生就业创业服务工作中的重要作用。

（二）积极推进人才交流服务，服务行业发展能力进一步提升。

一是召开协会第三届五次会长办公会。会议贯彻习近平总书记系列重要讲话和中央人才体制机制改革意见精神，围绕人力资源社会保障部“十三五”规划纲要，委托副会长单位和会员单位承担了7项工作任务，探索新形势下促进协会与行业发展的切入点、着力点和增长点。

二是举办“一带一路”战略人才问题研讨会。会议围绕充分发挥行业社会组织积极作用，为“一带一路”战略实施提供人才智力支撑进行了深入研讨，为推动人才优化配置提出了许多建设性的意见和建议。研讨会由浙江省人力资源服务行业协会承办。协会会长杨士秋、相关专家学者和人力资源服务机构及“走出去”企业代表参会。

三是开展行业发展情况调研。由杨士秋会长带队，围绕新形势下人力资源服务业发展和人力资源服务行业协会建设等问题，实地考察了广州、深圳、东莞、珠海、海口等地的人力资源服务机构，并与当地的人社部门、公共就业和人才服务机构、行业协会以及人力资源服务企业进行座谈交流，听取对行业和协会建设的意见建议。

四是配合国家区域经济发展战略实施，推

动区域人才交流合作与优化配置。先后参加了在厦门举办的全国省级人力资源服务行业协会联席会议，在上海举办的人力资源服务论坛，在杭州举办的浙江省首届猎头行业发展高峰论坛；参与并指导环渤海、长三角、泛珠三角、东北四省和长江中上游城市群等区域人才合作组织举办的活动，推动区域人才合作一体化进程。

五是组织会员单位参加第一届中国（珠海）国际人力资源科技博览会。借助这个平台了解国际化人力资源管理前沿科技和最新人力资源科技产品，开阔国际视野，促进中外服务机构和会员间的交流合作。

（三）着力推动人力资源服务标准化建设，行业规范自律不断加强。

一是协助召开全国人力资源服务标准化技术委员会（以下简称“标委会”）第二届二次工作会议。会议审议通过了2008年以来已立项的《人力资源服务术语》、《人力资源服务外包》和《人力资源服务机构能力指数》等14项国家标准送审稿。人力资源社会保障部副部长、标委会主任委员信长星出席会议并讲话。

二是参与组织制定的3项国家标准由国家标准委正式发布。国家标准委正式发布《流动人员人事档案管理服务规范》、《人力资源培训服务规范》和《人力资源管理咨询服务规范》3项国家标准，并于11月1日正式实施。

三是开展了国家有关标准化规划法规征求意见工作。结合贯彻《国家标准化体系建设发展规划（2016—2020年）》精神，参与了国务院法制办公室就修订标准化法公开征求意见工作，提出了加强人力资源服务标准化体制机制建设的意见。

四是组织实施了人力资源服务标准体系修订课题研究工作。会同标委会和中国人事科学研究院开展了标准体系课题研究，多次召开由人力资源社会保障部相关职能单位及部分标委会委员和专家参加的座谈会、研讨会，广泛征求意见，对《人力资源服务标准体系（修改稿）》进行修改完善，完成了课题研究报告。

五是协助完成《高级人才寻访服务规范》等国家标准及计划项目的集中复审工作。对标委会归口管理的23项推荐性国家标准和计划项目开展了集中复审，并提出复审结论。

六是推进了人力资源服务标准宣贯工作。举办了2期全国人力资源服务国家标准宣贯培训班，全国31个省（区、市）、79个省部级人力资源服务机构共计140多人参加了培训。启动了《现场招聘会服务规范》等2项国家标准宣贯教材编写工作，完成了《人才测评服务业务规范》标准宣贯教材终审稿。

（四）积极承担人力资源社会保障部交办的工作任务，协会地位作用进一步强化。

协会受人力资源社会保障部相关职能单位委托承担了《中国人力资源服务业发展报告》的组织编撰工作。行业发展报告既是政策手册，也是业务指南和实用性工具书，定期出版，面向社会公开发行。协会专门成立了编委会和起草工作组，抽调行业内和会员单位的专家、学者共同参与编写工作。

（五）积极做好会员服务工作，桥梁纽带作用日益彰显。

一是积极反映会员诉求，维护会员利益。国家全面推进营改增政策后，不少会员单位反映人力资源服务业由原来营业税的5%改为增值税的6%，行业发展将受到较大影响。协会对此高度重视，并向国税总局沟通协调反映情况。及时向会员单位征求意见，按程序向国家税务总局致函，反映诉求。国家税务总局为此专门印发了正式文件，使问题得到较好解决，维护了广大会员以及行业从业机构的利益。

二是举办了第14届“6·18”海峡两岸人才交流合作大会。联合福建省公务员局、中国海峡人才市场等单位举办这次活动，搭建了立足福建、辐射周边、连接两岸的人力资源服务交流合作平台。

（六）切实加强自身建设，协会发展基础进一步夯实。

一是召开协会第三届十次理事会。会议学习贯彻党的十八大和十八届六中全会精神，落实中共中央办公厅、国务院办公厅《关于改革社会组织管理制度促进社会组织健康有序发展的意见》有关要求，贯彻人力资源社会保障部“十三五”规划纲要精神，总结部署协会工作，审议协会财务收支情况报告，介绍协会相关工作。人力资源社会保障部张义珍副部长、杨士秋会长出席会议并讲话。二是以通信方式召开了协会第三届八次、九次理事会，就协会部分领导调整征求会员单位意见。三是支持协会分支机构业务建设，充分发挥分支机构自身优势。航天人才分会、高级人才寻访专业委员会分别组织了研讨会、培训班、研修班。四是改进会员服务工作。编辑出版了6期《中国人才资讯》会刊，发行6 000多册，为会员提供了学习交流平台。五是加强协会组织体系建设，发展新会员17家，扩大了协会的覆盖面。

四、中国博士后科学基金会

（一）博士后科学基金资助工作。

2016年，中国博士后科学基金资助经费总额稳步增长，财政部下拨基金经费5.6亿元，较上一年度增加0.4亿元。其中，用于面上资助3.6亿元，用于特别资助1.5亿元。

正式启动“博士后创新人才支持计划”（以下简称“博新计划”）。“博新计划”旨在加速培养造就一批进入世界科技前沿的优秀青年科技创新人才。结合国家实验室等重点科研基地，瞄准国家重大战略、战略性高新技术和基础科学前沿领域，遴选应届或新近毕业的优秀博士，进入国内博士后设站单位从事博士后研究工作，国家给予每人两年60万元的资助，其中日常经费40万元为生活费，博士后科学基金20万元为科研补助经费。经个人申报、设站单位推荐、专家评审，首次确定资助196人，资助总额为3 920万元。

基金申报和评审工作。2015年年底，发布了《中国博士后科学基金资助指南（2016）》，明确2016年度博士后科学基金资助类型、申报条件、申报材料以及全年资助工作时间安排。完成第59批、第60批面上资助工作。申报面上资助的总人数18 695人，获资助6 114人，资助比例为32.7%，资助总额为36 264万元。其中，获一等资助1 898人，资助金额15 184万元；获二等资助4 216人，资助金额21 080万元（含“西部地区博士后人才资助计划”80人，资助金额400万元）；共聘请通信评议专家5 803人。完成第9批特别资助工作。申报特别资助的总人数3 277人，获资助1 019人，资助比例为31.1%，资助总额为15 285万元；共聘请通信评议专家1 197人，会议评议专家98人。

博士后优秀学术专著出版资助工作。经博士后研究人员投稿、《博士后文库》编委会初审、《博士后文库》专家评审会议复审、科学出版社选题论证，确定资助出版博士后优秀学术专著30部，资助金额150万元。

联合资助优秀博士后项目。为支持中国科学院“率先行动”计划的实施，吸引、选拔和培养一批优秀青年科技人才，与中国科学院共同出资设立“支持‘率先行动’”联合资助优秀博士后项目。项目采取站前资助的方式，遴选并资助有意向进入中国科学院研究机构从事博士后研究的优秀应届博士毕业生或毕业三年内的博士开展博士后研究。经博士后研究人员申报、设站单位推荐、专家评审，确定资助50人，资助总额为500万元。

按照《中国博士后科学基金资助规定》，首次开展博士后基金经费使用情况检查工作。编印《2017年中国博士后科学基金资助指南》。开展博士后基金评审专家增补和信息更新工作。编印《2015年度中国博士后科学基金资助者选介》。

（二）博士后科学基金会理事会工作。

理事长换届工作。组织召开中国博士后科学基金会第五届理事会第六次会议，选举国家自然科学基金委员会主任杨卫院士担任中国博士后科学基金会第五届理事会理事长，原理事长陈宜瑜院士担任名誉理事长。人力资源社会保障部副部长、全国博士后管委会主任汤涛出席会议并讲话。会议围绕博士后基金科学发展及博士后制度的改革完善提出意见和建议。

基金会年检工作。根据《中国博士后科学基金会章程》，完成民政部对基金会2015年度的年检工作。

（三）博士后日常管理工作。

全国博士后进出站服务窗口工作。全国博士后进出站服务窗口按照“努力争创广大人民群众满意的优质服务窗口”的要求，进一步加强服务窗口的综合环境建设，健全工作机制、明确服务标准、规范办事流程、细化办事指南。在全国范围顺利推广使用“在线预审、一次办结”博士后人员进出站服务平台，提高办事效率。及时准确办理博士后进出站手续，全年进站18 244人，出站10 599人。全国博士后服务窗口平均每个工作日接待30多人，备案分级管理进出站材料，为服务对象提供电话咨询和处理邮件、来函20 000多件。完成博士后证书分级管理省（区、市）网络打印程序维护，实现分级管理省（区、市）全面开展博士后证书发放工作。

博士后信息网络系统建设工作。通过博士后系统安全等级保护检查，获人力资源社会保障部最高分。建设完成中国博士后网“高校博士后研究会”、“设站单位纵览”等板块网页制作。完善博士后网上办公系统，开发博士后人员电子档案查询系统和电子档案补传功能，实现博士后进出站材料规范化、数据化管理。建设博士后科研成果数据库系统和博士后导师数据库系统。

博士后日常经费拨款工作。编制2016年博士后日常经费拨款96 175万元。严格按照财政部拨款时序要求，合理安排各类拨款内容，使拨款速度得到有效提升。

（四）博士后站评估工作。

启动2015年综合评估整改验收工作。共有170家博士后科研工作站和7家博士后科研流动站参加整改。

（五）博士后国际交流工作。

国际会议工作。组织召开首次中外博士后制度研讨会，邀请150位来自中、美、英、德、日和香江地区专家学者，国内重点大学、科研院所和企业代表以及省级博士后主管机构负责人参会。组织召开“首届香江学者学术年会暨香江学者联谊会成立仪式”。

博士后国际交流选派工作。完成2016年度“香江学者”计划申报、评审工作，初选120人，最终港方选出60人。组织召开2016年度“香江学者计划联席会议”。完成国际交流计划派出项目申报、评审工作，共选出获资助人员120人。完成引进项目资助400人。完成学术交流项目两批申报评选工作，共选出120人。完成“中德博士后交流项目”申报、评选工作，共选派15人赴德国电子同步加速器中心和德国于利希研究中心开展博士后研究工作。

（六）博士后学术、科技及人才交流活动。

支持中国（河北）博士后成果转化基地建设。按照汤涛副部长指示，多次赴固安进行调研，与河北省人社厅、廊坊市、固安县以及华夏幸福基业投资开发股份有限公司协商确定了支持中国（河北）博士后成果转化基地建设的多项措施。举办了首届中国博士后创业训练营，共有46名博士后参加，提升了博士后创业能力。以博士后产学研创新为主题，举办了“中国首届博士后产学研创新峰会”学术交流活动，探讨博士后科技成果转化的新路径。围绕固安产业发展急需的装备制造、现代农业等行业，举办了第28批中国博士后科技服务团（河北固安行）活动，搭建产学研交流平台，促进了地方经济社会发展。筹建2016年全国博士后创新（江门）示范中心。

支持博士后学术交流活动。与全国博士后管委会办公室、有关省（市、区）及部门共同主办，有关博士后设站单位承办，在全国分专业领域开展了35场博士后学术交流活动。活动涉及理学、工学、农学、医学、哲学、社会科学等领域的30多个一级学科，来自全国600多家博士后设站单位的3 800多名博士后研究人员参加了活动，近430名知名专家应邀到会交流。活动共评选出1 100多篇优秀论文，被编辑出书或发表在相关领域核心刊物上。编印了《全国博士后学术交流活动巡礼(2015)》画册。

“博士后科技服务团”工作。与全国博士后管委会办公室共同组织11批次博士后科技服务团，赴宁夏、新疆、云南、四川、黑龙江、江西等地开展博士后科技服务活动，共派出博士后研究人员218人，对接项目216个。

博士后科技、人才交流活动。举办“2016年天津博士后人才与项目引荐会”，为用人单位和博士后人才搭建引荐平台。来自北京市、河北省的16家高校和企业参会招聘，共有京津冀地区110家单位参会，提供了包括挂职、博士后、岗位招聘等1 000多个岗位需求，共有300余名博士和博士后研究人员参会。先后组织300多名博士后参加“中国山东第九届海内外高端人才交流会”、“海内外博士绍兴行”、“苏州国际精英创业周”、“山东寿光市创新创业大赛”等活动，在为博士后搭建求职、挂职锻炼、创新创业、科技项目合作、项目推介等平台的同时，解决企业生产中的科技难题，促进地方经济社会发展。

博士后挂职服务工作。与全国博士后管委会办公室共同组织13名博士后研究人员赴广西壮族自治区钦州市开展挂职服务工作。开展对2015年钦州市挂职博士后的中期考核和离任考核，考核成绩全部为优秀。首次组织6名博士后研究人员赴辽宁省葫芦岛市开展挂职服务。

（七）博士后联谊会活动。

指导北京博士后联谊会理事会换届及开展联谊会日常工作。举办“2016年北京博士后趣味运动会”，运动会设集体项目、个人项目、家庭项目、少儿项目四大类，来自北京大学、清华大学、中国科学院、中国社会科学院和军队系统等北京地区32家设站单位的1 200余位博士后研究人员及其家属参加运动会。协助全国博士后管委会办公室举办第四届“创联教育杯”全国博士后网球大赛。

（八）其他工作。

会同中国高级公务员培训中心在江西南昌、广东珠海分别举办“中国博士后科学基金业务培训班”；在广西北海、陕西延安分别举办“全国博士后工作管理人员培训班”。开通“中国博士后”微信公众号，改版中国博士后科学基金会网站，开发完成“全国博士后人才和科技项目交流信息服务系统”。编辑出版《中国博士后工作年报（2015)》。组织召开《中国博士后》杂志理事单位年会，编辑出版6期《中国博士后》杂志。

五、中国劳动学会

（一）主办国际学术活动，加强交流与合作。

2016年11月1—3日，中国劳动学会与中国劳动保障科学研究院在北京成功主办国际劳动与雇佣关系协会第9届亚洲会议。会议以“经济转型升级对劳动和雇佣关系的影响及其应对措施”为主题，分别安排了四次全体会议和34场专题研讨会议。与会代表围绕会议主题，针对“中国和亚洲劳动与雇佣关系未来发展”、“劳动关系的法律调整和政府规制”、“经济下行与企业劳动关系管理创新”等不同议题，开展了深入研讨和广泛交流。来自国际劳工组织、国内相关政府部门、社会团体、科研机构、高校的代表，以及来自日本、韩国、印度、南非、美国、澳大利亚、刚果等20多个国家和地区的代表，共计300多人参加了会议。顾秀莲同志向大会发来贺信。人力资源社会保障部邱小平副部长出席会议开幕式并发表主旨讲话，中华全国总工会焦开河副主席、中企联黄海嵩副会长、全国工商联谢经荣副主席等国家劳动关系三方协调会议的领导同志出席了会议开幕式并发表致辞。中国经济改革研究基金会理事长宋晓梧出席会议开幕式并在首场全体会上发言。华福周会长主持会议开幕式。参加会议的国际嘉宾主要包括：国际劳动与雇佣关系协会会长、韩国高丽大学金东元教授，前任会长、美国宾州大学詹尼斯·贝丽丝教授和澳大利亚悉尼大学拉塞尔·兰斯博瑞教授，国际劳工组织治理与三方关系司卡姆兰·范尼扎德副司长，国际劳工组织前副总干事卡尔·塔普拉，日本劳动政策研究研修机构菅野和夫理事长，韩国劳动研究院房河男院长，南非公共事务协调委员会主席弗雷德里克·德·布莱恩等。

（二）积极举办高端学术交流活动，服务中心工作。

一是组织召开了劳动关系研讨会暨中国劳动学会年会。来自全国各省份劳动保障学（协）会代表参加了会议。华福周会长对全国劳动学（协）会系统一年来的工作进行了总结。会议邀请人力资源社会保障部副部长杨志明就我国农民工问题作专题发言，与会代表就我国农民工现状、流动趋势、现行政策等议题进行了充分讨论。

二是与首都经济贸易大学联合召开“2016新年劳动经济形势分析会”，会议以“十三五”开局为背景，围绕创新、协调、绿色、开放、共享发展理念，就当前劳动经济形势及其对就业、收入分配、劳动关系的影响进行了深入研讨。中国劳动学会相关负责同志、中国劳动学会学术委员会委员，以及人力资源社会保障部相关职能单位和首都经济贸易大学劳动经济学院等有关同志参加了会议。会议成果报主管部领导及相关业务司局，得到了一致肯定。

（三）探索多种形式，为社会搭建学术交流平台。

一是继续合作开办《中国劳动讲堂》全国巡讲活动，召开学术研讨暨企业工作经验信息交流会，积极加强与企业的联系与沟通，服务企业会员。在河南省召开的学术研讨暨企业工作经验信息交流会上，代表们交流了工作经验，充分探讨了企业面对经济转型的机遇与挑战，会议取得了良好的效果。

二是支持会员单位成功举办第一届中国（珠海）国际人力资源服务产品与技术展览会。积极为社会搭建劳动保障专业学术交流平台，不断推动人力资源理论与实践的发展。

（四）广泛开展科研工作，深入基层开展调研活动。

承担人力资源社会保障部重大研究课题“返乡农民工等人员就业创业问题研究”、劳科院基本科研业务课题“我国区域劳动力分布状况研究”、“日本长期护理保险制度研究”等多个研究项目。组织调研小组，分别赴河南、四川、山东等地，深入基层厂矿企业、田间地头、乡村社区，广泛开展调查研究活动，通过召开小型座谈会、实地案例分析、基层工作人员访问等方法，收集了大量重要的基础素材。形成的研究报告提交人力资源社会保障部政策研究部门，为政策制定提供参考。

（五）强化党建工作，加强学会自身队伍建设。

学会在做好日常管理工作的同时，严格按照中央开展“三严三实”和“两学一做”专题教育活动的要求，积极组织党员开展专题活动。结合学会工作实际，采取自主选学、集中学习、分组讨论等多种形式开展学习讨论，有效提高了干部队伍的党性修养，确保学会各项工作正常稳步推进。

一是按照中央及人力资源社会保障部要求，规范领导干部社团兼职及兼职取酬。根据人力资源社会保障部关于部级领导干部不再担任社团法人的意见，及时进行社团法人变更工作。按要求规范社团领导机构。

二是建章立制，完善社团相关管理制度。按照上级部门的要求积极开展先进性教育活动，查找自身不足，对发现的问题，建章立制、认真整改，以问题意识促进作风建设。先后制定了印章管理使用办法等规章制度，规范财务报销事项，形成了用制度管人管事的长效机制，高标准从严要求学会各项基础管理工作。

三是加强分支机构管理。年初组织召开中国劳动学会分支机构工作会议。会议传达了中央及人力资源社会保障部对社团管理的新精神、新要求，并强调全会上下要按照国家“十三五”规划“五位一体”的总体布局以及创新、协调、绿色、开放、共享的发展理念，围绕“四个全面”战略布局，认真加强学习，统一思想，把分会、专业委员会的各项具体工作与党中央的上述发展理念和目标结合起来，发挥好社团的积极作用。此外，根据财政部、中国人民银行等部门文件要求，撤并不合规分支机构银行账户两个，进一步规范了分支机构财务管理。

四是接受中央巡视组、国家审计署、人力资源社会保障部对劳动学会及分支机构的财务审计，积极配合各方的检查工作，审计结果均无重大问题。

五是完成社团年检、分支机构换届审查申报、学会网站更新维护、所属公司管理等日常工作。

六、中国社会保险学会

（一）学术研究与交流。

一是建立年度重大研究选题制度。学会首次建立《年度重大研究选题制度》，规定每年将围绕社会保险事业改革与发展，经过推荐和筛选，由会长工作会议研究，确定2～3个重大选题、若干前沿性课题及二级选题，组织会员开展研究和交流，并通过多种方式扩大课题研究成果的传播与应用。

二是组织课题研究。2016年，学会确定了两项重大研究选题：“推进‘互联网＋社保’平台建设，充分开发利用社保数据的社会市场价值”和“金融混业经营下，养老保险基金投资运营的综合监管模式、体制和规则研究”。围绕这两项重大选题，共进行了13项课题研究，其中已完成6项研究任务。

三是加强与有关单位合作。学会与中国社会科学院世界社会保障研究中心合作开展了“‘第二支柱’年金制度全面深化改革研究”。社会保险基金投资管理专业委员会受人力资源社会保障部相关职能司局委托，组织单位会员开展了5项职业年金基金管理配套政策研究，并与有关单位合作开展了“生命周期基金（TDF）研究”和“企业年金扩大投资范围政策研究”。城乡居民养老保险专业委员会受人力资源社会保障部相关职能司局委托，与有关高校合作完成了“机关事业单位养老保险制度改革与城乡居保发展的系统关联性特征与政策仿真研究”。社会保险管理服务专业委员会完成了“医疗保险经办管理服务体系建设研究”，组织部分地方医疗保险经办机构开展了“医疗保险常用统计分析指标研究”，与有关高校合作继续开展《中国社会保险管理服务发展报告（2014—2015）》研究。

四是开展与境外相关机构合作。学会与港澳台地区社会保险学会共同开展了“老龄化背景下养老保险政策的应对研究”；与台湾地区社会保险教育发展协会开展了“台籍人员在大陆就业及参加社会保险调查与研究”；与法国教育系统相互健康保险机构商签了“相互保险在长期护理保险中的地位及在中国推广的可行性研究协议”，将在长期护理保险领域开展合作研究。

五是举办学术研讨。与港澳台地区社会保险学会共同举办了“第八届养老保险研讨会”。来自7个社会保险学会的约50名代表参加了会议。本届会议的主题为“老龄化背景下养老保险政策的应对”，围绕老龄化背景下养老保险政策、基金管理与运营、社会保险服务等内容进行了研讨。

（二）组织建设。

一是完成换届工作。3月，在海口召开了第三届会员代表大会，游钧副部长出席会议并讲话，胡晓义会长、王建伦同志出席会议。会议审议并通过了胡晓义会长代表第二届理事会所作的工作报告、学会章程修改稿，决定了学会会费标准、分支机构调整、专家聘请、建立年度重大课题研究制度等事宜。选举产生了学会新一届领导机构，选举胡晓义同志为学会第三届会长。

二是调整分支机构。撤销了学术委员会、社会保障教学与研究委员会，增设了退休人员社会化管理服务专业委员会，将年金分会调整为社会保险基金投资管理专业委员会、农村社会保险委员会调整为城乡居民养老保险专业委员会。

三是实行民主办会。学会实行集体领导和会长分工负责制，对于不同层面的事项分别提交相应会议进行审议。2016 年，学会召开 1 次理事会、2 次常务理事会、4 次会长工作会议、2 次会员（部内）工作联系会议，及时传达学习中央和人力资源社会保障部的指示精神，研究和审议学会不同层面的工作。

（三）会员管理服务。

一是开展会员信息普查工作。为进一步规范会员管理，推动学会工作发展，6—8 月，开展了会员信息普查工作。共发函 209 封，涉及会员 385 人（家）。通过此项工作，基本摸清了学会原有会员的基本情况，为今后开展会员登记和发展新会员等工作奠定了基础。

二是完善会员联系渠道。为加强学会与人力资源社会保障部相关职能司局的联系，建立了会员工作联系会议制度。2016 年，召开 2 次会员（部内）工作联系会议。通过会议，向会员通报了学会工作情况，交流了会员所在单位的重点工作，听取了会员对学会工作的意见和建议，建立起学会与人力资源社会保障部内会员联系与沟通的渠道，对学会工作更好配合一线业务发展起到了促进作用。

三是组织会员活动。为加强会员对社会保险一线业务的了解，促进交流与学习，组织部分会员开展了 3 次观摩考察活动，分别到北京市西城区人力资源社会保障局、人力资源社会保障部社会保险事业管理中心、成都市人力资源社会保障局，实地调研了经办窗口工作开展和业务运行情况，并与有关负责同志进行了座谈。

（四）整章建制。

为实现学会和秘书处工作科学化、规范化、制度化，保证各项工作有序开展，学会开展了整章建制工作，修订了旧制度、建立了新规章。在学会管理层面，修订了学会章程，决定了学会会费标准，确定了学会领导分工方案，建立了年度重大课题研究制度，制定了会员管理办法、分支机构管理办法等有关制度。在秘书处内部管理层面，制定或修订了会议制度、内部监督制度、合同管理制度、课题管理办法、财务管理规定等十余项内部管理规章。

七、中国职工教育和职业培训协会

（一）组织建设扎实有力，夯实基础。

一是组织召开中国职协五届五次会长会和技校企业工作会，总结工作，交流经验，起到了集思广益、凝聚共识的作用，切实增强了会员单位共同做好职业培训工作的责任感、使命感和自信心。二是加强对各分会建设的指导力度，研究完善学术专业委员会、技校专业委员会组织机构框架。三是切实提高工作的法制化、规范化、科学化水平。完善了会议制度、出差制度、财务管理制度以及社会培训项目的申报、审批、管理等。加强廉政风险防控措施，梳理形成了《中国职协内部控制管理手册》。

（二）理论研究紧贴中心，成果突出。

一是中国职协课题研究能力不断提升。2016 年，完成人力资源社会保障部相关职能司局委托的《技能大师工作室发展现状研究》、《调动企业技能人才培养积极性的激励机制研究》、《中国技工院校发展年度报告》课题研究任务；参与编写《技工教育“十三五”规划》工作；完成“制冷设备维修人员技能培训调查”项目的总体工作及报告成果的撰写。二是优秀科研成果评选工作成效显著。全年共收到各类优秀科研成果近 6 500 余项，报送成果逐年递增。其中，技工院校实验实训设备类成果在成果数量、申报单位数量和覆盖地区上实现“三突破”。三是会员单位的科研工作进一步得到重视。有 146 项课题在中国职协立项研究。

（三）社会培训稳步推进，规范发展。

一是以提升师资管理能力为重点，开展优秀班主任、教务教学管理人员、高层管理人员、师资教研及学生资助管理等管理类培训。二是以世界技能大赛为切入点，开展焊接及汽车钣金专业技术培训。三是严格规范社会培训项目管理。完善管理服务，规范工作流程，加大监管力度，提升项目质量。四是坚决执行人力资源社会保障部党组文件精神，积极采取措施对中国职协开展的培训活动进行了清理整顿。

（四）行政助手定位准确，服务有效。

一是以严格学籍管理、规范受助资格审核、加强监督检查等内容为重点，开展技工院校学生资助管理工作。召开全国技工院校学生资助管理工作座谈会，分析形势，交流经验，发现问题。进行学籍注册和异动管理，做好免学费和助学金政策落实工作。配合财政部开展免学费和助学金资金预算工作。开发了毕业证书手机版查询系统。二是全力做好第44届世界技能大赛技术交流团的赞助实施工作。三是配合人力资源社会保障部相关职能单位，完成企业培训师职业资格考试的技术服务工作。

（五）队伍素质不断提高，团结协作。

一是认真落实全面从严治党要求，严格管理干部职工，扎实开展“三严三实”教育实践，加强思想和作风建设。二是努力提高工作人员做好工作的主动性和自觉性，不断强化业务知识能力素质学习，提高其政策理论水平和业务能力。三是充分运用《中国培训》杂志、网站和微信公众号，形成“一刊一网一号”的宣传平台，使中国职协的公信力、吸引力和凝聚力不断增强。

八、中国就业促进会

（一）紧跟形势、聚焦难点，系统开展政策理论研究。

一是破解就业难题，承担人力资源社会保障部重大课题“去产能过程中的失业人员再就业问题”研究。在开展重点省份和城市调研基础上，研判钢铁、煤炭行业去产能职工分流安置实际进展和显著特点，剖析分流安置工作滞后原因，对进一步推进工作提出针对性强的建设性建议，供政府部门决策参考。报告得到人力资源社会保障部领导重视，分别作出重要批示，并转相关职能司局参考。

二是紧跟形势变化，配合人力资源社会保障部务虚会召开就业形势分析会。邀请部内外有关知名专家学者，围绕贯彻李克强总理视察人力资源社会保障部讲话精神，从不同研究领域分析当前经济发展与就业形势及问题风险，对今后经济就业走势进行判断并提出政策建议，为科学制定新常态下就业创业政策提供参考。推荐专家研究成果，建议人力资源社会保障部邀请他们给就业板块的同志作专题讲座，进一步启发工作思路。

三是总结经验成果，召开相关专题研讨会。组织召开积极就业政策创立与发展研讨会，邀请知名专家、行政部门及地方直接参与制定和执行政策的同志，全面梳理积极就业政策发展历程和内容演进，并组织编写《中国积极就业政策创立与发展》书稿。组织召开“两个确保”纪实专题研讨会，总结回顾全力推进“两个确保”、推进就业社保事业发展的历程和经验，并组织编写《世纪之交的中国就业社保攻坚战》书稿。

（二）紧贴需求、精准定位，多方面开展就业服务。

一是承接人力资源社会保障部相关职能司局委托项目，推进央企招聘应届高校毕业生信息公开发布工作。认真落实各项要求，做好信息审核和公开发布基础工作，定期组织情况摸查，完成专项报告；配合行政单位组织召开部门和企业代表座谈会，总结经验、分析问题，为推进新形势下央企招聘信息公开工作提出对策建议。

二是受部相关职能司局委托，接待“世界技能大赛”台湾技术交流团。充分发挥自身优势和桥梁纽带作用，做好与台湾组织方和国台办及其他接待单位的联络沟通，加强协调配合，主动补位、周到服务，圆满完成接待任务。

三是发挥专业化优势，组织开展专项服务活动。依托创业专委会组织召开全国创业培训师资专题研讨会和创业培训讲师大赛技术研讨会，依托公共就业服务专委会组织召开2016

年全国高级职业指导师年会和就业服务创新实践研讨会，交流新经验、分享新成果，探讨新形势下创新就业服务的思路和方法。

（三）创新形式、引导舆论，多渠道做好宣传工作。

一是组织年度就业十件大事及地方创新事件评选活动。总结盘点年度就业创业工作成果，挖掘各地就业创业工作亮点，为各级就业部门把握就业全局、了解就业动态、制定年度就业工作安排提供参考。

二是强化多维就业宣传模式作用。充分发挥《中国就业》杂志、《就业工作通讯》、中国就业手机报平台功能，有效利用新媒体、自媒体宣传优势，筹建中国就业促进会微信公众号，扩展微信群，跟进报道最新就业创业政策和人力资源社会保障部重点就业工作，宣传推广各地典型经验，快速传递工作信息，拓展宣传渠道，提升宣传效果。

三是组织编写就业创业丛书。编写《聚焦中国就业（2016—2017）》系列丛书及《中国就业走向世界之路》、《电商网络创业就业进行时》、《中国积极就业政策创立与发展》等书籍，集中展现就业全貌，聚焦就业重点论述，总结就业经验成果，打造就业工作者实用手册。

四是继续配合做好“春风行动”宣传工作。重点结合就业扶贫工作新要求，对2017版“春风行动”就业创业指南扑克牌进行改版，补充完善政策内容，有针对性地面向基层就业服务机构和扶贫地区推广发行，进一步发挥宣传引导作用。

（四）搭建平台、形成合力，强化会员服务功能。

一是组织召开二届六次理事会。深入学习传达李克强总理视察人力资源社会保障部时重要讲话精神，举办专题讲座，解读讲话要点，交流研判形势，剖析领会就业创业工作部署，进一步明确做好新形势下就业创业工作的思路和目标。

二是举办会员学习交流活动。突出“就业创业新思路新发展”主题，契合今后就业创业工作需要，组织开展专题讲座、主题发言和实地考察学习，聚集多名专家讲授最新研究成果，交流工作实践中的创新体验，帮助会员拓宽视野、启发思路、明确目标，不断增强协会凝聚力和向心力。

三是加强两岸就业领域交流合作。受邀参加由中央台办主办的两岸和平发展论坛，介绍推进两岸就业领域交流合作情况并提出愿景。与台湾“中华劳动与就业关系协会”、“中华劳工共同品质产物提升暨就业辅导促进会”建立联系，接待来访，共同探讨如何加强两岸就业民间组织的合作交流，建立常态化交流机制，促进两岸就业事业发展。

四是加强对会员单位和地方的指导支持。先后与山东、长春、宝鸡等地合作举办创业博览会、创业大赛和创业论坛，协助湖北、四川等地开展就业政策、创业就业专题调研，支持阿里巴巴等会员单位举办新就业论坛等，调动多方资源，形成共促就业合力。

（五）求真务实、改进工作，不断强化内部建设。

一是结合“两学一做”学习教育强化思想建设。落实人力资源社会保障部党组决策部署，完善秘书处学习教育制度，加强指导和管理，认真学习习近平总书记系列重要讲话精神，认真践行“两学一做”学习教育，逐项对照检查，抓好整改落实，不断提升秘书处队伍综合素质。

二是结合巡视审计整改规范社团管理。积极配合做好巡视和审计工作，及时提供相关材料。认真对照要求，改进工作不足，完善规章制度，加强监督管理，推进各项工作的科学化和规范化。

三是结合贯彻落实推进职业资格改革整治职业培训。配合中国就业培训技术指导中心做好委托培训项目停办和日常管理收尾工作，及时调整工作方向，做好相关解释工作，确保培训项目的平稳着陆和顺利移交。

四是结合“三会一群”制度改进日常工

作。定期召开会长办公会、工作联席会、秘书处周例会，并发挥微信工作群作用，及时沟通信息、交流工作、研判形势、改进思路，切实推进各项工作有序开展。

九、中国医疗保险研究会

（一）着眼于健康中国战略目标，围绕全民医保制度体系建设和政策评估开展宏观研究。

一是对医疗保障体系建设进行系统评估。在2016年年初向国务院领导提交《2015年基本医疗保险评估报告》之后，评估专家组以“十三五”时期全民医保体系建设为重点完成了对山东、天津等11个省份的评估调研，起草了2016年度评估报告并于2017年年初报送国务院。为了增强评估工作的科学性，启动了医疗保险评估指标体系研究，撰写了文献综述，初步形成了构建评估指标体系的框架思路。

二是配合推进城乡居民医保制度整合。组织发表多篇专题文章，在《中国医疗保险》杂志开展专题讨论，以及在评估调研中重点就城乡整合问题与地方进行座谈等方式，为各地将医保管理职能划归人社部门提供理论支撑，积极引导社会舆论。

三是受国务院医改办委托开展了“‘十三五’期间医疗保障制度建设专题研究”项目。2016年2月提交了研究报告，得到了国务院领导的重视，对相关部门研究制定“十三五”医保制度发展规划发挥了积极作用。

四是继续推进建立更加公平可持续的医疗保障制度研究项目，重点围绕“十三五”时期我国医保制度建设与经济社会发展、与医药卫生事业发展的互动关系开展研究。2016年主要开展了文献资料收集和文献综述、地方调研等研究活动，并召开了项目中期会。

五是完成了中国医疗保险发展宏观分析研究项目。该项目对2000年以来相关部门发布的与医保相关的宏观经济、医药卫生事业发展统计数据进行了关联比对分析，研究了医保对宏观经济社会发展的作用、“三医”改革互动关系等重大问题。2016年10月出版了《中国医疗保险发展宏观分析报告》。为深入研究当前供给侧改革重大措施对医疗保险的影响，与合作单位签订了合作协议，制订了课题研究计划。

六是继续开展世界主要国家和地区医疗保障制度改革政策追踪研究。在2015年对加拿大等9个国家进行研究的基础上，出版了《部分国家（地区）最新医疗改革研究》（2014年报告），召开了“部分国家（地区）最新医疗保障制度改革研讨会”。2016年，对英国、瑞典、美国、日本、新加坡、意大利、希腊、新西兰等国家和我国台湾地区的改革动向进行了综合研究，完成了研究报告。

（二）着眼于健全社会保险体系，积极推动长期照护保险制度的理论研究和实践探索。

一是正式启动“中国长期照护保障制度研究”长期项目。该项目以推动建立社会保险性质的长期照护保险制度为研究目标，设立了国际经验系统研究、长期照护需求研究、照护服务供给体系研究以及适合我国国情的长护制度框架研究等4个子课题，由人民大学、社科院、社保所和部分地方专家共同参与研究。项目启动会召开之后，各子课题按研究计划开展了国内外文献研究，其中长期照护保险需求研究子课题已经完成了对7个城市数千户居民的入户调查，并着手撰写调查报告。研究会向人力资源社会保障部申请了2016年重大政策研究项目，重点对长期护理保险制度架构进行研究。截至2016年年底，已完成基础研究工作。

二是积极参与人力资源社会保障部长期护理保险制度试点工作。研究会作为人力资源社会保障部长期护理保险制度试点领导小组成员单位，参与了试点工作方案和试点指导意见的研究，协助组织召开了长期护理保险筹资测算专题研讨会、部分地方座谈会、专家座谈会。在人力资源社会保障部试点意见出台之后，协助组织召开了东部和中西部两个片区试点城市工作座谈会，配合推动各地开展试点。

三是设立“中国长期护理保险标准体系研究”项目。为借鉴部分国家长期护理保险制度标准体系建设的经验，明确我国长期护理保险制度标准体系的基本构架，研制失能等级评定、护理需求评定等急需的技术标准，研究会与人力资源社会保障部长护办共同研究制定了“中国长期护理保险标准体系研究”项目的研究方案，与合作单位签订了项目协议。

四是组织专家翻译国外权威资料。完成了《德国社会照护保险法》、《日本照护保险法》的全文翻译和内部出版，收集整理了台湾地区长期护理保险制度研究文献、失能评价和照护等级评定标准，以及照护服务法等资料。上述资料全部赠阅人力资源社会保障部长护领导小组成员单位、各省（区、市）人社厅（局）、试点城市人社局和全国各大重点院校图书馆。

五是继续开展优秀论文征集活动。完成2015年优秀论文评审，编辑出版论文集（2015年卷）。以“构建我国的长期照护保险制度”为主题开展了2016年论文征集活动，征集论文800余篇。

（三）着眼于发挥医保基础性作用，对医药服务供给体制机制问题开展针对性研究。

一是研究与市场经济体制不相适应的医药卫生管制制度及其对全民医保制度改革发展的影响。系统梳理了医药卫生领域在医疗资源配置管制、生产要素管制和医药价格管制等方面存在的体制机制问题，研究了其造成医疗服务供给总量不足和结构严重失衡的作用机制，分析了与医保制度拉动医疗需求不断增长所产生的矛盾及其对医保制度工作效应的抵消作用，并对改革医药卫生管制制度提出了一些有针对性的建议。在深入研究的基础上，2016年上半年向医改办提交了研究报告。组织了2次专题座谈会，为相关部门研究医保促进医药卫生体制深化改革提供理论支持。

二是研究全民医保与分级诊疗体系的关系。开展了“医保支付制度推进分级诊疗体系建设”和“分级诊疗在医疗保险中的作用”两个研究课题。一方面研究医保改革以来为促进分级诊疗所采取的政策措施，以及其发挥作用所受到的医疗卫生管制政策的负面影响，从发挥医保支付制度促进医疗资源合理流动和优化配置作用的角度，提出对医药卫生体制改革的对策建议；另一方面从激励重构的思路出发，探索设计引导分级诊疗的新型医保付费机制，提出完善医保支付方式的政策意见。这两个课题分别完成了国内外进展的基础研究，赴上海、河南等地开展了综合调研，已草拟出研究报告。

三是研究医保应对医药定价机制改革的政策和管理措施。开展了基本医疗保险应对医药定价新机制的政策研究，完成国外文献资料的收集整理，形成了基本医疗保险药品支付标准的国际经验与政策选择分析报告。启动了基本医疗保险医药价格监测体系研究，完成了国内外药品价格监测体系文献资料的收集整理，开展了药品采购价格预调查，在总结先期基础工作经验及分析调查数据的基础上，对医保药品价格监测的内容、标准和方法等关键技术提出了可行性意见。开展了医疗服务项目调整对医保医疗服务管理影响的研究，分析新旧版《全国医疗服务价格项目规范》的差异及其对医疗保险支出管理的影响，为下一步完善医疗保险医疗服务项目管理政策和管理标准奠定了基础。

（四）着眼于多层次保障制度的有效衔接，围绕重特大疾病保障和救助机制开展研究。

一是研究居民大病保险制度对重特大疾病保障机制的作用。完成了城镇居民大病保险保障绩效与基金风险预测分析研究课题，并提交了分析研究报告。通过对各地大病保险制度的政策对比分析，对实际运行数据和入户调查数据的定量研究，以及对医保基金的风险预测，印证了大病保险制度定位模糊、难以有效化解灾难性风险、对基本医保基金安全带来巨大隐患的主要弊端。

二是研究化解灾难性医疗风险的实现途径。完成了多层次解决重特大疾病医疗保障待遇研究和灾难性医疗风险家庭医保待遇申请及经济风险评价办法研究两个课题，提交了《多层次解决重特大疾病医疗保障待遇研究总报告》及5个相关分报告，着重提出了要建立以医疗保险主管部门牵头的部门间协调机制、研究制定国家级重特大疾病保障范围基本合同、建立基本医疗保险家计调查制度以及建立与重特大疾病风险挂钩的财政补贴调节机制等保障措施建议。

三是启动了医疗保险与医疗救助的衔接研究。为进一步完善医疗救助和基本医疗保险的政策衔接，充分发挥在精准扶贫中的合力效应，在借鉴国际经验和分析部分地区政策衔接和成效的基础上，提出合力精准扶贫的政策建议。

（五）着眼于全民医保可持续发展，围绕基本医疗保险制度的主要政策开展专题研究。

一是研究基本医疗保险筹资机制。完成了基本医疗保险筹资机制研究并提交了研究报告。通过梳理我国基本医保筹资机制的形成历程，分析职工医保和居民医保现行筹资政策的特点和运行状况，应用医疗保险筹资理论和适度筹资水平的实证分析，对完善我国医保筹资机制的目标、原则和主要政策提出了对策建议。

二是研究门诊统筹政策。为研究门诊统筹的保障范围和强化门诊服务管理，开展了慢性病门诊保障政策研究、居民医保门诊统筹医疗服务管理研究和职工医保门诊统筹政策研究三个课题，已经按计划完成了研究，目前正在修改完善主报告。

三是继续开展医保支付制度改革研究。对过去3年进行的医疗保险支付制度改革政策与标准体系研究项目进行了结题，已经撰写课题总报告和分报告。设计了下一步继续研究的课题计划，与合作单位商定了合作协议。以支付制度改革为主题，举办了2期培训班，对经办机构和定点医疗机构共200多人进行了培训。

（六）着眼于提高医疗保险管理服务科学化水平，持续推进医疗保险技术标准建设和完善数据分析方法。

一是主要承担有关医疗服务管理基础标准的对接工作。参与全国医疗保险异地就医联网结算系统的设计，拟定了“全国异地就医联网结算医疗服务类信息规范编制工作方案”，并以此为契机，加快了《社会保险医疗服务项目分类与代码标准（草案）》的编制步伐，完成了编制小组征求意见、提交部标委会在全国范围征求意见等工作，目前正在配合部标委会进行最后审定程序。

二是进一步充实了药品信息库和相关知识库。对《社会保险药品分类和代码标准》按季度进行更新维护和4个新版本的发布，完成了药品代码标准和药品数据库网站的开发工作，增强了药品信息在线收集功能和及时授权下载功能。结合医疗保险全国异地就医即时结算和医疗服务智能审核系统建设，继续扩大标准应用的范围，并加强对地方应用的技术指导。收集完成网站建设的原始数据，完成基础数据库网站建设，通过内部测试，择机正式上线。

三是为2016年医疗保险用药调整提供技术支持。主要包括协助调整方案征求意见，提供药品基础数据、药品价格数据以及药品使用量和使用费用数据，以及协助相关技术事务。

四是完成了2015年医疗保险参保患者医疗服务数据分析。共收集到82个地区97万名住院患者和653万名门诊患者的2015年医疗服务利用及费用数据。调查分析报告得到人力资源社会保障部领导的认可。完成了2016年度数据收集、清理和分析工作。

五是启动了完善医疗服务利用调查体系研究项目。召开研讨会，邀请德国、加拿大等国际专家分享了医保数据管理和使用的经验，撰写了国外数据分析经验报告综述。对天津、江苏等地建立本地数据分析体系提供了技术支持。同时，与北京大学医学部、华中科技大学等单位合作，研究了进一步挖掘数据价值的技术方法。

（七）着眼于增强发挥正确舆论导向的能力，进一步强化研究会信息平台管理。

一是顺利完成对《中国医疗保险》杂志社工作班子的调整。按照纪检部门和审计部门对离任审计意见的要求，督促杂志社进行了整改。为强化出资人管理责任，调整了杂志社理事长会议成员，制定了杂志社财务及重大事项监督管理暂行办法，抽调秘书处部分人员协助杂志社完成规范制度和优化管理流程工作。杂志社圆满完成了2016年的发行任务，月发行量超过84 000册。强化了微信公众号的推送能力，积极宣传报道医保、医改重大政策和事件。召开了2016年发行专题会和编委会，明确了2017年重点选题和出刊计划，充实了编、审、发工作队伍，夯实了发行基础。

二是做好《中国医疗保险研究动态资讯》刊物工作。继续保持每月2期出刊频率，就长期照护、分级诊疗等热点问题编印了专刊。及时与地方医保刊物进行交换，择优转发，加快了地方改革信息的传播速度。截至2016年年底已发行了216期。

三是重点加强了中国医疗保险信息网信息更新速度。将研究会动态、全国医保资讯以及培训课件、研究报告及时发布到网站。网站关注度得到显著提高，浏览总量较上年总体上升约20%，超8万人次。网站安全防护通过2016年度国家信息系统等级保护测评。

地方人力资源和社会保障工作

北 京 市

2016年，北京市人力社保系统坚决贯彻党中央、国务院及市委、市政府决策部署，紧紧围绕落实首都城市战略定位、增强首都核心功能，加快构建“高精尖”经济结构，凝心聚力、锐意进取，城乡统一的就业格局进一步健全，社会保障实现制度城乡一体化和人群全覆盖，人才队伍规模不断扩大，劳动关系总体和谐稳定，公务员管理进一步加强，事业单位人事制度改革继续深化，工资收入分配制度改革扎实推进，各项人力社保工作取得重大进展。

一、就业局势总体稳定

（一）创新创业环境进一步优化。

支持青年群体创新创业，联合中关村股权交易服务集团，共建大学生创业服务平台和大学生创业板，形成政府搭台、市场化运作的创业孵化新模式。加强创新创业服务，举办“中国创翼”等3项创业创新大赛，对10个创业孵化示范基地和20个优秀创业项目给予资金支持。创新创业培训模式，试点开展“互联网＋”培训，搭建京津冀留学人员创业在线教育平台，在河北大学建立京津冀留学人员创业园。2016年全年扶持创业1万人，带动就业3.1万人。

（二）重点群体就业帮扶更加精细。

对大学生实施从校园到离校的不间断就业服务，落实实名制帮扶、基层就业、就业见习、求职补贴等政策，开展困难家庭毕业生一对一实名制精细化就业帮扶，实现有就业意愿的困难家庭毕业生全部就业，北京生源高校毕业生就业率达到96.8%。加大困难群体帮扶力度，将低收入农户劳动者纳入就业帮扶体系，提供技能培训、托底安置等服务。全面启动社会公益性就业组织建设，加大“托底”岗位开发力度。全年城镇新增就业42.8万人，促进城乡劳动者就业21.5万人，帮扶14.8万名城乡就业困难人员实现就业，城镇登记失业率为1.41%。

（三）职业培训针对性不断加强。

加强培训体系建设，开展企业新型学徒制试点，涉及汽车维修工等8个专业。大力弘扬“工匠精神”，将工匠精神纳入培训课程。加强生活性服务业技能培训，在11家技校新增幼儿教育、护理等专业，开发养老护理员培训教材，开展首届京津冀家政、养老、育婴等家庭服务职业技能大赛。组织开展第四届职业技能大赛，带动43万人岗位练兵，加强失业人员、农村劳动力、就业困难人员的订单、定向、定岗培训，全年培训各类城乡劳动力65.9万人次。

（四）公共就业服务水平不断提升。

强化公共就业服务，制定人力资源市场公共服务体系整合方案，发布实施公共职业介绍和公共职业指导标准。大力发展人力资源服务业，研究在中关村设立外商独资人才中介机构政策，实施人力资源服务企业“先照后证”管理，研究推进京津冀统一、规范、灵活的人力资源市场建设，制定统一的人力资源服务标准。

二、社会保障体系不断完善

（一）制度改革稳步推进。

实施机关事业单位养老保险制度改革，实

现制度“并轨”。整合城镇居民基本医疗保险与新农合制度，顺利完成新农合管理机构划转，推动城乡医保公平可及和群众受益。积极推进医疗、医保、医药“三医联动”相关改革，推动医药分开、分级诊疗制度建设，深化医保付费方式改革。阶段性降低职工养老、失业和工伤保险费率，为企业减轻负担超过50亿元。

（二）待遇水平稳步提高。

联动调整社会保障相关待遇，保障水平居全国前列，促进发展成果全民共享。减轻困难群体医疗负担，出台扩大社区医保药品报销范围、4类慢性病长处方报销政策、提高社区门诊报销比例等惠民措施。继续实施城镇居民大病保险制度，对特困职工给予一次性医疗救助，3 200多名大病患者在基本医保报销的基础上，进一步减轻个人医疗负担。

（三）基金运行安全平稳。

加强基金预算管理，五项职工社会保险基金总收入2 884.2亿元，总支出1 983.2亿元，收支平衡。开展城六区及其重点疏解地区社会保险缴费专项检查，重点审查零售、餐饮、批发、低端制造等聚集外埠人口较多的单位。加强风险防控，规范退休待遇核准流程，加强对交通事故、意外伤害事故、因工死亡事故的现场调查，强化对重点药品、多人集中开药、异常挂号等的监控。启动实施首批养老保险基金投资运营，确定投资规模，完成基金归集和项目筛选，进一步增强了基金支撑能力。

（四）社会保险服务更加便利。

简化经办服务流程，落实“五证合一”社会保险登记制度，取消社会保险登记证，方便新注册企业参保。将定点医药机构审批管理改为协议管理、门诊特殊病审批管理改为备案管理。下放行业单位退休核准权限到区级。稳步提升服务标准化和信息化水平，统一全市劳动能力鉴定工作流程，推进“互联网＋社保经办”，70％以上的社保经办业务实现网上办理，网上服务平台注册个人用户突破550万人，社保卡持卡人数超过1 800万人。推进京津冀服务协作，坚持社会保险转移接续问题共商机制和医保异地协查机制，做好政策研究、流程制定、系统建设等国家异地就医结算管理平台对接准备工作。

三、人才发展环境不断优化

（一）高端人才引进力度不断加大。

完善人才引进评价标准，坚持人才引进岗位第三方论证，出台外籍高层次人才认定标准和港澳高层次人才认定标准，研究创新创业型人才评价标准。瞄准产业转型升级需求，加大“高精尖缺”人才智力引进力度，支持战略性新兴产业和重点企业发展，中关村人才特区引进人才数量占全市总量的62％。围绕提升城市治理能力、破解“大城市病”，设立4个政府特聘岗位，在全球寻访。邀请70余位院士为城市副中心建设、新机场建设、科技创新出谋划策，提供智力支持。推动京津冀高端人才资源共享，通过海外赤子行、高端专家联合休假、项目考察、学术交流等活动，组织高端专家为三地协同发展建言献策。

（二）人才培养深入推进。

完善高层次、高技能人才培养体系，扩大北京学者选拔和经费支持范围，制定个性化培养方案。在战略性新兴产业、现代服务业、传统优势产业等领域新建首席技师工作室，组织举办智能楼宇管理、工艺品雕刻等技师研修班。加大资金支持力度，为博士后科研活动、留学人员优秀科技项目和留创企业提供资金资助，确定“十三五”公共实训示范基地、首席技师工作室和技师研修培训等高技能人才重点项目规模和经费支持政策。开展第四届职业技能大赛，剔除炼钢等高耗能、高污染工种，新增建筑消防员、电梯以及药物检验员等公共安全类竞赛项目。

（三）人才服务更加优化。

完善人才评价机制，全面实施中小学教师职称制度改革，提高市属高校和科研机构高级职称比例，在全市科研机构推行高端人才职称评审“直通车”制度，取消对职称外语和计算机考试的硬性、统一要求。成立都市农业、电子、机电、园林、饮食服务、工艺美术等专业委员会，参与制定技能鉴定规范。优化人才引进服务流程，简化外国专家短期来华、留学人才引进、外国人就业办理程序，启动外国专家证、外国人就业证“两证合一”试点。实现京津冀专业技术人员职称和外国专家工作证件互认。目前，全市专业技术人才和高技能人才分别达到324.6万人和95.5万人，人才队伍规模不断扩大。

四、机关事业单位管理更加规范

（一）公务员管理制度改革加快推进。

完善平时考核试点办法，完成街道（乡镇）机关公务员职务与职级并行制度改革。配合法官、检察官员额制改革，落实员额内法官、检察官工资制度改革。实施更加灵活的挂职锻炼选派方式，对有1年基层经历人员由单位自行安排挂职。规范公务员申诉案件办理程序，开发党性教育、“十三五”规划、城市副中心建设、供给侧结构性改革、城市治理、养老服务等新教程，开展主体示范培训班、在职培训、在线学习、科学素质大讲堂等培训。

（二）公务员考试录用更加科学。

公务员录用向紧缺专业和基层职位倾斜，法律、经济、社会治理等紧缺急需专业人才占录用总人数的44.3%，70%以上的新录用公务员被充实到区以下基层机关。拓展公务员考录渠道，实施从专业院校和社会双轨招警模式，启动选调生和大学生村官招录并轨工作。规范考录管理，实行公务员报考全环节资格审查，严堵“违规进人”漏洞，引入不易备考的面试题型。

（三）事业单位人事制度改革稳步推进。

完善处级事业单位管理岗位设置试点方案，做好与国家政策的对接工作。实施事业单位司勤人员晋升技师办法。事业单位公开招聘平稳有序。

五、工资宏观调控不断加强

加强企业收入分配调控，企业最低工资标准从1 720元提高到1 890元，增长9.9%。发布企业工资指导线、行业工资指导线、工资指导价位和人工成本，指导企业合理确定工资水平。健全职工工资支付保障制度，制定全面治理拖欠农民工工资问题的实施意见，推出欠薪预防、处理、惩戒等措施，将欠薪行为纳入企业不良信用信息。

六、劳动关系保持和谐稳定

（一）企业用工行为不断规范。

企业职工劳动合同签订率和城镇职工劳动合同续订率分别为97.3%和95.3%。实施集体合同制度攻坚计划，全市集体合同覆盖企业6.1万户、职工322.7万人。加强疏解企业劳动关系监控指导，严格执行企业裁员报告制度，指导企业妥善安置分流职工。开展创建和谐劳动关系活动，发布进一步构建和谐劳动关系的实施意见，评选表彰190个和谐劳动关系先进单位和100名先进个人。

（二）劳动者合法权益得到切实维护。

提高争议案件处理能力。通过规范终局裁决制度，完善调解建议书、委托调解和调裁衔接机制，探索调解组织案前调解机制，提高简单争议化解效率。统一涉互联网企业争议处理尺度，定期发布典型案例分析，在立案接待环节引入律师咨询服务，提高疑难案件处理水平。全市共受理劳动人事争议仲裁案件8.1万件，结案率95.4%，调解率45.2%。加大劳动保障违法案件查处力度。重点针对农民工较多的加工制造、餐饮服务等中小型劳动密集型企业开展工资支付监察，全市查处劳动保障违法案件1.6万件。建立京津冀劳动保障监察案件协查机制、劳动人事争议协同处理机制。

（三）劳动者诉求渠道进一步畅通。

落实重点时期信访维稳工作机制，加强重点群体和重点人员的沟通疏导，引入律师和心理咨询师参与信访调解，完善信访受理流程和联合处理机制，全市共受理信访案件1.9万件。加强12333咨询服务标准化业务管理和培训，提供咨询服务376.7万件，公众关注和咨询的问题主要集中在社会保险和专业技术领域。

七、全面加强干部队伍建设

认真落实党建主体责任，履行“一岗双责”，深入推进党风廉政建设，实践监督执纪“四种形态”，党员干部监督管理进一步加强。结合开展“两学一做”学习教育，践行以“崇德尚廉、笃行为民、融智汇贤、精勤卓越”为内容的首都人力社保精神。持续推进政务公开、法治建设、新闻宣传、调研科研等综合性基础工作，制定实施北京市“十三五”时期人力社保发展规划。不断强化行风建设，全系统干部队伍素质和服务效能明显提升。

北京市人力资源和社会保障局

天　津　市

2016年，天津市人力资源和社会保障系统深入贯彻党的十八届五中、六中全会精神，着力深化改革、服务发展、改善民生、促进和谐，圆满完成各项目标任务，实现了“十三五”良好开局。

一、就业局势总体稳定

2016年，天津市实施积极的就业创业政策，实现新增就业48.9万人，单位新增44.83万人，占91.7%。在单位新增就业中，第二产业新增20.04万人，第三产业新增24.52万人；民营企业新增26.4万人，同比增长6.4%。城镇登记失业率为3.5%，就业局势保持总体稳定。

（一）职工分流安置稳妥进行。

落实市政府关于化解钢铁过剩产能实现脱困发展的支持政策，出台做好化解过剩产能企业人员安置工作、专项奖补资金管理细则等政策措施，综合运用内部退养、转岗就业、技能培训、公益托底、社保补贴、岗位补贴等多种方式，妥善安置职工1.54万人。

（二）创业带动就业成效显著。

坚持创业政策、创业培训、创业服务“三位一体”，帮促各类群体自主创业、成功创业。深入实施大学生创业引领计划，出台大学生创业导师管理办法，支持建立创业导师库，加强创业载体建设，发展大学生创业孵化基地54家。全年发放创业担保贷款5.5亿元，扶持创业5.3万人，带动就业15.9万人。

（三）培训促进就业作用明显。

加快推进百万技能人才培训福利计划，制定职业技能鉴定费补贴标准等配套政策。发布2016年度职业市场需求程度及培训成本目录，包含339个职业。加快职业培训包开发应用，228个职业、960个培训包进入实验性培训阶段，启动首批17个职业69个培训包电子书开发。加强技能人才培养载体建设，新建5家国家级技能大师工作室。全年取得职业资格证书人数达42.1万人，同比增长27.6%。

（四）精准帮扶就业有效实施。

不断加大就业困难群体帮扶力度，实行盯人帮扶、跟踪随访、一人一策，提高帮扶的针对性、有效性。下放企业吸纳就业困难人员社保补贴和岗位补贴审核权限，帮扶3.9万名困难人员实现就业。零就业家庭继续保持动态为零，其他就业困难群体安置率达到85%以上。

二、人才集聚步伐加快

围绕实施创新驱动发展战略，不断完善引才育才模式，出台深化人才发展体制机制改革的实施意见，创新引进、培养、流动、评价、激励、保障机制，激发人才活力。

（一）加大高层次人才引进力度。

深入实施引进海外高端人才三年推进计划、“千企万人”支持计划、人才“绿卡”等重大人才政策。截至年末，已认定“千企万人”企业929家，依托平台引育高层次人才6 823人，累计发放“绿卡”30 081张，其中A卡3 095张，B卡26 986张。成功举办“津洽会”人才智力引进、海外人才网上洽谈以及北京大学、清华大学、复旦大学等高校专场招聘等活动。全年新引进留学回国人员 3 800 余人，在津长期工作外国专家 3 600 人次。

（二）完善梯次递进的人才培养体系。

出台杰出人才培养计划，每两年选拔一次，每次选拔 20 人左右，给予专项经费、优先参评奖项、申报项目等支持，鼓励杰出人才在津开展创新创业。深入实施“131”创新型人才培养工程，选拔 100 名第一层次人选、26 个人才团队；选派 30 名博士后赴欧美开展国际化培养，遴选 32 个企业博士后创新项目进行择优资助；实施留学人员企业“百强扶助计划”和引智项目单位“百强培育计划”，加快构筑优秀人才梯队。改进人才评价方式，启动中小学教师职称制度改革，涉及教师 10 万余人。国家和天津市“千人计划”人选分别达到 161 人、711 人，选拔首批 80 名天津市有突出贡献专家，博士后科研流动站、工作站总数达 304 家。

（三）优化人才成长环境。

成立“绿卡人才服务联盟”，为引进的“绿卡人才”延伸提供金融、健康、文化、交通等服务。制定外国人在津工作管理暂行办法，实现外国专家证、外国人就业证“两证合一”。实现京津冀专业技术人员职称资格和外籍人才资质互认，促进三地人才自由流动。组织 310 名专家赴基层开展项目合作、人才培训等服务活动。开展“人才服务月”活动，深入企业服务人才，解决实际问题。

三、社会保障能力提升

2016 年年末，天津市基本养老保险参保 773.5 万人（城乡居民养老保险 134.5 万人，城镇职工养老保险 639 万人），医疗保险参保 1 066.8 万人（城乡居民基本医疗保险 531.1 万人，城镇职工基本医疗保险 535.7 万人），工伤、失业、生育保险参保人数分别达到 388.1 万人、302.5 万人、285 万人。职工五项保险基金总收入 1 074 亿元，同比增长 19%。

（一）扩面参保与制度完善同步推进。

启动全民参保计划，制定促进外来务工人员、灵活就业人员、新型职业农民参保等配套办法，持续扩大社会保障覆盖范围。机关事业单位养老保险制度改革全面实施，养老金实现社会化发放。进一步完善医疗保险制度，阶梯式下调门诊、住院医保报销门槛，实行门诊额度跨年度累积，优化职工医保个人账户管理，提高医保基金使用效率。

（二）降低费率与提高待遇同步进行。

两次降低社会保险费率，企业缴纳养老、失业、生育、工伤保险费率分别降至 19%、1%、0.5%、0.54%，困难企业可将医疗保险缴费模式改为大病统筹，费率由 11%下调至 8%，减轻企业用工成本。首次同步调整机关企事业单位退休人员养老金，月人均增长 6.7%；城乡居民基础养老金提高到 261 元；城乡居民医保政府补助标准提高到每人每年 730 元。提高职工伤残津贴、供养亲属抚恤金等 8 项工伤保险待遇。失业保险金月发放标准由 960 元、920 元提高到 1 050 元、1 010 元。

（三）基金管理与经办服务同步优化。

推进医保付费方式改革，加强基金总额管理，糖尿病门诊特定病种按人头付费试点扩大到 23 家，实施按病种付费，医保基金使用效率有效提升。出台异地就医管理办法，异地联网结算取得突破性进展。取消医保定点机构行政审批，全面实施协议管理。社保登记纳入“五证合一”联合审批，社保经办服务下沉至全市 114 个街乡镇。

四、群众收入稳步增长

市委、市政府出台 20 条增加群众收入措施，促进群众收入合理增长。按照国家统一部署，调整机关事业单位基本工资标准，规范公务员津贴补贴。最低工资标准由 1 850 元提高到 1 950 元。防暑降温费、中夜班津贴等福利待遇与社平工资联动调整。颁布企业工资指导线，基准线、下线、上线分别调整为 9%、3%、16%。发布住宿和餐饮业等七个行业的行业工资指导线。发布全市和装备制造、石油化工两个支柱产业的工资指导价位和人工成本信息。工资集体协商覆盖企业8.7万户、职工222.7万人。推进国企负责人薪酬制度改革，市属国企已全面实施。城镇常住居民人均可支配收入37 110元，增长8.8%。

五、人事管理科学规范

公务员公开招考平稳进行，新录用2 271人。出台加强公务员考录工作十项措施，全面实行考官异地交流，推进分级分类面试，确保考录工作科学有序进行。扎实开展公务员四类规范化培训、专题示范培训、对口培训和自主选学、网络在线学习，全年累计培训15万人次。加强公务员职业道德建设，建立政府任命国家工作人员宪法宣誓制度，加强“双示范”典型宣传，开展公务员作风投诉机制检查，全面推进平时考核。规范实施事业单位公开招聘，组织区县教卫系统联考，全年共招聘事业单位工作人员1万余人。818名军转干部得到妥善安置。

六、劳动关系和谐稳定

市委、市政府印发构建和谐劳动关系的实施意见，出台和谐企业创建活动实施办法，总结推广滨海新区和谐劳动关系综合试验区建设经验，全市和谐企业总数达1.43万户。加强调解制度建设，制定劳动人事争议调解工作暂行办法。建立京津冀争议仲裁协同处理机制，推动跨区域劳动人事争议案件及时处理。调解组织实现市、区、街三级全覆盖，规模以上企业组建率达到80%。加强劳动保障监察执法能力建设，16个区全部建立劳动保障监察大队。开展用人单位劳动保障书面审查，覆盖用人单位8万户。组织农民工工资支付情况专项检查，严厉打击拖欠劳动报酬违法行为。全年劳动人事争议立案受理21 771件，时效内结案率100%。劳动监察立案查处违法案件2 954件，补签劳动合同1.4万份，补发拖欠劳动者工资1.02亿元。

天津市人力资源和社会保障局

河 北 省

2016年，河北省人力资源和社会保障部门认真贯彻落实中央和省决策部署，坚持“民生为本、人才优先”工作主线，主动适应新常态，深化人社领域各项改革，统筹推进就业、社保、人事人才等各项工作，着力推动京津冀人社工作协同发展，深入开展“两学一做”学习教育和作风整顿，不断加强自身建设，夯实基层基础，转变工作作风，圆满完成年度目标任务，各项工作取得新的进展，实现“十三五”良好开局。

一、就业局势保持总体稳定

全年全省城镇新增就业76.0万人，完成目标任务的101.3%。高校毕业生、就业困难人员和农村转移劳动力三大重点群体就业态势良好。高校毕业生就业率达到95.3%；城镇下岗失业人员再就业26.7万人，其中就业困难对象实现就业9.8万人，分别完成年度目标的121.4%和122.7%；农村劳动力向非农产业转移56.2万人，完成年度目标任务的112.4%。零就业家庭始终保持动态为零。城镇登记失业率保持在3.68%的较低水平。

（一）突出做好以高校毕业生为重点的青年群体就业。

深入实施“高校毕业生就业促进计划”和“青年创业引领计划”，引领青年创业2.4万人，其中大学生1.1万人。组织开展“高校毕业生就业服务月”、“高校毕业生就业见习”等专项活动，全年组织各类就业服务活动1 200余场，服务社会人才190余万人次。引导和鼓励高校毕业生到基层就业，招募1 000名大学生志愿者开展支农、支医、支教和扶贫活动，在全国率先开展“三支一扶”示范培训工作。

（二）稳妥做好去产能企业职工安置工作。

出台《关于做好化解钢铁煤炭等行业过剩产能职工安置工作的实施意见》，明确安置渠道和具体政策。着力抓好援企稳岗政策落实，全年为5 670家企业发放稳岗补贴18.4亿元，惠及职工186.8万人。阶段性降低社会保险费率，失业保险费率由2%降至1.5%，工伤保险平均费率由1.18%降至1%，有效减轻了企业负担。

（三）鼓励创业带动就业。

启动实施“创业就业三年行动计划”，省级安排创业扶持资金1亿元，设立大学生创业引导基金8 000万元。出台支持省级示范众创空间建设实施办法，安排以奖代补资金3 000万元支持16家省级示范众创空间。印发事业单位专业技术人员离岗创业意见，鼓励支持事业单位专业技术人员创新创业。

（四）推动农村劳动力转移就业。

组织农村劳动力就地就近转移培训2万余人，指导各县建立农民工等人员返乡创业园100家，对62个贫困县分别给予40万元的建设资金。在全省范围内组织开展第三批示范性农民工综合服务中心创建活动，全省建成24家省级示范性农民工综合服务中心，其中贫困县有16家。开展农村劳动者转移就业“春风行动”，跨地区有组织劳务输出7.8万人，本地企业吸纳农村劳动者17.6万人。

（五）扎实推进就业创业精准扶贫。

印发做好艰苦边远地区事业单位公开招聘

工作意见，鼓励引导人才到基层就业。制定就业创业精准扶贫工程实施方案，落实产业就业脱贫行动，对建档立卡贫困劳动者开展“一对一”就业指导帮扶，全省建立就业精准扶贫台账55万人。

二、社会保障制度平稳运行

年末，全省城镇职工基本养老保险、城镇职工基本医疗保险、失业保险、工伤保险、生育保险参保人数分别达到1 403.1万人、973.7万人、515.9万人、840.0万人、710.3万人。城乡居民基本养老保险参保人数达到3 446.1万人，比当年年初增加5.8万人；完成城乡居民医疗保险整合，整合后城乡居民基本医疗保险参保人数达到5 698.4万人。

（一）社会保障制度进一步完善。

机关事业单位养老保险制度改革稳步推进，印发《关于机关事业单位工作人员养老保险制度改革的实施意见》，出台政策配套文件。印发《关于改革完善企业养老保险省级统筹制度的意见》，提高基金使用效益，增强企业养老保险基金支撑能力。印发《关于灵活就业人员参加职工基本养老保险有关问题通知》、《关于灵活就业人员参加企业职工养老保险缴费基数的通知》和《关于进一步做好企业职工基本养老保险扩面征缴工作的意见》，打破灵活就业人员参保户籍限制，建立起政府主导、部门协作联动机制。出台《关于整合城乡居民基本医疗保险制度的实施意见》，成立河北省医疗保险事业管理局，完成全省城乡医保经办机构整合。出台《河北省工伤认定调查费使用管理规定》、《河北省劳动能力鉴定费使用管理规定》，进一步完善了工伤保险省级统筹配套政策和制度体系。

（二）社保待遇水平稳步提高。

首次同步调整提高机关事业单位和企业退休人员基本养老金待遇，总体提高水平按照6.7%增加。城乡居民养老保险基础养老金月人均增加5元，达到80元，从2017年1月起月人均再增加10元，达到90元。城镇居民医疗保险财政补助标准提高40元，达到420元，职工和居民医疗保险政策范围内住院支付比例分别达到80%和70%。工伤保险伤残津贴月人均提高到2 487元。失业保险金标准由650～930元调整为940～1 090元，月人均提高162元，达到1 010元。

（三）经办管理服务持续优化。

全面落实“四零”服务承诺，开展“四零”服务窗口建设试点，提高服务效能。河北省各级全面使用转移接续信息平台办理业务，制度衔接更加顺畅。推进异地就医直接结算改革，实现河北省内职工异地就医直接划卡结算。完善医疗保险监管体系，医疗保险医疗服务智能监控系统全面推开，医保控费作用明显。取消社会保险行政部门定点医药机构的审查事项，整合新农合与基本医疗保险药品、诊疗项目和医疗设施目录。

（四）社保基金安全进一步加强。

积极开展欠缴基本养老保险费企业缴费能力专项稽核，全年清理欠费36.5亿元，同比增加11.2亿元。全年征缴企业养老保险收入639.4亿元，超预算计划29.1亿元。工伤保险、医疗保险等基金征收也总体向好，超额完成。印发《河北省社会保险基金安全监督管理约谈规定（试行）》，完善监督措施配套文件，社保基金监督制度进一步健全完善。加大监督检查力度，在全省开展企业职工退休审核审批检查、社保基金安全评估、社保机构内部控制检查等专项检查，建立社保基金监督委员会，社保基金运行安全。

三、人才队伍建设得到进一步加强

（一）加快创新创业平台建设。

印发《支持高层次人才创新创业园建设有关问题的通知》，建立高层次人才创新创业园统计报告制度。推动石家庄、张家口、承德高创园建设，三家创业园引进高层次人才165人，创新团队76个，全省高层次人才创业园达到11家。全省新增博士后创业创新实践基地32家，达到130家；印发《中国（河北）

博士后成果转化基地管理办法》、《河北省人民政府办公厅关于改革完善博士后制度的实施意见》，全年组织200多名博士后开展学术交流、项目引荐等活动，入驻博士后企业49家。推动河北职业技能公共实训基地建设，全年新建5个国家级、10个省级高技能人才培训基地，5个国家级、10个省级技能大师工作室，启动唐山、秦皇岛职业技能公共实训中心建设，19所技工院校入选全省中职学校质量提升工程，10所技工院校入选中职学校产教融合工程，全年共培养高技能人才10万人。

（二）加快高层次、高技能人才选拔培养。

制定出台加强基层专业技术人才队伍建设实施意见，推进柔性引才、海内外高层次人才引进、支持博士后成果转化基地建设等五项改革。引进海外高层次人才“百人计划”20人，达到101人；80名专家入选享受国务院特殊津贴人员；入选“三三三人才工程”一二层次人选110人。开展省第四届优秀人才评选表彰活动，评选表彰“杰出专业技术人才”30人，“优秀留学回国人员”10人，“科技创新团队”5个。推进石家庄、承德等五市企业新型学徒制培养试点城市建设，将邢台、承德、涿州三市技师学院纳入全国职业训练院改革试点院校，提升高技能人才培养水平和能力。组织第二批“河北省突出贡献技师”健康休养和同业交流活动，搭建技术工人交流活动平台。开展竞赛选拔，全省8个项目、16名选手入围第44届世界技能大赛全国集训队。

（三）创新完善人才评价机制。

下放职称评审和管理权限，确定13所省属骨干高校和5个省委管理领导人员大型企业自主开展主系列正高级及以下职称评审，6所具有硕士授予权的本科院校自主开展主系列副教授以下职称评审，3个省属科研单位自主开展主系列研究员以下职称评审，并逐级下放职称申报资格审查权限，下放职称外语、计算机能力考试成绩使用权，进一步简化了职称评审程序，扩大用人单位主体作用。印发深化中小学教师职称制度改革工作方案和职称制度改革人员过渡办法，畅通中小学教师职业发展渠道，涉及全省63万名中小学教师。

（四）重大引智引才项目稳步推进。

深入实施“引智共建蓝天”、“冬奥引智”等六大引智计划，举办外国专家“燕赵友谊奖”评选表彰，全年引进外国项目412个、外国专家5 029人次、高端专家503人次。开展外国专家来华工作许可、外国人入境就业许可“两证整合”试点工作，优化审批程序、分类标准和系统设计等流程，为外国“高精尖缺”人才来河北开辟“绿色通道”。

（五）稳步推进人力资源服务业发展。

进一步放宽市场准入条件，规范行政许可程序，取消人才集体户口管理服务费，规范流动人员档案和集体户口管理。开展清理整顿人力资源市场秩序专项行动和“招聘网站严重违规失信”专项整治活动，全省人力资源服务机构达到1 100家，营业额100多亿元。

四、人事制度改革逐步深化

（一）机关事业单位录聘工作更加规范。

加强入口管理，确保把优秀人才选出来。落实“双80%”要求，2016年省市县乡四级机关招录的公务员中，90%以上安排到基层。指导各市和省直机关加强公开遴选制度建设。完善和落实事业单位公开集中招聘制度。全面实施“名校英才入冀”计划，面向清华、北大等985院校招聘人才。

（二）县以下机关公务员职务与职级并行制度全面建立。

截至2016年12月底，全省县以下机关10万余名公务员晋升职级并兑现工资，占同口径公务员总数的40.6%。

（三）人民警察职务序列改革试点和开发区人事薪酬制度改革稳步推进。

印发公安机关人民警察职务序列改革试点工作方案，全省公安机关执法勤务警员和警务技术两个职务序列改革试点范围内的5 000余人实现职务套改。印发关于开发区深化人事和薪酬制度改革的指导意见，完成50个开发区的人事和薪酬制度改革任务。

（四）圆满完成军转安置任务。

出台《关于做好深化国防和军队改革期间军队转业干部安置工作的通知》，坚持“五公开、四监督、三满意、两统一、一确保”安置做法，圆满完成计划分配和自主择业军转干部安置任务。加强军转干部培训“六化”建设，就业创业“路桥工程”稳步推进，构筑起自主择业军转干部教育培训、就业推介、创业帮扶、党员管理、服务保障“五位一体”工作格局，就业创业率保持在85%以上。全面启动随军家属就业安置工作。严格落实企业军转干部解困政策，扎实做好稳控工作，企业军转干部整体稳定。

五、收入分配制度进一步完善

坚持“托低、提中、稳高”的原则，统筹各群体利益关系，完善分配机制，加强指导调控，促进职工工资收入水平稳步提高。

（一）提高机关事业单位工资收入。

完成机关事业单位工作人员调整提高基本工资标准和离休人员增加离休费工作。提高艰苦边远地区津贴标准，一类区提高到月人均170元，二类区提高到月人均290元，三类区提高到月人均480元。

（二）深化重点领域薪酬制度改革。

全面启动法官、检察官工资制度改革。制定《关于深化薪酬分配制度改革鼓励科技创新创造实施细则（实行）》和公立医院薪酬改革、完善基层专业技术人员收入分配等政策，重点领域薪酬制度改革逐步展开。

（三）完善企业工资收入分配机制。

深入推进国有企业负责人薪酬制度改革，制定《省属国有企业负责人基本年薪基数认定暂行办法》以及绩效年薪调节系数确定等配套措施，确定公布2015年度省属国有企业负责人基本年薪基数，并清算兑现。调整提高企业最低工资标准，积极开展企业薪酬试调查，发布企业工资指导线和部分工种指导价位，引导企业为职工合理增加工资。

六、劳动关系总体和谐稳定

深入贯彻《关于构建和谐劳动关系的实施意见》，健全劳动关系三方协调机制，加大源头治理和检查执法力度，妥善化解劳动矛盾纠纷，维护社会和谐稳定。

（一）大力规范劳动用工行为。

全面贯彻实施《劳动合同法》，推进非公、小微企业劳动合同制度实施，依法规范劳务派遣用工。开展集体合同制度攻坚计划专项行动，截至2016年12月底，全省规模以上企业劳动合同签订率达到96%，签订集体合同7.5万份，覆盖职工650万人；签订工资专项集体合同7.5万份，覆盖职工759万人。

（二）加大劳动监察执法力度。

出台贯彻落实《国务院办公厅关于全面治理拖欠农民工工资问题的意见》的实施意见。狠抓治理欠薪“三金”、“三机制”、“一入罪”制度落实，在全省范围内组织开展重大欠薪案件及隐患线索大排查。配合省委、省政府督查室开展专项督查，全年检查用人单位3.1万户，督促补签劳动合同6.6万份，为17.6万名劳动者追发欠薪18.6亿元，督促用人单位为1.6万名劳动者补缴社会保险费3 722.5万元。

（三）依法解决各类信访问题。

落实领导包案接访、带案下访、主动约访等制度，开展“清积案、消重案、化新案”集中攻坚行动，有效控制信访增量，减少信访存量，信访总量呈逐年下降趋势。全年受理信访1.9万件，涉及2.9万人次。全年受理劳动人事争议案件2.5万件，结案率达到97.8%，涉及劳动者3.1万人。

七、公共服务平台和信息化建设扎实推进

（一）基层服务平台建设进一步加强。

加大“以奖代补”投入力度，全年完成人社基层服务平台达标项目420个。截至12月底，共支持1 674个乡镇（街道）开展标准化建设，“奖补资金”累计达到1.5亿元。全省认定100个省级充分就业社区，7个国家级充

分就业社区。

（二）信息化支撑能力明显增强。

以“一体化、省集中、一卡通”为重点，加快人社一体化云平台建设。研发实施全省统一的机关事业单位养老保险、城乡居民医疗保险、异地就医跨省结算等应用系统，实现就业失业管理、工伤保险、劳动监察等10个信息系统省集中，有力保障了重大改革措施落地和重点工作开展。加强人社大数据综合应用系统建设，开展高校毕业生、企业职工养老保险数据分析，大数据支撑业务经办、监督监管和决策分析能力得到加强。加大社保卡发行力度，全年新增发卡449万张，完成全年任务的128%，全省持卡人数达到4 855万人。

八、京津冀协同发展取得积极进展

（一）异地医保定点合作取得突破。

京津冀三地异地就医结算平台列入国家第一批试点范围，将河北燕达医院作为京津冀协同发展先行试点，纳入河北省医保定点范围，实现信息系统和划卡直接结算，并将包括河北燕达医院在内的河北省环京14县（市、区）医保定点机构，作为北京医保定点，为北京参保人员提供便利服务。印发津冀医保异地就医联网结算工作方案，实现津冀医保异地就医直接结算平台联网互通。

（二）区域人才合作和人力资源流动更加活跃。

京津冀三地人力资源服务业从业资格实现互认互通和从业人员自由流动，联合制定京津冀人力资源服务业地方标准，先后共同组织中国（河北）人力资源服务博览会暨创新创业成果展、博士后成果转化基地人才项目合作交流、京津冀人才交流、京津冀残疾人就业（创业）、京津冀网络招聘和环首都绿色经济圈招才引智等大会和活动，促进了京津冀区域高层次人才合理流动。共同认定30余家家庭服务机构为北京市家政服务员定点输送基地，向京津输送合格家政服务员2万余人。开展首届京津冀家庭服务职业技能大赛，进一步促进三地服务业从业人员的交流与合作。开展津冀两地技工教育资源共享、师资共育、项目共创等5个方面合作，天津免费为河北省培训110名技工院校教师。

（三）专业技术职称资格互认取得进展。

签署《京津冀专业技术人员职称资格互认协议》，京津冀三地专业技术人员取得职称外语和计算机等考试合格证书，以及专业技术人员职业资格和专业技术资格等证书的人员，调入另外两地时，可由用人单位直接聘任，不再更换职称证书。

九、机关自身建设进一步加强

落实全面从严治党要求，扎实开展“两学一做”学习教育和作风整顿，弛而不息抓好机关思想、作风、制度和廉政建设，激发干事创业热情，推动改革发展。深入学习贯彻习近平总书记系列重要讲话精神，切实增强政治意识、大局意识、核心意识、看齐意识，在思想和行动上与以习近平同志为核心的党中央保持高度一致。加强业务培训、绩效管理和实践锻炼，健全干部考核体系，积极开展干部挂职交流。制定改进公共服务实施方案，全面履行“四零”服务承诺。扎实推进“放管服”改革，进一步加大简政放权力度，省人社厅行政权力事项由150项精简至120项。衔接国务院取消职业资格108项，取消调整省内自行设置职业资格25项。始终把纪律和规矩挺在前面，强化纪律规矩意识，狠抓廉政教育，注重建章立制，严格监督检查，廉政建设取得明显成效。

河北省人力资源和社会保障厅

山 西 省

2016年，面对艰巨繁重的改革任务，山西省人力资源和社会保障部门，坚决贯彻省委、省政府的决策部署，按照年初工作会议的统一安排，务实担当，攻坚克难，全面完成年度考核指标，制度改革创新迈出新路，党建工作取得实效，实现了“十三五”良好开局。

一、年度考核指标全面超额完成

（一）多措并举提高城镇居民收入。

全省城镇居民人均可支配收入27 569元，增长6.74%。其中人社部门负责的工资性收入拉动4.72个百分点。一是发布年度企业工资指导线。全省企业货币工资增长基准线为7%，上线为11%，下线为4%。二是调整机关事业单位工作人员基本工资标准和增加机关、企业、事业单位离休人员离休费。从2016年7月1日起，全省119.5万名机关事业单位工作人员月人均增加340元；1.42万名机关事业单位离休人员月人均增加550元。比照机关同类人员增加企业离休人员基本养老金，全省1.07万人月人均增加550元。三是同步提高机关事业单位和企业退休人员基本养老金。从2016年1月1日起，全省224.2万名退休人员基本养老金月人均增加190元，平均增幅达6.5%，调待后月人均达2 829元。四是调整人民警察警衔津贴标准。从2015年1月1日起，月人均增加800元，共涉及5.6万人。五是提高法官、检察官和司法辅助人员工资水平。月人均增加约2 000元，全省共涉及1.4万人。六是提高城镇居民医保财政补助标准。由380元提高到420元，年人均增加40元，共涉及440万人。七是提高失业保险金标准。从2016年10月1日起，全省约3万名领取失业保险金人员月人均增加166元。八是提高工伤保险待遇。从2016年1月1日起，按平均增幅6.5%提高工伤保险待遇，共惠及4.72万人。九是提高驻并机关事业单位工作人员及离退休、失业人员冬季取暖补贴。从2016年冬季取暖期起增加取暖补贴，标准为在原来的基础上增长40%。十是全面治理农民工欠薪。出台了《关于全面治理拖欠农民工工资问题的实施意见》，压实了用工主体、市县政府和相关部门的责任，开展了各项执法检查，建立了欠薪预防、欠薪处理和欠薪惩戒机制，农民工工资支付保障责任的长效机制逐步健全。

（二）着力促进就业创业。

全省城镇新增就业46.46万人，完成全年目标任务的116.25%，城镇登记失业率3.55%，低于4.2%的控制目标，就业局势总体稳定。一是突出抓好高校毕业生就业。实施大学生就业创业促进计划，强化离校未就业高校毕业生实名制登记和“一对一”跟踪服务，全省应届高校毕业生就业率达92.3%。二是做好去产能企业职工分流安置工作。牵头制定出台了“煤炭供给侧结构性改革30条”中分离企业办社会职能、做好就业安置工作和实行内部退养3个实施细则和《关于做好化解煤炭钢铁行业过剩产能职工安置工作的实施办法》，加大就业专项资金和失业保险基金帮扶力度，全年共安置职工3.17万人，圆满完成安置任务，受到国务院督查组的高度评价。三是强化公共就业服务。密集开展了“就业援助月”、“春风行动”、“公共就业服务进校园活动”等系列公共就业服务活动，连续第5年举办“山西·太原人才智力交流大会”，着力为求职者搭台架桥。

（三）深化创业型城市创建活动。

一是实施“五缓两降三补贴”。阶段性降低社会保险费率，企业职工基本养老保险单位缴费比例由20%降至19%，失业保险单位缴费比例由1.5%降至1%，直接为企业降低人工成本15亿元。同时，继续对困难企业实施缓缴五项社会保险费，由失业保险基金给予困难企业社保补贴、岗位补贴和培训补贴，为企业减负、助企业脱困。二是助推“大众创业、万众创新”。下达创业资金4 678万元，用于支持创业载体建设、大学生创业场地补贴等支出，全年共建立创业孵化基地和创业园区122个，认定清控众创孵化基地等10个单位为2016年省级创业孵化示范基地、阳泉滨河新天地创业园等6个单位为2016年省级创业示范园区。正式启动省大学生创业园，入驻高校毕业生创业实体70余户，省创业融资服务中心累计受理创业贷款201户，带动创业308人。省创业扶持小额贷款有限公司累计发放贷款6 069万元，带动创业889人。三是做好招聘高校毕业生工作。招聘6 732名高校毕业生从事乡镇、社区基层公共管理和社会服务工作，招聘“三支一扶”大学生600名、招录农村特岗教师1 600人。四是加强对就业困难人员的认定管理和就业服务。及时将所有符合条件的就业困难人员纳入就业援助体系，实施“一对一”就业帮扶和零就业家庭动态消零机制，并通过政府购买公益性岗位，做好政府托底安置工作。

（四）实施职业培训全覆盖计划。

全年创业培训7.2万人，完成年度任务的110.8%；城镇失业人员再就业培训8.9万人，完成年度任务的100.9%；农民工职业技能提升培训41万人，完成年度任务的101%；新成长劳动力培训7.9万人，完成年度任务的137%；技能人才培养（技能鉴定）30万人，完成年度任务的107%；新增高技能人才9.2万人，完成年度任务的184%。一是推进职业培训全覆盖计划。积极推进农民工职业技能提升“春潮行动”、农村劳动力技能脱贫攻坚行动、企业新型学徒制试点等专项活动。二是加强职业培训能力建设。对270名符合条件人员进行了创业新师资培训、450名人员进行了创业培训师资提升培训，更新公布2016年度全省创业培训师资库。三是健全技能人才培养、评价、使用体系。积极推行企业新型学徒制试点工作，落实技能人才企业评价自主权，大力开展职业技能竞赛活动。

（五）深化社会保障制度改革。

各项社会保险均完成了预定的目标任务：全省城镇职工基本养老保险参保740万人，完成全年任务的100.1%；城乡居民基本养老保险参保1 546万人，完成100.3%；城镇基本医疗保险参保1 119万人，完成100.3%；失业保险参保413.6万人，完成100.9%；工伤保险参保573.5万人，完成100.3%；生育保险参保457.5万人，完成100%。一是启动机关事业单位养老保险制度改革。初步搭建起社会统筹和个人账户相结合、以职业年金为补充的机关事业单位养老保险制度政策框架体系，12月初开展参保登记和基础数据录入工作。二是整合城乡居民基本医保制度。从10月14日省长办公会议定由人社部门统一管理城乡居民医保，到11月15日全省127个新农合机构全部划转移交人社部门管理仅用时1个月，圆满完成了省政府安排的阶段性任务，创造了全省省市县三级机构理顺管理体制用时最短的新纪录，受到人力资源社会保障部的高度评价。三是扩大全民参保登记试点范围。新增太原、阳泉、长治、临汾和运城5个试点市，总数达到7个。累计制发社会保障卡2 560万张，覆盖了全省70%的人口。

（六）创新人才发展体制机制。

配合省委组织部研究起草了深化人才发展体制机制改革的实施意见，推出30条高含金量的政策举措，改革创新力度全国领先，力求体现一流的人才政策。一是改革计划管理模式。取消机关事业单位“控编进人卡”、“进人计划卡”和处级干部职数审批事项，变指令性计划为指导性计划，变具体性前置审批为总量性后置监管。同时，试行事业单位编制计划内增人自主公开招聘、高校和公立医院编制备案管理、公益类事业单位去行政化改革，坚决放宽和落实用人主体“用什么人、什么时候用人”等方面的自主权。二是改革评价制度。实行“4个一律取消”，坚决取消附着在职称评聘上的计算机、外语、论文等非专业条件和限制性要求，2016年应用型人才集中的工程、农业两大系列职称申报人数分别增长了70%、90%，社会反响非常热烈。实行评聘分离，严格把握标准，个人自主申报，社会公正评价；科学设定岗位，实行专业技术职务聘期制和竞争上岗。优秀青年专业技术人才可不受学历、任职年限、岗位等条件限制，破格晋升和聘用专业技术职务。三是创新流动机制。打造全新的人才自主流动机制，打通政企、事企人才双向流动通道，坚持顺向流动全部取消审批、横向流动单位自主办理、逆向流动实行科学调控，使人才在市场上无障碍流动，在交易中实现自身价值量，在人才价值量的引导下，全社会形成尊重、爱护、使用人才的浓厚氛围。四是强化薪酬激励。建立利益机制导向、薪酬分配导向和表彰奖励导向，将科研人员成果转化收益分享比例由原来的不低于50%提高到不低于70%；开展高层次人才年薪制、项目工资制、协议工资制试点；对知识密集、人才集中的事业单位按全额事业单位的1～5倍核定绩效工资总量；试行科研项目牵头人先行自主融资、政府全额担保贴息、科研成果收益偿还的新机制，激励科技人员“跳起来摘桃子”。五是引进高层次人才。对标发达地区，制定一流的引进海内外高层次人才政策，探索评审式、目录式、举荐式、合作式等多样化的人才引进方式，对国际一流创新创业领军人才及其团队采取“一人一策”、“一事一议”，实行高层次人才和急需紧缺人才职称直聘和特设岗位评聘。实施人才绿卡制度，海内外高层次人才来晋可在全省范围内自主选择居住地，随迁子女可自主选择中小学校就读，随迁配偶可结合本人意愿和专业特长妥善安排工作，集聚形成山西引进高层次人才政策的“洼地效应”，吸引更多海内外高端人才及其团队来晋创新创造创业。全年新选拔享受政府特殊津贴专家57名，“三晋学者”40名，山西省学术技术带头人151名，新兴产业领军人才52名。

二、改革创新迈出新步伐

（一）加强班子队伍作风建设。

适应山西翻开新的历史一页的形势，贯彻落实省委“一个指引、两手硬”重大思路和要求及省十一次党代会精神，先后出台了落实全面从严治党主体责任、领导干部联系基层、加强规范财务资金（基金）管理、厅属事业单位人事管理、规范行政审批行为改进基本公共服务、厅机关印章管理“六个决定”。一是健全了厅党组、各级党委、基层党组织三级落实党建和反腐败主体责任体系，全厅所有的党组织都开展了谈心谈话，覆盖了全体党员，实现了咬耳扯袖红脸出汗常态化、制度化，解开了心结、凝聚了人心。二是组织208名处级以上干部“一对一”联系市县两级人社局、省属企事业单位，帮助基层解决实际问题725个。三是对全厅122个银行账户进行实时监控，共抽查1 300余户次，涉及资金流量160余亿元，对资金异常变动账户核实8次，涉及资金300余万元，有效防范了资金支付风险。四是封存停用厅机关处室印章、专用章44枚，占总数的一半；对保留的46枚印章逐枚确定适用事项、批准权限、保管责任人，严防公权私用滥用现象发生。五是将全厅17项行政审批全部在省政务服务中心窗口统一受理，按照5项即办件、12项承诺件分类集中办理，入口出口、行文制件统一由行政审批处负责，实行“阳光审批”。六是坚持正确的用人导向，严格按照新时期好干部20字标准，以工作论英雄，凭实绩选干部，共提拔交流了4批73名处级干部，优化了干部队伍结构，营造了风清气正的政治生态，凝聚起改革创新、干事创业的强大正能量。

（二）开展课题研究进行政策储备。

针对人社工作面临的热点难点问题，确定了13项重点研究课题，主要集中在深化人才发展体制机制改革、事业单位人事薪酬社保制度改革、解决矿区职工及其子女就业难、试行劳务输出“员工制”管理、规范灵活就业人员劳动关系和社保关系、提高机关事业单位工资收入、扩大中等收入群体、分类解决社保欠费问题、规范行政审批改进公共服务等方面，其中5项成果已转化为政策措施开始进入实施操作状态，目前已初见成效。此外，加强与高校、科研机构深度合作，破解人社领域改革发展难题，与山西财大、省社科院等结对子、互派工作人员开展“处长上讲台、进课堂”、科研人员进机关帮助技术研究活动，促进干部素质全面提升。加强与金融、保险机构深度合作，实现基金、资金“阳光运营”，确保各项资金保值增值率。

（三）创新矿区就业模式。

以山西焦煤集团为龙头组建股份制劳务公司，搭建统一的管理服务平台，采用“异地就业、属地保障”的办法，由劳务公司与输出人员签订劳动合同，依法建立规范的劳动关系和稳定的社保关系，突破矿区地域封闭，引导转岗分流人员和职工子女走出矿区、走向市场、走向社会，通过劳务输出实现异地就业。国家发展改革委将此作为去产能安置职工工作经验进行大力推广。

（四）开展劳务输出“员工制”管理试点。

制定了《山西省培训就业扶贫行动方案》和《2016年培训就业扶贫行动计划》，瞄准58个贫困县“建档立卡”贫困户中青壮年劳动力，开展针对性强、特色鲜明的职业技能培训，建立输出地家庭帮扶、输入地权益保障的劳务输出对接机制，实行公司化运作、“员工制”管理，由务工人员与劳务公司签订劳动合同，按规定参加社会保险，确定了10个劳务输出社保补贴试点县，重点培育“天镇保姆”、“吕梁护工”、“山西面食”三大特色劳务品牌，扩大有组织劳务输出，帮助农村贫困劳动人口稳定就业增收脱贫。国务院扶贫办重点研究总结推广。

三、落实全面从严治党主体责任取得新成果

（一）扎实开展“两学一做”学习教育。

厅党组坚持以上率下，班子成员参加专题研讨70余次，带头讲党课12次。各党支部采取个人自学、集中学习、专题辅导、交流研讨、警示教育、测试答题等多种形式，组织党员深入学、系统学、跟进学，全部完成了规定篇目的学习，开展了“四讲四有”四个专题学习研讨，集中学习时间平均达60小时。广泛开展了“党员先锋行”、“建功‘十三五’、支部创六星”主题实践活动，在建党95周年之际，隆重表彰了106名“优秀共产党员”、14名“优秀党务工作者”和15个“先进基层党组织”，召开了先进典型事迹报告会，有效激发了党员内生动力。

（二）创新全面从严治党工作方法。

建立了全面从严治党的责任体系，进一步明确了厅党组、厅党组书记、厅领导班子成员、基层党委（支部）、基层党组织书记各自承担的责任，建立了落实主体责任管理台账和考核评价制度，逐级签订《党风廉政建设责任书》、《党员廉政承诺书》，层层传递责任、传导压力。6月以来，各党委、支部共开展谈心谈话851次、召开民主生活会70次、组织生活会96次、工作例会564次、支部大会646次，开展党员思想分析、党性党风教育、党员述职评议和党风廉政建设活动452次。同时，加强案件查办，抓早抓小抓苗头，给予党纪政纪处分1人、函询2人、诫勉3人、廉政约谈45人。

（三）认真落实“一岗双责”。

成立了厅党建工作领导小组，形成了党组书记负总责、党组成员分工负责、机关党委推

进落实、机关处室主要负责人“一岗双责”的党建工作格局。厅党组书记自觉履行“第一责任人”职责，先后主持召开了13次厅党组会和中心组学习会，传达学习中央和省委全面从严治党有关要求，研究全厅党建重大问题。厅党组成员按照职责分工，对分管领域的党建工作紧抓不放，均为分管处室单位的党员领导干部讲了党课，参加了所在党支部的民主生活会。

（四）建立年度工作报告制度。

组织58个厅机关处室和直属单位主要负责人向厅党组报告工作，主要内容为年度目标任务完成情况、履行职责情况、重点工作落实情况、人社业务政策研究储备情况、党风廉政建设以及执行八项规定情况、自身建设情况和2017年工作思路，接受全厅干部评议，展现了良好的精神风貌。

（五）以强化基层党建助推扶贫攻坚。

认真落实省委书记在省人社厅扶贫点五台县东雷乡调研讲话精神，按照“全厅包乡、领导包村、党员包户、因户施策、责任到人”的思路，选派8名干部组成扶贫工作队、选派8名干部担任农村第一书记，协助乡党委加强11个贫困村基层党组织建设，因地制宜帮助发展特色高效农业，更新基础设施改善农村人居环境，为全乡争取扶贫资金3 000余万元，山西电视台、《山西日报》、《山西晚报》多次进行专题报道。

山西省人力资源和社会保障厅

内蒙古自治区

2016年，内蒙古自治区人力资源和社会保障系统在人力资源社会保障部和自治区党委、政府的领导下，主动适应经济发展新常态，围绕“民生为本、人才优先”的工作主线，深化改革创新，加大推动力度，各项工作取得明显成效。

一、就业局势保持总体稳定

坚持把促进就业作为改善民生、推动发展的首要任务，围绕促进就业创业“六个结合”的工作思路，强化政策落实，克服经济下行影响，保持了就业局势的稳定。全区全年实现城镇新增就业26.84万人，超额完成国家和自治区下达的目标任务，城镇登记失业率为3.65%，低于4.0%的控制目标。

促进重点群体就业成效明显。深入实施大学生创业引领计划和就业促进计划，全区有13.99万名高校毕业生实现就业或落实就业去向。围绕发展新型农牧业、家庭服务业，开展区内东西部劳务对接、京蒙等周边劳务合作，实现农牧民转移就业256.95万人。强化就业援助，实现城镇失业人员再就业5.8万人、就业困难人员就业6.03万人，帮助415户零就业家庭中的421人实现就业，保持了零就业家庭动态清零。实施就业创业扶贫行动，帮助10.9万名建档立卡贫困劳动者实现就业。制定了钢铁、煤炭行业去产能职工分流安置实施意见和方案，15户企业中的5 354名职工都得到妥善安置。落实援企稳岗政策，对943户困难企业给予援助，拨付补贴资金5.51亿元，惠及职工33.9万人。

创业带动就业作用突出，深入实施“创业内蒙古”行动，打造了11个自治区级创业园和孵化基地，自治区大学生创业园、包头“稀土谷”创业园被评为全国创业孵化示范基地，建成了全国首家众创、众包、众扶、众筹创业市场。发放创业担保贷款23.44亿元，创业培训5.43万人，成功创业4.53万人，带动就业15.7万人。

职业技能培训得到加强，结合推进产业转型升级，努力化解就业结构性矛盾，新培育自治区就业技能培训品牌24个，培训城乡劳动者27.7万人。

加强公共就业服务，拓宽就业信息采集渠道，组织各级公共就业服务机构举办各类现场招聘会791场，提供就业岗位57.98万个。自治区人力资源决策分析系统上线运行，全区失业动态监测企业达到4 000家，监测企业户数位居全国第一。实施“创业内蒙古”行动、“大学生集聚计划”和打造“四众”创业市场、开发人力资源决策分析系统等四项工作，被中国就业促进会评为“2016年度地方就业创新事件”。

二、社会保障能力进一步提高

坚持守住民生保障底线，积极完善覆盖城乡的社会保障制度体系，发挥了社会保障“稳定器”作用。

社会保险覆盖面持续扩大，全区城镇职工基本养老保险参保人数达到655万人，城乡居民基本养老保险参保人数达到736.1万人，城镇基本医疗保险参保人数达到1 019.3万人，失业保险参保人数达到241.1万人，工伤保险参保人数达到303.1万人，生育保险参保人数达到305.2万人，超额完成年度扩面任务。

社会保障制度改革顺利推进。平稳顺利完成了城乡居民医疗保险制度的整合，得到人力资源社会保障部的充分肯定并在全国推广内蒙古的经验。积极推进机关事业单位养老保险制度改革，妥善处理过去积累的矛盾和问题，登记参保81万人。降低社会保险费率，切实减轻企业负担，在2015年降低工伤、失业、生育保险费率的基础上，再次降低了失业保险费率，累计为企业减负15.6亿元。

社会保险待遇水平稳步提高，同步调整了企业和机关事业单位退休人员养老金，提高了城乡居民养老保险养老金标准，城乡居民医保财政补助标准由380元提高到420元，城镇职工、城乡居民医保政策内住院费用报销比例达到86.7%和74.7%，大病保险平均报销比例达到60%，减轻了参保群众医疗负担。完善重特大疾病保障机制，将肾透析、器官移植、癌症放化疗等重特大疾病纳入保障范围，医保可支付的靶向药物扩大到13种，有效减轻了患者家庭灾难性医疗费用支出造成的经济负担。

基金管理水平得到有效提升，完善基金预算制度，加大养老保险费源核定力度，确保应核尽核，出台了养老保险缴费补缴等政策，拓宽基金收入渠道，各项社会保险基金征缴任务圆满完成。

三、人才工作不断加强

紧紧抓住人才这个创新发展的关键，不断壮大人才队伍，为自治区经济社会发展提供有力的人才支持。不断完善人才评价机制，把握深化人才发展体制机制改革的重大机遇，积极推动人才政策创新，主动作为、深入谋划，研究起草了12个具体配套政策，努力构建更加灵活的人才政策体系。

出台了加强基层专业技术人才队伍建设实施办法，完成了中小学教师和基层医疗卫生人员职称制度改革，进一步下放职称评审权限。以高层次人才为重点，着力加强专业技术人才队伍建设，深入实施人才选拔培养各个专项工程，积极落实高层次人才研修等人才培养项目，近22万人参加各类培训。举办了林业矿业、医疗卫生、畜牧兽医等7项专家服务基层活动，阿拉善盟林业治沙研究所被评为国家级专家服务基地。围绕重点产业、重大项目，引进国外智力项目49项101人次。加强人才选拔工作，表彰了“内蒙古杰出人才”，全区50名高层次专业技术人员享受国务院政府特殊津贴。

加强高技能人才队伍建设，深入实施高技能人才振兴计划，创新技能人才培养模式，积极推进技工院校改革，广泛开展校企合作，组织开展了企业新型学徒制试点工作，新建自治区级高技能人才培训基地10个、自治区级技能大师工作室10个，新增高技能人才4.85万人，2名高技能人才被评为全国技术能手。加强人才公共服务，对35个留学回国人员科技活动项目给予资助，开发了内蒙古人才信息系统，并在包头市和内蒙古大学试运行。人事考试、技能鉴定安全顺利进行，组织各类人事考试54.1万人次、职业技能鉴定21.3万人次。

四、人事管理科学化水平进一步提高

适应新形势下加强干部人事工作的新要求，突出重点，强化管理，努力建设高素质的干部队伍。完善公开、透明的录用招聘办法，组织开展了公务员考录遴选和事业单位公开招聘工作，全区考录遴选公务员4 202名、公开招聘事业单位工作人员4 516名，“阳光考录”、“阳光招聘”得到社会广泛认可。落实公务员法定“四类培训”、东西部对口培训，拓宽培训渠道，全区培训公务员21.6万人次。完善公务员考核评价机制，推进公务员平时考核工作，扩大了平时考核试点范围。围绕推进文化、医药卫生等行业体制改革，积极跟进人事制度配套改革。完善事业单位专业技术二级岗位聘用、中小学岗位设置管理等政策，积极化解评聘矛盾。出台了公务用车改革司勤人员安置政策，3.7万名司勤人员得到妥善安置。全面推行军转干部赋分选岗安置办法，确保安置工作公开、透明，计划分配军转干部得到妥善安置。自主择业军转干部管理服务工作得到加强，部分困难企业军转干部总体保持稳定。

五、收入分配制度进一步完善

围绕扩大中等收入群体、缩小工资收入分配差距，逐步健全工资收入分配制度。落实机关事业单位工资正常增长机制，调整了机关事业单位工作人员基本工资标准，提高了艰苦边远地区津贴、人民警察警衔津贴。完善工资收入向基层和艰苦岗位倾斜政策，调整了环境保护监测等行业的津贴补贴标准。配合推进司法体制改革，法官、检察官工资制度改革试点工作顺利推进。严格落实机关事业单位工资政策。企业工资收入宏观调控得到加强，出台了自治区国有企业负责人薪酬制度改革的配套文件，积极推进企业工资集体协商，公布了自治区2016年企业工资指导线和部分行业工资指导线，引导企业职工工资合理增长。

六、劳动关系保持和谐稳定

把构建和谐劳动关系作为创新社会管理、维护社会稳定的重要举措，积极化解新形势下劳动关系领域的矛盾风险，劳动关系保持总体和谐稳定。认真落实构建和谐劳动关系实施意见，健全协调劳动关系三方机制、推进和谐劳动关系创建活动等工作，得到人力资源社会保障部的表扬。完善企业劳动保障诚信等级评价和严重失信行为社会公布制度，建立了劳动保障守信激励和失信惩戒机制。加强劳动人事争议仲裁调解工作，出台了推进劳动争议人民调解工作的意见，扩大基层调解组织覆盖范围，基层调解组织覆盖率达到80%，各级调解仲裁机构受理争议案件2.13万件，调解成功率达到60.1%，仲裁结案率达到95.4%。加强劳动保障监察执法工作，全面推进“两网化”建设，出台了全面治理拖欠农牧民工工资问题的实施意见，加强源头治理，拖欠农牧民工工资的案件数、涉及人数和涉及金额与2015年相比，分别下降了22%、51%、36%。开展了农牧民工工资清欠等专项检查，主动检查用人单位3.6万户，补签劳动合同11.43万人，追发劳动者工资7.04亿元。

七、为民服务进一步完善

坚持以信息化建设为重点，不断推进公共服务方式创新，努力打通服务群众“最后一公里”。提高人事人才工作信息化水平，开发了机关事业单位工资管理、人事管理数据库和人才信息系统。运用草原智慧就业云平台，整合各类人才和用人单位信息资源，进一步拓展公共就业服务范围。全面启动劳动者个人用工备案查询服务，走在全国前列。强化社会保障卡“一卡通”综合运用，全区社会保障卡持卡人数达到1 673万人，实现了医保区内异地门诊划卡、购药直接结算，建成11 203个农村牧区“社会保障卡综合服务点”，完成全区行政嘎查村的全覆盖，在全国率先实现“社保服务村村通”。积极顺应互联网、新媒体发展大势，拓宽公共服务渠道，内蒙古12333手机客户端、微信公众平台，被评为自治区最具影响力政务客户端和最具影响力的政务微信公众平台。窗口单位改进作风专项行动全面推进，全系统政风行风建设持续向好，内蒙古自治区乌兰察布市外出务工人员服务中心和兴安盟乌兰浩特市就业局被人力资源社会保障部评为“全国人力资源社会保障系统2014—2016年度优质服务窗口”。

八、作风建设不断加强

坚持党要管党、从严治党，不断加强人社系统党的建设和干部队伍能力作风建设。高标准开展“两学一做”学习教育，严格落实“六个一”学习制度，把“两学一做”学习教育融入日常、抓在经常，引导基层党组织和党员干部立足工作实际，发挥好战斗堡垒和先锋模范作用。加强干部队伍建设，启动实施全区人社系统干部能力素质提升工程，依托京蒙合作平台，启动了领导干部全员培训计划，开展了专题培训、干部上讲台、干部大讲堂等多种学习活动，干部的政治业务素质有了明显提高。强化党的建设和党风廉政建设，全面落实党风廉政建设主体责任，把严的纪律、严的要求挺在前面，强化警示教育，健全管理制度，加强监督执纪，努力打造人社干部勤政廉洁的良好形象。

内蒙古自治区人力资源和社会保障厅

辽　宁　省

2016年，辽宁省各级人社部门坚决贯彻落实人力资源社会保障部和省委、省政府决策部署，突出重点、统筹兼顾，改革创新、攻坚克难，全面协调推进事业科学发展，圆满完成年初既定的目标任务。

一、就业创业工作

全省城镇新增就业42.1万人，完成当年计划的105.2%；城镇登记失业率3.81%，低于4.5%的年度控制目标0.69个百分点。

（一）大力促进高校毕业生就业创业。

提前启动了高校毕业生就业行动计划和大学生创业引领计划，针对离校未就业高校毕业生组织实施人岗对接、就业见习、专业转换及技能提升、“三支一扶”、就业创业服务等工作，对困难家庭高校毕业生进行了兜底帮扶。全省举办高校毕业生招聘会932场、提供就业岗位信息59.1万个，引领4 608名大学生创业、带动就业1.8万人，离校未就业高校毕业生就业率达到87.8%。

（二）推动以创业带动就业。

落实创业补贴、税收减免、创业担保贷款等政策，大力扶持大中专毕业生、复转军人、高校和科研院所专业技术人员、返乡农民工等人员创业。推进创业型县区创建工作，确定首批创业型县区22个。搭建多元化创业孵化基地335家。广泛开展创业大讲堂、创业训练营、创翼大赛、创业成果展等创业活动，加大创业政策、创业典型宣传。全省扶持创业带头人1.5万人、带动就业9.6万人，发放各类创业补贴1.3亿元；提供创业担保贷款22.3亿元，涉及2.3万人。全省开展各类创业活动3 000余次，其中市级以上700余次。

（三）深化就业援助和公共就业服务。

落实“两项援助政策”，为34.3万名从事公益性岗位人员、灵活就业人员发放岗位补贴和社保补贴33.6亿元。对零就业家庭提供重点就业援助，安置零就业家庭1 671户1 678人，全省零就业家庭保持动态为零。沈阳市、铁岭市、阜新市将3.5万名化解过剩产能职工中符合条件的离岗失业人员纳入就业政策扶持范围，有针对性地开展了特别培训和专门就业援助。全省促进城镇失业人员再就业60.6万人，完成当年计划的151.4%；促进新产生就业困难人员就业5万人，完成全年计划的167.8%；引导农村劳动力转移就业112.4万人，其中有组织劳务输出30万人。

（四）构建劳动者终身职业培训体系。

全省开展职业技能培训30.3万人，完成全年计划的101%。其中，城乡劳动者技能培训18.4万人，岗位提升培训7.7万人，创业培训2.78万人。开展专项培训，新型学徒制培训2 818人，产业园区定向培训1.25万人，家庭服务业培训4.69万人。实施农民工职业技能提升计划，678个乡镇及村建立农村劳动力远程培训工作站，培训农村劳动力10.3万人。

（五）大力筹集就业资金。

全省筹集就业专项资金44.3亿元，其中中央财政38.8亿元，支出39.2亿元，用于公益性岗位补贴19.5亿元、社保补贴17.3亿元、职业培训补贴1.2亿元、职业介绍补贴

577万元。省、市两级财政对141家创业孵化基地、22个创业型县区给予专项补助资金1.3亿元。

（六）加强就业失业监测。

按月对人力资源市场供求状况进行分析，及时向人力资源社会保障部上传就业信息监测数据，累计上传数据3 613.8万条、覆盖劳动者3 181.3万人，数据质量排名和总体情况排名均位居全国第一。加大企业失业动态监测力度，监测范围由1 200户扩大到5 000户。建立一次性裁员200人或超过职工总数10%情况上报制度，建立了预警机制，制定了应急预案。逐月分析研判，加强调度、督导和检查，全面掌握各地就业形势以及重点行业、重点企业、人力资源市场的用工需求变化情况，有效防控规模性失业风险。编发16期《就业工作简报》向省委、省政府和有关部门专报。落实失业保险援企稳岗政策，为9 725户企业发放稳岗补贴7.34亿元，稳定就业岗位4 721个，涉及在岗职工155.9万人。

二、社会保障工作

（一）稳步提升城镇职工基本养老保险待遇水平。

按照略高于6.5%的总体水平，为601.4万名企业退休人员提高基本养老金，全省月人均水平接近2 300元。全省企业养老保险基金当期支出1 790亿元。省委、省政府出台了《辽宁省企业养老保险基金收支管理意见（试行）》（辽委发［2016］19号），以平衡基金收支预算为核心，采取各种措施筹集资金确保发放。依法依规规范参保扩面，全省参保人数达到1 699.1万人，完成全年计划的102.3%，通过规范扩面新增参保人员35.7万人，各市全部完成当年计划。强化基金征缴，全省当期基金征缴收入952.9亿元。加大财政投入力度，市以下安排财政补助53.3亿元，比上年增加31.3亿元。建立养老保险风险基金，各市按时上解40.07亿元，全部完成省政府下达的指标任务。

（二）加强基金监管。

对14个市进行专门审计，开展了监督检查、稽核、清欠、数据整理等工作。全省共清欠社保费31.6亿元，占14市基金收入的4.3%，其中，企业清欠20.4亿元，灵活就业人员补缴11.2亿元。清欠力度较大的市有丹东、沈阳、辽阳、抚顺、锦州，分别清欠6.6亿元、5.7亿元、5亿元、4.4亿元、3.9亿元。全省清理违规办理退休2 558人次，追回资金5 106万元；清理死亡、服刑冒领3 870人次，追回资金4 524万元。

（三）推进机关事业单位养老保险制度改革。

配套政策的起草论证、数据信息采集、管理系统测试等改革前期基础准备工作基本完成，改革整体工作方案已得到省政府批准。

（四）确保城乡居民基本养老保险足额发放。

全省城乡居民基本养老保险参保人数达到1 039.6万人，其中60周岁以上领取待遇人数402.2万人；基金当期征缴收入58.9亿元，支出53.5亿元；全省月人均领取待遇水平达到117.4元。

（五）继续提高医保政府补助标准。

全省参保人数达到2 376万人，完成当年计划的101.1%，其中城镇职工1 635.6万人、城镇居民740.4万人。全省基金当期征缴收入406亿元，当期支出410.3亿元。城镇居民医保政府补助标准由每人每年380元提高到420元，各市全部落实到位。进一步完善大病保险制度，盘锦、本溪、丹东等市率先将部分高值药品纳入大病保险支付范围。全省待遇水平平均提高10个百分点以上，营口、葫芦岛等市的待遇水平高于全省平均水平。加快推进异地居住就医联网结算工作，14个市186家定点医疗机构纳入联网结算系统，沈阳、大连、本溪、盘锦等市工作成效比较突出，群众满意度高。沈阳市被确定为医疗保险和生育保险合并实施试点市。全省生育保险参保人数达到789.4万人，完成当年计划的102.5%；生育保险基金当期征缴收入 19.8 亿元，当期支出 19.5 亿元。

（六）发挥失业保险援企稳岗作用。

全省参保人数达到 665.4 万人，完成当年计划的 100.1%，各市全部完成。继续减半征收企业和个人失业保险费，为企业减轻负担 24 亿元。全省基金当期征缴收入 43.6 亿元，当期支出 33 亿元；领取待遇人数 10.7 万人，月人均水平达到 1 010 元。

（七）着力推进建筑业农民工参加工伤保险。

全省参保人数达到 886.4 万人，完成当年计划的 101.9%。全省基金当期征缴收入 32.9 亿元，当期支出 30.5 亿元。再次调整费率，省本级平均费率由原来的 1.5%调整至 1%，行业风险类别由原来的 3 类调整为 8 类。进一步提高待遇水平，企业一级工伤人员伤残津贴、生活护理费和供养亲属抚恤金最低标准分别达到 2 130 元、1 670 元和 980 元。

（八）提高社会保险经办管理水平。

推进全民参保登记计划，全省获取户籍信息 4 298 万人，本地参保入库 2 159 万人，异地参保入库 89 万人。加快发放社会保障卡，全省新发放 222 万张，完成全年计划的 111%，累计发卡达到 2 922 万张，14 个市全部完成当年发卡计划。

三、人才队伍建设

（一）加强专业技术人才队伍建设。

向国家推荐国务院政府津贴专家人选 113 名。完成省第十批“百千万人才工程”人才选拔工作，全省新增“百层次”人才 134 人、“千层次”人才 268 人、“万层次”人才 858 人。启动省“百千万人才工程”人选科技活动项目择优资助工作，对 104 个项目予以立项资助。省政府办公厅出台《关于改革完善博士后制度的实施意见》（辽政办发［2016］73 号），推进博士后培养集聚工程，全省新招收 502 人，新设立 15 家博士后创新实践基地，成功举办了全国博士后学术论坛。实施万名专家服务基层行动计划和东北地区高层次人才援助项目，7 个项目获国家立项资助 104 万元。实施专业技术人才知识更新工程，参加公需科目培训 13.3 万人次，培训急需紧缺人才 6.1 万人次。东北大学继续教育学院被确定为国家级专业技术人员继续教育基地，获得国家资助 331 万元。落实留学回国人员支持计划，8 个项目获得国家立项资助 65 万元。加强出国（境）培训管理，全省派出 15 个团组 167 名技术管理人员赴国（境）外培训。

（二）强化高技能人才队伍建设。

起草了《关于进一步弘扬“工匠精神”加强全省技术工人队伍建设的实施意见》。实施技能人才振兴计划和急需紧缺高技能人才培养计划，开展新型学徒制培训试点，全省培养高技能人才 12.3 万人，新增紧缺技师、高级技师 2 492 人，新建省级技能大师工作站 12 家。印发《关于加快全省技工院校发展建设的意见》，启动了技工院校资源整合工作。承办了“技能中国行 2016——走进辽宁”交流展示活动，开展了备战世界技能大赛和“技师杯”竞赛活动，获批 2 个国家级世界技能大赛集训基地，2 名选手入选国家队。全省 3 人获得中华技能大奖，15 人获评全国技术能手。加强培训资金监管，第三方监管模式被人力资源社会保障部在全国推广。

（三）注重引进国外智力。

启动首席外国专家项目计划、青年外国专家项目计划和外国专家暖心行动计划，全省引进外国专家项目 227 项，99 项列入国家重点和高端外国专家项目，获得国家资助 2 285 万元，省市财政共投入 4 930 万元。引进外国技术管理专家 1 407 人次，其中新入选“外专千人计划”3 人。引进长期外国专家 2 674 人，其中文教专家 1 936 人、经济技术专家 738 人，1 人荣获“中国政府友谊奖”。承办了第十一届中美工程技术研讨会智能机器人研讨活动。

（四）深化人才评价改革。

印发《辽宁省深化中小学教师职称制度改

革实施方案》（辽人社发［2016］4号）、《关于调整全省中小学校专业技术岗位结构比例控制标准的通知》（辽人社［2016］126号），启动了中小学教师职称制度改革。印发《辽宁省科技成果转化成绩优异人员专业技术资格评定暂行办法》（辽人社［2016］272号），为科技成果转化成绩优异人员职称晋升开辟了“绿色通道”。推进企业技能人才评价改革试点，全省职业能力鉴定27.4万人次，核发证书22.4万本，平均通过率81.9%。完成全省未来5年人才需求调查。

四、人事管理工作

（一）务实抓好公务员职位管理。

跟进省政府机构改革，完成300余人的划转、安置、分流等工作。省政府出台了《任命的国家工作人员宪法宣誓实施办法（试行）》（辽政办发［2016］72号），省委办公厅、省政府办公厅出台了《辽宁省省直机关公务员管理规定（试行）》（辽委办发［2016］54号）。全面完成县以下机关职务与职级并行制度实施工作，3万多名基层公务员晋升了职级。制定了《市以下干部人事和机构编制管理检查工作方案》。开展并完成了全省4.4万个机关事业单位超编和财政供养人员情况调查。

（二）从严抓好公务员考试录用工作。

根据全省实际和省政府要求，及时调整了年度公务员招录计划方案，组织7.6万名考生参加全省统一招考，共录用2 608人。推进公安机关人民警察招录培养机制改革，圆满完成公安院校公安专业应届毕业生招录工作，入警率达到94%。完成2017年度中央机关及其直属机构考试录用公务员辽宁区笔试工作，参加考生4.6万人。首次开展无领导小组讨论面试考官培训，培训230人。

（三）规范公务员考核奖励。

扎实推进公务员平时考核试点工作，印发《辽宁省深化公务员平时考核试点工作方案》（辽人社［2016］205号），将试点范围扩大到14个市，试点单位增至320个。深化争做人民满意公务员活动，命名人民满意公务员示范单位50个、示范岗90个。报请国家批准将“全省三有三优建功立业竞赛活动”表彰项目纳入全省评比表彰项目，并向国家推报19个先进集体和45名先进个人。圆满完成省政府机关公务员年度考核备案工作。

（四）持续推进公务员培训教育。

深化法定四类培训，推广网络在线学习，大规模培训公务员30万人次。围绕助力辽宁新一轮振兴发展，举办了一二三产业供给侧结构性改革、养老保险基金支付风险防范等系列重点专题培训班20期，培训县处级以上公务员1 500人。开展百名名师送教下基层活动150场，培训基层公务员4.5万人。开展省直机关处长名校行、公务员对口培训、公务员调查研究能力竞赛及基本功轮训等工作。建立全省行政机关公务员培训教育师资库，择优遴选首批115名省级公务员培训专兼职教师。

（五）推进事业单位人事管理改革。

省委办公厅、省政府办公厅出台了《辽宁省省直事业单位人事管理规定（试行）》（辽委办发［2016］54号），省政府办公厅出台了《辽宁省省直事业单位转企改制人员安置意见》（辽政办发［2016］60号），省人社厅印发了《关于做好鼓励高等院校、科研院所专业技术人员离岗创业有关人事管理工作的通知》（辽人社［2016］139号），完成公车改革司勤人员安置工作。完善聘用制度，强化岗位管理，推进竞聘上岗，全省聘用合同签订率达到100%。加强机关事业单位工勤岗位管理，为28 640人办理工勤岗位聘用和技术等级确定。

（六）做好军官转业安置。

省委、省政府出台了《关于做好深化国防和军队改革期间军队转业干部安置工作的通知》（辽委发［2016］30号），进一步完善安置政策，改进安置办法。全省接收安置军转干部3 353名，其中计划分配1 180名、自主择业2 373名，安置率100%。加大解困稳定工作力度，保持了企业军转干部进京零上访。调整了自主择业军转干部退役金、生活补贴标准和地区生活津贴，加强了自主择业信息平台建设和军转干部就业创业的指导。

（七）做好政府绩效考核管理。

配合省委组织部完成了2015年度各市和100个省直部门工作实绩考核及总结表彰工作。会同省直机关工委对25家中直机关驻辽单位进行了考评。制定了2016年度市级和省直部门领导班子和领导干部工作实绩考核实施方案、指标体系和实施细则，加强了过程管理和节点考核。

五、工资收入分配工作

（一）做好企业工资收入分配工作。

推进国有企业负责人薪酬制度改革，印发了《辽宁省省属国有企业负责人基本年薪基数认定暂行办法》（辽薪改办［2016］1号），发布了2015、2016年度省属国有企业负责人基本年薪基数，完成了对丹东、营口、盘锦市改革方案审核工作。稳慎调整最低工资标准，四类地区分别达到1 530元、1 320元、1 200元、1 020元。推进和规范工资集体协商，全省签订工资专项集体合约3.3万份，涉及企业9.5万户，覆盖职工398.5万人。

（二）调整规范机关事业单位工资收入。

完成了机关事业单位127万名在职人员基本工资和82万名离退休人员待遇调整工作。启动了法官检察官薪酬制度改革试点。提高了特殊岗位津贴标准和艰苦边远地区津贴标准。推进了职务与职级并行和乡镇补贴增资兑现工作。进一步规范了省直驻沈公务员津贴补贴。推进了事业单位实施绩效工资工作。

六、和谐劳动关系建设工作

（一）促进劳动关系协调。

省委、省政府出台了《关于构建和谐劳动关系的实施意见》（辽委发［2016］22号）。规范劳务派遣，落实劳动合同制度，扩大集体合同覆盖面，全省劳动合同签订率达到93.7%。加强对企业分流安置职工方案的指导和劳动关系领域突出矛盾的预防化解。督促企业落实职工带薪年休假等制度。

（二）开展劳动保障监察执法检查。

主动巡查用人单位10.6万户。开展了清理整顿人力资源市场秩序、用人单位遵守劳动用工和社会保险法律法规情况、农民工工资支付情况等专项检查。查处各类违法案件9 882件，为6.6万名劳动者补签劳动合同，为劳动者追偿工资等待遇9.1亿元。

（三）加强劳动人事争议调解仲裁。

实施“和谐使命”行动计划，加强企事业单位、乡镇（街道）调解组织建设，开展劳动法律公益服务“千街万企行”活动，全省各级调解仲裁机构立案受理案件3.9万件，涉及劳动者4.2万人，结案率达到98.8%。各类基层调解组织受理案件1.67万件，涉及劳动者1.7万人，劳动人事争议调解成功率达到60.5%。加大终局裁决力度，全省终局裁决案件占裁决案件的29.7%。

（四）切实维护农民工权益。

省政府办公厅出台了《关于全面治理拖欠农民工工资问题的实施意见》（辽政办发［2016］62号）。省人社厅印发了《关于做好人力资源社会保障精准扶贫工作的若干意见》（辽人社［2016］275号）。进一步加强农民工工作组织机构建设，14个市全部建立了领导小组，76个县（区）建立了协调机构。举办了第三届“新风采杯”家政服务职业技能大赛和“阅读筑梦　书香人生”农民工读书征文活动。

（五）做好信访维稳工作。

加强敏感时期信访稳控，开展矛盾纠纷排查化解，落实复杂信访案件联动处置机制，强化重大疑难信访案件督办和领导包案，加大推进依法逐级走访力度。全系统接待处理群众来信来访17 090人（件）次，同比下降36.5%，其中，集体访8 546人（件）次，同比下降23.8%；进京到部上访4 816人次，同比下降8.3%。

七、综合性基础工作

（一）促进依法行政。

省人社厅受理行政复议案件 59 件，同比增长 60%；行政诉讼 96 件，同比增长 46%。共清理厅规范性文件 1 317 件，其中继续有效 684 件，废止 138 件，宣布失效 495 件。

（二）深化简政放权。

省人社厅取消行政权力 15 项，下放 9 项，转变管理方式 3 项，保留行政权力 83 项。清理整顿职业资格，对国家取消的 429 项职业资格全部予以取消，目前保留执业资格项目 151 项。

（三）做好规划统计工作。

完成全省人力资源和社会保障事业发展“十三五”规划编制工作并印发实施。全省人社统计数据集中管理与应用系统正式上线运行，将 40 余万个机关和企事业单位名录和 2011 年以来的主要数据录入系统。

（四）加强信息化平台建设。

推进省级数据集中共享，实现城乡居民养老保险数据、联网数据、公安户籍数据、人员库服务、异地服务的集成应用。完成跨省异地就医结算平台的开发。

（五）提升公共服务水平。

加强基层就业和社会保障服务设施建设，新开工项目 50 个，总投资 3 722 万元。制定了加强和改进公共服务、加强软环境建设、推进政务公开等实施方案，推进窗口单位改进作风专项行动，全省 14 个单位被人力资源社会保障部授予 2014—2016 年度全国优质服务窗口称号。

辽宁省人力资源和社会保障厅

沈　阳　市

2016年，沈阳市人力资源和社会保障局紧紧围绕市委、市政府中心工作，牢固树立“大人社”工作理念，积极应对经济下行的挑战和压力，务实担当，勤奋工作，开拓进取，各项改革如期推进，指标任务圆满完成，人社事业取得新的成果和发展。

一、机关建设规范有序，内部管理和谐融洽

深入学习和贯彻中共沈阳市第十三次党代会精神，机关党建工作不断加强，全局支部及所属党委完成换届，“两学一做”专题教育深入开展，代表市直单位接受中组部对流动党员管理工作的检查得到充分肯定。党风廉政建设“两个责任”全面落实，开展四次专题警示教育，印制了《局管领导干部落实党风廉政建设主体责任工作台账》，制定了相应的防控措施。以深入推进“首问首办”责任制工作为契机，对群众反映强烈的突出问题进行了集中整治。全力推进简政放权工作，下放权限2项，取消权限2项，政务服务项目由最初的40项缩减为31项，审批要件由最初的258个减少至163个，工作日由最初的622个减少至201个。围绕推广传播人社文化，开展了系列文化活动，结合“两学一做”专题教育，组织实地参观和主题征文活动，机关文化氛围活跃。依法行政水平不断提高，妥善处理行政复议和应诉95件，圆满完成了规范性文件审查和清理，出台了《行政自由裁量权适用规则和指导标准》等行政执法制度。

二、就业格局总体稳定，创业势头发展良好

全年实现城镇新增就业8.38万人，完成省指标的107.5%，城镇登记失业率为3.12%。扶持创业带头人4 336人，带动就业26 091人，发放小额担保贷款2.82亿元，离校未就业高校毕业生实现就业3 553人，就业率为96.1%，就业失业登记和就业监测连续四年位列全省第一。强化就业创业领导，出台了《关于落实就业优先战略的工作方案》等，政策体系进一步完善。创业环境不断优化，完善了创业孵化基地补贴政策，落实援企稳岗政策，发放稳定岗位补贴4.1亿元。开展创业文化周、创业大赛活动，给予评选出的20个优秀创业项目和10家优秀创业导师团队209万元补贴资金；开展创业租房补贴工作，全年发放补贴268.74万元。重点群体就业统筹推进，为农村进城务工人员、高校毕业生和用人单位搭建供需对接平台。实行困难群体和大龄灵活就业人员社保补贴政策，全年发放补贴1.2亿元。简化办理就业失业登记证的手续和流程，建立失业、就业、裁员“三位一体”的监测体系，举办各类招聘会571场，提供岗位92 602个。

三、社保制度运行平稳，制度体系不断完善

社保制度体系不断完善，五大险种覆盖面继续扩大，稳步推进机关事业单位养老保险制度改革以及城乡居民基本医疗保险制度整合，调整职工门诊统筹结算办法和补充工伤保险政策，加强被征地农民的社会保障。全市参加基本养老、城镇基本医疗、失业、工伤、生育保险人数分别达到368.1万人、497.8万人、140万人、178.9万人、296.2万人。企业养

老保险基金收入223.4亿元。企业和机关事业单位退休人员养老金进一步提高，经办服务实现提质增效，研发创建沈阳智慧医保惠民服务平台，搭建了医保医药机构网上申报互动平台，积极推进居民及灵活就业人员POS机缴费的银行联网工作；优化办事流程，积极落实“五证合一、一照一码”制度改革，正式开通省内12市异地就医结算。全市社会保障卡持卡人数达到394.11万张，基本形成养老保险和医疗保险领域普遍用卡的格局。

四、人才战略全面实施，人才质量明显提升

政策体系进一步完善，出台了市政府特殊津贴制度、高层次人才认定办法、高层次人才创新创业资助办法以及海外高层次人才服务工作办法，省“百千万人才工程”遴选出“百层次”人才12名、“千层次”20名，“万层次”45名，新增享受国务院政府特殊津贴人员11名、享受市政府特殊津贴人员25名，通过开展博士“沈阳行”活动引进博士47人，聘任3位专家担任市政府工作顾问。人才作用充分发挥，开展“专家助力沈阳工业企业转型升级服务活动”，被列为人力资源社会保障部“万名专家服务基层行动计划”重点项目。技能人才队伍不断加强，建立了10个市级技能大师工作室，首次实施企业职工政府培训补贴政策，圆满完成了劳动预备制培训、新型学徒制培训试点任务，评选出10名“优秀技术能手”，1人获选“中华技能大奖”，1人获选“全国技术能手”。人才评价科学规范，严格规范职称评审流程，完成事业单位专业技术岗位首聘工作，稳步推进中小学教师职称制度改革。稳步推进职业能力鉴定和劳动能力鉴定工作，全年分别完成鉴定51 034人和7 386人。完成公务员录用考试、专业技术人员资格考试、事业单位招聘工作人员考试及计算机应用能力考试117 867人次，发放各类资格（职称）证书27 849本。国际人才交流深入实施，聘请美国、日本、俄罗斯等国专家近50人；加大因公出国（境）培训工作力度，全年完成5个团组67人培训任务；加大外国专家服务力度，坚持重点专家联系制度。

五、人事管理科学规范，各项改革不断深化

公务员管理工作更加科学规范，平时考核试点工作稳步实施，推进“人民满意公务员示范单位”和“人民满意公务员示范岗”创建活动，对干部“聘任制”和“混岗”问题进行了整治清理，创新开展公务员及时奖励工作，深化干部交流管理机制，完成93名关键岗位正处级领导干部的轮岗交流，遴选60名基层公务员充实到市直行政机关。出台了《公务员宪法宣誓规范》，全年初任、任职培训651人，公务员初任培训率达到100%，“互联网+培训”工作取得新突破，形成了较为完善的网上学习、管理员的备案和培训、在线学习的绩效考核的管理体系，全市在线学习公务员总人数达到30 845人，学时达标率达到98%；将公务员在线学习纳入全市绩效考核，围绕“智慧城市建设”开展专题培训，全年举办讲座35场，培训8 300余人次。事业单位人事制度改革深入开展，出台了《事业单位聘用制雇员管理办法（试行）》，研究制定了事业单位人员离岗创业的实施办法；岗位设置、聘用工作与公开招聘持续推进，全年受理59家事业单位的岗位设置方案、894家单位的聘用工作备案，招聘农村特岗教师319人，全科医生248人。军转安置工作成效明显，全年完成1 253名军转干部的安置工作、3 700余名自主择业和8 000余名企业军转干部管理服务工作。

六、工资改革深入开展，分配机制更加科学

机关事业单位津贴补贴调整工作圆满完成，月人均增资274元。“公车制度改革”工作取得进展，司勤人员安置办法进一步完善。积极落实乡镇工作补贴制度。人民警察警衔津贴标准调整审核工作圆满完成，月人均增资875元。开展调整艰苦边远地区津贴标准、农业有毒有害保健津贴、畜牧兽医医疗卫生津贴、环境保护监测津贴和林业有毒有害岗位津贴的摸底调查、数据统计等前期准备。加强企业工资宏观调控，积极落实国有企业负责人薪酬制度改革，完成了市属国有企业在岗职工平均工资的测算工作；完成国家布置的薪酬调查工作，共对883户企业、187个职位（工种）、133 478名职工进行了薪酬调查，合理调整本市最低工资标准，市内9区由1 300元/月调整为1 530元/月，三县一市由1 050元/月调整为1 230元/月。

七、维权执法不断加强，劳动关系稳定和谐

开展农民工工资支付、清理整顿人力资源市场秩序、用人单位遵守劳动保障法律法规3个专项检查活动，打击企业的违法行为。清理拖欠农民工工资9 065.9万元，当期农民工工资拖欠偿还率100%。印发《全面治理拖欠农民工工资问题的意见》，建立健全源头预防、动态监管、失信惩戒相结合的制度体系。构建和谐劳动关系取得新进展，出台《关于构建和谐劳动关系的实施意见》，建立协调劳动关系三方委员会和组织体系。推进实施集体合同制度攻坚计划，累计审查备案有效集体合同13 000份，覆盖企业56 874户，全年办理劳动用工备案32万人次。严格规范劳务派遣管理，向334家劳务派遣单位发放了劳务派遣经营许可证。信访工作取得成效，全年共接待来信来访700余案，涉及5 700余人。12333电话咨询工作稳步推进，以受理举报投诉案件为切入点，以日常监察和专项检查为手段，加大劳动保障监察执法力度，全年主动监察用人单位15 047户。加强刑事司法衔接，加大查处力度，严厉打击拒不支付劳动者劳动报酬的犯罪案件。创新仲裁调解工作机制，率先实行立案登记制，开展“千街万企行”劳动法律公益服务活动，扩大终局裁决适用范围，受理劳动人事争议案件9 141件，结案率为96.6%。

沈阳市人力资源和社会保障局

大 连 市

2016年，大连市人力资源和社会保障工作在市委、市政府领导下，全面贯彻习近平总书记系列重要讲话精神，落实全国、省人力资源社会保障工作会议和市第十二次党代会、全市经济工作会议及“两会”部署，围绕“民生为本、人才优先”工作主线，坚持稳中求进工作总基调，积极促进就业创业，深化社会保障制度改革，加快人才队伍建设，推进人事制度改革，构建和谐劳动关系，加强公共服务体系建设，圆满完成了全年的各项工作任务。

一、就业工作

全年实现城镇新增就业10.2万人，城镇登记失业率控制在2.91%，稳定就业率70%。实现创业就业2.9万人，扶持创业带头人2 670人，创业带动就业1.8万人。

（一）完善落实就业促进政策。

积极应对经济下行压力，阶段性降低失业保险、工伤保险和采暖费缴费费率，发放援企稳岗补贴，全年共为企业减负34亿元。同时，全市累计筹集就业扶持资金5.4亿元，使用就业扶持资金6.3亿元，在供给侧结构性改革中，助力企业渡过难关，稳住了就业基本盘。

（二）实施创业带动就业战略。

全年认定4户A级市级创业孵化平台、发放补贴400万元，推动“自由港跨境电商创客空间”、“玻璃小镇”、“冠军小镇”等近10个创业孵化平台启动运营。实施创业培训“千人计划”，在杭州等地组织创业培训班13期、培训514人；依托“创业大讲堂”，邀请知名导师举办创业培训近90场，7 300余人次参加学习。进一步壮大创业导师队伍，累计评聘创业导师195名。在第二届“中国创翼”青年创业创新大赛上，本市选派的创业团队（企业）分获大赛团队组一等奖、二等奖和企业组三等奖各1个，获奖数量占全省一半。

（三）统筹推进重点群体就业。

深入落实高校毕业生就业政策措施，基层就业项目稳步实施，就业服务逐步实现精准化，全年本地生源应届高校毕业生就业率达到99.6%，困难家庭高校毕业生就业兜底安置率达到100%。深入开展困难人员就业援助活动，走访就业困难人员家庭2 485户，援助496名就业困难人员实现就业；为1.4万名公益性岗位人员发放工资补贴1.9亿元，社会保险补贴1.7亿元；为3万名灵活就业“4050”人员发放社保补贴2.1亿元。深入开展“春风行动”，收集岗位14.8万个，3万名农民工达成就业意向。

（四）完善公共就业服务体系。

以国家公共就业服务标准化项目试点为抓手，制定发布72项实施标准，填补本市空白。在做好日常招聘工作的同时，精准开展民营企业、创业企业和高校毕业生等专项招聘活动，举办春夏秋3场大型人才招聘会和“保民生、促就业、援千企、送万岗”公共就业服务月活动，全市各级公共就业服务机构全年共提供招聘岗位66.3万余个次、进场求职86万余人次、达成意向17.8万余人次。大连市甘井子区劳动就业管理服务中心获评“全国人力资源和社会保障系统2014—2016年度优质服务窗口”。

（五）举办第十四届大连市创业就业博览会。

2 月 27—28 日，第十四届大连市创业就业博览会在大连世界博览广场举行。本届创博会以“大众创业、万众创新”为主题，着眼创新驱动与服务民生，要素汇集更加全面，文化培育更加突出，社会参与更加广泛，亮点特色更加显著，共吸引了 8.5 万名有创业和求职愿望的大中专院校毕业生和市民踊跃参与。518 家国内外众多知名企业提供岗位 2.3 万个、达成求职意向 1.8 万余人次，吸引了 231 个创业项目参加洽谈，199 个创业项目共达成合作意向 2 016 份，172 个创业项目正式签约 567 份。

二、社会保障工作

（一）进一步加大扩面征缴力度。

2016 年，全市五项社会保险费当期收入 536.7 亿元、支出 484.6 亿元，当期结余 52.1 亿元，累计结余 736.3 亿元；五项社会保险参保人数分别达到 298.2 万人、510 万人、145.5 万人、262.7 万人、160.1 万人，分别比上年增加 9.1 万人、3.3 万人、0.4 万人、0.5 万人、2.9 万人。

（二）稳步提高社会保险待遇。

完成企业退休人员养老金十二连调，人均养老金 2 400 元/月。城镇居民医保政府补助标准提高到 510 元/年；城镇居民医保恶性肿瘤放疗、重症尿毒症透析等部分门诊大病统筹支付比例上调 5 个百分点；新增孤独症、小儿脑瘫和精神分裂症等 3 个病种纳入门诊大病管理；提高计划生育手术费用支付标准，统一全市生育费用定额支付标准，消除城乡生育待遇差距。提高工伤人员伤残津贴、生活护理费和供养亲属抚恤金等“三项待遇”。失业人员领取失业保险金标准最高达 1 224 元/月。

（三）不断增强社会保险经办服务水平。

完成 488.9 万名参保人员全信息登记入库。全年门诊就医 4 397 万余人次，职工医保住院 69 万余人次；省内异地就医结算运行平稳，累计审核登记 4 300 人次。全年制发社保卡 30 万张，累计制发卡 510 万张。为 160 余万名领取社会保险待遇人员进行待遇资格认证、认证率达 100%。实现 93.2 万名企业退休人员社会化管理全覆盖。大力推进全国 12333 示范单位建设，政策咨询服务水平显著提高。提升劳动能力鉴定质量和水平、强化专家队伍建设，全年累计鉴定 1.14 万人次。全国首家人社档案中心挂牌运行。

三、人才队伍建设

（一）持续创新人才政策。

制定出台人才中介机构引才荐才奖励、高端高技能人才技能操演等 5 项实施细则，深入研究以情聚才工作营造人才生态环境、“一企一策”人才工作机制、人力资源服务业发展、人才服务机制等 8 项创新政策，委托专业机构开展优化大连人才发展环境专题调研，确保大连相关人才政策在副省级城市中继续保持比较优势。

（二）凸显人才集聚效应。

实施高层次人才和紧缺人才引进计划，认定新引进高层次人才 15 人、急需紧缺人才 147 人、市内四区申请住房补贴高校毕业生 4 144 人。推进海外优秀专家集聚计划，实施各类引智项目 138 项，评选引智成果示范推广基地 20 家，引进海外优秀专家 1 000 余人次。实施鼓励留学回国人员创新创业计划，争取国家项目资助 8 项。与全球知名职业社交平台“领英”签订招才引智合作协议，利用大数据技术为用人单位招聘人才。设立海内外人才工作站 21 个，举办“2016 美国硅谷专家大连行”等活动，与美国硅谷创业者联盟签署人才合作协议。参加“第十四届中国国际人才交流大会”，达成人才技术合作意向 30 余项。

（三）增强人才培养效果。

实施市领军人才培养、企业博士后人才集聚、专业技术人才知识更新及省百千万人才等重点工程，选拔培养中高级人才 2 700 余人，高质量完成 30 期高研班及“跨境电商高级经理人”等培训。普惠性培训专业技术人才 4 万余人，新增企业博士后设站单位7家。实施高端高技能人才操演。选派120名高技能人才赴比利时、德国、日本等国研修。全年完成职业培训5.12万人、高技能人才培养2.22万人，新增高技能人才1.37万人。

（四）积极发挥人才评价激励导向作用。

全面启动深化中小学教师职称制度改革，实行评聘结合，首次选拔评审正高级教师13人，下达两年副高级专业技术岗位可聘用数量指导指标2 262个。完善职称评审监督管理机制，组织20个系列评委会，4 663人通过评审。开展享受政府特殊津贴人员选拔，新增享受国务院特殊津贴专家13人、市政府特殊津贴专家50人、特聘专家突出贡献奖3人。首次开展高端高技能人才选拔，9人获得薪酬补贴。表彰2015年“星海友谊奖”外国专家20人，选拔推荐2016年“星海友谊奖”人选20人、“中国政府友谊奖”人选2人。

（五）进一步提升人才公共服务水平。

组织实施“人才大篷车”全国行、产业行、县域行、企业行、校园行系列活动。打造“人才咖啡”、“人才大篷车”、“人才服务进百企”特色服务品牌，深入重点企业和重点园区问情于企、问需于企、问计于企，搭建人才公共服务精准对接平台。赴外开展高层次和紧缺人才招聘活动17场，招聘人才2 000余人。创新人力资源市场事中事后监管方式，全市人力资源服务机构达到367家；成功举办大连人力资源高端发展峰会。开通“大连人才”微信公众号。外国专家来华工作许可、人事考试组织、流动人员档案管理、高技能人才动态信息平台建设等工作持续推进，大连人才工作经验在《人民日报》、《光明日报》头版头条刊发。

（六）举办第十届大连市职业技能竞赛。

为深入贯彻落实大连市“5＋22”人才新政和《中国制造2025大连行动计划》，举办了第十届大连市职业技能竞赛，共设置数控机床装调修工、加工中心操作工、中式烹调、茶艺师等21个职种，以及集装箱岸边起重机等4个竞赛项目。自当年4月下旬起面向全市征集竞赛职种和项目，历时5个多月，经过初赛、复赛，近3 300名选手进入决赛。最终159名优胜选手脱颖而出，其中27名选手获得“技术标兵”称号，54名选手获得“技术能手”称号，73人获得“技术优胜者”称号，5名职业院校在校学生获得“技术新星”称号。

四、人事制度和收入分配

（一）不断加强机关事业单位队伍建设。

组织开展2016年度市直机关（参公单位）公开遴选公务员工作。公务员职务与职级并行制度稳步实施，1 800名基层公务员由此受益。公务员非领导职务管理政策细化完善。研究起草《大连市公务员奖励实施办法（试行）》，严格规范评比达标表彰活动。积极稳妥推进公务员平时考核试点工作。平稳有序开展市直机关公务用车改革中司勤人员分流安置、从事生产经营活动事业单位改革人员分流安置等工作。出台《关于进一步加强和改进公务员职业道德教育实践基地工作的意见》。大力开展公务员“四类”培训、在线培训和事业单位人事干部培训。在辽宁省行政机关公务员调查研究能力竞赛活动中取得佳绩，获奖报告数量居全省首位。

（二）继续深化工资收入分配制度改革

完善机关事业单位工资制度，调整全市机关事业单位工作人员基本工资标准。做好乡镇机关事业单位工作人员实施乡镇补贴工作。配合司法体制改革，制定《大连市法官、检察官工资制度改革试点实施意见》。深化事业单位收入分配制度改革。执行调整后的企业最低工资标准，开展2016年薪酬调查，发布2015年企业人工成本信息和2016年人力资源市场工资指导价位。

（三）军转服务工作平稳有序开展。

圆满完成军队裁减员额第一年的军转工作，自主择业军转干部管理服务工作更加规范，企业军转干部等方面人员解困维稳工作扎实有效。2016年，全市安置到公安系统军转干部153名，自主择业接收600人，已完成信息审核录入，11 000 余名企业军转干部总体稳定。稳妥推行落实军转政策与按需配置军转人才相结合的安置原则，35 家单位通过双向选择接收 66 名军转干部。

五、和谐劳动关系

（一）不断完善劳动关系协调机制。

推进集体合同攻坚计划，开展以“稳就业、促增长、保民生、增效益”为主题的大连市第十四个“双合同月”活动。健全协调劳动关系三方机制，开展模范劳动关系和谐企业复审评选和“工作时间与休息休假”系列宣传活动。推进劳动用工备案系统建设，拓展业务功能。进一步规范劳务派遣。

（二）不断加大劳动保障监察执法力度。

发挥大连市农民工工资清欠工作联席会议的积极作用，推进农民工工资清欠工作长效机制建设。完善建设领域施工企业预存农民工工资保证金配套制度建设，推动落实企业拖欠农民工工资应急周转金制度，完善治理拖欠农民工工资协同联动、惩防并举工作机制。开展清理整顿人力资源市场秩序、遵守劳动用工和社会保险法律法规等专项执法检查，发挥劳动监察震慑作用。全年依法受理投诉举报案件 3 143 件，按期结案率 100%。为 3 367 名农民工追回工资 7 000 余万元，追缴社会保险费 4 082 万元。

（三）进一步增强信访仲裁维稳作用。

聚力网上信访，夯实信访基础建设，完善信访工作联席会议、源头预防、积案化解、信访督查等四项机制，打造群众满意的“阳光信访”、“法治信访”。圆满完成全国两会、党的十八届六中全会、G20 峰会等重点敏感时期的稳定工作。强化基层调解组织建设，加大基层调解组织立案受理力度，推行仲裁案件立案登记制，提高终局裁决比例。深入开展“送法律、送政策、送服务”活动和“巡回庭”活动。全年受理群众信访事项 3 076 件次，涉及 5 690 人次。全市各级劳动人事争议调解仲裁机构全年结案 1.09 万件，结案率 99.6%，涉案金额 2.2 亿元。

六、基础工作

（一）积极开展“两学一做”学习教育活动。

按照大连市委的总体部署和要求，市人社局坚持把学习教育与巩固拓展“三严三实”专题教育成果结合起来，认真总结“两学一做”学习教育经验，坚持行之有效的做法，深入开展做“四讲四有”合格党员活动，进一步强化宗旨意识，树立群众观点。坚持问题导向，针对查找出来的问题，明确整改责任，整改措施，整改时限，建立挂号、销号等制度，确保整改工作取得实效。坚持抓常抓细抓长，不断完善作风建设长效机制，推动“两学一做”学习教育制度化、常态化、长效化。

（二）积极开展“走企业四对接五服务”和“马上就办”专项活动。

市人社部门紧紧围绕市委、市政府“深入下去、解决问题”和“马上就办、狠抓落实”工作要求，强化责任担当，创新服务举措，集中开展了“走企业四对接五服务”和“马上就办”专项活动。人社部门围绕政策咨询、技能培训、和谐劳动、人社经办服务对接，深入企业集中开展人社政策宣讲、驻点工作调研、技能知识培训、帮扶解难排忧和工作成果展示等五个现场服务活动，联系走访服务企业 1 126 家，收到意见和建议 537 条，办结 416 条。

（三）发布大连市人社事业发展“十三五”规划。

发布《大连市人力资源和社会保障事业发展十三五规划》（大政办发［2016］33 号），明确了今后五年事业发展目标和任务。印发《关于做好〈大连市人力资源和社会保障事业发展“十三五”规划〉实施工作的通知》（大人社发［2016］133 号），对贯彻落实市人社局“十三五”规划提出了具体要求。

大连市人力资源和社会保障局

吉 林 省

2016年，全省人社系统认真贯彻落实省委、省政府和国家人力资源社会保障部工作部署，围绕“两个确保、一个提升”工作主线，以问题导向创新工作、以市场思维激发活力，健全重点工作部署体系和工作督查体系，努力抓落实、重在见成效，筑牢基础、稳中求进，圆满完成了年度工作任务，实现了“十三五”良好开局。

一、就业工作

（一）促进就业政策更加完善。

省政府印发了《关于进一步促就业稳就业的若干政策措施》（吉政发［2016］30号）和《关于加快人力资源服务业发展的指导意见》（吉政办发［2016］44号），拟定了《吉林省就业创业工作目标责任制考评办法》，这些具有较高含金量和针对性的制度性安排，对于抵御经济下行带来的就业压力、稳定就业形势，发挥了重要作用。2016年，全省城镇新增就业52.87万人，农村劳动力转移就业405.15万人，城镇零就业家庭援助率保持100%，城镇登记失业率3.45%，低于控制指标，调查失业率持续下降。

（二）大学生就业创业扎实开展。

首次开展了“摆渡杯”青年创新创业大赛，打造了两个国家级示范创业基地、两个特色大学生创业孵化基地，安排1.2亿元创业专项资金对121个创业创新项目和32个实训基地予以支持。2016年，全省大学生创业人数达到9 351人，同比增长12.1%，达到当年大学毕业生总数的5%。拓展和创新“三支一扶”、“两线”公益性招聘等就业渠道，增加了“三支一扶”年终考核奖励1 700元和一次性安家补贴3 000元。落实高校和属地政府主体责任，完善平台载体和政策措施，大学生就业总量达到历史最高水平，2016届高校毕业生总体就业率达到94.71%，同比增长0.71个百分点。

（三）农民工就业创业成效明显。

召开了全省农民工等人员返乡创业推进大会，全省新建省级农民工返乡创业基地24个、扶持创业8 337户，共为1.56万名农民创业者发放创业担保贷款8亿元，带动就业6.5万人。建设高质量就业示范行政村100个、新建农民工市民化综合服务中心6个，完成农民工市民化培训7 655人。开展家庭服务业基础数据采集和调查工作，采集问卷531 724张、信息9 558 471条，为家庭服务业促进就业政策的制定提供了数据支撑；举办家庭服务业“十二五”成果展暨职业专场推介会，扩大了家庭服务业就业市场供给空间。

（四）公共就业服务更加精细。

建立了基层就业辅导员队伍，在全省907个街道（乡镇）人力资源社会保障所配备1 276名就业辅导员，重点向就业困难人员提供“一对一”精准就业服务。全省建立了就业失业动态监测制度，确定了6个监测项目、350余个监测指标。对公益性岗位进行了清理优化。组织开展了“大众创业、万众创新”主题系列活动。

二、社会保障工作

（一）完善政策制度。

创新养老保险参保政策，制定了促进大学生就业创业养老保险扶持政策、鼓励科研人员创新创业养老保险政策、城镇职工养老保险缴费和外出务工人员关系转移接续的有关政策。机关事业单位养老保险制度改革的配套政策体系基本形成，参保范围确认和数据信息采集工作平稳推进。稳步推进医保改革，在全国率先开展长期护理保险制度试点，试点范围从长春市扩大到松原市和吉林市，被列为国家首批重点联系的两个省份之一，长春市被列为国家首批 15 个试点城市之一。在全省范围基本实现了医保支付总额控制，大病保险实行差别支付，整合城乡居民医疗保险制度有效推进，城市公立医院改革医保补偿机制初步建立。制定了机关公务员参加工伤保险政策，扩大了工伤保险制度覆盖面。加强社保基金审计监督，省厅在全国率先成立了审计监督局，制定了《吉林省社会保险基金监管约谈办法》等 7 项制度，建立了查处和防范社会保险欺诈的工作机制，独立开展社会保障等重大资金专项审计 8 次。

（二）加强经办管理。

省政府印发了《吉林省全民参保登记计划实施方案》，建立了厅际联席会议制度，在全国率先以省为单位整体推进实施，得到国家人力资源社会保障部充分肯定。创新养老保险确保发放措施，建立了“一县一策”与“一企一策”扩面征缴机制、向地方党政负责人发送工作建议（警示）函制度、地方政府负责人工作约谈制度、社会保险行政执法联席会议制度，健全了确保发放困难市县借款审批程序，开展了社会保险费专项稽核行动和欠费清收专项行动。跨省异地就医直接结算工作全国领先，首批接入国家跨省异地就医结算系统，成为第一个在国家平台上实现异地就医直接结算省份。医疗服务监管体系运行绩效全面提升，修订完善了医疗保险医疗服务监管等办法，全省联动开展医保反欺诈专项行动，医保监管体系绩效明显提升。开展了建筑业参加工伤保险“同舟计划”。社保信息化建设步入全国先进行列，管理信息系统总体规划获人力资源社会保障部创新奖。

（三）落实各项待遇。

积极落实国家降费率政策，在 2015 年下调失业、工伤和生育保险费率的基础上，再次下调失业保险费率至 1.5%。城乡居民基础养老金标准、城镇居民医疗保险财政补助标准、企业退休人员养老金标准、机关事业单位退休人员养老金标准、企业离休人员艰苦边远地区津贴标准、工伤保险待遇标准提高幅度较大。为全省 2 209 户企业发放稳岗补贴 5.38 亿元。全省各险种扩面征缴任务全面完成。

三、人才队伍建设工作

（一）完善人才优先发展政策。

制定出台了《关于加强全省基层专业技术人才队伍建设的实施意见（试行）》（吉人社办字［2016］44 号）、《关于加强全省民营企业专业技术人才队伍建设的若干意见（试行）》（吉人社办字［2016］45 号），推出了“下放”、“减免”、“清理”、“优先”等一系列创新举措，从根源上着力破解限制高层次人才、基层一线人才和民营企业人才“选、培、引、用、管”的瓶颈问题。

（二）加大高层次人才培养力度。

按照“人才＋企业＋资金”思路，探索创建了高层次人才双创“基金池”。创新人才选拔培养工作，向国家推荐了一批国务院特殊津贴人选，资助了一批博士后等高层次人才。

（三）全面深化职称制度改革。

各项改革任务推进顺利，形成了“横向分类、纵向分层”、“盲评初审、答辩复审、机评终审”的工作模式，建立实行了网络软件信息化申报、AB 角联审、年度授权和全员答辩考评等多项管理服务机制。中小学教师职称制度改革全面入轨，高校、科研院所、医院等单位评聘结合试点改革全面深化。全省职称申报人数达到 6.2 万人，同比增长 35%，县乡医院正高级职称参评人数是 2015 年的 3 倍。

（四）强力推进技能人才队伍建设。

省委、省政府举办了高技能人才表彰大会暨技能人才队伍建设成果展，通报表彰了一批国家级和省级高技能人才培训基地、技能大师工作室以及“吉林技能大奖”、“吉林省技术能手”获得者，其中师徒工作间建设为全国首创。大力开展职业培训，实施了“三年劳动者技能提升计划”，将利用三年时间培训技能劳动者 100 万人次以上，从根本上提升劳动者就业素质。在技工院校推行学分制工作，增强技工院校办学活力，2016 年，吉林省技工院校招生同比增长 44%。广泛开展职业技能竞赛，累计参赛人数达 12 万人，为优胜选手破格晋升职业资格，授予省级五一劳动奖章、“技术能手”称号，推荐学生组选手与大中型企业直接签约就业。支持东北师范大学人文学院等三所地方本科高校建设技师学院，推进了技工院校与高校融合发展。

（五）探索开展即将刑满释放人员职业培训。

将职业技能实训基地建在监狱，与司法部门共同组织、共同管理，每年免费培训 1 000 人，帮助提升刑满释放人员回归社会的就业能力。

（六）外国专家引进工作取得新进展。

下放了外国专家来华工作许可审批权限，引进数量和质量同步提升，提高了人才国际化水平。这些政策措施的有效实施，使吉林省人才队伍建设跃上了一个新台阶，全省人才总量增长 1.8%，其中“两高”人才增长 0.71%，外国专家入选千人计划居东北之首。

四、人事制度改革工作

（一）公务员管理工作创新发展。

作为全国政府绩效管理试点省份，出台了党群和省政府工作部门考评办法；作为全国公务员平时考核试点省份，探索了个人考核与部门绩效管理衔接转换机制。进一步放宽艰苦边远地区基层公务员招录条件限制，加大基层补员力度。拓宽公务员培训渠道，全年共直接组织培训 1.9 万人次。

（二）事业单位人事制度改革不断深入。

创新人才交流政策，制定了《关于进一步放活事业单位人才交流的意见（试行）》（吉人社联字［2016］45 号），使体制内外人才流动更加便捷，引才方式更加灵活，留才政策更加实用；不断创新公开招聘制度，有效破解特殊人才和基层人才“招人难、留人难”问题。

（三）军转干部安置任务圆满完成。

采取双向选择和刚性计划并行的政策举措，全省安置计划分配军队转业干部 485 人，使安置工作实现了转业干部、部队组织、接收单位“三满意”。组织大中型企业与军转干部对接，接收自主择业转业干部 877 人，自主择业率上升至 64%，达到全国最高水平，满足了军转干部转岗经济建设主战场的需求，为下一步裁军安置工作积累了经验。

五、工资收入分配工作

（一）机关事业单位工资调整机制不断完善。

圆满完成法官、检察官工资制度改革任务，制定了司法体制改革过渡期间的司法办案补贴具体发放办法。完善艰苦边远地区津贴增长机制，提高了全省机关事业单位在职人员和离休人员待遇标准、人民警察警衔津贴标准。

（二）国企负责人薪酬制度改革稳步推进。

制定省管国企负责人薪酬核定、基本年薪基数认定和信息披露等配套政策，启动了市（州）和省直部门管理国企负责人薪酬改革。

（三）企业工资调整机制逐步健全。

完善了最低工资标准调整机制，发布了 2016 年企业工资指导线。

六、劳动关系工作

（一）助力去产能结构性改革。

制定了《关于做好全省化解钢铁煤炭行业

过剩产能中职工安置工作的实施意见》（吉人社联字［2016］28号）及6个配套文件，建立了《去产能企业职工花名册》，初步审核了吉煤集团、通钢集团职工安置方案。

（二）加强和谐劳动关系建设。

省委、省政府印发了《关于构建和谐劳动关系的实施意见》（吉发［2016］33号），责任分工同步细化到位，确保了各项措施有效落实。2016年全省企业劳动合同签订率达95.54%，企业集体合同签订率达80.72%。

（三）加大解决农民工工资拖欠问题力度。

省政府印发了《关于全面治理拖欠农民工工资问题的实施意见》（吉政办发［2016］53号），建立了联席会议制度，开展了专项督查。出台了《关于进一步加强全省劳动保障监察工作的意见》，建立了市县农民工待遇保障工作警示制度、侵害劳动者合法权益企业“黑名单”制度，加强日常监管和专项整治，加大打击拒不支付劳动报酬罪力度。2016年，全省各级人社部门因拖欠农民工工资立案数量、涉及农民工人数以及拖欠工资金额三个指标同比分别下降36%、41%和48%，共为19 750名农民工解决拖欠工资3.73亿元。

（四）扎实推进仲裁信访工作。

在全省设立省、市、县三级实体化劳动人事争议仲裁院，已成立实体化仲裁院14家。全系统全面排查、有效化解、重点稳控，确保了重要节日和重大会事期间的信访形势总体稳定。2016年，全省劳动人事争议仲裁结案率达93.99%。

吉林省人力资源和社会保障厅

长 春 市

2016年，长春市人社系统认真贯彻落实国家和省、市各项部署，按照市委关于人社工作“五个着力”和就业工作“四个转型”的要求，持续深化“五型人社”建设，启动了一批项目，打造了一批标杆，啃下了一批硬骨头，完成了一批重点工作任务。通过全面落实“五个聚焦”，民生工作实现整体跨越，人才为产业发展提供了有力支撑，就业创业呈现稳中向好的发展态势，制度创新形成助力发展的良好局面，服务质量和部门建设实现双跃升。2016年各项任务的完成，实现了长春市人社工作“十三五”的良好开局。

一、创业就业工作成效显著

坚持就业优先的发展战略，深入落实“大众创业、万众创新”行动计划，全市共开发就业岗位14万个，实现城镇新增就业12.6万人，城镇登记失业率为3.68%。

一是成功举办首届长春国际创客节。以“创业、创新、创客、创投”为主题，开展创客创投高峰论坛等系列主题活动，开通“创业就业一点通”数字电视频道，吸引1万余人现场体验。“创客节”与“创博会”互为联系、互为补充，成为共同助力就业、扶持创业的重要载体。通化市政府等参展单位分别与芬兰华商商会、央视财经频道达成合作意向20余项。

二是启动大学生就业创业“助力启航”工程。建立政府多部门、驻长38所高校、市内各大企业为主体的“政校企”服务模式，打造“政校企”精品社区10个，深入推进“互联网+”创业战略，推动扶持高校毕业生创业3 500名。

三是实施农民工返乡创业“春雁行动”。出台《关于支持外出务工人员返乡创业的指导意见》和《长春市促进外出务工人员返乡创业“春雁行动”实施方案》，召开“春雁行动”启动大会，形成了“四平台”、“一纽带”的领导扶持体系和“一体化”创业促进服务体系。全市建立返乡创业基地14个，发放农民工返乡创业小额担保贷款2 662万元，扶持创业2 480户，建设村级电子商务服务站300余个，实现返乡农民工自主创业8 713户，带动就业45 037人。

四是全力打造自主择业军转干部创业孵化品牌工程。走出“军地协作”新路子，建成30个创业孵化间、7个苗圃成长间，在全国首创建筑面积3 000余平方米，拥有国家级创业导师、创业项目测评师等优质咨询力量的军转干部创业孵化基地，创建了创业培训、实训、孵化和服务“四位一体”的创业扶助新模式，打造了全国自主择业军转干部创业孵化品牌工程。

二、社会保障体系不断完善

着眼于“人的全面发展”的大民生观，努力实现人社工作与经济社会发展相统筹，与幸福长春建设相统筹，与每个人的发展相统筹。

一是社会保险待遇标准持续提升。养老保险金标准实现“12连增”，企业退休人员月人均养老保险金达到2 283元。机关事业单位养老保险制度改革全面启动，认定参保单位164家，完成2.4万人的信息采集工作。失业保险费率从2%下调至1.5%，为用人单位减少用工成本0.5%，减负3亿元。对符合规定的954家企业发放稳岗补贴2.46亿元，惠及职工30万人。工伤保险各行业基准费率平均水平由1%左右降至0.75%左右，为35户企业5 200余名职工开展了工伤预防免费体检。

二是医保“夕阳健康”行动成效显著。参保居民中85周岁以上老人住院补偿比例提高到80%左右，4 066名失能人员享受医疗照护保险待遇，平均报销比例达到85%。启动与北京、新疆、海南等地医院异地联网结算工作，城乡居民基本医疗保险政府补助标准提高到420元，生命晚期参保人员舒缓疗护制度进一步健全。作为全国首批试点城市，长春推出的失能人员照护保险为国家长期护理保险制度的顶层设计做出了突出贡献，国家人力资源社会保障部专门发来感谢信。

三是加快医疗保险监督检查立法进程。研究制定《长春市城镇医疗保险监督检查办法》，对监管部门、经办机构、经办职责、服务要求、相关权利义务等进行了全面规范。

三、人才队伍建设取得新进展

全面落实人才是“第一资源”的部署，进一步明确了人才、产业和发展之间的关系，为长春构建“三二一”产业格局提供了有力支撑。

一是人力资源产业园建设顺利推进。启动产业园运营合作洽谈工作，产业园选址已确定，正式签订框架协议，标志着产业园建设全面启动。

二是探索成立人力资源服务行业协会，启动“三个一批”行动，推动人力资源产业发展。成功召开长春市人力资源服务行业协会第一届会员大会，并联合9家企业作为协会发起单位向市民政局申请注册协会，完成了79家会员单位的登记入会工作。

三是人才队伍建设整体水平全面提升。升级“千名科技专家服务民营企业行动”，开展“农业专家乡镇行”和“医疗卫生县区行”系列活动，通过专家咨询、科普讲座、成果推介、现场技术指导、专家诊疗、疗区巡房治疗等方式，实现“一对一”帮扶结对，发挥专家科技服务作用，有效扶持民营企业发展，帮扶种植业等4大类农户，培训300余名医务人员。

四是深入开展“千名高技能领军人才培养工程”。公共实训基地建设正式启动，通过竞赛选拔、岗位练兵、企业培养等不同方式，评选优秀高技能人才192名。

五是引进境外技术、管理人才项目取得新突破。上报国家外国专家局的16项高端、重点引智项目获批可执行15项，均属本市经济发展所急需的“高精尖缺”项目，引进国外高端智力（专家）64人次。

四、人事制度改革不断深化

公务员队伍建设不断加强，事业单位人事管理进一步规范。

一是强化以量化指标为核心的绩效考核模式。全面完善“一个制度，四个办法”的考评体系，制定千分制考评标准，以评问效、拉大考评档次，突出考评结果运用，对全市各级机关工作人员转变工作作风、提高行政效能起到了重要的激励、规范和引导作用。

二是公务员管理工作创新发展。建立吉林省内首家“公务员考核云平台”，云平台的设计与使用，结合长春市公务员考核工作实际，着重突出考核工作中指标分解、领导评鉴、领导评分、结果公示等环节，强化考核奖惩数据统计分析功能，本着“简便易行、科学务实”的原则，实现了全程留痕、实时监控、过程管理、动态评定的公务员考核新模式。全市公务员考核工作跨入“互联网＋”时代。

三是公务员队伍建设进一步强化。通过采取增加地域户籍比例、设置专业考试、定向招录等精准招录方式，为全市各级行政机关招录412名公务员。

四是具有长春特色的人才政策体系初步形成。结合服务业发展对高层次人才的需求和全市产业发展整体规划，围绕人才的引进、培养、激励、合作、成果转化、服务保障等核心环节制定了具体支持政策。发布《关于进一步放活事业单位人才交流的意见（试行）》，在事业单位“凡进必考”政策规定下，在体制内调配人才，激发事业单位人才的活力，做到“人尽其才”，鼓励事业单位专业技术人员离岗创业、在职创业和兼职从业，通过突破体制壁垒，搞活了人才流动的“外循环”。

五是事业单位人才招聘实现重大突破。以东北师范大学等6所教育部直属师范类高校为重点，推行基础教育“633”强师计划。首开事业单位“走出去”招聘的“破冰之旅”，组织50家事业单位赴北京开展公开招聘，与来自清华大学等15所高校的235名毕业生实现对接，公开招聘工作实现了政策范围、操作程序、人才地域和学历层次的全方位突破。

六是深挖优质资源，形成公务员培训特色品牌。组织市直机关公务员赴大庆干部学院参加“学习铁人精神、攻坚克难谋发展”专题培训班，达到了发现问题、转变观念、补齐短板的目的。

五、收入分配制度稳步落实

收入分配制度进一步健全，分配秩序逐步规范，待遇水平稳步提高。

一是启动全民增收“暖流计划”。在保障就业、引领创业、人才培养、工资调整和社会保障等13个方面，提出了32条具体措施，并且全部落实到位，直接或间接惠及城乡居民650万人次，总增收实现23.4亿元，人均360元，被市民誉为“幸福长春”建设的姊妹篇和升级版。作为长春市提升群众幸福指数的品牌工程，“暖流计划”从百姓最关心、最直接、最现实的民生问题着手，切实增强改善民生的针对性和实效性，为全市高水平全面建成小康社会提供了重要支撑。

二是机关事业单位人员健康体检标准实现首次提标。由300元提高至1 200元，实现体检标准和体检项目“双突破”，休养地由一地增至三地，实现休养选择多样化。

三是在脱贫攻坚工作中综合施策。出台《关于就业和社会保障助力脱贫攻坚实施方案》，对贫困地区提供创业就业、技能培训、人才支持、兜底保障、资金支持等30项帮扶政策，为全市脱贫攻坚目标的实现做出了重要贡献。

六、劳动关系保持和谐稳定

全面推进和谐劳动关系建设，劳动者合法权益得到有效维护。

一是成立劳动人事争议仲裁院。全面提升了仲裁机构的整体水平和层次，实现工作互动与队伍培养、深入实践指导与提升办案效能的全面整合。

二是和谐劳动关系综合试验园区建设全省领先。在城区52个街道确立270个社区监测点，在朝阳区成立了省级和谐劳动关系综合试验园区。去产能结构性改革过程中的职工安置工作平稳有序。

三是维护劳动者合法权益“暖心行动”扎实推进。首次将12家拖欠农民工工资的建筑施工单位列入“黑名单”并向社会公布，引起强烈反响。以农民工实名制管理和工资银行卡发放为核心，共规范建筑工地304处，通过银行卡发放工资6.39亿元，实现规范后的建筑工地农民工工资“零拖欠”。

七、自身建设取得长足发展

进一步强化工作载体建设，确保管理水平不断提升、服务质量不断提高、自身建设不断加强。

一是建立了人社部门法律顾问团。通过对现有政策的整合完善，政策的操作性和可行性更加突出，为制度创新提供了重要依据。

二是软环境建设卓有成效。“一门式、一张网”建设走在全市前列，首批上线试运行54项行政权力和公共服务，向长春新区累计下放80项行政权力。通过“六个一批”进一步转变职能，公开18项服务承诺，全面打造了人社系统软环境建设的“升级版”。

三是信息服务更加实用便民。《创业梦想》覆盖面和影响力不断扩大，开通“长春人社局”微信公众平台订阅号，完善门户网站建设，网站累计访问量已突破500万人次。

四是部门内涵建设持续提升。机关文化活动丰富多彩，开办“五型人社”讲坛，班子成员亲自授课。在全系统开展“新进工作人员座谈会”、“履新干部座谈会”、“假如我是服务对象”等主题演讲和换位体验活动。在全市“学党章、严纪律”知识竞赛中获得第一名，荣获全国人社系统2014—2016年度优质服务窗口和2011—2015年度法治宣传教育成绩突出单位荣誉称号。

长春市人力资源和社会保障局

黑龙江省

2016年，黑龙江省人力资源和社会保障部门把认真学习贯彻习近平总书记系列重要讲话特别是对黑龙江省两次重要讲话精神作为首要的政治任务，按照省委关于奋力走出龙江全面振兴新路子的总体部署，坚持“民生为本、人才优先”工作主线，聚焦发展大局，激发内生动力，着力改革创新，圆满完成全年目标任务，实现“十三五”良好开局。

一、就业局势保持总体稳定

（一）就业目标全面完成。

城镇新增就业62.9万人，完成目标的114.4%；失业人员再就业47.4万人，完成目标的118.5%；城镇登记失业率为4.2%，低于控制目标0.3个百分点，低于2015年0.28个百分点。

（二）就业渠道和方式呈现多元化。

一产、二产就业趋稳，三产就业吸纳能力逐年提高，占比达68%，以互联网为基础的电商、微商、快递等新业态成为新的就业增长点，单位就业、自主创业和灵活就业等多元就业方式已经形成。

（三）创业带动就业成效明显。

各级人社部门建立创业孵化基地162个、入驻企业2 834家，通过推动政策落地、实施专项行动、开展创业培训、搭建创业平台等方式，全省人社系统直接组织创业人数达3万人，同比增长24%。

（四）重点群体就业稳中向好。

建立离校高校毕业生实名制数据库和就业服务平台，高校毕业生就业率达95.3%，同比增长1.3个百分点，技工院校毕业生初次就业率达98%以上。发放失业保险稳岗补贴11.5亿元，惠及职工149万人。充分发挥各级各类公共就业服务机构作用，18.7万名困难人员实现就业，完成目标的124.7%，保持零就业家庭动态清零。

（五）平稳有序化解过剩产能职工分流安置工作。

省政府办公厅印发《做好化解钢铁煤炭行业过剩产能职工安置工作实施意见》（黑政办发［2016］99号）和《突发事件预防和应急处置预案》，全力以赴推进职工分流安置工作。省政府办公厅出台《龙煤集团第二批分流人员安置政策意见》（黑政办发［2016］98号），通过给予适当补贴，引导分流人员自主创业或灵活就业。截至2016年年底，龙煤集团已有1.8万人报名参加了第二批分流安置。

（六）职业培训不断加强。

采取订单、定向定岗等方式，精准培训55.8万人。落实省委“一号工程”，开展技能扶贫行动，1 074名贫困家庭子女通过培训实现就业。

二、社会保障体系进一步完善

（一）覆盖范围持续扩大。

全省城镇企业职工基本养老保险、城乡居民基本养老保险、城镇基本医疗保险、工伤保险、生育保险、失业保险参保人数分别达1 064.2万人、837.58万人、1 599.85万人、522.22万人、358.01万人、313.26万人。

（二）社保改革稳步实施。

省政府出台《关于整合城乡居民基本医疗

保险制度的实施意见》（黑政发［2016］36号）及加强城乡医保管理、新农合整体移交、信息系统整合等3个配套文件，整合城乡居民基本医疗保险制度，理顺了管理体制。10个市地建立风险调剂金制度，10个市地实现在哈异地就医结算，省级平台与国家异地就医平台实现联网。出台机关事业单位养老保险制度改革若干政策问题的处理意见、参保登记办法等5个配套文件，政策体系初步建立，省级负责的机关和参公单位参保工作基本完成。失业保险单位费率由1.5%阶段性降至1%，年可减轻企业负担近7亿元。

（三）待遇水平进一步提高。

全省退休人员养老保险待遇调整工作平稳有序按时完成，企业和机关事业单位退休人员待遇持续增长。城镇居民基本医疗保险财政补助标准由年人均380元提高到420元，城镇职工和居民住院基金支付比例分别达82.8%和73.5%。建立了工伤保险伤残津贴调整机制，按照统筹地区上年度职工月平均工资一定比例调整工伤保险待遇。

（四）经办服务水平不断提升。

全民参保计划深入实施，完成登记2 704万人，占全省总人口的70.6%。推行“阳光社保”，企业养老保险网上经办业务达21项，办理业务30.4万笔，实现“信息多跑路，企业少跑腿”。省直医保开展综合柜员制服务，实现业务“通收通办”、“一窗式”办结。

（五）管理监督更加严格。

全面推行企业退休职工指纹认证，统一养老保险经办流程，引入档案影像化管理。省直和部分市地开通医保智能监控系统，对定点医院实时在线监管。改造升级基金监管系统，加大监督检查力度，基金风险防控进一步加强。

三、人才工作成效显著

（一）人才总量不断增加。

技能人才和专业技术人才分别达152.1万人和79.3万人（不含中直），其中新培养高层次人才1.2万人、高技能人才6.9万人。

（二）政策效应初步显现。

鼓励大学生创新创业30条政策进一步激发大学生的创业热情，大学生创业人数达1.4万人，同比增长32%。取消县域内职称外语、计算机考试，降低“四煤城”考试合格标准，减轻十余万人的考试负担。专业技术人员离岗创业达153人，其中90%留在省内。省直事业单位自主招聘后，选人用人更加灵活便利，招聘急需紧缺人才533人。认真贯彻落实省委《贯彻落实〈关于深化人才发展体制机制改革的意见〉的实施意见》（黑发［2016］20号），修订了《黑龙江省留学回国人员择优资助办法》（黑人社发［2016］75号）等政策，进一步完善高层次人才管理服务制度体系。

（三）突出技能人才队伍建设。

2016年12月召开了全省技能人才队伍建设专题会议，出台《加强技能人才队伍建设的若干意见》（黑人社发［2016］82号）、《关于实施“98113”龙江技能振兴计划的意见》（黑人社发［2016］83号），有效激发技能人才和培养机构的干事创业热情。开展技能人才评选表彰推荐工作，1人获得“中华技能大奖”、3人获得“全国技术能手”荣誉称号，推荐9名高技能人才享受国务院特殊津贴。

（四）人才工作项目稳步实施。

继续开展专家服务基层、博士后科技行等活动，解决技术难题95项。深化校企合作，推动100多所技工院校和2 000多家省内外企业深度合作，初步形成联合培养、产教融合、校企共赢的工作格局。组织4期92名中小企业家赴瑞士培训，推进合作项目12项，与瑞士西北应用大学签署未来五年合作备忘录。实施引进外国专家项目113项、引进专家480人次。

（五）人才氛围日益浓厚。

利用各类媒体广泛宣传创新人才管理体制机制的政策和成效，推出了一批领军人才创新创造、大学生创业等典型，在黑龙江省电视台开辟“技能达人”专题节目，弘扬“工匠精神”，展示优秀技能人才风采。

四、人事制度改革进一步深化

（一）公务员管理制度改革不断深入。

推行分级分类考录，提升监管水平，安全圆满完成年度考录任务。完善艰苦边远地区考录政策，进一步放宽招考条件，县乡考录计划岗位流失比例由2015年的4.3%降至1.8%。创新培训内容和方式，首次组织新录用公务员向宪法宣誓，开展创新驱动发展、生态文明建设等专题培训。推进公务员平时考核试点工作，加强评比表彰综合管理。

（二）事业单位人事制度改革持续深化。

省属22所高校岗位设置全面完成，转入自主调整、竞聘上岗动态管理模式。事业单位竞聘上岗、考核培训、奖励处分、编外人员管理等工作统筹推进。

（三）职称制度改革取得积极进展。

技师学院教师系列副高级以下职称全部实行自评直聘，技工学校教师系列副高级职称实行属地化管理。授权部分企业自主开展职称评审，进一步畅通非公有制经济组织和社会组织人员职称申报渠道。取消县以下专业技术人员职称评审中的论文、科研等要求，突出能力和业绩评价导向。

（四）军转安置任务圆满完成。

落实深化国防和军队改革期间特殊措施和倾斜政策，妥善安置1 232名军转干部，开展自主择业军转干部适应性培训，提高企业军转干部生活补助金标准。

五、收入分配制度改革扎实推进

（一）积极开展企业收入分配制度改革。

出台《国有企业负责人基本年薪基数的确定办法》（黑人社发［2016］27号），指导各主管部门深入开展国有企业负责人薪酬审核，调整不合理收入。开展企业薪酬试调查，以市地为单位发布年度企业工资指导线，推动企业开展工资集体协商，合理确定工资水平。

（二）稳慎实施机关事业单位收入分配制度改革。

省政府办公厅出台了《关于调整机关事业单位工作人员基本工资标准和增加机关事业单位离休人员离休费三个实施办法的通知》（黑政办发［2016］126号），稳慎实施机关事业单位收入分配制度改革，建立工资正常增长机制，增加了职工收入。下发了《黑龙江省法官、检察官和司法辅助人员工资制度改革试点实施办法》（黑人社发［2016］65号），对符合条件的法官、检察官和司法辅助人员从员额制落实到位之月起兑现了基本工资。转发了《关于调整人民警察警衔津贴补贴标准的通知》（黑人社发［2016］24号），从2015年1月1日起调整人民警察警衔津贴标准。县以下机关职务与职级并行工作基本完成，乡镇工作补贴基本兑现到位，收入向基层倾斜的导向初步建立，促进了基层队伍稳定。

六、劳动关系保持和谐稳定

（一）和谐劳动关系创建活动深入开展。

省委、省政府出台《关于构建和谐劳动关系的实施意见》（黑发［2016］10号），在全面实行劳动合同制度、推进集体协商和健全协调机制等方面取得新突破，全省劳动合同和集体合同签订率分别达98%和88.5%。

（二）调解仲裁和监察执法效能不断提升。

仲裁立案1.1万件，结案率96.4%，在全国名列前茅。推进“互联网＋调解仲裁”，实时发布案件处理流程、仲裁裁决等重要信息，保障了当事人的知情权。省政府办公厅出台《黑龙江关于全面治理拖欠农民工工资问题的实施意见》（黑政办发［2016］94号），修订《黑龙江省农民工工资规定》，持续开展专项执法检查，督促用人单位补签劳动合同5.2万份，追发工资8.2亿元。

（三）农民工合法权益进一步得到维护。

及时排查并有效化解风险隐患，完善行政执法与司法联动机制，拖欠农民工工资案件、涉案金额同比分别下降27.3%、27.8%。加强农民工综合服务平台建设，建成综合服务中心 106 个、服务站 671 个。

（四）信访维稳工作扎实推进。

坚持法定途径优先，引导服务对象通过申诉、举报、仲裁、信访等法定途径分类处理矛盾纠纷，推动“访、诉、裁”紧密衔接，全系统处理来信来访 8 310 件次，同比下降 48.2%。

七、不断加强自身建设，努力打造人社系统良好形象

（一）深入学习贯彻习近平总书记对黑龙江省两次重要讲话精神。

各级人社部门党组织采取党组扩大会、中心组理论学习会、支部会议等多种形式，层层传达学习，领导带头谈认识、讲体会，加深了对重要讲话精神实质的领会。

（二）扎实开展“两学一做”学习教育。

全系统先后召开动员大会，制定下发学习教育方案，夯实“学”这个基础，抓住“做”这个关键，推动全面从严治党向基层延伸。省人社厅党组组织了“永远跟党走”主题演讲和“不忘初心，继续前进”重温入党誓词等活动，党员党性意识明显增强，先锋模范作用进一步发挥。

（三）不断加强党建工作和作风建设。

制定“三会一课”、组织生活会实施细则等工作制度，深入开展创建和评定星级党组织活动，严肃查处违反中央八项规定和省委、省政府九项规定问题。省人社厅党组先后 6 次专题研究党建工作，认真查摆自身存在问题，积极配合省委第八巡视组做好巡视工作。持续推进简政放权，取消了一批公共服务中的证明，强化下放事项的督促落实和有效服务。

（四）持续培育和践行人社文化。

加强基础建设，突出制度管用原则，完善了权力运行、统计分析、政务公开等一系列制度；突出用“一张表”反映业务工作全貌，新的数据统计体系初步建立。全厅上下深入调查研究、勇于担当作为、敢“较真”真干事的越来越多，形成了“凝心聚力抓发展，心无旁骛干事业”的良好局面。

黑龙江省人力资源和社会保障厅

哈尔滨市

2016年，哈尔滨市人力资源和社会保障局全面落实市委、市政府的工作部署，坚持以党的十八大和十八届五中全会精神为指引，着眼发展稳定大局，牢固树立“五大理念”，切实突出工作主线，锐意创新，拼搏进取，圆满完成各项目标任务，持续推进人力资源社会保障事业健康有序发展，在“十三五”的开局之年为推动全市经济和社会事业发展提供了有力支撑，做出了积极贡献。

一、就业创业工作取得新发展

全市城镇新就业12.7万人，新增就业11.4万人，失业人员实现再就业7.7万人，全部超额完成年度计划目标任务；城镇登记失业率3.8%，低于控制目标0.54个百分点。扎实开展就业服务工作，为11 418名灵活就业人员发放社保补贴资金2 480万元，为468家企业发放稳岗补贴4.2亿元，安置就业困难人员29 200人，实现了零就业家庭动态为零的工作目标。牵头组织了“就业援助月”、“民营企业招聘周”、“2016春风行动”等就业招聘活动，深入所辖巴彦、木兰和延寿等贫困地区，组织开展促进就业招聘大会，着力推进公共就业服务向基层延伸。全力做好大学生就业创业工作，认定大学生创业孵化基地8个，资助大学生优秀及重点创业项目30个，发放大学生创业种子资金330万元、创业担保贷款4 108万元、就业见习补贴1 408.4万元、求职补贴331万元，促进了就业局势持续总体稳定。

二、社保体系建设实现新进步

全市养老、医疗、工伤、生育、失业保险参保人数分别新增6.6万人、4.1万人、5.3万人、2.1万人、1 620人，分别达到140.9万人、373.3万人、133.2万人、89.1万人、97万人，全部完成工作目标任务。连续12年调整企业退休人员基本养老金标准，人均养老金从2005年的599元提高到2 210元。持续推进“助保贷款”工程，在原有6个主城区的基础上，将呼兰、阿城纳入实施范围，全年为1 349名群众办理助保贷款合计6 048万元，已有933人开始享受待遇。全面贯彻落实《城镇企业职工基本养老保险关系转移接续暂行办法》，跨统筹地区养老保险关系转移接续实现了零障碍。统一城乡居民养老保险政策，建立城乡居民养老保险参保人员丧葬补助制度。扎实推进城镇基本医疗保险市级统筹工作，扩大异地就医实时结算范围，哈尔滨市异地定点医疗机构已增至20所，异地定点零售药店13所。扩大成人居民特殊疾病门诊治疗支付范围，新增7个特殊慢性病病种，新增享受特殊慢性病待遇患者9 584人。调整特殊慢性病支付方式，将院前急救纳入个人账户支付范围。推进城镇居民大病保险工作，大病保险已覆盖全市152万参保居民，2016年大病保险待遇赔付11 173人次、2 518万元。实现了参保人利用手机APP完成线上下单购药，拓展医疗保险个人账户使用的灵活性。下调工伤保险费率0.15个百分点，生育保险实现“全流程一站式网上办理”。

三、人才队伍建设收到新成效

着力构建有利于人才创新创业的政策体系，拟订《哈尔滨英才集聚计划实施方案》。协助举办第六届中国哈尔滨国际科技成果展交会，对36个项目进行了洽谈对接，签订人才项目合作协议13项。进一步加强高层次人才队伍建设，授予11名优秀人才哈尔滨市第四届市长特别奖，推荐全市企事业单位11名同志享受国务院政府特殊津贴。申报省级领军人才梯队2个，新建市级重点领军人才梯队5个、市级领军人才梯队16个，全市共有领军人才梯队124个。申报国家级高技能人才培训基地1个，省级高技能人才基地2个，组织评审市级技能大师工作室7个，选拔20名优秀高技能人才为哈尔滨首届首席技师。组织校企对接会11场，与1 256家企业签订校企合作协议。2016年全市共引进各类高层次人才2 107人，使用人才发展资金4 400多万元，支持资金91万元，新增11名市政府特聘专家。引进外国专家项目39项，全市重点企业首批引进各类优秀人才51人，引进外国专家421人次，支持引智资金700万元，培养高技能人才23 768人。

四、人事制度改革迈出新步伐

按照全省的统一部署，有序推进县以下机关建立公务员职务与职级并行制度落实，530人兑现了职级晋升后工资待遇，月人均增资365.9元。认真做好全市机关事业单位基本工资调整工作，调整金额共计4.4亿元。严密组织2016年公务员考试录用工作，按照分级分类考试要求，紧盯顶层设计、笔试面试、考务安全等重点环节，实现了依法、公平、安全考录。顺利完成了公务员遴选工作，涉及17个部门、39个职位共45人。举办了三期新任处长（专员）专题培训班，涉及改革的38个部门、594名处长（专员）全员参加了培训。稳步推进人事制度改革，配合市卫计委、市文广新局积极推进市第一医院、哈尔滨音乐厅人事管理制度改革。配合完成了2015年教师职称评选中的岗位设置，规范事业单位人员调配，做好人事考试报名、审核及考务等各项工作。扎实开展市直机关事业单位编外用人的清理整顿，认真做好事业单位公开招聘工作。扎实推进2016年军官转业安置工作，积极做好自主择业干部、企业军转干部帮难解困及各项服务工作。

五、和谐劳动关系呈现新气象

强化劳动合同制度建设，升级“哈尔滨市劳动用工信息备案管理系统”，实现劳动用工信息化一体管理。全面落实集体合同制度，全市劳动合同签订率达到98%，集体合同备案率达到87.5%，规模以上集体合同备案率达到93.5%。健全工资决定和正常增长机制，发布2016年企业工资指导线。落实工资集体协商工作责任制，将构建和谐劳动关系工作纳入政府目标责任考核体系。妥善做好企业规模性裁员监管工作，扎实做好去产能职工安置工作。着力加大农民工欠薪预防和治理工作力度，全年市本级共受理建筑领域欠薪案件142件、涉及人数4 750人、涉及金额17 119万元，结案141件，结案率99.2%；累计收缴农民工工资保障金49 208万元，收缴率98.3%。积极做好信访工作，全年共接待处理群众信访847批次、1 093人次。承办省、市交办案241件，时限期办结率100%。承办市长公开电话案件752件，市长电话交办公文25件，时限期办结率100%。全年市本级处理各类劳动人事争议案件1 318件，结案率97.1%；接待各类劳动人事争议咨询6 000余人次。提供法律援助315件，为当事人挽回经济损失387.5万元。

六、公共服务水平新提升

整合职能，将社会保障各服务窗口和局行政审批办公室成建制进驻市政府行政审批中心，按照便民利民原则，规范楼层和办事窗口设置，开设自助查询区和自助业务办理区，方便用人单位和群众办事。将外国专家来华工作许可、台港澳人员在内地就业许可等8项行政许可职能统一划归局行政审批办公室负责，优化了办事流程，提高了审批效率。至年末，共办理行政许可工作事项2 629件。全力提高信息化建设水平，确定了“金保工程”二期建设公共业务平台构架，将机关、事业单位养老保险管理系统开发列入“金保工程”二期建设。开发并实施全国首创的手机APP网上购药系统，打造全国首创的政府级医保参保人员信用体系，探索实行“先看病、后付费”的智慧医疗模式。加强窗口服务作风建设，探索前台统一受理、后台协同办理的经办服务模式，完善门户网站、微信平台、自助终端机、12333咨询电话等平台的政策宣传、查询、经办和监督功能，推广网上服务、手机掌上服务、短信息、自助服务等多种服务形式，提高了群众对窗口服务的满意度。哈尔滨市失业保险基金管理中心和方正县社会保险事业管理局被评为“全国人力资源社会保障系统2014—2016年度优质服务窗口”单位。

七、系统自身建设新加强

扎实开展“两学一做”学习教育活动，坚持每周一期简报，每月一个提示，每季度一块板报。严格学习教育、查摆问题、深入整改等重点环节，增强了全体党员“学党章党规、学系列讲话，做合格党员”的主动性和自觉性。根据市委第二巡察组的巡察意见，坚持以问题为导向，全面开展自检自查自纠，对能够马上解决的问题立行立改，对涉及深层次体制机制改革的问题制定改进方案，持续深入推进，确保每一件整改任务不折不扣落到实处。围绕“就业、社会保障、人事人才、劳动关系”等方面内容，前往深圳、南宁、贵阳和乌鲁木齐等地市，通过对口衔接课题、面对面了解工作、实地察看窗口服务平台等形式，开展了卓有成效的调研工作，积极推进成果转化，促进了工作水平有效提升。

哈尔滨市人力资源和社会保障局

上　海　市

2016年，上海市人力资源和社会保障部门深入贯彻党的十八大和十八届三中、四中、五中、六中全会精神，全面落实国家各项重大改革举措，在人力资源社会保障部的指导下，在上海市委、市政府的领导下，坚持改革创新，推进依法行政，通过上海市各级人力资源社会保障部门和各方面的共同努力，主动适应经济发展新常态，积极服务上海经济社会发展大局，狠抓推进落实，力补工作短板，通过各方的共同努力，全面完成了年度各项工作任务，实现了“十三五”的开门红。

一、就业培训基础不断夯实

（一）较好完成各项主要就业工作指标。

主要就业创业指标好于上年同期，保持了就业局势的总体稳定。全年新增就业岗位59.93万个，年底登记失业人数24.26万人，控制在25.5万人以内，登记失业率4.1%。

（二）促进各类群体实现就业。

深入开展离校未就业高校毕业生就业促进、长期失业青年就业帮扶。公共就业服务机构共举办各类应届高校毕业生专场招聘会357场，提供招聘岗位13.06万个。安置就业困难人员10 786人。继续推进扶持失业青年就业的“启航计划”，帮助8 802名长期失业青年实现就业创业。为有就业意愿的离土农民提供就业服务3.76万人次，就业服务覆盖率达到100%。落实国家要求，过剩产能企业职工分流安置工作平稳有序。研究细化了促进残疾人就业创业的政策措施。

（三）大力促进创业带动就业工作。

第三轮鼓励创业带动就业三年行动计划深入实施，全年帮扶引领成功创业11 795人。2016年，发放创业担保贷款4.57亿元，发放贴息1 851万元。全面开展创业型城区创建，组织开展中期评估。不断夯实创业服务载体，认定第四批上海市级创业孵化示范基地20个，市级示范基地规模达到89个。推出了“乐业上海”、“海纳百创”两个公共服务品牌。大学生创业引领计划深入实施，在28所高校成立创业指导站，成立“上海创业研究中心”。

（四）强化对劳动者的职业培训。

公布并启动了首批企业新型学徒制试点，认定首批试点单位11家，试点项目21个。落实国家农民工职业技能培训“春潮行动”，实施新生代农民工技能提升计划。制定养老护理人员技能提升专项行动计划，全年完成养老护理员培训2.05万人。实施上海市2016年职业培训补贴目录和补贴标准。加强地方教育附加专项资金的使用管理，对区县使用情况开展了绩效评估。完成职业培训64.94万人，其中农民工27.77万人次。

（五）加强外来从业人员就业管理服务。

来沪从业人员灵活就业登记进一步加强，保险营销行业从业人员纳入灵活就业登记管理。全年完成来沪从业人员居住证条件审核39.59万人，办理灵活就业登记0.95万人，累计灵活就业登记7.18万人。各级公共就业服务机构开展了“春风行动”，集中为来沪从业人员提供专场招聘、职业指导、创业咨询等就业服务。

二、社会保险制度进一步完善

（一）稳妥提高社会保障待遇水平。

在全国率先统筹调整了各类人员养老金水平和办法。失业保险、工伤待遇等民生保障待遇标准进一步提高。配合全面二孩政策，修订了生育假、配偶陪产假、婚假等待遇，规范生育生活津贴计发办法，调整生育医疗费补贴标准。减轻参保人员医疗费负担，提高了职工医保最高支付限额。制定了上海市部分高价肿瘤靶向药品集中采购后试行医保结算的工作方案。

（二）推进社会保险制度改革。

贯彻落实《社会保险法》，外来从业人员全面纳入社会保险制度。研究提出了完善调整被征地人员社会保险制度的方案。稳妥推进机关事业单位养老保险制度改革。调整实施用人单位工伤保险行业基准费率和浮动费率，推进建筑业从业人员按项目参加工伤保险。在全国率先整合城镇居民医保和新农合，城乡居民医保实施首年推进平稳，参保人数达 332 万人。研究推进异地就医结算，已对参加上海市互助帮困计划的外省市退休回沪定居落户人员的门急诊医疗费实现持卡实时结算。修订了上海市开展高龄老人医疗护理计划试点工作的意见，将试点范围扩大到全上海市。参加国家首批长期护理保险试点，制定了上海市的试点办法及配套文件。

（三）加强社会保险基金监管。

贯彻落实国务院“三去一降一补”要求，2016 年 1 月 1 日起在全国率先降低职工社会保险费率 2.5 个百分点，全年减轻企业负担约 135 亿元。贯彻落实国务院《基本养老保险基金投资管理办法》，制定了上海市的投资运营实施方案。启动了上海市基本养老保险基金风险预警监测并完成预警监测基础数据收集。配合国家审计署，做好全国性医疗保险和工伤保险基金专项审计，落实整改意见。推进完善医保基金监管体系，监管重点从医疗机构延伸至医保医师，全面开展医师约谈工作。加强部门协同协作，与公安部门探索实施医保“行刑衔接”，与卫生部门开展联合执法。第二批医保药品带量采购工作顺利实施，平均降幅达 63%，医用耗材和中药饮片阳光平台上线运行，调整了自费药品挂网采购办法，推动了医疗机构药品采购第三方评价工作。

三、人才开发取得新突破

（一）推进人才综合开发。

积极推进科创中心人才政策落地，开展了居住证转户籍政策的评估，进一步完善了梯度化人才引进制度体系，强化市场评价导向，聚焦高端人才、重点产业、核心区域。共引进国内高层次、紧缺急需人才 5 993 人，居住证转户籍 8 044 人，新办居住证积分 41 634 人，积分续办 178 112 人。探索创新服务人才模式，与虹桥商务区管委会、松江区、长宁区等签署了战略合作协议，进一步推动人才新政先行先试，探索开放包容、运行高效的人才发展治理体系。推进人力资源市场建设，引导人力资源服务机构更好发挥市场配置作用，在自贸区审批设立了全国首家外商独资人力资源服务机构。

（二）集聚海外智力资源。

根据国家部署和要求，率先启动实施“外国专家来华工作许可”和“外国人就业许可”的整合试点工作。推动上海市政府与国家外国专家局签署了建设张江国际人才试验区合作备忘录。对外国高层次人才在华创新创业和服务保障开展先行先试，实现了中国绿卡和上海 B 证的贯通对接。有 2 人荣获 2016 年度“中国政府友谊奖”，4 人获“白玉兰奖”，推荐第七批国家“外专千人计划”33 人，“浦江人才计划”资助 286 人，56 名外国专家入选上海市“外专千人计划”。全年完成引进海外人才 20 741 人，其中留学人员 11 093 人、港澳台专才 443 人、外国专家 9 205 人。

（三）加强专业技术人才队伍建设。

选拔领军人才 106 名，推荐国务院政府特殊津贴人选 107 名，71 名中青年专业技术人才入选上海人才发展资金项目。制定深入推进专业技术人才知识更新工程的实施细则，全年举办国家级和上海市级示范性高级研修班 78 期，培训 3 200 人次。

（四）加强高技能人才队伍建设。

协助人力资源社会保障部在沪成功举办了 G20 就业工作组第二次会议和第 44 届世界技能大赛全国集中选拔赛，启动第 46 届世界技能大赛申办。3 名高技能人才获“中华技能大奖”、19 名高技能人才获“全国技术能手”荣誉称号，实现了历史性的突破。认定资助高技能人才培养基地 15 个，新建和追加资助技能大师工作室 30 家、首席技师项目 196 个，年末高技能人才占技能劳动者比重提高到 31%。

四、人事、军转工作和公务员队伍建设有序推进

（一）深入推进事业单位人事制度改革。

制定了科创领域职称评聘实施细则，完成了中小学正高级教师职称评审。根据行业特点和需求，出台了差别化的专业技术岗位公开招聘办法。启动了企业独立招收博士后试点。进一步简化公开招聘的程序，向用人主体放权。适当调整了宣传文化系统专业技术岗位结构比例标准。加强考务人员培训，创新考试工作办法，全年组织人事考试 92 项，报考人数 55.8 万人次。

（二）全面完成军转安置任务。

配合裁军首年，制定实施上海市深化国防和军队改革期间军队转业干部安置工作的实施意见，进一步科学编制计划、优化安置流程、推进阳光安置、拓宽安置渠道，基本形成公平公开公正的安置制度，圆满完成军转安置任务。

（三）进一步加强公务员队伍建设。

街道乡镇及相关基层单位职务职级并行工作平稳实施。浦东、徐汇、嘉定行政执法类公务员分类改革试点取得预期效果，在此基础上推广扩大到全市综合执法队伍。积极开展公安分类管理改革，完成了工青妇群团机关专职干部遴选工作，建立了上海市法检系统垂直管理的分类招录模式。指导浦东新区开展公务员聘任制试点。完成了公务员年度招录、培训和绩效考核工作。对奥运会上取得佳绩的运动员和教练员进行了表彰。

五、收入分配改革稳慎实施

（一）进一步完善收入分配制度。

修订完成了事业单位行业分类目录（2016 版），调整了事业单位分类调控绩效工资总量办法。围绕科创中心建设，对科教文卫领域绩效工资给予倾斜支持。义务教育绩效工资办法进一步完善。调整了事业单位工作人员基本工资标准。在全国率先建立了一套符合法官、检察官职业特点的单独序列的薪酬体系，并复制推广成为全国的方案。实施了人民警察职业保障制度改革，调整了上海市警衔津贴标准。完成行政执法类公务员工资制度改革第一批试点。进一步规范机关公务员津补贴，按照国家部署，提高了机关和事业单位人员基本工资标准。

（二）进一步提高职工收入水平。

调整最低工资标准，4 月 1 日起，将上海市月最低工资标准从 2 020 元调整为 2 190 元，小时最低工资标准从 18 元提高到 19 元。发布企业工资指导线，平均线为 9%，下线为 4%，上线为 14%。调整了 2016 年社区工作者薪酬水平，薪酬结构进一步优化。对环卫、绿化等政府购买服务行业，公交、轮渡等政府限价收费行业，制定了专门针对公用事业一线职工工资水平的意见，完善激励机制，提高总体水平。修订完善了企业工资支付办法、夏季高温津贴发放办法。

六、劳动关系总体和谐稳定

（一）进一步促进和谐劳动关系建设。

深入贯彻构建和谐劳动关系实施意见，制定下发了相关配套文件。形成了上海市关于涉及劳务派遣用工执法工作若干问题的指导意见。对《劳动合同法》实施情况开展了评估。

（二）进一步做好劳动人事争议处理。

推进劳动争议多元化解工作，夯实街镇基层调解组织建设，指导闵行、嘉定、浦东、松江四个区启动了第二期全面引导先行调解试点工作，积极创新社会化调解工作机制。推进仲裁效能建设，全年共受理劳动人事争议案件12.32万件。

（三）加大劳动保障监察执法力度。

建立并完善了群体性突发事件处置工作预案和分级响应机制，对市区街镇的分级管理职能明确了意见。加强欠薪治理，出台全面治理农民工欠薪问题实施意见，建立了市级解决企业拖欠工资问题联席会议机制。强化欠薪入罪，做好行刑衔接，2016年劳动保障监察机构向公安机关移送涉嫌拒不支付劳动报酬犯罪案件28件。劳动保障监察机构全年共受理劳动保障监察举报投诉1.54万件，追缴社会保险费、责令补发工资共计约5.77亿元；处置群体性突发事件216件，垫付欠薪保障金1.2亿元。

上海市人力资源和社会保障局

江 苏 省

2016年，江苏省各级人力资源社会保障部门认真贯彻落实习近平总书记系列重要讲话特别是视察江苏重要讲话精神，认真贯彻中央和部、省决策部署，牢固树立新发展理念，坚持“民生为本、人才优先”工作主线，锐意改革、扎实工作，全面完成各项目标任务，实现了“十三五”良好开局。

一、就业局势保持总体稳定

始终把就业工作作为全系统的第一位任务，实施更加积极的就业政策，多渠道开发就业岗位，高频次开展劳动力供需对接，大力度促进就业创业，城镇新增就业创出143.22万人的历史新高，城镇登记失业率保持在3.0%的较低水平，在经济下行压力加大的情况下保持了就业局势总体稳定，成为经济运行的一大亮点。

一是去产能职工分流安置平稳有序。率先出台政策意见，建立精准到企到人的实名制数据库，通过内部分流、内部退养、转岗就业、托底安置“四条渠道”，妥善安置23 131名钢铁煤炭行业去产能职工，顺利通过国家验收。特别是分流安置任务重的徐州市，建立包干挂钩机制，实行“一对一”就业帮扶，确保了分流安置工作平稳推进。

二是高校毕业生就业水平不降低有提高。坚持将高校毕业生摆在就业工作首位，整合实施高校毕业生就业创业促进计划，提升实名制管理水平，建站到校、服务到人，高校毕业生年末总体就业率96.9%。

三是精准就业扶贫机制全面建立。把就业扶贫作为重大政治任务，坚持技能培训、就业援助、创业扶持多措并举，力促“一人就业、一户脱贫”，全年5.77万名建档立卡低收入农户劳动力实现稳定转移就业、0.39万人实现成功创业。

四是创业平台和载体建设取得突破。启动实施农民工等人员返乡创业培训五年行动计划，推动创业型城市建设向街镇、村居和园区延伸，新增镇江创业园、泰州歌德电子商务生态园2个国家级创业孵化示范基地和62个省级创业示范基地，成功举办大学生创业风采展示活动，共扶持22.82万名城乡劳动者成功创业，同比增长17%。

五是重点群体培训成效突出。率先启动实施新生代农民工职业技能提升计划，对14.91万名新生代农民工有针对性地开展岗前、提升和转岗培训，培训后就业率达90%以上。实施化解过剩产能企业职工特别职业培训计划，优选培训项目进矿区、进企业，先后为0.64万名去产能企业职工实施免费培训，基本实现“培训一人、转岗一人、就业一人”。

二、覆盖城乡的社会保障体系更加牢固

紧紧围绕有“更可靠的社会保障”目标，突出抓好重大改革落地，精心组织实施提标，率先全面完成全民参保登记，各项社会保险参保人数持续增长，主要险种覆盖率稳定在97%以上，社会保险基金总体运行平稳。

一是机关事业单位养老保险制度改革全面展开。各地全部出台改革实施办法，省统一开发的参保登记系统上线运行，人员核定和参保

登记工作稳步推进，2016 年年底完成参保登记 135.82 万人。

二是城乡居民医保制度整合取得突破。加强沟通协调，精心制定整合实施意见，省委深改组、省政府常务会议于 2016 年年底审议通过，明确由人社部门承担行政管理职能，为建立社保统一管理大格局奠定了扎实基础。在苏州、常州、南通、泰州 4 个设区市实现全市范围内整合的基础上，新增 9 个统筹区，实现城乡居民医保统一管理。

三是首次统筹调整退休人员养老金平稳实施。着眼规则公平，注重待遇平衡，精心组织实施，顺利圆满完成首次统筹调整机关事业单位和企业退休人员养老金，惠及近 730 万人，人均上调 6.9%。

四是降费率助推实体经济发展成效显著。全力落实降成本重大部署，实施阶段性降低养老保险费率新政，再次调低失业保险费率，暂缓上调最低缴费基数，全年为企业减少用工成本支出 120 亿元左右，受到广泛好评。

五是省内异地就医结算难题取得重要进展。大力推进所有统筹区全部实现与省平台联网，就医费用直接结算率达到 70.9%，同比提高 20 个百分点，有效解决了群众垫资和跑腿问题。

六是社保基金监管得到全方位加强。扎实做好立法准备，推动省人大颁布《社会保险法》实施后的全国首部社保基金监督地方性法规。全面系统总结近年来的社保体系建设和社保基金监管成效，省人大常委会组织的社保基金管理监督专题询问取得良好效果，社会保障体系建设成效得到人大代表的充分肯定。

三、人才工作整体推进取得新的突破

切实履行政府人才综合管理职能，落实中央深化人才发展体制机制改革意见，强化政策创新，实施重点人才工程，新增专业技术人才 49.01 万人，新增高技能人才 33.3 万人，均居全国第一；6 名外国专家入选国家“千人计划”外专项目，1 名技能人才入选“中华技能大奖”，17 人获“全国技术能手”称号，人力资源服务业营业收入超过 1 200 亿元。

一是人才政策创新打出一套含金量高的“组合拳”。主动策应“一中心、一基地”建设，研究提出人社部门支持产业科技创新中心建设 11 条举措，出台加快苏南国家自主创新示范区 21 项政策和昆山两岸人才合作试验区建设实施意见，在改进事业单位岗位动态管理机制等方面提出一系列全国领先的人才新政，向用人主体放权、为人才创新松绑。

二是困扰人才评价的难点问题得到有效化解。出台深化全省职称制度改革总体方案，取消职称外语和计算机应用能力要求，率先在全国制定发布职业资格资质认定和涉企培训考证目录清单。

三是产业人才培养培训力度持续加大。适应重点产业领域人才发展需求，完成专业技术人才知识更新培训 153.6 万人次。调整“六大人才高峰”选拔培养方向，遴选资助战略新兴产业人才项目 372 个，占入选项目总数的 56.2%。

四是高端人才集聚平台建设力度加大。首创外国专家工作室制度，建成首批 100 家省级外国专家工作室。新建南通 1 家部省共建留创园，国家级留创园总量居全国首位。新建常州、镇江两家省级人力资源服务产业园，香港华德士人才咨询公司等 6 家国内外知名人力资源服务企业落户江苏。

五是高技能人才队伍建设取得新突破。成功举办第三届江苏技能状元大赛，获第七届全国数控技能大赛金牌、银牌和团体总分三项第一和第 44 届世界技能大赛全国选拔赛 5 个项目第一名，获批 9 个国家级世赛集训基地。制定推进技工院校改革发展具体举措，技工院校招生逆势上扬，达到 10.2 万人。

四、人事管理科学化规范化水平不断提升

坚持规范管理与机制创新并重，深入推进人事制度改革，公务员队伍建设进一步加强，事业单位人事管理不断规范，军转安置和人事

考试任务顺利完成。

一是公务员分类管理改革试点取得突破。协同推进法官、检察官分类管理改革，启动实施法官、检察官工资制度改革试点，1 万余名入额法官、检察官全部兑现相关待遇；组织开展公安机关人民警察职务序列改革，选择南京、苏州两市 7 个公安机关开展职位分类、资格评定和职务套改试点。

二是公务员激励评价机制更加完善。全面实施县以下机关公务员职务职级并行制度，连云港、扬州等地行动迅速、组织有力，全省首批有 5.3 万名公务员晋升职级。调整优化中央批准江苏保留的 154 项评比表彰项目，有效发挥了评比达标表彰正向激励作用。出台深化公务员平时考核意见，在市级机关全面推行平时考核，使广大公务员有压力、增动力。

三是事业单位人事管理政策持续创新。进一步落实鼓励高校、科研院所专业技术人员创新创业政策，支持高校、科研院所在核定的岗位总量内自主确定岗位结构比例和岗位标准，开辟急需紧缺高层次人才引进“绿色通道”。完善公开招聘政策，支持教育部门定向培养 2 076 名乡村教师，支持卫生计生部门为农村基层医疗卫生机构免费培养 1 449 名定向医学生、首次遴选 2 000 名优秀基层卫生骨干人才。

四是军转安置和人事考试任务全面落实。认真落实深化国防和军队改革期间军转安置特殊措施和倾斜政策，对师团职军转干部全部实行“量化考核、积分选岗”，开辟营以下军转干部直接进入基层公安单位“快速通道”，圆满完成 4 005 名军转干部安置任务。安全顺利完成 100 多项、150 多万人次、300 多万科次人事考试任务。

五、工资收入分配制度不断完善

认真落实中央关于扩大中等收入群体、缩小工资收入分配差距的新部署，积极探索，统筹推进，不断健全工资收入分配制度，薪酬分配的激励导向作用进一步发挥。

一是国企负责人薪酬制度改革取得积极进展。会同相关部门出台省管企业负责人薪酬管理配套文件，完成 2015 年度薪酬清算兑现工作。13 个设区市全部制定国企负责人薪酬制度改革方案，无锡、盐城等 10 个设区市先行出台实施。

二是机关事业单位基本工资标准调整和乡镇工作补贴全面实施。按照国家统一部署，落实基本工资标准正常调整机制，优化工资结构，人均月增资约 300 元。乡镇工作补贴政策全面落实，2016 年共惠及 48.7 万人，人均月增资约 320 元。

三是公立医院薪酬制度改革稳步推进。按照省下发的试点地区公立医院薪酬制度改革实施意见要求，南京、镇江等 6 个先行先试地区全面实施公立医院薪酬制度改革，探索建立了适应公立医院特点的薪酬制度。及时总结经验，率先出台全省面上公立医院薪酬制度改革意见。

四是高校、科研院所薪酬制度改革初步破题。率先出台高校、科研院所薪酬制度改革实施意见，探索试行多元化薪酬分配制度，允许科研人员兼职兼薪，为进一步激发科技人才创新创造活力提供了有力的政策保障。

六、劳动关系总体和谐稳定

主动应对经济下行、化解过剩产能等对劳动关系的影响，坚持依法构建、共建共享，重抓机制完善和制度创新，规模以上企业劳动合同签订率稳定在 98％以上，劳动保障监察和争议仲裁结案率分别达 100％和 98.5％。

一是和谐劳动关系建设向纵深推进。提请省委、省政府出台构建和谐劳动关系实施意见，形成党委领导、政府负责、社会协同、企业和职工参与、法治保障的工作体制。启动实施劳动关系和谐企业和工业园区建设行动计划，圆满完成集体合同三年攻坚计划。

二是欠薪问题治理取得突破性进展。提请省政府办公厅出台全面治理拖欠农民工工资问题的实施意见，将治理拖欠问题纳入政府考核评价指标体系，会同住建等部门制定工程建设领域农民工工资支付管理办法，推行欠薪企业“黑名单”制度，全年共追发农民工工资6.13亿元，涉及农民工10.16万人，欠薪案件和群体性事件数同比分别下降9.5%和29%。

三是劳动保障监察执法能力显著提升。会同省编办、财政厅出台进一步加强劳动保障监察执法能力建设意见，全年主动监察用人单位12.3万户，立案查处案件2.02万件，督促用人单位补签劳动合同22.93万份、缴纳社会保险费1.63亿元。

四是维权工作机制持续创新。建立劳动争议调解仲裁与劳动保障监察衔接机制，出台重大集体劳动人事争议多方联动调解和仲裁快速处理制度，46.6%的重大集体争议通过多部门联动及时调解，余下的仲裁结案时间缩短15天以上。进一步提升全省联动举报投诉平台和争议调解服务平台运行效能，举报投诉动态录入率和案件按期运行率均在95%以上，网上调解服务平台调解成功率达84%。为农民工服务工作进一步加强，工资收入持续增长，劳动保障权益得到有效维护，享受城镇基本公共服务范围逐步扩大，50名农民工和3个农民工工作集体受到国务院农民工工作领导小组表彰，100名农民工和40个农民工工作集体受到江苏省表彰。家庭服务业规范化、职业化取得新进展，全省确定7家省级家庭服务职业培训示范基础。

七、人社基本公共服务水平进一步提升

坚持补短板和提效能并举，大力推进标准化和信息化建设，积极深化行政审批制度改革，人社公共服务的可及性、便捷性不断增强，南京市人才服务中心、淮安市人社综合服务窗口等13个优质服务窗口受到部表彰。

一是“放管服”改革不断深化。出台做好全省人社领域“放管服”工作实施意见，省级累计取消、下放或委托行政许可事项25项，占原有32项的78%。制定加强事中事后监管的配套文件，理顺各层级监管职责，实现省、市、县三级权力的名称、类型、依据、编码“四统一”。出台加强和改进人社领域公共服务实施方案，公布人社公共服务事项目录，流动人员人事档案接收告知承诺制等15项措施先行落实到位。

二是人社公共服务提档升级。创新制定实施人社基层平台建设标准和服务规范，推动人社基层平台硬件建设、业务经办、信息应用、服务保障全省统一，全年提供面对面服务超过1亿人次。宿迁等6个市县被评为国家级社会保险标准化先行城市。

三是“智慧人社”加快构建。制定总体建设方案，建成省集中的服务对象基础信息库，覆盖8 000万人和200万户单位。新发行全国统一的社会保障卡678万张，累计持卡人数5 617万人，102项卡服务项目开通率达86.7%。统一网上公共服务平台，200余项服务项目上网运行。推进12333服务一体化建设，提供服务1 315万人次，服务满意率超过90%。

江苏省人力资源和社会保障厅

南　京　市

2016 年，南京市人力资源和社会保障部门贯彻落实南京市委、市政府“坚持稳中求进、深化改革开放、保障改善民生”的部署要求，积极适应经济发展新常态，牢牢把握“民生为本、人才优先”工作主线，统筹推进全市人力资源社会保障领域重点工作和重大改革，各项主要工作目标任务均达到序时进度要求。

一、就业局势保持总体平稳

始终坚持把就业工作摆在突出位置，牢牢守住经济“底盘”，全力以赴促进就业创业，全市就业形势继续保持稳定。城镇新增就业 22.42 万人，城镇登记失业率保持在 1.88％。

（一）推动新一轮就业创业政策落地见效。

贯彻落实市政府《关于进一步做好新形势下就业创业工作的实施意见》等文件要求，出台《南京市就业困难人员认定实施细则》等五个具体政策，推动落实全市就业创业政策的城乡统一、同城同标。按照全市推进供给侧改革的要求，帮助企业降低用工成本，落实失业保险支持企业稳定岗位及降低养老保险、失业保险缴费比例等政策，全年减轻企业负担近 30 亿元；出台《关于在化解过剩产能实现脱困发展过程中做好职工安置工作的实施意见》，妥善做好化解过剩产能中的职工分流安置工作。

（二）推进大众创业带动就业。

更大力度推进创业带动就业，促进各类创业载体建设提档升级。重点实施青年大学生创业引领计划，帮助大学生降低创业门槛，解决创业所需的场地、资金、项目等难题。培育自主创业者 2.04 万人，带动就业 13.01 万人，扶持大学生创业 5 071 人。遴选资助青年大学生优秀创业项目 297 个，资助金额 7 225 万元。

（三）促进重点群体就业。

坚持把高校毕业生就业摆在就业工作首位，深入实施高校毕业生就业促进计划，举办各类毕业生招聘活动，南京籍离校未就业高校毕业生实名制登记率和服务率达 100％。贯彻落实高校毕业生住房租赁补贴政策，吸引更多的毕业生在宁就业，全市申报成功 1.6 万人，审核通过 1.3 万人，补贴金额 2 562 万元。组织开展“就业援助月”、“春风行动”等活动，加强就业困难人员、退役士兵、随军家属等群体的就业帮扶。全市实现再就业 10.67 万人，援助困难人员就业 1.43 万人，农村劳动力转移就业 3.12 万人次。

（四）加强职业技能培训。

全面实施“送培训”活动，针对城镇失业人员、农村转移劳动力、大学生等不同群体的特点，开展多层次差异化精准培训，提高培训实效性，进一步扩大培训覆盖面，提高劳动者就业技能。全年开展各类职业技能培训 40.11 万人次，发放培训补贴 6 087.95 万元。

二、社会保障体系进一步健全

按照全覆盖、保基本、多层次、可持续的工作方针，不断提升社会保障体系建设水平，进一步发挥社会保险“稳定器”、“安全网”的作用。

（一）稳步推进社保领域各项改革。

进一步提高社会保险统筹层次，正式启动

医疗保险市级统筹。南京市职工五项社会保险在江苏省内率先实现统收统支。深入推进全市机关事业单位养老保险制度改革，制定出台南京市贯彻意见。开展扩大企业年金制度覆盖面试点。推动老农保和现行养老保险制度衔接，完善多层次的养老保险制度体系。推进医保付费方式改革，做好公立医院综合改革、“五证合一”改革等相关工作。完善医保定点医药机构协议管理，年内新增定点医药机构623多家。

（二）加大社会保险扩面征缴工作力度。

完善全民参保登记动态管理机制，开发完成全民参保登记电子地图，开展以未参保单位和中断缴费人员为重点的专项行动，实施精准扩面。加大社会保险费清欠力度，当年清理社会保险欠费 7 241 万元。严格缴费基数申报，查出漏报缴费基数 9 689.88 万元。全市职工五项社会保险累计参保 1 480.31 万人次，比上年末净增 38.85 万人次。职工五项社会保险基金征收总额 585.79 亿元，年末基金累计结余 748.05 亿元。

（三）进一步提高社会保险待遇水平。

同步调整企业和机关事业单位退休人员养老保险待遇，城乡居民、被征地人员以及各类特殊群体社保待遇稳步提高，全市企业退休人员月人均养老金达到 2 781 元，城乡居民基础养老金最低计发标准提高至每人每月 345 元。提高失业保险待遇水平，失业保险金最高标准由 1 630 元/月增加到 1 770 元/月，为失业人员发放物价补贴 1 294 万元。居民医保政府最低补助标准由 430 元提高到 480 元，建筑业农民工的门诊、住院待遇大幅提高，全市职工医保和居民医保制度范围内住院费用报销比例稳定在 85%和 75%左右。工伤保险定期待遇也同步提高。

（四）着力提升社保经办服务能力。

推进社保公共服务智能化，全市有自助服务网点 1 053 个，自助服务终端设备 1 449 台，提供 49 项社保信息的一站式查询和自助打印服务。启动 54 万份企业退休人员人事档案数字化工作，组织开展“春季健身”、“夏送清凉”等企业退休人员社会化管理服务活动，完成 43.14 万名企业退休人员的健康体检。推进新五区省内异地联网就诊结算。

三、人才队伍建设取得新进展

贯彻落实人才强市战略，以新一轮人才计划实施为契机加大引培力度，“双高人才”队伍建设取得新的进展，人才质量进一步提高，人才规模进一步壮大，人才发展环境进一步优化。

（一）加大高层次创业创新人才引进力度。

组织实施 2016 年度高层次创业人才引进计划，全市共有 3 187 人完成区级申报，入选区级计划 565 人。组织实施 2016 年度高端人才团队引进计划，36 个团队申报，已完成所有评审环节和实地考察工作。同时，积极做好已入选市级重点人才计划的企业与团队落地（到岗）审核和指导服务工作。成功举办第九届留交会，共有 3 000 名海内外留学人才参会，开展洽谈对接 3 900 多人次，达成落户或合作意向 430 多个。全市新增留学回国 1 025 人，新引进外国专家 1 080 人；2 人入选国家“外专千人计划”，4 人入选江苏省第三批“外专百人计划”；1 人入选“中国政府友谊奖”，3 人入选“江苏友谊奖”。

（二）加强专业技术人才队伍建设。

认真做好专家选拔推荐工作，选拔 2016 年享受政府特殊津贴人员推荐人选 15 名、江苏省有突出贡献中青年专家推荐人选 17 名。推进实施万名专家服务基层活动，连续 6 年入选国家重点资助项目。加强博士后工作站建设，大力引进博士人才，南京地区共有博士后工作站 75 家、创新实践基地 45 家，位居全省第一，当年已达成进站意向 400 余人。深化职称制度改革，完善职称申报评审工作。继续实施专业技术人员知识更新工程，全年共培训 27.06 万人。

（三）推进高技能人才队伍建设。

不断健全技能人才队伍培养体系，完善技能人才评价、使用、激励和服务保障机制。注重发挥领军型高技能人才的示范带动作用，积极推荐评选国家级和省级重点技能人才项目，目前已获评2016年度省级高技能人才公共实训基地1个、省技能大师工作室2个、省企业首席技师13人、省“333高层次人才培养工程”3人。2016年以来，全市新增高技能人才3.07万人，每万名劳动力中高技能人才达795人。

（四）优化人才公共服务环境。

进一步加强市、区人才公共服务资源整合，完善同城化的档案管理和市场招聘信息系统。强化“厅网融合”，进一步提升网上办公服务能力，精心举办各类常规招聘、专场招聘，努力提高人才市场人才配置效能。

四、机关事业单位人事管理水平不断提高

认真贯彻落实《公务员法》、《事业单位人事管理条例》等法律法规及各项配套管理制度，积极构建“制度完善、执行规范、运行有序”的人事管理工作机制。

（一）加强公务员队伍建设。

坚持凡进必考，圆满完成2016年度公务员考录工作，共招录公务员800人。稳妥推进参公管理事业单位申报审批和人员登记培训工作，有序完成公车改革司勤人员安置相关工作。认真落实县以下机关公务员职务与职级并行制度，全市街道和乡镇机关符合条件人员全部兑现待遇。推进公务员分类管理改革，启动本市公安机关执法勤务警员职务序列改革及警务技术职务序列改革试点工作。进一步加强公务员培训工作，推动全市公务员队伍综合素质提升，共完成公务员在职培训7.68万人次。

（二）推进事业单位人事制度改革。

深入推进完善事业单位岗位管理、人员聘用和公开招聘三项基本制度，纳入岗位设置单位聘用合同签订率达100%，公开招聘事业单位工作人员5 635人。开展义务教育学校教师“区管校用”管理机制试点，探索基层医务人员“区管院用”办法。按照国家和省改革要求，积极研究本市高校、科研院所和公立医院等人事管理办法。

（三）妥善做好军转安置工作。

完善安置办法，改革营职及以下干部安置办法，组织开展营职（含技术十级）及以下军转干部免试安置到公安基层单位双选工作，111名军转干部提前安置到公安系统。着力抓好重点对象和保底人员的接收安置工作，共接收安置840名军队转业干部，全面完成年度安置任务。积极做好企业军转干部解困维稳工作，及时落实各项解困资金。做好随军家属安置工作，开展事业编制随军家属定向招聘，共接收安置机关事业单位随军家属58人。

五、劳动关系保持和谐稳定

准确把握新常态下的劳动关系形势特征，坚持依法行政，妥善化解劳资纠纷，维护劳动者合法权益，保持全市劳动关系和谐稳定。

（一）加强企业工资收入分配宏观调控。

开展2016年最低工资标准政策实施效果专项调查和企业薪酬调查工作，为发布本市企业人均人工成本和当年人力资源市场工资指导价位，做好工资分配的宏观调控决策和分类指导提供依据。深化企业工资集体协商，启动春季要约活动，扩大工资集体协商覆盖面。协助推进国有企业负责人薪酬制度改革，建立市管企业从业人员工资总额统计调查制度。

（二）强化劳动用工管理。

完善劳动用工登记备案制度，当年全市劳动合同备案人数达262.97万人，全市规模以上企业劳动合同签订率达99.99%。审查企业集体合同12 254份，建会企业集体合同签订率达99.8%。贯彻落实《劳务派遣暂行规定》，加强对劳务派遣用工企业的指导，妥善做好降比工作。健全协调劳动关系三方机制建设，进一步完善劳动关系预警监测机制，做好重点监测企业用工情况的分析，妥善做好劳动关系矛盾排查和调处工作。

（三）增强劳动执法维权能力。

加大劳动保障监察执法力度，开展农民工工资支付、清理人力资源市场秩序等专项执法

检查，加强主动巡查和书面审查，强化劳动监察“两网化”管理，全力维护劳动者合法权益。全市共主动巡查用人单位 20 023 户，查处各类违法案件 4 245 件，为 4 471 名劳动者追回工资 5 603 万元，督促用人单位为 1 187 名职工补缴社会保险费 1 098 万元。完善劳动人事争议仲裁办案机制，实行案件繁简分流、调裁并举、快审快裁办案新模式，提高办案质效，全市立案处理案件结案率 100%，调解案件占劳动争议案件总数的 82%。

南京市人力资源和社会保障局

浙　江　省

2016年是“十三五”的开局之年，浙江省各级人力资源社会保障部门认真贯彻省委、省政府决策部署，圆满完成年度工作目标任务。

一、年初确定的目标任务

年初明确着重推进的9个方面工作。一是大力培养集聚高层次人才，会同有关部门制定出台更具竞争力的人才新政，改革完善博士后工作，组织好海内外大型引才活动，深化企业人才工作联系制度，实现联系企业专家服务全覆盖。二是推动技能人才队伍增量提质，开展特级技师评选，推进浙江制造技工培养行动，推动企业建立高技能人才岗位津贴制度，深化企业技能人才自主评价，推进行业协会技能人才评价试点，规范职业技能鉴定管理服务，推进技工院校改革发展。三是积极扶持创业带动就业，落实扶持创业“1＋8”文件，做精“奇思妙想浙江行”品牌，深入推进农村电商创业，积极吸引农民工返乡创业，做好高校毕业生等重点人群就业工作，建立统一的失业保险制度，加强就业创业统计和就业形势监测分析。四是推进社会保障更加公平可持续，依托全民参保登记，建立动态管理机制，提高退休人员和城乡居民养老金水平，下调企业社会保险费率，继续实施机关事业单位养老保险制度改革，扩大中小企业人才集合年金计划试点，加快发展企业年金，深化医保总额预算管理，推进按病种付费改革，建立医保支付标准形成机制。五是深化机关事业单位人事制度改革，贯彻落实《浙江省公务员平时考核办法（试行)》，全面推行“日志式”管理平时考核工作；推进分类改革，扩大聘任制公务员试点；修订事业单位工作人员公开招聘办法，加强岗位结构比例宏观调控；制定鼓励事业单位专技人才离岗创业的政策意见。六是认真落实省委、省政府构建和谐劳动关系部署要求，探索建立“双爱”活动综合试验区；贯彻实施《浙江省劳动人事争议调解仲裁条例》，加快完善配套规定；加强省属国企负责人薪酬宏观管理，实施市县国企负责人薪酬制度改革；突出重点领域抓好企业欠薪防范处置。七是夯实事业发展和服务群众的基层基础，修订职工基本养老保险条例、失业保险条例和女职工劳动保护办法，制定工伤保险条例；推进阳光政务和浙江政务服务网部门窗口建设，进一步简化业务流程；加快社会保障卡发卡应用，争取全年发卡100万张。八是举全系统之力筑起信访维稳铜墙铁壁，关注企业欠薪、军转干部稳控等领域苗头性、倾向性问题，全力做好G20峰会安保维稳工作。九是努力打造一支严格纪律约束下有激情、有担当、有能力的系统干部队伍，认真贯彻落实《中国共产党廉洁自律准则》和《中国共产党纪律处分条例》，切实担负起抓党建的主体责任，自觉践行“三严三实”，加强基层党组织建设，不断提高党建科学化水平。

二、城乡就业创业

全省城镇新增就业116万人，失业人员再就业41.7万人，其中困难人员就业13万人，城镇登记失业率控制在3%左右的较低水平。出台高校毕业生就业见习管理办法，全省开发见习岗位3万个，帮扶大学生创业1万余名，高校毕业生就业创业比例实现双提升。制定创业担保贷款配套政策，加强督查评估，就业创业政策效应逐步显现。在17个县开展农村电商创业精准服务活动，新建农村电商村级服务站3 601个，扶持电商创业2.7万人、带动就业18.2万人。举办各类创业大赛105场，录播“奇思妙想浙江行”节目50期，大众创业的氛围更加浓厚。强化就业精准扶贫，帮助7.2万名农村低收入劳动者实现就业。制定出台家庭服务从业人员职业培训政策，为农民工服务工作进一步加强。

三、社会保障工作

率先完成全民参保登记，基本建立动态管理机制，全年新增基本养老保险参保人数186万人、医疗保险35万人、失业保险45万人。新发社会保障卡283万张。全面完成定点医药机构同城互认、个人社保信息网上查询等省政府民生实事项目。首次同步调整企业与机关事业单位退休人员基本养老金，惠及全省610万名退休人员，正常缴费企业退休人员月人均基本养老金达到2 910元。机关事业单位养老保险制度改革有序推进，全省155万人纳入参保范围，参保进度居全国前列。制定实施海洋捕捞渔民养老保障政策。认真贯彻全省卫生与健康大会精神，积极发挥医保的基础性作用。深入推进城乡居民基本医保制度建设，探索长期护理保险试点，职工医保个人账户实现家庭共济互助。系统推进医保支付方式改革，建立医保中药饮片分类管理制度，规范完善定点医药机构协议管理。启动跨省异地就医联网结算试点。工伤预防三年行动计划圆满收官，劳动能力鉴定工作更加规范。阶段性降低社保费率，继续实施企业社保扶持政策，全年累计为企业减负75亿元。组织社保基金第三方审计，基金现场检查和非现场监督得到加强。

四、人才队伍建设

聚焦人才发展体制机制改革，会同省委组织部出台人才新政25条，着力打造人才生态最优省份。赴欧美和北京、上海等地开展引才活动，设立纽约、柏林、悉尼海外人才工作站，全年引进海外高层次人才1.6万余名，外国专家5万余人次。隆重举行“西湖友谊奖”二十周年系列活动。推荐选拔国务院特殊津贴专家93名、省突出贡献专家75名、省“151人才”322名；入选国家外专“千人”计划10名，入选人数连续3年居全国首位。圆满完成省委交办的帮助舟山引才任务。编制专技人员知识更新重点引导目录，完成继续教育200余万人次。新建省级博士后工作站112家，招收博士后研究人员910人。技能人才队伍建设进一步发力，中华技能大奖实现零的突破，13名高技能人才获得“全国技术能手”称号；新建国家级公共实训基地3个、技能大师工作室5家，省级公共实训基地4个、技能大师工作室46家；企业自主评价技能人才7.8万人次，全年新增高技能人才25万人。组织专家联系服务企业活动，企业人才工作联系制度深化拓展。成功举办第四届中国（浙江）人力资源服务业博览会、“浙洽会”海外高层次人才洽谈会，全国首家国际人力资源产业园落户杭州。

五、人事制度改革

完善基层公务员考录政策，顺利实施四级联考和公开遴选工作。提升“阳光考录”品牌，针对往年招考中专业资格审核信访投诉多的现象，提出“宜宽不宜严”的工作要求，实现信访事项“零投诉”。启动公安机关执法勤务警员、警务技术职务序列改革试点，做好分类改革相关前期准备工作。根据省委《关于激励干部干事创业治理为官不为的若干意见》，全面推开平时考核工作，会同省委组织部出台《浙江省公务员平时考核办法（试行）》，“日志式”管理平时考核实现省、市、县、乡机关基本全覆盖。精心组织各类公务员培训，扎实建设网络培训平台。巩固清理整治成果，评比达标表彰活动管理成效明显。全面启动中小学教师职称制度改革，分类制定中小学、卫生高级职称评价条件和指导标准。加强公开招聘和岗位管理，首次组织专技二级岗聘期考核。出台鼓励支持事业单位科研人员离岗创业创新实施办法。组织各类人事考试77项，做到了安全无事故。

六、工资收入分配

调整机关事业单位工作人员基本工资标准，积极推进法官、检察官和司法辅助人员工资制度改革，完善省属重点高校绩效工资以及儿科医生、护士待遇政策。改进营以下军转干部安置办法，严格档案审核，军转安置任务圆满完成。

七、劳动关系调整

探索创建“双爱”综合试验区，“双爱”活动成果巩固提升。加强省属国企负责人薪酬宏观管理，设区市国企负责人薪酬制度改革稳步推进。积极指导企业妥善做好去产能过程中的职工安置、劳动关系处理等工作。制定全面治理拖欠农民工工资问题实施意见，落实建设领域欠薪处理责任制，治欠保支有力有效。全年共办结欠薪违法案件5.1万件，为30.7万名劳动者追偿工资35.6亿元，移送拒不支付劳动报酬涉嫌犯罪案件646起。完成女职工劳动保护办法、企业工资支付管理办法的修订工作。贯彻实施省劳动人事争议调解仲裁条例，完善案件管辖等配套规定，各级调解仲裁机构受理争议案件11.7万件，案件结案率和调解率分别巩固在94％、70％以上。

浙江省人力资源和社会保障厅

杭 州 市

2016年，杭州市人力资源社会保障部门主动适应新常态新形势，以服务保障G20峰会为圆心，努力实现“十三五”发展良好开局，有效发挥了保障民生和服务发展的功能。

一、就业创业

（一）就业局势保持稳定。

全面实施“杭州就业创业新政27条”，出台《市区促进就业创业补助和社保补贴办法》、《市区城镇就业困难人员和高校毕业生灵活就业补助和社保补贴办法》、《市区“三类岗位”开发管理办法》、《市区创业场地扶持办法》等12个配套政策，引领社会就业创业，形成完善了杭州市就业创业政策体系4.0版，政策效应逐步显现。出台实施《杭州市就业创业指数评价体系（试行）》，运用立体评价体系引导各区、县（市）重视支持创业、提高就业质量。首次发布《2015年度杭州市高校毕业生就业接收情况报告》，为企事业单位培养引进人才提供参考，与30所“985”、“211”高校建立大学生就业创业战略合作关系，全年接收高校毕业生7.57万人。全市城镇新增就业27.13万人，帮助失业人员再就业11.48万人，年末城镇登记失业率1.72%，控制在较低水平，就业形势总体保持稳定。

（二）大众创业持续推进。

广搭平台促进要素对接、项目落地，推进实体创业和网络创业齐头并进。布局北美、欧洲两大赛区举办“创客天下·2016杭州市海外高层次人才创新创业大赛”，遴选引进世界各地创新创业人才项目，12个项目正式落地，注册资金达8 300万元。大学生创业三年行动计划顺利收官，新建三花·江虹国际创意园、淳安县大学生创业园等2家市级大学生创业园，市级大学生创业园实现区、县（市）全覆盖。精心筹备第五届中国杭州大学生创业大赛，首次举办“梦想起航——杭州市大学生创业服务周”，办好杭州大学生创业学院，举办“创业即行动”训练营、跨境电商主题班等活动，全年培训大学生创业企业主要负责人180人次。创业服务优化提升，失业人员创业园全面调整升级为小微创业园。以农村电商为重点大力推进网络创业，出台促进农村电子商务创业就业扶持政策，累计建立2 219个村级电商服务站，举办大学生网络创业大赛（旅游休闲专场），转型升级网尚空间、累计免费孵化网络创业企业60余家。积极扶持创业，全年资助大学生创业项目271个、1 640万元，资助留学生创业项目55个、970万元。全市新增大学生创业企业1 289家，创业大学生3 069人，带动就业6 022人，大众创业、万众创新氛围进一步浓厚。

（三）就业帮扶及时有力。

完善城乡失业人员就业帮扶政策，创新“三类岗位”管理模式，促进帮扶资金使用科学安全，拱墅区、滨江区开展引入社会力量参与公益性岗位开发管理试点，全年帮扶城镇就业困难人员实现就业4.81万人。充分发挥失业保险基金促就业、防失业的作用，发放4 991家企业稳岗补贴4.03亿元，惠及职工超62.75万人。年内，18 470人次享受就业困难人员用工补助和社保补贴14 167.42万元，

1 070 人次享受自主创业社保补贴 409.34 万元，1 万人次享受社区政策性帮扶岗位综合补贴 2.83 亿元，1 700 人次享受物业服务企业社区“三保”岗位补贴 2 548.04 万元，84 508 人次享受灵活就业补助和社保补贴 28 115.19 万元。落实农村劳动力用工补助和社保补贴，运用政策杠杆鼓励农村就业困难人员转移就业，年内主城区开发农村公益性服务岗位 973 个，年底实有在岗 884 人，352 家单位申报农村用工补助和社保补贴，涉及农村就业困难人员 642 人。

二、社会保障

（一）社保区域统筹深化推进。

深化社保制度改革，机关事业单位养老保险制度改革有序推进，全市 18.51 万人纳入参保范围。推进萧山、余杭、富阳三区就业社保纳入市本级统筹，研究明确 255 项政策业务差异的处理办法，余杭区基础数据成功导入全市一体化信息库。上线运行萧山、余杭、富阳区与主城区社保权益互查互认信息系统，优化社保转移接续流程，全年四地社保缴费记录互认 5.3 万人次、基本信息互查 518 万人次，四地互认定点医药机构 2 191 家，实现四地参保人员在医药机构直接刷卡结算。出台医药机构同城互认实施方案，省、市医药机构实现互认 2 348 家，市区医药机构实现互认 3 331 家。

（二）社保全民覆盖基本实现。

推进社会保险全民参保登记，全市参保登记调查 112.05 万人，全民参保登记率达 100%。截至 2016 年年底，杭州市职工基本养老保险、职工基本医疗保险、工伤保险、生育保险、失业保险参保人数分别达 532.51 万人、529.32 万人、428.41 万人、349.33 万人、374.16 万人，比上年年末分别新增参保 27.11 万人、29.11 万人、10.24 万人、22.68 万人、24.74 万人，全市基本养老、医疗保险参保率巩固在 95%、98% 以上，基本实现“人人享有社会保障”。

（三）社保待遇水平持续提高。

首次同步调整机关事业和企业退休人员养老金，其中：继续提高企业退休人员养老金待遇，全市 117.4 万名企业退休人员月人均增加基本养老金 165.76 元，调整后主城区企业退休人员养老金平均水平为 2 779.2 元/月。加强罕见病医疗保障，思而赞、科望、利鲁唑等 3 种罕见病特殊用药纳入特殊药品大病保险支付范围，特殊药品总量达 18 种，全年报销特殊药品大病保险 4 552 人次、9 662.88 万元。出台医保个人账户扩大使用办法，启动桐庐县长期护理保险试点。实施医疗救助，市本级救助 112.01 万人，困难基金支付 1.98 亿元。落实企业“降成本、减负担、去产能”工作，对企业缴纳的职工基本医疗保险费实行临时性减征 1 个月，临时性下调企业缴纳生育保险费率 0.2 个百分点、工伤保险基准费率 0.2 个百分点、失业保险费率 0.5 个百分点，全市企业减负超 23 亿元。

（四）基金监管敢动真格。

加强社保基金监管，开展全市社保基金专项检查，督促各地落实整改。修订《杭州市基本医疗保障违规行为处理办法》，建立定点医药机构日常巡查制度，加强计算机医保智能审核，坚决打击骗取医保基金违规行为，运用大数据推进医保审核的做法在新华社内参刊登。全年外出稽查定点医药机构 2 190 家，追回医保基金 2 058.58 万元。

三、人才队伍建设

（一）重大人才政策持续创新。

出台《关于深化人才发展体制机制改革完善人才新政的若干意见》（即杭州“人才若干意见 22 条”），通过设立 500 万元人力资源服务业发展资金和 150 亿元政府产业基金，开办人才服务银行，允许科技成果转化收益全额留单位处置、重要贡献人员和团队收益比例不低于 70%，向新引进到杭州工作的应届全日制硕士研究生以上学历的人员和归国留学人员发放一次性生活补贴等，加大市场化改革和创新创业支持力度。编制发布《杭州市2016—2017年度跨境电商产业紧缺人才需求目录》，增强人才引进、培养的针对性和有效性，积极服务杭州产业发展。

（二）海外引才引智有新突破。

出台《杭州市“115”引进国（境）外智力计划实施意见（2016—2020）》，全年立项资助国外智力项目226个；5个项目列入国家外专局2016年引进境外技术管理人才项目计划。成功创建全国首家国际人力资源产业园，引进荷兰任仕达等14家外国专家组织和猎头机构，运用市场化机制提高引才精准度。成立人才猎头专业委员会，猎头行业的集聚发展步伐加快。举办“2016浙江·杭州国际人才交流与项目合作大会”，新增“国外高层次人才智力项目合作对接会”，12个国家18家国际知名专家组织带来170位机电、医药、化工类人才名录和38个技术项目，吸引全市148家企业和机构参加，大会现场签约项目187个，签约金额20.5亿元，较上年增长6.2%。16人入选“国家千人计划”、54人入选“省千人计划”，其中1人入选“国家外专千人计划”、3人入选“省外专千人计划”、2人获省政府“西湖友谊奖”，1人获省政府“西湖友谊杰出贡献奖”，7名外国人才首次入选市“521”全球引才计划。

（三）人才培养培育加大力度。

加大专业技术人才和高技能人才两支队伍的培养力度。出台《杭州市“131”中青年人才培养计划（2016—2020）》，选拔第一层次培养人选50名、第二层次培养人选150名、第三层次培养人选509名，选派17人赴德国参加“制造业信息化与工业4.0”短期培训，选拔享受市政府特殊津贴人员50名，选聘钱江特聘专家30名，加强职称管理服务。出台《培育“杭州工匠”行动计划（2016—2020）》、《杭州市职业培训补贴（资助）实施办法》，全年培养高技能人才3.57万人（其中大师层“杭州工匠”127名，面向“1+6”产业集群的骨干层级技师、高级技师和部分紧缺工种高级工2 590人），2 002人享受高技能人才培训补助计划补贴，34名“金蓝领”分别赴美国、德国、新加坡、意大利和中国台湾、香港地区参加出国（境）培训。深化产学对接教研活动，至年末15所技工院校与500余家企业建立产学对接合作关系。

（四）人才平台创新发展。

积极征战第44届世界技能大赛、全国全省技能竞赛，汽车喷漆、汽车技术、美发、餐厅服务等4个世界技能大赛中国集训基地落户杭州，在5所技工院校建立12个世界技能大赛市级集训基地。15名选手入选世赛国家集训队，占全省总数的36%。6人被评选为全国技术能手。组织开展“技能服务G20·杭州工匠展风采”技能竞赛系列活动，举办各类市区级竞赛149场，87人获“杭州市技术能手”称号，带动岗位练兵16.8万人次。在市属高校建成电子商务、信息技术、养老服务、文化创业、工程建设等10个示范性职工培训中心，为技能劳动者参加职业培训提供新平台。设立浙江省杭州科技创新发展院，专门为事业单位身份人才离岗创业提供编制保障。新增省级博士后工作站24家，省级高技能人才公共实训基地1个，省级技能大师工作室7家，新认定市级技能大师工作室35家，首次认定杭州市技师工作站5家，建成“1+15”公共实训基地体系，全年完成实训50.1万人次·天。

四、人事制度改革

（一）加强公务员管理。

优化公务员考试录用工作，对偏远地区乡镇设置岗位面向本地生源或本地户籍招录，首次面向残疾人群体招录公务员，试行公务员面试全天封闭管理并完善抽签办法，全市组织招录公务员1 400余人。县以下机关公务员职务与职级并行制度改革顺利实施，人民警察职务序列改革试点工作稳步推进，梳理确定适合开展“公务员聘任制”试点的高端紧缺专业综合性岗位。公务员平时考核制度基本实现全市各级机关全覆盖，建立与“三严三实”、作风建设、年度考核相结合的平时考核信息网络管理模式。建立杭州市公务员管理信息系统，实现公务员管理工作网络化。加强评比表彰活动监管力度，围绕G20峰会服务保障圆心工作，评选表彰市直单位、基层站所2个层面十佳公务员各10人。扎实开展公务员培训工作，“干部学习新干线”全年在线学习总时长近410万小时，组织实施公务员四类培训和“公务员知识大讲堂”4期。

（二）深化事业单位人事制度改革。

科学设置事业单位岗位，核准68家市属事业单位调整岗位设置方案。实行事业单位岗位动态管理，实时办理708家次事业单位5 343名工作人员岗位聘用变动认定。申报确定专业技术二级岗位拟聘人选16人，按照能力、业绩、贡献等评判标准评审甄选专业技术三级岗14名、工勤技能一级岗3名。稳步实施事业单位分类招聘，规范事业单位招聘程序，实行按岗招聘，全年招聘引进事业单位工作人员1 274人。组织开展市属事业单位统一招聘考试2次，推出168家事业单位347个招聘岗位、422个招聘计划。指导开展面向村（社区）干部公开招聘乡镇（街道）事业单位工作人员34人。推进高层次人才引进备案制，会同市卫计委、教育局、文广新局分别拟定了紧缺人才（岗位）目录，明确紧缺人才招聘方式。分类推进事业单位转企改制工作。加强人事管理信息化建设，10家事业单位试点运行事业单位人事管理信息化工作。

（三）完善机关事业单位工资制度。

机关事业单位收入分配制度改革平稳有序，实施首次调整机关事业单位工作人员基本工资标准工作，基本工资调标实施到位，兑现县以下公务员职务职级并行实施后的工资待遇，落实乡镇工作人员的工作补贴待遇。深化事业单位绩效工资改革，上调事业单位部门绩效工资调控额。推进法官、检察官和司法辅助人员工资制度改革，落实劳动人事争议仲裁办案补贴，开展部分事业单位创收激励试点，配合卫生部门推进公立医院薪酬制度改革。开展全市公务员津贴补贴监督检查，联合市财政监督局对15家财政适当补助和经费自理事业单位开展绩效工资调研核查。

（四）圆满完成军转安置任务。

做好裁军元年的军队转业干部安置工作，接收军转干部470名，其中计划安置350名、自主择业120名，计划安置基本实现当年接收、当年安置、当年培训的目标，自主择业人数同比增长近10倍。精细做好自主择业军转干部退役金年审及调整、医疗保健、培训学习等工作，开通2015年度自主择业军转干部门诊及住院就医系统，实现军地无缝对接。研究明确随军家属安置条件，妥善安置随军家属382名，其中公务员（含参照公务员法管理人员）11名，事业单位在编人员40名，市场就业安置50名，一次性货币安置277名。

五、劳动关系

（一）夯实劳动关系和谐基础。

强化和谐劳动关系创建，市委、市政府出台《关于进一步构建和谐劳动关系的实施意见》，制定责任清单和工作举措。加强协调劳动关系三方机制建设，召开4次市协调劳动关系三方会议，研究协调劳动关系重大问题。以新一轮“双爱”活动为载体，开展“双爱”活动摄影展，宣传深化和谐劳动关系创建。督促规范劳动合同签订，全市企业劳动合同签订率98.35%，单独建会企业集体合同签订率96.42%。加强劳动关系领域依法行政工作，全市审批特殊工时单位2 371家，涉及职工49.1万人，劳务派遣行政许可企业444家，涉及派遣劳动者21.8万人、用工单位6 521家，进一步服务指导劳务派遣依法用工、规范管理。妥善完成杭钢集团等企业在转型升级和去产能过程中的职工安置、社保审核、档案移交等工作，确保供给侧改革中的劳动关系稳定。杭州市劳动关系和谐指数全省第一，实现六连冠。

（二）完善企业工资收入分配。

开展“工资集体协商集中要约行动”，大

力推进工资集体协商，定期召开全市工资集体协商推进交流会，全市签订工资专项集体合同21 629份，涵盖企业7.90万余家，覆盖职工442.34万余人。市管国有企业负责人薪酬制度改革正式启动，市委、市政府出台《关于深化市管国有企业负责人薪酬制度改革的实施意见》，组织部署市直部门所属和区、县（市）国有企业负责人薪酬制度改革工作。发布《2016年杭州市劳动力市场工资指导价位》，为各类企业招工、劳动者求职以及双方协商确定工资报酬提供参考依据。市区全社会平均工资提高到55 908元。

（三）创新基层劳动争议调处机制。

创新劳动关系调处平台，制定杭州市构建和谐劳动关系综合试验区工作方案，上线运行调解、仲裁、监察“三位一体”一站式基层劳动关系综合协调服务平台试点工作，综合人力社保、综治、司法、公安、工会、工商、建委等协调力量，推进劳动纠纷化解重心下移，“3＋X”多元化解矛盾纠纷的工作平台逐步成型。建立综合协调服务平台信息系统，进一步提升劳动纠纷化解科学管理水平。加强仲裁庭规范化建设，规范办案流程，建立以人力社保劳动争议仲裁部门为主，市总工会派出庭、市工商联派出庭为辅的劳动争议仲裁联动办案三方机制，全市劳动人事争议仲裁委员受理争议调解仲裁案件8 755件，仲裁结案率92.4％。

（四）加大劳动保障监察力度。

全市各级劳动保障监察机构监察检查用人单位27.08万余家，立案查处各类劳动保障违法案件7 289件，行政处罚116件，向公安机关移送涉嫌拒不支付劳动报酬案件76件。组织实施防范处置企业拖欠工资、清理整顿人力资源市场秩序、残疾人按比例就业、外国人就业、用人单位遵守劳动法律法规等专项检查5次，集中整治、规范劳动用工秩序。加强和完善防欠薪工作机制，实施元旦春节期间防范处置欠薪工作部门联合办公，落实属地管理责任，全年为3.35万名劳动者追发工资待遇等4.38亿余元。

六、人力社保基层基础

（一）探索“互联网＋人社”建设。

探索人力社保“互联网＋”服务模式，努力让“数据多跑路、群众少跑腿”。保障参保人员知情权，实现支付宝和人力社保微信社保查询功能，75万个绑定用户查询2 800多万次。106项社保服务事项实现网上运行，网上办事单位用户达12.6万家，全年网上办事近350万件。推出电子专用章，参保人员自行下载打印参保证明逾150万件。开发完成“干部学习新干线”移动平台，满足全市公务员多样化学习需求。

（二）打响“文化养老”品牌。

合并成立杭州退休干部（职工）大学，建成启用大塔儿巷校区。全年组织37万余人次退休人员开展文体活动957场，推动老年人“老有所乐”。为40.3万名企业退休人员开展健康体检及体检报告解读、健康讲座等跟踪服务，帮助老年人及早发现疾病隐患，提升老年人健康水平和生活品质。

（三）提升窗口服务品质。

打造便民高效优质窗口，市局公共服务窗口全部配备服务评价器，完善“五证合一、一照一码”社会保险登记工作，推进基层社保服务标准化试点建设。实施12333人力社保咨询服务与12345市长公开电话的技术整合，12月30日完成整合切割。开展窗口单位作风效能专项检查，重点围绕服务规范、工作纪律、服务用语、政务服务等16项内容进行检查指导，提升服务质量。市医保局、拱墅区劳动人事争议仲裁院获“全国人力资源社会保障系统2014—2016年度优质服务窗口”称号。

杭州市人力资源和社会保障局

宁 波 市

2016年，宁波市人社系统围绕市委、市政府决策部署，主动适应经济发展新常态，积极应对民生保障新挑战，深入实施省、市政府民生实事工程，合力推进10项重点工作及5大领域18项改革任务，圆满实现年度各项目标，取得“十三五”良好开局。

一、就业形势保持总体平稳

坚持把促进就业创业放在优先位置，完善政策，精准帮扶，全市城镇新增就业18.9万人，城镇失业人员实现再就业7.1万人，其中困难人员1.9万人；年末，城镇登记失业人员7万人，城镇登记失业率2.01%。

一是重点群体就业稳中有进。精准落实促进就业政策，成功举办毕洽会，深化开展“高校毕业生就业服务月”活动，新增大学生实践示范基地12个，本市生源高校毕业生初次就业率达到95%以上。在全省率先出台促进残疾人就业工作实施意见，深入实施就业援助计划，开发公益性岗位9 494个。

二是创业带动就业成效明显。打造“日有创业咖啡、周有创业沙龙、月有创业集市、年有创业大赛”的“四有”创业服务品牌，推进农村电商创业就业，发放创业担保贷款5.2亿元，新增创业实体12.7万家，带动就业79.1万人。深入实施“大学生创业引领计划”，出台大创园管理和网络创业认定办法，新增市级大创园3家，鄞州区大创园获评国家级大学生创业孵化示范基地。

三是就业管理制度改革扎实推进。出台就业和失业登记管理办法，把农村和外来劳动力全部纳入失业登记范围，城乡统一的就业失业管理制度初步建立。

四是企业帮扶力度进一步加大。实施降低职工医保缴费比例、减征“小升规”企业社保费等措施，减征社保费用近28亿元，惠及企业近12万家。深入开展“服务企业促发展”活动，累计提供招聘服务20.1万家次，完成技能培训25.8万人次，为3.2万家企业、39.7万人发放促进就业资金13.2亿元。

二、社会保障网进一步织密扎牢

围绕增强公平性、适应流动性、保障可持续性目标，扎实构建惠及全体城乡居民的社保体系。

一是政策制度创新突破。实现外来务工人员社保政策与职工基本保险政策平稳并轨，65.2万名外来务工险参保人员转为基本社会保险。全面实施居民医保政策城乡统筹，实现参保范围、资金筹集、保障待遇等“六统一”，城乡一体居民医保制度初步建立。完善大病保险政策，建立罕见病保障制度，扩大特殊病种治疗项目范围，实现职工和城乡居民大病保险政策体系、待遇范围、享受办法“三统一”。扩大历年个账使用范围，建立家庭共济健康账户制度，医保基金使用效率进一步提高。

二是重点改革扎实推进。深入实施机关事业单位养老保险制度改革，分类分批完成1 651余家机关事业单位参保和10.5万人申报缴费，3.4万名退休人员养老金实现社会化发放。开展长期护理保险制度试点，在深入调研基础上形成试点政策框架，提出试点工作建议，成功承办全国试点城市工作座谈会。抓好区划调整中人社政策统筹。做好深化医药卫生体制综合改革先行先试相关工作，配合分级诊疗，扩大基层门诊慢性病药品范围，完善医保付费办法。

三是参保率和保障水平稳步提高。本市户籍16周岁以上人员各类养老保险（障）参保率达到93.6%，医疗保险参保率达95%以上。市级统筹区企业退休人员月均养老金达到2 496元，各区城乡居民月基础养老金达到220元，163万余人提高了养老待遇。完成县（市）城镇居民医保和新农合制度并轨，城乡居民医保人均财政补助达到814元，政策范围内住院费用报销比例达到72%以上，324万城乡居民实现同城就医“一卡通”。依法开展工伤认定，工伤待遇充分保障。

四是监管服务有力有效。严格落实基金非现场监管制度，配合省、市审计部门完成医保基金审计，并认真抓好相关问题整改落实。深入推进智慧医保监管平台建设，智能提醒系统覆盖全市906家医保定点机构、2.47万个医师工作站，1.89万名医师纳入医保协议管理范围。两年来发送提醒信息7 006万条，减少医保基金支出3.74亿元，宁波市智慧医保监管工作获刘延东副总理批示肯定并在全国推广。开展商业保险机构协助经办建设工程项目工伤保险业务试点。出台定点医药机构协议管理办法，351家医药机构按协议纳入医保定点范围；推进医保定点同城互认，全市定点医药机构就医配药实现互认和刷卡结算，群众看病购药更加方便。

三、人才队伍建设不断加强

深入实施人才强市战略，人才队伍整体质量进一步提升。

一是深化人才发展体制机制改革。积极争创全国、全省人才体制机制改革政策试点城市，制定深化人才发展体制机制改革实施意见和“十三五”人才发展规划。推进人才市场化评价机制改革，创新专业技术人才评价机制，扩大企业专技人才职称自主评价试点范围，深化卫生和中小学教师职称制度改革，人才活力进一步增强。

二是实施人才国际化发展攻坚工程。深入推进意大利CSMT（布雷西亚技术多功能中心）中国中心建设，启动与芬兰、乌克兰合作项目，举办中日人才技术合作和中意时尚产业发展论坛，意大利全国艺术家协会（中国）创意中心成功入驻老外滩国际人才社区，中国国际人才市场宁波市场实质性运作，宁波市引进海外留学人才工作连续三年名列全省前茅，余姚成功创建全国第二家县（市）建设的国家级留创园。

三是推进人力资源服务业发展。出台加快发展人力资源服务业实施意见及配套政策，筹建国内首个人力资源服务产业发展基金，成功举办中国（宁波）人力资源服务业创新创业大赛等活动，行业影响力进一步扩大。

四是加快高技能人才队伍建设。实施“技能宁波”三年行动计划，出台全国首个职业技能培训地方性法规，推进技能人才名师、名匠、名校工程，启动市技师学院迁建项目，成功举办“技能之星”电视大赛，“技星汇”、非遗技能展示成为人才科技周新亮点。

四、人事制度改革稳步推进

把握从严从实主基调，积极探索人事制度管理有效途径。

一是深化公务员队伍建设。全面实施县以下机关公务员职务与职级并行制度，完成职级晋升审批1 900余人。深化“阳光考录”工作，公开公平公正进一步体现。扩大“双对”考核范围，完成系统迭代升级，推动“考勤”向“考绩”转变。探索分层分类培训机制，试点实行初任公务员“以师带徒”培养制度，组织各类培训68期7 200余人次，公务员能力素质进一步提升。

二是规范事业单位人事管理。落实事前报备、委托面试、人员调动（流动）公示制度，建立档案双审、责任倒查机制，严审调动人员首次进入事业单位“合法性”，16名外地拟调人员因首次进入事业单位不规范而终止调动。严格规范市属事业单位公开招聘工作，加强对公开招聘不规范区县（市）当面约谈、限时纠正等工作，连续四年实现零投诉。

三是稳慎推进工资收入分配制度改革。实现市级机关公务员规范津补贴“三统一”，顺利完成津补贴核查工作。调整优化机关事业单位工资标准和结构，提高警察警衔、环保监测等岗位津贴标准。推进法官、检察官薪酬制度改革。完善事业单位绩效工资政策，提出深化公立医院薪酬制度改革框架方案，收入分配更加公平规范。

四是稳妥做好军转安置工作。优化接收安置办法，顺利完成411名军转干部安置任务，及时做好随军家属就业工作。

围绕“十三五”规划目标和市委、市政府年度重点工作，及时调整、充实、完善目标考核项目和内容，优化考核体系，做好目标管理考核工作。安全完成各类人事考试29项15万余人次。加强退休干部服务管理，各类文体活动更加丰富多彩。

五、劳动关系更加和谐稳定

积极应对经济下行带来的不利影响，企业和劳动者合法权益得到“双维护”。

一是强化劳动关系系统性治理。出台全市构建和谐劳动关系实施意见，成立市级层面工作领导小组，强化协调劳动关系三方机制，开展“双爱”专题宣传活动，推进工资集体协商提质扩面，初步形成源头治理、动态管理、应急处置相结合的工作机制。目前，全市已建工会企业集体合同签订率达到95%以上，本市劳动关系和谐指数继续保持全省第二。

二是健全劳资纠纷预防处理化解机制。及时出台企业转型升级劳资纠纷预防处理意见，推动市、区县（市）联动开展重点领域劳资纠纷预防和处理。创新基层调解新模式，积极引入第三方调解模式，在全省率先出台劳动人事争议案件适用简易程序若干规定和调裁衔接办法，全年调处劳动争议3.16万件，其中基层受理2万件，基层化解率达到63.3%；仲裁机构处理案件1.16万余件，结案率达到93%。

三是提升劳动保障监察执法水平。出台人社部门行政处罚自由裁量权适用办法和劳动保障监察执法指导意见，强化“两个联动”机制，加大清欠综合治理和打击社保欺诈工作力度，全年立案查处劳动违法案件2 790件，为3.8万名劳动者追回被拖欠工资4.6亿元，同比上升10%。

四是圆满完成G20杭州峰会护航任务。围绕“筑牢环杭护城河”目标，制定护航G20维稳安保各阶段路线图和时间表，建立分工负责、信息报送、督查指导、舆情监控、挂职锻炼等工作机制，对全市1.1万家用人单位开展农民工工资清欠、敏感地区务工人员实名制管理和企业非法用工查处等专项排查，发现并处置浙江船厂破产重整等重大劳动纠纷隐患89起，重点人员76人，重点问题13个，处置应急事件132起，为1 958名职工补发工资1 841.2万元，处理欠薪、工伤等重大舆情20余起，实现峰会期间宁波零上访，市人社局被评为护航先进单位。

六、公共服务水平持续提升

认真落实“放、管、服”改革要求，着力夯实人社基层基础。

一是信息一体化建设全面推进。围绕“三梁八柱两体系，社会保障一卡通”建设思路，完成基础支撑、人事人才、公共服务、综合办公、就业创业劳动关系等五大板块立项，实施八个重点项目建设，人社云平台基本建成，网络平台完成升级，数据中心基础信息库上线运行，实现全市医疗保险系统市级集中，奉化完成养老保险和五险统征系统市级集中，信息一体化建设取得阶段性成果。积极争创全国第二批社保卡综合应用示范基地，大力推广社保卡综合应用，新发社保卡144万张，累计达到790.3万张，可实现就医结算、待遇领取等92

项服务。

二是浙江政务服务网宁波平台建设成效明显。完成阳光政务网上办事大厅系统与社保卡统一认证平台对接，阳光政务网上办事大厅功能和办理事项进一步扩大，368 项事项上网公开，126 项网上实时运行并纳入电子监察平台，全市办件量达到 172.3 万件，市本级 50.8 万件。本市阳光政务网上办事大厅建设经验在全省推广。开发并推广“宁波医保通”手机 APP，可提供家庭共济网组建、体检预约等服务。

三是基层公共服务平台功能更加完善。在原养老、医保、机关事业养老保险三个经办机构基础上组建市社会保险管理局，加强社保经办机构标准化、规范化、信息化建设，服务能力与经办效率进一步提升。推行“一清单三手册”制度，自助服务一体机实现全市乡镇（街道）全覆盖，自助服务率达到 72.7%。全市 12333 热线来电总量达到 250.6 万人次，同比增长 13.5%，电话接通率达到 90.1%，评价满意率达到 99%，市 12333 电话咨询服务中心被评为全国优秀服务窗口。

宁波市人力资源和社会保障局

安 徽 省

2016年，安徽省各级人力资源社会保障部门认真学习贯彻习近平总书记系列重要讲话，特别是视察安徽重要讲话精神，全面贯彻落实省委、省政府和人力资源社会保障部的决策部署，牢固树立新发展理念，主动适应经济发展新常态，牢牢把握稳中求进工作总基调，坚持“民生为本、人才优先”的工作主线，精准施策，锐意改革，扎实工作，积极推动全省人力资源社会保障事业创新发展，为促进全省经济持续健康发展和社会和谐稳定做出了积极贡献。

一、就业创业工作

（一）精心实施就业脱贫工程。

省政府办公厅出台就业脱贫工程实施意见，会同有关部门认定53家企业为省级就业扶贫基地，开发“就业创业脱贫信息系统”，建立170万名贫困劳动者精准台账，开展2016年安徽省就业脱贫服务月劳务对接专场招聘会等活动，建立就业脱贫月通报、季点评制度，帮扶32.4万名贫困劳动者实现就业，超额完成年度目标任务。

（二）稳妥做好去产能职工安置工作。

安徽省在全国率先启动化解过剩产能职工安置工作，出台《关于化解钢铁煤炭行业过剩产能中做好职工安置工作的实施意见》，提出实施职工安置“六个一批”政策措施，整合12项普惠性政策，创新制定两项特惠性政策，实施化解过剩产能失业人员“就业新起点计划”，各项工作进展顺利，成效明显。建立10万多名分流安置职工实名制数据库，3.8万名职工得到妥善安置。同时，服务实体经济发展更加主动，研究制定促进经济持续健康发展的8条政策措施，被纳入省政府1号文件。继续实施援企稳岗政策，帮助困难企业缓缴社会保险费31.6亿元，发放稳岗补贴9.9亿元。全面落实社会保险费率调整政策，为企业减轻缴费负担16.9亿元。

（三）着力抓好高校毕业生等重点群体就业。

实施大学生就业创业促进计划，畅通高校信息直报制度，完善实名制信息数据库，开展“一对一”实名制帮扶，组织1.39万名高校毕业生参加就业见习，开发公益性岗位5.6万个。实施就业技能培训35.1万人，培训合格率达96%。截至12月底，全省2016届高校毕业生就业率达96.2%，同比提高0.25个百分点；全省2016届离校未就业高校毕业生实名制就业帮扶率达99.5%，同比提高1.25个百分点。完善高校毕业生基层特岗政策，实施新一轮“三支一扶”计划，开展“四进四扶”集中推进行动，举办“就业援助月”、“春风行动”等专项活动，实施农民工职业技能提升计划。实现就业困难人员再就业6.3万人，失业人员再就业21.1万人。

（四）全力推进就业创业工作。

出台做好新形势下就业创业工作政策意见。大力推进“创业江淮”行动计划，统筹推进青年创业、返乡农民工创业等“八大工程”。使用失业保险省级调剂金，支持创业担保贷款贴息，与蚂蚁金服公司、京东集团签署战略合作协议，开启“互联网＋信贷”新路径。以

“政府搭建平台、平台聚集资源、资源服务创业”为思路，打造面向人人的创业服务云平台。举办2016年中国国际徽商大会“创业江淮”专题活动，搭建创业项目对接平台。认定首批专业化、市场化、示范性的创业大学5所和创业学院25所。全省城镇新增就业66.8万人，城镇登记失业率3.2%。

二、社会保障工作

（一）加快推进社会保障制度改革。

全面推进机关事业单位养老保险制度改革，出台机关事业单位职业年金办法等配套政策，启动机关事业单位工作人员养老保险信息采集和参保登记工作。加快整合城乡居民基本医疗保险制度，推进医保支付方式改革，启动长期护理保险制度试点。研究制定工伤保险基金省级统筹管理办法，加快推进工伤保险省级统筹。启动基本养老保险基金投资运营工作。

（二）大力推进全民参保计划。

引导和鼓励农民工、非公经济从业人员、灵活就业人员参保缴费，将符合条件的农民工纳入城镇职工养老保险、医疗保险参保范围，深入推进建筑业农民工参加工伤保险“同舟计划”。至12月底，全省城镇职工基本养老、城乡居民基本养老、城镇基本医疗、失业、工伤、生育保险参保人数分别为892.2万人、3 172.3万人、1 621.4万人、448.5万人、546.3万人、517.6万人。

（三）稳步提高社会保险待遇。

首次统筹调整企业和机关事业单位退休人员基本养老金，人均增长7.1%。持续推进城乡居保参续保缴费，为特困群体51.3万人代缴城乡居保费6 400多万元，为912.8万名城乡居民发放养老金90.5亿元，符合待遇领取条件人员养老金发放率达100%。城镇居民医保财政补助标准提高到420元，参保率达96%以上，住院费用报销比例达70%以上。为2.6万人支付医疗费用1.8亿元，大病保险实际报销比例达50%以上。调整生育津贴发放标准，对按企业费率缴费用人单位的女职工，符合计划生育政策延长60天产假期间，增发2个月生育津贴。全年累计为16.9万名失业人员发放失业保险金10.8亿元。工伤保险人均伤残津贴和供养亲属抚恤金分别达2 696元和985元。为八类“老字号”人员发放生活补助12.9亿元。

（四）着力提升基金监管和经办服务能力。

开展社会保险资金检查，推进社会保险基金监管系统联网应用。加强社会保险经办服务体系建设，积极拓展社会保障卡应用，至12月底，全省社会保障卡持卡人数达到4 539万人。

三、人才队伍建设工作

（一）加快推进人才高地建设。

围绕“调转促”行动计划，着力打造创新创业人才高地。组织实施“江淮英才工程”、“技工大省”建设、“国际化人才引育行动计划”，加快高层次创新创业人才培养集聚，加强人才平台载体和人才服务体系建设。推进政策创新和体制机制改革，实施产业领军人才选拔、青年英才培育、知识更新“531”、海内外英才集聚、人才一体化服务保障等重点项目，新增战略性新兴产业技术领军人才250名，选拔推荐享受国务院特殊津贴人选63名、享受省政府特殊津贴人选99名，新设省级博士后科研工作站30个，5名高层次人才获“安徽省突出贡献人才奖”。

（二）不断深化人才体制机制改革。

出台突出贡献人才奖励办法、学术和技术带头人及后备人选选拔管理办法。扩大高校人才自主评价试点，全面推开中小学教师职称制度改革。启动技工院校和中职院校正高级专业技术资格改革试点，出台关于加强基层专业技术人才队伍建设的意见。组织高技能人才参加工程系列专业技术人员职称评审。央视新闻联播报道了安徽省人才评价改革经验。新增专业技术人才20.9万人。

（三）全力抓好技能人才队伍建设。

积极推进技工大省建设，拟订《安徽技工大省建设方案（2016—2020）》。大力实施高技能人才培养工程，培养高技能人才 10.8 万人。加强产能过剩企业职工培训，启动实施建档立卡农村贫困家庭劳动者技能脱贫培训。提升技工院校办学层次，新设安徽金寨技师学院、安徽淮北技师学院、安徽汽车应用技师学院、安徽机械技工学院等 4 所技工院校，新增国家级高技能人才培训基地 4 个。组织职业技能鉴定工作，共鉴定 62.3 万人次。

（四）持续加大国外人才和智力引进力度。

在全国率先实施外国人来华工作许可制度改革试点，实行“两证整合”。开展第十四届“黄山友谊奖”评选活动。圆满完成省政府和国家外专局共同主办的第十一届中美工程技术研讨会新能源汽车专题活动、高端外国专家来皖休假活动。实施引智项目 260 项，引进各类外国人才 4 100 多人次，17 名外国专家入选第四批省“外专百人计划”，选派 458 人赴境外培训。新增国家级引智基地和专家服务基地 3 个。

四、人事制度改革工作

（一）稳步推进公务员管理制度改革。

积极推进公务员分类改革，开展省以下机关公务员统一遴选工作，搭建省、市统一考试平台。推进公务员分级分类考录，深化公安机关人民警察招录制度改革，7 257 人通过考录进入公务员队伍。开展第六届安徽省“人民满意的公务员”和“人民满意的公务员集体”评选表彰。做好公务员平时考核和年度考核工作。举办战略性新兴产业聚集工程、创新驱动发展、公共服务能力提升、脱贫攻坚、美好乡村与城镇化建设等专题培训班 30 多个，培训公务员 22 万人次。

（二）深化事业单位人事制度改革。

制定出台事业单位专业技术人员离岗创业实施办法，开展中小学教师专技岗位结构比例调整工作调研，积极参与国有林场改革，研究制定定向培养教师实施办法。完善事业单位公开招聘制度，强化招聘计划审核，从源头确保财政供养人员只减不增。开展全省事业单位公开招聘工作，2016 年省直事业单位公开招聘工作人员 952 名，2.4 万人通过公开招聘进入事业单位。出台进一步完善教育事业单位岗位设置管理的意见。创新事业单位岗位管理，开展高校、科研院所岗位结构比例及设立流动岗位调研工作，制定关于推进县（区）域内义务教育学校校长教师交流轮岗的实施意见。积极参与本省事业单位公务用车制度改革工作。

（三）平稳实施人事薪酬制度改革。

全面落实县以下机关公务员职务与职级并行制度，全省 5.6 万人月平均增资 284 元。深入实施乡镇工作补贴，43.4 万人受益。调整机关事业单位基本工资标准和人民警察警衔津贴标准。完善事业单位绩效工资制度。启动法官、检察官工资制度改革试点。配合做好深化医改各项工作，积极探索建立适应公立医院、高等院校等事业单位特点的薪酬制度。统筹推进国企负责人薪酬制度改革。

（四）认真做好军转干部安置工作。

认真贯彻落实全国军转安置工作会议精神，研究制定深化国防和军队改革期间军转安置工作意见，妥善安置计划分配军转干部。完善军转安置工作机制，积极实践考试考核、积分选岗的“阳光安置”办法。完善自主择业军转干部管理服务办法，全省自主择业军转干部就业创业率持续稳定在 80%以上。举办军转干部教育培训。做好部分企业军转干部解困和稳定工作。

五、劳动关系工作

（一）进一步完善劳动关系协调机制。

认真贯彻落实省委、省政府关于构建和谐劳动关系的实施意见，以省政府令形式颁布《安徽省最低工资规定》。进一步规范劳务派遣用工管理，按期完成降比例任务。推进集体合同制度攻坚计划，集体合同覆盖率达 80%以上。健全协调劳动关系三方机制，推动县级以上政府建立协调劳动关系三方委员会。深入开展和谐劳动关系创建活动，推进和谐劳动关系综合试验区建设试点。强化企业劳动用工动态管理，加强劳动关系矛盾监测和处置，及时化解劳动关系矛盾纠纷，着力预防劳动关系领域可能出现的风险。

（二）不断健全劳动人事争议调处机制。

加强调解工作规范化“六统一”工作，全省近95%的乡镇（街道）建立了劳动争议调解委员会。加快仲裁机构实体化建设，全省市、县级仲裁院组建率达到93.8%、86.7%。开展仲裁院标准化建设试点，指导合肥市、淮北市仲裁院试点工作取得阶段性成效。推进信息化仲裁院和数字化仲裁庭建设，积极推动调解仲裁办案系统推广使用，省市县三级仲裁机构基本实现网上办案。完善案件分类处理机制，注重发挥调解仲裁定纷止争作用，及时预防化解各类争议，仲裁结案率达97.8%。加强基层调解组织建设，出台仲裁员、调解员、书记员管理暂行办法。

（三）持续加大劳动监察执法力度。

研究制定加强劳动保障监察执法能力建设实施意见，着力加强监察执法队伍建设。组织实施清理整顿人力资源市场秩序等专项行动，有效整治突出违法问题。出台用人单位守法诚信等级评价实施办法，开展“省级劳动保障诚信示范单位”评选活动，评选出162户“省级劳动保障诚信示范单位”。畅通投诉举报渠道，劳动保障投诉举报案件结案率达97%以上。

（四）切实维护农民工权益。

认真贯彻落实国务院办公厅关于全面治理拖欠农民工工资问题的文件精神，省政府办公厅出台具体实施意见，集中开展保障农民工工资支付攻坚行动，清理拖欠农民工工资13.3亿元，涉及农民工12.7万人，向公安机关移送涉嫌拒不支付劳动报酬犯罪案件175件。

六、公共服务能力提升工作

（一）扎实推进人社领域改革。

研究确定43项牵头改革任务，逐项制定施工方案。出台《安徽省机关事业单位职业年金办法》、《关于〈机关事业单位工作人员养老保险制度改革实施意见〉的若干政策规定》、《关于实施外国人来华工作许可制度试点工作的通知》、《安徽省深化中小学教师职称制度改革实施方案》、《关于创新高校院所工资分配激励机制有关政策的通知》、《关于整合城乡居民基本医疗保险制度的实施意见》等重要文件。省人社厅牵头承担的各项改革任务，已全部完成或达到本年度目标任务要求。

（二）加快推进信息化建设。

积极拓展社会保障卡应用功能，持续扩大全省持卡人数。加快机关事业单位工作人员养老保险信息系统和“五证合一”数据交换系统建设。依托社保基金监管系统，深入推进社保基金非现场监督。

（三）有效提升公共服务水平。

新增6个县区24个乡镇基层就业和社会保障公共服务平台建设项目。启动跨省异地就医直接结算工作，办结省内异地就医结算2.8万人次。开展劳动能力鉴定1.6万人次。安全有序完成93项66.7万人次人事考试任务。举办就业招聘会1 168场，提供岗位近70万个。培训军转干部761人次。开展18期专家服务基层活动，培训农村实用人才2万人次，为基层解决难题829项。认定家庭服务业职业培训示范基地21个。县级公共就业和人才服务机构全面整合。全省13个窗口单位被授予“全国人力资源社会保障系统2014—2016年度优质服务窗口”。

（四）不断加强系统自身建设。

扎实开展“两学一做”学习教育、“讲看齐、见行动”学习讨论和“管党治党宽松软问题”专项治理。落实全面从严治党要求，出台加强和改进新形势下机关党建工作实施意见，强化廉政风险防控和效能建设。依法行政、政务公开、调查研究、新闻宣传、规划统计等综合性工作得到进一步加强。2016 年，安徽省人社厅被授予“全省信访工作责任目标管理优秀单位”、“全省综治工作优秀单位”、“2011—2015 年安徽省法治宣传教育先进集体”，厅政务窗口被评为优秀服务窗口，厅政策法规处被评为“2011—2015 年全国法治宣传教育先进单位”等。

安徽省人力资源和社会保障厅

福　建　省

2016年，福建省人社系统深入学习贯彻党的十八大及十八届三中、四中、五中、六中全会和习近平总书记系列重要讲话精神，全面贯彻省第十次党代会精神，贯彻落实省委、省政府和人力资源社会保障部的决策部署，围绕“再上新台阶、建设新福建”，开拓进取、真抓实干，全面完成全年目标任务，实现“十三五”良好开局。

一、就业创业出实绩

全年城镇新增就业60.73万人，失业人员再就业14.56万人，就业困难人员再就业4.02万人，期末城镇登记失业率3.86%，新增农村劳动力转移就业38.48万人，全省就业局势继续保持总体稳定。

（一）深入实施积极就业政策。

落实“就业创业十五条”、“返乡创业十二条”等新时期就业政策，形成鼓励吸纳就业、促进自主创业、困难人员援助、就业服务等4个系列30余项创新举措，打造福建特色的“就业政策超市”。实施“稳就业、防失业、促创业”行动计划，落实失业保险支持企业稳定岗位补贴政策，2016年补贴支出4.37亿元，惠及企业2.94万家、职工140.58万人。启动“就业政策宣传年”活动，进一步扩大政策知晓面。

（二）统筹推进各类群体就业。

实施大学生就业创业促进计划，高校毕业生就业率96.28%，创历年新高。统筹推进“三支一扶”等服务基层项目，做好残疾人、农村贫困家庭、退役军人等重点群体就业帮扶。实施人社系统精准扶贫攻坚行动计划和推进精准就业扶贫六条措施，将建档立卡贫困家庭劳动力纳入就业困难人员对象范围。做好化解过剩产能职工分流安置工作，全省55家钢铁、煤炭化解过剩产能企业共完成职工分流9 000人，顺利通过国家验收。

（三）持续加大创业扶持力度。

落实创业项目扶持、创业担保贷款贴息、创业带动就业补贴等创业扶持政策。推进各类创业创新载体建设，制定出台创业大本营管理办法，实施分档补助。加强创业指导服务，出台创业导师管理办法，为各类创业者提供有针对性的创业指导和跟踪服务。

（四）大力推进职业能力建设。

统筹抓好各类群体职业培训，持续推进“春潮行动”农民工职业技能提升培训，全年培训24.5万人次；开展互联网创业从业人员培训，全年培训16.2万人次。开展职业技能竞赛年活动，实施《福建省职业技能竞赛管理办法》，形成省市级竞赛为主体、企业岗位练兵为基础的技能竞赛体系。技工院校教育不断发展，深化校企合作，开展“招生即招工”、“招工即招生”新型学徒制试点，推动技工院校与中职学校同政策、同待遇、同发展。首次开展技工院校教师正高级资格评审，评出正高级教师3人。

二、社会保障做实事

至2016年年底，全省城镇职工基本养老保险、城乡居民基本养老保险、失业保险、工伤保险参保人数分别为967.86万人、1 489.11

万人、575.52 万人、733.77 万人。

（一）进一步扩大社会保险覆盖面。

全面启动全民参保登记计划，养老保险法定人群全覆盖有效推进，城镇基本养老保险参保人数比上年增加 84.21 万人，完成年度目标任务数 924 万人的 104.75％；城乡居民基本养老保险参保人数比上年增加 8.7 万人，参保率达 98.13％；工伤保险提质扩面，比上年增加 42.73 万人，全省机关公务员和参公事业单位工作人员全部纳入参保范围，继续推进“同舟计划”。

（二）完善政策。

全面实施机关事业单位养老保险制度改革，严格落实“五个统一”，新老制度平稳过渡。研究出台《福建省工伤保险定期待遇调整办法》、《推进体育系统运动员工伤保险工作的意见》等，保障工伤职工待遇。

（三）调整养老保险待遇。

机关事业单位和企业首次同步实施待遇调整，调待平稳有序。2016 年 7 月 1 日起，城乡居民基本养老保险基础养老金省定最低标准提高 15 元，达到每人每月 100 元。

（四）降低社会保险费率。

会同省财政厅出台《关于阶段性调低福建省失业保险费率有关问题的通知》（闽人社文〔2016〕195 号），从 2016 年 5 月 1 日起，失业保险单位缴费部分降至 1％。工伤保险平均费率由 0.75％左右降至 0.59％左右，政策调整期限至 2018 年 12 月 31 日，全年减轻企业负担 5.17 亿元。

（五）加强社会保险基金监管。

深入开展社保基金管理使用情况专项检查，强化基金征缴和监管，进一步加强社会保险基金要情报告和社保经办机构内部控制工作，有效防范风险，保障基金安全。同时，配合审计部门开展 2015 年福建省医保基金、福建省本级社保基金和稳增长促改革调结构惠民生防风险政策措施落实情况等审计工作，按照要求抓好整改。

三、人才工作亮实招

（一）创新人才政策。

配合制定和落实福建省深化人才发展体制机制改革实施意见、工科类青年专业人才支持暂行办法、促进人力资源服务业发展等政策。

（二）拓宽引才平台。

举办海外留学博士海西行、国家外专千人计划专家厦门行和海峡两岸人才交流合作大会，实施留学人员回国创业和科技活动支持计划，建立首批 14 家海外引才联络站。全省立项实施国家和省高端引智项目计划 149 项，通过项目实施及工作许可引进高端外国专家 2 187 名。为 1 802 人次外国专家办理外国专家来华工作许可和外专证。获批出国（境）培训项目 14 项，推荐 23 名各类人才公派出国留学。

（三）加强人才培养。

做好国务院特殊岗位津贴选拔，福建省特支计划高层次人才、产业人才聚集基地和企事业人才高地评选及博士后工作，实施国家和省外专千人计划等高端引智项目，开展引进高层次人才评价认定工作，新增高层次人才 1.2 万人（其中享受国务院政府特殊津贴人员 71 人）、产业人才聚集基地 8 个（含建设单位 2 个）、企事业人才高地 9 个（含建设单位 3 个）。组织职业技能鉴定 47 万人次，有 38.25 万人取得各等级职业资格证书，新增高技能人才 8.29 万人，其中技师和高级技师 7 168 人。至 2016 年年底，全省技能劳动者达 576 万人，其中高技能人才 95 万人；高技能人才队伍中，累计有 36 名获得国务院政府特殊津贴，5 名获得中华技能大奖，54 名被评为全国技术能手，59 名被评为福建省技能大师。

四、人事管理下实功

（一）把好公务员队伍入口关。

坚持“凡进必考”，实施公务员“四级联考”，全年招录公务员 3 930 人。开展公安机关人民警察招录培养制度改革，组织公安院校公安专业应届毕业生专项招考工作，落实艰苦边远地区的招考政策，解决艰苦边远地区基层一线岗位“招人难、留人难”问题。组织公开遴选公务员工作，进一步畅通基层公务员向省级党政机关流动渠道。紧盯考务安全，严肃考试纪律，严格考风考纪，坚决打击作弊行为。

（二）稳步推进公务员制度改革。

完善职位管理，落实县以下机关职务职级并行制度。扩大聘任制公务员试点，将福建自贸区纳入试点范围。

（三）发挥考核奖励导向作用。

强化正向激励，稳步推进全省38个试点单位开展公务员平时考核工作，在建立分级分类考核指标体系、创新考核方法手段和强化考核结果使用三个方面积累经验。制定评比达标表彰实施细则，规范评比达标表彰工作程序，严格按照115项保留项目开展表彰工作，充分发挥表彰奖励的激励导向作用，提升公务员队伍活力。

（四）进一步做好培训和监督工作。

加强能力建设，开发“习近平生态文明建设思想与福建经验”公务员培训课程，组织开展突发事件处置、扶贫工作、生态环境等专题培训，全省培训8.6万人次。组织实施公务员职业道德建设工程，建立首批公务员诚信红黑名单。完善公务员申诉制度体系，组建公务员申诉公正委员会。修订《福建省公务员局培训基地认可管理办法》，评估确认64个公务员培训基地。

（五）事业单位人事制度和职称改革不断深化。

研究起草福建省深化职称制度改革实施意见，会同有关部门制定《关于进一步深化科技人员职称评价改革的若干意见》，组织开展20多个系列职称评审工作，新增高级职称6 000人。落实事业单位人事管理条例，全面实施中小学教师职称制度改革，评审正高级教师82人。

（六）军转安置任务圆满完成。

深入学习贯彻习近平总书记关于深化国防和军队改革期间军转干部安置工作的重要讲话精神，坚持“阳光安置”，圆满完成中央下达的军队转业干部安置任务。持续做好自主择业军转干部管理服务，扎实开展军转干部教育培训。

五、收入分配施实策

（一）加强企业工资分配宏观调控。

稳妥推进国有企业负责人薪酬制度改革，省委管理企业负责人薪酬制度改革已落地实施，9个设区市和平潭综合实验区的改革意见已获省级批复。制定并印发《关于推动企业建立健全职工薪酬和职业技能等级挂钩分配制度的通知》，引导企业建立与技能相挂钩的工资收入分配制度。建立企业薪酬信息发布制度，共发布3 195条通用工种价位信息。省、市两级均已发布工资指导线，省级工资指导线上线为12%，基准线为8%，下线为2%。在全省6个行业、150家企业开展人工成本监测工作，定期发布监测分析报告，为政府宏观调控提供有力数据支撑。健全最低工资标准评估机制，对福建省“十二五”以来最低工资标准的调整情况和实施效果开展评估。

（二）调整机关事业单位基本工资标准并增加离休费。

在2014年调标基础上，按照国家文件要求继续抓好六类人员基本工资标准调整实施工作，并对四项特岗津贴进行调整。

（三）部署开展“1+X”专项督查。

根据福建省纪委“1+X”专项督查要求，在全省部署开展规范公务员津补贴和事业单位实施绩效工资专项督查。

（四）继续稳步推进省属事业单位绩效工资实施工作。

积极构建体现行业特点的省属公立医院收入分配制度，会同相关部门研究制定《福建省属公立医院工资总额管理暂行办法》、《福建省属公立医院院长目标年薪制管理办法》、《福建省属公立医院院长年度绩效考核办法（试行）》等医改配套文件。组织省属事业单位绩效工资总量申报核定。

六、和谐劳动关系见实效

（一）构建和谐劳动关系。

认真贯彻落实《中共福建省委、福建省人民政府关于构建和谐劳动关系的实施意见》，将构建和谐劳动关系列入市县党政领导班子绩效考评和省综治考评内容。完善构建和谐劳动关系机制，在全省推广厦门市“1118”和谐劳动关系创建模式，深入推进和谐劳动关系创建活动。建立健全协调劳动关系三方机制，成立福建省协调劳动关系三方委员会，强化沟通协调和组织领导，充分发挥三方机制的作用。进一步提高劳动合同签订率，依法规范企业裁员行为和劳务派遣用工。以工资集体协商为重点，健全集体协商和集体合同制度。稳妥做好供给侧结构性改革劳动关系处理工作，完善职工安置中突发事件预防和应急处置预案，切实维护社会稳定。

（二）加强调解仲裁工作。

2016 年，全省各级劳动人事争议调解仲裁机构共处理劳动人事争议案件 52 123 件，其中立案受理 26 596 件，各类调解组织共调解 20 375 件，仲裁结案率为 94.84%，调解成功率达 66%。基层调解组织组建率位于全国前列，全省 1 069 个乡镇（街道）有 983 个建立了基层劳动争议调解组织，组建率 91.96%（泉州、厦门 100%）；全省 5 406 家大中型企业有 4 701 家成立企业劳动争议调解组织，组建率 86.96%。在仲裁院实现全覆盖的基础上，进行办公办案基础设施建设，建成 103 个专用仲裁庭，同时调整组建劳动人事争议仲裁委员会 77 个，调整组建率达到 81.91%。

（三）强化劳动保障监察。

省政府办公厅出台《关于全面治理拖欠农民工工资问题的实施意见》（闽政办［2016］88 号），明确治理农民工工资拖欠问题的具体工作措施和要求。全面开展“无欠薪项目部”创建活动，全省已有 2 295 个项目部参加创建，其中政府投资的 1 107 个工程全部参与。建立建设施工领域主管部门处理欠薪责任体系，将劳务用工实名管理及按月足额支付工资写入招标文件模板、纳入监理合同要求，形成齐抓共管机制。建立劳动用工诚信体系，联合 13 家省直部门出台守信激励失信惩戒暂行规定。加强劳动保障监察执法，全年检查用人单位 3.85 万户，办结各类违法案件 1.49 万件，2017 年春节前实现农民工工资基本无拖欠。

七、简政放权有实措

（一）强化行政审批标准化管理。

推进全省系统行政审批和公共服务事项的规范化、标准化建设，编制全省人社部门行政审批和公共服务事项参考目录，保留省级实施事项 22 项，市级 23 项，县级 21 项，并根据参考目录统一制定实施规程和审查工作细则。深化厅行政审批“三集中”改革，继续推进行政服务中心规范化、标准化建设，全年厅行政服务中心共办理行政审批、公共服务和政府内部管理事项 6 632 件，所有受理件均按时办结，提前办结率达 90%。

（二）推进“放管服”改革。

出台《关于加强和改进我省人力资源社会保障领域公共服务的实施方案》（闽人社办［2016］157 号），明确 32 项简化优化公共服务措施任务的责任分工和完成时限，提出具体的贯彻落实措施。进一步简政放权，全年取消行政审批 1 项、公共服务事项 3 项，下放公共服务事项 2 项。完善事中事后监管机制，建立“双随机”抽查监管机制。深化职业资格改革，根据国家部署，全面开展各类行业准入证、上岗证清理工作，全年停止国务院确定取消的职业资格许可和认定事项 222 项。

同时，全系统认真落实全面从严治党主体责任和监督责任，深入开展“两学一做”学习教育，牢固树立“四个意识”，坚决维护以习近平同志为核心的党中央权威。落实中央和福建省委决策部署，认真做好巡视整改各项工作。坚持从严从细抓思想、抓责任、抓管理、抓作风、抓执纪，突出“关键少数”，进一步加强党风廉政建设，不断促进干部队伍建设。机关效能、窗口单位作风建设、政策研究、法制宣传、规划统计、信息化建设、退休管理、老干部工作及信访维稳等也取得新进展。

福建省人力资源和社会保障厅

厦　门　市

一、就业

2016年全市新增就业17.02万人，年末城镇登记失业率为3.36％。

（一）深入调研，优化就业扶持政策体系。

做好失业保险支持企业稳定岗位工作，共发放2.74万家企业稳岗补贴2.47亿元。做好普通高等院校毕业生就业创业工作，将困难毕业生援助补贴标准增至2 000元。兑现就业扶持政策，全年共发放就业补贴、补助、奖励金7.71亿元。

（二）精准定位，搭建公共就业服务平台。

一是组织大型公共就业促进活动。开展“春风行动”，全市共举办招聘会233场，服务用人单位1.4万多家次，为15.4万人次免费提供求职服务。二是开展公益性岗位开发工作。全年开发公益性岗位1 470个，安置就业困难人员702人。

（三）多措并举，推动毕业生就业创业。

一是畅通毕业生就业渠道。线下举办毕业生专场交流会27场，提供岗位6 300个次。举办线上交流会2场，提供岗位18 600个次。二是开展技能培训和见习上岗。全年开展8场大学生职业技能培训，180人次参加；审核职业见习岗位1 232个，推动近820名毕业生见习上岗。三是构建毕业生创业平台。举办第二届中国（厦门）大学生创新创业大赛。推荐全市43名导师、3个基地和12个创业项目申报省级创业资助，12个创业项目入选；1个基地入选创业孵化基地，获20万元最高资金资助。

（四）创新举措，促进创业带动就业。

一是落实各项创业扶持优惠政策。受理并发放创业场地补贴394人次260.26万元，自主创业奖励246人次87万元，创业带动就业奖励12人次2.4万元，创业项目奖励188个37.6万元，创业扶持小额担保贷款125笔7 313万元。二是搭建创业项目服务平台。成功举办夏、冬两季创业项目推介会。三是建设创业指导专家队伍。政府牵头聚集各行业精英，组成百人规模的创业指导专家志愿团。

（五）主动出击，服务企业用工需求。

一是积极建设劳务输入基地。出台《厦门市劳务输入基地运营管理实施办法》，与30多个城市的劳务服务机构合作，建成全市用工资源储备库。二是赴外招聘解决用工缺口。春节后组织企业赴云南、四川、湖南湘西等7地参加招聘会。与甘肃平凉市妇联初步达成输送家政从业人员合作意向。组织用人单位赴北京、武汉等院校招聘。三是推进校企建立长效合作机制。前往黄冈、四川、三明等开展校企对接。举办厦漳泉第五届暨厦门市第十三届校企合作对接会。四是灵活运作，破解企业用工难题。搭建用工调剂平台，盘活人力资源存量。

（六）以人为本，加快推进职业能力建设。

一是加大重点人群、产业的培训服务。全年提供免费培训10.73万人次。开展重点产业调研、信息收集，推动培训服务“一企一策”。二是扩大高技能人才队伍规模。参与国家、省、市各类高技能人才评选活动。2人入选国家级人才选拔，厦门供电公司员工陈国信荣获“中华技能大奖”。三是加大定点培训机构监管力度。出台《培训机构培训管理办法》、《培训机构处罚办法》，解决培训机构的违法套利问题。四是做好职业技能鉴定考务工作。2016年核发职业资格证书41 051本，超额完成目标任务。五是做好职业技能大赛赛务工作。推动2场职业技能竞赛与职业技能鉴定相结合。六是依托技师学院，打造职业技能培训品牌。人力资源社会保障部确定第三批入选项目——建筑施工与预算一体化培训试点由该校牵头开展。

二、人才队伍建设

截至2016年年底，全市从外地调入和重新录用各类人才3 576人，比上年同期增长43.38%。全市享受国务院特殊津贴171人。入选国家百千万人才工程1人、国家“千人计划”75人，省级百千万人才工程人选19人、省“百人计划”75人，台湾特聘专家44人。全市共设立博士后工作站28家，累计吸引博士后218人。

（一）加大高层次人才引进力度。

一是完善高层次引才政策体系。出台《厦门市引进高层次人才住房补贴实施意见》，给予最高100万元住房补贴。二是开展高层次引才专项活动。组织用人单位分赴多个城市招聘紧缺人才。三是积极申报部、省、市人才计划。组织2016年度政府特殊津贴人选的申报选拔工作。推动并参加省互联网经济优秀人才创业启动计划，厦门入选数位，居福建省前列。四是兑现高层次人才政策资助。

（二）扩大对台人才交流。

一是依托就业政策，促进台籍学生留厦发展。二是依托对台政策，促进台湾专家来厦发展。2016年共有33名台湾专才获聘第二批台湾专家资格。启动第三批台湾特聘专家征集评审工作。考核并对第一、二批入选的台湾特聘专家兑现奖励资金。三是为台湾人才提供猎头服务。引进台湾人力资源服务公司在厦设立独资企业。

（三）加强海外智力引进。

一是开展海外专项引智活动。赴北美进行人才交流对接，并与美国密苏里州立大学签订《赴美中长期项目合作备忘录》。二是争取上级引智项目资金支持。2016年，全市13个引智项目启动。三是组织机关、企事业单位开展赴外培训。2016年因公出国（境）培训项目立项获批18个。此外，2人获批“2016年国家建设高水平大学公派研究生项目”，1人获批“非教育系统人员申请2016年福建省出国留学奖学金资助项目”。四是做好外国专家管理服务工作。五是扩大全市引智工作影响力。连续六年获评“魅力中国——外籍人才眼中最具吸引力的十大中国城市”。六是进一步简化外国专家管理流程。实行“一章一网一次办结”相关业务。

（四）完善留学人员管理服务。

一是完善政策法规和体制机制。完成《厦门市留学人员科研项目与交流活动经费资助管理办法》的修订、出台。二是搭建留学人员交流平台。举办2016年“博士海西行——走进福建自贸区”人才与项目对接洽谈会。举办留学人才项目（路演）政府引导基金参股基金专场对接洽谈会。三是积极争取资助支持。2016年，全市共有4个留学人员项目入选人力资源社会保障部“择优资助”项目，2个项目入选人力资源社会保障部“创业启动”项目；4家留学人员企业成功入选人力资源社会保障部“2016年度最具成长潜力留学人员企业”等。

（五）推进区域性人才市场建设。

一是搭建区域人才交流平台。与市委组织部举办第十一届台湾专业人才厦门对接会。再次举办“中国（福建）自由贸易试验区厦门片区人才交流会”。连续13年开展“公益性人才服务月”活动。二是兑现区域人才市场优惠政策。三是加强人力资源市场监管工作。完成2016年人力资源服务机构年度验证工作。被人力资源社会保障部、国家工商行政总局评为“全国清理整顿人力资源市场秩序专项行动取得突出成绩单位”。四是做好人才聚集区申报工作。组织申报省级专家服务基地。组织参加省级人才聚集区、产业人才聚集基地的评选工作。

（六）创新职称评审工作。

一是优化职称评审的工作机制。组织全市首批基层副高级卫生专业技术职务任职资格评审工作。将全市中等职业学校教师专业技术职务任职资格评审指标细化，方便管理。推动任职资格实行网上申报和评审。二是加强职称评审委员库的建设。对全市中小学教师专业技术职务评委库进行了调整。

三、社会保障

截至2016年年底，全市参保人数稳步增长，基本养老、基本医疗、工伤、失业和生育保险参保人数分别比2015年同期增长3.53％、6.34％、6.20％、5.12％、4.25％。社保基金收支平衡，各类社会保险基金收入、支出分别比2015年同期增长4.39％、19.97％。

（一）降费减负，服务发展。

一是养老保险全年减负11.92亿元。2016年1月起用人单位缴交基本养老保险费率从14％降至12％，6月起全市原缴费基数下限下调为全市最低工资标准。二是医疗保险全年减负8.65亿元。2016年3月起用人单位缴交医疗保险费率下调1个百分点，6月起再降1个百分点。三是失业保险全年减负5.63亿元。2015年3月起用人单位缴交失业保险费率从2％降至1.5％，2016年6月起降至1％。四是工伤保险全年减负1.37亿元。2015年10月起全市工伤保险行业基准费率从平均费率0.83％降至0.677％，2016年6月起降至0.34％。五是生育保险全年减负0.92亿元。2016年7月起用人单位缴交生育保险费率从0.8％降至0.7％。此外，2016年企业全额支付一次性伤残就业补助金的政府补助比例从30％增至50％。免除企业退休人员移交社会化管理活动费。免除退休人员社会化管理费。

（二）推进基本养老保险制度改革。

一是推进机关事业单位养老保险改革。全市机关事业单位养老保险改革进度和落实成效居福建省第一、全国前列。二是提升企业退休人员养老待遇水平。企业退休人员养老金调整后月平均达3 291元，居福建省第一、全国前列。三是提升机关事业单位干部职工养老待遇水平。机关事业单位退休人员月养老金总调整比例为5.64％。四是提升城乡居民养老待遇水平。出台《城乡居民基础养老金调整方案》，上调城乡居民基础养老金；建立城乡居民丧葬补助金制度。五是提升全市被征地人员养老保险待遇水平。被征地退养人员月人均退养金上调至1 412元。

（三）推进基本医疗保险制度改革。

一是加快实施医保新政。深入落实分级诊疗制度，引导市民选择基层医疗服务。二是完善医保管理机制。扩大医保定点单位范围。做好医保病种管理，将1 495个常见病种和按照国际疾病分类（ICD）系统章节分类的24个其他病种纳入医保付费病种，远超福建省规定的100种。推动中医药应用，恢复定点医疗机构中药饮片13％的加成率。三是做好医疗费用报销结算。实行“结余留用、超支分担”。四是做好医保相关工作衔接。全面实现医疗救助费用“一站式”即时结算服务。

（四）推进工伤保险制度建设。

一是继续推进工伤保险制度建设，完善工伤认定、保险办理等制度，规范政府购买劳动能力鉴定服务工作。推行工伤伤情与病情关联性鉴定机制。二是开展工伤保险项目政府招标活动。完成第二轮补充工伤保险招标及项目签约工作，企业全额支付一次性伤残就业补助金的政府补助比例从30％增至50％。三是全年核定工伤保险待遇1.35万起，支付各类工伤保险待遇及专项费用162万元。

（五）做好失业保险制度建设。

简化失业保险金申领流程。推行外地失业人员申领失业保险金在自助机办理。自5月1日起，推行本市失业人员申领失业保险金网上办理。

（六）做好社保基金的监督管理。

一是做好养老保险的基金监管。全省率先完成全民参保登记计划，将原来3个试点区扩大到全市6个区，入户登记率100%。全省率先完成老农保清理工作。二是完善医疗保险基金监管制度。实施医保服务人员的实名制管理和信用记分制度，推动省内就医监管体系联网。三是发挥智慧社保的实时监管优势。目前，智慧医保平台与全市99%的医保定点机构实现无缝对接。四是加强参保人员的生存认证，追回冒领养老金202.16万元。五是加强医保定点机构的日常管理和专项治理。完成医保定点机构年度考核和审计工作。

（七）做好退休人员的管理服务。

一是提升退休人员管理水平。截至年底，全市纳入社会化管理退休（退养）人员达24.17万人，社会化管理率99%，社区管理率100%。二是做好退休人员服务工作。开展春节、重阳节慰问，发放慰问金3 438万元。前往苏、浙、沪实地走访全市高龄、重病退休人员，慰问和认证。

（八）完善社保服务体系建设。

一是提升社保自助服务功能。优化由社保办事大厅、社保卡信息网和社保自助服务终端组成的服务体系。推出福建省首创、全国领先的社保卡补卡自助办理。二是提升社保线上服务功能。率先在“厦门社保”微信公众号上实现社保部分功能，并完成工伤生存认证人脸识别功能的开发。三是提升社保电话服务功能。四是全面升级社保卡功能。开发新市民卡，实现市民卡多领域综合性服务。

四、人事制度改革

（一）做好公务员录用管理培训工作。

一是顺利完成省考考录工作。考录工作坚持基层导向。面试采用全新升级的电子评分系统，提升公正性。二是做好公安系统考录工作。三是做好中直机关公务员招考厦门考区工作。16 104人在厦门选区参加笔试，中央、省巡考组对全市考务工作表示肯定。四是加强公务员职数管理等工作。牵头组建市区两级公务员申诉公正委员会。五是做好公务员培训工作。选派人员参加专题培训班。

（二）深化事业单位人事制度改革。

一是组织实施2016年秋季全市事业单位联合招聘考试工作。本次考试共有138家单位283个岗位计划招聘332人，经初审共有17 269人报名。二是推动事业单位开展自主招聘。审批自主公开招聘方案34个。三是加强事业单位岗位管理工作。全年审核事业单位岗位设置调整353家、借岗及保留待遇459家1 865人、岗位聘任与解聘977批6 744人次；指导、批复专业技术人员转岗竞聘方案4家。

（三）稳妥做好军转安置工作。

一是做好2015年度军转干部安置扫尾工作。二是开展2016年度军转干部安置工作。全市共接收安置军转干部546名，比上年增加70%，占福建省的35.4%。三是做好自主择业军转干部日常管理和服务工作。四是做好随军随调家属就业安置工作。出台《厦门市军人随军家属和军转干部随调随迁家属就业安置择岗量化计分实施细则》。五是做好企业军转干部解困维稳工作。为军转干部发放解困资金，为企业下岗失业军转干部发放社保补助金。

五、劳动关系

2016年，全市共主动检查用人单位5 966户次，书面审查2 993户次，受理群众举报投诉案件7 028件；处理工资纠纷案件补发金额1.41亿元、清退押金18.8万元。向司法机关移送拒不支付劳动报酬案件2件，涉及金额38.5万元。全市劳动争议仲裁机构共办理各类劳动争议案件9 481件，立案受理6 430件，调解案件2 458件，审限结案率100%。

（一）构建和谐劳动关系体系。

一是完善政策法规和体制机制。厦门市委、市政府出台《关于构建和谐劳动关系的实施意见》，市人社局制定了相应的贯彻落实办法。二是开展和谐劳动关系创建。全市共评选出2个工业园区、2个镇、2个街道、14家企业推荐申报省级和谐劳动关系先进单位。

（二）构建和谐薪酬管理体系。

一是做好市属国有企业负责人薪酬制度改

革有关工作。以市委、市政府文件印发《关于深化市委管理企业负责人薪酬制度改革的意见》，启动薪酬制度改革相关工作。二是指导企业做好工资内部分配工作。开展2016年市属国有企业工资总额网上报备及工资内外收入监督检查工作。三是落实劳动标准和劳动保护。审核女职工权益保护专项集体合同80份，办理《未成年工登记证》622本。

（三）加强劳动保障监察执法力度。

一是破解建筑业企业欠薪问题。与建设部门配合，制定建筑企业信用评价体系。全面推动建筑企业开展“无欠薪项目部”活动。二是规范劳务派遣相关工作。组织劳动用工专项检查，加大重点问题的巡查和治理力度。

（四）提升劳动争议调解仲裁水平。

一是完善劳动争议仲裁制度。完成基层仲裁派驻庭的建设目标，9个基层派驻庭工作成效显著。二是加强劳动争议调解仲裁组织机构建设。创建省级专业性劳动争议调解试点示范单位。

厦门市人力资源和社会保障局

江 西 省

2016年，江西省人力资源社会保障部门深入贯彻习近平总书记系列重要讲话精神，特别是对江西工作的重要要求，坚持“民生为本、人才优先”工作主线，锐意改革、奋发进取、扎实工作，圆满完成全年工作任务，实现了“十三五”良好开局。

一、就业局势保持稳定

（一）就业目标任务全面完成。

全年城镇新增就业55.2万人，完成年计划的122.6%；失业人员再就业24.7万人，完成年计划的129.8%。城镇登记失业率3.35%，低于4.5%的年度控制目标。帮助6.7万名就业困难人员实现就业，完成年计划的168.2%；零就业家庭安置率达100%，继续保持动态清零。全省新增转移农村劳动力59.89万人，完成年计划的119.8%，其中省内新增转移就业40.43万人，完成年计划的115.5%。工业园区企业定向培训34.56万人，完成年计划的115.2%；创业培训14.99万人，完成年计划的124.9%；电商培训6.05万人，完成年计划的120.9%。

（二）创业促就业成效突出。

制定出台《加快构建大众创业万众创新支撑平台的实施意见》，积极搭建创业孵化平台，提供资金补贴、税费减免等“六补三扶一减免”的政策扶持。全省建设创业孵化基地等平台229个（其中国家级创业孵化示范基地3个），吸纳创业实体1.73万个，带动就业15.67万人。组织全省双创工作现场推进会，开展青创茶经会、江西“青创板”新闻发布会、江西青年（大学生）创新创业投融资对接会等双创活动周系列活动，全省共举办389场活动，直接辐射150万人次。连续三年开展“大学生创业公开课”活动，连续两年举办“中国创翼”青年创业大赛，2016年共吸引组织822个项目参赛，有17个晋级全国总决赛、3个荣获二等奖、5个荣获优胜奖，多个项目和风投机构签约，省人社厅获得“优秀组织奖”。加大创业担保贷款力度，全年新增发放创业担保贷款122.9亿元，完成年计划的122.9%；扶持个人创业8.9万人次、带动就业44.7万人次。

（三）重点群体就业保持稳定。

继续实施高校毕业生就业促进计划，全省实名登记高校毕业生41 926人，帮助实现就业36 463人，占登记总人数的86.97%。高校毕业生就业率95.3%，实现了高校毕业生就业水平不降低有提高的目标。为22 413名应届高校毕业生发放一次性求职创业补贴2 241.3万元。全年招募“三支一扶”大学生2 126名，超额完成任务；妥善安置2 058名服务期满的“三支一扶”大学生，安置率100%。组织开发就业扶贫信息监测模块，通过公共服务活动对接一批、跨省劳务输出一批、扶贫车间就地转移一批、自主创业一批、公益性岗位托底一批等办法，积极为贫困人员提供公共就业服务。全面开展春风行动、就业援助月、民营企业招聘周、高校毕业生就业服务月等专项活动，仅春风行动活动全省就举办招聘会1 472场次，提供就业岗位70.7万个，175.2万人次参加，达成就业意向27.1万人。

（四）化解过剩产能职工安置稳妥推进。

制定出台去产能职工安置实施意见，实行省、市、县、乡“四级联动”和逐级、逐企、逐人核查职工信息，织牢就业精准帮扶网、社会保障网提供安置服务，建立工作推动、安置报告、联合办公和应急处置工作机制，切实保护企业和职工的合法权益。全年全省去产能的238家煤炭钢铁企业的在职职工51 313人，安置分流40 639人。全省各地组织各类针对性专场招聘会200多场，提供岗位5.8万个，帮助1万余人实现就业。

（五）公共就业服务水平稳步提升。

全面完成全省公共就业和人才服务机构改革、人才市场和劳动力市场的整合。创新人力资源市场事中事后监管方式。启动赣江新区人力资源服务产业园建设，批准设立南昌经开区、南昌高新区、南昌小蓝经开区三个省级人力资源服务产业园。开展第二次人力资源服务机构诚信等级评定，共评选诚信示范单位6个、AAA级及以下诚信单位46个。健全完善离校未就业高校毕业生就业创业服务“一键通”平台，组织农村劳动力转移就业和工业园区企业用工调查，扩大“一网五点”监测范围，由原来的5个县50个行政村扩大到10个县100个行政村。开展基层平台规范化建设试点和绩效考核，开发就业扶贫、去产能职工安置、劳动力转移监测等信息化模块，做好就业信息基础性数据采集。

二、社会保障体系更加完善

（一）社会保障制度取得重大突破。

全面实施机关事业单位养老保险制度，出台职业年金实施办法、视同缴费指数计算办法等配套政策，形成了比较完备的制度政策体系，全年全省机关事业单位参保单位2.8万家、参保人数127万人。完善企业职工基本养老保险省级统筹制度和基金省级统筹预算管理办法，进一步提高省级统筹水平。全面整合城乡居民基本医疗保险制度，实现覆盖范围、筹资政策、保障待遇、医保目录、定点管理、基金管理、统筹层次、大病保障机制等“八个统一”，全部完成机构、职能的整合移交。大病保险制度实现全省统一并覆盖所有城乡居民。全面实行医疗保险付费总额控制，推广按病种分值付费南昌经验，启动“日间手术”按病种付费试点。取消医疗机构医保定点资格非行政审批，启动医保定点机构综合评估准入工作机制。在上饶市启动长期护理保险制度试点，在南昌、九江、赣州市开展工伤预防试点。

（二）扩面征缴力度进一步加大。

稳步推进宜春、鹰潭、景德镇等6个设区市全民参保登记。规范被征地农民养老保险工作，累计有105.09万被征地农民纳入城镇职工和城乡居民基本养老保险范围。全面落实“助保贷款”，累计办理发放助保贷款8 580万元。推进以建筑业参加工伤保险为重点的专项扩面行动，全年新建项目参保率达到100%。推动南昌铁路局、中电投等中央驻赣单位医疗、工伤和生育保险整体纳入省本级管理，推动江西省能源集团等省属企业医疗生育保险实现属地化管理。强化社会保险欠费清理收回，清理企业养老保险欠费10.43亿元；在萍乡、抚州两个设区市开展企业基本养老保险欠费清理结算试点；加强改制企业欠费挂账资金清偿，偿还挂账资金55亿元。全年全省基本养老、医疗、失业、工伤、生育保险参保人数分别达到957.3万人、1 807.04万人、282.64万人、502.11万人、258.91万人，参保总量达到3 808.4万人次，同比增长12.5%；城乡居民基本养老保险参保人数1 844.1万人，同比增长0.8%。全省基本养老、基本医疗（含城镇居民）、失业、工伤和生育保险基金征缴收入分别为481.63亿元、211.74亿元、9.04亿元、11.25亿元和4.57亿元，征缴五项保险基金达到718.23亿元，同比增长14.9%。

（三）社会保险待遇水平稳步提高。

首次实现机关事业单位和企业退休人员基本养老金同步调整，惠及全省283.4万名退休人员。城镇大集体等困难企业未参保退休职工养老生活补助标准，由每人每月320元调整到

450元，增长40.6%。城镇居民基本医疗保险补助标准提高到420元，增长10.5%；将7种治疗大病的特殊药品纳入大病保险基金支付范围；确定2016年度和2017年度全省特药医保结算价以及药价调整机制，全省特药价格平均降幅15.5%。企业职工非因工及因病死亡遗属生活困难补助标准提高到每人每月450元，增长40.6%。调整因工致残人员伤残津贴、护理费和供养亲属抚恤金，伤残津贴每人每月增加130～190元，护理费分别调整到上年统筹地区在岗职工月平均工资的50%、40%和30%，供养亲属抚恤金配偶、其他亲属每人每月分别增加85元、65元。

（四）积极帮助企业减负增效。

落实人社部门惠企扶持政策，继上年降低工伤、失业保险费率后，从5月起将企业职工养老保险单位缴费比例阶段性由20%降低至19%；失业保险总费率阶段性降低至1%，全年可降低企业成本22.7亿元。继续实施失业保险稳岗补贴政策，为1 210家企业支付稳岗补贴1.48亿元。全省补助国有和大集体已关闭、破产、改制企业退休人员和连续停产停工一年以上的困难企业职工参加医保人数达140万人，共投入财政补助资金约30亿元。深入开展全省“降成本、优环境”专项行动，对口联系上饶经开区和广丰经开区2个工业园区，在全省人社系统同步开展“去产能、降成本、促双创、优服务”专项行动，选派20名机关干部常驻蹲点帮扶。全年接办省里移交需人社部门解决的问题建议148个，占全省总数的16.5%；转送对口工业园区反映省直部门的问题建议84个，积极帮助协调解决61个，两个对口工业园区累计减负12.2亿元，主营业务收入同比分别增长9.65%和9.3%。

（五）基金抵御风险能力增强。

制定企业职工基本养老保险中央及省级财政补助资金和省级调剂金管理办法，下拨2016年企业职工基本养老保险省级调剂金10.65亿元，下拨2014年至2015年工伤保险省级调剂金3 083.4万元。加强内控风险管理机制建设，对吉安、赣州市本级社会保险经办机构开展经办风险管理实地评估。组织开展医保基金专项审计，全省6个统筹区上线运行医保智能监控系统，建立社会保险违法失信行为联合惩戒机制。加强基金征缴和待遇支付稽核，查出企业少缴养老、医疗保险费5 988万元，追回5 956万元，追回到账率为99.47%。

（六）经办管理服务能力不断提升。

全面梳理窗口公共服务事项，构建临柜经办服务、网上服务、自助终端服务、基层平台服务等立体化服务体系。全面推行“五证合一”登记制度改革工作。大力推行“统征分付”经办模式，全面启动机关事业单位参加养老保险业务经办。推动城乡居民基本养老保险费由金融机构代扣代缴，代扣代缴率达80%。“多险合一”信息系统在新余、鹰潭、萍乡、景德镇、九江等5个设区市和省本级上线运行。全部实现参保人员到昌异地就医即时结算，省内外异地就医即时结算城市范围进一步扩大。依托异地退管系统开展异地协助认证，省内协助认证率为88.1%。全年新增发放社会保障卡224万张，累计生产发行2 839万张，社保卡应用项目开通92项，开通率达到90%，实现了社会保障卡在公共文化、民政等领域跨部门应用。

三、人才队伍建设取得突出成果

（一）专业技术人才队伍建设得到加强。

组织选拔产生145名享受国务院和省政府特殊津贴人选，评选出110名省级“百千万人才工程”人选。全省新增专业技术人才20万人，同比增长9%。建立省引进高层次人才工作联席会议制度，实施“急需紧缺高层次人才引进计划”，发布6 460个博士以上引才岗位，引进博士以上高层次人才600余人，创历年新高。落实省校合作战略协议，在北京大学举办江西省引进高层次人才专场招聘会，组织参加15场次系列招聘活动。组织200多家单位赴东北、西北、西南等地区14个省市招揽博士以上高层次人才。加快博士后事业发展，全年新增博士后研究人员142人，同比增长21.4%；开展博士后创新实践基地申报评审，新增设立博士后创新实践基地30个；组织省博士后科研项目和日常经费资助申报评审，资助科研项目60项，资助日常经费60人，资助资金450万元。做好中国博士后科学基金第59、60批面上资助和第九批特别资助申报，全省42人获得资助，同比增加16.7%。资助61名百千万人才工程人选赴国（境）外研修；组织开展专家服务300余人次。

（二）技能人才队伍建设进一步推进。

全年全省新增技能人才14万人，新增国务院特殊津贴6人，新增全国技术能手4人，8位高技能人才被省政府授予省特殊津贴，18个单位被授予省技能大师工作室称号。全省共拥有技能人才429万人，占城镇从业人员总量的41.8%；拥有高级工以上高技能人才128.17万人，占技能劳动者的29.87%。开展“技兴赣鄱”专项行动，已建成国家级高技能人才培训基地18个（新增3家）、省级高技能人才培训基地80个、国家级技能大师工作室20家（新增5家）、省级技能大师工作室83家。组织江西省“振兴杯”职业技能竞赛活动，开展省级竞赛90项，直接参赛人数5万余人，带动60万余人岗位练兵。承办中国技能大赛——全国第二届陶瓷行业技能竞赛，得到人力资源社会保障部的充分肯定，中国陶瓷工业协会将景德镇作为“全国陶瓷职业技能竞赛”总决赛基地。组队参加33项世界技能竞赛全国选拔赛，15人入选国家集训队，为江西历史最好成绩。加强世界技能大赛集训基地建设，配套5个竞赛基地建设资金1 200万元，安排6个省级高技能人才培训基地建设资金2 000万元。推进公共实训基地建设，启动赣州、吉安两个市级公共实训基地建设。强化技工教育资金支持，有7所技工院校纳入“十三五”中职产教融合发展工程建设规划，分配31所技工院校现代职业教育质量提升计划中央专项资金5 100万元。深入推进技工教育发展，新设2所技师学院、2所高级技工学校，全省共有技工院校86所，全年完成招生5.04万人，同比增长5%，技工院校毕业生就业率稳定保持在98%以上。

（三）引进国外智力工作力度进一步加大。

启动实施一批国家级和省级引智项目，全年共执行各类国家外国专家项目13项、各类省级外国专家引进计划及资助项目37项，引进各类海外人才124人来赣工作，同比增长67%。引智项目单位在外国人才帮助下获得专利授权53项、专利申请45项，取得重大科技突破、解决重大技术难题27项。加强引智示范基地和示范单位建设，全年新增1个国家级引智成果示范基地、15个省级示范推广基地和示范单位。开展“海外人才江西行”系列活动，邀请27位海外人才与省内需求单位面对面洽谈对接，达成合作意向5项、签订合作协议7项。举办“海智惠赣鄱”江西国际合作教育与科研大讲堂、德国专家社保专业大讲堂、赣俄人才交流合作系列活动，邀请15位高层次外国专家来赣开展合作交流。办理外国专家来华工作许可822件、外国专家短期来华邀请函57份。加大外国专家表彰激励力度，1人获“中国政府友谊奖”、15人获“庐山友谊奖”。加强出国（境）培训审核管理，全年共派出各类团组15个、301人次。深入推进“一村一品”特色扶贫产业，实施“一村一品”产业发展项目160个，扶持资金2 100万元，培养产业带头人3 000余人次，培训指导农民近5万人次。

（四）人事考试和职业技能鉴定工作平稳有序。

推进依法依规治考，健全教育、公安、工信多部门配合的考试协调机制作用，共同打击高科技作弊和集团化作弊，重大考试实行雷同答卷甄别和认定制度。全年完成各类人事考试66项，报考人数53.8万人。进一步规范职业技能鉴定，开展职业技能鉴定所站年度检查，撤销15个鉴定所站，对3个鉴定所站实施限期整改。加强鉴定服务管理信息化建设，组织实地调研查看省管108个鉴定所（站）和11

个设区市，完成江西省职业技能鉴定管理服务平台可行性研究报告、预算调整、项目评审和招标等准备。进一步优化简化鉴定程序，取消部分需提供身份证原件、第三方学历证明流程，开通证书快递业务。完善职业技能鉴定考务管理工作流程，加强实操考核质量控制和监管，严肃考场考风考纪，全年完成职业技能鉴定 30 万人次，近 4 万人取得三级以上职业资格证书。

四、人事制度改革稳步推进

（一）公务员队伍建设不断加强。

坚持和完善公务员“凡进必考”和“四级联考”制度，组织全省公务员四级联考、政法干警招录培养体制改革试点、公安机关面向社会及公安院校公安专业毕业生招录人民警察，全省招录公务员 3 363 名、招录人民警察 1 150 余人。落实艰苦边远地区基层公务员考试录用工作实施意见，采取降低门槛、放宽条件、降低比例、单独划线、限制户籍等措施，解决基层艰苦边远地区招录难、留人难问题。共有 13.1%的县乡基层职位限本县户籍或生源报考，21.1%的乡镇职位定向招录基层服务项目人员，近 90%的乡镇基层公务员职位不限专业、工作年限和经历。扩大公务员平时考核试点范围，在省市县三级人社部门同步开展公务员平时考核。严格参照管理审批，全年共批准 13 个事业单位参照管理，撤销 54 家事业单位参照管理。严格规范评比达标表彰活动，全年新增 7 个表彰项目、叫停 33 个未经批准要求开展的表彰活动。规范公务员转任、调任及职数备案审核，做好机场公安、省机管局等单位机构改革人员分流安置，开展公务员遴选工作，共遴选 412 名基层公务员进入上级机关工作。制定印发《省“十三五”机关公务员培训纲要》，积极开展公务员“四类”培训和对口培训，全年培训公务员 15.6 万人次。

（二）事业单位人事管理不断加强。

组织全省事业单位统一招聘和退役大学毕业生士兵、中小学教师等招聘工作，较好缓解了事业单位人手不足的矛盾。全年共招聘事业单位工作人员 26 378 人。开展基层农技、水利等定向招聘和培养，有效解决边远、艰苦行业专业技术人才招聘难和留人难等问题。开展事业单位管理岗位职员等级晋升改革试点，拓宽了事业单位管理人员职业发展空间。组织首批事业单位专业技术二级岗位人员聘期考核工作和岗位动态管理工作，逐步解决过去一聘定终身、能上不能下的难题。积极支持事业单位科研人员创新创业，全年共批准离岗创业 2 082 人。

（三）职称制度改革不断深化。

全面推开中小学教师职称制度改革，启动卫生高级专业技术资格职称制度改革，对省市县及乡镇卫生技术人员实行分类评价，鼓励卫生技术人员服务基层。出台深化职称评价改革鼓励专技人员创新创业意见，在专业技术人员职称评价标准等方面实现创新突破。出台有突出贡献人才高级专业技术资格审定办法，开辟职称审定“绿色通道”，突出以品德、能力、业绩和贡献为主的评价导向，激发专业技术人才创新创业活力。完善高技能人才评价办法，启动重点产业的大中型企业技能人才自主评价。

（四）军转安置任务顺利完成。

全面落实全国军转安置工作会议部署，继续推行考试考核与积分选岗相结合的阳光安置办法。全年中央下达计划分配军转干部指标 635 名，接收安置 633 名，安置到党政群机关和参公事业单位的占 95.4%，实现了安置质量好于往年的目标。加强自主择业军转干部管理服务，接收安置自主择业军转干部 236 名，同比增长 139%，不断提高军转干部医疗待遇和生活补贴标准，深入开展关爱行动，企业军转干部群体保持稳定。妥善做好随军家属就业安置工作，全年全省调配安置随军家属 174 人、推荐就业安置 124 人。

五、工资收入分配更加合理有序

（一）机关事业单位工资待遇正常调整到位。

调整了机关事业单位工作人员基本工资标

准，增加离休人员离休费，提高了机关事业单位工作人员遗属生活补助标准。全面完成县以下机关建立公务员职务与职级并行制度实施工作，全省共有4.3万人晋升职级，人均月增资额289.8元。实施乡镇工作补贴，基层和艰苦边远地区工资待遇水平进一步提高。调整人民警察警衔工资，推进法官、检察官工资制度改革，制定法官、检察官工资制度改革试点方案和实施意见，确定法官、检察官等级对应津贴补贴标准和工作人员绩效考核奖金。

（二）事业单位绩效工资政策进一步完善。

健全完善省直事业单位绩效工资申报政策，明确了绩效工资总量申报原则和纳入绩效工资管理的项目范围等。调整了省直事业单位绩效工资基本标准线，省直驻南昌城区及设区市单位实行统一的基本标准线。认真做好省直事业单位绩效工资总量申报核定备案，审核批复省直155家单位的绩效工资总量，备案了省直340余家单位的绩效工资总量。

（三）企业工资分配指导调控力度加强。

推进深化国有企业负责人薪酬制度改革，出台《省属企业负责人薪酬监督检查办法》、《省属企业功能性质调节系数确定办法》和《省属企业负责人薪酬信息披露办法》。全省国有企业负责人薪酬制度改革全面推开，包括发布省属国有企业负责人2015年度基本年薪计算基数，开展薪酬审核兑现和福利性待遇情况备案，组织薪酬自查和监督检查，全部按照新的薪酬制度入轨运行。省属国有企业在岗职工年平均工资增长10.2%，主要负责人平均薪酬与企业在岗职工工资收入差距缩小3.6倍。完成南昌、景德镇、宜春、上饶、抚州等5个国家试点城市的2 333户企业、15.3万名劳动者薪酬调查，调查企业户数同比增长13%。发布2016年企业工资指导线，基准线为8%，增长下线为3%，不设上线。

六、劳动关系保持总体和谐稳定

（一）劳动关系协调工作进一步加强。

调整充实省构建和谐劳动关系工作领导小组，印发《贯彻落实〈关于构建和谐劳动关系的实施意见〉重要政策措施分工方案》。继续将和谐劳动关系列入政府责任目标考核体系，完善市县科学发展综合考评和谐劳动关系考核指标。申请设立“江西省模范劳动关系和谐企业、工业园区、乡镇（街道）”表彰项目并获国务院批复，建立相应的表彰制度，新增省级劳动关系和谐企业62户，累计达到337户，新增省级劳动关系和谐工业园区2个，累计达到23个。集体合同攻坚计划圆满收官，全省集体合同签订率达到80%以上，劳动合同签订率达到92%以上。开展劳务派遣核验，发布《2015年度劳务派遣核验工作公告》。加强特殊工时审批，共审批实行特殊工时制企业1 839户，涉及职工13.76万人。启动女职工劳动保护立法修订工作。完成全省妇女儿童发展“两纲”实施情况中期评估，得到国务院“两纲”中期督导组充分肯定。

（二）争议调解仲裁工作扎实推进。

加大调解仲裁力度，将调解仲裁工作纳入全省综合治理（平安建设）考核体系，制定劳动人事争议调解仲裁综治考评办法和考评指标。加强裁审衔接，联合省高院率先在全国仲裁系统开展仲裁提起诉讼率、仲裁诉讼一致率的统计分析。进一步规范仲裁员管理，建立办案交流制度，做到全省类案同裁。全年共受理劳动人事争议案件2.2万件，结案率96.4%，调解率71.8%，91.2%的案件化解在调解仲裁阶段，江西省调解仲裁做法在全国综治工作会议上进行了交流汇报。

（三）劳动保障监察执法力度进一步加大。

健全治理拖欠农民工工资工作机制，出台《关于治理拖欠农民工工资问题的实施意见》，将治理拖欠农民工工资工作纳入政府绩效考核、综治考核和科学发展观考核体系。完善工资保证金制度，全面推行银行代发工资制度，强化行政司法联动机制，坚决打击拒不支付劳动报酬行为。探索“互联网+劳动保障监察执法”方式，在全省全面推开农民工工资实名制监管信息化工作。认真开展日常监督执法检查，全年共检查用人单位 3.3 万户，责令退赔求职者各类费用 50.52 万元；接受群众举报投诉案件 8 677 件，立案 5 402 件，结案 5 314 件，结案率 98%以上。扎实开展农民工工资支付情况专项检查，全省共检查用人单位 6 234 万户次，责令用人单位支付 1.87 万名农民工工资及赔偿金 2.45 亿元。组织清理整顿人力资源市场秩序的专项执法检查，共查处违法案件 198 件，责令退赔求职者各类费用 12.73 万元、罚款 7.34 万元。开展用人单位遵守劳动用工和社会保险法律法规情况专项检查，共检查各类用人单位 8 599 户，责令补签劳动合同 5.02 万人，责令支付工资及赔偿金 2 307.08 万元，督促缴纳社会保险费 2 038.97 万元。

（四）农民工服务和扶贫工作进一步加强。

抓好省政府支持农民工等人员返乡创业实施意见等文件贯彻落实，继续将农民工工作列入市县科学发展综合考评，联合江西调查总队开展农民工群体情况监测调查，发布《2015 年江西农村劳动力转移就业和农民工监测报告》，组织开展第十次全省农民工工作自查，有序推进农民工市民化。推进家庭服务业发展，调整全省民生工程“家庭服务业新增就业人员、家庭服务业从业人员培训人数”指标，从全省就业资金分配中安排 3 013 万元作为发展家庭服务业专项资金，制定本省家庭服务业发展“十三五”规划，正式实施《钟点工服务质量规范》和《养老助餐服务质量规范》，申请立项编制《养老护理服务质量规范》和《医院陪护服务质量规范》，举办全省首届月嫂师资培训班和钟点工师资培训班。全年全省家庭服务业新增从业人员 9.1 万人、完成目标任务的 114%，从业人员培训 5.1 万人、完成目标任务的 127%。制定出台人社系统精准扶贫行动方案，实施“五大扶贫行动计划”，有针对性地对全省 200 万建档立卡农村贫困人口集中开展扶贫，建立 110 万人的就业扶贫台账，帮助 18.5 万人实现就业脱贫、40 万名建档立卡对象全部由政府兜底代缴近 4 000 万元的社保费。

七、基础性综合性工作整体推进

（一）全面推进人社事业规划和法治人社建设。

编制发布《江西省人力资源和社会保障事业发展“十三五”规划》，完成就业、社会保险、信息化等三个专项规划的编制工作，明确了“十三五”时期人社事业改革发展的工作思路、主要目标、重点任务和政策措施。制定《江西省人力资源社会保障法治建设实施纲要（2016—2020 年）》，印发《江西省人社系统法治宣传教育第七个五年规划（2016—2020 年）》。制定《人力资源社会保障行政复议听证会程序》，规范行政复议听证活动，积极稳妥处理行政争议案件，全年共受理行政复议申请 118 件、受理率 95.2%；已审结 92 件、结案率 78%；全省共处理被行政复议案件 135 件，同比减少 25.4%；全年涉及人社系统行政机关的行政诉讼案件 318 件，同比减少 1.6%。加强规范性文件制定和备案，全年对 150 余件厅本级规范性文件进行了合法性审查，向省政府报备规范性文件 7 件。发挥法律顾问服务和专家咨询论证作用，全年厅法律顾问提供法律服务 38 次，出具法律意见书 20 份，召开 6 次专家咨询论证会。省人社厅政策法规处和省劳动就业服务管理局分别被评为“2011—2015 年全国法治宣传教育先进单位”和“2011 2015 年全省法治宣传教育先进集体”。

（二）全面加强人社领域政务服务。

进一步推进简政放权、转变职能，取消“聘请外国专家资格认可”行政许可审批事项和“两定机构”非行政许可审批事项，下放“劳务派遣单位行政许可”部分权限，新增“事业单位工作人员再申诉处理”1 项行政权力，将“设立高级技工学校审批”等 5 个行政许可项目全部列为工商登记后置审批事项。在权力清单和责任清单的基础上，率先建立 27 项办事指南类公共服务事项清单以及收费清单、其他事项清单。出台加强和改进人社领域公共服务实施方案，取消 9 项证明或手续，简化优化流程 12 项，部署 20 项长期推进的公共服务事项。全面建立“一库五清单”，建立近 300 万字的“政策法规库”，全部在省人社阳光政务信息系统网上办事大厅公开；编印《人力资源和社会保障法律法规规章汇编》，免费向全省人社系统发放。制定人社系统“双随机一公开”实施细则，建立厅本级随机抽查事项清单、执法人员名录库和检查对象名录库，进一步规范执法行为。推进阳光政务系统建设，人社阳光政务信息系统在省本级和 5 个设区市本级、33 个县（市、区）上线运行，在江西人社阳光政务信息系统网上办事大厅提供面向单位和个人服务的人社业务办理事项 233 项，其中有 196 项实现网上在线办理，网上办理率达到 84.1%。衔接落实国家职业资格制度改革，清理职业资格和认定事项。推行“五证合一”登记制度，取消社会保险登记证定期验证、换证制度。全年全省“12333”电话咨询总量 520 万人次，同比增长 50%，全国排名第六位。

（三）积极支持对口援疆和支持赣南等原中央苏区人社事业发展。

建立涵盖就业创业、职业培训、技能培训、劳务输出等方面的就业援疆工作机制，全年完成 3 批次、149 名新疆克州未就业大学生、自主创业人员、紧缺技能人才培训，帮扶阿克陶县富余劳动力转移到内地就业 3 900 余人次、实现劳务创收 9 000 余万元，组织 200 多名阿克陶县农村劳动力到江西就业。建设九江彭泽——克州、阿克陶县江西劳务就业实训基地，选派 76 名专业技术人员入疆轮换，组织技工学校专家赴克州及阿克陶县指导技工学校建设，利用江西技工学校师资为克州及阿克陶县培养紧缺型技能人才 9 人、高级技工 30 人，安排资金 300 万元用于克州和阿克陶县人社局信息化建设。加大对赣南原中央苏区“一村一品”项目资金扶持，全年安排新农村建设试点村“一村一品”产业项目资金 488 万元，占全省资金的 32.5%；安排“一村一品”项目资金 163 万元，占全省资金的 27.2%。支持宁都县享受省直管试点县（市）的经济社会管理权限，赋予其 24 项人社管理权限。加强对赣南等原中央苏区创业孵化基地、公共实训基地建设等扶持，加大对其城镇居民基本医疗保险财政补助，积极支持帮助赣县组织举办 2016 年赣州海外高层次人才项目对接会。扎实推进基层就业和社会保障服务设施项目建设，全年新增 3 个县、12 个乡镇开展项目建设，累计有 70 个县、280 个乡镇开展项目建设。

江西省 12333 电话咨询服务中心等 12 个窗口单位被人力资源社会保障部评为“2014—2016 年度全国人力资源社会保障系统优质服务窗口”。

江西省人力资源和社会保障厅

山 东 省

2016年，山东省人力资源和社会保障部门在省委、省政府的正确领导下，按照“一个定位、三个提升”的要求，着力促改革、补短板、兜底线、防风险，各项工作都取得了新进展新突破，实现了“十三五”的良好开局。坚定不移地抓改革、促发展，人社事业转型发展的动力明显增强，在改革持续推进的大背景下，按照“扭住关键、精准发力”的原则，突出问题导向，突出重点领域，关键性改革取得了重大进展，基本搭建起具有山东特色的人社改革“四梁八柱”，改革红利进一步释放，提升了人民群众的成就感、幸福感、获得感。

一、就业局势保持总体平稳

坚定不移地稳就业、促创业，就业稳成为经济社会稳定的重要标志。在经济形势复杂多变的大背景下，大力实施就业优先战略，抓政策、抓重点、抓创业、抓服务，实现城镇新增就业120.98万人，完成年度计划的109.98%；城镇登记失业率控制在3.46%，低于全国平均水平和山东省年度控制目标。建立完善失业动态监测、预测预警、预防调控“三位一体”工作机制，最大限度减少因失业造成的社会不稳定因素。

（一）就业创业政策得到较好落实。

研究制定就业补助资金管理办法等配套政策，加大《关于进一步做好新形势下就业创业工作的意见》等政策的落实力度。针对政策落实中的难点问题，大力开展就业工作督导、就业目标责任考核和政策宣传。

（二）重点群体就业保持稳定。

高校毕业生总体就业率93.77%，同比提高1.76个百分点。评估认定10个省级大学生创业孵化示范基地和创业示范园区。印发《关于促进大学生到农村创业的意见》（鲁人社发［2016］21号）。继续实施农民工3年3项行动计划，农民工就业质量显著提升。扎实开展就业精准扶贫，累计转移就业贫困人口20.1万人，带动实现脱贫35万人，完成困难群体就业8.97万人，完成年度计划的149.3%。在全国首创“就业扶贫车间”的扶贫新模式，建成就业扶贫车间2 790个，吸纳贫困劳动力就业8.9万人。

（三）创业成为就业增长的重要引擎。

认定31家省级创业示范平台和5家省级示范创业大学，实现创业大学市级全覆盖。全年实现创业47.64万人，带动就业129.53万人，增长8.6%。在全省启动实施“创业齐鲁训练营”活动，扶持一批具有发展潜力的小微企业，向更高层次发展。

（四）就业创业服务水平进一步提升。

举办招聘会1.6万场次，引进人才41.2万人。组建省公共就业和人才服务中心，搭建“山东半小时公共就业服务圈”，推进建设“四型就业社区”和“一站式”农民工综合服务平台，城乡公共就业服务更加均等。成功举办第二届“中国创翼”青年创业创新大赛山东赛区比赛、第三届山东创业大赛，营造大众创业、万众创新的良好氛围。建成8家省级以上人力资源服务产业园，其中烟台园获批国家级产业园，实现重要突破。全面深化“放管服”改革，大力推进标准化、信息化、一体化建设，提升人社公共服务水平。

二、社会保障体系进一步完善

（一）编密织牢社会保障“安全网”。

实施全民参保登记计划，巩固城乡居民养老、医疗保险整合成果，职工养老、职工医疗、失业、工伤、生育保险参保人数分别达2 576.4万人、1 960万人、1 222.9万人、1 510.9万人、1 139.1万人，居民养老保险、医疗保险参保人数分别达到4 538.6万人、7 228.8万人。完善居民大病保险制度，累计补偿449.87万人次、88.83亿元。实施医保精准扶贫，建档立卡贫困人口全部纳入保障范围。全省实现省内异地就医联网结算，并网医院达到170家，省内异地就医联网结算29.3万人，医疗总费用70.1亿元。率先建立全省统一的职工大病保险制度，率先在全省范围内推动职工长期护理保险试点，全面推行医保支付方式改革。深入推进机关事业单位养老保险制度改革，纳入新制度337万人。

（二）提高社会保险待遇水平。

首次同步调整企业和机关事业单位退休人员养老金，总体调整水平6.88%；居民基础养老金最低标准由每人每月85元提高到100元；职工和居民医保政策范围内住院报销比例分别达75%以上和70%左右；失业保险、工伤保险待遇也都有较大幅度的提高。

（三）防范化解社会保险领域风险。

加强精算分析，强化社保费的征缴和基金监管，社保基金抗风险能力进一步提高。当年基金总收入3 826.9亿元，同比增长9.6%；总支出3 407.0亿元，同比增长14.4%；累计结余4 362.3亿元，同比增长10.7%。委托全国社保基金理事会运营基金1 088亿元。2015年委托全国社保基金理事会运营的500亿元，实现收益36.83亿元。

三、人才队伍建设成效显著

（一）高层次人才队伍不断扩大。

“两院”院士、国家千人计划专家、国务院政府特殊津贴专家、国家百千万人才工程人选、省有突出贡献的中青年专家分别达37人、174人、3 136人、162人、1 297人。实施国家级高级研修项目6个、省级高级研修项目102个，培训急需紧缺人才7 000多人。在全国率先出台《关于加强高技能人才工作助推产业转型升级的意见》，建立“产学研未来工匠联盟”，开展新型学徒制培养试点，着力打造技艺精湛的“齐鲁工匠”，新增技能人才114.8万人次，选拔引进产业技能类泰山产业领军人才7人，1人荣获“中华技能大奖”，13人被评为“全国技术能手”，149人被评为“齐鲁首席技师”。积极备战第44届世界技能大赛，15名选手入选国家集训队，4个世赛中国集训基地落户山东，实现了“零”的突破。

（二）实施精准招才引智。

成功举办第九届“海洽会”，通过创新办会模式，丰富会议内容，搭建山东与海内外高端人才的交流对接平台，共吸引26个国家和地区的371名海外留学人员、194名国内外博士后、88名外国专家报名参会，成功对接项目4 524个。开辟引进高层次、高技能人才服务“绿色通道”，为204名高层次人才颁发服务绿卡，在全国首批启动外国人来华工作许可试点。省内7名外国专家入选第六批国家“千人计划”外专项目，3人入选首批“首席外国专家项目”，2人获“中国政府友谊奖”，20人获“齐鲁友谊奖”，2所高校入选首批地方高校创新引智“111”计划。组织百名县（市、区）长、百名企业家出国（境）培训，邀请外国专家培训专业技术人才1.6万人。

四、人事制度改革扎实推进

深化聘任制公务员管理试点，积极推进公务员分类改革。在52个财政困难县开展本地优秀人才考录试点，启动定向招录残疾人试点，建立符合公安机关特点的人民警察招录制度。分类推进中小学、省直科研院所、公立医院、高校、中等职业学校、技工院校等事业单位职称制度和人事制度改革，调整职称外语、计算机应用能力考试成绩使用政策。规范事业单位公开招聘，调整事业单位岗位设置结构比例指导标准。加强人事考试精细化管理，完成国家和省级人事考试40项，报考人数166.8万人，报考科次318.5万科。把深化国防和军队改革第一年的军转安置工作作为特殊政治任务，圆满完成4 143名军转干部安置任务，其中，自主择业军转干部2 168名，占总人数的52.3%，首次超过计划安置数量。

五、完善工资收入分配制度

组织实施机关事业单位工作人员调整基本工资标准和离休人员增加离休费工作，开展员额法官、检察官工资制度改革试点，研究制定科研机构、高校、医院等重点部门绩效工资办法，搞活内部分配。加强企业工资宏观调控，发布企业工资指导线，提高最低工资标准。调整省直机关事业单位未纳入正式职工管理人员基本工资标准，每人每月提高500元。大力推进国有企业负责人薪酬制度改革，政府宏观指导调控力度加强。

六、劳动关系和谐稳定

（一）劳动关系机制进一步健全。

劳动合同制度深入实施，劳动合同、集体合同签订率普遍提高，劳务派遣用工逐步规范，同工同酬分配原则逐步落实，和谐劳动关系创建取得成效，劳动关系整体和谐稳定。工资指导价位市场指导作用不断增强，企业职工工资保持稳定增长，劳动者合法权益得到有效保护。

（二）争议调处效能稳步提升。

全省各级劳动人事争议调解仲裁机构共处理争议案件8.78万件。通过调解和仲裁，为劳动者和用人单位挽回经济损失17.56亿元，仲裁当期结案率96.85%，调解成功率68.32%，柔性化解争议、构建和谐劳动人事关系的理念得到有效体现。截至2016年年底，全省共建立各类劳动人事争议调解组织73 545个，其中，企业调解组织53 208个，事业单位调解组织15 775个，乡镇街道调解组织1 836个，其他调解组织2 726个，劳动人事争议调解组织网络进一步健全完善。

（三）劳动保障监察执法工作不断强化。

高度重视举报投诉案件处理工作，办结举报投诉案件2.3万件。依法严惩拖欠工资违法行为，年初、年中两次开展农民工工资支付专项督导检查，为15.39万名农民工追回工资9.21亿元。开展清理整顿人力资源市场秩序专项行动，共检查职介机构、场所或个体及单位5 655户，查处各类违法案件497件，责令改正159件。

七、基本公共服务能力不断提升

（一）深入推进“法治人社建设”。

全省共取消职业资格433项，清理无法律法规设定依据的上岗证、准入证17项，行政许可事项精简至6项。清理规范性文件，公开清理结果，继续保留198件，失效39件，废止92件。印发《在全省人力资源和社会保障领域推广“双随机、一公开”工作机制的实施方案》，向社会公布随机抽查事项清单，加强事中事后监管。在厅门户网站主动公开政府信息4 620条，作出信息公开答复76件。全年共办理被行政复议案件3件、行政应诉案件68件。厅本级全年办理信访事项3 617起（件）。

（二）启动实施“三化建设”。

坚持以便民利民为目标，全面深化“放管服”改革，大力推进标准化、信息化、一体化建设，提升人社公共服务水平，树立人社部门的良好社会形象。“三化”建设，是人社公共服务领域的一场广泛而深刻的变革，既给人力资源社会保障系统的服务模式、服务手段、服务方法带来了重大的挑战，也给提升公共服务水平带来了重大的机遇，促进人社部门在更大范围、更宽领域、更高层次上简政放权、放管结合、优化服务，对于打造法治、创新、廉洁和服务型部门具有重要的推动作用。

（三）信息化建设取得新进展。

通过网上服务大厅、“山东人社服务”手

机 APP、电话咨询、自助服务一体机等多种服务渠道，初步实现公共就业、社会保障、劳动关系等业务的网上查询和经办。完成电话咨询服务系统升级改造，与 12333 网站、移动互联网、短信、微信等服务渠道有机结合，提高电话咨询服务能力，全省 12333 全年接听来电 628 万个，较上年同期增长 10.2%。大力发行社会保障卡，截至 2016 年年底，全省累计持卡人数达到 6 861 万人。印发《山东省人力资源和社会保障厅信息资源共享管理办法（试行)》，规划建设省级信息资源共享管理系统，建立了内外双向数据交换机制。与公安、工商、民政等部门达成共享意向、签订共享协议，打通了部门间数据共享渠道。新建省级数据中心机房被工信部评为政府行业国家级绿色数据中心试点。

山东省人力资源和社会保障厅

济 南 市

2016年，济南市人力资源和社会保障部门紧紧围绕“打造四个中心、建设现代泉城”的中心任务，以建设“温暖人社”为主题，积极作为、扎实工作，各项工作取得显著成效，为保障改善民生、服务经济发展、促进社会和谐稳定发挥了积极作用。

一、就业工作

大力实施更加积极的就业创业政策，全面加强就业公共服务。全市全年新增城镇就业人数18.9万人，农业富余劳动力转移就业5.1万人，本市生源应届高校毕业生整体就业率达到94%；城镇登记失业率2.17%，远低于4%的控制目标。

一是着力促进重点群体就业。精心实施大学生就业促进计划，就业服务覆盖率达100%。制定个性化就业指导方案，精准帮扶家庭困难毕业生和就业困难毕业生。联合相关职能部门、济南周边6市和潍坊、临沂举办高校毕业生专场招聘会，为高校毕业生搭建就业平台。实施“三支一扶”计划，引导大学生到基层就业，将招募人数提高到190多名，重点向扶贫领域倾斜，在岗的服务大学生生活补贴增幅达43%。扎实组织开展“春风行动”，将被征地农民纳入了城镇就业失业登记范围，积极稳妥地做好去产能职工安置工作，完善落实“一人一策、一人一卡”的跟踪服务措施，援助就业困难人员2.3万人，城镇零就业家庭实现了动态消零。全年共组织各类招聘会366场，提供就业岗位43余万个。认真落实稳岗补贴政策，为1 168家企业发放稳岗补贴5 162万元，惠及职工17.2万人。针对煤矿企业关停和济钢产能调整涉及近2万名转岗分流职工，实施“六个一批”组合拳，帮助他们实现再就业或自主创业。

二是加大创业带动就业力度。不断完善创业扶持政策体系，简化审批程序，加大扶持力度，全年发放各类创业补贴2 238.6万元，同比翻了四番。加强创业载体建设，市和各县（市）区都建成了创业大学或创业学院，省、市、区三级创业孵化基地达125个，全市基本形成了市有创业孵化中心、县区有创业孵化基地、街道有创业园区、村居有创业网点的工作格局。举办了济南2016创意大赛、济南2016创业大赛，大力营造浓厚的创业氛围。济南市入围2016年全国小微企业创业创新基地城市示范。

三是大力实施城乡普惠的就业培训制度。全面推行“企业订单、劳动者选单、培训机构列单、政府买单”的培训模式，着力提高劳动者就业能力。通过建立“乡村技能培训教学基地”、开办“农民夜校”等方式，积极推进就业培训进乡村，让村民就地就近接受就业技能培训，全年培训各类人员5.4万人，培训后就业率达85%以上。

四是不断完善提升农民工服务。建成了覆盖全体农民工的五级服务体系和网上服务（维权）平台，探索开展了农民工党建工作，促进了农民工更好地融入城市。济南市农民工综合服务中心被评为全国农民工工作先进集体。

五是大力发展人力资源服务产业。协调设立了专门的人力资源服务业发展专项资金，调整完善了《济南市经营性人力资源服务机构管理办法》，省、市、区联合建成了山东济南人力资源服务产业园，开园半年入驻企业达到22家，实现营业收入1.6亿元，全市人力资源服务产业实现了跨越式发展。

六是扎实开展精准扶贫。研究出台了就业与社会保障精准扶贫22条政策措施，对全市19.63万农村贫困人口精准识别，从转移就业、社保兜底、技能培训、创业扶持、人才支撑五个方面精准施策、精准扶贫。扎实开展区域劳务扶贫协作，先后组织济南市企业为临沂、重庆、湘西等对口地区输送就业岗位6 000多个。

二、社会保障工作

围绕建立健全更加公平可持续的社会保障制度，重点抓了四个方面的工作。

一是社会保障覆盖面不断扩大。深挖扩面资源，加大征缴稽核力度，确保城乡居民应保尽保、社会保险费应收尽收。全面实施全民参保登记计划，全市职工养老、职工医疗、失业、工伤、生育保险参保人数分别达到284.3万人、214.5万人、135.8万人、161.2万人、142.2万人，居民养老、医疗保险参保人数分别达到225.1万人、404.1万人，基本实现了人人享有社会保障的目标。

二是社保待遇不断提升。连续12年提高企业退休人员养老保险待遇，月人均基本养老金达到2 778.6元；居民养老保险基础养老金实现"六连涨"，每人每月提高至110元。居民基本医疗保险财政补贴标准每人每年达到420元。被征地农民养老保险工作全面展开，政府补贴资金陆续落实到位。失业保险金标准提高至每人每月1 000元。工伤职工一次性工亡补助金标准达到62.4万元。生育保险人均费用支出过万元，为全省最高。

三是社保领域改革不断深化。机关事业单位公费医疗改革不断完善，养老保险制度改革顺利实施，社会保险制度实现了从"双轨制"向"单轨制"转变的新跨越。医保支付方式改革不断深化，对医疗保险政策进行了五次大的调整，有效减轻了参保人看病就医负担；启动实施职工长期医疗护理保险制度，目前已有500多名失能、半失能参保人享受到了这一惠民政策；启动实施定点医疗机构和定点零售药店"两个定点"协议管理制度改革，通过公开招标、第三方评估的方式将符合条件的167家零售药店、85家门诊医疗机构新纳入医保协议管理，全过程公开透明。

四是基金监管水平稳步提升。社保基金行政监督和社会监督、现场监督和非现场监督相结合的机制基本建立；社保基金征缴、支付、管理等关键环节得到有效监管。社保基金网络化监管水平明显提升，对参保缴费和享受待遇情况进行了分析对比，及时排查化解了可能存在的风险。强化日常检查和专项审计，定期组织开展"反冒领"、"反欺诈"专项整治活动，有效防止了"跑冒滴漏"，确保了基金安全。

三、人才工作

聚焦"四个中心"建设急需，坚持"高精尖缺"导向，大力实施人才强市战略，各类人才队伍不断壮大，人才引领发展的作用进一步凸显。

一是大力引进高层次人才。实施"5150引才倍增计划"，全面落实"泉城双创"引才计划，启动实施"泉城1111"人才支撑计划，新引进海内外高端人才94人，累计达到505人。引进外国专家129人。成功承办了2016海外高端智力（外国专家）泉城行活动，共对接项目342项。加强人才国际交流合作，与英国牛津大学设立了"牛津济南展望创业奖"。济南市入选"魅力中国——外籍人才眼中最具吸引力的十大城市"。

二是加大出国（境）培训力度。共获批出国（境）培训项目计划20项，派出257人。

三是强化留学人员创业载体建设。留学人员创业孵化总面积达120多万平方米，入驻企业574家，引进海外留学回国人员2 500人。

四是加强专业技术人员队伍和博士后工作

站建设。深化职称制度改革，申报中级及以下职称对外语和计算机应用能力不作要求。着力打造国家、省、市三级博士后工作平台，探索设立市博士后创新实践工作站，博士后科研工作站增至22家，省级博士后实践创新基地达到8家，新建市级博士后创新实践工作站10家。完成职业技能考核鉴定10.5万人，全市专业技术人才总量达到42万人，其中入选国家百千万人才工程人选2人，享受国务院政府特殊津贴专家160人，获省有突出贡献的中青年专家荣誉称号31人。

五是加大专家服务基层工作力度。新设立院士专家基层服务工作站28家，从原来集中在偏远地区拓展到县域经济的重点单位和市直有关单位，行业也从卫生、教育扩展到机械、环保、生物医药等领域。紧扣“中国制造2025”、“海绵城市建设”、“应对灰霾污染”等重大课题，成功承办了3个国家级、5个省级高研班。

六是大力加强技能人才队伍建设。加大技工院校建设力度，顺利完成了济南技师学院与铁路高级技工学校整合工作，积极推动职业资格和学历“双证互通”。全年新增高技能人才1.7万人，全市技能人才总数达到103万人，为实体经济建设提供了有力支撑。

四、机关事业单位人事管理工作

认真贯彻落实深化干部人事制度改革的有关要求，加快建立公平公正、科学规范、权责清晰、监管有力的人事管理制度。

一是创新进人机制。不断完善“阳光考录”办法，加大公开遴选力度，全市各级机关新招录公务员494人、公开遴选公务员53人。首次组织12个部门面向“985”、“211”高校招聘了20名城建、规划、交通、环保类高层次专业人才。组织指导全市事业单位公开招聘工作人员1 594人。

二是强化教育培训。以开阔视野、更新知识、创新思维为重点，增强公务员培训的针对性和实效性，全年累计开展各类培训21期，培训人员1 540余人。

三是完善平时考核。依托政务云平台研究开发了公务员平时考核信息系统，在全市机关推广使用，考核工作实现了由“纸”到“云”的转变。深入推进事业单位平时考核工作，考核结果已成为事业单位人员工资调整、职称评定、岗位竞聘等重要依据。

四是深化工资改革。按照体现岗位绩效和分级分类管理的原则，全面推进事业单位绩效工资改革。按照全国、全省统一部署，按期完成了机关事业单位工作人员调资工作，规范了市直机关事业单位精神文明奖发放。

五是狠抓考试安全。围绕实现公平考试、科学考试、安全考试的目标，强化岗位责任，实行项目管理，全年组织各类人事考试50余项25万人次，做到了“零失误”。

六是高度重视军转工作。圆满完成军改第一年870名军转干部的安置任务，自主择业军转干部管理服务模式不断创新，企业军转干部保持了总体稳定。

五、劳动关系协调工作

一是强化劳动合同管理。加强劳动用工备案系统建设，逐步实现劳动用工备案系统与社会保险系统的数据共享和业务联动，企业用工、工资发放和社保缴纳情况实现了动态监管。深入实施农民工权益保障3年行动计划，实现稳定就业的农民工已基本签订了劳动合同，在用工季节性强、职工流动性大的行业推广劳动合同简易示范文本。全市已建工会企业集体合同签订率达到98%以上。

二是强化企业收入分配宏观调控。提高济南市最低工资标准，市内五区1 710元，其他县（市）区1 550元。最低小时工资标准平均增幅达6.89%。启动实施了国有企业负责人薪酬制度改革，国有企业收入分配更趋合理。

三是强化劳动保障监察执法。积极联合公安、工商、城建等部门开展联合执法检查，组织开展了农民工工资支付、清理整顿人力资源市场秩序、遵守劳动用工和社会保险法律法规等专项执法检查活动。全市劳动保障监察共检查用人单位 1.2 万家，涉及职工 45.2 万人，清欠工资近 1.3 亿元。

四是强化劳动人事争议调解仲裁。积极推进劳动人事争议调解组织规范化、标准化、信息化建设，全市共成立乡镇（街道）、国有企业、非公有企业、小微企业、科教文卫等劳动人事争议调解组织 2 936 个，基层调解组织覆盖率达到 90%以上。着力提升办案效能，严格规范自由裁量，狠抓终局裁决案件，做实“裁审衔接”制度，设立巡回、流动仲裁庭 11 个，劳动人事争议调解仲裁结案率达 96%，为劳动者挽回经济损失 12 435.41 万元。

五是加强信访维稳工作。受理群众来信来访 3 774 件，化解信访积案 53 件，促进了社会和谐稳定。

六、行政服务标准化工作

认真把握“温暖、简便、规范”三个关键词，以全面实行行政服务标准化为抓手，以完善提升基层服务平台为重点，以“互联网+人社服务”为引领，基本建成了覆盖城乡、标准规范、高效便捷、“线上”与“线下”相结合的人社公共服务体系。基本公共服务标准化建设取得突破性进展，建立起了包括 1 512 项标准在内、涵盖全部人社业务、实现四级贯通的综合标准体系，顺利通过了国家级中期评估和省级验收。基层服务平台规范化建设迈上了新的台阶，全市建成市级服务大厅 6 个、县区服务大厅 10 个，镇街人社服务中心 146 个、村居服务站（所）3 859 个，基本形成了纵到底、横到边、辐射城乡的四级服务网络。“互联网+人社服务”模式初具雏形，依托新媒体技术，精心打造了济南人社在线、“济南温暖人社”微信公众号、“智慧就业”、“阳光社保”等服务平台，探索构建了网站、微信、微博、手机 APP、12333 热线、短信和自助终端“七位一体”的信息化公共服务模式。简政放权工作扎实推进，将 118 项行政权力下放高新区实施，开发建设了行政许可网上审批系统，社保登记纳入了全市“五证合一、一照一码”范围，极大地方便了基层群众办事。深入开展窗口单位改进作风深化行动，全面落实服务回访调查制度。章丘人社综合服务大厅、燕山街道人社服务中心分别被国家人力资源社会保障部、省人社厅评为全国、全省人社系统优质服务窗口。

七、自身建设

重点在“学、查、比、廉、暖”五个字上下功夫，努力建设一支政治强、业务精、作风好、敢担当的人社干部队伍。认真组织开展“两学一做”学习教育，深入学习党章党规、习近平总书记系列重要讲话，不断增强干部职工的政治意识、大局意识、核心意识和看齐意识。围绕解决作风方面的突出问题，组织全体干部职工开展以查思想盲点、制度风险点、管理薄弱点为主要内容的“三查三比三争（查思想盲点、查制度风险点、查管理薄弱点，比作风、比效能、比担当，争做敢于担责、敢于拼搏的表率，争做依法行政、高效办事的表率，争做主动服务、优质服务的表率）”活动。加强业务能力建设，开办了 25 期“人社业务大讲堂”，在复旦大学举办了 2 期业务骨干培训班。强化基层党建工作，从严落实党风廉政建设主体责任，牢固树立人社部门和人社干部为民务实清廉的良好形象。

济南市人力资源和社会保障局

青 岛 市

2016年，青岛市人力资源社会保障部门紧紧围绕“民生为本、人才优先”工作主线，贯彻落实发展新理念，促改革、补短板、兜底线，推动各项工作迈上新台阶，圆满完成各项工作任务。

一、突出精准化，就业总量实现逆势增长

全市城镇新增就业68万人，同比增长2.7%；政策性扶持创业3.5万人，同比增长43%；城镇失业率控制在3.17%。

（一）实施就业优先战略行动。

适应新形势需要，市政府印发1号文件《关于实施就业优先战略行动进一步做好新形势下就业创业工作的实施意见》，从就业与经济互动融合、促进重点群体就业、加强职业技能培训等5个方面，出台25条政策措施促进劳动者就业。同时，印发《关于加快落实就业创业政策有关问题的通知》，大幅度降低政策门槛，扩大享受范围，提高补贴标准，强化政策落实，城乡一体的就业创业政策体系进一步完善。

（二）实施大众创业行动。

在实施创业补贴、创业担保贷款等普惠制创业扶持政策基础上，出台创业孵化基地和创业园区管理办法，在全国率先构建起省、市、区（市）、街道四级创业孵化载体奖补体系，对经认定的省、市级创业示范平台给予最高1 000万元奖补，奖补标准位居全省、全国前列，全市累计建成各类创业孵化基地89个，成功孵化企业6 700家。出台实施返乡创业工程促进农村增收致富的实施意见，全面激发农民工、大学生、退役士兵以及农村青年就地创业热情，扶持返乡创业9 371人，进一步拓宽就业渠道。实施大学生农村电商创业工程，创建镇级电商创业园区，培训电商创业人才2 500余人。开展“精准2016”创业服务提质增效行动，提升公共服务能力。

（三）强化职业技能培训。

健全政府购买职业培训服务制度，推进形成覆盖城乡、布局合理的职业培训体系。落实技工教育集团化奖补政策，深化技工院校内涵发展。开展家庭服务业紧缺技能培训，在全国率先建立家庭服务业商业综合保险制度。完成6批职业资格清理整顿工作。出台职业技能竞赛管理办法，启动第14届职业技能大赛。推行终身职业技能培训制度，对劳动者参加技能培训给予培训费补贴，培训城乡劳动者5.8万人。实施技能帮扶万人工程，全市技能培训1.1万人，缓解就业结构性矛盾。

（四）统筹做好重点群体就业工作。

打出扶贫攻坚“组合拳”，出台做好就业与社会保障精准扶贫意见，开展就业、创业、技能、人才、社保五个扶贫计划，完成市委、市政府确定的2万多名农村贫困劳动者的扶贫任务。促进以高校毕业生为重点的青年群体就业，制定开发基层岗位吸纳高校毕业生的意见，完善就业见习制度，建立高校大学生就业服务工作站，推进“三支一扶”计划，启动大学生梦想起航行动，全市累计接收非师范类高校毕业生7.5万人，就业率96%。落实用人单位招用就业困难人员就业补贴、社保补贴政策，将六区、四市公益性岗位补贴标准分别提

高到每人每月1 710元、1 550元，多渠道帮扶2.4万名就业困难人员实现就业，就业率92.8%。

二、突出兜底线，社会保障水平稳步提高

（一）稳步推进社会保险制度改革。

在全市启动机关事业单位养老保险制度改革参保缴费和养老金核定发放工作，全面推进机关事业单位养老保险制度改革。启动非营利性民办学校教师养老保险与公办学校教师同等待遇试点。出台医疗保险住院定点医疗机构等系列协议管理办法，实现行政审批管理向协议管理转变。深化医保支付方式改革，完善定点医院医疗费结算办法，实施门诊大病医疗费总额控制管理，人均医疗费用同比下降13.2%。启动工伤预防试点，修订工伤康复管理办法，完善预防、康复、补偿三位一体的工伤保险体系，实现工伤职工“先康复后鉴定”。

（二）加快“惠民医保”体系建设。

在全国率先建立补充医疗保险制度，基本医疗保险、大病医疗保险、补充医疗保险相互衔接的多层次保障体系更加完善。推行长期护理保险标准化管理，将重度失智老人纳入护理保障范围，重大疾病、罕见病患者的特药特材数量由29种增至35种，有4.3万参保人享受到护理保险待遇3亿元，有5万余名大病患者享受救助资金3亿元，有效缓解了因病致贫、因病返贫等问题。

（三）提高社会保险待遇水平。

连续第12次调整企业职工养老金待遇，人均月增189元；居民基础养老金人均月增20元；连续10次调整失业保险金标准，人均月增50元；将1～4级工伤职工伤残津贴每月提高近200元。同时，在省内率先建立居民社会医疗保险个人缴费标准与全市居民人均可支配收入相衔接的筹资机制，调整生育保险医疗费结算办法，大病医疗保险起付标准由2万元调整为1.8万元。另外，积极响应“三去一降一补”部署，工伤保险平均费率降至0.57%，预计每年可为用人单位减负近1亿元。

（四）完善社保经办服务。

启动全民参保登记计划，对6.1万名未参保人员进行入户调查，全面完成参保登记。积极推进建筑业参加工伤保险。深化社商合作，推行“社保卡诊间支付平台”，探索通过社保卡、手机APP等渠道缴纳居民医疗保险费，扩大社会保障卡在就医、养老等方面的应用，全市社保卡持卡人数达到780万人，社保服务便捷性程度全面提升。

（五）加强社保基金监管。

健全涉嫌社保欺诈案件移送办法。完善医疗保险费用全过程信息管理平台，加大医保网络监控力度。创建“互联网＋失业保险金监管”模式，建立工商登记信息联网核查制度。开展社会保险缴费基数稽查、养老保险补缴等专项检查，打击社保欺诈行为，全年共稽核各类参保企业2.82万户，涉及参保职工76.7万人。

三、突出国际化，人才集聚能力实现新突破

全市引进各类人才12.1万人，完成年度目标的109%，其中，引进博士和正高职称人才1 465人，同比增长17.9%；硕士、副高职称和高技能人才1.2万人，同比增长6%。

（一）完善人才引进政策。

围绕服务供给侧结构性改革、“十三五”规划发展，出台“三中心一基地”建设人才支撑计划，确定科技创新人才、高水平服务业人才、高端海洋人才、先进制造业人才四个人才集聚行动。围绕引聚“高精尖”人才，出台顶尖人才奖励资助办法，最高奖励500万元。将硕士、博士研究生住房补贴标准分别提高至800元/月、1 200元/月。鼓励社会力量引才，引才红娘奖励由5万元提高至30万元。

（二）推进人才国际化建设。

率先启动外国人来华工作许可“两证合一”试点，创新外国文教专家管理服务，全市引进外国专家3 108人。研究制定外籍雇员制度，启动留学回国人员来青创业支持计划。在西海岸建立北方首个“国家引进国外智力示范

区”，组织“一带一路”国际人才智力交流合作青岛峰会，人才国际化建设取得新突破。第5次入选“外籍人才眼中的魅力城市”并首次入选“中外城市人才吸引力榜单30强”，位居中国大陆城市第3名。

（三）加大人才培养力度。

实施高层次人才及引才引智平台梯队培养计划，新增9个省级博士后创新实践基地，163家市级专家工作站。启动“院士专家创新创业园创业生态成长计划”，在全国率先建成院士专家创新创业园（院士智谷）。深化职称制度改革，开展中级职称评审权限下放区级试点。完善技能人才多元化评价体系，启动新型学徒制试点，探索“企校双制、工学一体”技能人才培养模式，全市新增国家级、省级技能领军人才20多名。

（四）优化人才公共服务。

成功举办第16届“蓝洽会”，达成合作项目146项。举办首届留学回国人员创业创新大赛、“青岛好外教”评选活动，开展“百所高校千名博士青岛行”活动，赴国内外靶向推介招聘活动成效明显。制定《青岛市人才服务提升行动计划（2016—2020年）》，优化人才引进程序，扩大高层次人才服务绿卡功能，全年发放绿卡110张。推进积分落户工作，全市1 566人获得落户资格。建成山东半岛蓝色经济区海洋人才创业中心，完善青岛博士创业园、高层次人才创业中心运行机制。

四、突出科学高效，规范机关事业单位管理

（一）推进人事管理制度改革。

继续推进聘任制公务员试点，聘任范围扩大至市区两级机关及功能区，在聘的聘任制公务员达11名。探索经济发达镇人事制度改革。启动蓝谷管理局和青岛海洋国家实验室等功能区职员管理改革，出台事业单位管理岗位职员改革办法，在教育、卫生和市属高校等12家单位启动职员制改革试点。出台高校、科研院所等事业单位专业技术人员创新创业办法，激发创新创业活力。深化推进事业单位人事管理示范点创建工作。推进县以下公务员职务与职级并行制度，探索建立事业单位职员新型工资分配制度。

（二）完善考录招聘制度。

将公务员考录计划向基层延伸，面向社会公开考试录用828名公务员。推进中小学教师聘用制度改革，发布事业单位高层次和紧缺人才专业目录，组织事业单位开展校园招聘引才活动，顺利完成5 408名事业单位人员招考工作。

（三）加强公务员考核培训。

开展公务员法及其配套法规执法监督检查。在市直机关全面推行公务员平时考核，建立工作记实制度，推进区市开展公务员平时考核试点。强化公务员分级分类培训，不断提高履职能力。印发《公务员诚信档案建设工作方案》，加强诚信档案建设，组织新录用公务员集体宣誓。开展公务员公共服务实训，举办“互联网＋公共服务”创意创作大赛。开展创建“人民满意公务员示范单位（岗）”活动，推进公务员职业道德建设。

（四）稳妥做好军转干部工作。

圆满完成国防军队改革期间军转安置任务，全年接收安置军转干部1 079名，安置总量居全省第一。创新计划分配军转干部培训模式。制定实施自主择业军转干部创业扶持政策，“青岛军创”品牌在全国军转系统推广交流。全面落实企业军转干部各项解困政策，保持群体持续稳定。

五、突出完善提升，积极构建和谐稳定劳动关系

全市共受理各类劳动人事争议案件11 088起，按期结案率达到99%。劳动监察立案查处违法案件4 426件，主动检查用人单位1.07万户，为9 065名劳动者追发工资待遇3 000万元。

（一）完善政策体系。

市委、市政府出台《关于构建和谐劳动关系的意见》，夯实构建和谐劳动关系的政策基础。出台实施医疗期管理新办法，保障劳动者

患病或者非因工负伤期间合法权益。出台特殊工时审批管理办法，规范特殊工时审批流程。

（二）加强收入宏观调控。

出台深化国有企业负责人薪酬制度改革工作实施意见，启动国企负责人薪酬制度改革。发布2016年企业工资指导线，基准线为平均工资增长9%，上线、下线分别为平均工资增长13%、4%。调整最低工资标准，将全市六区、四市最低工资标准分别由1 600元、1 450元调整为1 710元、1 550元。

（三）统筹做好化解过剩产能过程中职工分流安置工作。

加强对企业职工分流安置的管理服务，指导青钢集团、海湾集团等企业制定职工分流安置实施细则，建立起企业稳岗帮扶、就业帮扶、创业帮扶、技能帮扶、托底帮扶“五个帮扶”制度，促进分流职工平稳转岗、就业，完成搬迁企业10 851名职工的安置工作。青岛市的做法受到省委主要领导肯定性批示。

（四）加大劳动维权力度。

研究制定全面治理拖欠农民工工资问题的实施办法，健全预防和解决拖欠农民工工资问题的长效机制。推进劳动人事争议专业性预防调解，加强效能建设，不断提高争议处理规范化水平。开展农民工工资支付等专项检查，开展企业劳动保障守法诚信等级评价活动，发挥示范引领作用，推进和谐劳动关系建设。

六、突出便捷高效，提升公共服务水平

围绕进一步提升公共服务水平，加快推进人力资源社会保障公共服务“标准化、信息化、一体化”建设。开展基层平台服务提升年活动，推广窗口经办综合柜员制，对180多项人社服务事项的标准、时限、流程等进行梳理提升。深化“互联网＋政务服务”，试运行“智慧人社”手机版APP，推行网上政务服务深度办理，网办服务量日均达到28万余次。升级12333服务系统，服务量达到260万余次，公共服务的便捷性、可及性实现新提升。

青岛市人力资源和社会保障局

河 南 省

2016年，在省委、省政府坚强领导和人力资源社会保障部有力指导下，河南省人力资源社会保障系统以“民生为本、人才优先”为工作主线，坚持改革创新，加强统筹协调，着力做好就业创业、社会保障、人才队伍建设、人事制度改革、工资收入分配、和谐劳动关系六大板块工作，重点实施助力大众创业等10个专项，各项目标任务圆满完成，实现了“十三五”良好开局。省人社厅被评为2011—2015年全国法制宣传教育先进单位、全国军转宣传工作先进单位、全国新闻宣传工作先进单位。

一、突出就业优先，在经济下行压力仍然较大的形势下实现就业形势总体稳定

省委、省政府坚持把促进就业作为首要任务，实施就业优先战略和更加积极的就业政策，保持了全省就业形势总体稳定。全省全年城镇新增就业145.1万人，新增农村劳动力转移就业62万人，分别完成全年目标任务的141.5%、103.3%。

（一）就业工作“经纬线”抓牢织好。

坚持把促进高校毕业生就业摆在就业工作的首位，全面实施高校毕业生就业促进计划，启动实施政府购买基层岗位，深入实施第三轮“三支一扶”计划，组织开展就业专项服务，实现了全省高校毕业生就业水平不降低。农村劳动力转移就业持续增加，全省新增转移农村劳动力有九成以上在省内就业，转移就业总量达到2 876万人。转移就业脱贫攻坚成效明显，出台《河南省转移就业脱贫实施方案》，通过建档立卡识别、免费技能培训、拓宽转移渠道等多种形式，帮助44.83万名贫困农村劳动力实现转移就业。

（二）困难群体就业帮扶取得实效。

加强就业援助，失业人员再就业48.02万人、就业困难人员就业19.19万人，帮助零就业家庭至少一人实现就业。实施“推进煤炭钢铁行业化解过剩产能实现脱困发展援企稳岗专项”，加强分类指导，强化就业帮扶，通过内部退养、转岗安置、再就业中心托管、劳务输出等多种渠道，分流安置职工5.86万人，受到国务院督察组的充分肯定。

（三）创业带动就业效应明显增强。

实施“助力大众创业专项”，突出返乡农民工、高校毕业生等重点群体，完善创业服务体系，营造良好创业环境。提请省政府和人力资源社会保障部签订备忘录，共同推动农民工返乡创业，省政府召开推进大会，专题安排部署这项工作，农民工创业人数达76.21万人，带动就业339.53万人，中央电视台新闻联播对河南做法进行了报道。全面实施大学生创业引领计划，开展创业大赛、创业交流等专项活动，加快建设中国中原大学生创业孵化基地，大学生创业活跃度不断提升。全年新增发放创业担保贷款129.92亿元，累计发放861.22亿元，居全国第一，带动创业14.7万人；扶持创业项目529个，扶持资金近3 000万元。

（四）就业创业公共服务扎实推进。

就业管理信息系统覆盖全部省辖市和省直管县（市），劳动者求职更加方便。促进人力资源服务业发展，县（市、区）级人力资源市

场基本整合到位，中国中原人力资源服务产业园区建设进展顺利。优化人才和就业公共服务，代理流动人员档案管理服务260多万份。切实加强职业技能培训，为产业集聚区和重点企业输送大批技能劳动者。

二、突出改革创新，在困难矛盾叠加的情况下实现了社会保障水平持续提升

坚持以更加公平、更可持续为目标，以社会保险制度改革为引领，持续扩大社会保险覆盖面，织密扎牢社会保障安全网。全省城乡基本养老保险参保6 742.16万人，基本医疗保险参保1.06亿人（其中城镇基本医疗保险参保2 360.74万人，新农合参保8 245万人），失业保险参保788.07万人，工伤保险参保876.97万人，生育保险参保646.8万人。全省全年社会保险基金总收入1 779.18亿元，总支出1 578.59亿元，累计结余2 316.37亿元，分别比上年年底增长9%、9.8%和10.9%。

（一）制度逐步完善。

实施“机关事业单位养老保险制度改革专项”，完成第一批参保登记工作，参保登记277.98万人，149.51万人按新制度缴费，63.39万名退休人员由基金支付养老金。实施“推进城乡居民基本医疗保险制度整合专项”，出台了《河南省人民政府办公厅关于整合城乡居民基本医疗保险制度的实施意见》（豫政办[2016] 173号），召开省、市、县三级电视电话会议，城镇居民医保和新农合制度实现并轨。医保支付方式改革试点全面推开，城镇医疗保险实现省内异地就医即时结算，跨省异地就医即时结算启动实施。出台《河南省工伤职工停工留薪期管理办法》，用人单位和工伤职工权益得到更好维护。

（二）待遇稳步提高。

首次同步调整企业、机关事业单位退休人员基本养老金，待遇平均上调6.5%。城镇居民医保年人均补助标准提高到420元，职工和城乡居民住院费用支付比例分别达到80%以上和75%左右。调整完善大病保险待遇标准，缓解城镇居民大额医疗费用负担。失业保险稳岗促就业补贴支付8.6亿元，惠及企业3 212家、职工69.5万人次。

（三）保障能力持续提升。

实施“推进社会保险经办服务机构整合专项”，成立河南省社会保障局，人员配备和业务整合基本完成，五险合一运行良好。各地立足实际，规范经办流程，优化服务资源，丰富服务手段，经办服务水平全面提升。加强基金监管，各项社会保险基金运行平稳。基本养老保险基金运营工作取得突破，成为全国首批委托投资运营的六个省份之一，委托投资额度100亿元。新增发行社会保障卡772.62万张，累计发行6 808.62万张。

三、突出人才集聚，在实施人才强省的战略进程中厚植了人才和人力资源优势

服务创新驱动发展战略，深化人才发展体制机制改革，厚植人才和人力资源优势，为全省经济社会发展提供人才智力支撑。全省专业技术人才总量达到360万人，技能人才总量达到594.1万人，高技能人才总量达到160.15万人。

（一）技能人才优势不断强化。

深入实施全民技能振兴工程，全面提升劳动者技能素质，形成职业技能培训“河南品牌”，新华社内参系统总结河南省全民技能振兴工程建设成果。全省组织各类职业培训354.36万人次，培养高技能人才17.29万人，参加职业技能鉴定65.21万人；持续实施项目带动，新增项目45个，累计投入建设资金189亿元。加强技师学院建设，新认定第二批技师学院9所，技工院校招收新生突破10万人。实施“高技能人才培养专项”，开展“金蓝领”素质提升培训，组织开展中华技能大奖、备战职业技能世锦赛等表彰和竞赛活动，新评选“中原技能大奖”10人、“河南省技术能手”184人。

（二）高层次人才队伍集聚壮大。

实施“高层次专业技术人才集聚培育专

项”，以领军人才特岗工程、专业技术人才知识更新工程、高层次人才国际化培养工程等重大人才工程为重点，做大做强高层次人才队伍。新推荐国务院特殊津贴专家113人，评选第二批省政府特殊津贴专家150人、省学术技术带头人200人，新遴选国内外研发创新领军人才9人，认定事业单位专业技术二级岗位162人。加强博士后工作平台建设，新招收博士后376人。开展专业技术人员知识更新培训10.5万人次，参加继续教育155万人次。

（三）招才引智工作力度加大。

实施海外英才中原行服务专项计划，成功举办“第三届海外高层次人才智力引进暨项目对接洽谈会”，招揽了一批国内外专家智力，引进外国专家1 966人次，有2名专家分别入选国家“外专千人计划”和“首席外国专家项目”。引进海外留学人才3 379人，硕士研究生以上学历占60%。扎实推进局省共建郑州航空港引智试验区建设，努力打造招才引智示范平台。积极引进国内知名高校毕业生来豫工作，组织全省217家用人单位开展“圆梦中原”赴京招聘高校毕业生专项活动，现场达成就业意向2 372人，其中硕士、博士研究生2 230人。

（四）人才评价更加科学。

职称制度改革进一步深化，在全国率先调整职称外语政策，高校教师、卫生计生分类评审迈出重要步伐，扩大高校自主评审专业，进一步畅通高层次人才和急需紧缺人才职称评聘“绿色通道”，打通职业资格与职称任职资格贯通渠道，全年新增高级职称专业技术人员近2万人。完善高技能人才评价激励机制，高技能人才与工程技术人员职业发展实现贯通，开辟技能人才参加专家评审和公务员考录的新途径。人事考试工作安全平稳，全年组织考试2 700多场，参加考生140万人。

四、突出统筹推进，在深化人事制度改革的进程中提升了人事管理科学化水平

实施“县以下机关公务员职务与职级并行制度专项”和“优化事业单位人才流动服务专项”，机关事业单位人事管理取得新进展。

（一）公务员管理进一步规范。

县以下机关公务员职务与职级并行制度全面实施，完成备案6.2万人并兑现工资待遇，晋升人员占全省县以下机关公务员总数的34.4%。加强职位管理，公务员统计工作被中央组织部、国家公务员局评为优秀。组织公务员独立考录工作，计划录用人数创历史新高。探索分类考录，建立常态化的遴选机制，探索开展公开选调，促进了基层公务员有序向上流动。开展平时考核试点，规范表彰奖励，各级公务员申诉公正委员会建设稳步推进，政府公务员宪法宣誓制度开始实施，公务员能力素质提升工程深入实施，全年培训行政机关公务员28万人次。

（二）事业单位人事管理进一步改进。

扩大事业单位公开招聘自主权，出台《关于进一步加强和改进事业单位公开招聘工作的意见》、《事业单位工作人员竞聘上岗暂行办法》等政策，积极破解高层次紧缺人才及县乡基层事业单位人才招聘难问题。完善岗位管理制度，健全事业单位岗位动态调控机制，完成123家省直事业单位的岗位设置变更备案。研究出台有关政策，支持高校、科研院所等事业单位专业技术人员创新创业。改进人才流动服务机制，实施总量管理，缩短办理时间，人才流动更加顺畅。

（三）军转安置工作进一步加强。

全面推行阳光安置，提请省委、省政府、省军区出台《关于做好深化国防和军队改革期间全省军队转业干部安置工作的实施意见》，全省实施对口分类、公开计划、量化评价、依分排序、自主选择、指令分配的安置办法，接收军转干部2 306人，其中，计划分配1 210人，自主择业1 096人，安置任务顺利完成。扎实做好自主择业军转干部管理服务工作，认真做好企业军转干部解困维稳工作。军转安置受到了国务院军转办充分肯定。

五、突出规范有序，在构建科学合理的工资收入分配制度中缩小了收入差距

坚持共享发展理念，注重解决工资收入增长的短板和难题，统筹推进工资收入分配制度改革，推动实现居民收入增长和经济发展同步、劳动报酬增长和劳动生产率提高同步。

（一）机关事业单位工资制度进一步健全。

调整了河南省机关事业单位基本工资标准，发放了年度考核奖励，落实了带薪休假制度，增加了离休人员离休费。积极推进乡镇工作补贴实施工作，根据在乡镇工作年限每人每月发放200～300元，兑现进度达97%。稳步推进法官、检察官工资制度改革试点，选取安阳和许昌两市法院、检察院及所属一个县、一个区的法院、检察院为改革试点单位，做好相关准备工作。事业单位绩效工资制度进一步完善，审核批复456家省直事业单位绩效工资总量。

（二）企业工资宏观指导进一步加强。

研究拟订了国有企业负责人薪酬制度改革配套政策，完成预发放工作，市、县方案全部审核批复。加强企业工资宏观调控和服务，全面完成2016年全省企业薪酬试调查工作，共调查企业5 374家、职工6.27万人，被调查对象平均工资4.21万元，平均人工成本6.38万元。

六、突出化解矛盾，在劳动关系领域矛盾更加复杂的情况下促进了劳动关系稳定和谐

主动应对经济下行、化解过剩产能、经济结构转型升级等对劳动关系带来的影响，加大劳动关系领域风险防范力度，维护劳动关系双方合法权益。

（一）劳动关系调整工作积极推进。

省委、省政府出台《关于推进构建和谐劳动关系的实施意见》，开展和谐劳动关系创建表彰活动。劳动合同制度全面推行，全省企业劳动合同签订率达97.5%，集体合同签订率达95.7%。

（二）劳动保障监察执法力度加大。

查处各类违法案件1.24万件，结案率97%。集中开展保障农民工工资支付专项行动，为17.71万名农民工追缴工资13.88亿元，在全国保障农民工工资支付会议上作典型发言。劳动保障信用体系建设稳步推进，“双随机一公开”工作机制初步建立。

（三）调解仲裁效能得到加强。

基层劳动争议调解组织建设进一步加强，全省165家仲裁院实现规范化建设。全省各级调解仲裁部门共受理案件3.9万件，仲裁当期结案率达到97.4%。

（四）信访维稳工作扎实有效。

实行信访维稳暨平安建设目标责任制，连续六年保持河南省平安建设先进单位称号。做好接访工作，确保党和国家重大活动期间没有发生来自河南人社系统信访问题的干扰。

七、突出服务至上，在深化“放管服”改革的大背景下推动了公共服务效能显著提升

坚持树立服务至上理念，以打造廉洁高效机关为目标，实施“机关工作效能提升专项”，创新服务方式和手段，全面加强政务、业务、作风、效能建设。

（一）阳光政务全面推行。

加强和改进人社领域公共服务，精简行政职能108项，保留76项，取消简化16项公共服务事项，理顺职能交叉事项14项。3个月同步建成实体和网上两个行政服务大厅，人社业务集中进驻120项，可现场办理事项87项，网上办理80项，运行6个月累计接待服务群众2万多人次。

（二）办事效率明显提升。

公开办事程序、压缩办事流程，实行限时办结制，一般事项办理时限平均缩短3～5天，人事调配办理时限缩短至20个工作日以内。打破固有思维和传统模式，推行应用办公OA系统，公文平均运转周期由5～7天缩短为1～2天。缩短行政许可事项办理时限，比法定时限缩减 5～30 天。

（三）巡视整改工作取得阶段性成效。

把抓好巡视整改落实与“两学一做”学习教育结合起来，对省委巡视组反馈的 9 个方面 47 条意见整改到位 32 项，基本完成并需长期坚持 11 项，需要持续整改 4 项。通过整改，省人社厅党风廉政建设全面加强，受到了省委巡视组的充分肯定。

河南省人力资源和社会保障厅

湖 北 省

2016年，湖北省人力资源和社会保障部门认真贯彻落实省委、省政府的决策部署，坚持稳中求进的工作总基调，围绕中心、服务大局，聚力民生、筑牢底线，积极探索重大领域改革，民生保障水平稳步提升，人才发展体制机制不断健全，人力资源和社会保障事业稳步推进。

一、就业局势保持总体稳定

积极应对经济下行压力，实施就业优先战略和更加积极的就业政策，保持就业局势稳定。全年全省城镇新增就业90.6万人，完成年度目标70万人的129.5%；城镇失业人员就业30.9万人，完成年度目标20万人的154.5%；就业困难人员就业16.3万人，完成年度目标10万人的162.6%。城镇登记失业率控制在2.41%。

（一）印发《湖北省促进就业“十三五”规划》。

全面总结了“十二五”时期全省就业工作成效和指标任务完成情况，深入分析了新时期就业形势，系统提出“十三五”时期全省就业工作的指导思想、基本原则和发展目标，明确了8个方面政策措施和10项计划工程，为“十三五”就业工作明确了前进方向和实现路径。

（二）切实做好淘汰落后产能中失业人员再就业工作。

会同七部门出台化解钢铁煤炭行业过剩产能职工安置实施意见，采取“七个一批”的办法，统筹做好安置工作。继续实施稳岗补贴政策，将兼并重组、淘汰落后产能、化解产能过剩企业作为稳岗补贴的重点对象，全省发放稳岗补贴13.17亿元，惠及企业7 261家，稳定就业岗位215.83万个。

（三）统筹推进重点群体就业。

将高校毕业生就业作为就业工作的重点，研究制定了《实施“我选湖北”计划促进省内外大学生在鄂就业创业的意见》，提出“9项措施+6项政策+3项全省性活动”，力争将更多优秀大学生引进湖北，打造“人才移民大省”，服务新经济发展和传统产业转型升级。深入实施大学生就业促进计划和创业引领计划，为近3.7万名离校未就业应届高校毕业生办理实名登记，组织全省487个见习基地接收1.76万名离校未就业高校毕业生参加就业见习，选派1 500名高校毕业生参加“三支一扶”计划。首次举办大学生模拟求职大赛，线上线下吸引了16 732名大学生报名参加。促进农村劳动力就业创业，连续第12年在全省统一开展“春风行动”，开展就业精准扶贫，推进郧西县与广东省劳务协作试点。

（四）推进创业带就业。

发放创业担保贷款39.4亿元，安排3 000万元扶持873个大学生创业项目，连续4年举办“创业湖北”大赛。组织173个项目参加第二届“中国创翼”青年创业创新大赛，7个项目入围全国半决赛并获奖。支持返乡农民工创业示范园建设，安排2 000万元实施农家乐精准扶贫创业项目。

（五）加快推进人力资源服务业发展。

省政府出台了加快人力资源服务业发展的

实施意见。指导和鼓励武汉等地培育发展人力资源产业园，推进产业集聚发展。评选72个“湖北省人力资源服务诚信示范机构”，引领带动行业诚信建设。组织开展人力资源服务机构星级评定，推进人力资源服务标准化建设。

二、全民社保体系不断健全

截至2016年年底，全省城镇企业基本养老、城镇基本医疗、失业、工伤、生育保险参保人数分别达到1 292.8万人、1 981.8万人、541.9万人、651.1万人、511.9万人。全年征收城镇企业职工养老、城镇职工医疗、失业、工伤、生育保险费分别达到758.4亿元、289.1亿元、27.3亿元、15.7亿元、11.1亿元；企业养老保险支出1 243.08亿元，机关事业单位养老保险支出72.47亿元，城乡居保支出76.21亿元；全省企业养老保险基金年末结余828.4亿元（当期结余17.3亿元），城乡居保基金年末结余202亿元。社会保障卡累计持卡人数达3 970.6万人，全部超额完成年度目标。各项社会保险待遇按时按规定支付。原新农合参合人数达到3 820.87万人，参保率保持在99%以上。

（一）全面实施“全民参保登记计划”。

在前两批66个县（市、区）基本完成试点工作的基础上，2016年5月将全省余下的39个县（市、区）全部纳入第三批计划实施范围，实现全覆盖。加强指导调度，实行信息系统、业务培训、宣传口径“三个统一”，狠抓信息归集、数据清理、数据比对、入户调查、动态更新、分析应用“六个到位”，全省约60%的地区已基本完成全民参保登记工作任务，工作进度居全国前列。

（二）降低社会保险费率。

降低养老、失业、工伤、生育保险缴费比例3.39个百分点，支持企业发展。

（三）提高养老保险待遇。

首次同步调整企业和机关事业单位退休人员基本养老金。其中，全省近490万名企业退休人员参加调整，月人均增加养老金169元。

（四）深化机关事业单位养老保险制度改革。

制定相关配套政策并抓好落实。统一全省经办规程和操作指南，基本完成信息系统建设，全省机关事业单位参保完成预登记2.3万家、107万人。

（五）做好被征地农民养老保险工作。

按照“十个一”，即培植一批被征地农民养老保险工作典型、开展一次深入的课题调研、开发一套信息化系统、掌握一套完整的基础数据、探索一条更加便捷的经办流程、制定一个科学的考核评价机制、建立一套长效工作机制、举办一期被征地农民养老保险业务培训班、畅通一条宣传渠道、拟订一个解决被征地农民养老保险问题方案的工作安排。

（六）整合城乡居民医保制度。

提请省政府印发整合方案，完成机构整合、职能和人员划转、信息系统构建测试等阶段性任务。

（七）加强社会保险基金监管。

《湖北省社会保险基金监督规定（送审稿）》已上报省政府，列入了省政府2017年立法计划。开展企业职工退休审核审批专项检查、医保基金专项检查、工伤保险基金审计、城镇职工和居民医疗保险基金审计等。2016年追回被挤占挪用等违规社保基金13.17亿元。启动100亿元养老保险基金委托投资运营，湖北省成为全国首批委托投资运营基本养老保险基金7个省份之一。

三、人才队伍建设得到加强

贯彻落实中共中央《关于深化人才发展体制机制改革的意见》（中发〔2016〕9号）和《中共湖北省委　湖北省人民政府关于深化体制机制改革加快实施创新驱动发展战略的实施意见》（鄂发〔2015〕18号）精神，参与起草了省委办公厅、省政府办公厅《关于深化人才发展体制机制改革促进人才创新创业的实施意见》，充分发挥人才在创新驱动、产业升级、经济转型发展等方面的引领作用。主动履行政府人才综合管理职能，推进人才工作取得新进展。

（一）加强高层次人才队伍建设。

开展专家选拔培养，向人力资源社会保障部推荐86名享受政府特殊津贴人员，选拔50名省有突出贡献中青年专家和100名享受省政府专项津贴人员。规范博士后管理，招收博士后866名，出站414人，留学回国博士后比例进一步提高。资助25个留学回国人员科技活动项目。实施急需紧缺专业技术人才培养工程，组织4个国家级和10个省级高级研修项目。实施人才精准扶贫，设置91个“湖北省贫困地区专业技术人才奉献岗位”。开展“专家服务基层行动”。

（二）深化职称制度改革。

实施高校教师和卫生系列分类评价，将高校教师分为教学为主、科研为主等4种类型，全省2 270名教师参加分类评审。继续在省直、荆州、宜昌开展卫生系列分类评审试点。推进基层卫生专业技术人员职称制度改革，将评审范围由乡镇卫生人员扩大到社区医疗单位，全省423人参加“基卫高”职称评审。推进中小学教师职称制度改革，全省4 306人参加评审。下放职称申报的破格、转评或转评晋升、免试（含外语、计算机）等审批权限。基本实现职称评审网上申报、网上评审等功能。

（三）加强技能人才队伍建设。

全省新增高技能人才12.8万人，完成年度目标12万人的107%。选拔培养高技能人才，推荐2人荣获“中华技能大奖”、6人荣获“全国技术能手”称号；推荐9名高技能人才享受国务院特殊津贴，10名高技能人才和5名农村实用人才享受省政府专项津贴。遴选50名“楚天名匠”。全省共建设国家级高技能人才培训基地17个，国家级技能大师工作室26个。统筹组织开展27项省级一类职业技能竞赛、106项二类职业技能竞赛。14名选手入选世界技能大赛国家集训队。组织各类职业培训约90万人次，其中，岗位技能提升培训40万人次。截至2016年年底，全省技能劳动者总量达到758万人，高技能人才220万人，占技能劳动者的比重达到29%，正逐步实现“十三五”全省高技能人才260万人的目标。

大力清理职业资格，取消各类职业资格626项。

四、人事制度改革深入推进

（一）深化公务员管理改革。

全面落实县以下公务员双职并行制度，全省首批符合条件人员4.38万人，已晋升4.28万人，晋升率达98%。完成省市县乡公务员四级联考招录公务员6 234人，县乡机关招录比例达到81%，解决基层招人难问题。降低基层招录门槛，组织乡镇（街道）机关定向招录238名村（社区）干部。规范评比达标表彰工作。完成从公安院校公安专业毕业生中考试录用387名公务员（人民警察）工作。省直机关公务员集中面试首次采用具有电子抽签、即时发分、视频录制、考官评价等功能的面试信息管理系统。

（二）深化事业单位人事管理改革。

出台规范全省事业单位公开招聘工作的若干意见，规范公开招聘面试工作规程。首次组织省直事业单位、10个市（州）参加全国统一笔试，首次区分5个专业类别实行分类设考。完成省直事业单位2016年度公开招聘。实施事业单位特设岗位试行意见，支持人才引进。

（三）做好军转安置工作。

国家下达湖北省军转干部安置任务1 754人，全部安置到位。企业军转干部保持总体稳定。

（四）提高人事考试质量。

全年共组织完成71项考试，参考人数56.2万人次，130.9万科次。首次引进面试信息化管理系统，实现实时监督。完善全省专业技术人员资格考试考务工作规程、考务工作实施细则。加强人事考试环境综合治理，全年没有发生考试不可控事故。

五、工资收入分配改革有序推进

（一）机关事业单位工资制度进一步完善。

落实基本工资标准正常调整机制，调整机关事业单位工作人员基本工资标准和离休人员离休费，并将在职人员部分规范津贴补贴或绩效工资纳入基本工资，进一步优化工资结构。

（二）开展法官、检察官工资制度改革试点。

出台全省法官、检察官和司法辅助人员工资制度改革试点实施意见，完成试点任务。

（三）推进国有企业负责人薪酬制度改革。

出台省属企业负责人薪酬制度改革配套办法，督促省委宣传部、省国资委、省政府金融办等薪酬审核部门做好省属企业负责人年度薪酬审核兑现工作，审核批复各市州、直管市、神农架林区国有企业负责人薪酬制度改革实施方案。

六、和谐劳动关系稳步发展

（一）做好农民工工作。

深化“为农民工办实事活动”，组织22个成员单位为农民工办33件实事。评选100名优秀农民工和70个农民工工作先进集体。

（二）推进劳动关系协调发展。

提请省委、省政府出台进一步构建和谐劳动关系的实施意见。指导武钢、鄂钢等大型企业及时妥善解决职工安置矛盾，在去产能过程中，保持全省煤炭、钢铁行业共涉及企业300余家、5万余名员工队伍的基本稳定。完成劳务派遣单位年度报告的核验，印发《关于做好劳务派遣单位延续行政许可工作的通知》。推动省总工会总结宜城水晶行业集体协商经验，在全省开展该行业集体协商要约行动；推动省工商联在潜江市举办全省非公企业集体协商推进会。推动各市州成立市级协调劳动关系三方委员会，加大重大劳动关系问题的研究解决。全面启动黄石市构建和谐劳动关系综合试验区工作。将特殊工时审批和集体合同审查下放到各市州。

（三）加强劳动人事争议仲裁。

深入开展专业性劳动争议调解工作，不断健全全省基层调解组织网络体系，基层调解工作逐步走向规范化，企业劳动争议预防调解示范工作成效明显，2016年全省劳动人事争议调解成功率达到62.66%。不断加强劳动人事争议处理效能建设，深入推进仲裁机构实体化、仲裁庭标准化建设，加强裁审衔接和仲裁办案工作指导，强化仲裁办案系统推广使用，在全国率先开展“四化”建设试点，受到人力资源社会保障部相关职能单位的充分肯定和大力支持。依法、公正、及时处理劳动人事争议案件，年底全省劳动人事争议仲裁结案率达到94.35%，有力维护了全省劳动关系和谐与社会稳定。

（四）进一步提升劳动保障监察执法效能。

省政府办公厅印发全面治理拖欠农民工工资问题实施意见。开展农民工工资专项执法检查、日常巡查、书面审查，全省主动监察用人单位9.4万户，立案查处各类违法案件1.26万件，向公安机关移送涉嫌犯罪案件310件；纠正用人单位违法规章0.24万件，补签劳动合同3.7万份，追发劳动者工资待遇7.8亿元，补缴社会保险费1.8亿元。年度举报投诉案件结案率达到99.5%。

湖北省人力资源和社会保障厅

武 汉 市

2016年是“十三五”开局之年，在国家人力资源社会保障部和湖北省人社厅的指导支持下，在市委、市政府的领导下，武汉市人社部门认真学习贯彻落实党的十八大和十八届三中、四中、五中、六中全会和习近平总书记系列重要讲话精神，坚决贯彻落实中央和省、市委决策部署，围绕建设现代化、国际化、生态化大武汉，狠抓履职尽责，突出改革创新，圆满完成年度各项目标任务，实现“十三五”人社事业发展良好开局。

一、突出重点群体就业，就业局势稳中向好

深入实施就业优先战略和更加积极的就业政策，不断丰富完善促进就业创业的政策措施，推动就业局势稳中向好。全年城镇新增就业17.94万人，超额完成16万人的目标任务，城镇登记失业率2.94%，为近年来最低。科学研判就业形势，在全国同类城市中率先建立就业指数定期发布机制。深入实施“大学生留汉工程”，进一步放宽落户门槛、提升见习补贴标准、扩大博士生资助范围，出台高校毕业生基层就业生活补贴和租房补贴发放细则，全年吸纳高校毕业生15万人，同比增长20%。全力支持大学生创新创业，与在汉高校合作共建10所创业学院，为6 000余名大学生提供创业培训，扶持大学生创业项目231个。着力做好去产能企业职工分流安置工作，向国家和省争取专项奖补资金6 776万元，帮助武钢等3家企业平稳分流职工2万多人。落实精准扶贫“技能培训转移一批”要求，为全市2 913名贫困劳动力建档并开展就业培训，成功推荐就业892人。加强就业援助，确保零就业家庭动态清零。发挥失业保险预防失业、促进就业的作用，为1 870家企业发放稳岗补贴资金3.62亿元、稳定就业岗位59.66万个，均创历年最高值。基本建成中国武汉人力资源服务产业园。

二、推进社保制度改革，民生保障能力进一步提升

推进落实全民参保登记计划，社会保险新增参保46.44万人次，社会保险综合覆盖率超过98%。全面铺开机关事业单位养老保险制度改革，完成4 000家单位23.69万人参保登记和身份审核。启动城乡居民医保整合工作，出台城乡居民医保制度整合方案，研究制定相关实施办法。着力开展供给侧改革攻坚，实施新的社会保险“降缓补”政策，为企业减负超过15亿元，核准困难企业累计缓缴社保费超过5 000万元。首次实现企业和机关事业单位退休人员养老金待遇同步调整，连续5年争取省标上浮10%政策，企业退休人员人均养老金提高到2 505元，城乡居民基础养老金标准提高到225元。完成全市5.34万户参保单位新工伤保险费率核定，大力推进工伤保险“同舟计划”，促进建筑企业按用人单位参保5 930户13.81万人、按建设项目参保71项1.58万人。着力推进武汉经济技术开发区与汉南区社保一体化发展，将原汉南区社会保险纳入全市统筹。

三、完善人才评价引进培养机制，释放人才活力

深入实施“城市合伙人计划”，紧紧围绕

重点产业及其细分领域，分层分类建立全球产业人才数据库和全市产业人才需求库，认定两批116名“城市合伙人”，成立服务中心实行“一对一”服务。成功举办“黄鹤杯”高层次人才创新创业项目大赛，启动“千企万人”支持计划和院士工作津贴制度，精准引进国内外产业顶尖人才5人、产业领军人才85人。深化职称制度改革，首次评选出16名中小学正高级教师，进一步完善高级职称分类评价办法和高层次人才特殊评审办法。推进“放管服”改革，大幅削减职业资格许可和认定事项。创新技能人才培养政策，出台技能兴汉等3项办法，首次从户籍、事业单位招考、人才流动等六大方面放宽政策鼓励技能人才成长。开展首席技师、技术能手、“武汉好手艺”等技能人才选拔活动，大力弘扬“工匠精神”，全市高技能人才总量净增2万人。

四、深化人事制度改革，机关事业单位队伍建设不断加强

出台事业单位专业技术人员离岗创业政策，放开离岗创业事业单位和专业技术人员范围限制，武汉市成为相关政策最优城市。持续推行公务员聘任制改革，首次启动公务员履职尽责平时考核信息化试点和新任命国家工作人员向宪法宣誓，制定规范党政机关和参照管理单位编外用人管理办法。拓宽社区工作者成长通道，面向优秀社区工作者和村干部定向招录12名公务员、定向招聘42名事业单位工作人员。完成机关事业单位工资结构调整和待遇提标，牵头完成机关事业单位津补贴发放“回头看”，启动国有企业负责人薪酬制度改革，在18个公立医院探索开展薪酬制度改革。完成公务员招录1 278人，事业单位公开招聘2 500多人，首次在事业单位招聘考试中增设“人机对话”环节，实现当场评分出成绩的新功能，提高考试透明度和科学性。接收安置计划分配军转干部459人、自主择业军转干部373人，提高自主择业军转干部待遇水平，较好完成企业军转干部解困稳定工作。

五、积极构建和谐劳动关系，劳动者合法权益得到有效维护

出台进一步构建和谐劳动关系的实施意见，健全协调劳动关系三方机制，深入推进集体合同制度实施攻坚计划，全市劳动合同签订率达到92%。开展“百名仲裁员服务千家企业”行动，立案处理劳动人事争议案件1.54万件，法定期限内结案率97.6%，涉及金额2.82亿元。出台全面治理拖欠农民工工资问题的实施意见，推进建设领域劳动用工实名制管理，收取农民工工资保证金同比增长4.7倍，开展系列专项行动，严打恶意欠薪，全年受理查处案件同比明显下降，实现法定期限内结案率100%。出台进一步做好为农民工服务工作的意见，促进农民工市民化。

六、加强和改进人社领域公共服务，服务民生的能力和水平持续提升

积极调整和规范权力清单，保留行政权力8类37项，并将22项社保经办业务和10项代办业务以及10项就业经办业务下放街道，简化证明材料和手续。提升公共就业服务能力，积极打造“15分钟公共就业服务圈”；组织多场服务武钢转型发展专场招聘会，帮扶3 800多名富余人员达成就业意向；加强基层服务平台建设，112个社区被评为“充分就业社区”，99个社区被评为省级“充分就业社区”。着力提升社保管理服务能力，加强“两定”机构管理，实行严管重罚；实现省内异地就医直接结算，完善长江中游四省会城市异地就医即时结算。完成社会保险公共业务清理及重构工作，将现行82项社会保险公共业务简化为44项；试行离退休人员通过手机APP人脸识别方式完成养老金领取资格认证，稳步推进全市“五证合一”参保登记工作，完善网上办事大厅功能，参保单位和个人可上网直接打印社保证明，灵活就业人员社保缴费实现网上划扣。

同时，制定实施人力资源和社会保障事业

发展“十三五”规划，成为第一个获市政府常务会通过、第一个发布实施的市直部门专项规划。全面推进法治人社建设，健全完善政务公开机制，落实行政机关负责人出庭应诉工作，依法分类处理信访投诉得到中央电视台《焦点访谈》采访报道。围绕“两学一做”学习教育活动，创新开展“支部主题党日＋人社服务”活动，实现党建和人社业务工作“两促进、两提高”。扎实开展精准扶贫工作，集中全局力量帮助新洲陈田村完善基础设施、发展特色产业、改善居民生活，为 2017 年全村全部脱贫销号打下了基础。

武汉市人力资源和社会保障局

湖　南　省

2016年，湖南省人力资源和社会保障系统全面贯彻党的十八大和十八届三中、四中、五中、六中全会精神，围绕“民生为本、人才优先”的工作主线，锐意改革，扎实工作，圆满完成年度目标任务，各项工作取得显著成绩，实现“十三五”良好开局。

一、就业创业

全年实现城镇新增就业77.36万人，完成年度目标任务的110.5%；城镇登记失业率为4.19%，低于4.5%的控制目标。在全国率先建立高规格就业形势监测研判机制，按季召开形势分析会，加强就业形势分析研判和预警。积极构建具有湖南特色的“1+3+X”就业创业政策体系，享受扶持政策的各类群体超过200万人次。启动实施“2151工程”和“双百工程”等系列创业带动就业示范工程，全年发放创业担保贷款33.96亿元，新登记注册各类市场主体达56.53万户，带动城乡就业77.24万人。突出抓好重点群体就业，全省高校毕业生就业及就业准备率达到99%以上，新增农村劳动力转移就业53万人，托底帮扶失业人员再就业32.48万人、就业困难人员再就业11.54万人。在全省牵头开展省际、省内等多层次劳务协作脱贫试点，主要试点地湘西自治州累计转移就业贫困劳动力21.16万人，带动6.3万余户贫困家庭收入达到或超过脱贫线，形成了“一套机制+一项平台+四个关键环节”的“114”劳务协作脱贫经验，并在全国推广。

二、社会保障

机关事业单位养老保险制度改革稳步推进，到年底50万名参保人员已纳入新制度统筹管理。城乡居民医保制度整合基本到位。医疗保险市级统筹和门诊统筹、医保付费方式改革、城乡居民大病保险、补充工伤保险试点等各项改革稳步推进。加快实施全民参保登记，推进社会保险“五证合一”，实施工伤保险“同舟计划”，年底基本养老和基本医疗保险参保人数分别达到4 486万人、7 014万人，基本医疗保险初步实现全民覆盖、人人享有，工伤、生育和失业保险基本实现职业人群全覆盖。湖南省人民政府办公厅出台《关于切实做好被征地农民社会保障工作的通知》（湘政办发［2016］80号）。连续12年调整提高企业退休人员养老金；机关事业单位退休人员养老金首次与企业同步调整，人均增幅约为6.8%；城乡居保基础养老金最低标准由每人每月75元提高到80元，制度运行有序平稳；居民医保补助标准提高到每人每年420元，提高职工医疗保险基金支付限额到10万元，职工和居民医保政策范围内报销比例分别稳定在80%和70%左右，大病患者政策范围内住院费用报销比例在基本医疗保险基础上普遍提高10～15个百分点；工伤保险伤残津贴标准坚持与企业退休人员养老金同步调整。建立查处和防范社会保险欺诈工作联席会议制度，社保基金安全监管进一步加强。服务供给侧结构性改革，先后实施两轮社保降费，失业保险费率从3%降至1.5%，生育保险费率从整体约

0.7%降为整体约0.5%，调整降低了工伤保险基准费率，企业职工养老保险单位缴费费率从20%阶段性降到19%。封定企业养老保险缴费基准值，困难企业经批准可缓缴养老保险费。实施养老保险费率过渡试点，至2016年年底累计批复340家，涉及职工11.5万人。及时做好国企改革社保挂账，审核同意196户市县属国有企业挂账9.37亿元。制定实施企业稳定岗位政策，失业保险金发放稳岗补贴4.73亿元，惠及5 261户企业、112.6万名职工。系列政策每年为企业减少用工成本约40亿元，为稳增长做出积极贡献。

三、人才队伍建设

认真贯彻落实中央和省委关于改革人才发展体制机制的意见，稳步推进中小学教师和基层卫生专业技术人员职称制度改革，将34所高校和部分科研院所职称评审权下放到单位，将中小学教师和基层医卫人员职称评审权下放到市州，增强了用人单位和基层的自主权。扎实开展职业资格事项清理，国家明确取消的433项全部落实到位。深化人力资源市场改革，基本完成省市县三级市场公共服务与经营性服务分离。持续推进为战略性新兴产业提供人才与智力支撑服务活动，定期编制发布重点行业企业急需紧缺高层次人才需求目录和分析报告，开通“96560人才服务热线”，重点加强“制造强省”相关产业人才服务。创新技能人才培养，将技工院校纳入教育部门招生平台，在三一重工等企业开展技能人才自主评价试点，完成各类技能培训78.85万人，职业技能鉴定取证42.2万人次，新增高技能人才7.5万人。加强海外高层次人才引进，执行省级以上引智项目346个。到年底，全省专业技术人才总量达到286万人，高技能人才总量达到112万人，长期在湘服务外国专家达到2 500人以上。

四、人事制度改革

坚持“凡进必考”和“四考合一”，开展全省公务员考录集中统一面试，平稳有序完成全省7 100名公务员考录工作。深化公务员招录制度改革，出台录用面试工作实施细则，制定公安武警专项招录实施方案，着力解决基层专业人才引进难、艰苦边远地区招警难等问题。公务员公开遴选、考核、培训、监督等各项工作全面加强。加强对事业单位公开招聘、聘用、岗位管理等制度落实的指导、监督。建立“阳光安置”机制，提前完成全省1 856名军队转业干部安置任务，切实做好军转干部解困维稳工作。安全组织实施四大类46项人事考试，参考51.27万人。

五、工资收入分配

机关事业单位工作人员工资制度改革、县以下公务员职务与职级并行制度、乡镇工作补贴3项改革工作全面实施到位，兑现落实了政策待遇。2016年机关事业单位工作人员工资调标及时到位，月人均增资300元。进一步规范了津贴补贴奖金管理：规范提高了省直和长沙市公务员津贴补贴（事业单位绩效工资）水平，研究制定了政府绩效考核奖、综治奖、文明单位奖3项省直机关事业单位奖励性补贴的规范办法。法官、检察官工资制度改革试点实现大口径、全纳入，全省278家法院、检察院全部纳入改革实施范围，进展顺利。加强企业工资收入分配宏观调控，深入推进国有企业负责人薪酬制度改革，认定了基本年薪基数，研究了相关配套政策。发布工资指导线、工资指导价位，职工工资收入持续增长，2015年全省在岗职工年平均工资53 889元，月平均工资4 491元，比上年增长11.1%。

六、劳动关系

中共湖南省委、湖南省人民政府出台《关于构建和谐劳动关系的实施意见》（湘发[2016] 4号），完善了构建和谐劳动关系的顶层设计。扎实推进劳动合同制度、工资集体协商、完善协调劳动关系三方机制等工作，全省规模企业动态劳动合同签订率、工资集体协商企业建制率均达到90%以上。制定化解过剩产能职工分流安置政策，指导督促企业科学制定职工安置方案，平稳做好4.27万名职工分流安置工作。加强劳动人事争议处理效能建设，扎实推进劳动保障监察“两网化”管理，及时处理劳动监察举报投诉1.35万余件、劳动人事争议4.5万余件。湖南省人民政府办公厅出台《关于全面治理拖欠农民工工资问题的实施意见》(湘政办发［2016］66号)，完善规范工资保证金制度，健全农民工工资支付长效机制。大力开展专项检查，2016年“两节”前后依法责令支付农民工工资及赔偿金9.1亿元。

七、绩效评估

优化指标体系，突出考核重点，将省委、省政府重点工作任务转化成具体考核指标，逐一分解落实到各地各有关单位。完善评估机制，开发运行信息系统平台，加强平时监测调度，改进了公众评估和内部评估方法。加大督办落实力度，评估结果运用不断强化，“抓工作、促发展、保民生”的抓手作用日益突出。2016年绩效评估指标和16项24个重点民生实事项目全面完成。

八、服务能力

编制实施《湖南省“十三五”人力资源和社会保障事业发展规划》。大力推进“法治人社”建设，发布《湖南省法治人社建设年度报告（2015)》(蓝皮书)，全方位展示法治人社建设成果。积极推进“简政放权、放管结合、优化服务”改革，出台《关于印发〈加强和改进人力资源社会保障领域公共服务工作实施方案〉的通知》(湘人社发［2016］45号)，坚决砍掉各类无谓证明。全面落实权力清单和责任清单，严格规范依法行政。积极应对行政争议，妥善处理行政复议113件，行政诉讼案件259件。推进“互联网＋人社”，促进信息共享和业务协同，实现“线上”和“线下”服务结合互补，社会保障卡发放突破4 300万张。强化公共就业服务，组织开展“春风行动”、“就业去哪儿”等公共就业服务专项活动，举办各类招聘活动6 000余场次。创新社会保险经办服务，养老金领取资格认证建模率达到98%，网上经办服务覆盖率达到70%；积极构建“共享居保、数字居保、阳光居保、便民居保、精品居保、效率居保”，着力开展城乡居保经办管理服务“十县百乡”示范点创建和“四个不出村”试点，打造了16个示范县（市、区)、113个示范乡镇（街道)，切实增强了3 320余万名参保群众的获得感；医疗保险异地就医结算基本实现省内全覆盖。积极推进阳光信访、法治信访、责任信访，推进法定途径分类处理信访投诉请求，全年受理群众来信来访3 000余件，做到了及时处理和回复。积极应对舆情信息，处理重大舆情8次。加强人社政策宣传，开展“人社政策惠三湘”主题宣传年活动，在全省营造全民学人社政策、用人社政策的良好氛围。扎实开展“两学一做”教育活动，在全系统贯彻落实“人社人为人民”的工作理念，推行“把方便让给群众，把困难留给自己”的服务承诺，窗口单位明察暗访常态化，窗口单位作风建设长效化，全系统作风明显改进，群众获得感和满意率明显提升。

湖南省人力资源和社会保障厅

广　东　省

2016年，广东省人力资源社会保障系统认真贯彻人力资源社会保障部和广东省委、省政府决策部署，以“民生为本、人才优先”为主线，坚持统筹谋划、坚持改革创新、坚持问题导向、坚持重点突破，以党建促发展，各项工作取得显著成绩，实现“十三五”良好开局。

一、供给侧结构性改革

扎实推进人力资源社会保障领域供给侧结构性改革，印发《关于贯彻落实供给侧结构性改革的实施方案》（粤人社发［2016］57号），明确去产能、降成本、补短板的工作目标、重点任务和政策措施。稳妥做好去产能职工安置，制定出台指导意见，开展全省3 385户国有“僵尸企业”职工安置工作。指导韶关钢铁制定改革重组富余人员安置工作实施方案。开展韶关、清远、河源化解钢铁行业过剩产能14户企业职工安置工作。制定化解过剩产能职工安置工作中突发事件预防和应急处置预案，稳妥处置因企业关停并转引发的群体性事件。降低企业人工成本，暂缓调整最低工资标准，2016年、2017年最低工资按2015年标准执行。贯彻落实失业保险基金援企稳岗政策。降低企业社保费成本，调整失业、工伤、生育保险单位缴费费率。为符合条件的化解过剩产能企业下岗职工办理失业登记和就业困难人员认定，实施分级帮扶。加强职业技能培训，开展化解过剩产能企业职工特别职业培训工作。实施全民技能提升计划，组织开展劳动力技能晋升补贴培训。

二、就业

实施更加积极的就业政策，推进大众创业、万众创新，在扩大就业规模的同时更加注重提升就业质量。全省城镇新增就业147.1万人，促进创业12.3万人、带动就业42.3万人，失业人员再就业62.5万人，就业困难人员实现就业17万人，城镇登记失业率2.47%，开展地市就业工作目标责任制考核，压紧压实政府促进就业责任，就业局势总体保持稳定。

（一）大力推动创业带动就业。

省政府办公厅出台《关于进一步支持异地务工人员等人员返乡创业的通知》（粤府办［2016］68号），结合推进新型城镇化建设和精准扶贫，促进符合条件的人员返乡创业。出台省级优秀创业项目资助管理办法，投入1.93亿元支持建设第二批13个区域性（特色性）创业孵化基地，评定10个省级示范性创业孵化基地，带动全省建设和认定创业孵化基地累计536个。推进设立广东省创业引导基金，完成基金运营前期准备。举办2016年广东“众创杯”创业创新大赛，近2万个项目参赛，涌现出一大批优秀创业团队和项目。完成首批500名初创企业经营者素质提升培训工作，启动第二批培训工作。

（二）开展劳务输出对接试点。

积极推进广东与湖南、湖北贫困人口劳务输出对接试点工作。根据国务院关于推进贫困人口劳务输出对接工作的决策部署，在人力资源社会保障部、国务院扶贫办指导下，自3月起，迅速组织广州、深圳、佛山、东莞4市紧扣“实现对接精准，促进稳定就业”的总体目标，与湖南花垣县、龙山县、湖北郧西县开展贫困人口劳务输出对接试点工作。省政府办公厅出台《广东与湖南、湖北贫困人口劳务输出对接试点工作方案》（粤府函［2016］105号）。经过4个月的扎实推进，试点工作取得了积极成效。试点期间，累计组织接收381名贫困劳动力来粤就业，精准核实1 553名在粤贫困劳动力信息，录取225名“两后生”（初、高中毕业未能继续升学的贫困家庭中富余劳动力）入读广东技工院校。出台社会保险补贴、稳岗就业奖励等7项政策，建立统筹联动、省市协调、督导落实3项机制。基本形成了一套工作机制和政策措施，为全面实施精准扶贫精准脱贫提供了有益探索。

（三）促进高校毕业生等重点群体就业。

实施离校未就业毕业生就业促进计划和大学生创业引领计划，全省共为高校毕业生办理求职登记6.77万人，帮扶实现就业3.12万人次。完成2016年“三支一扶”高校毕业生的招募派遣工作，招募大学生1 240人。全省新增就业见习基地（单位）345个。广州、珠海等9市开展政府购买基层公共管理和社会服务岗位吸纳高校毕业生就业试点工作，全省通过购买基层岗位安置“双困”毕业生418人。继续实施春运、春风和南粤春暖专项活动，引导异地务工人员有序返乡返岗。全省举办异地务工人员专场招聘活动1 890场，提供岗位209.5万个次。通过公益性岗位安置6 741名就业困难人员，帮助201名“零就业家庭”成员实现就业再就业。进一步优化创业服务，为创业者提供政策咨询、项目推介、开业指导、补贴发放等“一站式”创业服务，全年发放创业担保贷款15.9亿元，同比增幅71.7%。落实就业援藏援疆援川工作，开展电商创业送教上门活动，为三地培训259人。

（四）加强公共就业人才服务体系建设。

优化就业失业动态监测工作机制，完善监测统计指标体系。推进就业创业服务信息化建设，全省已实现100%的街镇和92.7%的社区平台信息联网，19个地市招聘信息与全国联网。全省29个地市公共就业服务机构全部建立微信平台。发挥全省急需紧缺人才信息供求平台作用，全省急需紧缺人才需求总量4.5万人。对接泛珠三角人才联盟平台，打造“人才大数据”。

三、社会保险

健全社会保险政策体系，推进制度和人群全覆盖，稳步提高各项社保待遇水平。截至年底，全省城镇职工养老、城乡居民养老、城镇职工医疗、城乡居民医疗、失业、工伤和生育保险参保人数分别达5 392.43万人、2 543.22万人、3 814.1万人、6 336.06万人、3 020.10万人、3 246.17万人和3 161.89万人，同比分别增长6.01%、1.74%、2.75%、－1.37%、3.07%、3.95%和2.6%。基金总收入4 962.89亿元，同比增长8.53%；基金总支出3 431.58亿元，同比增长15.97%。继续深入推进社保信息公开，发布2015年度社保白皮书。

（一）完善城镇职工养老保险制度体系。

研究制定广东省社会保障事业发展“十三五”规划。继续大力推进企业全员足额参保，调整2016社会保险年度企业职工基本养老保险缴费工资下限至2 906元。省人社厅、财政厅和地税局制定《关于完善灵活就业人员参加企业职工基本养老保险有关规定的通知》（粤人社规［2016］4号），促进灵活就业人员参加企业职工基本养老保险。连续第12年提高企业退休人员基本养老金，月人均养老金达2 503元，比上年年底增长6.7%。稳妥推进机关事业单位养老保险制度改革，省政府于2016年1月印发《关于贯彻落实〈国务院关于机关事业单位工作人员养老保险制度改革的决定〉的通知》（粤府［2015］129号），并召开启动实施动员会议。省人社厅印发《广东省机关事业单位基本养老保险费征收暂行办法》（粤人社规［2016］12号）、《广东省机关事业单位工作人员基本养老保险经办规程》（粤人社规［2016］15号），规范机关事业单位养老保险征收和业务经办工作。

（二）提高城乡居民养老保险保障水平。

积极推进城乡居民养老保险扩面征缴，截至当年年底城乡居民养老保险覆盖率达99%。2016年1月起城乡居民养老保险基础养老金标准由每人每月100元提高到110元。加快推进征地社保资金分配工作，全省全年落实征地社保资金分配额39.3亿元。

（三）进一步完善全民医保体系。

积极推进基本医疗保险实现人群全覆盖，截至2016年年底基本医疗保险覆盖率达98%。城乡居民医保财政补助标准提高到420元，职工、城乡居民医保政策规定的住院支付比例分别为87%、76%，年度最高支付限额分别提高到64万元和52万元。全面实施城乡居民大病保险制度，省政府办公厅印发《关于进一步完善我省城乡居民大病保险制度的通知》（粤府办［2016］85号），扩大保障对象、提高待遇水平、强化精准扶贫和规范商业保险承办。按照人力资源社会保障部部署，开展生育保险与基本医疗保险合并实施，在珠海市启动试点工作。在广州市开展长期护理保险制度试点。全面实现省内异地就医直接结算，全省上线结算医疗机构332家，省异地就医平台成功结算34.6万人次，结算金额85.9亿元。深化医疗保险支付制度改革，在坚持总额控制的基础上，全面推进按人头付费、按病种付费、按床日付费、总额预付相结合的复合式付费方式。积极推进医保城乡一体化改革，整合职工医保和城乡居民医保，珠海、佛山、东莞、中山等4市开展医保一体化改革。

（四）稳步推进失业、工伤、生育保险工作。

进一步降低失业保险费率，全省失业保险费率由2%降至1%。失业保险金月人均1 286元，发放失业保险援企稳岗补贴47.95亿元，惠及10.14万家企业976.04万名职工。完善工伤保险长期待遇调整机制，连续12年提高全省伤残津贴，月人均伤残津贴3 100元，同比平均增加11%。完善差别化、可浮动的工伤保险费率，将工伤风险类别由原来的三类细化为八类，并对执行新标准后基准费率升高的继续实施阶段下调费率措施，全省工伤保险平均费率从0.63%降至0.47%。深入实施建筑业参加工伤保险的“同舟计划”，建立部门联合协作机制，推进建筑业按项目参加工伤保险工作，建筑业参保人数278.96万人，同比增长259.9%。积极开展工伤预防，全省工伤发生率为0.37%。全省工伤康复协议机构总数为32家，工伤康复受益人数6 575人次。制定广东省工伤保险专项经费管理办法，进一步规范专项经费管理。推动全省实现工伤保险基金市级统收统支管理，健全工伤保险辅助器具配置管理制度，建立了第三方评估确定协议机构办法。依法规范劳动能力鉴定管理，全省全面实现现场鉴定，全省共完成鉴定7.24万人次。下调生育保险费率，全省平均费率从0.77%下调至0.59%。严格落实生育津贴待遇，全年生育保险津贴支出37.31亿元。

（五）维护社会保险基金安全完整。

完成《广东省社会保险基金监督条例》修订，自2016年7月1日起施行，进一步明确了监督主体和监督内容，构建人大监督、行政监督和社会监督“三位一体”的社会保险基金监督体系。创新监管方式，开展了企业职工退休审核审批专项检查，14个地市开展了社会保险基金安全评估试点。推进社会保险欺诈案件查处和移送，加大打击社会保险领域违法犯罪行为力度，全年全省共查处社保欺诈案件48宗，其中向公安机关移送23宗，立案15宗。配合审计部门开展了工伤保险基金、医疗保险基金等6个专项审计项目。全省社保基金安全、完整、有序运行。

（六）推进退休人员社会化管理服务工作。

至2016年年底，全省企业退休人员447.6万人，其中纳入社区管理人员386.06万人，社区管理服务率86.3%，比上年年底提高0.88个百分点；退休人员社会化管理服务省级示范点117个，比上年年底增加9个；市级示范点357个，比上年年底增加4个。

（七）进一步提升社会保险经办管理服务水平。

完善社会保险业务经办规程，实现经办服务有法可依、有据可循。全面开展全民参保计划，加快建设全民参保数据库和信息管理系统，数据入库率提升到94.78%。稳步推进医疗保险大数据信息平台和省内异地就医结算平台建设，大力推动县区社保经办服务大厅标准化建设。社保卡累计持卡人数9 916万人，常住人口覆盖率93.3%，持卡人数全国第一。实施“五证合一”登记制度改革，将社保登记证合并到工商营业执照。加强社保经办标准化、信息化、专业化及风险防控建设，启动31个试点县区社保经办大厅标准化建设。推进社保卡“一卡通”，全面实现就医购药、失业登记、待遇领取、补贴申领等102项人社领域应用，应用率达100%。出台广东省社会保障卡业务经办规程，建立全省统一、规范使用、可操作性强的社会保障卡业务办理流程。

四、劳动关系

以整治欠薪、欠保、企业关停并转劳资纠纷为重点，健全政策批量化解机制，稳妥处置群体性事件，全省劳动关系总体和谐稳定。劳动保障监察案件、30人以上群体性事件和劳动人事争议受理案件同比分别下降19.3%、28.9%和7.7%。

（一）健全源头预防治理劳资纠纷体系。

全面推进劳资纠纷矛盾预防化解工作，完善工资支付保证金、欠薪应急周转金制度，建立建设领域工资分账管理办法。至年底，全省共有14个市建立工程建设领域工资保证金制度，17个市建立欠薪应急周转金制度，20个市建立建设领域工资分账管理制度。深圳、珠海等市建立健全建筑行业人员实名制管理办法。加强日常巡查和隐患排查，全年全省各级劳动保障监察机构巡查用人单位30.29万户，同比增加6.32%；省市县三级累计排查重大劳资纠纷隐患（列入政法委台账）1 402宗，化解率99.14%。完成《广东省工资支付条例》修订，自2016年9月29日起施行，突出治理工程建设领域欠薪，强化“两法衔接”打击欠薪，明确工资支付期限。

（二）创新劳资纠纷形势分析研判机制。

建立月度研判和季度评估制度，设置两级13项评估指标，依据指标变化情况研判劳资纠纷形势。选取2万家用工定点监测企业作为监测点，实时掌握企业劳动用工、职工流失、劳动关系等情况。推进劳动保障监察网格化、网络化管理应用，建成省市县三级劳资纠纷应急管理指挥平台。全省设监察网格2 625个，配备协管员3 809人，覆盖所有行政区域；县级以上劳动保障监察机构信息管理系统实现100%互联互通。

（三）加大执法力度重拳整治欠薪。

集中力量开展农民工工资支付专项检查，累计为36.39万名劳动者追回工资待遇29.09亿元。省政府派出联合督查组赴重点地区督导检查。向公安机关移送766宗涉嫌拒不支付劳动报酬犯罪案件，曝光348户重大欠薪等违法企业。

（四）改革劳动保障监察行政执法体制。

开展广东省劳动保障监察综合行政执法体制改革，明确省市县三级劳动保障监察机构执法职责，统一基层劳动保障监察机构性质和人员身份，实行综合执法，推进执法重心下移，充实基层执法力量。全省已落实编制1 385名，同比增加14.7%，县区级执法力量增加41.9%。

（五）完善劳动争议处理机制。

建立劳动人事争议仲裁员分级管理制度，改革办案方式，加强监察仲裁、仲裁诉讼有效衔接。推进基层调解工作规范化建设，启动第二批非公有制企业劳动争议预防调解示范工作。全省仲裁结案率93.4%，调解成功率65%。共受理10人以上集体争议案件7 329件，涉及劳动者23.3万人，案均涉及劳动者31.7人，支持劳动者劳动报酬、经济补偿等涉案金额 32.82 亿元。

（六）探索构建和谐劳动关系新路径。

出台贯彻落实国家构建和谐劳动关系的意见分工方案。继续开展和谐劳动关系综合试验区试点工作，引入社会组织参与和谐劳动关系综合试验区建设。全省首次开展构建和谐劳动关系宣传月活动，发送手机宣传短信 400 多万条。全省企业劳动合同签订率 94.2%，已建工会集体协商建制率 82.3%。全年全省共接待处理群众信访事项 33.7 万件，初信初访办结率 95%，全省 12333 电话咨询热线提供咨询服务 837 万人次。

五、人才队伍建设

围绕服务创新驱动，实施重大人才工程，创新人才发展体制机制，不断加强人才队伍建设。全省专技和技能人才总量分别达到 538 万人和 1 088 万人，高层次和高技能人才分别达到 71 万人和 308 万人。

（一）高层次人才队伍不断壮大。

2016 年来粤工作的境外专家约 13 万人次。评审引进省第六批领军人才 33 名，获得“中国政府友谊奖”2 名，新增“外专千人计划”专家 4 名，首次实施“珠江人才计划”海外专家来粤短期工作资助计划，共资助 58 个专家项目，首次入选国家首批“首席外国专家项目”1 个，首个省属院校华南师范大学入选国家高等学校学科创新引智计划。实施“广东特支计划”评选杰出人才 17 名，百千万工程领军人才 26 名，百千万工程青年拔尖人才 47 名。实施“扬帆计划”引进急需紧缺人才 20 人、培养高层次人才 31 人，实施专业技术人才知识更新工程培训专业技术人员 10 万人次。首次开展南粤突出贡献奖和创新奖评审工作，分别评选出 5 人和 9 人。首次实施“珠江人才计划”海外青年人才引进计划（博士后资助项目），49 名博士后入选。省政府出台完善博士后制度 11 条意见，江门设立全国首个博士后创新示范中心。开展外国人来华工作许可试点工作，将原“外国人入境就业许可”和“外国专家来华工作许可”两证整合为“外国人来华工作许可”。实施外国专家来华邀请函新政。落实公安部支持广东的 16 项出入境政策，研究制定外籍高层次人才和港澳台高层次人才认定办法。全省建立 16 个国家“千人计划”服务分窗口和 7 个高层次人才服务分专区。举办 16 场“千人计划”专家地市行活动。举办海外专家南粤行 10 个专场等活动，达成人才项目合作意向 600 多个。举办高水平大学建设哈佛专场人才推介招聘会、广东—以色列人才智力交流合作洽谈会等活动，将原“中国留学人员广州科技交流会”创新升级为“中国海外人才交流大会暨第 18 届中国留学人员广州科技交流会”。

（二）高技能人才队伍建设不断加强。

新建国家级高技能人才培训基地和国家级技能大师工作室各 5 个。6 人获“全国技术能手”称号。完成第 44 届世界技能大赛全国选拔赛部分项目组织承办工作，86 名选手进入 39 个项目国家集训队，建设了 10 个第 44 届世界技能大赛国家级集训主基地和 10 个副基地。全年全省参加职业技能鉴定 131.3 万人次，获得国家职业资格证书 86.8 万人次。在港澳组织国家职业技能鉴定 95 批次，1 257 人参加鉴定。在粤港澳三地开展美容师等 6 个“一试多证”项目，688 人次参加试点鉴定。公布广东省认定澳门职业技能证明书职业能力第一批目录清单，涉及互认项目 13 个职业、28 个等级，初步实现粤港澳职业资格互认工作探索。全省技工院校 166 所，其中高级技校 48 所（含技师学院 34 所），在校生人数 53.3 万人。优化调整专业布局，打造专业品牌，重点扶持 33 个省级重点专业和 10 个特色专业。创新校企双制办学模式，已组建 10 个技工教育校企联盟，4 所学校与 5 家企业开展企业新型学徒制试点。举办第一届广东省技工院校技能大赛，106 所学校 3 500 名学生参赛。

（三）加快完善人才评价机制。

分类推进职称制度改革。深入开展全省中小学教师职称制度改革，惠及中小学教师 66

万人，评选出正高级教师165名上报人力资源社会保障部、教育部备案。省人社厅、卫生计生委出台《关于进一步改革完善基层卫生专业技术人员职称评审工作的实施意见》（粤人社规〔2016〕14号），鼓励引导卫生技术人员扎根服务基层。改革完善工程技术高级工程师（教授级）资格评委会设置，对工程技术人才进行分类评价。扩大技工院校正高级教师职称试点范围。完善以科技创新和业绩贡献为导向的评价标准，进一步加大科技成果转化、专利等创新要素的评价权重，不将职称外语和计算机应用能力作为职称评审的必要条件，不将论文、科研等作为评价创新型人才的限制条件。打破技校毕业生申报职称27个系列的学历限制，贯通技能人员职称申报通道。大力推动简政放权，将中小学高级职称评审权下放至地市，向省科学院等企事业单位下放高级职称评审权限，将省直中、初级职称审核确认权转移至相应评委会日常工作部门。全省867家企业（行业协会）开展企业技能人才自主评价，全年评价企业技能人才3.7万人，2.3万人获得相应职业资格（专项能力）证书。

（四）稳步推进高水平大学建设人事制度改革试点。

稳步推进高水平大学建设人事制度改革试点，省政府办公厅出台《高水平大学建设人事制度改革试点方案》（粤府办〔2016〕14号），向华南师范大学、广州中医药大学、广东工业大学、广州中医药大学、广东外语外贸大学等5所试点高校下放岗位设置权、公开招聘权、职称评审权、薪酬分配权、人员调配权等5个省级人事管理权限，实现“22个自主”。组建驻校工作组进驻5所试点高校指导协调试点工作，指导试点高校制定岗位管理、绩效工资分配、公开招聘及人员调配、职称评审、考核退出五项制度。建立备案机制，实行“事后备案、年底备案、一揽子备案”，提高备案服务效率。在厅门户网站开发设计改革试点专栏网页，试点高校公开招聘公告等信息实现点对点实时发布。在广东工业大学、华南师范大学设立高层次人才服务分窗口。

六、人事制度改革

以全面深化改革为抓手，以激活队伍活力为核心，不断健全完善公务员和事业单位工作人员进、管、出各环节的管理制度和政策体系，使人事管理更加科学、更加规范。

（一）完善公务员管理制度。

完善公务员阳光考录制度，实现职位申报、审核、发布全程网上办理。全部地级市实行考生异地面试，面试小组人数由9人改为7人，考官按2/7的比例交流，全年招录公务员17 412人。在6家省直单位开展分类考录改革试点。开展公安机关人民警察招录培养改革，公安院校公安专业应届毕业生入警率提高到90%。开展公安机关人民警察职务序列改革试点。规范全省行政机关公务员辞职审批程序。深化四类培训，全省行政机关培训公务员84万人次。开展4期国家公务员对口培训班和2期甘孜州对口培训班，培训公务员240名。巩固境外培训，完成美国、芬兰、瑞典、德国、新加坡等6期境外培训班项目，培训150人。首次开展省政府任命工作人员宪法宣誓仪式。全面推进落实新录用公务员导师制，高标准选拔导师。探索将行政机关公务员“八小时以外”活动情况纳入平时考核指标。办理省直行政机关和参照公务员法管理事业单位年度考核备案54 466人。办理省政府组成人员和政府序列、直属部门人员任免、提请228人次。

（二）深化基层公务员招录制度改革。

实施粤东西北艰苦边远地区基层公务员招录改革，对市级以下机关招录不限基层工作经历条件，允许部分县级机关向本地户籍人员招录，允许部分乡镇职位拿出一定比例职位设置专业要求，用足用好降低门槛政策，提高粤东西北地区招录数量和质量，为粤东西北地区乡镇招录公务员2 165人。

（三）加强事业单位人事管理。

开展2016年粤东西北地区乡镇事业单位专项公开招聘，进一步放宽条件，对符合条件可报考免笔试岗位人员直接面试，设置面向“三支一扶”和大学生村官的定向招聘岗位，共发布岗位 11 247 个，招聘 7 873 人。开展全省集中时间事业单位公开招聘，共发布岗位 3 776 个，招聘 2 643 人。会同省委组织部、省教育厅、省科技厅、省财政厅联合制定出台关于鼓励高校科研院所科研人员创新创业有关人事管理问题的意见。

（四）圆满完成军转安置任务。

研究制定深化国防和军队改革期间军转安置工作实施意见。推进军转安置工作创新，预留军转干部编制，分类下达安置计划，落实安置重点，在国家规定时限内完成安置任务。全省安置军转干部 3 573 名，其中计划分配军转干部 2 943 名，自主择业军转干部 630 名，安置到公务员和参公岗位的占 90.5%。

七、工资收入分配

（一）推进建立合理有序的企业工资收入分配制度。

建立企业薪酬调查和信息发布制度，省级层面统一调查发布人力资源市场工资指导价位和行业人工成本信息，覆盖 18 大行业和 329 个职业小类。审核认定 2015 年度省属企业负责人基本年薪的基数。

（二）完善机关事业单位工资制度。

落实机关事业单位基本工资与离休费标准调整工作。完善事业单位绩效工资制度。开展违规发放津贴补贴问题专项治理。建立省级机关绩效考核制度。制定广东省法官、检察官工资制度改革政策。

八、基础能力建设

（一）提高机关党建工作水平。

全面落实党建工作责任制，扎实开展“两学一做”学习教育。开展党风廉政建设责任制实施情况考核。大力支持驻厅纪检组落实“三转”，综合运用“四种形态”开展监督执纪。加强重点领域廉政风险防控。

（二）加强干部队伍和基础平台建设。

建立健全干部任前资格审核、干部选拔任用全程纪实制度和干部提拔任用工作群众监督制度。研究出台厅属单位管理意见和加强厅属技校综合管理意见。广东省集中式一体化信息系统主体工程基本建成，完成省级集中的基础支撑平台及大部分核心业务系统建设。研究制定加强重大问题研究工作的意见，在“三医联动”改革、大人才市场格局、区域产业共建、技工教育创新发展、劳动力成本、“智慧人社”等方面取得一批研究成果。

（三）开展就业社保技能精准扶贫。

省扶贫开发领导小组印发《广东省人力资源社会保障厅关于我省就业技能社保精准扶贫精准脱贫三年攻坚的实施方案》（粤扶组［2016］22 号），明确到 2018 年年底实现“三个 100%”的总体目标，即有就业创业意愿和能力的贫困人员 100%得到精细化的就业创业服务；有职业技能提升意愿且符合条件的贫困人员 100%得到免费技工教育或技能晋升培训；符合条件的贫困人员 100%纳入社会保险覆盖范围。省人社厅印发《广东省就业技能社保精准扶贫试点工作方案》（粤人社函［2016］1155 号），率先在 6 个县区开展工作试点，抓技能、促就业、帮社保已成为当地扶贫工作的重要抓手。筹集扶贫资金 6 000 万元，帮助 8 个贫困县建设精准扶贫技能实训基地。全省 65 所优质技工院校对口全省有脱贫任务的 88 个县（区）开展精准技能扶贫工作，制定精准扶贫对接招生方案，建立教师结对帮扶机制，深入开展技能扶贫政策宣传和招生工作。实施就业精准扶贫，探索家政扶贫新模式，开展母婴护理、养老护理等培训，在创业孵化基地开发服务性岗位安置贫困劳动力就业，加强对乡镇（街道）和村居服务平台协调指导。

（四）加强依法行政工作。

全年全省各级人社部门作为行政复议机关共处理行政复议申请 620 件，立案受理 591 件，行政复议维持率 78.8%。规范行政复议工作程序，提升行政复议工作效能，行政协调化解行政争议效果明显，办结的行政复议案件中12%的通过协调、督促行政复议被申请人自行纠错结案，实现“案结事了”。全省各级人社部门共处理行政应诉案件2 840件，行政诉讼维持率79.4%。开展工伤保险费率管理办法、社会保障卡业务经办规程听证会，进一步增强决策公开透明度。省人社厅被中宣部和司法部评为“全国法治宣传教育先进单位”。

（五）大力推进“放管服”。

制定省级人社领域公共服务事项目录，向社会公布省人社厅推广随机抽查规范事中事后监管工作方案，向高水平大学建设试点高校下放正高级及以下职称评审权。督促指导全省各地人社部门取消“基本医疗保险定点医疗机构资格审查”和“基本医疗保险定点零售药店资格审查”，落实取消222项职业资格许可和认定事项，下放省本级工伤认定和组织劳动能力鉴定、部分职称系列的高级评审权等职能，下放全省创业培训定点机构认定工作。全面委托市一级及省自贸片区办理“外国专家来华工作许可”业务，取消“专科学校及以下教育机构聘请外国专家单位资格认可”行政审批事项。推进政务公开和“阳光政务”建设。省人社厅综合服务大厅被评为全国人社系统“优质服务窗口”。

广东省人力资源和社会保障厅

广　州　市

2016年，广州市人力资源和社会保障部门在中共广州市委、市人民政府的坚强领导下，在国家人力资源社会保障部、广东省人社厅的正确指导下，紧紧围绕以“促进民生幸福、服务创新驱动”为中心的根本任务，大力实施就业和人才两个“优先”战略，攻坚克难、精准发力、锐意创新、蹄疾步稳，各项工作有序推进，为推动广州加快建设国家重要中心城市提供有力的人力资源和社会保障支撑。

一、劳动就业

（一）概况。

就业局势始终保持稳定，劳动关系总体和谐稳定。全市城镇新增就业31.25万人，失业人员再就业16.82万人。城镇登记失业率为2.41%，控制在3.5%的目标以内。全市新增农村劳动力转移就业5.14万人。2016届广州生源高校毕业生5.28万人，就业率93.41%，与上年持平，有就业意愿的困难家庭高校毕业生就业率达100%。全市纳入人社部门实名制登记就业的异地务工人员560.34万人，其中外省籍占2/3。当年人社部门共扶持成功创业3.2万人，创业带动就业13.43万人；全年共发放创业（小额）担保贷款245万元，贴息受惠468人次，贴息金额59.43万元；人社部门共扶持建设各级创业（孵化）基地277个，累计进驻企业2.44万家、带动就业18.83万人。

（二）高校毕业生接收和就业管理。

大力拓宽就业渠道，全年举办“阳光就业”校园供需见面会和网络匹配会47场，参会单位1.2万家次，招聘人数22.3万人，初步达成就业意向7.5万人。组织153名清华、北大等高校学生参与“走进广州”实习活动，组织188家企事业单位赴省外举办27场供需见面会。推进创业创新工作，精心组织创业大赛。新增广州大学、广州大学华软学院等两所高校为大学生创业（孵化）基地，截至年底，全市共建立市级高校创业（孵化）基地19个，与科技孵化器共建创业基地3个。

（三）劳动关系。

加强源头治理，健全协调机制，规范劳动用工，深入推进和谐劳动关系创建活动，劳动关系整体和谐稳定。全市劳动合同签订率达97.2%，已组建工会企业集体合同签订率83.3%。许可劳务派遣单位1 033家，分公司备案76家。全市共完成2 194家企业申请实施不定时工作制和综合计算工时工作制的审批，共计涉及597 745名职工。组织劳动人事争议调解员培训考核，共有110人获得调解员证书。当年，新申报并通过评审的“广州市劳动关系和谐企业”有1 071家，通过年度报告的“广州市劳动关系和谐企业”790家，“广州市劳动关系和谐工业园区”9个、“广州市劳动关系和谐示范区”17个。全面推进花都区省市共建和谐劳动关系综合试验区各项工作。

（四）劳动工资。

根据《广州市供给侧结构性改革降成本行动计划（2016—2018年）》要求，将现行最低工资标准调整由两年一调改为三年一调，最低工资标准仍执行2015年标准，即1 895元/月，非全日制职工小时最低工资标准18.3元/小时。

对 2 000 多户企业进行薪酬调查，印发《广州市 2016 年人力资源市场工资指导价位》，指导市内各企业合理确定不同岗位人员的工资水平。与市总工会、市工商联、市企业联合会联合开展工资集体协商“春季要约”行动，推进企业工资集体协商。开展事业单位绩效工资总量核定工作，加大主管部门分配奖励性绩效工资权限，完善高层次人才绩效工资单独据实核定工作制度。

（五）劳动保障监察。

各级劳动保障监察机构继续加大执法力度，有效维护劳动者合法权益。顺利完成市本级劳动保障监察综合行政执法体制改革，将人、财、物充实基层。大力开展打击拖欠农民工工资、使用童工、不遵守劳动用工、高温期间未发放防暑降温补贴等专项执法检查行动。妥善处置劳资纠纷群体性突发事件，排查化解劳资纠纷不稳定因素。截至年底，全市劳动保障监察机构主动监察 8.73 万户用人单位，为 5.4 万名劳动者追还工资等待遇 3.37 亿元。

（六）异地务工人员服务管理。

贯彻落实国务院《关于进一步做好为农民工服务工作的意见》，进一步促进异地务工人员市民化、公共服务均等化。一是印发《广州市来穗人员融合行动计划（2016—2020 年）重点任务清单》，为来穗人员社会融合提供基本思路与遵循。印发《来穗务工人员申请承租市本级公共租赁住房工作分配方案》，在全国开创异地务工人员申请承租公租房先河。制定农民子女义务教育工作实施细则，为来穗人员随迁子女在广州接受义务教育创造条件。二是通过完善公共就业创业服务体系、加强就业服务管理、组织就业创业培训及发放补贴、开展促就业为主题的“春风行动 2016”活动、维护异地务工人员合法权益等，促进异地务工人员在穗顺利就业。先后组织 25 场次 710 家次企业，赴省内外开展人才对接招聘活动，共提供 2.23 万个空缺岗位，入场技能人才 3.9 万人次；全年市就业专项资金发放一次性创业资助 196 万元，创业带动就业补贴 1 910.1 万元，自主创业社保补贴 965.01 万元，受惠群众 12 932 人次；共组织 32 940 名异地务工人员参加技能晋升免费培训，有 6 934 名异地务工人员成功申领技能晋升培训个人补贴。办结劳动保障监察案件 6 726 件，其中欠薪违法案件 5 627 件；参与处理突发事件 550 件，涉及劳动者 2.2 万人，为 5.4 万名劳动者追发工资等待遇 3.4 亿元；督促参保缴费涉及劳动者 4 162 人，涉及金额 246.39 万元。三是广州市来穗人员服务管理工作领导小组共表彰 50 名优秀异地务工人员、150 名优秀异地务工技能人才和 50 个异地务工人员工作先进集体，7 名优秀农民工荣获“全国优秀农民工”称号，市中级人民法院民事审判庭荣获“全国农民工工作先进集体”称号。四是积极推进异地务工人员积分制入户。编印《广州积分制入户申办指南》及《广州积分制入户须知》，组织开展形式多样的政策咨询和宣传活动，全年通过“积分制入户网上申请系统”注册人数超过 2.4 万人，通过预审 1.11 万人，6 000 人通过积分入户广州。

二、社会保障

（一）概况。

2016 年年底，全市企业职工养老保险参保人数 1 011.19 万人，退休人数 91.1 万人；城乡居民养老保险参保人数 125.29 万人，其中领取养老金人数为 41.6 万人，缴费人数 59.7 万人。医疗保险参保人数 1 096.38 万人，其中职工 636.82 万人，城乡居民 459.56 万人；全年职工医保累计就诊 690.4 万人次，统筹基金累计支付 10.59 亿元；城乡居民医保累计就诊 116.05 万人次，统筹基金累计支付 5 138.76 万元。失业保险、工伤保险、生育保险参保人数分别为 502.14 万人、495.48 万人、476.61 万人。

（二）养老保险。

2016 年，继续调整各类人员养老金，企业退休人员人均增加 196.53 元/月，达到 3 316 元/月；农转居人员人均增加养老金

61元/月，达到930/月；城乡居民养老保险基础养老金标准从180元/月调整为191元/月，平均养老金水平达到624元/月，增长率为6%。全力推进征地社保预存资金分配工作，如期完成2015年获批征地项目预存社保资金3.39亿元的分配任务。印发关于解决2013、2014、2015社保年度广州市企业部分退休人员基本养老保险待遇问题的相关文件，积极解决企业退休人员养老金倒挂问题。经14届226次市政府常务会议审定通过，市人民政府转发《广东省人民政府关于贯彻落实〈国务院关于机关事业单位工作人员养老保险制度改革的决定〉的通知》，正式实施机关事业单位工作人员养老保险制度改革，自当年9月起，从个人工资中预扣养老保险费和职业年金个人缴费，启动并落实"双统发"退休人员养老金代发工作。召开全市机关事业单位工作人员养老保险制度改革启动实施动员会议，开展参保信息数据采集工作。印发《关于完善民办教育单位建立企业年金制度的工作流程的通知》，促进民办教育机构建立企业年金制度。

（三）失业保险。

转发《关于调整失业保险费率的通知》。自当年3月起，失业保险费率由2%降为1%。其中：用人单位基准费率从1.5%降为0.8%，个人费率从0.5%降为0.2%。全年可为本市约48万户参保单位减轻缴费负担18.7亿元。印发《广州市失业保险支持企业稳定岗位实施办法》，为符合条件的企业发放稳定岗位补贴，每年可为本市约20万户符合条件的参保企业减轻负担约8亿元。

（四）医疗保险。

2016年，职工医保统筹基金年度最高支付限额（含重大疾病医疗补助）为73.05万元/人，城乡居民医保基金（含大病医疗保险）年度最高支付限额为34.82万元/人。印发《关于阶段性降低职工社会医疗保险缴费率的通知》，自2016年10月至2017年9月，阶段性降低职工医保缴费率，用人单位缴费率从8%降低为7%，灵活就业人员、退休延缴人员、失业人员缴费率从10%降低为9%，2016年为企业减负8.04亿元。印发《关于广州市职工社会医疗保险统筹基金支付门诊指定慢性病专科药费范围及标准的通知》，自1月1日起，门慢病种从16种扩大到20种，职工医保统筹基金月度支付限额从每病种每人每月150元提高到200元，增幅达33%。印发《关于解决离开机关事业单位人员医疗保险有关问题的通知》，自7月1日起，通过一次性缴纳职工社会医疗保险费的办法，解决本市早期离开机关、事业单位人员以及部分事业单位人员参加职工社会医疗保险的历史遗留问题。印发《关于进一步完善我市城乡居民大病保险工作实施方案》，按照省政府要求，完善城乡居民大病保险制度。积极开展医改工作，制定《2016年贯彻深化医改重点工作方案》，并印发《贯彻落实深化医药卫生体制改革近期工作要点的实施意见的通知》。市人社局与市卫计委、花都区政府在花都区积极开展"花都农村居民门诊一元钱看病"新模式试点，按照"医保制度＋财政补助"的新方式，实现城乡居民医保门诊统筹制度与花都区农村居民"一元钱看病"惠民政策有效衔接，参保村民在花都区村卫生站发生的普通门诊费用，在城乡居民医保基金支付的基础上，当地政府实行二次补助，提高村民就医待遇水平，引导基层就医。积极推进省内异地就医直接结算项目，已实现54家三级定点医疗机构连入省平台，承担省内82%以上的异地就医联网结算业务量，并将全省20个地市共300家异地医疗机构纳入广州异地就医直接结算范围。同时，被确定为广东省跨省异地就医试点城市。出台广州市社会保险定点医疗机构和定点零售药店协议管理办法。再次全面启动社会保险新增定点医药机构工作，在全市1 600多家定点零售药店安装医保POS机定位系统。通过开展基金审计、银行履约情况考核评价、异地就医报销业务自查、异地现场核查等方式，核查定点医药机构近1 000家次，查实违规定点医药机构共27家，向公安部门移交参保人违规骗保案件3起，切实保障医保基金安全。在部分定点医疗机构实施定点医疗机构社会医疗保险业务网上支付试点，在广州医保微信公众号上线门诊选点、在线挂号、智能回复等功能。医保微信关注人数超50万人。此外，广州市被人力资源社会保障部认定为全国首批长期护理保险制度试点城市。

（五）工伤保险。

提高工伤残疾退休人员的退休待遇，人均退休金达4 415元/月，增长率8.11%；提高工亡待遇和供养亲属抚恤金等待遇，一次性工亡补助金达62.39万元（不含供养亲属抚恤金），增长率8.15%。印发《关于调整我市工伤保险费率及有关问题的通知》，自7月1日起，实施工伤保险八档差别基准费率新政策，总体费率比原三档费率下降21%。印发《关于进一步做好我市建筑业职工参加工伤保险工作的通知》，共同推进“同舟计划”目标，全力做好建筑业工伤保险参保扩面。广州市被人力资源社会保障部确定为全国5个工伤预防专项试点城市之一，通过开展工伤预防性职业健康检查与检测、现场互动与持续改善式工伤预防项目，改善用工环境，降低职业危害。自1月1日起，广铁集团职工工伤保险纳入广州市管理，执行统一的工伤保险政策、标准和办法。自7月1日起，顺利承接省直工伤认定和劳动能力鉴定业务。

（六）生育保险。

全面实施二孩政策，符合二孩政策生育的参保职工，享受与生育一孩同等待遇保障。全市全年人均生育保险待遇达2.3万元，其中生育津贴占78%，位居全国先列。自10月1日起，将广铁集团驻粤职工生育保险纳入本市管理，统一执行本市生育保险政策、标准和办法。

（七）退休人员社会化管理。

截至年末，全市共有81.65万名企业退休人员纳入社区管理，社区管理率95.12%。全年共慰问退休人员130.45万人次，发放慰问品及慰问金5 908.46万元，发放新中国成立前参加工作退休老工人的困难生活补贴177.67万元，发放社会化管理退休军转干部生活补贴6 671.41万元。首次顺利实现由养老金平台统一发放社会化管理退休人员节日慰问金，共计发放60.25万人，2 475.79万元。在春节和中秋节前夕，向9 186名特困人员发放慰问品，慰问养老院特殊人员964人。通过政府采购，为6 617名退休人员进行健康体检。审核发放工会济难救助金12人0.72万元。为62.03万名退休人员办理资格认证，认证率99.9%。协助异地退休人员办理待遇资格认证1.35万人。重点对高龄、重病、行动不便等特殊情况的退休人员进行上门认证，推进退休人员档案影像化管理，对居住异地退休人员增加微信视频通话认证方式。全市共有38个省级退管服务示范点、140个市4A退管服务达标点。完善《广州市退休人员社会服务管理规定》，下发《关于规范退休人员社会化管理服务机构业务台账的通知》，将保留十类特殊人员日常探访慰问、自管互助服务小组活动和工作计划总结等五类台账作为退管机构日常工作。通过举办登山、一日游、游园会、摄影教学、广场舞大赛等有益身心健康的活动，丰富退休人员生活。拍摄“情满退管·夕阳争辉”退休人员文化养老活动宣传片并在广东电视台《康乐年华》放映。编印派发2万多册《老年人健康常识》。

三、人事人才

（一）概况。

积极实施集聚产业领军人才“1+4”政策，大力构建人才高地。全市大专以上人才、专技人才总量分别达326万人、158万人。历年来，累计获得“中国政府友谊奖”的外国专家11人，在穗留学人员总数6.3万人。成功推荐16人享受国务院政府特殊津贴，增设9个博士后创新实践基地。第五次获评“魅力中国——外籍人才眼中最具吸引力的中国城市”称号。2名高技能人才被评选为“全国技术能手”。成功举办2016中国海外人才交流大会暨

18届中国留学人员广州科技交流会。新建立公务员平时考核制度，在全市推行公务员平时考核。印发《全面深化事业单位人事制度改革的指导意见（2016—2020年）》，稳妥推进事业单位人事制度改革。

（二）人才引进与培养。

2016年，全市引进人才64 382人，其中在职20 144人，高校毕业生44 238人，超额完成市发改委下达的引进人才入户4.4万人的目标。一是修订引进人才入户政策。根据国家人口转移战略和市人口调控新任务，对人才引进入户政策进行修订，调整准入条件、规范审核流程、统筹服务窗口等，同时制定人才安居政策，让优秀人才引得进、留得住、用得好。二是总量控制类入户指标下放至区。按照市行政审批制度改革“以区为主、重心下移、集成服务”的精神，在计划指导类引进人才入户事权下放的基础上，将总量控制类引进人才入户审核事权下放到区，同时制定相应审核标准，使市、区两级按统一标准办理两类引进人才入户。三是主动对接重点企业重点项目。保障市重点企业、重点项目用人需求，先后走访中远货运、爱拍网络、广州基金、广汽集团等18家大型央企、创新型企业、金融机构和总部企业，全年为重点企业、重点项目引进紧缺急需人才578名。

全市持有效《外国专家证》工作的外国专家共计6 643人，其中文教类专家5 348人，经济类专家1 295人。执行国家引智项目中的首席、高端及重点外国专家项目（含文教类）共16项。国家外专局批复本市出国（境）培训项目计划34项602人。广州港集团通过组织到比利时培训，引来比利时安特卫普港口培训资源，由双方联合出资，在本市成立中国第一家引进国际知名港口培训机构——广州安特卫普港口教育咨询有限公司（GAPEC）。将外国人入境就业许可和外国专家来华工作许可整合为外国人来华工作许可。实施“广州市高端外国专家”项目，全年评选出正式项目10个、候选项目5个，对每个项目给予最高20万元的经费资助；成功吸引2名诺贝尔奖获得者（霍夫曼·朱尔斯、乔治·斯穆特）以及1名美国工程院院士（弗雷德·塞泊）等国际顶尖专家带项目申报。实施“广州市创新领军人才”专项，评选出20名创新领军人才，分别给予每位100万元人才经费资助。实施“国际培训项目资助”项目，评选出44名企业高级管理人才、骨干专业技术人员，拨付资助经费300万元。实施“菁英计划”项目，选派本市经济、社会发展重点领域41名学员到教育、科技发达国家和地区公认的一流高校，师从国际学术界有较大影响力的导师攻读博士学位或进行联合培养。实施“广州市人才绿卡制度”，共计为1 220名高端人才办理“人才绿卡”。

（三）公务员招考。

面向社会公开招录公务员1 018个职位2 065人，其中广州市招录公务员（不含公安、检察、法院、司法行政系统）747个职位1 090人；广东省招录公务员（公安、检察、法院、司法行政系统）271个职位975人。市公安机关面向公安院校招录公安专业应届毕业生194人。经一系列严格的公开报名、笔试、面试、体检、考察等工作，招录公务员共计2 047人。

（四）公务员培训。

以“加强和改进干部教育培训，提高干部素质和能力”为工作主线，开展公务员培训，促进公务员综合能力素养提升，全年共组织各类面授培训班139期，培训9 021人/次。围绕五大发展理念，先后举办“新理念引领新常态——党的十八届五中全会精神解读”、“创新理念和创新发展”、“做人民满意的公务员”、“互联网＋公共治理”、“自贸区建设和发展”和“‘一带一路’战略与政府作为”等专题培训班。积极开展公务员初任培训和任职培训，并安排新录用公务员赴基层学习锻炼。此外，还委托中山大学开展了“公务员提升社会治理能力”、“公务员办公自动化能力提升”、“公务员英语口语”培训班，以及“梅州对口培训班”等专题培训班。积极创新培训模式，拓展网络在线学习。升级公务员培训管理系统及“网络大学堂”，培训管理系统及网络大学堂更稳定、实用。新开发“广州市公务员培训慕课堂”，以微课小视频为特色，为公务员提供24小时不限时间、空间、地点的移动网络培训服务。全年全市共组织开展网络培训113.2万人/次，共181.8万学时。

（五）公务员职位管理。

完善市级政府序列公务员主任科员以下非领导职务职数设置做法，创新各单位处级非领导职数设置办法，在现行政策框架内，允许部分条件成熟的单位在本系统内统筹使用机动调研员职数。核定公安机关执法勤务机构警员职务晋升数额，完成监狱、强制戒毒机关执法勤务机构警员职务套改并核定警员职务晋升数额，拓宽基层民警职业发展空间。调研各区各市直单位职数设置使用基本情况，为公务员分类改革做准备。研究解决不单独设立专职党组织书记后，参公管理单位此类领导职务职数使用人员的安置问题。完善公务员管理系统功能，将部分职数设置备案和职务晋升审核权限下放各主管部门。及时核定市直各单位非领导职数，对非领导职务职数实时动态管理。做好市政府任免工作人员相关工作和公务员职务晋升备案。规范因公临时出国或赴港澳地区人员政审备案。完善公务员管理信息系统，增加参公单位信息管理模块，对参公单位进行实时动态管理，改进职数设置模块功能，方便各单位申报办理。

（六）军转干部安置和随军家属就业安置。

在全面深化国防和军队改革的关键年，军转安置工作以安置团职军转干部为重点，继续推进并扩大行政正团职军转干部考核赋分安置试点范围，对功臣模范以及长期在边远艰苦地区工作或从事飞行、舰艇特殊专业的军转干部予以倾斜照顾。全年实际接收安置军队转业干部1 194人，其中计划分配840人（安置到公务员及参公单位828人、事业单位8人、企业4人），自主择业354人，随调家属3人。安置随军家属269人。为落实省市对未就业随军家属发放补贴的相关规定，制定实施广州市自谋职业随军家属申领基本生活补贴和社会保险补贴办事规程和申请指南，基本生活补贴按照当年广州市最低生活保障标准的110%计发，养老保险按灵活就业人员缴费基数下限和缴费比例给予应缴额度的全额补贴，医疗保险按参加职工医保以及职工重大疾病医疗予以补助。积极为随军家属开展“送岗位、送培训、送服务”等系列就业帮扶活动。

（七）事业单位人事管理。

创新机制体制，深化事业单位人事制度改革。先后印发《关于全面深化事业单位人事制度改革的指导意见（2016—2020年）》、《市直机关公务用车制度改革司勤人员分流安置实施办法有关政策问题的解答》、《市直机关公务用车制度改革司勤人员分流安置有关问题的补充意见》。探索事业单位公开招聘面试评委统一管理、高水平大学建设人事制度改革等。实现事业单位人事管理全流程网上办理。发布全国首个事业单位公开招聘微信公众号——“广州优才计划”，考生可通过微信报名考试。累计组织99家事业单位赴西安、北京开展“优才计划”，招聘工作人员，共签约171人，考生学历层次和重点院校来源打破历史纪录。市直事业单位共引进44名高层次人才，涵盖教育、医疗、文化等多个行业。全年通过市直事业单位增人计划477批次、公开招聘方案90个、考试情况备案279批次、编制备案99个、办结增人手续2 464人次。全年共审核、办结市直事业单位设置方案111个。完成历年纸质聘用材料清理和备案工作1 000多人次，受理岗位聘用新业务8 928人次，受理、办结机关工勤聘用结果备案材料217人次。

（八）专业技术人才管理。

在上年度试点基础上，制定2016年全市深化中小学教师职称制度改革实施方案并统筹推进，截至年底，全市此项工作顺利完成。全年全市通过评审和认定方式，共计20 465人获得专业技术资格。其中，向市高评委会申报高级资格3 419人，经评审通过2 456人，通过率71.83%；申报中级资格6 943人，经评审通过5 051人，通过率72.75%。全年共组织各类职称政策性考试36项，报名考试人数185 689人次，核发证书43 297本。打破系统、地区、单位限制，按专业化、社会化原则，通过新设、调整、完善等多种方式，对27个高、中级评委会进行优化。截至年底，全市共有高、中级评委会75个，评委库专家1.4万人。成功推荐16名来自医疗卫生、化工、教育、城市轨道、农业、市政工程、生物工程等行业领域的专家获批为享受国务院政府特殊津贴人员。出台《广州市高层次人才学术休假体检制度》，完善管理与服务。组织市属农业、水利、物流、医疗、教育等行业领域30名专家，赴贵州黔南等广州市对口帮扶地开展"广州专家服务基层"暨学术休假活动。积极推动博士后"两站一基地"建设，新设立3个博士后工作站分站，完成第五批博士后创新实践基地评选。截至年底，市属博士后工作站（分站）、流动站共计95个，博士后创新实践基地78个，在站博士后研究人员343人。全年市属博士后参与国家、省、市重大项目150多个，发表论文220多篇，获批专利260多项，近20人获中国博士后基金资助。在全省率先启动实施企业博士后出国（境）培养项目，经公开申报、审核和公示等程序，34名企业博士后入选首批出国（境）深造，资助金额最高每人10万元。成功主办2016海交会"广东省博士后创新青年人才项目"，通过展览展示、招聘洽谈等形式，宣传博士后政策，展示博士后培养成果，搭建引智合作平台，该项目接洽人数达300多人，达成初步意向50余人。

（九）技工教育与技能竞赛。

全市27所技工学校在校生达11.3万人。当年，招收新生36 417人，完成率101.2%；招收高级工班、预备技师班占60.1%；招收高中毕业生占36.86%。市高级技工学校、市交通高级技工学校顺利通过国家中等职业教育改革发展示范学校验收；市工贸技师学院成为国家人力资源社会保障部职业训练院试点院校；市轻工高级技工学校获批为广州市博士后创新实践基地及知识产权试点学校。全市6所公办技师学院8个专业参与国家第三批一体化课程教学改革试点，市机电高级技工学校、市轻工高级技工学校、市工贸技师学院分别牵头工业机器人应用与维护、计算机应用与维修、工业设计等3个专业。10所技工院校共获得省人社厅就业和技工教育专项资金3 200万元，7所民办技工院校获得市民办教育专项资助132万元。开展专业带头人队伍培养，确定24人为本市技工院校专业带头人。全市技工院校与3 000多家知名企业深度合作，与宝马、保时捷、西门子、思科、丰田等世界500强企业合作，引进顶尖企业最新的真实生产技术、工艺和标准，提高人才培养国际化水准；与广汽集团、广船国际、广州地铁、广州机床等规模以上企业直接合作，开设"校企双制班"、"订单班"、"冠名班"等250个、在校生9 360人。同时，为珠三角地区中小企业培养了大量技术技能和管理人才。

世界技能大赛中国集训基地在本市7所技工院校共设立11个基地，全市共有48名选手入选第44届世界技能大赛的26个中国参赛项目的国家集训队。成功举办第9届"穗港澳蓉"青年技能竞赛，广州选手以4金4银3铜佳绩蝉联奖牌榜首，成功卫冕。在广东省第一届技工院校技能大赛、广东"众创杯"大学生启航赛暨"赢在广州"第五届大学生创业大赛上，广州选手也获得多个奖项。市级竞赛更是丰富多彩，涉及141个职业（工种），参赛人数近万人。在市级以上各类竞赛中，各技工院校学生和教师表现突出，屡获殊荣。

广州市人力资源和社会保障局

深 圳 市

2016年是“十三五”的开局之年，也是推进供给侧结构性改革的攻坚之年。深圳市人力资源和社会保障部门坚决贯彻执行中央的决策部署，以深圳质量、深圳标准为引领，坚持“民生为本、人才优先”的工作主线，围绕提升民生福祉、服务创新驱动、助力供给侧结构性改革，统筹推进各领域工作，实现了“十三五”良好开局。

一、坚持围绕中心服务大局，高标准实践“深圳质量”

（一）圆满完成中央赋予的贫困人口劳务输出试点任务。

全力推进对口湖南花垣、龙山，湖北郧西三县贫困人口劳务输出对接试点工作，通过精准识别、精准招聘、精准施策以及招收“两后生”等举措，确保“找得准、出得来、干得了、稳得住、过得好”，努力探索可复制、可推广的劳务协作工作机制和办法，达到预期目标，为打赢精准脱贫攻坚战贡献特区力量，受到了中央领导同志充分肯定，有关举措被吸纳进全国性政策文件。截至2016年年底，新招用贫困劳动力204人，跟踪服务1 086人，招收“两后生”79人。启动对口广西百色、河池贫困劳动力劳务协作，建立常态工作对接机制。推进驻村扶贫工作，制定出台帮扶规划，精准扶贫、精准脱贫。

（二）贯彻落实促进人才优先发展若干措施。

大力推动深圳市委、市政府《关于促进人才优先发展的若干措施》（深发〔2016〕9号）落地实施，出台24项配套办法，从强化培养引进、深化举荐评价改革、完善激励措施等多个维度创新突破，激发人才创新创业活力。2016年，深圳市人才队伍规模呈现爆发式增长，新增认定杰出人才总量相当于前3年认定量的总和，新增认定的国家级以上高层次人才总量为上一年认定量的2.4倍，新认定“孔雀计划”人才同比增长7.5%，引进留学人员同比增长49.3%，进站博士后人数同比增长45%，出站留（来）深博士后人数同比增长58%，引进市外人才同比增长26.2%。

（三）推进“放管服”改革。

精简权责事项，取消人力资源服务市场从业职业资格，停止国务院公布取消的6批次工种鉴定，扎实开展无法律法规依据的准入证、上岗证清理工作。推进强区放权建设，推动公共就业和社保经办“同城通办”模式；强化各区干部管理自主权，各区赴外招聘事业单位职员事项改由各区人力资源部门核准；15项人才服务实现属地化管理；46项人社业务进驻区级行政服务大厅。坚持市场驱动，在华大基因开展新兴生物产业和基因组学人才自主认定试点，依托中国国际技术智力合作公司等战略合作伙伴人才服务平台，探索完善人才尤其是海外人才的筛选甄别和评价引进。创新政府与社会力量合作模式，对留学人员来深创业前期费用补贴考察评审等事项购买服务；建立行政审批抽查和不许可报告制度，强化内部监督。强化政务公开，梳理和公开逾百项权责清单事项目录及办事指南、业务手册，毕业生和留学人员引进、新引进人才租房和生活补贴、产业发展与创新人才奖发放等多项业务流程精简优化。积极融入“一门式、一网式”政府服务模式改革，推进人才园服务大厅标准化建设，全年优质高效服务57.5万人次；加快网上办事大厅建设应用进程，实现行政审批事项网上全流程办理率100%，90%以上的网上申办事项到现场次数不超过1次。

（四）深化医保制度改革。

建立由基本医疗保险、地方补充医疗保险、重特大疾病补充医疗保险构成的三层次医疗保障体系，2016年住院总医疗费用医保记账比例80.79%。与平安养老保险股份有限公司合作实施重特大疾病补充医疗保险，对符合条件的大额医疗费给予二次报销，惠及千万参保人，荣获“深圳2015年度十大法治事件”、“南都街坊口碑榜十大民生实事金奖”。深入推进医保支付制度改革，在罗湖区开展医保总额管理试点，发挥医保在深化医药卫生体制改革中的基础性作用，引导医疗资源下沉，切实解决群众看病难、看病贵的问题，形成具有全国性影响的“罗湖模式”。

（五）实施“互联网＋人社”行动计划。

积极开展“互联网＋人社”创新应用试点，拓展服务渠道，与腾讯计算机系统有限公司、支付宝（中国）网络技术有限公司共建在线公共服务体系，社保、租房补贴、高层次人才服务等多项业务加入“微信”、“支付宝”城市服务场景；依托中国平安保险（集团）股份有限公司优势，推进“城市一账通”人社业务建设。实施智慧医保，在7家医院试点智能监管审核，提高医保基金使用效率。优化支付方式，与“支付宝”、“财付通”、“壹钱包”等网络支付平台合作，在16家医院实现医保移动支付，提高就诊效率，切实解决患者就医“三长一短”难题。深圳成为全国首个实现医保移动支付的城市，获评《人民日报》“移动政务服务十佳奖”。打造网端平台，率先广泛实现社保信息共享。推出人社业务咨询机器人服务，构建集12333、机器人、纸媒、网站、新媒体、服务窗口于一体的立体化信息咨询服务平台。启动劳资纠纷预警系统项目建设，利用大数据、人工智能分析提高劳资纠纷风险预警防范能力，实现早发现、早介入、早处置。丰富宣传手段，开通“深圳人社”微信订阅号，率先推出“人社直通车”线上实时交流互动栏目，获评政府网站政务微信卓越奖。

（六）推进技能人才培养国际合作。

建立中德智造学院（深圳技师学院二级学院）、德国费斯托工具中德特色学院（深圳第二高级技工学校二级学院），与比利时钻石高层议会（HRD）合作建立HRD国际钻石分级实验室，促成深圳市与德国纽伦堡市政府、纽伦堡中法兰肯地区工商会签订合作备忘录，加速推进“双元制”职业教育模式改革。启动深圳中德先进制造技师学院筹建工作。

（七）降成本补短板切实减轻企业负担。

工伤、生育、失业保险缴费费率先后降低50%，发放失业保险稳岗补贴，落实生育津贴，实施失业保险浮动费率，通过“三降两补一浮动”，累计为参保单位及个人减负96.21亿元，其中为参保单位减负52.57亿元，向符合条件企业发放稳岗补贴28.5亿元。

（八）提升劳动争议调解仲裁效能。

完善区、街道、社区、企业四级劳动争议调解网络，有关经验做法得到中共中央政治局委员、中央政法委书记孟建柱同志的肯定。完善劳动人事争议专职仲裁人员队伍建设机制，建立劳动人事争议裁审衔接平台，实现信息实时对接。进一步完善仲裁要素式办案模式，改革经验得到人力资源社会保障部的充分肯定并在全国推广。

二、坚持统筹推进精准发力，在促改革补短板兜底线防风险上取得新突破

（一）促进大众创业万众创新，就业局势保持总体稳定。

2016年，全年新增就业10.3万人，城镇失业人员再就业2.2万人，就业困难人员实现就业1.09万人；年末城镇登记失业率2.33%，零就业家庭动态归零。

一是完善就业创业政策体系。做好创业培

训工作，切实提高创业培训的针对性和实效性。出台高校毕业生就业补贴发放、调整提高就业见习补贴标准等政策，规范本市高校毕业生就业服务补贴发放工作。扩大自主创业扶持补贴对象范围，提高补贴标准，进一步加大对高校毕业生等人才参与创新创业的扶持力度。修订发布《深圳市失业登记管理办法》（深人社规［2016］27号），规范失业登记管理。

二是统筹推进各类群体就业。继续把高校毕业生就业工作放在首位，实施离校未就业高校毕业生就业促进计划和创业引领计划，成功举办高校毕业生春、秋季双选会，与深圳大学等6所高校合作举办9场校园招聘专场活动，高校毕业生初次就业率维持在90%以上。制定并实施专项帮扶措施，市区联动，1 300多名享受就业援助政策期满人员平稳退出。深入开展异地务工人员公共就业“四免”服务，开展“南粤春暖”、“春风行动”专项活动，举办近500场免费招聘会，通过微信、移动客户端等升级公共求职招聘信息发布平台，启动“劳动保障服务巡回大讲堂”，开展外来青工文体节以及节日慰问和巡回演出等关爱行动。

三是加大创业扶持力度。提高创业场租补贴、优秀创业项目资助标准，允许在校大学生休学创业并相应享受四类自主创业补贴。加强创业培训和创业服务，大力开展创业导师进基层，对有创业意愿的大学生和居民提供“一对一”创业指导。优化创业担保贷款发放流程，贷款发放首次突破3 000万元。成功承办珠三角自主创业项目推介会和“逐梦杯”大学生创业大赛，社会影响力持续扩大。

各区就业创业工作亮点纷呈。福田区开展“创业项目投资论坛”路演活动，融资额达3 000万元。光明新区完善三方联动就业服务系统，注册用户累计达9 316家。大鹏新区对符合条件的人员给予相应交通补贴，降低失业人员再就业成本。

（二）推进社会保险体制机制创新，社会保障水平稳步提升。

全市总参保5 521.58万人次，同比增长6%，各险种参保人数全线突破千万大关。社保基金收入1 108亿元，同比增长5.5%，基金总支出411亿元，同比增长24.9%，当年结余697亿元，历年滚存结余4 432亿元。

一是社会保障体系建设成效显著。出台企业职工养老保险历史欠费补缴、原固定职工工作年限一次性补缴等规定。统筹推进机关事业单位养老保险制度改革，市直机关事业单位已正式开展养老保险费的征缴工作。修订定点医疗机构、定点零售药店管理办法，新增“两定机构”507家，全市共计2 418家。实施“同舟计划”，推动建筑行业参加工伤保险，新增按项目参加工伤保险施工单位1 297家。完善配套制度，着力规范劳动能力鉴定服务流程。

二是社保经办服务更加便民利民。全面启动全民参保登记计划，新增商事登记主体实现全覆盖。42家定点医疗机构上线省异地就医平台，实现290家机构省内异地直接联网结算。构建官网、微信、自助服务终端“三位一体”的“互联网＋社保”经办模式。窗口服务水平不断提升，社保南山分局征收窗口获“全国人力资源社会保障系统2014—2016年度优质服务窗口”称号。借助邮政、银行、商保等社会资源，丰富社保服务渠道，全面拓展社保服务布局。

三是社保基金运行安全稳健。加强社保基金预决算管理，稳健开展基金投资运营。开展社保经办风险三年专项行动，与公安部门建立联合打击社保欺诈违法犯罪行为长效机制。加强社保欺诈违法犯罪行为的事前预防、事中控制和事后联合打击力度。

（三）大力推动实施人才新政，加快形成人才竞争比较优势。

人才队伍规模持续壮大，实现“质”与“量”整体提升。截至2016年年底，累计认定高层次专业人才6 249人，确认海外“孔雀计划”人才1 996人；全市突出贡献专家47人，百千万人才工程国家级人选25人，享受政府特殊津贴专家515人，专业技术人才总量144.1万人；全市技能人才总量达308万人，其中高技能人才 81.6 万人；年度引进毕业生 8.09 万人。

一是积极研究制定人才优先发展的配套政策。修订产业发展创新人才奖实施办法，发放引才伯乐奖，研究海内外高层次人才奖励补贴发放办法。

二是强化博士后人才战略储备库功能。提高博士后资助标准，组织博士后校园招聘活动，启动博士后人员租用新能源小汽车试点。支持中科创客学院设立博士后创客驿站，新设博士后创新实践基地 54 个。

三是探索人才评价多元化、社会化改革。实施青年创新创业人才“举荐制”。开展企业职称自主评价试点，出台实施深圳市社会组织承接职称评定工作监管办法。

四是大力加强高技能人才队伍建设。实施“技能菁英”工程，开展“鹏城工匠”评选，加强高技能人才载体建设。打造“深圳技能大赛”品牌，举办首次“工匠之星”技能大赛。开展新型学徒制试点。修订职业技能培训补贴办法。发放 5 000 万元职业技能培训券。技工教育加快发展，教学改革成果丰硕，校企合作纵深开展，参加全国全省技能大赛屡获佳绩。

五是加大海外引才引智力度。修订“孔雀计划”人才认定标准。提高留学人员创业前期费用补贴标准。成功举办第十四届中国国际人才交流大会和第一届中国深圳海外创新人才大赛。举办“海归人才智路演”、“创业大讲堂”等系列公益活动。启动外国人来华工作“两证整合”试点。

六是强化人力资源市场配置。修订人才引进政策，开展人才流动统计监测。举办第十八届中国国际高新技术成果交易会人才与智力交流会，组织开展赴市外毕业生招聘。建立华南区首家“一园多区”人力资源服务产业园，与中国国际技术智力合作公司建立战略合作关系，成功吸引“何马网”等国内外知名人力资源服务机构落户深圳。

结合产业特点，各区先后出台促进人才优先发展的配套政策和措施，如福田区“福田英才荟”计划、南山区“领航计划”、光明新区“鸿鹄计划”、龙岗区“深龙英才”计划、盐田区“梧桐人才”、坪山区“聚龙计划”和宝安区人才实施方案等。

（四）深化干部人事制度改革，促进政府城市治理能力优化提升。

一是主动出击延揽人才，优化公职人员队伍结构。提高公务员招考科学化水平，实施“双百苗圃计划”，招考紧缺专业公务员，组织招录 150 名优秀博士、硕士充实公务员队伍。全年招录其他公务员 964 人，公开选调公务员 772 人。公开招聘事业单位工作人员 9 822 名，并组织本市部分事业单位和民办医疗教育机构举办中高级人才专场招聘。

二是实施专业化分类、精细化管理，提升公职人员能力。进一步深化公务员分类管理改革，推动气象职组、卫生监督职组建立精细化管理制度，提升专业化水平。出台中小学校长职级制管理办法，建立以治校能力和实绩为核心的评价激励机制。实施初任培训、任职培训等“四类主体培训”和“赴港项目”，着力提升公职人员五项能力。

三是破除体制机制障碍，激发公职人员队伍活力。推动公立医院人事制度综合配套改革试点工作，规范新建医院人事管理制度。优化事业单位岗位管理，出台鼓励科研人员双向流动的意见，有效推动体制内外人才的双向流动。

四是加强基层公职人员队伍建设，夯实城市管理治理基础。安排基层工作经历不足的“双百苗圃计划”招录人员，统一到基层进行为期一到两年的锻炼。推动市直机关选派干部到新区挂职，缓解基层用人难。探索非编人员规范管理工作，研究制定社区专职工作者岗位和薪酬福利管理制度。

五是健全激励机制，调动公职人员积极性、主动性。研究修订公务员考核办法，加大考核与晋升、交流、培训等工作的挂钩力度。扎实做好公务员奖励工作，严格控制和规范评比达标表彰项目。落实国家机关事业单位基本工资标准调整工作，认真配合财政部、人力资源社会保障部核查全市津贴补贴执行情况，组织实施全面治理机关事业单位违规发放津贴补贴问题自查自纠工作。配合司法体制改革完善司法人员职业保障，实现区两院工作人员工资市级统发。落实国家调整警衔津贴标准，完善人民警察法定工作日之外加班补贴制度。坚持阳光安置，主动加强与部队沟通，调整相应政策，共接收军转干部459名，军转安置任务圆满完成。

各区公职人员管理迈出可喜步伐。龙岗区深化公职人员绩效考核改革，盐田区推进干部勤政考核体系建设，为深圳“东进战略”打造勤政有为公职人员队伍提供了制度保障。

（五）依法预防化解劳资矛盾，积极构建和谐劳动关系。

加快完善劳动关系治理体系，提升治理劳资纠纷的能力和水平，劳动关系总体和谐稳定。

一是深入开展和谐劳动关系创建活动。出台构建和谐劳动关系的实施方案，明确目标任务、工作举措和责任分工。和谐劳动关系综合试验区改革初见成效，省市共建盐田试验区的经验做法得到了各级领导的充分肯定。

二是加强企业工资宏观指导。稳慎开展最低工资标准调整工作，发布2016年人力资源市场工资指导价位。

三是强化劳资纠纷风险防范和分类处置。与市委、政法委等八部门联合印发《关于加强劳资纠纷风险预警防范的实施办法》（深人社发［2016］78号），全方位监测排查隐患。推动各区建立劳资纠纷分类处置工作预案，全市劳动监察部门参与处置30人以上劳资纠纷121件，同比下降44.2%。全年办结仲裁案件32 205件，结案金额16.6亿元。

四是强化欠薪综合治理。积极发挥欠薪保障制度作用，全市运用欠薪保障基金垫付欠薪企业120家、3 025名员工，共计1 936.9万元。严厉打击拒不支付劳动报酬犯罪行为，向公安机关移送涉嫌拒不支付劳动报酬犯罪案件108宗。

五是推进“法治信访”，分类处置群众投诉请求，规范诉求处理途径、工作流程。

各区结合实际，创造性地开展和谐劳动关系构建工作：罗湖区开展“阳光普法促和谐”等主题普法活动；宝安区实现劳资纠纷四级预警；龙岗区共建立1 429个调解组织，近8成的劳资纠纷得以调解，近8成的劳资纠纷在街道以下解决；坪山区搭建劳资纠纷预测预警处置服务平台；龙华区推进和谐劳动关系工业园区（厂区）创建活动，实现了在大型工业园及千人以上企业全覆盖。

三、坚持党要管党从严治党，在全面推进党建工作上取得新进展

加强思想建设，坚定理想信念。全局上下紧密围绕“两学一做”学习教育的内容和要求，共开展局党组中心组理论学习10次，各支部专题学习100多次。顺利召开2016年度局领导班子专题民主生活会。

加强组织建设，增强党组织的凝聚力和创造力。严格执行党员组织关系管理制度。圆满完成党支部集中换届。扎实做好党费收缴、补缴工作。

加强作风建设，提升服务水平。引进第三方机构对全局63个服务窗口开展服务质量监测，定期进行检查通报，促使各窗口单位强化职能，改进作风。对上级部门在暗访中发现的民生服务领域的问题不回避、不掩盖，迅速整改并已初见成效。

加强党风廉政建设，全面落实从严治党责任。制定局党组党风廉政建设主体责任清单，明确班子成员责任内容，按照“一岗双责”要求，做到党风廉政建设与工作的有机结合。成立审计监督处，作为独立的内部审计和社保基金监督机构，建立内控机制，开展内审监督。加强教育引导，打造忠诚、干净、担当的干部队伍。

深圳市人力资源和社会保障局

广西壮族自治区

2016年，广西人力资源社会保障部门围绕“民生为本、人才优先”的工作主线，坚持“服务、创新、管理”的工作理念，积极推进人力资源社会保障事业改革发展，各项工作任务圆满完成。

一、就业工作

全年全区城镇新增就业41.87万人，失业人员实现再就业8.95万人，就业困难人员实现就业3.46万人，分别完成年度计划的139.57%、111.89%、173.09%。年末，全区城镇登记失业率为2.93%，比计划控制数低1.57个百分点，同比上升0.01个百分点。全区农村劳动力转移就业新增63.75万人次，完成年度计划的115.91%，其中跨省（区）市转移就业新增40.58万人次，跨县转移就业新增23.17万人次。

（一）做好高校毕业生就业工作。

实施高校毕业生就业促进计划，打破户籍限制，为离校未就业毕业生免费提供实名登记和跟踪服务。实施大学生创业引领计划，重点开展创业培训和创业指导，推进大学生创业园区和创业孵化基地建设。引导高校毕业生到城乡基层就业。扩大“三支一扶”招募规模，全年招募775名“三支一扶”大学生，岗位设置向扶贫岗位倾斜。做好高校毕业生就业见习工作。就业见习补贴标准为900元/人·月，对见习期满留用率达到50%的见习基地，按1 200元/人·月发放见习补贴。

（二）创新职业培训工作。

构建劳动者终身职业培训体系，按需培训，取消参培人数目标任务，提高主动参培比率和资金使用效益。2016年，全区参加职业培训25.07万人，取得证书25.21万人。重点开展贫困家庭“两后生”职业培训，全区48所技工院校结对帮扶54个贫困县，6 350名建档立卡贫困家庭“两后生”入校参加为期1学年的培训，统筹就业资金和扶贫资金对“两后生”给予培训费、生活费补贴（1.2万元/人·年），培训合格后推荐就业。技工院校结对帮扶贫困县的创新模式被人力资源社会保障部在全国性会议上推广，并作为广西精准扶贫经验，得到了中央领导同志以及国务院扶贫开发领导小组、国务院扶贫办的充分肯定。开展广西第三届农民工技能大赛，现场比赛、现场鉴定、现场发证，2.4万人参赛，现场颁发职业资格证书1.7万本，以赛促学、以赛促评、以赛促技能提升效果明显。

（三）扶持创业促进就业。

全年全区累计认定各类创业孵化基地113个，累计2 665家企业和项目入驻孵化，直接带动就业1.66万人。扶持14个自治区示范性贫困县农民工创业园，每个创业园区可获500万元资金补助和10～20公顷用地指标，农民工返乡创业用地难、建设难、发展难等问题得到缓解。出台《广西壮族自治区级农民工创业园管理暂行办法》，规范农民工创业园建设和管理。落实创业担保贷款政策，符合条件的劳动者可申请最高单笔10万元的创业担保贷款，人社部门帮助落实财政贴息。印发《关于广西壮族自治区农民工创业担保贷款实施办法的补充通知》，改善贷款条件，降低贷款门槛，减少审批手续，弥补政策性障碍，全区农民工创业担保贷款工作有了质的突破。举办第三届广西农民工技能大赛，共有 24 163 名农民工参赛，现场颁发职业资格证书 16 583 本，带动全区 10 万多名农民工参加技能培训和岗位练兵。举办第三届广西创业大赛，吸引了来自区内外 6 个省市和马来西亚的共 513 个初创项目报名参赛。

（四）加强和优化公共就业服务。

组织实施“就业援助月”、“民营企业招聘周”、“春风行动”等就业服务专项活动。“春风行动”期间，全区组织专场招聘会 617 场，为 97.85 万人提供免费公共就业服务，本地企业吸纳农村劳动者就业 10.34 万人。加强桂粤精准扶贫劳务协作，服务广西贫困人员赴广东转移就业。开展人才招聘服务工作，举办线下招聘会 182 场次，参会单位共 12 633 家次，提供就业岗位近 23.7 万个，入场求职人数 16 万人次；线上服务招聘毕业生的用人单位 5 451 家次，提供就业岗位 4.3 万个。广西公共就业服务信息平台初步建成，基本实现全区就业信息系统应用和数据省级集中管理。开展农村劳动力资源调查，建立农村劳动力资源数据库和贫困劳动力资源数据库。公共就业信息网络实现自治区、市、县（市、区）、乡镇（街道）四级联网，并延伸至 2 812 个行政村（社区）及部分培训机构。推出广西就业网新版手机客户端，开通“广西就业”微信公众号，打造广西公共就业服务“掌上就业”新平台。开创机关事业单位劳务派遣业务新模式，成立地市人力资源分市场，先后在柳州、防城港市设立人力资源服务分支机构。配合“中国—东盟自贸区”建设，指导边境地区试点跨境劳务合作。

二、社会保险工作

2016 年年底，全区五项社会保险总参保人数达到 4 597.72 万人，五项社会保险基金总收入 1 182.14 亿元，基金总支出 1 099.38 亿元，年末基金累计结余 1 040.11 亿元。出台惠民惠企政策，全区降低社保费率及实施失业保险援企稳岗政策后，共为企业减轻负担 61.87 亿元。

（一）养老保险。

开展城镇职工基本养老保险扩面征缴工作，以非公有制经济组织及其从业人员、城镇个体工商户以及灵活就业人员为扩面重点，加大解决历史遗留问题的处理力度。推进机关事业单位养老保险制度改革，全区符合条件的机关事业单位均已完成数据采集和在职人员缴费归集工作，其中自治区本级、部分市机关事业单位退休人员基本养老保险已纳入统筹，实行社会化发放。实施 2016 年退休人员基本养老保险金调整工作。做好职业年金、企业年金监管工作，拟订企业年金基金合同备案下放后的事中事后监管措施。

（二）失业保险。

稳步推进扩面征缴，失业保险覆盖范围逐步扩大。重点抓好非公经济组织、有雇工个体工商户的参保扩面。监测岗位小幅减少，增加和优化监测企业样本，由 2015 年的 2 028 家增加到 2016 年的 3 010 家，增长了 48.42%，监测人数达 83 万多人。稳步推进化解钢铁煤炭行业过剩产能企业职工安置工作，继续实施失业保险援企稳岗政策，对符合条件的申请企业给予上年度该单位和职工实际缴纳失业保险费的 50%作为稳岗补贴。

（三）医疗与生育保险。

广西壮族自治区人民政府印发《关于整合城乡居民基本医疗保险制度的实施意见》（桂政发［2016］53 号），启动广西城乡居民基本医疗保险制度整合工作。降低生育保险费率，根据人力资源社会保障部、财政部《关于适当降低生育保险费率的通知》（人社部发［2015］70 号）要求，全区生育保险费率普遍降至 0.5%，同时做到生育保险待遇水平不降低。

（四）工伤保险。

继续执行降低工伤保险费率政策，调整工伤保险缴费基数，明确 2016 年工伤保险缴费基数下限允许按上年全区城镇单位在岗职工平均工资的40%确定（原标准是60%）。完善广西工伤保险政策制度，印发《自治区工伤保险储备金管理办法（修订）》。自治区人民政府于2016年12月21日审议通过《关于修改〈广西壮族自治区实施《工伤保险条例》办法〉的决定》。

（五）社会保险经办管理工作。

全面实施全民参保计划，印发《广西全面实施“全民参保登记计划”工作方案》。自治区实施方案和玉林市、防城港市全民参保登记试点经验得到人力资源社会保障部相关职能单位的高度评价和充分肯定，并向全国推广。推进全区社会保障“一卡通”工作，2016年全区累计制发社会保障卡2 586.37万张，共有2 313家医保定点医疗机构、4 233家定点零售药店实现了异地就医购药直接结算，分别占全区定点医药机构总数的91.2%、93.5%。全区通过“一卡通”异地就医结算平台结算98.54万人次，结算金额12.69亿元。开展跨省异地就医直接结算合作，与云南、贵州、重庆、吉林、海南、广州6省市签订了异地就医直接结算合作协议，实现异地就医住院医疗费用联网直接结算。

（六）社会保险基金保值增值工作。

2016年12月13日，自治区主席陈武代表自治区人民政府与全国社会保障基金理事会在北京正式签订了《基本养老保险基金委托投资合同》，广西成为全国首批签约省份中第一个与全国社保基金理事会签订养老保险基金委托投资合同的省份。两年内将分两批共归集移交400亿元的基本养老保险基金进行投资运营，当年首批移交300亿元。研究其他4项社会保险基金保值增值措施，在确保基金安全的前提下，以实现社会保险基金保值增值收益最大化。

三、人才工作

（一）专业技术人才工作。

2016年，全区专业技术人才共有153万人。其中，“两院”院士2人，国家百千万人才工程人选（自治区十百千工程第一层次人选）36名，享受政府特殊津贴专家1 549名，自治区特聘专家112名，自治区十百千人才工程第二层次人选559名。

制定出台创新人才政策。自治区党委、政府印发《关于实施创新驱动发展战略的决定》（桂发［2016］23号），在人才政策方面，提出大力激发人才创新创造活力，加大靶向引才力度，强化人才培养和支持举措，创新人才评价和激励办法，完善人才使用和流动机制，健全人才服务与保障措施。印发《关于加强高层次创新型人才队伍建设的实施办法》（桂办发［2016］42号），从人才评审认定、人才智力引进、人才支持激励、用人主体激励、人才管理服务、项目资金保障等方面提出新举措。

实施人才小高地提升工程。开展专项服务指导活动，强化管理人员业务培训，科学分配使用资金，自治区财政安排4 500万元作为自治区级人才小高地建设经费。增设人才小高地人才培养基金，重点培养战略性新兴产业和重点产业领军人才；设立小高地创新型高层次人才培养基金，重点用于人才小高地院士后备人选、创新型高层次人才的选送培养。至2016年，全区累计建成56个自治区级人才小高地。

继续实施博士后培养工程。2016年自治区财政安排780万元专项经费，用于博士后研究人员培养和自治区博士后创新实践基地建设。全区共有博士后创新实践基地22家，博士后科研流动站、工作站64家，两站共招收引进博士后63人。37名博士后获中国博士后科学基金资助，总资助金额210万元，比上年增长89.1%。获中国博士后科技服务团立项1项，获全国博士后学术论坛活动立项1项。获国家资助博士后研究人员计划指标29人，获经费支持464万元。举办2016年生态环境健康与水安全博士后学术论坛、第三届全国再生医学博士后学术论坛暨中国东盟再生医学高峰论坛。协助中国博士后科学基金会做好钦州“筑巢引博”工作。

推进职称综合管理改革。扩大和发挥评价

主体作用，下放高级专业技术资格评审权。对专业技术人才相对集中的设区市、高校和国有企业下放职称评审权。创新人才评价方式，开展高层次急需紧缺人才直评改革。印发《关于引进高层次急需紧缺人才直接评审高级专业技术资格有关问题的通知》（桂职改〔2016〕3号），将引进急需紧缺人才直接评审政策适用范围，由北部湾经济区扩大到全自治区，为加大高层次急需紧缺人才引进，推动创新创业提供制度保证。

加强基层专业技术人员队伍建设。在中小学教师、卫生、工程等系列职称评审中，坚持德才兼备，突出以品德、能力、业绩和贡献为主的评价导向，提高履行岗位职责的实践能力、工作业绩、工作年限等评价权重。改进基层事业单位公开招聘方式，适当放宽条件，降低进入门槛，强化对艰苦边远地区特殊倾斜政策，着力解决基层和艰苦边远地区“招人难”问题。

加强留学人员人才服务工作。指导桂林、北海、南宁、柳州等地4个留学人员创业园做好留创企业孵化、服务工作。大力引进海外高层次人才来桂创新创业，借助2016年中国—东盟博览会平台举办海内外高端人才创新创业成果展，邀请26名国家“千人计划”、“万人计划”专家和40多名高端海归人才参与，推出73项高新技术成果。承办人力资源社会保障部有关部门的“海外赤子为国服务行动计划”、“千人计划专家广西行”活动。推进留学人员创业服务，成功举办“广西留学回国人员创新能力提升培训班”和“广西留学回国人员创新创业分享会”，海归创业平台品牌建设取得阶段性成效。

（二）加强技能人才队伍建设。

2016年，广西技能人才总量为432.45万人，占全区常住就业人员的15.47%。其中，具有高级工、技师、高级技师职业资格的高技能人才92.31万人，占技能人才总量的21.34%。获“中华技能大奖”1人、“全国技术能手”66人，享受国务院政府津贴技能人才23人。

高技能人才培养基地建设。全年全区评审国家级高技能人才培训基地项目12个，全区建设国家级高技能人才培训基地2个，自治区级高技能人才培训基地4个，高技能人才培养能力达28 000人/年。全力打造“广西工匠”，培养技师609人，高级技师300人。加强技能大师工作室建设，自2016年起，自治区财政给予每所技能大师工作室50万元的建设经费。当年全区已建设（在建）国家级技能大师工作室5个，自治区级技能大师工作室10个。加强师资队伍建设，将企业能工巧匠、技能大师引入职业教育和职业培训师资队伍。开展技工教育正高级职称评审工作。

完善高技能人才激励政策。自治区党委、政府出台政策，对参加“世界技能大赛”获奖的高技能人才、新获“中华技能大奖”和“全国技术能手”的高技能人才，自治区财政一次性分别给予每人50万元、20万元和10万元奖励。鼓励企业在关键工种、关键岗位设立“首席技工”、“首席技师”、“技能专家”等职位，并给予经费支持。改善企业技能人才评价办法，引导和鼓励企业完善激励机制。规范高技能人才评选奖励工作，每两年评选表彰一次高技能人才。打通技能人才职业资格证书与专业技术人员职称的通道。

四、人事制度改革

（一）公务员管理制度建设。

推进考录工作科学化。不断推进公务员考录工作，全年全区共计划考试录用公务员1.09万名，21万人报考，实际录用1.01万人。通过优化考录工作流程，加强信息化建设等措施，提高工作效率，考录周期较往年平均缩短近2个月。启动公安机关人民警察招录培养制度改革工作，实行省级统一招警、分类招警，建立公安院校招生与公安机关招警协调机制。加大艰苦边远地区公务员招录力度，提高乡镇机关定向招录大学生村官等服务基层项目人员和村（社区）“两委”成员职位所占的比例，进一步解决艰苦边远地区基层公务员“招人难”问题。

公开遴选工作有突破。扩大遴选范围，将部分市纳入全区统一遴选，接受中央机关的基层公务员参加自治区级机关遴选，放开参公人员报考公务员的限制，拓宽了市级机关选人用人渠道和基层公务员职业上升通道。适当放宽开考比例和年龄限制。保障遴选机关用人自主权，遴选机关可以根据编制限额、职位需要和队伍结构，合理设置职位和资格条件。

公务员考核及表彰。推进公务员平时考核工作，完善绩效考评奖励机制，完善表彰奖励管理制度。开展全区第三届人民满意的公务员（集体）和记一等功公务员（集体）评选活动，表彰人民满意的公务员30名、集体29个，记一等功公务员69名、集体40个，追授人民满意的公务员1名。

公务员教育培训工作。开展全面提升公务员在新常态下履职能力培训，把五大发展理念和创新驱动、精准扶贫、“互联网＋”等专题作为2016年公务员培训重点内容，举办培训班29期（批），培训公务员33.46万人次。

（二）事业单位人事管理制度改革。

引导和鼓励高校及科研机构根据自身特点采取灵活方式招聘和选用人才。事业单位引进高层次创新型人才不受单位编制数、岗位总量、最高等级专业技术岗位结构比例和身份限制。刚性引进创新型高层次人才，可通过直接考核的方式招聘，所需编制和岗位通过先进后出、逐步消化的方式解决。柔性引进创新型高层次人才，通过特设岗位进行聘用，不占本单位编制数和岗位数。调整完善岗位管理结构比例，分层次重新确定专业技术岗位结构比例。完善专业技术二级岗位评聘管理办法，评选、聘任专业技术二级岗位80人。推动广西大学人事制度综合改革，扩大公开招聘、岗位设置、人员聘用管理、职员制改革等方面的自主权，服务“双一流”建设。首次在设区市以下事业单位公开招聘考试笔试中试行分类考试，优化事业单位公开招聘进人制度。制定机关公务用车制度改革司勤人员安置方案，推进事业单位公务用车制度改革。

支持创新型高层次人才离岗创业。经单位批准，高校、科研院所等事业单位创新型高层次人才可离岗创业，期限3年。期满经事业单位主管部门同意，可延长3年。离岗创业人员在离岗创业期间，档案工资正常晋升，原单位继续为其缴纳单位部分的社会保险、职业年金和住房公积金。离岗创业人员享有同等专业技术职务评聘和岗位等级晋升权利。高校、科研院所、科技社团等事业单位可设立流动岗位，吸引有创新实践经验的创新型高层次人才到单位兼职。鼓励高校、科研院所聘请企业创新型高层次人才担任兼职导师或指导教师。

（三）军转干部安置。

突出抓好师团级功臣模范和长期在边远艰苦地区服役等军转干部安置工作，完善团级军转干部考核选调、营级以下及专业技术干部考试考核与双向选择相结合安置办法，科学编制自治区本级安置计划，拓宽安置渠道，加大国有企业接收安置力度。做好自主择业军转干部管理服务和军转干部培训教育，组织开展退役金调整发放工作，及时开展适应性和专业性培训，年度适应性培训参训率100％。

五、收入分配

（一）规范企业收入分配。

贯彻落实《广西壮族自治区企业工资集体协商条例》，推动以集体协商为重点的职工工资共决机制、支付保障和正常增长机制的落实。发布2016年广西企业工资指导线，基准线为8％、上线为12％、下线为3％。审批非自治区国资委履行出资人职责的国有企业工效挂钩方案，配合自治区国有企业负责人薪酬制度改革、自治区国有企业负责人基本年薪基数认定等工作。

（二）推进机关事业单位工资津贴补贴制度改革。

实施2016年机关事业单位工作人员基本工资标准和增加机关事业单位离休人员离休费

工作。全区机关事业单位工作人员人均增加292元/月。经国务院办公厅批准，调整自治区本级公务员规范津贴补贴标准，从2014年7月1日起，自治区本级机关单位实现公务员津贴补贴与南宁市公务员同城同待遇。调整人民警察警衔津贴标准、艰苦边远地区津贴标准。印发《关于加强自治区本级事业单位绩效工资总量核定管理工作的通知》，区直事业单位绩效工资总量实行分类核定和动态管理，行政类和公益一类，以及高校和科研院所等公益二类自治区本级事业单位工作人员收入水平得到大幅度提高。稳步推进自治区试点单位法官、检察官和司法辅助人员工资制度改革工作。

六、劳动关系协调

（一）构建和谐劳动关系。

自治区党委、人民政府出台《关于贯彻〈中共中央　国务院关于构建和谐劳动关系的意见〉的实施意见》（桂发〔2016〕3号），全面推进劳动合同、集体合同和劳务派遣制度，全区企业劳动合同签订率为95.27%，集体合同签订率为86.79%。加强对各地和谐劳动关系创建活动的指导。开展企业集体协商和集体合同“要约行动月”、广西首届劳动关系协调知识竞赛等活动。推进劳动标准落实，做好防暑降温工作，切实关心和保障劳动者身体健康安全。

（二）劳动人事争议调解仲裁工作。

劳动人事争议仲裁院建设取得明显成效，全区14个地级市和98个设立有劳动人事争议仲裁委员会的县（市、区）完成劳动人事争议仲裁院的设立，覆盖率100%。构建多层次劳动人事争议调解网络，全区已设立劳动人事争议调解委员会的大中型企业有1 252个，机关、事业单位1 897个，乡镇（街道）1 194个，工业园区64个，商会（协会）106个，基层预防调解争议能力得到提升。完善和创新调解仲裁工作机制，及时有效处理劳动人事争议案件，全区共处理劳动人事争议调解仲裁案件26 329件，涉及31 813人，涉案金额6.25亿元，仲裁案件结案率96.43%。实行案件分类处理，完善农民工等弱势群体仲裁快速处理机制。全区14个地级市及41个县（市、区）已完成调解仲裁办案信息系统的上线使用，调解仲裁工作标准化、规范化建设进一步加强。

（三）劳动监察工作。

自治区人民政府办公厅出台《关于全面治理拖欠农民工工资问题的实施意见》及配套文件，建立自治区解决企业工资拖欠问题联席会议制度，为解决企业拖欠工资问题提供了政策和制度上的保障。加强劳动保障监察信息化建设，构建全区劳动保障监察举报投诉案件省级联动处理平台和工作机制。加大劳动监察执法力度，组织开展春节前保障农民工工资支付专项行动、清理整顿人力资源市场秩序专项行动以及用人单位遵守劳动用工和社会保障法律法规情况专项检查行动。2016年，全区劳动保障监察机构共主动检查用人单位10.3万户，办结劳动监察投诉举报案件10 676件，案件数同比下降20%，追发劳动者工资等待遇16.78亿元，涉及劳动者12.27万人，督促3.85万人参保缴费1.07亿元。

七、基础能力建设

（一）机关党建。

扎实开展“两学一做”学习教育，强化厅党组带机关学习的示范作用，厅党组开展专题学习6次，中心组理论学习（扩大）集中学习4次。加强党风廉政建设，召开全区人社系统党风廉政建设会议，层层签订《党风廉政建设责任状》，层层压实党风廉政建设主体责任。开展查处发生在群众身边的“四风”腐败问题专项巡察活动，开展窗口作风建设专项行动，机关作风建设不断改进。

（二）基础平台建设。

公共服务进一步向基层延伸，全区提前1年实现乡镇（街道）就业社保服务平台规范化建设全覆盖，全区1 254个乡镇（街道）就业和社会保障服务中心机构、人员、场地、设备、网络“五到位”，为群众提供综合性一站式的就业指导、社会保险经办和劳动保障等公共服务。玉林市率先试点创建20个示范村，把基层平台规范化建设延伸拓展到村级（社区）。制定广西人力资源和社会保障信息化规划方案，明确人社信息化建设方向和目标。

（三）法治建设。

2016年2月，自治区人社厅法治建设工作得到自治区人民政府表彰，被评为“2013—2014年度依法行政先进单位”。自治区人社厅全年共审核规范性文件39件、民商事合同28份（涉及金额5 103.73万元），处理行政复议案件42件、行政应诉案件23件，严格执行行政机关负责人出庭应诉制度。年度人社深化改革工作任务顺利完成，简政放权和行政审批改革工作取得新成效，全系统行政审批事项由原来的50项减少至11项，非行政许可项目全部取消。在全国人社系统首次召开的行政审批制度改革工作培训会上作经验介绍。“六五”普法宣传工作成效显著，被评为“2011—2015年全国法治宣传教育先进单位”。

广西壮族自治区人力资源和社会保障厅

海 南 省

2016年，海南省人力资源社会保障系统全面贯彻党的十八届三中、四中、五中、六中全会和省委六届七次、八次、九次、十次、十一次全会精神，认真落实人力资源社会保障部和省委、省政府的决策部署，突出重点民生领域改革创新，大力推进重大改革项目和重点工作落实，全省人力资源社会保障事业发展取得新进步。

一、积极有序推进各项改革任务

（一）加快社保领域改革。

一是异地就医结算合作取得重要成果。在全国先行先试，新增与湖北等14个省（区、市）社保经办机构签订跨省异地就医结算合作协议，异地就医结算合作范围扩大至全国30个省（区、市）和新疆生产建设兵团的242个统筹区，实现省级统筹区全国覆盖（除港澳台地区外），提前完成了省政府交办的“10月前与全国各省（区、市）实现跨省异地就医结算合作”重点工作任务。

二是制定机关事业单位养老保险改革配套政策。印发《关于机关事业单位基本养老保险参保缴费有关问题的通知》，启动机关事业单位工作人员参保缴费工作。联合省财政厅印发《关于我省机关事业单位养老保险基金管理有关问题的通知》，进一步规范机关事业单位基本养老保险和职业年金账户开设、基金管理等问题。会同省委组织部、省财政厅印发《关于机关事业单位养老保险待遇发放及保险费征收有关问题的通知》，对机关事业单位退休人员信息移交、待遇核发和申领，以及保险费征收和财政资金安排等问题进行规范。起草了《关于我省参加企业职工基本养老保险的事业单位及转企改制撤销事业单位养老保险有关问题的通知》、《海南省机关事业单位职业年金实施办法》、《海南省职业年金基金管理暂行办法》等配套性政策文件。

三是落实国务院、人力资源社会保障部工作部署，推进城乡居民基本医疗保险制度整合。牵头起草了《整合我省城乡居民基本医疗保险制度实施方案（送审稿）》，省政府分别于6月1日、10月13日召开专题会研究，10月25日再次修改后上报省政府。12月29日，省政府办公厅印发《海南省整合城乡居民基本医疗保险制度实施方案》（琼府办［2016］318号）。

（二）推进法官、检察官薪酬制度改革工作。

经省政府同意，联合省财政厅印发了《法官、检察官和司法辅助人员工资制度改革试点实施意见》。本省员额内法官、检察官套改工资于10月全面兑现到位，涉及4 475人。

（三）做好农垦改革人员安排工作。

按照省农垦改革领导小组的工作部署，会同省委组织部、省编办共同制定了《海南农垦机构调整和人员安排方案》及《海南省农垦总局机关和派出机构及所属事业单位人员安排细化方案》，经省深化农垦管理体制改革领导小组批准后印发实施，会同各接收单位完成了农垦改革人员的提前退休审批、人员划转确认、社保关系转移接续、机构编制调整等多项工作。

二、全省就业局势保持稳定

在全省经济增速趋缓、下行压力加大的背景下，全省人社部门以落实就业创业政策、稳定就业岗位、帮扶重点人群为重点开展工作，全省城镇新增就业、下岗失业人员再就业、就业困难人员再就业等主要指标运行平稳，就业局势总体保持稳定。全省新增就业 9.2 万人，完成全年任务的 102.2%；下岗失业人员再就业 3.4 万人，完成全年任务的 100%；就业困难人员再就业 1.0 万人，完成全年任务的 100%；城镇登记失业率为 2.36%。农村劳动力转移就业 15 万人，完成全年任务的 177.5%。全省高校毕业生初次就业率为 89.4%。

（一）突出政策扶持就业。

会同省财政厅出台了创业孵化基地“以奖代补”办法和重点产业培训方案，起草了就业补助资金管理办法及 11 个附件。

（二）突出重点扩大就业。

落实高校毕业生各项就业创业政策。继续实施毕业生见习计划、“三支一扶”招募计划等专项工作，目前全省在岗的见习生约有 1 100 名，招募 100 名到部分市县支农、支医、支教和扶贫。为 5 062 名符合条件的 2016 年高校、技工院校毕业生核拨求职创业补贴 759.3 万元。组织全省开展“就业援助月”、“春风行动”、“民营企业招聘周”等专项活动，帮扶农村劳动力和就业困难人员实现就业。

（三）推动创业带动就业。

将享受求职创业补贴的对象扩大到符合条件的技师学院高级工班、预备技师班的毕业生；指导相关单位，做好省级大学生创业孵化基地的创建工作。推荐 2 个创业孵化基地参加全国创业示范基地评选。

（四）以就业扶贫为重点推进人社领域扶贫工作。

下发了《关于做好劳务输出脱贫工作的通知》、《关于落实打赢脱贫攻坚战有关要求做好人社扶贫工作的通知》、《关于印发〈扎实推进帮扶单位精准扶贫工作方案〉的通知》。以省政府名义印发《关于大力开展就业扶贫的实施方案》。

三、社会保障体系不断完善

2016 年，全省城镇职工养老、医疗（含居民）、工伤、生育、失业五项保险参保人数分别达到 223 万人、387 万人、135 万人、136 万人、170 万人；城镇职工五项保险基金总收入、总支出和累计结余分别为 265.8 亿元、228.7 亿元和 262.6 亿元，较 2015 年同比分别增长 19.5%、13.3%和 19.9%，总体运行平稳。

（一）完善各项社保政策。

《海南省城镇从业人员基本养老保险条例（修正案）》经省人大常委会审议通过，从 2016 年 8 月开始实施；完成《海南省城镇从业人员基本养老保险条例实施细则（修订稿）》起草工作。推进农垦新一轮改革，会同省财政厅印发了《海南省农垦总局机关分流安置人员参加机关事业单位养老保险工作方案》，制定了《海南省农垦总局所属单位参保人员养老保险关系转移接续工作方案》，妥善解决农垦总局机关工作人员参保缴费和待遇发放问题。下发《关于生育保险待遇有关问题的复函》，做好国家全面放开二孩政策与生育保险待遇有关问题的衔接。加快推进建筑施工项目单独参加工伤保险，基本实现新开工项目参保率 100%的目标。

（二）适度降低社保费率，提高待遇水平。

落实国家和海南省关于供给侧改革的工作部署，从 2016 年 5 月 1 日起至 2018 年 4 月 30 日止，阶段性降低城镇从业人员基本养老保险和失业保险费率，将企业性质的用人单位基本养老保险费单位缴费比例由 20%降至 19%，参加城镇从业人员失业保险的用人单位，失业保险单位缴费比例由 1%降至 0.5%。按照国家统一部署，调整全省机关事业单位和企业退休人员基本养老金，月人均养老金增加 161.9 元，惠及 63 万余人。继续开展 2014 年度、2015 年度城乡居民大病保险金追溯补偿工作，基本完成年度任务。工伤、失业保险待遇进一步提高，因工死亡职工一次性工亡补助金提高到 62.4 万元，人均失业保险金水平由 1 156.7 元/月提高至 1 312.8 元/月。

（三）加强征缴做好企业养老保险工作。

针对农垦保费收支严重倒挂直接造成企业基本养老保险基金缺口巨大且快速增长的突出问题，省政府“两重一大”会议进行了专题研究。按照省领导批示及会议精神，研究起草了《关于我省企业职工基本养老保险基金安全运行情况的报告》，统筹提出综合性的解决方案并上报省政府审议。经省政府同意，省人社厅于 11 月与省财政厅、省地税局联合下发了《海南省 2016 年社会保险费稽核清欠工作方案》和《关于开展我省农垦企业劳动用工暨应缴未缴社保费稽查清理工作的通知》，充分利用各方信息资源，加大稽核力度，督促农垦农场等企业依法按时缴费，维护好农民工、农垦职工等群体的养老保险权益，已重点实地稽核 73 家用工较多、规模较大的企业，查实用人单位少报养老保险基数 3.2 亿元，欠缴保费 0.9 亿元，已补缴到账 2 478 万元。

（四）强化基金管理。

落实《海南省举报骗取社会保险基金行为奖励办法》，首次给举报人发放奖励金 7 493 元，提高广大参保职工维护社会保险基金的积极性。完善医保费用总额控制办法和社保医师管理制度。组织开展经办风险管理专项检查行动，加强对大额资金支出的监督。

四、人才队伍建设进一步加强

（一）加强人才引进培养工作。

省政府办公厅出台了《海南省改革完善博士后制度的实施意见》（琼府办［2016］166 号）。省人社厅印发了《海南省高层次人才认定实施细则》。起草了《关于充分发挥“候鸟型”人才作用的意见（代拟稿）》，10 月 25 日经省政府专题会议原则同意，11 月 24 日经省政府常务会审议原则通过。起草《海南省引进人才落户实施办法（送审稿）》，经省人才领导小组同意，12 月 13 日上报省政府提请常务会议审议。开展服务贸易境外人才引进专题调研，起草《关于加强服务贸易境外人才引进工作的实施意见》并报送省政府待审议。开展专业技术人员继续教育培训，共培训 4.3 万人次。开展“省优”专家、“特贴”专家推荐选拔工作，选拔“省优”专家 35 名，向人力资源社会保障部推荐“特贴”专家 24 名。

（二）加强技能人才队伍建设。

开展技能人才体制机制改革调研工作，向省人才工作领导小组提交了技能人才发展体制机制改革调研报告。与省财政厅联合下发《关于印发 2016 年重点产业职业培训补贴资金管理实施方案的通知》，规范了重点产业职业培训的实施范围、补贴对象、补贴标准、申请流程、补贴资金的拨付和监管等方面内容。对省工信厅等 8 个省直单位报送的重点产业培训方案（1 222.8 万元资金）进行初审并送省财政厅审核。

五、人事管理逐步科学化规范化

（一）改进公务员考录的方法手段。

启用笔试阅卷和面试评分系统，笔试阅卷准确度和工作效率大大提高，确保了招录考试公正公平和安全高效。完成 2016 年度公务员考试录用工作，计划招录职位 1 548 个，报名总人数 5.6 万人。

（二）积极推动公务员各类培训。

以提高公务员能力素质为核心，组织举办各类公务员培训班 160 期，共培训 9 235 人；全省参加在线学习人员 3.96 万人，参训率达 98.2%。完成第三届全省“人民满意的公务员”和“人民满意的公务员集体”评选表彰工作，表彰“人民满意的公务员”9 名、“人民满意的公务员集体”5 个。

（三）完善事业单位人事管理政策。

省委办公厅、省政府办公厅印发了《关于进一步深化我省事业单位人事制度改革的实施意见》。加快推进岗位设置，全省已完成岗位设置 4 885 家，占应实施单位总数的 91.3%。

各级事业单位新进工作人员 1 572 人，按公开招聘程序进入 1 498 人，占 95.3%（其余 74 人按国家规定使用其他方法选拔任用）。指导省直事业单位和各市县做好司勤人员分流安置等工作。

（四）做好收入分配管理工作。

落实人力资源社会保障部、财政部《关于调整机关事业单位工作人员基本工资标准和增加机关事业单位离休人员离休费三个实施方案的通知》，出台实施意见并组织落实；联合省财政厅印发了《关于调整企业离休人员基本养老金的通知》，经省政府同意，从 2016 年 7 月 1 日起，提高企业离休人员养老金水平。下发了《关于进一步落实省直机关事业单位工作人员带薪年休假的通知》。自 2016 年 5 月 1 日起，将海南省最低工资标准提高 160 元，一类、二类、三类地区分别达 1 430 元、1 330 元、1 280 元。发布企业工资增长指导线。

（五）做好军转干部安置工作。

全面完成了 408 名计划分配军转干部和 216 名自主择业军转干部的安置任务。继续做好企业军转干部解困和稳定工作。

六、积极构建和谐稳定的劳动关系

（一）加强全面治理欠薪制度建设。

贯彻落实《国务院办公厅关于全面治理拖欠农民工工资问题的意见》（国办发〔2016〕1 号），牵头起草了《海南省全面治理拖欠农民工工资问题的实施意见及配套性文件》，由省政府办公厅印发。在全省组织开展第三批海南省模范劳动关系和谐企业和工业园区的推荐评选。

（二）加强劳动保障监察执法。

开展了农民工工资支付情况专项检查、用人单位遵守劳动用工和社会保险法律法规情况专项检查等劳动监察维权活动，省劳动保障监察机构共对 12 062 家用人单位进行检查，办结案件 2 652 件；追发 27 043 名劳动者工资等待遇 57 685 万元。

（三）做好劳动人事争议案件处理工作。

与省工业信息化厅、省总工会联合下发《关于进一步做好工业园区（开发区）劳动争议预防调解工作的通知》，强化劳动密集区域劳动争议的预防调解工作，先后对仲裁槌使用、仲裁终局裁决等问题进行了规范。截至 12 月 20 日，全省仲裁机构共受理劳动人事争议案件 4 885 件，涉及劳动者 5 542 人，审结案件 4 916 件；共调解和裁决用人单位支付劳动者劳动报酬、经济补偿金和赔偿金等共 7 143.4 万元，结案率 98.5%，完成人力资源社会保障部规定的 90%的年度目标。全省 23 个市、县、区的劳动人事争议仲裁委员会均成立了劳动人事争议仲裁院，其中 21 个仲裁院有专门编制、场地及专项经费。

七、公共服务水平得到提升

（一）加强信息化建设。

“全省统一职工社会保险（核三）系统”和“全省医疗结算平台系统”在 19 个市县（除三亚市）上线使用。大力推进全国社会保障卡持卡库建设和医院用卡环境改造，完成社会保障卡跨省应用测试和通用读卡改造，实现了省外社会保障卡在海南省医院的联网应用，全年累计发放社保卡 544.38 万张。完成 9 个重点系统的安全等级保护测评工作。

（二）推进简政放权放管结合优化服务改革。

落实国务院的要求，共取消 107 项职业资格许可和认定事项。全面开展各类行业准入证、上岗证清理活动，进一步加强对职业资格和技能鉴定机构的规范管理。

（三）编制“十三五”规划纲要。

12 月 5 日，省政府办公厅印发《海南省人力资源和社会保障事业发展“十三五”规划纲要》。

海南省人力资源和社会保障厅

重 庆 市

2016年，重庆市人力社保局在国家人力资源社会保障部的关心指导和重庆市委、市政府的坚强领导下，深入贯彻习近平总书记视察重庆提出的“一个目标”、“两点定位”、“四个扎实”要求，按照全国人社工作会议部署，坚持“民生为本、人才优先”工作主线，促改革、补短板、兜底线、防风险，全力推进人力社保事业改革发展，全面完成各项目标任务，实现了“十三五”良好开局。

一、就业局势保持总体稳定

在经济下行压力仍然较大的情况下，坚持把“保就业”作为工作重中之重，全力兜住就业底线。全市城镇新增就业72.1万人，新增创业35.6力人，开展就业技能培训24.3万人，发放创业担保贷款47.9亿元，城镇登记失业率为3.7%，比年度控制目标低0.3个百分点。

一是重点群体帮扶精准实施。对高校毕业生、去产能企业分流人员、农民工、贫困人员等重点群体分类施策，开展针对性就业帮扶。建立大学生就业创业公共服务中心，举办高校毕业生专场招聘系列活动，帮扶4万余人成功就业；实施第三轮“三支一扶”计划，招募331人到基层服务；对1.2万名离校未就业毕业生开展“一对一”跟踪服务，高校毕业生年底就业率达95.3%，实现了就业率“不降低有提高”的目标。去产能企业职工分流安置任务稳步推进，按照“内部分流一批、转岗就业一批、内部退养一批、托底帮扶一批”的原则，基本完成全市228家企业、3万余名职工分流安置任务。开展“春风行动”等农民工就业专项服务活动，农民工返乡创业就业32万人。实施贫困人员就业帮扶专项行动，帮助农村贫困人员就业8.9万人，公益性岗位安置就业困难人员1.5万人。

二是创业带动就业稳步推进。开展创业培训9.9万人，并试点开展了网络创业培训和创业师资大赛。分类打造创业孵化器，77个市级创业孵化基地新孵化企业、个体工商户1.2万户，带动就业12.5万人。继续实施“泛海扬帆大学生创业行动”，新资助创业项目106个。举办“中国创翼”青年创业创新大赛重庆选拔赛和高端装备制造类全国半决赛、总决赛，取得2个一等奖、1个二等奖、5个三等奖的优异成绩。推进创业型城市建设，创建市级创业型城市10个。

三是就业技能培训深入开展。完善培训政策，支持区县实施按需培训、跨区域培训，对失业人员、城镇零就业家庭、贫困人员等群体培训实施全额补贴，培训贫困人员1.2万人、渝东北和渝东南地区农村劳动力4.9万人。

四是公共就业服务机制日益完善。人力资源服务、培训、家服、创业等四大联盟运行机制逐步健全，其中人力资源服务联盟企业达3 050家，协助成员企业招工2.2万人。强化中介常态送工、蓄水池应急送工、预备制兜底送工保障机制，协助智能终端企业及配套企业招工26.2万人。

二、社保体系平稳运行

坚持把人人享有社会保障作为基本目标，

把社保制度改革和降费减负作为工作重点，切实推动社保基金安全可持续运行。全市城乡养老、医疗保险参保率均稳定在95%。全年社保基金收入1 328亿元、支出1 219亿元，同比分别增长7.6%、10.7%。

一是企业社保缴费负担持续减轻。在2015年降低失业、工伤、生育三险费率1.1个百分点等社保减负政策的基础上，按照国家统一部署，制定出台新一轮阶段性降低社保费率政策，从2016年5月1日起两年内降低养老、医疗、失业三险费率共计2.5个百分点，同时，全面兑现失业保险稳岗补贴政策。社保降费组合政策共为企业减负113亿元。

二是社保制度改革稳慎实施。稳步推进机关事业单位养老保险制度改革，全市2.1万户参保单位、102万名参保人员全部完成参保登记，前两批参保单位基金实收实支已全面实施。开展城乡居民医保基层医疗机构普通门诊费用统筹，558万名参保人员与4 084家基层医疗机构签约。取消医保定点机构行政审批，服务协议管理得到强化。深化医保支付方式改革，完善医保付费总额控制指标，单病种数量扩大到50个。职工医保个人账户使用范围不断扩大。

三是社保待遇水平稳步提高。首次同步调整机关事业单位和企业退休人员养老待遇，惠及337.3万人。城镇职工医保住院政策范围内报销比例稳定在83%，城乡居民医保在二级及以下定点医疗机构报销比例稳定在75%。调整工伤待遇标准，工伤职工及工亡职工供养亲属定期待遇进一步提高。

四是社保经办服务得到优化。全面完成全民参保初次登记，建立动态管理和应用机制。“同舟计划”全面实施，3 238个建设项目、31.5万人以项目为单位参加工伤保险。与海南等10省区130多家医疗机构实现异地就医联网结算，并被人力资源社会保障部纳入全国医保异地联网结算首批试点省市。

五是基金监管不断加强。建立社保欺诈查处、移送和联席会议制度，开展养老保险退休审核审批、失业保险基金、医保定点机构、社保费征缴稽核、异地就医审核等专项检查，确保了基金安全。

三、人才队伍建设持续加强

深入贯彻市委四届九次全会精神，坚持人才优先战略，把人力资源开发摆在贯彻创新驱动发展战略的优先位置，不断加强人才培养引进，完善政策和服务保障措施。全市专业技术人才、技能人才总量分别达到149.9万人、340万人。

一是人才培养选拔工作深入开展。积极开展高层次人才推荐选拔，在国家级层面新增“万人计划”人选25人、“千人计划”人选12人、享受国务院政府特殊津贴人员57人、“中华技能大奖”1人、“全国技术能手”9人，市级层面新增首席专家工作室领衔专家10人、有突出贡献中青年专家50人、高技能专家工作室命名专家24人、“重庆市杰出人才突出贡献奖”100人。加强人才培养平台建设，新增市级博士后科研工作站31个，国家级和市级博士后站累计264个，在站博士后研究人员1 239人；建立国家级职业技能竞赛选拔集训基地7个、市级13个。围绕产业发展需求，举办专业技术人才高研班38期；推进企业新型学徒制试点，培养企业学徒1 400人；实施技师培训项目，培训技师5 000人。开展第44届世界技能大赛全国选拔赛（重庆赛区）比赛，12个项目27人进入国家集训队。出台技工院校综合管理办法，开展技工院校办学水平综合评估，新建市级示范技工院校3所、实训基地15个。

二是引才引智活动加快推进。围绕激发人才创新活力，突出产业发展重点，加快研究制定引进海外英才“鸿雁计划”。成功举办第二届重庆国际人才创新创业洽谈会，组织企业、园区等用人单位赴北大等高校开展10余场紧缺人才招聘活动。全年共引进紧缺优秀人才1 918人，兑现安家资助、岗位津贴、个税奖励3 000多万元；实施国家引智项目27项、市级引智项目45项，引进外国专家11 542人次。

三是评价发现机制不断完善。研究制定深化中小学教师职称制度改革实施方案等“1+3”文件，110人取得正高级教师资格、4 976人取得高级教师资格。组织开展海外留学人员、博士后研究人员和特殊人才职称认定工作，241人通过“绿色通道”获评高级职称。制定出台“乡村教师支持计划”职称评聘政策。开展职业资格清理，累计取消职业资格许可和认定事项434项。全年职业技能鉴定颁证35万人。

四是服务保障得到优化。建成重庆市专家库，采集入库2 000余名高级专家信息。谋划推进国家级专家服务基地建设，完成基地建设方案编制等基础工作。推进重庆市流动人员档案规范化、信息化建设，新增流动人员人事档案19.1万卷，档案净存128万卷。出台加快人力资源服务业发展的实施意见，大力支持人力资源服务业发展。成功组织开展“专家服务基层梁平行”系列活动。选派第八批31名专技干部赴昌都工作。

四、人事管理体系逐步完善

一是公务员管理规范有序。完善考录政策，降低艰苦边远地区基层公务员招录条件，面向社会公开考录公务员3 093人。推进公安机关人民警察招录培养体制改革，面向公安院校公安专业2016年毕业生考试录用人民警察485人。稳慎推进公安体制改革，完成公安机关执法勤务警员职务序列、警务技术职务序列改革试点工作。坚持逐级公开遴选，市级部门面向基层公开遴选公务员251人，区县公开遴选公务员423人。出台公务员平时考核暂行办法，建立起“周记实、月考核、季审定”考评机制。深化争做人民满意公务员活动，评选表彰“重庆市人民好公仆”98人。组织公务员专项培训37期，集中调训近4 000人。

二是事业单位人事制度改革持续深化。完成事业单位专业技术岗位结构比例调整。规范事业单位公开招聘程序，出台重庆市事业单位考核招聘工作办法等6个公开招聘配套文件，面向社会发布事业单位公开招聘岗位2.1万个。推进分级分类招聘，引进市属事业单位高层次人才2 600人，基层实用人才1.2万人，赴高校招聘紧缺骨干人才2 100人。完成市级部门公车制度改革司勤人员安置工作，共分流安置4 307人；指导各区县开展并全面完成司勤人员分流安置任务。

三是军转安置工作平稳推进。适应军改和裁军期间工作要求，成功组织首次军转干部双选会，妥善安置531名团职及以下计划分配军转干部。持续优化自主择业军转干部管理服务，接收安置自主择业军转干部741人，占计划总数的58%。认真落实解困帮扶政策，企业军转干部保持总体稳定。

四是人事考试和人力资源开发培训不断加强。推进人事考试安全体系建设，安全组织人事考试92项（次），涉及考生49.3万人次；完成人力资源开发培训项目126个，培训165万人次，培训综合效益持续提升。

五、收入分配秩序日趋规范

一是机关事业单位工资制度进一步完善。落实县以下机关公务员职务与职级并行制度，惠及基层公务员6 527人。落实乡镇工作补贴制度，惠及基层工作人员38万人。开展法官、检察官工资制度改革试点，完成10个试点单位基本工资套改工作。落实基本工资正常调整机制，调整全市机关事业单位在职人员基本工资标准，月人均增加300元以上。调整艰苦边远地区津贴标准并完善增长机制，惠及11个区县18.5万人。

二是企业工资调控进一步强化。完善重庆市最低工资政策，将最低工资标准调整时间由每两年至少调整一次改为两至三年调整一次，目前重庆市最低工资标准一档达到1 500元/月。稳步推进国有企业负责人薪酬制度改革，46家市管国有企业改革有序推进，企业负责人2015年基本年薪已按月支付，市级部门和区县所属国有企业改革全面启动。扎实推进企业工资集体协商，备案登记当期有效集体合同

4万份，覆盖企业18.2万户、职工420.1万人。

六、劳动关系总体和谐稳定

一是和谐劳动关系构建扎实推进。成立重庆市协调劳动关系三方委员会，全市已建立各级三方组织910个。推动协调劳动关系三方机制向街道、乡镇、园区延伸，覆盖率达到70%。开展劳动关系和谐企业创建活动，累计评定和谐劳动关系企业3 200户。

二是劳动争议调解仲裁效能不断提升。推进劳动人事争议调解仲裁规范化、标准化、专业化、信息化建设，制定仲裁委员会工作规则、终局裁决适用意见、仲裁代理规定、立案标准等工作规范。持续推进裁审衔接，建立健全劳动人事争议多元化纠纷解决机制。全市各级调解仲裁机构处理案件6.2万件，其中立案受理3.4万件，仲裁结案率达96.3%。

三是劳动保障监察执法得到加强。出台重庆市全面治理拖欠农民工工资问题的实施意见，建立问题清单、责任清单和负面清单，完善“三标对照、颜色标识、三清三进、协同管理”清欠工作机制，农民工工资支付监管长效机制进一步健全。制定出台企业劳动保障守法诚信等级评价暂行办法、重大劳动保障违法行为社会公布暂行办法，积极引导企业守法经营、诚信经营。制定出台劳动保障监察条例实施细则，劳动保障监察执法行为进一步规范。出台劳动保障监察“两网化”建设标准，三级网格实现全市乡镇（街道）全覆盖。全市共组织劳动保障专项执法检查4次，检查单位2.3万户，涉及劳动者150.6万人，为8.76万人补发工资等待遇22.8亿元，全市未发生因农民工欠薪等劳动关系纠纷引发的恶性事件。

七、机构能力建设显著增强

一是全面从严治党责任制得到落实。深入开展“两学一做”学习教育，全系统党员干部“四个意识”尤其是核心意识、看齐意识进一步增强。扎实推进“四个专项检查”，按期完成党费补缴、支部换届等，机关党建工作进一步规范。制定出台落实“两个责任”实施办法，深入排查廉政风险点，并制定了针对性防控措施。始终按照“二十字”好干部标准和市委要求，严格开展干部选拔任用，营造了风清气正劲足的干事创业氛围。持续加强作风建设，全市人力社保系统12个窗口单位被人力资源社会保障部评为全国人社系统优质服务窗口。

二是“法治人社”建设深入推进。建立区县行政权力责任事项通用清单、局公共服务事项目录清单、行政执法“双随机”抽查事项清单、行政执法依据文件清单，全面实现行政审批网上运行，妥善处理行政复议案件382件、行政应诉案件2 477件。

三是信息化建设提速升级。建立社保网上办事大厅，网上经办扩大到1.1万家参保单位。社保卡新增发卡71万张，累计持卡人数3 393万人；开通社保卡功能应用105项，其中金融应用21项，涉及资金49.8亿元。12333电话咨询服务热线日均接话量近万个，累计解答群众问题81.9万个，掌上12333上线运行。

四是重点项目建设加快推进。中国重庆人力资源服务产业园一期工程顺利建成，招商工作有序推进，成功引进中智、德科等国内外知名人力资源服务企业50余家。国家级公共实训基地建设等项目进展顺利，部市共建中国社会保险公共服务标准化示范基地基础硬件建设基本完成。同时，编制完成了全市人力资源和社会保障事业发展“十三五”规划纲要。

重庆市人力资源和社会保障局

四川省

2016年，在四川省委、省政府的坚强领导下，在人力资源社会保障部、国家外专局、国家公务员局的悉心指导下，四川省人力资源和社会保障部门全面贯彻党的十八大和十八届三中、四中、五中、六中全会及省委十届九次全会精神，深入贯彻习近平总书记系列重要讲话精神，牢固树立为民服务理念，围绕“民生为本、人才优先”工作主线，突出改革创新、服务基层服务群众，扎实推进就业创业、社会保障、人才队伍建设、人事制度、收入分配、劳动关系等重点工作，圆满完成了全年各项目标任务，为促进四川经济社会发展、民生改善和维护社会稳定做出了积极贡献。

一、就业局势总体稳定

（一）全面完成各项就业目标任务。

坚持就业优先战略，深入实施更加积极的就业政策。全年城镇新增就业104.1万人，完成全年目标任务的130.1%；城镇失业人员再就业26.9万人，完成全年目标任务的134.7%；就业困难人员就业8.4万人，完成全年目标任务的139.9%；城镇登记失业率为4.15%，控制在4.5%的年度目标以内。

（二）健全就业创业制度。

研究制定全省就业促进民生工程方案，报请省委、省政府纳入“十项民生工程”，作为对市（州）政府的考核目标。提请省政府常务会审议通过《四川省就业创业促进条例（草案）》，就业创业工作法制化、规范化水平迈上新台阶。会同省财政厅出台《关于印发〈就业创业补助资金管理使用办法〉的通知》（川财社［2016］182号），提高了资金使用的安全性、规范性和有效性。

（三）保障重点群体就业。

印发《关于做好2016年全省大学生就业创业工作的通知》（川人社函［2016］219号），会同有关部门出台《关于进一步促进大学生就业创业的意见》（川人社发［2016］50号），会同省教育厅召开全省大学生就业创业工作现场会，进一步加强和改进大学生就业创业工作。积极组织“中国创翼”青年创业创新大赛四川赛区比赛，四川省选送的“峨眉蝶艺坊”（创业项目）获得全国综合类项目总决赛第四名，荣获三等奖，并赢得1 000万元意向投资。牵头制定《四川省精准就业扶贫实施方案（2016—2020年）》，及时研究出台《关于做好全省人社系统脱贫攻坚工作的意见》（川人社发［2016］26号）、《进一步做好就业扶贫工作的九条措施》（川人社发［2016］35号）等文件，推出了以就业扶贫为重点的人社系统脱贫攻坚一系列普惠政策，切实加大了扶贫力度。2016年共帮助84.2万名农村贫困劳动力实现转移就业。

（四）提高公共就业创业服务水平。

推进信息化，构建“一基础、两支撑、三平台”的“互联网+公共就业服务”体系，开通运行全省统一的就业创业服务“网上办事大厅”，全面实现招聘求职“一点登录、全省查询”。夯实公共服务基础，着力打通服务群众“最后一公里”。开展贫困劳动力实名制信息入库工作，在全国率先建立贫困劳动力实名制数据库，录入全省211.1万贫困劳动力基本信息。全年组织 64.2 万人参加各类职业技能培训。开展就业援助月、春风行动、民营企业招聘周、就业创业政策宣传周、高校毕业生就业服务月、公共招聘进校园等活动，促进就业困难人员、大学生、农村劳动力就业创业。

（五）实施高校毕业生“三支一扶”计划。

围绕打赢脱贫攻坚战的战略部署，研究出台《关于“十三五”期间实施高校毕业生“三支一扶”计划的通知》（川人社发［2016］34 号），提出“稳定规模、优化领域、改进管理、提升质量、强化保障”的工作思路，明确组织招募、管理培养、待遇保障、就业服务等政策措施。2016 年，全省共招募 1 288 名“三支一扶”人员到基层服务，首次举办省级“三支一扶”计划示范培训，参训人数 302 人，服务期满人员就业率达 95.2%。

（六）加强就业形势分析研判。

按季向省政府提交就业形势分析报告，为制定完善就业创业促进政策，精准判断就业走势提供决策参考。全省 21 个市（州）19 个行业 2 416 户失业动态监测企业，2016 年年初实有岗位 101.3 万个，年末实有岗位 97.6 万个，减幅 3.68%。

（七）规范人力资源市场管理。

深入推进中国成都人力资源服务产业园建设，2016 年，产业园投入资金 3.3 亿元，签约入驻人力资源服务机构 23 家。强化人力资源市场数据分析应用，建立健全供求信息分析发布制度，从 2016 年第三季度起，按季度向社会公开发布统一的《四川省人力资源市场供求情况分析报告》，为政府的宏观决策、企业的人力资源开发、劳动者的能力提升、人力资源服务机构的业务优化等提供支持。完善人力资源市场监管，研究出台《关于“先照后证”改革后加强人力资源市场事中事后监管的实施意见》（川人社发［2016］41 号），规范行政许可、强化日常监管、创新监管方式、夯实监管基础、推进协同共治，构建权责明确、透明高效的事中事后监管机制。

二、社会保障更加有力

（一）完成扩面征缴等目标任务。

2016 年年末，全省城镇职工基本养老保险、城乡居民基本养老保险、城镇基本医疗保险、失业保险、工伤保险、生育保险参保人数分别达 2 157.6 万人、3 052.4 万人、5 662.8 万人、702.0 万人、799.1 万人、713.1 万人，分别完成全年计划的 102.9%、100.9%、134.8%、109.9%、105.2%、104.9%。城镇职工基本养老保险、城镇职工基本医疗保险、失业保险、工伤保险和生育保险当年征缴收入分别达 1 902.1 亿元、479.7 亿元、84.7 亿元、27.0 亿元和 15.7 亿元，分别完成全年计划的 141.6%、117.0%、138.9%、106.6% 和 106.7%。

（二）推动养老保险制度改革。

在全国率先实施“七个统一”的机关事业单位养老保险省级统筹制度，在全省范围内实现了政策制度、基金收支、信息管理系统、经办规程、财政保障政策、资金管理办法和处理历史遗留问题的统一。印发《关于病残津贴有关问题的通知》（川人社发［2016］61 号），明确了因病或非因工完全丧失劳动能力的参保人员，符合规定条件的，可申领病残津贴，填补了养老保险待遇“老遗残”一体化的政策空白。印发《关于阶段性降低我省社会保险费率有关问题的通知》（川人社发［2016］18 号），从 2016 年 5 月 1 日起，将企业职工基本养老保险单位缴费比例阶段性降低至 19%，期限暂为两年，全省全年养老保险费率降低为企业减负约 17.4 亿元。推动供给侧结构性改革和钢铁煤炭脱贫解困，对生产经营困难企业实行养老保险费缓缴政策，特别对钢铁、煤矿等行业企业制定了更加宽松的缓缴政策，全省全年批复缓缴企业 68 户，缓缴养老保险费 8 亿元。按照国家统一部署，为全省 745.8 万名退休人员调整了养老金，其中企业退休人员 654.8 万名，机关事业单位退休人员 91 万名。

（三）抓实失业保险工作。

印发《关于阶段性降低失业保险费率的通知》（川人社办发〔2016〕51号），从2016年5月起，全省在上年已降低1个百分点的基础上，再次阶段性地将失业保险总费率降至1%，其中用人单位缴费费率降至0.6%，个人缴费费率降至0.4%。全年共减少征收失业保险费约25亿元，有效地减轻了用人单位和个人的缴费负担。继续实施稳岗补贴政策，支持企业稳定岗位、稳定职工队伍。2016年，全省共为36 143户企业（同比增幅296%），发放稳岗补贴资金21.5亿元（同比增幅127.7%），惠及402.5万名职工（同比增幅153.8%），稳定就业岗位作用凸显，为40.7万名失业人员发放失业保险金25.6亿元，切实保障了失业人员基本生活。

（四）提升医疗生育保险服务。

推进整合城乡居民医保制度，按照《国务院关于整合城乡居民基本医疗保险制度的意见》（国发〔2016〕3号）要求，积极推进城乡居民基本医疗保险整合工作，全省已实施整合的市州增加到15个。全面实施医保扶贫政策，出台《关于做好全省人社系统脱贫攻坚工作的意见》（川人社发〔2016〕26号）、《四川省建档立卡贫困人口医疗保障实施方案》（川卫发〔2016〕44号）等文件，要求实现建档立卡贫困人口参保率达到100%，以及在定点医疗机构就医，经基本医保、大病保险报销后剩余的政策范围内的住院费用，由城乡居民医保经办机构给予全额报销，切实减轻建档立卡贫困人口治疗疾病经济负担，因病致贫、因病返贫问题得到有效解决。深入推进异地就医结算，一是不断扩大异地就医即时结算覆盖范围，二是初步实现门诊特殊疾病异地联网结算，三是跨省联网结算不断突破。四川省被人力资源社会保障部确定为全国首批接入国家异地就医结算平台的省份。全省21个市州生育保险实现市级统筹，全省享受生育保险待遇31.78万人次，支出生育保险费22.68亿元。

（五）推进工伤保险工作。

积极推动建筑业职工参加工伤保险，2016年，全省建筑业在建项目5 558个，已参保5 227个，参保率为94.0%，建筑业新开工项目3 117个，参保2 889个，参保率为92.7%。不断完善工伤保险政策制度，启动《四川省工伤保险条例》地方立法工作，开展对重复享受职工养老金和供养亲属抚恤金的人员的清理工作，深入推进公务员参保试点工作。工伤人员合法权益得到切实保障，全年全省完成工伤认定3.5万件，实施劳动能力鉴定2.8万人次，支付工伤保险待遇23.6亿元，为5万人次伤残职工（含供养亲属）调整了工伤保险定期待遇，月人均增加178元，增长8.5%，调整后月人均工伤保险定期待遇2 284.9元。

（六）加强社会保险基金监督管理。

建立查处和防范社会保险欺诈工作联席会议制度，推进行刑衔接。发布全省社保基金监督检查专家库和会计师事务所储备库名单，建立社保基金监督专家库，开展会计师事务所（第三方）储备，培育社保基金第三方监督力量，提高监督检查专业化水平。推进网络监管手段在五大保险各经办环节全域监控。探索利用社会第三方力量实施内控监督。全年整改追缴归垫社保基金2.4亿元，向公安机关移送涉嫌社保欺诈案件17件。

（七）提高社会保险经办管理公共服务水平。

一是巩固“养老保险关系转移接续省级平台、养老和工伤待遇协查认证省级平台”应用成果，参保群众可任意选择在全省224个社保经办机构、5 000余个乡镇（街道）和社区基层服务平台，通过省级社会保险定期待遇领取资格协查认证系统和企业职工基本养老保险关系转移接续平台享受便捷服务。二是加快经办服务下延基层，参保群众可在全省4 582个乡镇（街道）就近办理，占全省所有乡镇（街道）的97.2%，部分地区还将业务延伸到行政村和社区，老百姓足不出户即可办理参保、缴费、待遇查询等。三是加强和改进社会保险公共服务，按照“放管服”要求，全省各级社保经办机构拟制了服务目录和办事指南，进一步简化优化服务流程，取消了异地参保证明和社会保险登记证换证周期，配合工商部门开展企业“五证合一、一照一码”，并在全国率先开展个体工商户“三证整合”。各地转变经办理念，创新服务手段，通过实行“综合柜员制”，建立网上大厅，开通微信公众号、手机APP等，为参保群众提供更加方便、快捷、高效的服务。

三、人才队伍建设大力加强

（一）加强高层次专业技术人才队伍建设。

深入实施《四川省专业技术人才队伍建设中长期规划（2011—2020年）》“十大工程”，统筹推进重大人才政策制定和重大人才项目实施。立足于向用人主体放权，研究拟定《四川省关于扩大高等学校科研院所医疗卫生机构人事自主权十条政策》。为加强基层特别是艰苦边远地区专业技术人才队伍建设，研究拟定《关于加强基层专业技术人才队伍建设的实施意见》。突出领军人才队伍建设，会同省直八部门研究出台《四川省学术和技术带头人评定管理办法》、《四川省学术和技术带头人后备人选评定管理办法》（川人社发［2016］43号）。新规划设立博士后创新实践基地25个，设立博士后科研流动（工作）站、博士后创新实践基地331个，在站博士后研究人员1 850人。加大职称制度改革力度，研究拟定《关于深化职称制度改革的实施意见》。完善人才评价标准，积极推进中小学教师职称制度改革，会同省教育厅制定《关于印发〈四川省深化中小学教师职称制度改革实施方案及配套办法〉的通知》（川人社发［2016］22号），召开全省深化中小学教师职称制度改革工作部署会，指导全省贯彻实施。对照国务院决定取消的108项职业资格许可和认定事项目录，组织26个相关行业主管部门进行落实。围绕精准扶贫，深入推进专家下基层行动工程，新建省级专家服务基地10个。开展四川省专家服务团精准扶贫——大小凉山彝区行、甘孜高原藏区行、巴中秦巴山区行和“万名专家服务基层行动计划”暨“海外赤子为国服务行动计划”走进中国（绵阳）科技城四次活动。省内外37所高校院所的56位知名专家深入凉山、甘孜、巴中和绵阳基层企事业单位，组织开展大型义诊9次，破解技术难题78个，开展学术研讨56场，举办专题讲座118场，进行现场技术指导和座谈交流260场次，接待咨询和看病群众2 000多人次，培训各类技术人员和农户1.5万人次，21名专家所在单位与项目单位达成长期合作协议。制定印发《关于〈专业技术人员继续教育规定〉的贯彻实施意见》（川人社发［2016］20号）。围绕“五大高端成长型产业”、“战略性新兴产业”、“五大新兴先导型服务业”等发展重点，全年共举办国家、省级高级研修班项目36期，人力资源社会保障部西部地区高层次人才援助项目2期。首次组织开展全省“四大片区”急需紧缺专业技术人才研修项目8个，共培训801人。21个市（州）、30个省直部门通过岗前培训、高研项目等培训高层次、急需紧缺和骨干专业技术人才4万名，大幅提升了专业技术人才队伍素质。

（二）提升技能人才队伍建设水平。

实施高技能人才振兴计划。新建4所技师学院、2所高级技工学校，遴选9所技工院校实施中职院校产教融合发展项目。评定5个国家级高技能人才培训基地和5个国家级技能大师工作室。推进技师培训项目和企业新型学徒制培训试点，全年新增高技能人才16万人，年度新增量和任务完成率均创历年新高。组织开展四川省技术能手及培育突出贡献奖评定，70名省级技术能手、20家技能人才培育突出贡献单位和10名技能人才培育突出贡献个人受到表彰。参加全国优秀高技能人才评选表彰，2名“中华技能大奖”获得者、12名“全国技术能手”获得表彰。参加第44届世界技能大赛全国选拔赛，有6个项目进入前十名。参加第7届全国数控技能大赛，获得团体总分第五，个人项目1金1铜10优胜的好成绩，创下参赛以来的最好纪录。

技工教育事业健康发展。2016 年，全省共有各类技工院校 81 所，其中技师学院 14 所、高级技工学校 9 所。在校生 106 669 人（其中高级工班 30 489 人，技师和预备技师班 2 418 人）。61 所技工院校招生 39 632 人（农业户口 28 569 人）。毕业生 30 136 人，就业率 98.4%，取得职业资格证书比率 87.8%。在职教职工 10 480 人，其中专职教师 7 862 人，一体化教师 2 867 人。技工院校开展社会培训 117 333 人。全省共有民办职业培训机构 1 358 家，在职教职工 18 738 人，开展培训 723 893 人，结业 605 781 人。

（三）拓展引进国外智力工作。

2016 年，实施“高端外国专家项目”、“天府高端引智计划”等各类引进外国高层次人才项目 155 项，资助用人单位引进“高精尖缺”外籍专家 445 人次。首次与以色列驻成都总领事馆开展合作，在西部地区实施马沙夫项目。实施引智成果示范推广项目 36 项，新增国家级引智基地和示范单位 2 家。规范管理因公出国（境）培训工作，全年实施因公出国（境）培训项目 37 项（不含成都市），派出培训 666 人，其中专业技术类项目 24 项，422 人，人数占比 63.4%。向国家外专局报送培训成果 27 项。2016 年全省各市州共办结外国人来华工作许可审批事项 3 422 件，全面启动外国人来华工作许可试点工作，5 名外国专家获得四川省“天府友谊奖”表彰。

四、人事制度改革不断深化

（一）严格公务员队伍管理。

深入贯彻实施县以下机关公务员职务与职级并行制度，指导市（州）加快推进首次职级晋升及转入常态化实施工作，全省首次职级晋升 63 685 人。顺利开展公开遴选工作，省、市（州）机关全年面向基层公开遴选公务员 464 人。安全平稳实施各项考录工作，全年共组织公务员考录省考项目 7 项，计划考录公务员 20 150 人，已录用 12 321 人；国家项目 3 项，计划考录公务员（学员）576 人，已录用（录取）280 人。推进公安招警改革，公安院校公安专业应届毕业生入警率 85%，同比提高 32.3%。规范开展评比达标表彰工作，全省共开展表彰活动 24 项，1 199 个集体、2 296 名个人受到表彰。继续推进平时考核试点工作，会同有关部门对在承担脱贫攻坚专项工作和完成急难险重任务中做出显著成绩和贡献的公务员和公务员集体，按规定程序及时给予了奖励。扎实开展提能培训，全省行政机关公务员共约 50 万人次参加了各类培训。在全省行政机关开展以“提升扶贫攻坚能力，做人民满意公务员”为主题的网络全员培训，举办 9 期公务员大讲堂，4 期“四大片区”脱贫攻坚示范培训班，2 期省政府部门新录用公务员初任培训班，2 期“富民安康”培训班和 1 期布拖县文秘工作人员能力提升培训班。制定《四川省公务员局行政机关公务员培训项目实施管理办法（试行）》（川公局发［2016］12 号）。配合省委组织部对全省 2013 年 1 月至 2015 年 12 月被追究刑事责任的国家工作人员受处分情况进行了排查清理，会同相关部门联合出台《四川省党纪政纪处分决定执行工作实施办法》（川纪发［2016］1 号）。

（二）推进事业单位人事制度改革。

全面贯彻中央《关于深化人才发展体制机制改革的意见》精神，按照“向用人主体放权，给人才松绑”要求，进一步完善公开招聘、岗位管理、人员流动、人才引进制度，深入推进事业单位人事制度改革。优化岗位管理制度，印发《关于事业单位接收安置军队转业干部和退役士兵岗位聘用有关问题的通知》（川人社办发［2016］26 号）。结合中小学教师职称制度改革，对全省中小学教师岗位设置和聘用管理工作进行部署。新核准 84 名事业单位正高级专业技术人员聘用专业技术二级岗位。完成省级机关和省直垂管单位公车改革司勤人员安置方案及 19 个参改市（州）司勤人员安置办法审核。按照省政府办公厅下达的计划，会同省军区政治部开展 2016 年驻蓉部队随军家属定向招聘工作，20 人达成定向招聘意向。

（三）全面完成军转安置工作。

认真做好深化国防和军队改革期间军队转业干部安置工作。全省实际接收计划分配军转干部 1 447 名（不含 8 名师职干部），自主择业军转干部 1 378 名，随调家属 66 名。计划分配军转干部中，安置到行政机关占 79%，安置到参公单位占 15%，安置到事业单位占 5%，安置到企业占 1%。自主择业军转干部按时完成报到工作，由县（市、区）妥善安置。

五、工资收入分配制度不断健全

（一）机关事业单位工资调整改革稳步推进。

贯彻落实基本工资标准正常调整机制，研究拟定机关事业单位调整工资标准和增加离休费贯彻意见，并全面完成。服从全面创新驱动发展大局，研究提出扩大高校科研院所薪酬分配自主权的若干政策意见，深入推进事业单位收入分配制度改革，着力破除束缚科研人员创新活力的分配机制障碍。配合司法体制改革，推进法官、检察官工资制度改革试点工作，如期完成员额内法官、检察官和司法辅助人员工资套改兑现。四川省是全国率先完成法官、检察官工资制度改革试点工作部署和兑现的省份之一，得到了中央政法委、最高人民法院、四川省委政法委主要领导的充分肯定和表扬。推进规范公务员津补贴工作，全面落实驻蓉省直机关津补贴属地化，并同步同幅度提高驻蓉省直事业单位绩效工资水平。完善艰苦边远地区津贴增长机制，调整艰苦边远地区津贴标准。根据国家政策规定，调整了人民警察警衔津贴、农业有毒有害保健津贴、畜牧兽医医疗卫生津贴、环境保护监测津贴、林业有毒有害岗位津贴等标准，并完成实施兑现工作。

（二）企业工资分配调控力度加大。

稳步推进国有企业负责人薪酬制度改革，研究出台《四川省深化国有企业负责人薪酬制度改革工作领导小组关于印发〈省属国有企业负责人基本年薪基数认定暂行办法〉的通知》（川人社函〔2016〕335 号）等 9 个改革配套文件，完成 2015 年度省属企业负责人基本年薪审核确定、绩效年薪考核兑现工作。切实加强企业工资分配宏观指导调控，出台《关于完善最低工资调整机制有关工作的通知》（川人社函〔2016〕498 号），将全省最低工资标准由每 2 年至少调整一次改为每 2～3 年至少调整一次。制定发布 2016 年企业工资指导线，基准线为 8%、上线（预警线）为 13%、下线为 3%。分析发布 2016 年四川省人力资源市场工资指导价位和行业人工成本信息。

六、劳动关系总体保持和谐稳定

（一）农民工工作取得新成绩。

就业扶贫工作实现新突破，出台系列就业扶贫政策措施，明确“十三五”全省就业扶贫目标任务，创新就业扶贫载体，受到国务院扶贫办、人力资源社会保障部通报表扬和四川省委、省政府主要领导的充分肯定。深入开展贫困家庭劳动力转移输出和技能培训，建立“一库五名单”机制，摸清全省贫困劳动力就业底数。建立东西部劳务合作机制、省内 1＋N 帮扶机制、送培训下乡机制和就业扶贫现场推进会等措施，多措并举推动贫困家庭劳动力就业，实现“贫困家庭至少有一人就业”的目标。2016 年，全省转移输出农村劳动力 2 491.5 万人，同比增长 0.5%。其中，省内转移 1 354.7 万人，同比增长 1.1%；省外输出 1 133.9 万人，同比减少 0.3%；外派劳务 2.9 万人，同比减少 3.4%；全省实现劳务收入 3 833.4 亿元，同比增长 7.2%；21 万人参加各种技能培训，全省举办就业扶贫专场招聘会 1 000 余场，有组织输出贫困家庭实现就业达 6 万人。农民工返乡创业开创新局面。全面落实四川省《关于支持农民工和农民企业家返乡创业的实施意见》，大力实施“返乡创业三年行动计划”，设立 2 000 万元返乡创业专项扶持资金和 1.76 亿元返乡创业风险分担基金，着力解决返乡创业融资难、风险大等问题。创新组建四川返乡创业联盟，通过“众帮、众扶、众创”方式，整合创业资源、畅通创业渠道，构建创业资源共享、合作共赢创业新局面。着力营造农民工返乡创业氛围，组织开展四川省优秀农民工暨农民工工作先进集体和个人评选表彰活动。2016 年，全省表彰优秀农民工 100 人、返乡创业明星 100 人、返乡创业示范企业 50 家，新增创业 7.1 万人，创办企业 1.8 万家，实现创业产值 140.5 亿元。

（二）劳动关系协调工作取得新进展。

深入贯彻落实中共中央、国务院《关于构建和谐劳动关系的意见》（中发［2015］10 号）精神。省委、省政府出台《关于构建和谐劳动关系的实施意见》（川委发［2016］5 号），召开全省构建和谐劳动关系暨全面治理拖欠农民工工资问题电视电话会议。积极开展综合试验区建设，继续推动成都市新都区创建国家级和谐劳动关系综合试验区，鼓励有条件的地区积极争取创建省级综合试验区。继续依托协调劳动关系三方机制推动和谐劳动关系创建活动向纵深发展，创建覆盖面继续扩大，创建标准得到进一步完善，全省共有 214 个工业园区、683 个乡镇和街道开展了创建活动。依法规范劳动用工管理，深入推进集体合同攻坚计划，促进劳动合同制度得到全面实施。2016 年，全省全部企业劳动合同签订率达到 94.5%，企业集体合同签订率达到 90.5%。加强基本劳动标准贯彻工作，推动落实带薪年休假制度，做好特殊工时、高温劳动保护、女职工和未成年工特殊劳动保护工作，促进劳动者实现体面劳动。

（三）劳动人事争议调解仲裁工作成效明显。

仲裁机构和调解组织建设取得新进展，2016 年，全省 205 个劳动人事争议仲裁院全部建成，共建立各级各类劳动人事争议调解组织 4.2 万个。进一步完善调解仲裁工作机制，工作方式方法不断改革创新。建立健全专业性劳动争议调解工作机制，强化各部门责任，形成工作合力，切实发挥调解在争议处理中的基础性作用。省人社厅、省总工会、省企联、省工商联出台《关于建立劳动人事争议仲裁委员会“三方驻会”制度的意见》（川人社办发［2016］36 号），积极推动“三方驻会”制度落实。省人社厅、省司法厅、省总工会出台《关于在各级劳动人事争议仲裁院派驻法律援助工作站的通知》（川人社办发［2016］38 号），进一步为申请劳动人事争议仲裁的经济困难人群畅通更加便捷的法律援助渠道。省人社厅、省劳动人事争议仲裁委员会、省司法厅出台《关于印发〈四川省劳动人事争议仲裁代理规定〉的通知》（川人社办发［2016］205 号），进一步规范全省劳动人事争议仲裁代理行为，依法维护当事人的合法权益和仲裁办案秩序。加强重点行业劳动争议调解组织建设指导，深入开展“送法进企业”活动，提高企业依法用工意识，预防和减少劳动争议发生。2016 年，全省各级仲裁机构和各级劳动人事争议调解组织分别受理劳动人事争议案件 4.3 万件和 3.1 万件，仲裁结案率和调解成功率分别为 97.2%和 63.7%。

（四）劳动保障监察执法工作力度不断加大。

加大监察执法力度，有效维护劳动者合法权益和劳动关系和谐稳定。2016 年，全省主动监察用人单位 5.6 万户次，依法查处劳动用工违法案件 2.3 万件，取缔非法职业中介机构 25 户，纠正违反职业资格和职业培训规定 52 户，查处劳务派遣机构 32 户，督促用人单位与 5.4 万名劳动者补签了劳动合同，为农民工等劳动者追发工资待遇 24.4 亿元，欠薪人数和金额同比下降 21%和 90%，督促用人单位补缴社会保险费 1 亿元。建立完善欠薪治理体系，省政府办公厅出台《关于全面治理拖欠农民工工资问题的实施意见》（川办发［2016］63 号），强化和完善以责任制为核心的治理体系，健全解决企业拖欠工资问题联席会议制度，推动农民工工资清欠工作纳入省政府对市州政府的目标管理考核。加大日常巡查、季度排查、专项检查、联动执法和欠薪犯罪打击力度，推动欠薪治理可防可控、常态长效。两网化管理取得新发展。全面部署推进网格化网络化建设工作，推动监察执法向主动预防和统筹城乡转变。全省建立劳动监察基层网格 1 300 多个，多数市（州）实现了网格全覆盖。建成以省级大集中为模式的劳动保障监察信息管理系统，劳动监察日常工作和案件办理信息化、动态化、透明度逐渐增强，建成执法人员和用人单位基础信息库，为“双随机”的开展奠定了基础。加强执法能力建设，组织开展行政处罚案卷评查工作，推动各地规范执法程序，加强执法监督，提升劳动保障监察执法水平。落实企业劳动保障诚信等级评价、重大违法行为社会公布、双随机抽查等制度规定。积极推动举报投诉案件省级联动处理建设，确保到 2017 年年底在全省基本实现“一点举报投诉，全网联动处理”。

七、信息化工作取得新突破

2016 年 9 月，省人社厅成立信息化处，统筹全省人社信息化工作，加强人社信息化规划和资源整合。全省社会保障卡持卡人数年底达到 4 862.8 万人，超全年目标任务的 22%。省本级社会保障卡制发卡工作启动。完成卡管理信息系统省级集中，实现全省联网制卡和异地鉴权。全省社会保障卡持卡人员基础信息库部署上线，入库人数 6 422.1 万人。全省就业大数据入库数量 5 410 万人，完成全省 211.1 万名 16～60 岁建卡贫困家庭劳动力的基本情况、人员去向和就业帮扶需求信息的全省统一入库。农村劳动力实名制登记入库 3 665.8 万人，其中转移就业登记入库 2 461.6 万人，省内 1 334.8 万人，省外 1 126.8 万人。完成全省金保专网数字证书认证中心（CA）安全建设，并按人力资源社会保障部试点安排，完成全省各地金保专网近 7 000 个终端安装 360 终端防病毒软件。省级及 20 个市（州）完成人事考试指挥中心建设并互联互通，98 个考点学校的 4 000 余间教室实现了实时监控，并完成 2016 年度经济专业技术资格（初级）电子化考试全国试点工作。在省人社厅门户网站开通省本级五险统征参保单位网上业务经办，保障了省本级 861 户参保单位 1 087 个 CA 用户非现场社保业务办理，全年网上办理业务 180 万笔，搭建涵盖就业信息单位登记和个人信息登记的全省就业服务网上经办系统。开通全省集中的 12333 电话咨询信息系统，16 个市（州）与省本级统一应用，全年 12333 来电总量 342 万通，其中人工语音服务量 113 万通，自动语音服务量 194 万通。建设完成“三医”财政资金综合监管信息平台，并在省电子政务云上部署运行。建设完成全省统一的业务财务一体化机关事业单位养老保险信息系统，纵向省市县三级贯通，横向与财政、合作银行等信息系统直连。结合五证合一改革，搭建完成省人社对接省工商局、省技术监督的统一社会信用代码信息共享平台，并开通与省公安、工商、地税、质监等部门的数据交换。

四川省人力资源和社会保障厅

成 都 市

2016年，在市委、市政府的正确领导下，在市人大、市政协监督指导下，在各区（市）县党委政府、市级各部门和社会各界关心支持下，成都市人社系统紧紧围绕市委“157”总体思路，坚持“民生为本、人才优先”工作主线，主动作为、开拓创新，各项目标任务全面超额完成，开启建设国家中心城市人社新征程。

一、全市就业局势保持总体稳定

坚持将就业工作作为第一位任务，积极应对新形势新情况，实施就业优先战略，健全完善更加积极的就业创业政策，保持就业局势总体稳定。全年城镇新增就业27.87万人，农村富余劳动力向非农产业新增转移就业9.28万人，城镇登记失业率控制在3.3%，动态消除零就业家庭。突出抓好重点群体就业创业，实施大学生就业创业促进行动计划，帮助6.24万名高校毕业生实现就业创业，本地生源有就业愿望高校毕业生、困难家庭高校毕业生就业率均达100%；针对化解过剩产能分流职工实施专项就业帮扶和创业扶持，全市化解过剩产能分流职工中有就业愿望的1.48万人全部实现就业创业；实施农民工返乡创业就业计划。成都市高校毕业生、化解过剩产能分流职工、返乡农民工就业创业工作受到人力资源社会保障部肯定。深入实施“大众创业、万众创新”和“七项创业行动计划”，成功承办“2016中国·成都全球创新创业交易会”——人才交易、外籍人才招聘、人力资源技术与服务大会，以及“菁蓉杯2016成都就业创业大赛”和“2016成都就业创业博览会”。强化失业人员再就业和就业困难群体就业工作，发放失业保险金15.97亿元、稳岗补贴8.21亿元、灵活就业社保补贴2 900万元，公益性岗位新增吸纳就业1 896人，动态兑现市委、市政府“不挑不选，两个工作日帮助就业”的社会承诺。实施“百村万户”就业扶贫行动计划，确保每一户贫困家庭至少有一人实现就业，力争每一户贫困家庭掌握一门致富技能，加强区域劳务协作实施就业扶贫做法受到省政府肯定。强化劳动力市场供需对接，“春风行动”期间组织332场招聘会帮助4.91万名城乡劳动者实现就业，三场特大型人才招聘会提供岗位10.8万个；获批筹建中国成都国家级人力资源服务产业园。

二、社会保险制度改革深入推进

坚持以更加公平可持续为目标，深入推进社会保险制度改革，全市城镇职工基本养老、基本医疗、失业、工伤、生育五项保险参保达2 465.9万人次，城乡居民养老、基本医疗保险参保分别达353.66万人和712.13万人。机关事业单位养老保险制度改革全面推进。阶段性下调社保缴费比例，落实生产经营困难企业申请缓缴养老保险费政策，惠及用人单位14.64万户、参保职工430.85万人，预计到2018年4月阶段性下调期满将累计减负118亿元。首次同步调整163.1万名企业和机关事业单位退休人员养老金，调增后月人均养老金达2 251.21元；为71.57万名城乡居民养老保险缴费领取待遇人员增加基础养老金补贴，月人均养老金达 419.99 元。出台实施重特大疾病医疗保险制度，提高大病医疗互助补充保险支付比例，“因病致贫”、“因病返贫”问题得到有效缓解。“两定机构”协议管理、医保支付方式改革稳步实施。委托商业保险公司承办大病医疗互助补充保险更加规范；学生儿童和大学生医疗保障水平进一步提高，城镇职工和城乡居民基本医疗保险加上城乡大病保险、大病医疗互助补充保险、重特大疾病医疗保险，城镇职工和城乡居民每人每年最高报销额度分别达 89.5 万元和 75.1 万元。启动长期照护保险试点，探索建立覆盖全员、多元筹资、保障基本、待遇分级、鼓励居家、适合市情的照护保险制度。工伤预防试点稳步推进，武侯区工伤预防试点经验做法在“中国工伤保险”微信平台宣传推广。全民参保计划正式启动。社保经办管理服务治理体系建设现代化加快推进，社保网上经办 3.0 版系统、社保电子证明上线运行。生育医疗费用联网结算和生育津贴网上经办系统即将投入使用。行政执法与刑事司法衔接扎实推进，社保领域违法犯罪行为惩处力度加大。

三、人才队伍建设不断加强

实施人才优先发展战略，创新人才培养、引进、评价、激励机制，全年引进急需紧缺专业技术人才 2 600 名、外国专家 1 111 名，培育高技能人才（技师、高级技师）5 298 名，成都地区人才总量达 443 万人，人才质量稳步提高。加强专业技术人才队伍建设，实施职称社会化评审改革试点；出台实施创新专业技术人才评价机制激发人才创新创造创业活力意见，人才评价机制“指挥棒”作用充分发挥；崇州现代农业和旅游业人才工作站获批成都市首家国家级专家服务基地。加强高技能人才队伍建设，“技能成都”被人力资源社会保障部纳入全国首批国家级技能振兴综合示范区建设规划布局；启动企业新型学徒制试点，首批 20 家企业 2 000 人参加“招工即招生、入企即入校、企校双师联合培养”培训；在全国职业能力建设工作会上作职业能力建设工作经验交流。成都市 5 名高级技师被授予“四川省技术能手”，1 家企业荣获“四川省技能人才培育突出贡献集体”；中国技能大赛暨世界技能大赛全国选拔赛首次在蓉举行；市技师学院被人力资源社会保障部确定为第 44 届世界技能大赛国家队集训基地；成都市在第九届穗港澳蓉青年技能竞赛上获得 1 金 1 铜和 2 个优胜奖。大力引进国外人才智力，在全国率先实现外国人来华工作办理事项“一窗式”服务；启动在中国境内高校取得硕士及以上学位外国优秀毕业生直接留蓉试点；成都市成为中西部地区首个获得外国文教专家测评系统及外籍语言教师职业培训推广授权资质城市。

四、人事制度改革持续深化

坚持以提高人事管理科学化水平为目标，推进人事管理体制机制改革和政策体系创新取得新进展。公务员考录培训、平时考核及市外公开选调公务员工作有序推进，县以下机关公务员职务职级并行全面实施。成功承办国际行政科学学会暨国际行政院校联合会 2016 年联合大会，联合国及 50 余个国家和地方的政要、专家、学者参会。创新事业单位人才管理体制机制，探索建立事业单位引才用才、收入分配、职称评价等方面人事制度改革创新政策体系，事业单位用人自主权、收入分配自主权、人才评价自主权进一步扩大。军转安置任务全面完成，企业军转干部解困稳定、自主择业军转干部管理服务工作扎实推进，市军转办被国务院军转办评为全国军转宣传工作先进单位。

五、收入分配制度改革扎实推进

坚持以缩小工资收入差距为目标，逐步健全收入分配制度，薪酬分配的激励导向作用进一步发挥。深化市属国有企业负责人薪酬制度改革，建立起与国有企业负责人选任方式相匹配、与企业功能性质相适应、与经营业绩相挂钩的差异化薪酬制度。健全劳动力市场工资指导价位和企业人工成本、企业工资指导线发布机制，建立最低工资调整和最低工资标准评估机制。调整机关事业单位在职及退休人员工资及津补贴，实施乡镇工作补贴。建立市本级事业单位绩效工资宏观调控机制的做法在全国推广。

六、劳动关系保持和谐稳定

加大劳动关系风险防范力度，巩固发展和谐劳动关系，劳动者和用人单位合法权益得到进一步维护。指导企业依法处理劳动关系，攀成钢、川化职工分流安置工作经验被《中国劳动保障报》报道推广。创建国家级和谐劳动关系综合试验区（新都区）纳入全国首批规划布局，全国构建和谐劳动关系综合试验区现场经验交流会在蓉召开，成都市经验做法在会上推广。探索建立“互联网+劳动监察”模式；全市依法受理劳动保障举报投诉案件1.02万件，结案率97%，为4.16万名劳动者追发工资等待遇2.58亿元，成都市保障农民工工资支付工作受到国务院解决企业拖欠工资问题部际督查组肯定。联合市法院、司法、工会、工商联等部门建立起“七位一体”劳动争议纠纷调解联动机制；受理劳动人事争议仲裁案件1.91万件，结案率达95.4%；温江区劳动人事争议仲裁院被人力资源社会保障部表彰为全国人社系统优质服务窗口。

七、全面从严治党工作落到实处

贯彻落实全面从严治党和党风廉政建设、反腐败工作部署要求，以落实新形势下党内政治生活若干准则、廉洁自律准则、党内监督条例、纪律处分条例和问责条例等一系列党的法规为主线，扎实推进人社系统从严治党制度建设和腐败易发多发领域的建章立制，新建、修订党风廉政方面制度30余项。深化社会保险治理体系和治理能力现代化建设，就业培训管理防控、医保智能审核、医保实时监控信息系统及岗位廉政风险防控平台“三系统一平台”功能逐步优化。开展“两学一做”学习教育、廉洁社会单元创建试点、“六项行动”及“五个十佳”评选活动，推动全系统干部作风持续转变，营造风清气正、干事创业良好氛围。

成都市人力资源和社会保障局

贵 州 省

2016年，贵州省人力资源和社会保障系统认真贯彻中央和省委、省政府决策部署，坚持“民生为本、人才优先”工作主线，全面推进研究问题、破解难题和深化改革工作，以“开局就是决战、起步就是冲刺”的劲头，锐意进取、真抓实干，全面完成全年目标任务，实现了“十三五”的良好开局。

一、千方百计做好就业创业工作，就业局势保持总体稳定

（一）新一轮积极就业政策效用更加显著。

全面实施就业优先战略，大力推进就业创业体制机制改革，将鼓励创业放在更加突出的位置，着力解决结构性失业问题，实施“互联网+”创业创新专项行动计划，深入推进创业型城市创建工作，加强“双百工程”平台建设，新增创业担保贷款30.35亿元，充分发挥小微企业吸纳就业主渠道作用，全省就业总量不断提升。全省城镇新增就业75.78万人，城镇登记失业率保持在3.24%的较低水平。城镇新增就业增长率连续五年位居全国前列。

（二）就业脱贫工作成效明显。

紧紧围绕大扶贫战略，强化政府就业引导和兜底责任，继续实施“雁归兴贵”行动计划，开展国家级农民工返乡创业试点建设，着力引导有资金、有技术的农民工返乡创业就业。通过“七个精准”推进就业扶贫帮扶，促进易地扶贫搬迁劳动力就业14.5万人。帮扶留守儿童困境儿童家庭劳动力返乡创业就业10万人。2016年，全省促进农村劳动力转移就业85.98万人，引导返乡农民工就业创业90.65万人。

（三）强化职业培训提升就业质量。

整合人社、农委、教育等部门资源，大力开展农村青壮年劳动力规范化技能培训，着力解决培训碎片化问题。全省开展培训43.56万人，培训后初次实现就业创业18.14万人，培训后所获薪酬每月普遍高出500～1 000元。开展了精准培训输出医院护工等服务业人员试点工作，积极与对口帮扶城市对接，组织开展为期3个月的专业培训，首期培训800人，坚持全程培训并取得证书的学员共747人，参训人员就业前景良好。

（四）高校毕业生就业方式更加多元化。

大力实施“大学生就业促进计划”和“万名大学生创业计划”，开展“一对一”的服务，引导和鼓励高校毕业生到基层就业创业。加强高校毕业生创业培训，搭建了一批“众创空间”等创业平台，激发高校毕业生创业活力。全省应届高校毕业生初次就业率达到90.88%，在毕业生人数逐年增加的情况下，实现了就业水平不降低的目标。

（五）积极做好职工安置托底帮扶工作。

出台化解过剩产能职工安置意见及系列配套政策措施，坚持“一企一策”，开展再就业帮扶和培训，全省81%的过剩产能企业制定了职工安置方案，93.7%的职工纳入安置体系实现分流，钢铁煤炭行业化解过剩产能职工安置工作平稳有序开展。深入实施稳岗补贴政策，向全省2 332户参保企业拨付稳岗补贴9亿元。

（六）公共就业服务水平不断提升。

全面推行就业实名制和信息化管理，健全

农村劳动力资源数据库，加强失业动态监测。加强基层服务平台建设，创建充分就业社区覆盖率达70.95%，就业服务能力进一步提升。

二、社保制度改革深入推进，社保安全网进一步扎牢织密

（一）社会保险制度建设不断完善。

统筹城乡的社会保障制度改革深入推进。全面推进机关事业单位养老保险制度改革，出台“1+12”配套文件，实现了机关事业单位与企业从业人员养老保险制度并轨运行。首次实现企业和机关事业单位退休人员养老保险待遇同步调整，全省130万名退休人员受益。牵头做好易地扶贫搬迁基本养老保险、基本医疗保险、低保的“三保”衔接工作，确保搬迁移民享受到安置地居民同等的社会保障待遇。实现被征地农民就业和社会保障制度全覆盖。健全完善医疗保险付费总额控制、重特大疾病保障机制等制度，稳慎推进城乡居民基本医疗保险制度整合。城镇居民基本医疗保险政府补助标准提高到420元。继续推进城乡居民大病保险制度，参保人员待遇在基本医疗报销基础上提高10%～13%，平均减轻个人医疗费用负担5 037元。在省内异地就医即时结算全覆盖的基础上，实现与滇、渝、桂、琼、吉五省跨省市异地就医即时结算。阶段性降低了四项社会保险费率，预计每年减轻企业负担12.62亿元。成都铁路局、贵州电网公司等在黔职工社保纳入地方管理。

（二）社会保险覆盖面不断扩大。

实施全民参保计划，积极开展扩面征缴，全省基本养老、基本医疗、失业、工伤、生育保险参保人数达到2 124.87万人、973.63万人、218.1万人、305.04万人、286.27万人，同比分别增长4.1%、1.9%、6.23%、5.11%、8.58%。城乡居民养老保险新增参保人数位居全国第一。社会保险基金总收入达到578.11亿元，同比增长5.11%。

（三）稳步推进国家级社保基金安全评估试点。

积极引入第三方专业机构参与评估。建立完善社会保险欺诈案件查处及刑事司法移送工作机制，严厉打击和防范社会保险欺诈行为。针对审计发现的问题，大力开展社保基金专项检查并全面整改。

三、人才发展体制机制改革不断深化，人才队伍建设实现质和量的双提升

（一）人才引进力度不断加大。

深入实施人才优先发展战略，继续大力实施“百千万人才引进计划”，举办第四届中国贵州人才博览会、校省合作专项引聘活动、外国专家组织项目洽谈会等，全年引进海内外高层次人才1.1万人。特别是通过“人才+项目”模式，成功引进院士、诺贝尔获奖专家带来的团队和优质项目落地，进一步健全了高端人才柔性引进模式。加大引智工作力度，组织实施外国专家项目和示范推广项目22项。推动中国贵阳留学人员创业园新建大数据等4个创新创业平台建设。

（二）专业技术人才队伍不断壮大。

推进中小学教师职称制度改革，完成全省45万名中小学及幼儿园教师职称改革过渡工作，组织实施了全省首次中小学教师正高级职称评审，112名中小学教师获得正高职称。顺利完成第三次民营经济组织职称专项评审，将职称专项评审范围拓展到民办学校、民营医院、民营文化企业、拟上市企业和大数据领域，全年评审民营经济组织职称9 100余人。深入开展万名专家服务脱贫攻坚专项行动，首次开展服务基层农业科技人员职称专项评审工作。进一步加大职称评审简政放权力度。专业技术人员继续教育基地、博士后科研站建设取得新进展。

（三）技能人才培养规模扩大。

实施高技能人才振兴计划，大力弘扬“工匠精神”，创新职业培训政策，有针对性地开展就业技能培训和创业培训，组织10万余人参加技能大赛。加大技工院校建设专项资金投入力度，校企合作广泛开展，对农村建档立卡贫困学生开展精准资助。全年新增高技能人才

2.87 万人。

（四）加强人才服务和平台建设。

强化人才服务“绿色通道”制度，发放人才服务绿卡 475 张。兑现“百千万人才”奖励资金 2 000 万元。首次在印度等国家建立本省海外人才工作站，与 21 家海外高层次人才机构建立了常态化工作机制。全省专业技术人员继续教育“大数据”公需科目网上学习全面启动。完成省人力资源市场整合改革，为人才发展搭建广阔平台。

四、公务员队伍建设不断加强，事业单位人事管理更加规范

（一）公务员管理不断加强。

深入推进公务员考录制度改革，多措并举解决艰苦边远和少数民族地区招人难问题，全省四级机关招录 5 029 人，其中乡镇机关和派出机构招录数占总计划的 80.3%。积极推进县以下职务与职级并行制度改革，全省县以下机关 4 万余名公务员享受相关政策。探索推进公安机关人民警察执法勤务警员和警务技术职务序列改革试点，推进公安机关人民警察招录培养机制改革。公务员培训力度不断加大，全省近 2 万名公务员得到各类培训。出台贵州省国家工作人员宪法宣誓制度。

（二）事业单位人事制度改革向纵深推进。

大力实施乡镇事业单位万人招聘计划，完善简化考试程序招聘和考核招聘“绿色通道”，全年为全省事业单位招聘人才 3.8 万人，其中基层乡镇事业单位招聘 1.9 万人。建立聘用制度和岗位管理制度相衔接的中小学教师岗位聘用制度。出台事业单位专业技术人员离岗创业政策，最大限度激发人才创新创造创业活力。人事考试工作更加安全平稳。省直机关单位车改司勤人员安置工作妥善实施。

（三）军转安置工作稳步推进。

积极探索军转干部培训前移、军地联合办班的培训模式。在安置任务大量增加的情况下，圆满完成任务。健全随军家属就业安置工作协调机制。确保了自主择业干部退役金发放资金的安全，积极扶持自主择业干部就业创业，维护了企业军转干部整体稳定。

五、收入分配制度改革积极稳慎推进，激励导向作用进一步发挥

（一）积极稳慎推进机关事业单位收入分配制度改革。

实施机关事业单位工资正常增长机制，落实机关事业单位工作人员基本工资标准两年一调机制，当年月人均增资 300 元。调整艰苦边远地区津贴标准，实施乡镇工作津贴制度，调动基层干部工作积极性。开展全省法官、检察官工资制度改革试点工作。调整人民警察警衔津贴和农业、林业与环保等事业单位特殊岗位津贴标准。统筹推进事业单位绩效工资制度。

（二）扎实推进企业工资宏观调控。

深化国有企业负责人薪酬制度改革，研究出台省管国有企业负责人综合考核办法、经营业绩考核办法等系列改革文件。发布了省属国有企业在岗职工平均工资和省管国有企业绩效年薪调节系数，开展了省属国有企业负责人经营业绩考核和薪酬审核工作，清算了有关企业负责人薪酬，审查批复了市（州）改革方案。同时，测算发布企业工资指导线，开展企业薪酬调查，继续扩大工资集体协商覆盖面。

六、和谐劳动关系建设力度进一步加大，劳动者合法权益得到有效维护

（一）加强和谐劳动关系构建。

出台构建和谐劳动关系的实施意见，健全协调劳动关系三方机制，深入推进集体合同制度攻坚计划，命名 87 家企业为“贵州省劳动关系和谐企业”。继续加强劳务派遣工作监管，严格劳务派遣行政许可。妥善做好化解过剩产能中劳动关系调处工作。

（二）全面治理拖欠农民工工资问题。

出台全面治理拖欠农民工工资问题的“1＋8”系列政策文件，开展专项行动，加强源头治理，强化行政司法联动，健全保障农民

工工资支付长效机制，严厉打击拒不支付劳动报酬犯罪行为，为25.23万人次劳动者追发被拖欠工资等待遇43.71亿元。调解仲裁工作扎实推进，调解组织建设成效明显，仲裁效能建设深入推进，全年办理案件5 536件，劳动者权益得到有效维护。

七、各项基础工作有力推进

出台人社部门服务和支持绿色发展建设生态文明的意见，完成贵州省“十三五”就业、社会保障、人才三个重点专项规划编制工作。加强基层就业和社会保障服务设施项目建设，全省县、乡两级平台建设覆盖率分别达到92%和93.7%，均高于全国平均水平。信息化建设力度不断加大，“智慧人社云”建设初见成效，12333电话咨询服务系统逐步完善，机关事业单位养老保险、跨省异地就医即时结算等一批支持重点改革任务的信息系统建设全面推进。深入推进行政审批制度改革，取消各地自行设置实施的10项职业资格许可和认定事项。积极争取中央支持，全年共争取到各类补助资金131亿元。

贵州省人力资源和社会保障厅

云 南 省

2016年，云南省人社系统紧紧围绕全省经济社会发展大局，深化改革、创新发展，锐意进取、主动作为，对标一流、争先进位，圆满完成各项目标任务，实现“十三五”良好开局。

一、就业创业超额完成任务

系统上下克服经济不景气、就业岗位供给不足、化解过剩产能职工安置任务重带来的不利影响，坚持以创业带动就业，积极拓展就业空间，加大岗位供给和就业招聘力度，全年实现城镇新增就业44.8万人，帮助城镇失业人员再就业13.4万人、就业困难人员就业11万人，城镇登记失业率控制在3.6%以内，就业创业形势呈现稳中向好态势。突出抓好高校毕业生就业创业工作，省人社厅先后在云南民族大学、昆明理工大学、云南财经大学举办专场招聘会，组织招聘企业2 000余家，提供就业岗位1.4万余个。各州市、县认真组织开展“2016年全国人力资源市场高校毕业生就业服务周”和“高校毕业生就业服务月”活动；各高校积极作为，组织各种招聘活动，全年共完成云岭大学生创业扶持项目947户，发放扶持补助资金1 375.8万元，实现带动就业4 853人，全省高校毕业生年终就业率达96.7%，高校毕业生就业率稳步提升。扎实开展失业人员和就业困难人群再就业帮扶工作，开发公益性岗位共安置就业困难人员4.6万人，1 786户零就业家庭实现动态清零；积极开展困难地区就业援助专项行动，举办“千户企业、万个岗位进藏区”就业援藏活动，取得良好社会效果。创业带动就业实现新突破，新增发放创业担保贷款127亿元，是全国发放贷款最多的省份，共扶持创业15.1万人，带动吸纳就业46.5万人；全省共新建创业园区101个、众创空间40个、校园众创平台64个，并建立云南—上海对口帮扶创业联盟。就业创业环境明显改善，加强公共就业创业服务体系建设，深入推进公共就业创业服务“进社区、进高校、进园区”；取消职业资格453项，降低就业门槛；依托人社系统门户网站和“云南人社众创网”，打造“互联网＋就业”服务平台。

二、社会保障制度改革取得新进展

坚持以深化社会保障制度改革为引领，着力构建覆盖城乡的社会保障体系，社会保障安全网进一步织密扎牢。全省五大社会保险参保人数达4 917.7万人次。提高退休人员养老金，企业退休人员增幅达7.3%，机关事业单位退休人员增幅达6.1%。机关事业单位养老保险改革任务顺利推进，已完成全省3.2万个单位、170万人参保登记，累计征缴养老保险费104.9亿元、职业年金43.9亿元。全民参保登记工作基本完成，参保登记4 883万人(含非本省户籍常住人口)，促进了参保扩面，避免了重复参保。改革完善被征地农民基本养老保障政策，按照每个州市试点1个县稳步推进试点工作，引导被征地农民参加城乡居民基本养老保险或职工基本养老保险。城乡居民医保整合取得突破性进展，会同相关部门制定出台了“六统一”的配套政策文件，理顺管理体制，从2017年1月1日起，全省各地统一执行城乡居民基本医保政策。异地就医联网即时结算工作力度加大，全省 4 809 家“两定机构”实现省内异地联网结算，与 16 个省（区、市）签订了异地就医即时结算合作协议或实现互联互通。积极推动“三医联动”改革，加大民族药、地方药扶持力度，2016 年将省内名优药、民族药 68 个药品品种纳入云南省医保目录，药品目录和医保支付方式进一步完善。重点领域工伤保险扩面工作扎实推进。社保基金监管进一步加强，组织开展社保基金专项检查和专项整治，配合审计部门开展了工伤、医疗保险基金审计工作。加大社保基金保值增值工作力度，全省社保基金增值达 14.5 亿元；启动实施委托全国社保基金理事会投资运营基本养老金工作，计划每年委托 100 亿元分 5 年委托 500 亿元。清缴社保基金欠费 21.7 亿元、被征地农民养老保障金近 20 亿元；加强“两定机构”管控和源头治理，堵塞制度漏洞，全省整改纠正违规资金 1.7 亿元。

三、人才体制机制改革取得新突破

针对云南省人才队伍总量不足、结构不优、素质不高、作用发挥不够等问题，着力向用人主体放权，为人才松绑，激发各类人才创新创业活力。深化人才发展体制机制改革，研究制定了柔性引进人才办法、创新型技能人才培养指导意见、技工院校与技能人才队伍建设实施意见等 7 个配套政策措施。深化职称制度改革，制定出台了中小学教师、技工院校教师、基层卫生、农业技术、非公有制经济组织和社会组织人才职称评审等 8 个配套政策文件，明确规定不再把外语、计算机、论文（对县及县以下专业技术人员、非公经济组织和社会组织人才的论文条件不作硬性要求）作为评定职称的刚性条件，目前已下放 16 个州市中小学教师、农业技术、基层卫生行业和 14 所高校、科研单位高级职称评审权。突出“高精尖缺”导向，实施海外高层次人才和高端外国专家等引进计划，建立“引进高层次人才服务证”制度，构建高层次人才“一站式”服务窗口和“一条龙”服务绿色通道，新增引进海内外高层次人才 1 403 人，新评选“国贴”、“省突”、“省贴”专家 272 人。健全柔性引才机制，在云南大理、腾冲建立柔性引才基地；与上海合作开发退休人才资源，对二级岗以上的高级专家实行延时工作制度，最大限度发挥人才效应。成功举办“首届云南国际人才交流会”，开展外国人来华工作许可证制度两证合一，探索设立海外引智工作站，实施国家及省级外专引智项目 107 个，引进项目专家近 300 人次，开展出国（境）培训项目 28 个。实施“高技能人才振兴计划”，打造具有“工匠精神”的高技能人才队伍，建立“双证书”制度，构建 5 条技能人才成长通道，评选 43 名首席技师、5 名云岭首席技师被表彰为“全国技术能手”、6 人入围第 44 届技能大赛选拔赛。省政府和有关部门支持解决了比照职业院校落实技工院校生均拨款，对“两后生”实施全员培训，并实行免学费，提高助、奖学金等优惠政策。争取国开行贷款 37.5 亿元，加强 20 所技工院校基础建设，云南保山、红河两所技师学院基本建成，投入 7 500 万元建设 16 个高技能人才培训基地。加强对“两后生”的培训，全省技工院校共招生 5.3 万人，学生总量达 13.2 万人，再创历史新高。

四、人事管理工作明显加强

认真贯彻全面从严治党新要求，不断深化人事制度改革，激发干部队伍干事创业活力。积极推进公务员分类管理，总结工商、质监系统开展行政执法类公务员试点工作经验，加强对公务员分类改革尤其是公安机关执法勤务警官职务、警员职务和警务技术职务序列改革的前瞻性研究。云南红河、德宏 2 个州聘任制公务员管理试点工作顺利实施。强化公务员培训教育，围绕能力提升，加大培训力度，先后举办各类公务员能力提升培训班 95 期，脱产培训公务员 5.5 万人次，网络培训 15 万人次。从严管理公务员队伍，公务员考录、公开遴选、表彰奖励、宪法宣誓等工作顺利完成。下放省级机关科级以下公务员职务管理权限，不再报公务员主管部门备案。着力加强事业单位人事管理，出台事业单位公开招聘人员办法和面试测评暂行办法、高层次人才直聘竞聘上岗规定、事业单位工作人员考核、鼓励高校和科研院所专业技术人员在岗和离岗创业等6个政策文件，稳慎开展管理岗位职员等级晋升制度改革试点，事业单位人事管理取得突破性进展。取消省级事业单位增人计划卡，招聘工作人员一律纳入公开招聘计划管理。持续加大人事考试环境治理力度，强化考试职责省级归口管理、州市集中管理，省人社厅每年为全省事业单位公开招聘提供3次集中考试服务；建立与公安、工信等部门维护考试安全联动机制，深入开展人事考试环境综合治理专项行动，依法打击助考作弊犯罪行为，彰显人事考试的公信力。军转安置任务圆满完成，妥善安置470名计划分配军转干部和1 090名自主择业军转干部，实现23年在全国率先完成年度军转安置任务。扎实做好企业军转干部解困维稳工作。

五、各类群体收入明显增加

统筹各类群体的收入水平，多渠道增加收入。抓改革，认真做好机关事业单位正常工资增长工作，优化工资结构，机关事业单位薪酬更趋合理；积极推进法官、检察官工资制度改革试点工作，提高执法勤务机构警员职务序列人民警察基本工资、警衔津贴标准。抓规范，清理规范津贴、补贴和奖金，完善省直机关绩效考核奖励制度，取消44项省级奖励项目，并将结余资金用于兑现考核奖励，受益面扩大到省级事业单位。抓导向，注重向基层一线和艰苦边远地区倾斜，全面落实500元的乡镇工作岗位补贴，认真落实乡村教师工资待遇政策和集中连片特困地区乡村教师每月500元的生活补助政策。抓统筹，改革完善企业薪酬分配制度，突出“绩效评价”，稳慎推进国有企业负责人薪酬制度改革，收入差距明显缩小；实施区域性、行业性工资集体协商制度；积极做好企业薪酬试调查工作；合理制定并及时公布企业工资指导线。

六、构建和谐劳动关系迈出新步伐

面对日趋复杂的劳动关系新形势，加大劳动关系领域风险防范力度，全省劳动关系总体和谐稳定。研究出台了全面治理拖欠农民工工资问题、重大劳动保障违法行为社会公布实施办法等政策文件，劳动合同签订率为96%，集体合同签订率为90%。认真做好12333咨询服务、信访维稳及劳动人事争议调解仲裁工作，全年共立案受理劳动人事争议案件2.3万件、办理劳动保障监察案件6 827件，结案率均为100%。全力维护劳动者工资报酬权益，建立人社、公安等多部门联动和劳动保障监察执法与刑事司法衔接机制，全面开展“拉网式”排查和农民工工资支付情况专项检查，梳理欠薪清单和责任清单，建立台账、挂牌督办。向公安机关移送涉嫌拒不支付劳动报酬罪案件112件，立案59件，有力维护了社会稳定。

七、人社服务保障能力进一步提升

以推进全面从严治党为主线，以维护好、实现好群众利益为出发点，人社系统党的建设和综合服务能力不断加强。坚持全面从严治党，扎实开展“两学一做”学习教育和基层组织建设年活动，深入学习贯彻党的十八届六中全会精神，认真履行全面从严治党主体责任，加强警示教育和防控制度建设，始终保持惩治腐败的高压势头。不断提升人社干部队伍能力素质，强化学习培训，先后举办人社干部培训班26期，培训1 590人次。深入开展“对标一流、争先进位”活动，并从业务拓展到党风廉洁、服务能力、窗口作风等各个领域，有力促进了各项工作水平的提升。着力加强基层服务平台建设，争取到人力资源社会保障部基层服务平台建设项目17个，建设资金7 182万元。充分运用“互联网＋人社”理念，在129个县、14 292个村（社区）开展人社服务群众

“最后一公里”建设，在37个高校、20个产业园区建立人社工作服务平台；社会保障卡持卡人数增加到3 118万人；开发运用云南人社12333手机客户端和微信公众号，实现了“电子人社服务到村、掌上社保服务到人”。全面推进法治人社建设，出台法治人社建设五年规划，行政审批制度改革深入推进，法规和规范性文件清理成效明显；办理人大代表建议69件、政协委员提案45件，满意率均为100%；办理行政复议案件66件、行政诉讼案件37件；坚持“公开为常态、不公开是例外”，全面推进人社政务信息公开。同时，人社领域的政策研究、调研督查、信息化建设、宣传舆论、政务公开、信息报送、档案管理、老干部服务、机关后勤保障等方面工作也取得了较好成绩。

云南省人力资源和社会保障厅

西藏自治区

2016年，西藏自治区人力资源和社会保障系统以党的十八大和十八届三中、四中、五中、六中全会精神为指引，深入学习贯彻习近平总书记系列重要讲话精神，特别是治边稳藏重要战略思想和“加强民族团结，建设美丽西藏”重要指示，贯彻落实中央第六次西藏工作座谈会重大部署，贯彻落实全国人力资源和社会保障工作会议、全国人社系统对口援藏工作座谈会和自治区第九次党代会精神，牢固树立新发展理念，围绕“民生为本、人才优先”工作主线，凝心聚力、扎实工作，圆满完成了全年各项目标任务。

一、就业形势持续稳定

全年城镇新增就业5万余人，其中1万余名高校毕业生通过公职岗位就业，城镇零就业家庭全部动态清零。城镇登记失业率控制在2.6%以内。培训农牧民6.54万人次，转移农牧区富余劳动力110万人次，实现劳务收入25.67亿元。

（一）就业创业政策体系不断完善。

坚持就业第一原则，西藏自治区人民政府出台《关于贯彻落实国务院关于进一步做好新形势下就业创业工作意见的实施意见》（藏政发［2016］61号），自治区人民政府办公厅印发《关于支持农牧民工等人员返乡创业的实施意见》（藏政办发［2016］106号），中国人民银行拉萨中心支行、自治区财政厅、自治区人社厅印发《关于进一步做好创业担保贷款工作的实施意见》（拉银发［2016］126号）等政策性文件，措施更加有力。

（二）高校毕业生实现充分就业。

引导高校毕业生转变就业观念，不断开辟就业渠道，通过公开考录、就业援藏、市场就业、自主创业等途径推动实现更高质量就业。加大就业援藏力度，完善就业援藏机制，11个对口援藏省市、3家中央企业提供岗位5 600余个，举办各类招聘和专项考录10场次。发布就业岗位信息1万余条。兑现企业吸纳高校毕业生奖励资金和高校毕业生路途、生活及一次性求职补贴2 614.38万元。

（三）转移就业精准脱贫深入开展。

按照“精、准、实”要求，以就业促进、产业带动、企业和项目吸纳等为手段，以提升扶贫对象就业创业能力、实现稳定就业为目的，做好转移就业脱贫工作。全年培训贫困人口4.92万人，通过各种渠道实现转移就业3.45万人。

（四）困难群体就业较好解决。

扎实做好公益性岗位开发管理工作，充分发挥托底安置作用。至2016年年底，全区公益性岗位达3万个，安置就业2.7万余人。城镇零就业家庭全部动态清零。

（五）大众创业万众创新扎实推进。

开办创业培训班128期，培训3 210人，创业成功547人，带动就业1 560人。西藏民族大学大学生创业孵化基地吸纳就业160余人。建设西藏农牧学院大学生创业孵化基地，首期20个创业项目已通过评审。

（六）技能培训大力实施。

在抓效益、提高就业率的基础上，开发职业技能培训民族特色教材，建立培训就业一体化机制。全年实现技能就业 4.87 万人。

（七）就业服务不断加强。

开展“就业援助月”、“春风行动”、“高校毕业生就业服务月（周）”等公共就业服务活动，职业指导 3.6 万余人，职业介绍 3.7 万余人，介绍成功 2 万余人。外国人在藏就业管理服务不断加强。

二、社会保障体系逐步完善

统筹城乡的社会保障体系基本建成，覆盖面不断扩大。实施全民参保计划，积极开展扩面征缴工作，全区各项社会保险参保达 300 万人次。

（一）完善社会保障政策体系。

制定出台《西藏自治区城镇基本医疗保险定点医药机构协议管理办法》（藏人社厅发［2016］106 号）、《〈西藏自治区职工生育保险办法〉实施细则》（藏人社厅发［2016］56 号）、《关于工伤保险若干问题的处理意见》（藏人社厅发［2016］89 号）等规范性文件。落实城镇居民大病保险政策，确保大病保险全覆盖，有效缓解困难群体的大额医疗费用负担。推进异地就医即时结算和医保付费方式改革。调整充实自治区本级劳动能力鉴定医疗卫生专家库，落实“同舟计划”。

（二）降低社保费率。

将企业职工基本养老保险单位缴费比例降为 19%；失业保险单位缴费比例降为 1%，为企业减负 1 361.9 万元。

（三）提高社会保障待遇水平。

企业退休人员基本养老金实现 12 年连调，月人均达 4 009 元。机关事业单位退休人员基本养老金与企业退休人员首次同步调整。城乡居民基础养老金标准由月人均 140 元提高到 150 元。城镇居民基本医疗保险政府补助标准由每人每年 380 元提高到 420 元。全区跨省安置退休人员基本医疗保险门诊包干费由每人每年 1 500 元提高到 1 700 元，1959 年 3 月 28 日前参加工作退休的人员由每人每年 1 700 元提高到 2 000 元。兑现 2015 年 150 余家企业稳岗补贴 1 400 余万元。

（四）加强社会保险基金监督管理。

经办机构内控建设不断强化，社会保险稽核审计工作更加严格，城乡居民基本养老保险基金监督管理机制逐步健全，社会保险基金征缴拨付流程进一步规范，社会保险领域套（骗）取基金行为的处理力度持续加大。

（五）提升管理服务水平。

推行“一制四化”经办模式，加快社会保险经办标准化和信息系统建设。离退休人员安置服务管理进一步优化，按时足额发放跨省安置退休人员基本养老金。

三、人才队伍建设不断加强

切实履行政府人才综合管理职能，推进人才工作取得新进展。

（一）人才评价机制不断完善。

制定了《西藏自治区深化中小学教师职称制度改革工作实施方案》（藏人社厅发［2016］44 号），为加强中小学教师队伍建设、促进教育事业发展提供了制度保障和人才支持。出台了《西藏自治区基层专业技术人员专业技术职务任职资格评定暂行办法》（藏人社办［2016］216 号），鼓励专业技术人员扎根基层、干事创业。加强高级专业技术职称评审督促指导和服务管理，全年共评审 1 790 人。

（二）专业技术人才队伍建设扎实推进。

实施重大人才工程，专业技术人才知识更新工程、专家服务基层行动计划、少数民族专业技术人才特殊培养等深入推进。坚持高端引领，开展国务院政府特殊津贴人选、自治区学术技术带头人选拔工作，全区学术技术带头人达到 120 名。外专引智引才工作不断拓展，积极引进外国专家，落实示范推广项目，取得了良好的经济社会效益。首次推荐的 1 名外国专家荣获“中国政府友谊奖”。

（三）医疗和教育人才“组团式”援藏工作取得新进展。

认真贯彻落实自治区党委、政府安排部署，简政放权，加强服务，推动受援医院和学校人事制度改革见成效。

（四）技能人才队伍建设不断加强。

举办技能培训班 1 032 期，培训技能人员 7.26 万人（含精准扶贫培训人员）。通过职业技能鉴定服务一体化云平台，首次实现全国统一鉴定考核、工人技术等级考试和社会化鉴定网上报名。规范技能人才考核鉴定，职业技能鉴定 2.26 万人。开展气象、水利、烹饪等行业职业技能竞赛。

（五）人才引进力度持续加大。

在“用好现有人才、稳住关键人才”的同时，重点向医疗卫生、农林水电、工程技术等领域专业技术人才倾斜，下达引才计划 1 920 项，引进急需紧缺人才 1 232 人，高层次人才 13 人。

（六）人事考试工作规范有序。

完成专业技术资格类、公务员招录、事业单位招聘等 45 项和 8.1 万余人次考试考务工作。探索创新“互联网＋考试”模式，首度开通考试网上缴费业务。严肃考纪法规，净化考试环境，确保了考试公平、安全。

四、人事制度改革深入推进

以加强公务员队伍建设、深化事业单位人事制度改革为引领，人事管理进一步科学化、规范化。

（一）公务员考录有序推进。

开展了高校毕业生公开考录、区直单位公开考录（遴选）、基层政法机关定向招录等工作，完成了农村订单定向免费医学生、非西藏生源定向西藏就业高校毕业生等分配派遣，充实基层公务员和专业技术人员队伍。

（二）公务员管理更加规范。

落实《西藏自治区县以下机关建立公务员职务与职级并行制度的实施办法》（藏党办发［2015］40 号），提高基层公务员待遇，稳定基层公务员队伍。完成公务员年度统计和行政机关公务员（参照管理事业单位工作人员）年度考核备案审核。事业单位参照管理申报审批有序推进。评比达标表彰工作扎实开展。举办行政机关公务员培训班 300 多期，培训公务员 1.65 万人次。

（三）事业单位人事管理不断加强。

岗位设置稳步推行，聘用制度推行面不断扩大，公开招聘工作严格规范，实名制管理不断完善。批复 109 家事业单位岗位设置方案，核准岗位 8 793 个。岗位等级认定 79 家，认定岗位 5 762 个。完成专业技术二级岗位试点工作。

（四）军转干部安置管理服务扎实开展。

妥善做好计划分配军转干部安置工作，按时足额发放自主择业军转干部退役金。及时兑现“三大节日”、八一建军节企业军转干部慰问金及困难补助，军转干部整体稳定。

（五）提前退休和离岗休养政策稳慎实施。

严格政策界限，规范审核审批程序，统一政策尺度，完成了年度提前退休和离岗休养批复工作。

五、工资收入分配进一步规范

积极推进收入分配制度改革，工资收入分配制度逐步健全。

（一）努力提高干部职工工资待遇。

认真做好机关事业单位调整基本工资、西藏特殊津贴标准和增加离休人员离休费工作，机关事业单位工作人员工资稳步提升、离休人员离休费稳步增加。有序推进法官、检察官工资制度改革试点。完成工资统计、公务员工资试调查、警衔津贴标准调整等工作。

（二）健全企业工资分配制度。

以非公有制企业为重点，工资集体协商覆盖范围不断扩大，企业工资决定机制和正常增长机制不断健全。落实《西藏自治区深化国有企业负责人薪酬制度改革的意见》（藏党发［2016］27 号），推进国企负责人收入分配公平、公正、合理。严格执行全区现行最低工资标准，开展了最低工资标准执行情况专项检查。

六、劳动关系保持和谐稳定

主动应对劳动关系领域新情况，加大风险

防范力度，服务社会稳定发展大局。

（一）劳动关系更加和谐。

中共西藏自治区委员会、西藏自治区人民政府出台《关于构建和谐劳动关系的实施意见》（藏党发［2016］13号），为构建和谐劳动关系提供了基本遵循。不断完善协调劳动关系三方会议制度，推进非公企业和谐劳动关系创建活动。劳动合同制度不断完善，全区国有企业劳动合同签订率100%，农牧民工劳动合同签订率92.8%。

（二）劳动人事争议处理能力稳步提高。

全区共受理劳动人事争议案件1 123件，涉及人数7 370人，涉及金额1.5亿元，结案率98%。拉萨、日喀则、林芝、昌都、那曲均成立劳动人事争议调解仲裁院；山南、阿里调解仲裁机构实体化建设积极推进。国有企业及非公经济组织劳动争议预防调解示范工作稳步开展。

（三）劳动保障监察执法力度逐步加大。

西藏自治区人民政府办公厅出台《关于建立健全治理欠薪工作机制的意见》（藏政办发［2016］71号），推动治理欠薪工作进入制度化、规范化阶段。开展农牧民工工资支付、清理整顿人力资源市场秩序等专项执法检查活动，检查各类用人单位1.7万户次，督促用人单位与1.4万名劳动者签订劳动合同，追发工资等待遇1.5亿元，涉及劳动者1.1万人，补缴社会保险费208.5万元。处置突发性事件98起。劳动保障监察举报投诉结案率100%。

七、基础设施建设继续加强

把加强公共服务特别是信息化建设摆在更加突出的位置，改进工作方式，提升工作质量，努力让群众办事更加便捷高效。

（一）项目建设稳步推进。

人力资源和社会保障“十二五”规划重点项目已完工并投入使用109个，续建在建项目13个。基层劳动就业社会保障公共服务平台已建成733个。

（二）规划编制进展顺利。

编制完成《西藏自治区人力资源和社会保障事业发展“十三五”规划（2016—2020年）》和《西藏自治区“十三五”时期人力资源和社会保障信息化建设规划》。与人力资源社会保障部签订“十三五”信息化援藏合作备忘录，国家从资金、项目、人才方面给予我区特殊支持。

（三）信息化建设步伐加快。

金保工程二期和数据中心机房、社会保障一卡通建设稳步推进。建设全区公共就业服务管理信息系统。城乡居民基本养老保险信息系统建设基本完毕，完成全区近800个经办网点建设。实施西藏自治区机关事业单位社会保险信息系统升级改造项目。开通西藏自治区专业技术人员继续教育网和西藏人才网。完善公务员管理信息系统和人事人才信息系统。开发劳动人事争议仲裁办案系统。

八、全国人社系统对口援藏工作座谈会顺利召开

2016年8月，全国人力资源和社会保障系统对口援藏工作座谈会在拉萨召开。会议建立了由人力资源和社会保障部牵头、17个对口支援省市和西藏自治区参与的人社援藏长效机制。“十三五”期间人力资源和社会保障部援藏项目资金预计达36亿元。各对口支援省市提出支持项目104个，其中，已落实44个项目资金2.35亿元，其余60个项目也已达成共识，为西藏人力资源和社会保障事业持续健康发展注入了强劲动力。

在完成好上述工作的同时，切实推进简政放权，编制系统权责清单，对一批中央设定地方实施行政审批事项和国务院取消调整的行政审批项目提出清理意见。完成年度48件人大代表建议、政协委员提案办理工作，办复率100%，满意率100%。深入开展“两学一做”学习教育，引导党员在密切联系服务群众中锤炼党性、提升能力。圆满完成区党委巡视“回头看”反馈意见的整改落实，

转入巩固提高阶段。扎实开展窗口单位改进作风专项行动。严格落实“两个责任”，全面推进惩防体系和廉政风险防控机制建设。完善管理制度，“三公”经费管控不断加强，支出大幅下降。强基惠民驻村工作推向纵深。

西藏自治区人力资源和社会保障厅

陕西省

一、就业

2016年，陕西坚持把稳定就业作为首要政治责任，注重研判形势，加强工作指导，突出重点群体，狠抓就业政策落实落地。全年全省城镇新增就业44.5万人，完成年度目标任务36万人的123.6%；农村劳动力转移就业694万人，完成年度目标任务560万人的123.9%；全省城镇登记失业率3.3%，低于4%的控制指标0.7个百分点；积极应对新形势新情况，实施更加积极的就业政策，全年会同省财政下达市县就业补助资金22.93亿元。注重推进重点群体就业创业。坚持把促进高校毕业生就业创业放在首位，加强政策宣传，搭建就业平台，全省各级公共人才服务机构共举办毕业生专场招聘会680场、就业创业报告会86场、安排就业见习21 236人；组织实施“农村基层人才队伍振兴计划”，招录1 781名高校毕业生到农村基层从事医疗、教育和农技服务。落实困难群体就业创业扶持政策，加大就业援助力度，促进约5万名就业困难人员实现就业。实施农民工职业技能提升计划，组织开展“春风行动”、“民营企业招聘周”等公共就业服务专项行动，为各类群体和用人单位提供政策支持和服务。积极做好化解过剩产能中职工安置工作。系统上下立足职能，主动作为，重点围绕职工就业安置、转岗培训、劳动关系处理、社会保障衔接和资金保障等五个方面，出台并实施了16项政策措施，涉及64家企业的安置方案全部制定，安置工作平稳有序，全年安置职工4.2万人。大力促进创业带动就业。2016年新增发放创业担保贷款54.16亿元，完成年度目标任务50亿元的108.3%，直接扶持创业5.13万人，带动就业16.94万人；积极探索创业担保贷款信用乡村建设；推广市场化创业孵化模式，新增国家级创业孵化示范基地1个、省级基地15个；成功举办了第二届“中国创翼”青年创业创新陕西赛区选拔赛，被人力资源社会保障部评为“最佳组织奖”。着力在支持脱贫攻坚上聚焦用力，实施了13项政策措施，采取资金扶持、劳务协作、专场招聘等方式，突出定点帮扶，把延安作为联系点，支持率先脱贫。

二、社会保障

始终以更加公平更可持续为目标，在国家顶层设计框架内，深入推进社保制度改革，持续完善政策标准，覆盖城乡的社会保障体系不断健全。机关事业单位养老保险制度改革加快推进，已参保登记163.5万人，35.7万名退休人员待遇实现了经办机构发放。在宝鸡、安康、杨凌、韩城等7个试点地创新开展被征地农民参加企业职工养老保险试点，试点地已有1 394人参保缴费，433人领取待遇。全面实施城乡居民大病保险，人均报销比例提高11.9个百分点，有效缓解群众看病难、看病贵的问题。积极推进城乡居民医保整合，省政府办公厅印发了《关于统一城乡居民基本医疗保险提升服务效能的实施意见》（陕政办发[2016]79号），对整合居民医保作出制度安排。加强社保政策的系统性研究，更加注重各类群体待遇平衡，稳步提高社保待遇水平。

2016年首次统一安排、同步调整企业和机关事业单位退休人员基本养老金，调整后企业月人均水平2 447.95元，农村“八大员”、20世纪60年代精减人员等17个群体社保待遇一并调整，共有343.8万人受益。城镇居民医保补助标准提高到440元，高于国家标准20元。认真落实降成本要求，在2014年率先降低失业、工伤、生育保险费率的基础上，实施第二轮阶段性降低三项社会保险费率，两年执行周期内降低企业成本32.5亿元，失业保险降幅最大，费率为全国最低。加快推进全民参保登记计划的实施，积极开展扩面征缴工作，社会保险覆盖范围持续扩大。全省基本养老、城镇基本医疗、失业、工伤、生育保险参保人数分别达到2 509万人、1 248万人、352万人、442万人、283万人，均超额完成全年目标任务。加强基金监督管理，基金运行安全平稳，陕西省被确定为全国首批纳入基本养老保险基金委托投资运营省份。全年全省五项社会保险基金总收入1 021亿元，总支出942亿元，累计结余1 137亿元。以信息化建设为支撑，运用“互联网+”思维，全面提升经办管理服务水平。企业职工养老保险综合柜员制试点稳步推进，网上经办服务平台功能不断优化，异地就医结算系统首批实现与国家联网对接，经办服务质量和效率均得到有效提升。加快社会保障卡发放应用，累计发卡2 460万张。选择铜川先行试点，实现了社保卡医疗费用结算、社保费用缴纳等93项功能。在省本级和宝鸡、铜川部分定点医疗机构试点开展社保卡办理挂号、结算等个人业务。

三、人才队伍建设

按照职责分工，转变思维方式，切实履行政府人才工作综合管理职能，认真抓好组织实施。成立了人才工作领导小组，建立任务清单，实行定期报告，夯实职责责任，全力推进人才改革。不断优化人才评价方式，加大政策引导，有效激发人才创新活力。出台了优化职称管理服务政策8项举措，新增5类人员纳入职称外语免试范围。改革完善基层卫生人才职称评审政策，下放基层卫生专业技术人员高级职称评审权，建立了以医疗服务水平、质量和业绩为导向的评价机制。首次由省政府出台支持博士后创新创业工作的意见，通过重点资助、奖励等形式，吸引博士后人才来陕创新创业。积极开展技能人才自主评价试点，在国家职业标准框架内，由行业企业结合实际，制定工作方案，设置评价要素，自主组织开展考核鉴定。落实国务院“放管服”要求，国家规定的和本省自行设定的各类职业资格全部取消。积极搭建人才培养平台，实施各类人才项目工程，全年新建省级高技能人才培训基地10个、技能大师工作室20个，2名高技能人才获得“全国技术能手”称号。成功举办了第44届世界技能大赛陕西选拔赛，陕西省3名选手入选国家集训队。规范机关事业单位工勤人员技术等级岗位考核，1万余人参加了升等级和技师考核。围绕重点产业实施引智项目，积极引进高层次人才，全年共实施引智项目136项（含留学人员资助项目），引进外国专家1 643人次，成功举办8项国际交流活动，新增省级引智示范推广基地和示范单位7个；2名外国专家获得“中国政府友谊奖”。

四、人事制度改革

不断加强公务员队伍建设，促进公务员管理科学化、规范化。强化公务员职位管理，制定了公务员转任和破格提拔职务暂行办法。进一步创新完善公务员招录政策，取消两年以上基层工作经历限定，对有空编的省直单位，按空编的50%申报招录计划，全省共招录公务员4 037人，其中，省直部门143人。率先出台人民满意公务员示范单位和示范岗创建管理办法，建立了长效机制。制定了“十三五”公务员培训教育规划，实施新一轮培训工作，将弘扬延安精神、强化职业道德作为必修内容纳入各类培训，全年共培训各级公务员9.2万人次。继续深化事业单位人事制度改革，出台了鼓励支持高校、科研院所等事业单位专业技术人员创新创业的政策措施，鼓励科研人员离岗创业，实现了差异化人事管理。进一步规范事业单位公开招聘工作，为省属36个事业单位公开招聘274人。支持高校医院自主招聘1 800余人，为县及县以下医疗机构定向招聘医学类本科毕业生2 187名。加强事业单位岗位设置，为38所高校重新核准了岗位设置方案。完成二级岗位评选工作，确定了56名聘用人员。强化聘用合同管理，开展事业单位聘用制度推行情况专项督查，推进聘用制度全覆盖。全面落实全国军转安置工作会议部署，全力抓好深化国防和军队改革第一年军转安置工作。省委印发了《关于进一步做好深化国防和军队改革期间军队转业干部安置工作的通知》（陕发［2016］28号），出台了《省直、中央驻陕和教育、卫计委系统等有关单位2016年优先选用军转干部的实施意见》。当年全省共接收军转干部2 306名（计划安置1 114名，自主择业1 192名），位列全国第7位。妥善处置部分企业军转干部进京集访的工作经验，被国务院军转办以正式文件采纳推广。

五、收入分配

收入分配制度改革扎实推进。完善机关事业单位工资制度，完成全省机关事业单位工作人员基本工资标准和离休人员离休费调整。落实人民警察工资待遇政策，调整了全省5万余名人民警察警衔津贴标准。全面开展了法官、检察官和司法辅助人员工资制度改革试点工作。调整了本省45个一类区、3个二类区艰苦边远地区津贴标准。深化企业工资制度改革，在全省12个市区和44家省属企业实施国有企业负责人薪酬制度改革，进展平稳顺利。制定了《省属企业负责人基本年薪基数认定暂行办法》，明确了薪酬信息披露有关要求。及时发布年度企业职工工资指导线，开展了企业薪酬调查和最低工资标准评估调研。

六、劳动关系

主动应对经济下行、化解过剩产能等对劳动关系带来的影响，加大劳动关系领域风险防控力度。健全劳动关系协调机制。省委、省政府印发《关于构建和谐劳动关系的实施意见》（陕发［2016］5号），提出了合理增长职工工资、改善劳动条件、规范劳动用工等措施，促进了经济持续健康发展和社会和谐稳定。全面推进集体合同制度攻坚计划，有工会的企业集体合同签订率达到92.6%以上，高于国家确定的80%的目标任务。加强对劳动关系和谐企业和工业园区的监督，指导企业依法规范劳务派遣用工。加强为农民工服务工作，开展农民工住房保障和农民工随迁子女平等接受教育专项督查，促进农民工相关政策落实。在全国率先探索建立了农民工社会融合评估指标体系，委托第三方机构开展农民工社会融合调研评估工作，进一步推动了农民工市民化工作进程。强化劳动保障监察执法，省政府办公厅出台了《全面治理拖欠农民工工资问题的实施意见》（陕政办发［2016］28号），从依法规范企业劳动用工管理、落实工资支付主体责任等方面，提出了11条有效措施。建立劳动监察"双随机"执法检查制度。在全省开展了农民工工资支付情况专项执法活动，全年全省共查处工资类违法案件4 164件，涉及农民工8.9万人，追发工资待遇12.7亿元。积极开展企业劳动争议预防调解示范工作，推进办案机构实体化、标准化建设，不断提高仲裁效率和公信力。全年共立案受理劳动人事争议案件1.02万件，结案率98.4%。

陕西省人力资源和社会保障厅

西安市

2016年，西安市人力资源和社会保障部门全面贯彻落实党的十八大和十八届三中、四中、五中、六中全会精神以及习近平总书记系列重要讲话精神，围绕“民生为本、人才优先”工作主线，坚持“深化改革、优化服务、强化落实、补齐短板”的工作思路，按照“改革要提速、创新要发力、难题要破解、政策要落地”的工作要求，抓重点、解难点、举亮点，真抓实干，精准发力，圆满完成了年度各项目标任务，实现了“十三五”良好开局。

一、深化改革创新发展难题得到破解

坚持问题导向，继续深化改革。西安人社局牵头承担的10项全市改革任务和36项自主改革任务全部如期完成。成立了陕西省首家高层次的西安创业大学，建立了就业形势月分析季研判制度。围绕创新驱动发展，出台人才新政，创造性建设“西安市人才工作创新试验基地”。机关事业单位养老保险制度改革稳步推进，在全国较早地将机关事业单位和社会团体工作人员纳入工伤保险保障范围，对定点医药机构实行协议管理；工伤保险费率调整政策落实到位；会同卫生计生部门提出西安市整合城乡居民基本医疗保险制度的工作意见。改革事业单位绩效工资管理办法，出台国有企业负责人薪酬制度改革实施意见。配合落实省市“三项机制”，制定出台《市级行政机关公务员轮岗交流办法》，印发《关于鼓励机关事业单位周末弹性休假及进一步做好调休补休工作的通知》。

二、各项职能工作均实现新的突破

（一）就业形势总体稳定。

全年全市城镇新增就业12.9万人，城镇登记失业率为3.33%，农村劳动力转移就业84.8万人，城镇新增就业总量和排名继续位列陕西省第一。

始终把高校毕业生就业作为重中之重，采取人社局长进校园、公共就业人才服务专项活动、校企对接、网络招聘等多种形式帮助和扶持大学生就业，大力实施离校未就业高校毕业生就业促进计划，开展就业服务专项活动，全年举办较大规模招聘会268场，提供就业岗位14.3万个，全市高校毕业生就业率达到88.5%。

大力实施“四大创业计划”、农民工返乡创业“七项行动计划”，出台农民工返乡创业、就业见习、创业实训、创业明星评选、创业扶持、贷款贴息等一系列政策文件。举全局之力，举办西安创业大赛、西安创业明星评选、2016西安创新创业发展论坛、西安创业导师认定以及创新创业项目展暨2016西安国际创客节“五个一”创新创业系列活动，激发了全市创新创业活力。

优化创业服务载体。大力实施“3515”工程，建成创业孵化基地51个，创业实训基地76个，就业见习基地401个，总孵化面积超过176万平方米，产生税收7 087.1万元，带动就业30 678人。

强化就业援助。积极开展以“就业援助、技能培训、创业扶持、技校招生”为主要内容的就业创业精准扶贫专项活动，制定出台4个方面13条扶贫政策，开展创业贷款信用乡村试点工作，建设37个转移就业示范乡镇（街道）、50个转移就业示范基地，满足贫困劳动力就地就近转移就业需求。发挥公益性岗位的政策兜底作用，新开发公益性岗位2 317个，城镇零就业家庭动态清零91户。

（二）社保体系不断健全。

截至12月底，全市参加基本养老保险、城镇基本医疗保险、失业保险、工伤保险、生育保险人数分别为605.7万人，435.6万人、152.7万人、154.9万人、121.2万人。

落实“三去一降一补”政策要求，再次阶段性降低失业、工伤、生育保险费率，为企业减轻负担6.7亿元；继续实施失业保险支持企业稳岗政策，累计审批2 735家企业稳岗资金5.9亿元，涉及企业职工125.9万人。

全民参保登记试点工作圆满完成，社会保险覆盖面不断扩大。全市参加各类社会保险人数达1 169万人次，城镇基本医疗保险参保率达到98.5%，城乡居民基本养老保险参保率达到99%。

建立了社会保险待遇水平联动增长机制，有效增进了民生福祉。进一步提高医疗保险、工伤保险、生育保险待遇水平，将因工死亡职工的一次性工亡补助金标准调整为62.4万元。首次同步调整提高机关事业单位和企业退休人员退休待遇。

着力提升社保经办服务水平，群众办事更加便捷。全面实施综合柜员制，参保群众可享“一号申请、一窗受理、一网通办”的全新服务。推进“互联网＋政务服务”，医疗、工伤、生育三个险种实现联网即时结算，社保待遇实现网银支付，居民医保网上和手机APP缴费系统上线运行，“社银平台”建设有序推进，市本级管理结算的定点医疗机构智能审核系统全部上线。

创新监管模式，面向社会公开选聘50名社会保险基金社会监督员，建立完善社保基金监督内、外部协调机制，社保基金运行安全平稳。

（三）人才聚集效应进一步发挥。

完善人才政策体系。制定了博士后创新基地管理办法、博士后创新基地资助资金管理办法、大力引进海外高层次人才实施办法及扶持项目资金管理办法，出台了专家选拔、职称评审、继续教育指导性意见，修改完善《西安市农村拔尖人才选拔管理办法》，建立了政策的比较优势。探索建立突出以现场测评为核心的高级职称评审测评模式，对包括基层医务人员在内的专业技术人员，降低职称评审门槛、淡化论文要求，取消外语、计算机等附着在职称评审上的要求。

拓宽引才引智渠道。开辟高层次人才服务“绿色通道”，举办“高端人才西安行”活动，900余名高端人才达成意向，重点单位共引进博士495人。首次设立并评选表彰市政府“西安友谊奖”和“优秀外国专家奖”。深入实施“外专千人计划”和高端外国专家项目，全年获批引进国外技术和管理人才项目12项133人次。

深化国际人才交流合作。举办了西安海外高层次人才座谈会、“海归折叠”创业论坛、西安留学人员联谊会金秋联欢等国际人才交流活动，开展了赴澳大利亚、新西兰海外高层次人才招聘推介活动，在澳大利亚建立“海外人才工作站”。

统筹加强各类人才队伍建设。选拔各类专家和专业技术人才86人；培养高技能人才5 437人，职业技能鉴定49 613人次；连续第11年实施农村基层人才队伍振兴计划，招聘241名大学生赴基层工作，选派“三支”队员497名，培训农村实用人才1.28万人。

推进国家级人力资源服务产业园建设。举办了西部首次高层次的“丝路经济带人力资源服务业创新发展研讨会”。

（四）人事管理更加规范。

坚持“凡进必考”，依法实施“阳光招录”，全年为本市行政机关和事业单位招录工作人员2 915人。累计培训公务员1.3万人次。开展公务员法执行情况专项检查。认真做好参照单位管理工作。

严格规范人事管理。依法实施公务员职位管理，推动落实任职备案制度，进一步规范调转任工作和公务员登记。完善公务员平时考核工作机制，平时考核信息系统投入使用。深入实施《事业单位人事管理条例》，岗位设置、岗位管理和聘用合同管理更加规范。

（五）收入分配制度改革稳步推进。

根据上级部署，及时调整提高全市机关事业单位在职人员基本工资标准和离休人员离休费，落实人民警察工资待遇调整，统一了同职务公务员津贴补贴标准。县以下机关公务员职务与职级并行制度实现常态化管理，乡镇工作补贴政策顺利实施。合理确定并严格规范市属国有企业负责人履职待遇和业务支出待遇。

积极落实职工带薪年休假制度工作，对干部调休补休作出制度性安排。

工资水平稳步提高。开展企业薪酬调查，形成分行业部分职位工资指导价位。发布企业工资指导线，为工资集体协商提供参考依据。

（六）劳动关系进一步和谐稳定。

以推进农民工市民化为方向，做好全市农民工工作。出台《关于进一步做好为农民工服务工作的实施意见》，成立由31家市级部门组成的农民工工作领导小组。开展了以“品质西安、共建共享”为主题的“西安市最美农民工”评选表彰活动，评选表彰了95名“最美农民工”。

以农民工工资支付保障工作为重点，切实维护劳动者合法权益。认真落实保障农民工工资支付工作五项机制，连续第13年在春节前开展七部门“一厅式”集中办公，为1 170名农民工追讨工资1 808万元。

以完善“三方机制”为途径，着力推进和谐劳动关系创建。制定了《关于构建和谐劳动关系的实施意见》，对41个劳动关系和谐企业和园区进行表彰。推进实施集体合同制度攻坚计划，积极推行企业工资集体协商制度，全市已建工会企业集体合同签订率达93.2%，工资集体协商签约率达92.0%。

以提升效能为目标，不断加快仲裁机构实体化建设步伐。86%的区县成立了仲裁院，劳动人事争议“两委”整合率达到100%。全市劳动监察机构实现全覆盖。全年全市各级仲裁机构共受理劳动人事争议案件5 486件，当期结案5 386件，结案率达到98.2%。

三、法治人社建设持续推进

扎实推进依法行政工作，制定依法行政工作要点、法治宣传教育工作要点，规范告知行政相对人行政复议受理机关，进一步理顺了社会保险违法案件处理程序。推进社会信用体系建设，明确了工作任务和责任分工。积极开展法制培训工作，举办依法行政讲座，组织开展《宪法》、《公务员法》学习考试活动，推进干部参加行政应诉案件庭审旁听制度落实，将庭审旁听工作扩大到机关全体干部和下属单位处级干部。

四、基础能力显著提升

大力推进人社标准化建设和信息化建设，完成全民参保登记信息系统、社保经办综合柜员制信息系统的开发和人社基础数据库核心指标的初步设计，有力保障了中心工作的开展。着力提升网上办事能力，“西安人社通”手机客户端（APP）上线运行，在门户网站上开设“网上服务大厅”。加大简政放权力度，推进“放管服”改革，编制权力清单148项并向社会公布，印发《关于加强和改进人力资源社会保障领域公共服务意见的实施方案》，编制公共服务事项目录。2016年，市人社局共取消事权3项，下放事权12项，更多的人社业务可在网上办理或者在区县就地就近办理，极大地方便了办事企业和群众。

西安市人力资源和社会保障局

甘 肃 省

一、就业情况

2016 年，甘肃省城镇新增就业 43.75 万人，完成年度目标任务的 109.38%；应届高校毕业生就业率 91.8%，同比提高 2.2 个百分点。甘肃省城镇登记失业率为 2.2%，低于年控制计划 1.8 个百分点。

（一）高校毕业生就业。

2016 年，全省应届普通高校毕业生共 128 320 人，截至 2016 年年底，实现就业 117 849 人，就业率达 91.8%，比上年增长 1.2%。实施高校毕业生民生实事工程和各类基层服务项目就业促进计划，以及扶持 1 万名普通高校毕业生就业民生实事项目，引导高校毕业生到中小企业、战略新兴产业企业和公建民营幼儿园服务。其中，服务基层企业的 7 000 名，服务公建民营村级幼儿园的 3 000 名。继续统筹实施四大基层服务项目，共选拔 5 396 名大学生到基层服务。其中“大学生村官”500 名、“三支一扶”1 200 名、“特岗教师”3 400 名、“西部计划”296 名。配合新疆南疆地区招录甘肃省高校毕业生，在甘肃省各市州分 3 批共招录高校毕业生 1 044 人。实施高校毕业生创业引领计划，对毕业 5 年内符合条件的高校毕业生给予 5 万元的一次性初始创业补助，共为 3 397 名大中专毕业生发放创业担保贷款 2.64 亿元。加大困难毕业生就业援助力度，为省内高校获得国家助学贷款的 24 065 名应届毕业生，每人一次性发放 1 000 元求职创业补贴，占应届高校毕业生总数的 19%。

（二）城镇企业就业。

提请省政府办公厅出台制定了《关于推进供给侧结构性改革降低企业用工成本的意见》，全面实施“五缓四降四补贴”和税费减免等政策，努力帮助企业降低用工成本，稳定岗位用工。制定了阶段性降低社会保险费率的具体措施，企业职工养老保险单位缴费比例由 20% 降低至 19%，失业保险费率由 2% 下调至 1.5%，工伤保险实际缴费费率由原来的 0.88%下降到了 0.74%，实现了社会保险费率“总体降低”的目标，预计全年可为企业减轻负担近 11 亿元。运用失业保险基金为 1 988 户企业发放稳岗补贴 6.11 亿元，受益职工 59.95 万人。妥善安置去产能分流职工，先后制定出台了化解钢铁煤炭行业过剩产能过程中做好职工分流安置工作的实施办法等一系列政策措施，对涉及去产能的嘉峪关、金昌、兰州、平凉等 6 市 11 户企业加大调研督查力度，全面完成了职工安置计划，共分流安置 6 600 人，其中，钢铁行业 4 231 人，煤炭行业 2 369 人。加强失业动态监测，将享受稳岗补贴的企业全部纳入省级监测范围，被监测企业由 644 户增加到 1 102 户，覆盖全省 14 个市州，涉及 18 个行业、64.5 万名职工。

（三）创业带动就业。

加强就业创业服务平台建设，新审批认定省级创业就业孵化示范基地（园区）15 个，累计建成 65 个。稳定创业担保贷款发放规模，新发放贷款 35.02 亿元，吸纳带动就业 13.85 万人。组织开展“中国创翼”青年创业创新大赛，13 个项目晋级全国半决赛和总决赛，新认定省级创业项目 360 个。加大创业扶持力度，出台《鼓励事业单位工作人员离岗创业和农民工返乡创业的意见》，重点鼓励扶持科研人员、返乡农民工、高校毕业生、企业技术人员创业。设立 1 亿元的省级创业带动就业扶持资金，对 12 个市县、13 家单位、113 户企业和 68 个创业项目给予创业补助。

（四）富余劳动力输转就业。

推进城乡富余劳动力转移就业，构建培训鉴定、输转维权为一体的劳动力转移就业机制，促进就地就近转移就业。全省共输转城乡富余劳动力 527.4 万人，其中就近就地转移就业 336.9 万人；创劳务收入 952.1 亿元，同比增长 6.7%。加强省际劳务合作及区域协作，累计与 16 个省（区、市）签订劳务合作协议。积极组织开展“春风行动”系列活动，通过专场招聘会免费为农村劳动者提供职业介绍。大力支持农民工返乡创业，已在全省范围内建立 4 个国家级、3 个省级农民工创业示范县。全面推行劳务输转实名制管理，在 7 个重点市州开展动态监测，在贫困县筛选 150 个村建立劳务输转省级监测点。

（五）职业技能培训。

全省共组织开展各类技能培训 119 万人，其中，职业技能培训 50.2 万人，劳务输转培训 68.8 万人。完成精准扶贫劳动力培训 49.7 万人，占年计划 36.4 万人的 136.5%，其中，在 58 个片区贫困县和 17 个插花型贫困县，大力推行农村创业和技能带头人示范性培训，实现持证务工，全年共培训 5.25 万人。开展职业技能鉴定 45.76 万人，获证 42.56 万人。开展职业技能培训鉴定维权上门服务 29.68 万人，获证 27.31 万人，获证率 92%。完善职业培训补贴政策，将贫困家庭子女纳入职业补贴资助范围，就业技能培训补贴标准提高到 300～1 200 元，创业培训补贴标准统一提高到 1 300 元。

（六）就业援助。

积极开展就业援助活动，依托各级人力资源市场和基层公共就业服务平台，采取就业培训、职业介绍、开发公益性岗位等针对性措施，对高校毕业生、失业人员、复转军人、残疾人等重点就业困难群体给予就业援助和帮扶，确保每个零就业家庭至少有 1 名成员就业，实现动态消零。全年共帮助 4.74 万名就业困难人员和 14.93 万名失业人员实现就业和再就业。

（七）公共就业服务。

加强全省各级人力资源市场建设，初步形成了布局合理、设施完善、功能齐全的公共就业服务体系。定期组织开展就业援助月、春风行动、民营企业招聘周、高校毕业生就业服务月等就业服务专项活动，有针对性地帮助各类重点群体实现就业再就业。省人力资源市场综合运用现场招聘、报纸招聘、“互联网＋”招聘、校园招聘、猎头推荐等方式，建立起多层次、全覆盖的招聘信息服务网络，全年举办各类现场人才招聘会 106 场次，提供岗位 23.56 万个，共达成意向性就业协议 10.05 万份，其中，高校毕业生达成意向性就业协议 5.76 万份，同比增长 28%。

（八）军队转业干部安置就业。

2016 年中央下达甘肃省 978 人的军转安置任务，其中，计划分配 233 人，自主择业 745 人，随调家属 26 人。积极推进自主择业信息化平台建设，印发了《关于加快自主择业军转干部信息平台建设工作的通知》和《关于转发〈关于做好全国自主择业工作信息平台试点运行有关工作的通知〉的通知》，扎实推进信息平台试点工作。

二、人事人才

（一）专业技术人才队伍建设。

着力加强高层次人才队伍建设，推荐上报 40 名 2016 年享受政府特殊津贴专家，遴选 102 名甘肃省优秀专家，新补充 42 名专业技术人才进入领军人才第一层次队伍，甘肃省领军人才达到 924 人。充分发挥用人单位主体作用，执行国家和省级引智项目 71 项，引进外国专家 228 人次。积极推进高技能人才振兴工程，新建 1 个国家级和 2 个省级高技能人才基地，总数分别达到 13 个和 14 个；新增高技能人才 1.64 万人，其中，技师和高级技师 2 719 人。

（二）引进国外智力项目。

积极拓展国际人才交流与合作，配合中国国际人才交流基金会举办“大数据服务‘一带一路’建设”系列讲座交流活动。加强引智成果示范基地和引智示范推广项目建设，新增 13 个省级引智基地、8 家引智示范单位，全省共有引智基地 45 个，其中国家级 9 个。全省共引进外国专家 2 825 人次，其中，引进外国专家 228 人次；完成引进国外专家项目和示范推广项目 71 项，引进国外高层次、急需紧缺专家人才 171 人次。执行出国（境）培训项目 28 项，派出培训 459 人。

（三）公务员管理。

公务员配套管理政策不断完善，2016 年录用、考核、奖励、培训规范化水平显著提升。坚持“凡进必考”和“阳光招录”，组织甘肃省公务员“四级联考”招录工作，招录机关公务员和参照公务员法管理单位工作人员 2 100 名。全面推行公务员公开遴选工作，18 个省直单位遴选公务员 85 人。积极推进公务员分类改革，启动实施公安机关人民警察执法勤务警员、警务技术职务序列套改试点。制定下发了《2016 年甘肃省行政机关公务员培训工作安排意见》，组织开展四类培训，其中，组织甘肃省行政机关公务员进行网络培训，培训公务员 13 万余人。公务员考核奖惩工作取得新进展，18 家单位向国家有关部门评选推荐先进集体和先进个人 18 批（次），开展省级以下部门表彰活动 20 项，完成“全国防沙治沙先进集体和先进个人”等评选 13 项。

（四）事业单位人事制度改革。

全面推行事业单位人员聘用、岗位管理、公开招聘制度，制定下发《甘肃省事业单位公开招聘人员面试工作规则（试行）》，对事业单位公开招聘面试的组织准备、命题原则、面试组织、程序步骤、录音录像、考试纪律等做了全方位的细化和明确，确保面试工作的严肃性和公正性。下发《关于进一步规范事业单位公开招聘工作的通知》，再次强调公开招聘工作要依法实施、分类招聘，规范考核招聘和政策性安置，落实回避制度，强化监督管理，加强舆情监测，严肃追责问责。下发《关于事业单位工作人员离岗创业有关问题的通知》，对离岗手续办理、离岗后待遇及相关后续问题进行了明确，鼓励支持事业单位工作人员离岗创业。全年发布公开招聘公告 12 期，计划招聘 2 701 人，审批聘用 1 065 人。全省事业单位岗位核准备案率 98.7%，推行聘用制单位 95.2%，签订聘用合同人员 97.3%。

（五）职称评审。

深化中小学教师职称制度改革，制定实施方案和 7 个配套办法，组织完成甘肃省 28 万名中小学教师职称资格过渡及评价工作。制定印发《关于进一步规范高中级专业技术职务评审公示工作的通知》，确定职称评审实行用人单位推荐上报前公示和评委会评审结束后公示的二次公示办法。下发《关于进一步创新完善高级专业技术职务任职资格答辩测评办法的通知》，要求各系列（专业）主管部门和评委会所在单位在本系列（专业）原有答辩测评办法的基础上，根据本系列（专业）的职业属性和岗位需求，引入具有专业特色的评价方式，制定本系列高级职务任职资格答辩测评办法，逐步形成综合运用考试、评审、个人述职、答辩、面试、考核测评等多种手段的多元化评价体系。

三、工资收入分配

（一）工资制度改革。

推进事业单位收入分配制度改革，进一步简化省直事业单位晋升工资审批程序，从 2016 年开始，省直事业单位正常晋升工资审核工作由原省直事业单位报省委组织部、省人社厅审核，调整为省直主管部门进行审批。省政府审议并通过了《甘肃省人民政府办公厅关于印发甘肃省调整机关工作人员基本工资标准实施意见等三个实施意见的通知》，为甘肃省机关事业单位调整工资标准打下了坚实基础。推进机关事业单位收入分配制度改革，调整了本省纳入国家艰苦边远地区津贴实施范围的84个市县区的津贴标准，平均增幅25%左右。完成了省机关事业单位工作人员基本工资标准调整工作，月人均净增资300元。推进司法体制改革试点工作，为本省各级法院和检察院的法官、检察官、司法辅助人员和司法行政人员，分别按月人均1 200元、350元、350元的增资标准兑现了工资。圆满完成甘肃省机关事业单位工人技术等级考核工作。

（二）城镇居民收入。

全省2016年度城镇居民人均可支配收入25 667元，增幅8%。全省共出台和落实城镇居民增收政策措施16项，其中，新出台措施13项，包括提高企业和机关事业单位退休人员养老金标准、提高城镇居民基本医疗保险政府补助标准、提高城市低保标准、机关事业单位工作人员正常晋升工资、完善人民警察工资待遇、调整艰苦边远地区津贴标准、调整增加自主择业军转干部退役金和边远地区津贴、发放省直机关公车改革交通补贴、补发省直机关事业单位2014年和2015年科学发展业绩考核奖、调整企业在岗职工工资指导线、调整提高全省机关事业单位基本工资、调整法官检察官工资待遇等。持续推进落实（促进城镇新增就业、增加城镇居民经营性收入、增加城镇居民财产性收入3项）增收措施。

四、劳动关系

认真贯彻实施《劳动合同法》和省委、省政府《关于构建和谐劳动关系的实施意见》，大力开展和谐劳动关系创建活动，不断完善劳动关系三方协调机制，持续推进工资集体协商和集体合同制度。全省劳动合同签订率94%，劳动用工备案率81%，企业集体合同签订率80.6%。积极推进省属国有企业负责人薪酬制度改革，配套制定《省属国有企业在岗职工平均工资审核认定办法》、《省属国有企业负责人薪酬管理办法》和《省属监管企业负责人经营业绩考核办法》，开展省属国有企业负责人薪酬审核和市州国有企业负责人薪酬制度改革方案预审工作。督促指导市州制定地市以下国有企业负责人薪酬制度改革方案。调整发布了2016年度工资指导线，企业货币平均工资增长基准线、上线和下线分别为8%、14%和4%。全面加强劳动监察执法能力建设，劳动监察“两网化”基本建成。全面建立建设领域农民工工资支付保证金、应急周转金制度和劳动监察执法联运机制，甘肃省农民工工资保证金达到14.96亿元，农民工工资欠清比例达92%。各级劳动监察机构共检查用人单位2.98万户，涉及劳动者109万人；受理举报投诉案件7 668件，查结7 526件，结案率98%；督促用人单位依法补签劳动合同9.14万份，追发劳动者工资等待遇9.3亿元，为6.8万名农民工支付拖欠的工资7.04亿元，清欠比例为92%。提高调解仲裁工作水平，共受理群众来信来访3 478件，信访案件减少3.6%，涉及人数减少10.78%，全省劳动人事争议调解成功率达到60%以上。劳动关系总体和谐稳定。

五、社会保障

（一）社会保险参保扩面。

推进全民参保登记计划，努力扩大社会保险覆盖面。稳步扩大以养老、医疗保险为重点的全民参保计划实施范围，继续实施“同舟计划”，建立全面、完整、准确的参保基础数据库，促进和引导各类符合条件的人员参加社会保险。截至2016年年底，全省城镇五项社会保险参保2 727.5万人。其中，城镇职工基本养老保险参保315万人，城镇基本医疗保险参保643.3万人，失业保险参保164.3万人，工伤保险参保188.4万人，生育保险参保162.7万人。城乡居民基本养老保险参保1 253.7万人。各项社会保险基金累计结余701亿元。

（二）社会保障制度改革。

推进“五证合一、一照一码”登记制度改

革。制定出台机关事业单位养老保险制度改革配套政策措施，社会保险联网监测数据上报实现市州全覆盖，完成2.9万户机关事业单位、93万名参保人员的基础数据采集审核入库工作。完善城乡居民大病医保制度，建档立卡及城市低保人群起付线降至3 000元，最高可给予5万元的大病医保再次报销。改革医保支付方式，全面实行基本医疗保险付费总额控制，实现医疗保险省内异地就医直接结算，加强跨省异地就医结算经办合作，先后与宁夏、海南签订异地就医结算经办合作协议。

（三）社会保障待遇调整。

调整提高了甘肃省退休人员养老保险待遇，月人均增加163.17元，平均增幅6.86%，调整后人均养老金达到2 395元。调整提高了城镇居民基本医疗保险政府补助标准，由年人均380元提高到420元。按时足额为114万名离退休职工发放养老金321.4亿元；发放医疗保险待遇88.01亿元；发放工伤保险待遇6.75亿元；发放生育保险待遇3.61亿元，确保发放率为100%。

（四）社会保险经办服务。

推进“五险合一”系统建设全覆盖，兰州、张掖、临夏、定西、庆阳、白银、陇南7市州“五险合一”自建系统已覆盖市县各级经办机构和医院、药店，实现参保人员在本辖区内的跨县区就医即时结算。全面推动城乡居民养老保险“一卡通”全覆盖，实现数据共享，提供便捷服务。完成机关事业单位养老保险信息系统建设，已采集上报机关事业单位信息2.03万家，人员信息95.99万人，基本完成采集任务。

六、综合基础工作

（一）公共信息系统平台建设。

实现了“大就业”信息系统全网覆盖。“大就业”信息系统整合人力资源市场系统、劳动关系系统、劳动仲裁系统、劳动监察系统四个全国统一软件，将劳务输转、职业鉴定、职业能力培训、高校毕业生登记管理等11个处室业务纳入信息化管理，实现就业领域各项业务数据信息交换与共享。公共服务取得新进展，以全国统一的12333公共服务品牌为基础，整合各项为民服务和网上办事系统，建成甘肃省12333阳光政务网上办事大厅暨电子监察系统，将省人社厅96项事项向社会全面公布，为群众提供网上咨询服务，首批开通企业劳动用工备案、劳动监察、单位招聘、个人求职、高校毕业生登记、创业担保贷款、流动党员之家、社保卡制卡数据采集等服务，方便了办事群众。

（二）自身建设。

认真履行全面从严治党主体责任，推动从严管党治党不松劲，扎实开展“两学一做”学习教育，严肃党内政治生活，深入推进作风转变，严格落实中央八项规定。持之以恒纠正“四风”，继续开展“开门办公、上门服务”，不断提高服务群众的能力和水平。

甘肃省人力资源和社会保障厅

青 海 省

2016年，青海省人力资源和社会保障工作认真贯彻落实全国人力资源社会保障工作会议精神，紧紧围绕省委、省政府工作大局，坚持“民生为本、人才优先”工作主线，迎难而上、主动作为，开拓创新、积极进取，促改革、补短板、兜底线、防风险，各项发展目标、改革任务全面超额完成。

一、就业创业

全年全省实现城镇新增就业6.3万人，完成年度目标任务的105%；农牧区劳动力转移就业119万人次，完成年度目标任务的113%；高校毕业生就业率89%，高出年度目标4个百分点；人社系统组织的城乡劳动力技能培训8.96万人，完成年度目标任务的112%；城镇登记失业率3.1%，较年度目标任务低0.4个百分点，较全国平均水平低0.95个百分点。

（一）创新创业平台建设。

制定出台了《青海省创业孵化基地认定和管理暂行办法（试行）》，在认真落实省政府各项创业政策，充分发挥创业扶持资金作用的同时，鼓励民间资本投入创业孵化基地建设，全省建成各类创业孵化基地和创业孵化园34个，入孵企业及创客1 897家，带动创业就业2.5万人。组织开展了第二届创业大赛及创业成果展，全省810个创业项目申报参加创业大赛，294个创业成果参加展示活动，1.6万余人现场参加创业大赛、创业成果展和创业大讲堂活动，近60万人通过广播、电视、报纸等媒体关注和知晓大赛，在全省上下掀起了大众创业、万众创新的新浪潮。

（二）过剩产能企业职工安置。

根据省政府供给侧改革部署，制定印发了《关于在化解钢铁煤炭行业过剩产能实现脱困发展过程中做好职工安置工作的实施意见》，实施了化解过剩产能企业职工特别职业培训计划，会同有关部门开展了摸排工作，确定去产能企业3家，涉及职工10 322人，当年分流安置职工888人，发放工业企业结构调整专项奖补资金5 993万元。

（三）高校毕业生就业。

组织实施了高校毕业生就业促进计划和创业引领计划。举办了“企业招聘进校园”、“中央企业面向青海高校毕业生专场招聘活动”、“高校毕业生就业网络联盟春季网络招聘周”、“周三周六人才集市日”、“就业服务月”、“就业服务周”等系列专场招聘活动。全年共组织各类招聘会240场（次）、专场推荐会21场、大型考录活动8场，发布招聘信息16万余条，与高校毕业生达成意向就业协议2.2万余人。组织7 518名未就业大中专毕业生参加了三类8项专项就业培训，完成年度目标任务的110%。实施了藏区高校毕业生就业能力提升计划，共组织1 096名藏区未就业高校毕业生赴援青省（市）参加就业技能培训、创业培训、就业见习，完成年度目标任务的166%。投资建设了青海大学、青海民族大学、青海师范大学大学生创业孵化园，目前已全面建成并初步运行。建设了高校毕业生就业创业实名制信息系统，建立了高校毕业生实名制信息衔接机制，设置了高校毕业生报到与实名制登记窗口，规范了信息登记、数据台账更新等操作流程，各公共就业和人才服务机构采集毕业生信息15 000多条。开展了高校毕业生“换脑筋、闯市场”主题宣传教育专项活动，全年共举办各类活动90场次，3.2万名高校生参与，发放各类宣传品（资料）7万余份（册）。统筹实施了高校毕业生基层服务项目，启动了第三轮“三支一扶”（农技特岗）计划，并招募2016年度服务人员741人。调整了青海省基层服务项目服务人员月生活费、交通费、体检费等补贴标准，统一了社保缴纳政策。启动了青海省高校毕业生就业创业促进计划，重点抓好“五大行动”22条贯彻措施和要求，为进一步促进高校毕业生就业创业提供保障。全年，全省公共就业和人才服务机构共登记高校毕业生15 693人，登记就业创业14 073人，总体就业率89.68%。

（四）劳动力转移就业。

积极打造特色劳务品牌，研究拟定了《关于进一步推动青海拉面经济发展促进就业创业的实施意见》，2016年，新增拉面店1 100户（家），带动创业就业4 400人，新增收入2.2亿元。继续巩固壮大“金秋采棉”、“海西采摘枸杞”等传统劳务品牌，两项活动共输出劳务12余万人，人均增收6 000余元。根据青海省委扶贫攻坚总体部署，启动实施了“转移就业脱贫行动计划”，通过开展职业技能培训、转移输出、自主创业、开发公益性岗位安置等措施，促进贫困家庭劳动力转移就业5万人，其中开发公益性岗位1 165个；实施技能脱贫攻坚行动，统筹开展技能培训3.73万人（次），完成年度目标任务3.15万人（次）的118%，其中人社部门组织贫困地区未就业劳动力技能培训7 800人，完成年度目标任务5 000人的156%，使一部分贫困家庭通过转移就业实现脱贫。

（五）城乡劳动力技能培训。

青海省把技能培训作为提高城乡劳动者素质，改善人力资本结构，促进就业创业的重要抓手，突出贫困地区劳动力、企业转业转岗职工、新生代农民工、未就业大中专毕业生、失地农民等重点群体，实施技能脱贫攻坚行动、新生代农民工职业技能提升培训、未就业大中专毕业生专项就业培训、企业职工转业转岗和技能提升培训、新市民培训和创业培训等10项重点培训计划，帮助提升城乡劳动力就业技能和职业转换能力，促进其就业创业。全面落实政府购买培训成果招投标、培训券使用管理和培训信息实名登记制度，培训的精准性和实效性进一步提高。全年全省人社部门组织培训城乡未就业劳动力8.96万人（次），完成年度目标任务8万人（次）的112%，共完成职业技能鉴定6万人。

二、社会保险

（一）机关养老保险制度改革。

2016年4月，青海省实现全省机关事业单位参保登记、申报缴费和退休人员基本养老金社会化发放，走在全国前列。截至当年年底，全省参保机关事业单位6 053户，参保人数29.18万人，参保率99%。

（二）医疗卫生综合改革。

率先在全国实施城乡居民基本医疗保险省级统筹，出台了相关配套文件，调整统一全省城乡居民基本医疗保险政策，调整省级城镇职工、全省城乡居民基本医疗保险三个目录及乙类项目个人自付比例等医保政策。开展商业保险机构参与城乡居民基本医保经办服务，出台了商业保险机构参与城乡居民基本医疗保险经办服务年度考核办法，完善大病医疗保险年度考核办法，开展了城乡居民基本医疗保险普通门诊统筹制度试点工作。在实施总额控制基础上，积极推进按病种、按人头、按床日、按服务单元等复合型医保支付方式改革，较好发挥了医保控费作用。研究出台了医疗保险异地就医结算暂行办法，完成了医疗保险信息系统升级改造，实现了省内异地就医即时结算。实施《医疗保障和救助脱贫攻坚行动计划》，将全省52万贫困人口全部纳入医疗保障范围，为8.4万贫困人口支付医保待遇4.02亿元。

（三）社会保险待遇提高。

自2016年1月1日起，青海省城乡居民基础养老金由每人每月125元增加到140元，较国家标准高70元，居全国前列。统筹调整了企业和机关事业单位基本养老保险金水平，企业退休人员月人均增加215元，机关事业单位退休人员月人均增加340元。两项加权平均月人均增加养老金246元，在全国处于较高水平。城乡居民基本医疗保险筹资标准由550元提高到610元，其中财政补助人均达到486元，个人缴费人均124元，居全国前列。2016年1月1日起一至六级工伤职工的伤残津贴每人每月增加242元、生活护理费月人均增加164元、供养亲属抚恤金每人每月增加106元。调整后伤残津贴月人均达2 663.29元，生活护理费月人均达1 714.55元，供养亲属抚恤金月人均达1 159.06元。自2016年7月1日起，失业保险金标准由720元提高到1 070元，每人每月增加350元，为历年调整幅度最大的一次。女职工享受生育保险待遇天数由原规定98天调整为158天，人均增加待遇补助5 700元左右。

（四）阶段性降低社会保险费率和援企稳岗政策。

失业、工伤、生育保险费率在上年降费基础上，分别再降低1%（单位费率降低1%，个人费率0.5%不作调整）、0.15%、0.1%，三项保险平均费率达到1%（单位和个人费率各0.5%）、0.64%、0.4%，降费政策预计全年为企业（单位）减轻负担4亿元。继续实施援企稳岗政策，全年共支付稳岗补贴1.63亿元，涉及参保企业1 005户，职工人数22.8万人。

（五）社保基金监管。

进一步健全完善了基金征缴、数据复核、待遇核定、支付等各个环节的内部监督审批制度，加强基金征缴稽核工作。2016年，全省稽核企业职工养老保险参保人数15.96万人，补缴漏报保费382.54万元，清理回收历年欠费14 895万元；稽核医疗保险参保人数81.96万人，补缴漏报保费205.8万元；稽核工伤保险参保人数14.16万人，补缴漏报保费0.7万元；稽核生育保险参保人数12.45万人，补缴漏报保费11万元。查出欺诈冒领养老保险金605人，追回冒领金额453.93万元；查出欺诈冒领医保基金2人，追回冒领金额5.05万元；稽核医疗机构、零售药店7 668户，查处违规医疗机构、零售药店337户，追回违规金额79.35万元，确保了各项社保基金安全。

三、收入分配

在经济下行压力持续加大、财政收支形势严峻的情况下，在全面落实国家各项工资政策的基础上，紧密结合青海实际，不断深化工资收入分配制度改革，组织实施了机关事业单位工作人员正常晋档（级）、调整艰苦边远地区津贴标准、提高机关事业单位退休人员基本养老金待遇、提高警衔津贴标准和预发法官检察官工资改革部分增资、发放省直机关公车改革补贴、调整机关事业单位工作人员基本工资标准和增加离休人员离休费6项国家增收政策，顺利完成省政府提出的城镇居民人均可支配收入增长9%的目标，连续5年实现城镇居民收入增幅超过地区生产总值增幅。同时，根据省政府《关于深化省管国有企业负责人薪酬制度改革的意见》及国企薪酬领导小组《中央企业负责人基本年薪基数认定暂行办法》的相关要求，制定出台了《青海省省管企业负责人基本年薪基数认定暂行办法》，健全薪酬监督管理机制，规范了企业收入分配秩序。进一步健全企业工资分配宏观调控体系，发布了2016年企业工资指导线、18个行业人工成本信息和全省人力资源市场工资指导价位，开展了企业薪酬试调查工作，建成省、市（州）二级企业薪酬调查信息发布体系，涉及1 320户企业、10万余名职工，为企业工资分配提供了科学依据。

四、人事制度

（一）公务员考录和事业单位人员招聘。

在保持政策平稳的基础上，调整完善了

11项考录招聘政策，重点实施向基层职位考录倾斜政策，扩充基层公务员报考面。实施公安院校公安专业应届毕业生定向考录，提高公安专业入警率和对口率。实施公务员调剂补录制度，提高考试录用率。下放招聘组织权限，科学调整笔试科目类型，落实用人单位招聘自主权，人事考录招聘的科学性、公信力进一步提升。目前，已完成8个批次的考录招聘工作，完成考录招聘5 235人，完成年度计划的104.7%，其中公务员考录2 178人，事业单位工作人员招聘3 057人。

（二）机关事业单位基本能力建设。

省人社厅、省公务员局会同省委“三基”办，编发了党政干部和事业单位工作人员通用基本能力“两标准一办法一大纲”，编辑出版了《青海省党政干部通用基本能力培训教程》、《青海省事业单位工作人员基本能力培训教程》，印发12万余册，基本做到人手一册。通过青海干部网络学院、省人社厅网站进行网络培训，党政干部采取脱产集中培训和在职自学等方式进行通用基本能力全员培训，培训率达到100%。全面开展了党政干部通用和专业基本能力测试，约5万名干部参加测试。在教育、卫生计生等八个行业事业单位开展了基本能力建设试点工作，5 692人参加测试。

（三）人事制度改革。

根据省委改革部署，印发了《关于进一步深化全省事业单位人事制度改革的实施意见》、《青海省事业单位特设岗位设置管理试行办法》、《关于促进全省科研人员创业有关人事工作的实施意见》。根据国家人力资源社会保障部、教育部的统一部署，全面开展中小学教师职称制度改革工作，大幅调整了中小学教师队伍中高级岗位结构，充分调动了基层教师的工作积极性，全年共完成4.6万名中小学教师职称过渡工作。

五、人才队伍建设

省人社厅配合省人才工作领导小组办公室制定了“高端创新人才千人计划”实施方案和实施细则，组织开展了“高端创新人才千人计划”的选拔工作，并已于年底完成选拔。经专家评审，共有100名引进人才和3个引进团队、135名培养人才和7个培养团队入选。2016年，推荐享受政府特殊津贴候选人28名（其中高技能人才6名）、中华技能大奖候选人1名、全国技术能手候选人2名；选拔青海省优秀专家人选30名。制定出台了《青海省企业单位首席技师选拔管理办法》，从2016年起启动企业单位首席技师选拔工作，该做法得到人力资源社会保障部的充分肯定，并转发全国各省（区、市）借鉴交流。积极争取国家和省人才办项目支持，落实高层次人才援助、专业技术人员知识更新工程、留学回国人员、外专引智等项目资金1 201万元，举办高层次和急需紧缺人才培训班10期，培训高层次人才1 000余人。实施外专引智项目67项，有406名外国专家来青服务。出国（境）培训696人，为各类人才发展提供了有效平台。

六、劳动关系

（一）完善劳动保障制度体系。

省委、省政府出台了《关于构建和谐劳动关系的实施意见》，加强对企业实行劳动合同制度的监督和服务，指导企业依法完善劳动安全、劳动纪律、休息休假等劳动保障制度。根据人力资源社会保障部《重大劳动保障违法行为社会公布办法》，出台了《青海省企业劳动保障守法诚信等级评价办法》、《青海省社会法人劳动保障信用失信惩戒暂行办法》。

（二）加强劳动用工管理水平。

在巩固大中型企业劳动合同签订率的基础上，重点推进小微企业尤其是非公有制企业劳动合同制度建设，截至2016年年末，劳动合同签订率达到90%。贯彻落实《青海省企业工资集体协商条例》，以非公有制企业为重点，实施集体合同制度攻坚计划。2016年，全省经人社部门审查有效的集体合同5 077份，覆盖职工39.56万人，集体合同签订率达到83%。其中工资集体协议1 328份、覆盖职工

19.87人，工资集体协议同比增长22%。

（三）调解仲裁。

坚持“预防为主、基层为主、调解为主”的方针，积极推进企业调解组织规范化建设，确定27家非公有制企业商（协）会为青海省第二批劳动争议预防调解示范单位。会同省综治办下发了《关于加强专业性劳动争议调解工作的通知》，着力加强专业性劳动争议调解组织建设，健全完善调解制度。大力推进劳动人事争议仲裁实体化建设步伐，2016年共建成5个县级劳动人事争议仲裁院。全面完善劳动人事争议调解仲裁制度机制，建立了《青海省劳动人事争议仲裁委员会工作规则》、《青海省劳动人事争议调解仲裁案件评查办法》、《青海省劳动人事争议调解仲裁档案管理规定》、《青海省劳动争议仲裁终局裁决适用意见》和《关于建立农民工劳动争议仲裁“绿色通道”的意见》。加强与人民法院的沟通协调，畅通当事人维权渠道。全年共处理劳动人事争议案件1 995件，结案率96.4%。

（四）农民工工资清欠。

省政府办公厅印发了《关于全面治理拖欠农民工工资问题的实施意见》，进一步完善农民工工资支付政策措施，加强了源头治理。集中开展了农民工工资支付专项检查活动，建立台账、逐项清欠，专项检查、定期通报，确保了农民工工资支付基本到位。2016年，全省共检查发现和接受举报投诉案件2 340件，为2.85万名农民工追发工资3.4亿元，督促缴纳农民工工资支付保证金3.76亿元。

（五）劳动保障监察。

按照人力资源社会保障部和省委改革部署，探索推进劳动保障监察执法体制改革，积极推进劳动保障监察综合执法，减少执法层级，落实属地监管责任；指导各地建立劳动保障监察举报投诉案件省级联动处理机制；推行以随机抽取检查对象和执法检查人员为重点的监督检查制度，规范劳动保障监察的执法程序，加强对突出违法问题的专项整治。2016年，集中开展了清理整顿人力资源市场秩序、打击非法用工等违法犯罪活动、用人单位遵守劳动用工和社会保险法律法规四项专项检查，累计检查各类用人单位9 400余家，查处存在问题单位114家，查处各类劳动用工违法案件2 390余件。西宁市等8个劳动监察单位被人力资源社会保障部、国家工商总局评为规范人力资源市场秩序先进集体；省劳动监察局被评为青海省G20峰会专项维稳安保工作先进集体。

七、编制规划

根据省政府和人力资源社会保障部要求，《青海省人力资源和社会保障事业发展“十三五”规划》编制工作于2015年年初启动，当年9月形成初稿。2016年2月，组织召开两次座谈会，征求厅系统和各市州、部分区县人社局意见建议。3月，委托省政府规划办召开评审会进行评审，并获通过。5月，经厅务会审议通过，上报省政府。7月，由省政府办公厅印发，文号为青政办［2016］125号。青海省人社事业“十三五”规划纲要分为8章31节，提出了“十三五”时期青海省人社事业发展的指导思想和基本原则，明确了全省人社事业发展的六大目标和19项主要指标，设置了8个专栏，是指导今后一个时期全省人社事业发展的纲领性文件。

八、平台建设

截至2016年年底，青海省人社系统共实施1个省级7个市州级45个县区级人力资源社会保障服务平台建设项目（不含西宁市和大柴旦自筹建设），总投资约6.46亿元，其中，中央投资2.48亿元，省级配套0.55亿元，地方债补助3.21亿元，县级配套0.22亿元。目前，省级已完工，7个市州级和34个县级已投入使用（含西宁市和大柴旦），7个县级即将投入使用，海东市和5个县级正在建设中。同时，实施了西宁市、海南州、门源县、同仁县、班玛县和青海省青年职业技能培训及创业孵化基地建设项目，地方债补助0.49亿元。目前，西宁市和海南州已投入使用，其他正在建设中。这些项目的实施，实现了省市县三级全覆盖，为各族群众提供高效、便捷的“一站式”人社服务，为各类劳动者、创业者特别是高校毕业生营造了良好的就业创业环境。当年，海东市综合型公共实训基地建设项目列入国家投资计划，下达资金0.27亿元。同时，还完成了“十三五”创业孵化基地和公共职业技能实训基地建设规划编制工作。

此外，开展了城乡居民一体化医疗保险信息系统建设，优化整合企业职工养老保险系统，启动异地就医结算系统和全省医疗保险智能监控系统建设，加强社会保障卡发行应用工作。截至2016年年底，全省累计发行社会保障卡428万张。

青海省人力资源和社会保障厅

宁夏回族自治区

2016年，全区人社系统深入贯彻落实党的十八大和十八届三中、四中、五中、六中全会精神，认真落实自治区党委、政府和人力资源社会保障部决策部署，坚持稳中求进工作总基调，坚持以改革创新为动力，推动人力资源社会保障制度改革和事业发展，为开放富裕和谐美丽宁夏建设提供了有力的社会保障和人力资源支撑。

一、就业创业

（一）创业带动就业。

深入实施积极的就业创业政策，全年城镇新增就业8.2万人，同比增长6.37%。城镇登记失业率3.92%，低于控制目标0.58个百分点。强化创业孵化园区（基地）建设，全区累计建设创业孵化园区（基地）217个，新确定国家级创业孵化示范基地2个，自治区级示范性创业孵化基地12个。完善创业资金扶持平台，全年发放创业担保贷款12.2亿元。开展“塞上骄子回乡行”活动支持宁夏籍人才返乡创业创新。启动“外语＋”复合型人才回乡创业“千百十”行动，为符合条件的3家外向型企业发放贷款600万元，举办创业大赛10余次。全年完成创业能力培训13 936人，培养小老板7 414名，培育小企业3 817个，创造新岗位3.4万个，创业带动就业6.6万人，分别完成目标任务的139.4%、121.1%、125.8%、171%、116.4%。

（二）就业技能培训。

以精准扶贫培训为重点，进一步完善“订单、定岗、定向”培训机制，推行培训补贴直补企业（个人）模式，通过开展就业技能培训、岗位技能提升培训、创业培训、精准扶贫培训等，使7.7万名城乡劳动力提升了就业技能，完成目标任务的128.8%。

（三）重点群体就业。

深入实施大学生创业引领计划和就业促进计划，为普通高校毕业生到事业单位实习发放社会保险补贴，积极引导高校毕业生到基层就业，全区高校毕业生就业率达94.5%，同比增长0.9%，提前超额完成年度高校毕业生就业目标任务。全区开发购买公益性岗位7 097个，带动8 112名城镇就业困难人员就业，全年为3.8万名灵活就业人员发放社保补贴0.97亿元。提请自治区人民政府印发《关于做好新形势下农村劳动力转移就业工作的通知》（宁政办发［2016］177号），通过就近就地转移就业与跨省输出就业等途径，实现农村劳动力转移就业74.4万人，完成全年目标任务的106.3%，同比增长4.6%；实现工资收入68.2亿元，完成目标任务的113.7%，同比增长12.8%。加强闽宁帮扶合作和跨省区劳务协作，先后赴福建、内蒙古开展系列访行活动，与两省区在创业就业、技能培训、劳务协作、人力资源服务等方面达成共识。出台供给侧结构性改革中化解过剩产能企业职工安置实施方案，完成8个煤矿35名职工和神华宁煤涉改的1万余名职工安置，在全国率先完成年度职工安置任务。落实援企稳岗政策，通过阶段性降低社会保险缴费基数和费率、发放稳岗补贴等多项措施，为1 588户企业发放稳岗补贴1.36亿元。

（四）公共就业服务。

加强就业信息和失业动态监测，定期开展就业形势分析，建立失业预警工作机制。组织“就业援助月”、“春风行动”、“民营企业招聘周”、“高校毕业生就业服务月”等系列就业专项活动，精准服务提高了劳动者求职成功率。全年区市联动组织各类招聘会432场次，提供就业岗位21.45万个，7.72万人达成就业意向。

二、社会保障

（一）全民参保登记。

全区累计登记入库58.04万人，登记率100%，提前一年完成国家下达任务。全区城镇职工养老（不含机关事业单位）、医疗、失业、工伤、生育保险“五险”参保人数达到530.25万人次，同比增长5%；城乡居民养老、医疗保险参保人数分别达到186.2万人、476.58万人，同比分别增长1.69%、1.4%，提前一年在全国率先完成参保登记任务。全面推进“同舟计划”，全区建筑业新建、在建项目工伤保险参保率分别达100%、99.47%，超额完成人力资源社会保障部下达的目标任务。

（二）养老保险。

深入推进机关事业单位养老保险制度改革，全区3 903家机关事业单位登记参保29.1万人，完成目标数的103.9%，退休人员养老金社会化发放率达96.2%。首次同步提高企业和机关事业单位退休人员养老金，人均月增资176元和257元。减轻企业缴费压力，阶段性将企业职工养老保险单位缴费比例由20%降为19%。持续推进被征地农民参加养老保险，13.9万名被征地农民按新制度参加养老保险。

（三）医疗保险。

提请自治区政府出台城镇职工基本医疗保险自治区级统筹管理的意见，完善城乡居民医保筹资政策，年人均财政补助由432元提高到472元，将个人缴费一、二、三档分别由84元、233元、466元提高到90元、250元、505元。完善城乡居民大病保险制度，在全国率先实现基本医疗保险和大病保险实现“一站式”即时结算。继续落实普惠性健康体检政策，累计有37万名城乡居民享受健康体检。实施医保精准扶贫政策，印发《宁夏回族自治区城乡居民大病保险药品目录》，将部分国家谈判药品纳入城乡居民大病医疗保险支付范围，减轻患者药品费用负担，防止因病返贫现象发生。将区内开展的16项医疗康复项目纳入区基本医疗保险支付范围，提升残疾人医疗保障水平。出台《工伤预防费使用管理办法（试行）》、《自治区工伤保险辅助器具管理办法》，工伤保险制度进一步完善。

（四）社会保险经办。

率先整区推进“五险合一”经办体制改革，全区批准组建“五险合一”经办机构的市县达到100%。完善基本医疗保险异地就医制度体系，向社会公布了首批全区74家异地就医即时结算协议医疗机构名单，区内异地就医结算86.96万人次。区外与海南省、广州市实现跨省异地就医结算，与甘肃、陕西、内蒙古、新疆、云南和新疆生产建设兵团签订跨省就医联网结算协议。按期完成在宁铁路、电力行业企业职工医疗工伤生育保险整体移交地方管理工作，顺利实现待遇衔接和并轨运行。进一步规范定点医药机构协议管理范本及规程。

（五）社会保险基金监管。

出台社会保险基金监管情况定期报告暂行办法，首次公布社会保险基金监督典型范例和向社会公开披露社会保险信息。建立查处和防范社会保险欺诈工作联席会议制度，开展基本医疗保险服务违法违规行为及基金管理使用情况和企业职工退休审核审批专项检查，加强基金监控，全年核查医疗机构（含药店）239家，追回基金1 157.88万元，行政处罚36.64万元，进一步规范了社保基金管理，确保了社保基金安全。

三、人才工作

（一）人才制度改革。

提请自治区党委、政府出台《关于深化人

才发展体制机制改革若干问题的实施意见》（宁党发［2016］50 号）、关于改革完善博士后制度的实施意见。配套制定了加快发展人力资源服务业实施细则，博士后科研工作站和流动站考核办法，引进国外技术、管理人才项目管理暂行办法，进一步健全了人才发展政策体系。深入推进职称制度改革，逐步下放评审权限，进一步放宽外语、计算机、论文要求，对长期在基层工作的专业技术人员在职称评审上给予政策倾斜。

（二）重大人才工程项目。

组织开展国务院政府特殊津贴专家和自治区塞上英才、院士后备人才、青年拔尖人才、国内引才 312 计划、海外引才百人计划等重大人才推荐评选。向人力资源社会保障部推荐国务院政府特殊津贴人选 31 名、“中华技能大奖”和“全国技术能手”各 1 名。推荐选拔第三批自治区“塞上英才”人选 19 名、“国内引才 312 计划”人选 14 名、第四批自治区“海外引才百人计划”人选 8 名，选拔培养自治区“院士后备人才”5 名、“青年拔尖人才”180 名。深入开展高层次人才援助计划，争取高层次人才援助项目 23 项，资金 185 万元。

（三）人才队伍建设。

深入实施专业技术人才知识更新工程，举办国家级高级研修班 4 期、自治区级高级研修班 49 期，急需紧缺人才和岗位骨干人才培训班 40 期，开展“专业技术人员进党校”培训和贫困地区专业技术人员素质能力提升专项培训，共培训各类专业技术人才 1.7 万人次。实施人力资源服务业从业人员素质提升培训，共培训从业人员 537 人。举办中国（宁夏）人力资源创新创业交流峰会和“一带一路”人力资源高峰论坛。承办全国葡萄酒大赛，举办全区技工院校论坛，加强技能人才培养，新培养技能人才 8.9 万人，新建自治区级技能大师工作室 5 个，遴选技工院校急需特色专业 2 个。

（四）招才引智和专家服务工作。

加大招才引智力度，实施外国人来华工作许可制度试点。争取引智资金 1 302 万元，组织实施重点引智项目 95 项，引进外国专家 566 人次，选派 262 人出国（境）培训，组织赴俄罗斯、法国、德国、澳大利亚等国家开展“引进海外高层次人才政策推介活动”，新建海外引才工作站 7 家。组织 92 家企事业单位赴北京、西安、成都、长春开展急需紧缺人才招聘，签订意向性协议 1 000 多份。新建专家服务基地 10 个，院士工作站 6 个，柔性引进院士 9 名、知名专家 46 名，全职引进博士 36 名。组织全国 13 名博士后和区内 500 余名专家开展了“第 25 批中国博士后科技服务团宁夏中卫行”和“百名专家基层服务行”活动。

四、人事管理

（一）公务员管理。

进一步完善公务员管理制度，会同自治区党委组织部出台关于加强乡镇干部队伍建设的若干意见、关于进一步加强干部交流工作的意见，修订区直机关公开遴选公务员办法。首次组织开展了乡镇公务员专项招考、公安机关面向全国公安院校 2016 年公安专业应届毕业生录用人民警察工作，全年招录公务员 1 499 人，为区直机关遴选公务员 76 人，实现了依法、公平、科学、安全考录。深入实施“公务员素质能力提升工程”，举办全区首届公务员办公自动化技能大赛和第二届公务员公文写作大赛。突出抓好公务员“四类培训”，举办培训班 24 期，培训各级各类公务员 1.84 万人。

（二）事业单位人事管理。

出台事业单位公开遴选工作人员实施办法、事业单位工作人员考核办法、事业单位管理岗位非领导职责职员等级晋升意见，提升事业单位人事管理水平。进一步优化岗位设置，提高全区中小学和乡镇卫生院高级专业技术岗位结构比例，实行农村教师岗位聘任倾斜政策，基层事业单位“留人难”问题得到有效缓解。开展专业技术二级设岗评聘工作，聘任专业技术二级岗位工作人员 33 名。妥善解决了国有企业职教、幼教退休教师待遇问题。组织公开招聘事业单位工作人员 4 616 人，办理服务期满特岗教师转正 2 364 人，遴选事业单位工作人员 26 名。加强人事考试安全、规范管理，全年组织各类人事考试 52 项，参考人数 23.5 万余人次。

（三）军转安置工作。

提请自治区印发《关于做好深化国防和军队改革期间军转干部安置工作的通知》，完善军转干部安置政策措施，继续深化“阳光安置”，突出团职干部安置重点，积极会同编制部门解决安置编制，精细精准落实安置计划，圆满完成 130 名计划分配军转干部和 212 名自主择业军转干部接收安置任务。改进方式方法，集中组织对军转干部进行教育培训。重视做好自主择业军转干部管理服务工作和就业创业帮扶工作。认真落实解困稳定政策规定，深入开展“送关爱”活动，企业军转干部保持总体稳定。

五、劳动关系和收入分配

（一）政策措施和工作机制建设。

提请自治区党委、政府印发《关于构建和谐劳动关系的若干意见》（宁党办［2016］71 号）、《全面治理拖欠农民工工资问题的意见》（宁政办发［2016］65 号），出台清理拖欠农民工工资问题工作成效考核实施方案、重大劳动保障违法行为社会公布办法，进一步完善了劳动关系政策措施。牵头建立了自治区解决企业拖欠工资问题联席会议制度，协调成立了自治区协调劳动关系三方委员会。

（二）全面治理拖欠农民工工资问题。

集中开展全区经营困难企业欠薪欠费隐患大排查和清理拖欠职工（农民工）工资突出问题专项整治，农民工工资保证金收缴率 98%，同比提高 47%；建设工程项目使用农民工实名制管理率 97%；农民工劳动合同签订率 86%；累计受理拖欠农民工工资案件 3 467 件，共为 6.16 万名农民工追回拖欠工资 9.36 亿元，治欠保支工作效果明显。

（三）劳动人事争议调解仲裁和信访工作。

制定出台终局裁决实施办法，提高争议处理效率，全区共立案处理劳动争议案件 5 908 件，当期审结案件 6 119 件，结案率达 95.1%，调解成功率达 71.9%。建立矛盾纠纷排查化解长效机制，打造阳光信访、责任信访、法治信访，共受理群众来信来访 4 546 件次，涉及群众 26 896 人次，办结率达 98%。

（四）收入分配。

认真落实国家各项工资津补贴政策，完成特殊教育津贴、人民警察警衔津贴和机关事业单位基本工资标准调整工作，及时兑现艰苦边远地区津贴，法官和检察官等级工资、津贴补贴、绩效奖金，提高乡村教师补贴标准，并将特岗教师纳入享受范围。率先在全国完成法官、检察官和司法辅助人员工资制度改革任务。落实年度工资增长机制，及时发布 2016 年全区企业工资指导线。积极推动落实国有企业负责人薪酬制度改革，5 个地级市改革全面启动并印发了实施方案，自治区发布了区属国有企业在岗职工平均工资，确保区属国有企业负责人薪酬及时兑现到位。

六、自身建设

继续深化行政审批制度改革，编制服务清单，公布服务目录，优化审批流程，行政服务事项全部打包进驻政务大厅“一站式”办理。加快推进“社保云”和“省集中”建设，12333 电话咨询服务、手机 APP、网上人社、自助服务一体机、微信、微博“六位一体”公共服务应用平台不断完善，实现了“人社信息系统省集中、人社服务就在我身边”和社保卡一卡多用一卡通用的工作目标。加快推进社保卡综合应用，累计发卡 643.1 万张，覆盖 96.4%的人群。加强厅门户网站等公开平台建设，12333 咨询服务热线人工接听电话 20 万个，自助服务总量 20 万个，解答百姓问题 32 万个。强化政策解读，厅领导以广播电视直播访谈、发表署名文章形式带头做好政策解读工作，积极回应社会关切。强化机关作风建设，开展“三不为”问题专项整治，出台关于建立窗口单位作风建设长效机制的意见、党员干部作风建设督查办法，窗口单位作风显著转变，驻自治区政务大厅窗口等10个单位被人力资源社会保障部表彰为“全国人力资源社会保障系统2014—2016年度优质服务窗口”。坚持全面从严治党要求，严格落实党建及党风廉政工作责任制和领导干部“一岗双责”，以“10个1工作包”、“三抓三促”为抓手，扎实推进机关党建和基层党组织评星定级工作。扎实推进“两学一做”学习教育，开展系列主题活动，推动学习教育深入开展。

宁夏回族自治区人力资源和社会保障厅

新疆维吾尔自治区

2016年，新疆维吾尔自治区人力资源社会保障厅紧紧围绕经济社会发展、社会稳定和长治久安总目标，深入贯彻党的十八届六中全会、全国人力资源和社会保障工作会议、自治区第九次党代会、自治区党委经济工作会议精神，以“民生为本、人才优先”为工作主线，以深化改革创新为动力，全面推进人力资源社会保障各项工作，圆满完成年度目标任务，实现了“十三五”良好开局。

一、坚持就业第一，在就业惠民方面迈出新步伐

（一）进一步健全政府促进就业创业工作责任制。

提请自治区人民政府出台进一步做好新形势下就业创业工作的实施意见，把实施就业优先战略列入自治区经济和社会发展规划。量化分解城镇新增就业、失业率、农村富余劳动力转移就业等具体指标，作为各级政府年度考核的重要依据，推动形成经济社会发展与扩大就业良性互动机制。

（二）统筹实施城乡大就业。

统筹城乡就业岗位和城乡劳动者，就业扶持政策从城镇就业向农村就业延伸、从城镇劳动者向农村劳动者延伸，加快均等化的公共就业服务体系建设，形成统筹城乡的就业工作体系。把农村富余劳动力放在就业重点群体首位，以南疆四地州为重点区域，以未就业初高中毕业生为重点对象，以就地就近就业为主要方式，实施脱贫攻坚转移就业专项行动，推进农村富余劳动力转移就业。大力推行“卫星工厂”、“民生坊”吸纳就业，扶持农村劳务合作组织带动就业，支持农业经济组织发展扩大就业，推动产业（工业）园区稳定就业，鼓励发展小微企业自主创业，组织短期季节性务工，积极拓展就地就近就业新空间。大力支持农村富余劳动力到内地企业就业。统筹推进高校毕业生、就业困难人员就业，实施“三支一扶”计划，简化高校毕业生就业手续，鼓励高校毕业生到基层就业。对离校未就业高校毕业生提供全方位就业服务和就业援助，将内地高校新疆籍少数民族毕业生纳入统一管理服务范围，选派4 100名高校毕业生到内地培训见习，多渠道促进高校毕业生就业创业。加强就业困难人员就业帮扶，落实就业扶持政策。牵头制定自治区化解钢铁煤炭行业过剩产能企业职工安置工作实施方案，完成3 055人的安置任务。

（三）加强和改进职业技能培训。

实行培训补贴直补企业，推进培训实名制管理，加强培训督导力度，确保培训取得实效。广泛开展纺织服装产业、新成长劳动力、国家通用语言、高技能人才等专项培训，提高劳动者就业技能，实现技能培训和就业的有效衔接。落实中等职业教育免学费、住宿费和教材费资助政策，大力加强技工院校建设。

（四）推动创业促进就业。

开展创新创业券试点，加快推进创业型县（市）创建和创业孵化基地、创业园区建设，实施各类创业培训，激励更多的创业者活跃起来，实现创业带动就业良性发展。全区城镇新增就业45.5万人；城镇登记失业率控制在4.5%以内；农村富余劳动力转移就业275万

人（次）；就业困难人员实现就业5.8万人，零就业家庭保持动态为零；应届高校毕业生就业率88.4%；培训各类人员104.8万人（次）。全区就业形势保持基本稳定。

二、坚持改革创新，在社保惠民方面实现新突破

（一）全面启动实施机关事业单位养老保险制度改革。

完善机关事业单位养老保险政策，实现了86万名在职人员在社保经办机构参保缴费，36万名退休人员在社保经办机构发放待遇。全区机关事业单位养老保险制度改革基本实施到位，走在全国前列。

（二）整合实施统一的城乡居民基本医疗保险制度。

制定自治区整合城乡居民基本医疗保险制度实施意见，按照启动准备、双轨过渡、平稳并轨三个阶段有序推进。全区7个统筹地区已经出台并整合实施方案。

（三）建立实施人身意外伤害保险和城镇职工大病保险。

人身意外伤害保险覆盖所有新疆户籍居民、参加城镇职工和城乡居民基本医疗保险的非新疆户籍居民以及援疆工作人员，共计2 011万人。城镇职工大病保险覆盖所有参加职工基本医保的人员，报销原则上不设封顶线。同时，进一步完善城乡居民大病保险。大病保险覆盖全区685万人。形成了基本养老保险、医疗保险、人身意外伤害保险、大病保险、失业保险、工伤保险、生育保险7项社会保险，多层次、更加公平、更可持续的社会保障体系建设实现了新的重大突破。

（四）扩大异地就医即时结算范围。

与浙江、广东、云南实施跨省异地就医联网结算，已与8个省份实现了跨省异地就医联网结算，直接结算477人次，结算医疗费用923万元。进一步完善疆内跨地区异地就医即时结算机制，直接结算181万人次，结算医疗费用20.5亿元，极大方便了各族干部群众。

（五）进一步扩大社会保险覆盖面。

全面实施全民参保计划，推进建筑行业参加工伤保险“同舟计划”，全年五项社会保险参保总人数达到2 401.5万人（次），五项社会保险基金征缴总收入809.8亿元，社会保险扩面征缴目标任务全面完成。

（六）稳步提高社会保险待遇。

继续提高城镇居民基本医疗保险财政补助标准，在2015年基础上提高30元，达到人均补助420元；个人缴费增加30元，人均筹资总额达到570元。把17种民族医药纳入基本医保目录，20种医疗康复项目、12项中医非药物诊疗项目纳入基本医保支付范围。继续提高工伤（亡）职工伤残津贴、生活护理费和供养亲属抚恤金标准。

（七）降低企业社会保险成本。

实行企业社会保险“两降五缓三免一落实”、为困难企业发放稳岗补贴和企业不再为已满最低缴费年限的退休退职人员缴纳基本医疗保险费等政策，为企业降低社会保险费成本34.7亿元。

（八）推进社会保险信息化、标准化建设。

进一步强化对社会保险业务、财务、档案全领域的管理整合，加快全程电子化系统建设，扩大系统应用范围。加快“智慧社保”建设步伐，稳妥推进社保标准化体系建设，开展医疗服务智能监控系统在全区上线运行，努力打造社保经办管理服务升级版，社保经办能力得到大幅提升。

三、坚持激发人才活力，在人事制度改革方面展现新作为

（一）推进职称制度改革。

深化中小学教师职称制度改革，修订部分系列（专业）职称评审条件，在乌鲁木齐市开展工程系列建筑专业高级职称评审试点，在新疆大学和新疆师范大学试点开展本校所有学科教授职称自主评审，授予新疆大学等5所高校副教授职称自主评审权。

（二）完善事业单位公开招聘政策。

合理下放事业单位人员聘用合同认定、岗位等级晋升审核认定、年度考核的审核备案权限，落实用人单位自主权，进一步释放人才的创业激情和创新活力。

（三）稳步推进收入分配制度改革。

调整退休人员基本养老金，首次实现机关事业单位与企业退休人员同步调整，退休人员月人均基本养老金待遇稳步提高。调整机关事业单位工作人员基本工资标准，全区机关事业单位干部职工年人均基本工资进一步增长，工资结构更趋合理。

（四）加强军转干部安置。

进一步完善军转干部安置政策，积极拓宽安置渠道，创新安置工作方法，及时准确发放自主择业军转干部退役金，加强军转干部培训，积极维护企业军转干部稳定，圆满完成中央确定的2 124名军转干部安置任务，为深化军队改革提供了有力保障。

四、坚持人才优先，在人才队伍建设、公务员管理方面取得新进步

（一）加大本地人才选拔培养力度。

充分发挥“外专千人计划”、外国专家“友谊奖”和“天山奖”、享受国务院特殊津贴专家等选拔推荐平台作用，加大“高精尖缺”人才选拔推荐力度。积极开展第五批少数民族科技骨干特殊培养、干部人才出国（境）培训、中德医疗合作、公派留学西部项目，深入实施专业技术人员知识更新工程，不断提升人才能力素质。进一步拓展博士后工作平台，注重提升博士后培养质量。

（二）大力引进高层次人才和急需紧缺人才。

实施高层次人才引进工程，评选资助81名优秀高层次人才。实施海外赤子为疆服务行动计划、博士后科技服务团新疆行活动，组团参加国家级人才科技交流会，组织赴内地重点高校引进优秀毕业生，为用人单位搭建引才平台。大力引进国外人才和先进智力，全年实施境外人才引进项目54项、“二次引进”项目25项，邀请58名海内外高层次人才来疆对接。招聘9 341名中小学幼儿园特岗教师，招聘3 809名高校毕业生纳入5%人才储备编制。

（三）加强公务员管理。

全区共招录公务员15 906人，南疆四地州占67.2%，县乡基层占79.8%。开展区级机关面向国有企事业单位选调公务员试点，为8个区级机关选调40名专业技术人才。深入实施公务员“四类培训”和东西部对口培训，全年共培训公务员29 862人，公务员的政治素质、业务能力和作风建设得到进一步加强。积极做好公务员考核奖励工作，新增平时考核联系点87个，协助完成国家级评选表彰项目19项，核批自治区表彰项目10项，对13个部门的评比达标表彰项目进行了审核备案。

五、坚持维护稳定，在构建和谐劳动关系方面取得新成效

（一）完善劳动关系协调机制。

提请自治区人民政府出台构建和谐劳动关系的实施意见，进一步完善职工权益保障政策。充分发挥三方协调机制作用，稳步推进企业建立健全集体协商机制。全面实施集体合同制度攻坚计划，全区企业劳动合同签订率达到95%，已建工会企业集体合同覆盖率达86%。

（二）加强劳动人事争议调解仲裁。

落实国家关于加强专业性劳动争议调解工作的意见，为基层调解组织开展专业性劳动争议调解提供政策指导。推进仲裁机构实体化建设，提高劳动人事争议调解仲裁案件处理效能，全区各级仲裁机构受理争议案件11 839件，结案率98%；受理调解案件5 098件，结案率92.8%。

（三）加大劳动保障监察力度。

出台自治区加强劳动保障监察执法能力建设实施方案，进一步健全劳动保障监察工作机制，提升执法能力。制定实施自治区全面治理拖欠农民工工资问题的实施意见，全面治理拖欠农民工工资问题。积极开展打击非法用工、

清理整顿人力资源市场秩序、遵守劳动用工和社会保障法律专项检查，共检查用人单位3万户，查处劳动保障监察案件5 326件，结案率98%。

（四）加强人力资源社会保障领域信访维稳工作。

开展疑难复杂信访案件化解攻坚行动，进行经常性矛盾纠纷排查。启动实施网上信访，方便信访群众，提高信访效率，群众反映的合理诉求得到及时解决，矛盾纠纷得到有效化解。

六、加强基础工作，在公共服务方面得到新提升

将依法行政作为一项重要任务，建立权力清单和责任清单制度，严格按照清单行使权力、履行责任。推进“放管服”改革，制定推进简政放权、放管结合、优化服务改革和简化优化人力资源社会保障领域公共服务实施方案，编制公共服务目录清单及办事指南，取消社会保险登记证和统计登记证的定期验证和换证制度，实现“五证合一、一照一码”登记模式。取消315项职业资格许可和认定事项，降低就业创业门槛。职能科学、权责法定、执法严明、公开公正、守法诚信的法治人社部门建设步伐加快。坚决贯彻落实自治区党委部署，积极选派优秀干部参加“访惠聚”驻村工作、到南疆基层双语幼儿园支教，组织系统职工与各族群众开展“民族团结一家亲”结对认亲活动，深入宣传党的路线方针政策，积极倡导现代文明，充分发挥职能优势实施民生帮扶，指导加强基层组织建设，努力化解矛盾纠纷，解决关系群众切身利益问题，既增进了与基层群众的感情，锻炼了干部队伍，又促进了社会和谐安定。

七、落实主体责任，在推进全面从严治党方面取得新进展

（一）建立推进党建工作的常态化机制。

做到党建工作与业务工作同部署、同检查、同落实、同考核，发挥了党建引领和促进业务工作的重要作用。

（二）加强“法治人社部门”建设。

编制行政权力清单和责任清单，严格按照清单行使权力、履行责任，建立了权责清单管理制度。编制10项行政许可、148项行政处罚事项清单，实行行政许可和行政处罚决定信息7日内上网公开，建立了行政许可信息和行政处罚信息“双公示”制度。

（三）强化财务内控一体化监管。

建设财务内控一体化信息管理平台，已经完成一期开发建设，建成账务核算系统、账户监管系统、资产监管系统，在全厅所有13个预算单位平稳上线运行。

（四）开展改进作风专项活动。

印发《关于进一步加强人力资源社会保障系统作风建设的意见》，推进“四风”及隐形变异“四风”、党政机关干部不作为、基层干部损害群众利益问题“三项治理”，全系统联动改进作风。同时，聚焦主业主责，建立常态化督查机制，加强对党组重点工作任务开展情况的监督检查。

新疆维吾尔自治区人力资源和社会保障厅

新疆生产建设兵团

2016年，新疆生产建设兵团人力资源和社会保障局在兵团党委的坚强领导下，在人力资源社会保障部的关心支持下，以党的十八大和十八届三中、四中、五中、六中全会精神为指导，认真学习贯彻习近平总书记系列讲话精神，紧紧围绕新疆工作总目标和兵团职责使命，坚持“民生为本、人才优先”工作主线，稳中求进、改革创新、攻坚克难，全面完成了年度各项工作任务。

一、就业目标任务全面完成

认真贯彻党中央、国务院及兵团党委关于大众创业、万众创新的决策部署，积极落实创新驱动战略和更加积极的就业创业政策，就业规模持续扩大，就业稳定性不断增强，重点群体就业扎实推进。2016年全兵团累计实现新增就业10.36万人，城镇登记失业率控制在3%以内，开展各类职业技能培训10.71万人。

(一) 持续落实就业工作目标责任制。

印发了《2016年就业工作目标计划》、《2016年兵团职业培训指导计划》，与各师签订了《就业工作目标责任书》，继续将新增就业作为兵团争先进位和兵团“十三五”规划单项考核指标。

(二) 高校毕业生和退役士兵招收安置工作力度加大。

完成春秋两季高校毕业生招聘，现场累计签约2 478人。组织指导南疆四个师共招收安置退役士兵3 669人，在职2 941人，完成总体计划的102%，巩固率80%。

(三) 统筹推进重点群体就业工作。

一是少数民族群众就业工作积极推动。继续实施“少数民族职工群众技能振兴计划”，积极推动少数民族群众就业创业工作，全年帮助少数民族实现就业1.07万人。二是团场劳动力转移就业工作大力推进。继续组织实施“促进转移就业”、“组织劳务创收”、“加强技能和创业培训”专项行动计划，着力推动团场劳动力在三次产业间合理有序流动，全年实现团场劳动力转移就业2.59万人。三是困难群体就业援助工作扎实开展。开展了“就业援助月”、“春风行动”、“民营企业招聘周”等公共就业服务专项活动，全面落实各项就业扶持政策，加大了公益性岗位安置工作力度，连续10年保持零就业家庭动态为零，全年援助就业困难人员就业1.3万人，创业带动就业0.42万人。四是高校毕业生就业创业工作积极推动。组织实施了离校毕业生就业服务周、高校毕业生创业引领计划等专项就业促进计划，推动落实高校毕业生就业优惠政策，鼓励引导高校毕业生面向基层、南疆师团和边境师团就业。五是职业技能培训进一步强化。建立健全面向全体劳动者的职业培训制度，实现了定点职业培训机构动态管理，完成了国家级高技能人才培训基地、国家级技能大师工作室建设项目评审，推进了“少数民族职工群众技能振兴计划”等专项行动计划，组织开展了第十三届中华技能大奖和全国技术能手评选推荐工作、第44届世界技能大赛兵团区选拔。六是就业和社会保障服务平台及公共实训基地建设加强。完成7个就业和社会保障服务平台建设，先后向国家发展改革委上报南疆一师、二师、三师、十四师和北疆四师、六师公共实训基地的可研、初设，已有2个师完成实训基地立项，目前项目正在建设中。

二、社会保障工作取得新进展

（一）指标任务全面完成。

2016年兵团城镇职工基本养老、医疗、失业、工伤、生育保险参保人数分别达到161.9万人、235.6万人、65.1万人、74.9万人、67万人，分别完成目标任务的102.5%、100.5%、100.2%、105.5%、100%。

（二）覆盖城镇、团场各类人员的社会保险体系基本建立。

将城镇、团场各类从业人员和城乡居民都纳入了社会保险覆盖范围，实现了城镇团场社会保障体系“并轨”。稳步推进扩面参保工作，社会保险覆盖范围不断扩大，社会保险综合覆盖率提高到98%以上。

（三）社会保险待遇水平进一步提高。

印发了《关于兵团2016年调整退休人员基本养老金有关问题的通知》，首次同步调整企业和机关事业单位退休人员基本养老金，共惠及退休人员61.43万人，月人均增加养老金226元。从2015年1月1日起，按艰苦边远地区类别调整了新中国成立前参加革命工作老工人的基本养老金。医疗保险制度进一步完善，制定下发《关于完善兵团灵活就业人员参加职工基本医疗保险缴费年限有关政策的通知》、《关于新生儿参加兵团居民基本医疗保险有关问题的通知》、《关于解决灵活就业人员生育医疗费用等有关问题的通知》等文件，切实减轻参保人员医疗负担。下发了《关于调整2015年工伤（亡）职工工伤保险待遇的通知》，进一步提高了工伤职工定期待遇。

（四）机关事业单位养老保险制度改革稳步推进。

出台了《兵团机关事业单位基本养老保险兵团级统筹办法》、《兵团机关事业单位职业年金实施办法》、《兵团机关事业单位工作人员养老金计发办法》、《关于机关事业单位基本养老保险缴费工资基数和待遇统筹项目有关问题的通知》和《关于兵团机关事业单位养老保险制度改革有关问题的通知》等配套文件，启动了机关事业单位养老保险社保经办工作，开展了基金征缴和退休人员待遇发放工作。

（五）社会保险补助机制进一步完善。

2016年中央财政补助兵团城镇职工养老保险资金129.37亿元，补助兵团团场农牧职工社会保险缴费减负资金14.57亿元，职工基本医疗保险补助4亿元，居民基本医疗保险补助4.07亿元，切实减轻了参保人员缴费负担。

（六）社会保险费率动态调整机制基本建立。

转发了《新疆维吾尔自治区关于社会保险支持实体经济平稳健康发展的通知》，实施了阶段性降低社会保险费率。

（七）疆内外异地就医工作取得新进展。

兵团职工医保、居民医保15个统筹区均已实现联网即时结算。实现与浙江等6省份异地联网结算，与广东等省市签订了协议，解决了兵团7.7万名异地安置人员的异地就医联网即时结算问题，占兵团异地安置人数的71%。

（八）社保基金更加安全。

开展了企业职工退休审核审批和定点医疗机构医疗保险基金使用情况专项检查。下发《关于贯彻落实〈社会保险欺诈案件管理办法〉的通知》，加大对社会保险欺诈违法犯罪打击力度，切实维护了基金安全。职业年金征缴工作走在全国前列，受到人力资源社会保障部相关职能单位的表扬。

三、人才工作全面加强

（一）专业技术人才队伍建设加强。

组织开展了2016年度兵团享受政府特殊津贴人选的推荐工作。实施了专业技术人才知识更新工程，培养兵团产业发展急需紧缺人才和基层实用人才，累计培训各类中高级专业技术人员6 639人次。扎实推进博士后工作，进一步加大留学人员培养力度。依托国家万名专家服务基层行动计划，开展了兵团专家服务基层行动。加强兵地融合，促进与地方专业技术人才工作的合作交流。促进高技能人才培养，全年完成高技能人才鉴定 18 168 人次，完成全年计划的 130%。

（二）职称改革工作扎实推进。

加强了兵团专业技术人才管理与服务平台建设，优化了网上职称申报、审核、公示、评审、信息反馈、证书办理等工作流程，完善了量化赋分评审办法。深化中小学教师职称制度改革，印发了《新疆生产建设兵团深化中小学教师职称制度改革工作实施方案》。

（三）国（境）外专家引进和出国（境）培训管理工作取得新进展。

全兵团共引进专家项目 20 项、专家 179 人次，出国（境）培训 7 项 95 人次。与以色列合作的应急医疗救援项目获得国家外国专家局肯定；引进的新西兰籍专家休·布莱尔荣获 2016 年度“中国政府友谊奖”；引智成果示范推广成效显著，天业集团成功在非洲、中亚等 15 个国家建立节水灌溉推广示范区和交流合作平台，管理服务水平进一步提升。

（四）人力资源市场建设更加规范。

简化优化了服务流程，加强了流动人员人事档案管理服务，规范了人力资源市场管理。审核兵直单位公开招聘方案计划，审核 102 条拟调（聘）人员信息，共发调令 134 份，办理干部调动行政、工资等转移手续 107 份，办理调乌人员落户手续 21 份。

（五）军队转业干部安置工作全面完成。

测算核拨了第十二年度企业军转干部解困资金 322.5 万元。加大政策宣传和法制教育力度，做好部分企业军队转业干部解困和稳定工作，确保企业军转干部群体稳定。

（六）“三支一扶”计划落实力度进一步加大。

会同兵团党委组织部、团委等 9 部门安排部署招募计划，落实购买商业保险等相关政策，全年共选拔招募高校毕业生 200 人。

四、人事制度改革不断深化

（一）事业单位人事制度改革扎实开展。

制定下发《兵团事业单位工作人员跨岗位类别转岗聘任暂行办法》等文件，事业单位人事制度改革扎实推进。推行落实了面向南疆一、三、十四师所属事业单位和塔里木大学增加中高级专业技术岗位的具体措施。事业单位人事管理政策与自治区保持同频共振，“双肩挑”政策与转岗竞聘政策稳步推进。

（二）改革试点团场实行公务员制度积极推进。

对改革试点团场机关公务员招录工作进行深入调研，提出专题报告和政策建议并报兵团深化团场改革试点工作协调领导小组。

（三）评比达标表彰工作进一步规范。

对兵团机关评比达标表彰活动进行规范管理，有效遏制了评比表彰活动过多过滥的问题。积极推进国家表彰奖励工作，与 15 个部门联合开展先进集体、先进工作者和劳动模范评选表彰工作，向国家推荐先进集体 24 个，先进工作者和劳动模范 28 人。

（四）公务员招录及遴选工作顺利完成。

通过面向社会、面向高校、面向部队等方式，全年共组织七项招录考试，为兵师及以下机关招录公务员 1 284 人。为优化兵团机关公务员队伍结构，建立来自基层的公务员培养选拔机制，组织了兵团机关面向师以下机关公开遴选公务员工作。

（五）培训活动如期完成。

开展公务员初任培训，培训率达 100%。举办第五期兵团公务员面试考官培训班和南疆片区面试考官培训班，246 人获得面试考官资格证书。组织实施“一带一路”建设、统筹城乡发展、互联网时代提升政府效能等多项东西部对口培训，共培训团处级干部 230 人。

（六）公务员信息库建设加强。

对兵团公务员信息库进行更新、汇总，共摸排行政机关公务员 17 771 人，参照公务员法管理的工作人员 2 815 人。

五、收入分配制度改革稳慎推进

（一）人民警察工资待遇调整和警务技术职务序列工资政策落实。

按照人力资源社会保障部、财政部《关于

调整人民警察警衔津贴标准的通知》，完成了全兵团2万余名人民警察警衔津贴标准兑现审批工作。

（二）规范管理工资、福利方案的审批。

印发《关于做好2016年度兵团本级事业单位绩效工资总量核定工作的通知》，对事业单位绩效工资进行了规范。

（三）落实向基层、艰苦边远地区倾斜的激励政策。

完成了对各师的乡镇工作补贴实施方案的审核、批复、兑现工作以及县级以下职务与职级并行制度实施方案的报备工作，两项工作共惠及3万余人。完成了兵团机关事业单位工作人员16万余人次的艰苦边远地区津贴标准调整工作。

（四）机关事业单位工资稳定增长机制不断健全。

调整机关事业单位工作人员基本工资标准和增加机关事业单位离休人员离休费。对增资方案进行核准、批复，全兵团90 244人兑现了新的工资标准。会同上海市人社局共同举办计划工资与培训主题培训班。完善企业工资分配制度和兵团人力资源市场工资指导价位及行业人工成本信息指导制度。

六、劳动关系更加和谐稳定

（一）和谐劳动关系创建机制健全。

兵团党委、兵团印发了《贯彻〈中共中央国务院关于构建和谐劳动关系的意见〉的实施意见》，完善了构建和谐劳动关系的体制机制和政策措施。落实了兵团劳动关系形势分析研判工作，劳动合同制度、集体合同制度进一步推进。至12月底，兵团各类企业劳动合同签订率达95%以上。

（二）劳动人事争议处理效能建设加强。

召开了兵团劳动争议调解工作视频会议，劳动争议调解工作取得较大进展，完成第二批国有企业劳动争议预防调解示范验收工作，组织召开案例分析会，开展了劳动人事争议处理效能建设督查工作。全年劳动人事争议仲裁结案率达97.6%。

（三）劳动保障监察工作进一步加强。

制定下发了兵团《关于全面治理拖欠农民工工资问题的实施意见》，举办了培训班，推进劳动保障监察执法体制改革，建立兵团劳动保障诚信制度。组织清理整顿人力资源市场秩序、农民工工资支付等四项专项执法检查活动。做好涉嫌拒不支付劳动报酬犯罪案件移送衔接工作。全年共受理劳动保障监察案件1 530件，结案1 500件，结案率98%。

（四）普法宣传、行政复议、行政应诉工作加强。

推动人社法治宣传进团场、进连队、进社区。分送各师宣传挂图2 000余份，编印了《2012年劳动保障政策法规汇编》，加大了行政复议案件的处理工作力度，受理办结行政复议案件19件，结案率100%。参加行政应诉案件8件。

（五）信访工作责任制落实。

强化局领导接访及局后备干部信访接访工作和信访积案的排查化解工作，完成了上海回沪定居人员补费参保和信息采集工作，在上海举办信访及仲裁业务培训班，系统内40余人参加培训。2016年全系统共接待来访群众4 200人次，信访案件复核率100%，及时完成兵团督办的58个信访案件。

（六）“放管服”工作进一步深化。

开展了职业资格清理清查工作，发布国务院取消的272项职业资格许可和认定事项目录，废止了123项招用技术工种准入目录；优化行政审批流程，取消或下放7项审批事项。

新疆生产建设兵团人力资源和社会保障局

工作卷

统 计 资 料

（一）综　　合

表 1—1　　**历年国内生产总值增长及构成**

年份	国内生产总值	第一产业	第二产业	第三产业
一、绝对数（亿元）				
2000	99 215	14 945	45 556	38 714
2001	109 655	15 781	49 512	44 362
2002	120 333	16 537	53 897	49 899
2003	135 823	17 382	62 436	56 005
2004	159 878	21 413	73 904	64 561
2005	184 937	22 420	87 598	74 919
2006	216 314	24 040	103 720	88 555
2007	265 810	28 627	125 831	111 352
2008	314 045	33 702	149 003	131 340
2009	340 903	35 226	157 639	148 038
2010	401 513	40 534	187 383	173 596
2011	473 104	47 486	220 413	205 205
2012	519 470	52 374	235 162	231 935
2013	568 845	56 957	249 684	262 204
2014	636 463	58 332	271 392	306 739
2015	676 708	60 863	274 278	341 567
2016	744 127	63 671	296 236	384 221
二、比上年增长（%）				
2000	8.4	2.4	9.4	9.7
2001	8.3	2.8	8.4	10.3
2002	9.1	2.9	9.8	10.4
2003	10.0	2.5	12.7	9.5
2004	10.1	6.3	11.1	10.1
2005	11.3	5.2	12.1	12.2
2006	12.7	5.0	13.4	14.1
2007	14.2	3.7	15.1	16.0
2008	9.6	5.4	9.9	10.4
2009	9.2	4.2	9.9	9.6
2010	10.4	4.3	12.3	9.8
2011	9.3	4.3	10.3	9.4
2012	7.7	4.5	7.9	8.1
2013	7.7	4.0	7.8	8.3
2014	7.4	4.1	7.3	8.1
2015	6.9	3.9	6.0	8.3
2016	6.7	3.3	6.1	7.8

续表

年份	国内生产总值	第一产业	第二产业	第三产业
三、构成（%）				
2000	100.0	15.1	45.9	39.0
2001	100.0	14.4	45.1	40.5
2002	100.0	13.7	44.8	41.5
2003	100.0	12.8	46.0	41.2
2004	100.0	13.4	46.2	40.4
2005	100.0	12.1	47.4	40.5
2006	100.0	11.1	47.9	40.9
2007	100.0	10.8	47.3	41.9
2008	100.0	10.7	47.4	41.8
2009	100.0	10.3	46.2	43.4
2010	100.0	10.1	46.7	43.2
2011	100.0	10.0	46.6	43.4
2012	100.0	10.1	45.3	44.6
2013	100.0	10.0	43.9	46.1
2014	100.0	9.2	42.6	48.2
2015	100.0	9.0	40.5	50.5
2016	100.0	8.6	39.8	51.6

表 1—2　　历年分城乡就业人员年末人数及构成　　单位：万人

年份	就业人数			构成（%）		
	合计	城镇	乡村	合计	城镇	乡村
1998	70 637	21 616	49 021	100	30.6	69.4
1999	71 394	22 412	48 982	100	31.4	68.6
2000	72 085	23 151	48 934	100	32.1	67.9
2001	72 797	24 123	48 674	100	33.1	66.9
2002	73 280	25 159	48 121	100	34.3	65.7
2003	73 736	26 230	47 506	100	35.6	64.4
2004	74 264	27 293	46 971	100	36.8	63.2
2005	74 647	28 389	46 258	100	38.0	62.0
2006	74 978	29 630	45 348	100	39.5	60.5
2007	75 321	30 953	44 368	100	41.1	58.9
2008	75 564	32 103	43 461	100	42.5	57.5
2009	75 828	33 322	42 506	100	43.9	56.1
2010	76 105	34 687	41 418	100	45.6	54.4
2011	76 420	35 914	40 506	100	47.0	53.0
2012	76 704	37 102	39 602	100	48.4	51.6
2013	76 977	38 240	38 737	100	49.7	50.3
2014	77 253	39 310	37 943	100	50.9	49.1
2015	77 451	40 410	37 041	100	52.2	47.8
2016	77 603	41 428	36 175	100	53.4	46.6

注：1990 年以后从业人员数字根据 2000 年、2010 年人口普查数进行了调整。

表 1—3　　历年分产业就业人员年末人数及构成　　单位：万人

年份	就业人数				构成（%）			
	合计	第一产业	第二产业	第三产业	合计	第一产业	第二产业	第三产业
1998	70 637	35 177	16 600	18 860	100	49.8	23.5	26.7
1999	71 394	35 768	16 421	19 205	100	50.1	23.0	26.9
2000	72 085	36 043	16 219	19 823	100	50.0	22.5	27.5
2001	72 797	36 399	16 234	20 165	100	50.0	22.3	27.7
2002	73 280	36 640	15 682	20 958	100	50.0	21.4	28.6
2003	73 736	36 204	15 927	21 605	100	49.1	21.6	29.3
2004	74 264	34 830	16 709	22 725	100	46.9	22.5	30.6
2005	74 647	33 442	17 766	23 439	100	44.8	23.8	31.4
2006	74 978	31 941	18 894	24 143	100	42.6	25.2	32.2
2007	75 321	30 731	20 186	24 404	100	40.8	26.8	32.4
2008	75 564	29 923	20 553	25 087	100	39.6	27.2	33.2
2009	75 828	28 890	21 080	25 857	100	38.1	27.8	34.1
2010	76 105	27 931	21 842	26 332	100	36.7	28.7	34.6
2011	76 420	26 594	22 544	27 282	100	34.8	29.5	35.7
2012	76 704	25 773	23 241	27 690	100	33.6	30.3	36.1
2013	76 977	24 171	23 170	29 636	100	31.4	30.1	38.5
2014	77 253	22 790	23 099	31 364	100	29.5	29.9	40.6
2015	77 451	21 919	22 693	32 839	100	28.3	29.3	42.4
2016	77 603	21 496	22 350	33 757	100	27.7	28.8	43.5

表 1—4　　历年城镇分经济类型就业人员构成　　单位：万人

年份	合计	国有单位	集体单位	股份合作单位
1998	21 616	9 058	1 963	136
1999	22 412	8 572	1 712	144
2000	23 151	8 102	1 499	155
2001	24 123	7 640	1 291	153
2002	25 159	7 163	1 122	161
2003	26 230	6 876	1 000	173
2004	27 293	6 710	897	192
2005	28 389	6 488	810	188
2006	29 630	6 430	764	178
2007	30 953	6 424	718	170
2008	32 103	6 447	662	164
2009	33 322	6 420	618	160
2010	34 687	6 516	597	156
2011	35 914	6 704	603	149
2012	37 102	6 839	589	149
2013	38 240	6 365	566	108
2014	39 310	6 312	537	103
2015	40 410	6 208	481	92
2016	41 428	6 170	453	86

续表

年份	联营单位	有限责任公司	股份有限公司	私营企业
1998	48	484	410	973
1999	46	603	420	1 053
2000	42	687	457	1 268
2001	45	841	483	1 527
2002	45	1 083	538	1 999
2003	44	1 261	592	2 545
2004	44	1 436	625	2 994
2005	45	1 750	699	3 458
2006	45	1 920	741	3 954
2007	43	2 075	788	4 581
2008	43	2 194	840	5 124
2009	37	2 433	956	5 544
2010	36	2 613	1 024	6 071
2011	37	3 269	1 183	6 912
2012	39	3 787	1 243	7 557
2013	25	6 069	1 721	8 242
2014	22	6 315	1 751	9 857
2015	20	6 389	1 798	11 180
2016	18	6 381	1 824	12 083

年份	港澳台商投资单位	外商投资单位	个体	其他
1998	294	293	2 259	5 689
1999	306	306	2 414	6 817
2000	310	332	2 136	8 134
2001	326	345	2 131	9 299
2002	367	391	2 269	9 907
2003	409	454	2 377	10 338
2004	470	563	2 521	10 680
2005	557	688	2 778	10 749
2006	611	796	3 012	10 950
2007	680	903	3 310	11 038
2008	679	943	3 609	11 177
2009	721	978	4 245	10 960
2010	770	1 053	4 467	11 097
2011	932	1 217	5 227	9 362
2012	969	1 246	5 643	8 666
2013	1 397	1 566	6 142	5 747
2014	1 393	1 562	7 009	4 167
2015	1 344	1 446	7 800	3 368
2016	1 305	1 361	8 627	2 830

表 1—5　　历年分经济类型单位职工人数　　单位：万人

年份	合计	在岗职工	国有单位	在岗职工
1998	14 314	12 337	10 044	8 809
1999	13 928	11 773	9 675	8 336
2000	13 468	11 259	9 260	7 878
2001	12 892	10 792	8 710	7 409
2002	12 517	10 558	8 103	6 924
2003	10 969	10 492	6 875	6 621
2004	12 182	10 576	7 383	6 438
2005	12 193	10 850	6 895	6 232
2006	12 337	11 161	6 829	6 170
2007	12 459	11 427	6 718	6 148
2008	12 369	11 515	6 592	6 126
2009	12 551	11 824	6 471	6 078
2010	12 889	12 251	6 488	6 145
2011	14 413	13 681	6 704	6 362
2012	15 236	14 403	6 839	6 467
2013	18 108	17 057	6 365	6 012
2014	18 278	17 212	6 312	5 956
2015	18 062	16 977	6 208	5 856
2016	17 888	16 768	6 170	5 811

年份	城镇集体单位	在岗职工	其他单位	在岗职工
1998	2 458	1 900	1 812	1 628
1999	2 233	1 652	2 020	1 785
2000	2 008	1 447	2 200	1 935
2001	1 753	1 241	2 429	2 142
2002	1 527	1 071	2 887	2 563
2003	1 356	950	3 244	2 920
2004	1 210	851	3 588	3 287
2005	1 066	769	4 131	3 849
2006	988	726	4 520	4 264
2007	914	684	4 827	4 595
2008	812	623	4 965	4 766
2009	735	578	5 345	5 168
2010	693	558	5 707	5 548
2011	603	562	7 106	6 757
2012	590	549	7 808	7 387
2013	566	522	11 177	10 523
2014	537	494	11 429	10 762
2015	481	444	11 373	10 677
2016	453	418	11 265	10 539

注：本表中职工人数包括在岗职工和离岗职工人数。

表 1—6　　历年分企业、事业、机关职工人数　　单位：万人

年份	企业				事业				机关	
	合计	国有	集体	其他	合计	国有	集体	其他	合计	国有
1998	10 524	6 394	2 320	1 810	2 729	2 595	132	2	1 061	1 055
1999	10 112	5 998	2 095	2 019	2 745	2 611	133	2	1 071	1 066
2000	9 628	5 564	1 867	2 197	2 761	2 622	136	3	1 079	1 075
2001	9 054	5 017	1 612	2 425	2 758	2 617	137	4	1 080	1 075
2002	8 713	4 446	1 388	2 879	2 731	2 588	136	7	1 073	1 069
2003	7 172	3 067	820	2 910	2 724	2 582	132	10	1 072	1 068
2004	8 321	3 660	1 088	3 573	2 753	2 621	117	15	1 107	1 103
2005	8 275	3 209	953	4 113	2 806	2 678	110	19	1 111	1 108
2006	8 377	2 996	881	4 500	2 836	2 711	104	21	1 123	1 121
2007	8 456	2 846	810	4 800	2 864	2 736	102	26	1 138	1 136
2008	8 350	2 693	719	4 938	2 871	2 752	92	27	1 149	1 147
2009	8 482	2 545	649	5 287	2 867	2 759	80	27	1 161	1 159
2010	8 734	2 482	608	5 644	2 921	2 812	80	29	1 192	1 187
2011	9 991	2 466	514	7 011	3 096	2 972	83	41	1 263	1 255
2012	10 673	2 467	499	7 707	3 193	3 067	85	42	1 303	1 296
2013	13 517	1 968	475	11 073	3 184	3 062	84	38	1 316	1 314
2014	13 592	1 830	444	11 317	3 243	3 116	85	42	1 343	1 342
2015	13 325	1 674	394	11 257	3 250	3 128	79	43	1 379	1 377
2016	13 121	1 608	368	11 145	3 249	3 126	78	45	1 410	1 407

年份	机关		民间非营利组织				其他			
	集体	其他	合计	国有	集体	其他	合计	国有	集体	其他
1998	6									
1999	5									
2000	5									
2001	4									
2002	4									
2003	4									
2004	4									
2005	3									
2006	2									
2007	2									
2008	2									
2009	1	1	14	2	1	11	27	5	3	18
2010	2	3	17	2	1	13	25	4	3	18
2011	1	7	25	3	2	21	37	8	3	27
2012	1	6	29	3	2	24	39	7	3	28
2013	1	1	32	3	2	27	59	17	4	38
2014	1	1	38	3	2	33	62	21	5	36
2015	1	1	40	5	3	32	68	25	4	39
2016	1	2	41	5	2	34	67	24	4	38

注：

1. 本表中职工人数包括在岗职工和离岗职工人数。

2. 以前年度民间非营利组织和其他单位按照登记注册情况并入了机关、事业和企业单位，自 2009 年起新增列民间非营利组织和其他两个分类。

表 1—7　　历年分行业在岗职工年末人数　　单位：万人

年份	合计	农、林、牧、渔业	采掘业	制造业	电力、燃气及水的生产和供应业	建筑业	地质勘查业、水利管理业	交通运输、仓储和邮电通信业
1978	9 499	830	652	3 595	107	623	178	669
1980	10 444	788	697	3 947	118	710	188	714
1985	12 358	777	795	4 620	142	900	197	823
1989	13 742	782	842	5 206	180	900	199	874
1990	14 059	780	882	5 304	192	896	197	895
1991	14 508	769	905	5 443	203	940	199	916
1992	14 792	758	898	5 508	215	995	202	921
1993	14 849	708	925	5 469	232	1 153	144	826
1994	14 849	680	904	5 434	244	1 072	137	835
1995	14 908	660	914	5 439	257	1 053	134	824
1996	14 845	617	886	5 293	272	1 035	128	830
1997	14 668	612	851	5 083	282	1 004	128	824
1998	12 337	546	702	3 769	281	846	115	701
1999	11 773	519	650	3 496	283	778	110	682
2000	11 259	494	581	3 240	282	744	109	659
2001	10 792	458	544	3 010	284	733	104	629
2002	10 558	430	537	2 907	285	756	96	613

年份	批发和零售贸易、餐饮业	金融、保险业	房地产业	社会服务业	卫生、体育和社会福利业	教育、文化艺术和广播电影电视业	科学研究和综合技术服务业	国家机关、政党机关和社会团体	其他
1978	1 079	65	31	166	247	736	92	430	
1980	1 239	89	37	218	287	817	105	490	
1985	1 518	126	36	271	342	962	131	718	
1989	1 675	184	43	327	382	1 117	147	885	
1990	1 715	195	44	344	392	1 143	152	929	
1991	1 786	208	48	369	410	1 181	156	974	
1992	1 844	223	54	386	421	1 212	159	996	
1993	1 796	239	66	422	416	1 205	166	1 030	55
1994	1 833	261	72	447	428	1 249	174	1 017	63
1995	1 828	273	77	449	438	1 291	178	1 027	66
1996	1 807	288	82	458	451	1 345	176	1 075	103
1997	1 774	298	84	480	464	1 403	179	1 080	125
1998	1 256	301	89	451	469	1 451	168	1 084	108
1999	1 110	300	90	453	473	1 480	165	1 088	96
2000	977	294	93	457	476	1 500	164	1 091	99
2001	840	292	97	463	481	1 512	154	1 088	104
2002	733	287	107	483	480	1 517	151	1 056	120

续表

年份	合计	农、林、牧、渔业	采矿业	制造业	电力、热力、燃气及水生产和供应业	建筑业	交通运输、仓储和邮政业	信息传输、软件和信息技术服务业	批发和零售业	住宿和餐饮业
2003	10 492	460	481	2 899	292	774	610	104	592	159
2004	10 576	438	491	2 960	294	778	598	111	551	163
2005	10 850	414	498	3 096	294	854	579	117	508	167
2006	11 161	402	518	3 250	296	910	579	125	486	170
2007	11 427	386	524	3 358	298	962	584	137	479	172
2008	11 515	362	526	3 329	297	971	583	144	487	178
2009	11 824	328	539	3 380	297	1 050	589	158	493	185
2010	12 251	328	546	3 519	299	1 133	582	168	506	191
2011	13 681	311	600	4 022	324	1 519	642	208	622	228
2012	14 334	339	631	4 262	345	2 010	668	223	712	265
2013	17 057	256	622	5 166	389	2 513	816	319	854	282
2014	17 212	252	583	5 152	389	2 518	830	327	850	268
2015	16 977	240	534	4 980	382	2 416	823	340	843	256
2016	16 768	230	477	4 805	377	2 354	819	355	834	250

年份	金融业	房地产业	租赁和商务服务业	科学研究和技术服务业	水利、环境和公共设施管理业	居民服务、修理和其他服务业	教育	卫生和社会工作	文化、体育和娱乐业	公共管理、社会保障和社会组织
2003	286	108	168	206	164	47	1 402	472	122	1 146
2004	287	120	176	208	165	47	1 425	477	118	1 170
2005	295	133	199	213	170	47	1 445	491	117	1 213
2006	300	140	215	220	176	50	1 466	506	117	1 235
2007	311	151	223	228	181	51	1 484	522	119	1 260
2008	326	157	247	240	179	50	1 491	536	119	1 292
2009	347	175	263	255	184	55	1 502	564	122	1 337
2010	370	195	281	273	193	56	1 527	595	124	1 365
2011	417	233	273	282	203	57	1 563	644	128	1 406
2012	528	274	292	331	244	62	1 653	719	138	1 542
2013	447	352	399	368	226	69	1 623	727	138	1 491
2014	467	379	426	386	232	72	1 657	765	137	1 518
2015	478	394	450	389	233	70	1 665	794	140	1 550
2016	498	407	463	398	229	71	1 657	819	142	1 584

表 1—8　　历年分经济类型单位在岗职工平均工资及增长情况　　单位：元/年

年份	在岗职工平均工资				比上年增长（%）
		国有单位	城镇集体单位	其他单位	
1997	6 470	6 747	4 512	8 789	4.2
1998	7 479	7 668	5 331	8 972	15.6
1999	8 346	8 543	5 774	9 829	11.6
2000	9 371	9 552	6 262	10 984	12.3
2001	10 870	11 178	6 867	12 140	16.0
2002	12 422	12 869	7 667	13 212	14.3
2003	14 040	14 577	8 678	14 574	13.0
2004	16 024	16 445	9 723	16 519	14.1
2005	18 364	19 313	11 283	18 244	14.6
2006	21 001	22 112	13 014	20 755	14.4
2007	24 932	26 620	15 595	24 058	18.7
2008	29 229	31 005	18 338	28 387	17.2
2009	32 736	35 053	20 958	31 319	12.0
2010	37 147	39 471	24 430	35 843	13.5
2011	42 452	44 695	29 261	41 449	14.3
2012	47 593	49 750	34 431	46 682	12.1
2013	52 388	54 225	39 669	51 972	10.1
2014	57 361	58 992	43 631	57 092	9.5
2015	63 241	67 415	47 638	61 611	10.3
2016	68 993	74 990	51 708	66 371	9.1

表 1—9　　历年全国企业、事业、机关单位在岗职工平均工资　　单位：元/年

年份	在岗职工平均工资	企业				事业				机关	
		合计	国有	集体	其他	合计	国有	集体	其他	合计	国有
1997	6 470	6 322	6 647	4 443	8 788	6 867	6 925	5 743	9 530	6 990	6 994
1998	7 479	7 405	7 644	5 264	8 970	7 620	7 689	6 206	10 858	7 740	7 746
1999	8 346	8 168	8 350	5 670	9 828	8 665	8 748	6 970	10 913	8 925	8 930
2000	9 371	9 189	9 324	6 144	10 985	9 634	9 749	7 388	10 560	10 020	10 025
2001	10 870	10 453	10 619	6 667	12 136	11 491	11 640	8 518	14 628	12 125	12 136
2002	12 422	11 873	12 109	7 426	13 206	13 246	13 438	9 399	15 568	14 005	14 020
2003	14 040	13 578	14 028	8 401	14 575	14 564	14 770	10 448	15 147	15 736	15 757
2004	16 024	15 559	16 336	9 513	16 255	16 489	16 690	11 773	17 335	17 869	17 887
2005	18 364	17 853	19 069	10 909	18 242	18 720	18 926	13 602	18 621	20 828	20 840
2006	21 001	20 555	22 246	12 547	20 756	21 259	21 466	15 887	20 668	23 360	23 370
2007	24 932	24 046	26 284	14 882	24 053	25 805	26 029	19 828	25 048	28 763	28 773
2008	29 229	28 359	30 780	17 616	28 388	29 758	30 004	22 682	28 205	33 869	33 878
2009	32 736	31 622	34 778	20 041	31 362	34 053	34 276	26 900	31 924	37 397	37 410
2010	37 147	36 256	39 938	23 338	35 891	38 411	38 626	31 260	36 661	40 512	40 561
2011	42 452	42 020	46 288	28 115	41 550	43 254	43 522	36 378	37 218	44 303	44 388
2012	47 593	47 284	51 698	33 274	46 780	48 426	48 683	41 400	43 097	48 513	48 608
2013	52 388	52 270	56 962	38 322	52 032	53 291	53 463	47 439	51 914	51 894	51 905
2014	57 361	57 359	62 236	42 036	57 164	58 125	58 304	52 246	56 344	55 939	55 962
2015	63 241	61 904	67 303	45 857	61 655	67 828	68 197	56 629	60 720	65 829	65 853
2016	68 993	66 580	71 533	49 100	66 437	76 216	76 655	63 818	66 278	75 124	75 172

年份	机关		民间非营利组织				其他			
	集体	其他	合计	国有	集体	其他	合计	国有	集体	其他
1997	6 338									
1998	6 675									
1999	7 827									
2000	8 718									
2001	8 960									
2002	9 302									
2003	9 742									
2004	12 101									
2005	15 365									
2006	17 897									
2007	21 803									
2008	25 298									
2009	30 394	26 434	29 529	49 985	24 868	26 439	24 249	38 003	16 991	21 532
2010	31 338	26 214	33 750	54 207	27 953	30 867	26 264	37 897	18 222	24 708
2011	39 612	30 197	37 015	57 700	29 235	34 741	30 663	42 019	24 550	28 505
2012	39 608	29 971	42 887	67 214	39 755	40 635	35 421	46 635	29 206	33 225
2013	41 020	47 424	46 849	67 401	43 004	44 792	44 167	58 328	35 120	38 828
2014	41 702	42 494	49 530	69 474	45 816	47 834	53 341	72 950	39 144	43 661
2015	49 879	50 654	53 477	60 775	53 823	52 414	58 923	64 220	43 570	57 340
2016	52 920	48 145	57 995	66 405	60 678	56 662	63 333	76 424	52 067	56 227

注：以前年度民间非营利组织和其他单位按照登记注册情况并入了机关、事业和企业单位，自 2009 年起新增列民间非营利组织和其他两个分类。

表 1—10　　历年分行业职工平均工资　　单位：元/年

年份	合计	农、林、牧、渔业	采掘业	制造业	电力、煤气及水的生产和供应业	建筑业	地质勘查业、水利管理业	交通运输、仓储和邮电通信业
1978	615	470	676	597	850	714	708	694
1980	762	616	854	752	1 035	855	895	832
1985	1 148	878	1 324	1 112	1 239	1 362	1 406	1 275
1989	1 935	1 389	2 378	1 900	2 241	2 166	2 199	2 197
1990	2 140	1 541	2 718	2 073	2 656	2 384	2 465	2 426
1991	2 340	1 652	2 942	2 289	2 922	2 649	2 707	2 686
1992	2 711	1 828	3 209	2 635	3 392	3 066	3 222	3 114
1993	3 371	2 042	3 711	3 348	4 319	3 779	3 717	4 273
1994	4 538	2 819	4 679	4 283	6 155	4 894	5 450	5 690
1995	5 500	3 522	5 757	5 169	7 843	5 785	5 962	6 948
1996	6 210	4 050	6 482	5 642	8 816	6 249	6 581	7 870
1997	6 470	4 311	6 833	5 933	9 649	6 655	7 160	8 600
1998	7 479	4 528	7 242	7 064	10 478	7 456	7 951	9 808
1999	8 346	4 832	7 521	7 794	11 513	7 982	8 821	10 991
2000	9 371	5 184	8 340	8 750	12 830	8 735	9 622	12 319
2001	10 870	5 741	9 586	9 774	14 590	9 484	10 957	14 167
2002	12 422	6 398	11 017	11 001	16 440	10 279	12 303	16 044

年份	批发和零售贸易、餐饮业	金融、保险业	房地产业	社会服务业	卫生、体育和社会福利业	教育、文化艺术和广播电影电视业	科学研究和综合技术服务业	国家机关、政党机关和社会团体	其他
1978	551	610	548	392	573	545	669	655	
1980	692	720	694	475	718	700	851	800	
1985	1 007	1 154	1 028	777	1 124	1 166	1 272	1 127	
1989	1 660	1 867	1 925	1 926	1 959	1 883	2 118	1 874	
1990	1 818	2 097	2 243	2 170	2 209	2 117	2 403	2 113	
1991	1 981	2 255	2 507	2 431	2 370	2 243	2 573	2 275	
1992	2 204	2 829	3 106	2 844	2 812	2 715	3 115	2 768	
1993	2 679	3 740	4 320	3 588	3 413	3 278	3 904	3 505	3 371
1994	3 537	6 712	6 288	5 026	5 126	4 923	6 162	4 962	5 213
1995	4 248	7 376	7 330	5 982	5 860	5 435	6 846	5 526	6 295
1996	4 661	8 406	8 337	6 778	6 790	6 144	8 048	6 340	7 184
1997	4 845	9 734	9 190	7 553	7 599	6 759	9 049	6 981	6 838
1998	5 865	10 633	10 302	8 333	8 493	7 474	10 241	7 773	8 481
1999	6 417	12 046	11 505	9 263	9 664	8 510	11 601	8 978	10 068
2000	7 190	13 478	12 616	10 339	10 930	9 482	13 620	10 043	11 098
2001	8 192	16 277	14 096	11 869	12 933	11 452	16 437	12 142	12 590
2002	9 398	19 135	15 501	13 499	14 795	13 290	19 113	13 975	14 215

注：1998 年以后为城镇非私营单位在岗职工口径。

续表

年份	合计	农、林、牧、渔业	采矿业	制造业	电力、热力、燃气及水生产和供应业	建筑业	交通运输、仓储和邮政业	信息传输、软件和信息技术服务业	批发和零售业	住宿和餐饮业
2003	14 040	6 969	13 682	12 496	18 752	11 478	15 973	32 244	10 939	11 083
2004	16 024	7 611	16 874	14 033	21 805	12 770	18 381	34 988	12 923	12 535
2005	18 364	8 309	20 626	15 757	25 073	14 338	21 352	40 558	15 241	13 857
2006	21 001	9 430	24 335	17 966	28 765	16 406	24 623	44 763	17 736	15 206
2007	24 932	11 086	28 377	20 884	33 809	18 758	28 434	49 225	20 888	17 041
2008	29 229	12 958	34 405	24 192	39 204	21 527	32 796	56 642	25 538	19 481
2009	32 736	14 911	38 224	26 599	42 668	24 625	36 224	59 919	29 031	21 193
2010	37 147	17 345	44 496	30 700	48 323	28 127	41 536	66 598	33 520	23 812
2011	42 452	20 393	52 569	36 494	53 723	32 657	47 646	70 619	40 295	27 847
2012	47 593	23 419	57 471	41 483	59 215	37 284	53 923	80 402	46 165	31 898
2013	52 388	26 557	60 787	46 290	68 552	42 839	58 869	91 404	50 264	34 990
2014	57 361	29 058	62 172	51 225	74 893	46 661	64 376	101 434	55 870	38 232
2015	63 241	32 971	59 920	55 192	80 528	49 767	69 772	112 935	60 449	41 773
2016	68 993	34 746	61 229	59 346	85 260	52 805	74 638	123 447	65 381	44 306

年份	金融业	房地产业	租赁和商务服务业	科学研究和技术服务业	水利、环境和公共设施管理业	居民服务、修理和其他服务业	教育	卫生和社会工作	文化、体育和娱乐业	公共管理、社会保障和社会组织
2003	22 457	17 182	16 501	20 636	12 095	12 900	14 399	16 352	17 268	15 533
2004	26 982	18 712	18 131	23 593	13 336	14 152	16 277	18 617	20 730	17 609
2005	32 228	20 581	20 992	27 434	14 753	16 642	18 470	21 048	22 885	20 505
2006	39 280	22 578	23 648	31 909	16 140	18 935	21 134	23 898	26 126	22 883
2007	49 435	26 425	26 965	38 879	19 064	21 550	26 162	28 258	30 662	28 171
2008	61 841	30 327	31 735	46 003	22 182	23 801	30 185	32 714	34 494	32 955
2009	70 265	32 591	34 318	50 866	24 551	25 704	35 042	36 380	38 319	36 268
2010	80 772	36 392	38 502	57 316	27 229	28 665	39 624	41 132	42 245	39 329
2011	91 364	43 345	45 900	65 238	30 750	33 713	43 907	47 258	48 711	43 214
2012	100 690	47 327	52 315	70 441	34 584	35 586	48 566	53 753	54 414	47 471
2013	112 330	51 887	62 260	77 921	38 595	38 888	52 882	59 371	60 486	50 723
2014	122 049	56 543	66 421	83 671	42 001	42 266	57 709	64 804	65 646	54 745
2015	132 788	61 381	71 410	90 786	47 046	45 524	68 090	73 444	74 301	64 431
2016	140 421	66 736	76 123	98 153	51 950	48 206	76 242	82 031	81 187	73 403

表 1—11　　分地区企业、事业、机关单位在岗职工平均工资

（2016 年）　　单位：元/年

地区	合计	企业	事业
	在岗职工平均工资	在岗职工平均工资	在岗职工平均工资
全国	**68 993**	**66 580**	**76 216**
北京	122 749	120 816	144 986
天津	87 806	81 253	118 558
河北	56 987	54 586	62 141
山西	54 975	53 833	57 150
内蒙古	61 994	57 646	68 047
辽宁	57 148	56 246	59 997
吉林	57 486	56 306	60 135
黑龙江	55 299	51 640	63 102
上海	120 503	121 074	117 852
江苏	72 684	68 499	92 663
浙江	74 644	66 065	111 885
安徽	61 289	58 402	67 732
福建	63 138	59 167	80 308
江西	57 470	53 260	67 041
山东	63 562	58 012	81 009
河南	50 028	48 184	55 876
湖北	61 113	58 869	65 113
湖南	60 160	57 772	67 032
广东	72 848	69 916	87 709
广西	60 239	56 039	65 049
海南	62 565	57 778	73 012
重庆	67 386	63 118	81 048
四川	65 781	61 296	74 534
贵州	69 678	63 927	76 413
云南	63 562	54 263	78 653
西藏	110 330	86 260	119 426
陕西	61 626	62 053	61 718
甘肃	59 549	53 568	66 725
青海	67 451	63 470	72 856
宁夏	67 830	65 461	70 635
新疆	64 630	62 028	71 630

续表

地区	机关	民间非营利组织	其他
	在岗职工平均工资	在岗职工平均工资	在岗职工平均工资
全国	**75 124**	**57 995**	**63 333**
北京	110 670	90 788	50 737
天津	123 186	48 326	82 571
河北	58 213	47 209	51 814
山西	57 161	28 087	52 487
内蒙古	69 334	34 779	55 946
辽宁	58 015	38 733	53 186
吉林	59 229	49 261	47 020
黑龙江	63 532	80 543	62 353
上海	115 356	86 677	89 788
江苏	102 726	61 031	85 630
浙江	118 543	66 066	67 593
安徽	67 688	40 062	64 522
福建	80 540	44 140	55 130
江西	66 745	57 444	62 291
山东	76 558	49 042	64 333
河南	52 366	48 773	52 697
湖北	73 146	18 200	57 751
湖南	58 627	47 528	65 207
广东	90 553	53 658	72 359
广西	70 571	29 000	52 284
海南	70 908	42 098	50 239
重庆	78 298	41 109	52 111
四川	74 517	50 398	51 050
贵州	78 691	50 793	64 414
云南	78 735	40 014	61 919
西藏	118 134		24 880
陕西	58 865	41 420	63 090
甘肃	68 378	36 693	40 303
青海	73 876	27 627	42 611
宁夏	73 598	45 752	64 639
新疆	64 799	36 537	55 158

注：本表为城镇非私营单位在岗职工平均工资。

表 1—12　　历年居民消费价格指数和商品零售价格指数

（以上年为 100）

年份	全国居民消费价格指数	城镇	商品零售价格指数	城镇
1998	99.2	99.4	97.4	97.4
1999	98.6	98.7	97.0	97.0
2000	100.4	100.8	98.5	98.5
2001	100.7	100.7	99.2	98.9
2002	99.2	99.0	98.7	98.5
2003	101.2	100.9	99.9	99.6
2004	103.9	103.3	102.8	102.1
2005	101.8	101.6	100.8	100.5
2006	101.5	101.5	101.0	101.0
2007	104.8	104.5	103.8	103.3
2008	105.9	105.6	105.9	105.5
2009	99.3	99.1	98.8	98.7
2010	103.3	103.2	103.1	102.8
2011	105.4	105.3	104.9	104.7
2012	102.6	102.7	102.0	101.9
2013	102.6	102.6	101.4	101.3
2014	102.0	102.1	101.0	101.0
2015	101.4	101.5	100.1	100.0
2016	102.0	102.1	100.7	100.7

表 1—13　　历年城乡居民收入及增长情况　　单位：元/年

年份	城镇居民人均可支配收入	农村居民人均纯收入	扣除物价因素比上年实际增长（%）	
			城镇居民人均可支配收入	农村居民人均纯收入
1998	5 425	2 162	5.8	4.3
1999	5 854	2 210	9.3	3.9
2000	6 280	2 253	6.4	2.0
2001	6 860	2 366	8.2	4.2
2002	7 703	2 476	13.4	4.8
2003	8 472	2 622	9.0	4.3
2004	9 422	2 936	7.7	6.8
2005	10 493	3 255	9.6	6.2
2006	11 760	3 587	10.4	7.4
2007	13 786	4 140	12.2	9.5
2008	15 781	4 761	8.4	8.0
2009	17 175	5 153	9.8	8.5
2010	19 109	5 919	7.8	10.9
2011	21 810	6 977	8.4	11.4
2012	24 565	7 917	9.6	10.7
2013	26 955	8 896	7.0	9.3
2014	28 844	9 892	6.8	9.2
2015	31 195	10 772	6.6	7.5
2016	33 616		5.6	

注：自 2016 年起，国家统计局不再推算农村居民人均纯收入。

（二）就业与失业

表 2—1　　分地区城镇单位就业人员年末人数

（2016 年）　　单位：万人

地区	合计	企业	事业	机关	民间非营利组织	其他
全国	**17 888.1**	**13 120.8**	**3 249.4**	**1 410.0**	**41.4**	**66.5**
北京	791.5	639.3	101.3	37.5	8.4	5.1
天津	286.0	233.9	35.7	14.3	0.6	1.5
河北	639.6	400.2	164.4	74.3	0.2	0.4
山西	430.6	278.7	105.2	45.5	0.2	0.9
内蒙古	293.2	173.6	79.1	40.2	0.1	0.3
辽宁	560.4	394.5	118.4	45.4	1.3	0.8
吉林	322.1	210.8	81.9	28.3	0.4	0.7
黑龙江	424.9	294.9	91.0	38.3	0.1	0.6
上 海	627.8	550.9	56.8	16.8	2.5	0.8
江苏	1 497.3	1 261.0	171.2	60.7	0.5	4.0
浙江	1 060.9	857.8	131.7	58.6	6.3	6.5
安徽	517.1	358.4	111.1	44.5	1.3	1.8
福建	668.8	542.0	85.9	38.6	1.2	1.1
江西	471.5	329.6	95.5	45.7	0.0	0.6
山东	1 215.5	903.2	216.7	89.2	1.9	4.5
河南	1 145.0	833.7	217.4	83.3	3.0	7.6
湖北	719.3	513.9	151.1	50.4	1.7	2.3
湖南	568.4	365.0	131.4	61.1	2.1	8.7
广东	1 957.6	1 636.8	210.8	98.1	3.6	8.3
广西	401.4	236.7	118.6	43.2	0.9	1.9
海南	101.2	63.1	24.1	11.1	1.3	1.4
重庆	412.9	310.8	72.7	27.7	0.7	0.9
四川	787.5	523.2	175.5	87.1	0.9	0.8
贵州	310.5	172.1	91.8	44.4	0.3	1.9
云南	419.0	265.4	101.3	51.9	0.1	0.3
西藏	31.5	8.1	9.7	13.6	0.0	0.0
陕西	511.4	347.7	110.6	50.0	1.1	2.0
甘肃	261.0	148.8	74.5	37.3	0.0	0.3
青海	63.1	35.6	17.1	10.0	0.4	0.0
宁夏	70.7	41.9	19.5	9.1	0.1	0.2
新疆	320.5	189.1	77.3	53.8	0.1	0.2

注：本表中的城镇单位是指城镇非私营单位。

数据来源：国家统计局。

表 2—2　　分地区企业、事业、机关单位在岗职工年末人数

（2016 年）　　单位：万人

地区	合计	企业	事业	机关	民间非营利组织	其他
全国	**16 768**	**12 255**	**3 075**	**1 338**	**37**	**62**
北京	733.5	591.5	95.7	34.8	6.8	4.7
天津	270.3	221.4	33.6	13.3	0.6	1.5
河北	595.6	367.9	155.6	71.4	0.2	0.4
山西	412.3	267.6	99.7	44.0	0.2	0.9
内蒙古	284.4	167.4	77.3	39.4	0.1	0.3
辽宁	526.6	368.2	112.9	43.9	0.9	0.7
吉林	305.1	200.5	76.7	26.8	0.4	0.7
黑龙江	380.7	259.3	85.5	35.2	0.083	0.6
上海	586.6	515.9	52.5	15.9	1.6	0.7
江苏	1 410.7	1 190.0	159.2	57.2	0.5	3.8
浙江	1 003.1	812.6	123.4	55.1	5.9	6.0
安徽	468.0	319.3	105.2	40.7	1.3	1.5
福建	619.2	500.2	80.6	36.2	1.1	1.1
江西	431.8	299.0	88.8	43.3	0.0	0.6
山东	1 155.5	852.9	209.6	86.7	1.8	4.4
河南	1 096.1	794.1	211.1	81.3	2.9	6.7
湖北	662.7	470.4	141.3	47.5	1.6	2.0
湖南	524.0	330.5	124.3	58.7	2.1	8.4
广东	1 892.1	1 580.0	204.7	96.0	3.4	7.9
广西	368.6	216.3	110.0	39.7	0.9	1.7
海南	97.3	60.6	23.3	10.8	1.3	1.4
重庆	379.7	282.7	68.7	26.6	0.7	0.9
四川	728.9	479.9	165.3	82.1	0.9	0.8
贵州	278.6	155.4	82.3	38.8	0.3	1.8
云南	376.2	234.1	93.8	48.0	0.1	0.3
西藏	28.6	7.2	9.0	12.4	0.0	0.008
陕西	474.1	320.4	104.2	46.5	1.0	1.9
甘肃	239.7	134.4	69.9	35.0	0.03	0.3
青海	61.5	34.3	16.8	9.9	0.4	0.04
宁夏	66.2	39.4	18.3	8.3	0.1	0.2
新疆	310.5	181.9	75.8	52.5	0.1	0.2

注：本表为城镇非私营单位在岗职工年末人数。

数据来源：国家统计局。

表 2—3　　分地区城镇私营个体就业人员年末人数

（2016 年）　　单位：万人

地区	合计	私营企业就业人员	个体就业人员
全国	**20 710.4**	**12 083.4**	**8 627.0**
北京	685.2	633.8	51.4
天津	179.1	119.1	60.0
河北	510.7	184.6	326.1
山西	323.1	136.4	186.7
内蒙古	427.4	176.8	250.6
辽宁	522.2	220.6	301.6
吉林	439.9	182.0	257.9
黑龙江	313.4	50.3	263.1
上海	641.2	604.0	37.2
江苏	2 296.5	1 680.2	616.3
浙江	1 605.9	1 086.3	519.6
安徽	879.8	386.7	493.1
福建	846.6	565.0	281.6
江西	547.5	279.7	267.8
山东	915.4	481.7	433.7
河南	880.4	356.8	523.6
湖北	829.6	313.1	516.5
湖南	468.4	105.5	362.9
广东	3 071.3	2 084.8	986.5
广西	499.8	247.4	252.4
海南	139.3	83.4	55.9
重庆	824.8	603.4	221.4
四川	1 135.1	725.2	409.9
贵州	193.8	80.5	113.3
云南	311.2	163.6	147.6
西藏	84.9	45.1	39.8
陕西	440.7	144.8	295.9
甘肃	225.0	109.6	115.4
青海	67.7	18.3	49.4
宁夏	107.1	66.2	40.9
新疆	297.4	148.4	149.0

表 2—4　　历年全国城镇登记失业人数及登记失业率

年份	城镇登记失业人数（万人）	登记失业率（%）
1997年年底	577	3.1
1998年年底	571	3.1
1999年年底	575	3.1
2000年年底	595	3.1
2001年年底	681	3.6
2002年年底	770	4.0
2003年年底	800	4.3
2004年年底	827	4.2
2005年年底	839	4.2
2006年年底	847	4.1
2007年年底	830	4.0
2008年年底	886	4.2
2009年年底	921	4.3
2010年年底	908	4.1
2011年年底	922	4.1
2012年年底	917	4.1
2013年年底	926	4.05
2014年年底	952	4.09
2015年年底	966	4.05
2016年年底	982	4.02

表 2—5　　分地区城镇登记失业情况

（2016年）

地区	城镇登记失业人数（万人）	城镇登记失业率（%）
北京	8.0	1.4
天津	25.8	3.5
河北	39.7	3.7
山西	26.1	3.5
内蒙古	26.7	3.7
辽宁	47.3	3.8
吉林	25.7	3.5
黑龙江	39.6	4.2

续表

地区	城镇登记失业人数（万人）	城镇登记失业率（%）
上海	24.3	4.1
江苏	35.2	3.0
浙江	33.9	2.9
安徽	30.4	3.2
福建	16.3	3.9
江西	31.3	3.4
山东	45.8	3.5
河南	43.6	3.0
湖北	32.9	2.4
湖南	44.9	4.2
广东	38.0	2.5
广西	18.1	2.9
海南	5.1	2.4
重庆	15.7	3.7
四川	56.3	4.2
贵州	14.8	3.2
云南	20.1	3.6
西藏	1.8	2.6
陕西	22.7	3.3
甘肃	9.8	2.2
青海	4.6	3.1
宁夏	5.1	3.9
新疆	9.7	2.5
新疆兵团	3.2	2.3

表 2—6　　分地区城镇登记失业基本情况

（2016 年）　　单位：万人

地区	上年年末结转登记失业人数	本年新登记失业人数	女性	就业转失业人数	本年失业人员就业人数
北京	7.8	16.9	6.9	12.8	15.9
天津	25.1	9.7	4.2	7.0	9.0
河北	39.4	41.0	15.9	10.4	40.7
山西	25.6	19.0	6.5	2.4	18.5
内蒙古	25.9	24.6	11.5	7.0	23.5
辽宁	46.2	93.5	41.3	62.9	81.3
吉林	23.9	35.2	16.4	12.4	33.4
黑龙江	45.0	61.9	27.1	38.7	61.0
上海	24.8	39.0	15.4	22.8	37.1
江苏	36.0	113.0	53.3	77.2	112.5
浙江	29.8	42.5	20.7	22.4	39.5
安徽	30.9	26.4	13.2	8.6	26.3
福建	15.4	28.3	13.4	10.6	23.8
江西	29.9	28.8	13.4	5.6	27.4
山东	43.7	69.4	32.4	35.1	65.4
河南	42.5	46.7	19.8	11.4	44.2
湖北	33.4	52.6	24.6	14.2	47.3
湖南	45.1	37.9	16.3	10.6	38.0
广东	37.0	61.0	31.5	22.5	56.2
广西	18.1	12.2	6.1	4.4	11.2
海南	4.8	2.9	1.2	1.0	2.6
重庆	14.2	32.5	18.3	11.0	29.3
四川	54.6	47.9	23.6	25.1	43.8
贵州	14.5	13.4	5.6	3.2	13.1
云南	19.5	36.9	15.4	9.4	35.1
西藏	1.5	1.5	0.6	0.2	1.1
陕西	22.3	20.8	9.8	2.4	20.3
甘肃	9.5	30.8	13.1	5.4	30.4
青海	4.4	6.7	2.9	1.6	6.5
宁夏	4.9	10.7	5.4	6.2	10.6
新疆	10.4	39.4	20.7	8.9	39.8
新疆兵团	3.3	9.5	5.5	4.3	10.1

续表

地区	本年年末登记失业人数	女性	长期失业者	城镇登记失业率（%）
北京	8.0	3.2	5.7	1.4
天津	25.8	13.1	9.0	3.5
河北	39.7	18.8	4.8	3.7
山西	26.1	12.9	2.0	3.5
内蒙古	26.7	11.5	3.2	3.7
辽宁	47.3	22.6	25.4	3.8
吉林	25.7	11.1	3.5	3.5
黑龙江	39.6	15.3	1.9	4.2
上海	24.3	8.2	10.7	4.1
江苏	35.2	15.4	7.2	3.0
浙江	33.9	14.6	6.7	2.9
安徽	30.4	14.4	1.7	3.2
福建	16.3	7.5	3.3	3.9
江西	31.3	11.9	1.4	3.4
山东	45.8	20.4	11.8	3.5
河南	43.6	21.3	8.8	3.0
湖北	32.9	15.2	3.9	2.4
湖南	44.9	15.8	2.8	4.2
广东	38.0	17.7	5.6	2.5
广西	18.1	8.9	2.5	2.9
海南	5.1	2.5	0.4	2.4
重庆	15.7	8.1	0.9	3.7
四川	56.3	28.1	21.2	4.2
贵州	14.8	6.6	2.0	3.2
云南	20.1	8.5	2.9	3.6
西藏	1.8	0.9	0.1	2.6
陕西	22.7	7.2	1.7	3.3
甘肃	9.8	4.1	0.9	2.2
青海	4.6	1.7	0.6	3.1
宁夏	5.1	2.1	0.1	3.9
新疆	9.7	4.5	0.2	2.5
新疆兵团	3.2	1.7	0.1	2.3

（三）职业培训与技能鉴定

表 3—1 **历年技工学校综合情况** 单位：万人

年份	技工学校个数（个）	招生人数	在校学生人数	毕业生人数	在职教职工人数
一、绝对数					
1998	4 362	59.5	181.3	69.5	29.0
1999	4 098	51.5	156.1	66.2	26.9
2000	3 792	50.4	140.1	64.6	24.0
2001	3 470	55.1	134.7	47.7	22.0
2002	3 075	73.3	153.0	45.4	20.3
2003	2 970	91.6	193.1	45.3	20.2
2004	2 884	109.7	234.4	53.5	20.4
2005	2 855	118.4	275.3	69.0	20.4
2006	2 880	134.8	320.8	86.4	21.5
2007	2 995	158.5	367.1	99.7	24.0
2008	3 075	161.4	397.5	109.0	24.7
2009	3 064	156.4	414.3	115.2	25.8
2010	2 998	158.6	421.0	121.3	26.5
2011	2 914	163.5	429.4	118.9	26.5
2012	2 892	156.8	422.8	120.2	26.7
2013	2 882	133.5	386.6	116.9	26.9
2014	2 818	124.4	339.0	106.8	26.5
2015	2 545	121.4	321.5	94.6	26.0
2016	2 526	127.2	323.2	93.1	26.5
二、比上年增长（%）					
1998	−0.8	−19.0	−6.1	−0.7	−6.5
1999	−6.1	−13.3	−13.9	−4.6	−7.1
2000	−7.5	−2.3	−10.2	−2.5	−11.0
2001	−8.5	9.4	−3.8	−26.1	−8.3
2002	−11.4	33.0	13.6	−4.9	−7.4
2003	−3.4	24.9	26.2	−0.2	−0.7
2004	−2.9	19.8	21.4	18.1	1.0
2005	−1.0	7.9	17.4	29.0	0.0
2006	0.9	13.9	16.5	25.2	5.4
2007	4.0	17.6	14.4	15.4	11.6
2008	2.7	1.8	8.3	9.3	2.9
2009	−0.4	−3.1	4.2	5.7	4.6
2010	−2.2	1.4	1.6	5.4	2.6
2011	−2.8	3.1	2.0	−2.0	0.0
2012	−0.8	−4.1	−1.5	1.1	0.8
2013	−0.3	−17.4	−9.4	−2.9	0.9
2014	−2.2	−6.8	−12.3	−8.6	−1.6
2015	−9.7	−2.4	−5.2	−11.4	−1.8
2016	−0.7	4.7	0.5	−1.6	1.8

续表

年份			兼职教师人数	培训社会人员人次数（万人次）	培训社会人员结业人数
	文化技术理论课教师	生产实习指导教师			
一、绝对数					
1998	11.0	3.8	2.7	165.1	
1999	11.2	3.8	2.9	149.1	144.6
2000	10.5	3.5	2.7	158.5	156.7
2001	10.0	3.4	2.6	151.7	163.9
2002	9.5	3.2	2.6	208.6	196.9
2003	9.6	3.4	3.0	226.9	223.7
2004	9.6	3.8	2.9	265.6	257.5
2005	9.7	3.8	3.2	273.3	270.1
2006	10.4	4.2	3.6	337.7	330.2
2007	11.2	5.0	3.8	380.7	369.8
2008	12.2	5.4	4.1	400.0	389.8
2009	12.5	6.0	4.3	484.1	382.9
2010	12.7	6.3	4.4	468.4	371.3
2011	12.9	6.3	4.3	527.5	416.1
2012	13.0	6.6	4.3	551.3	441.6
2013	13.4	6.5	4.1	525.3	397.1
2014	13.2	6.2	4.2	508.5	372.3
2015	13.2	6.0	4.1	476.6	378.9
2016	13.7	6.0	4.3	451.6	349.9
二、比上年增长（%）					
1998	−4.6	−4.0	0.8	20.0	
1999	1.9	−0.1	9.5	−9.7	16.5
2000	−6.9	−6.7	−6.3	6.3	8.4
2001	−4.9	−3.7	−4.1	−4.3	4.6
2002	−5.0	−6.8	−2.4	37.6	20.2
2003	1.5	7.3	17.4	37.6	20.2
2004	0.0	11.8	−3.3	17.1	15.1
2005	1.0	0.0	10.3	2.9	4.9
2006	7.2	10.5	12.5	23.6	22.3
2007	7.7	19.0	5.6	12.7	12.0
2008	8.9	8.0	7.9	5.1	5.4
2009	2.8	11.6	5.2	21.0	−1.8
2010	1.2	4.3	1.0	−3.2	−3.0
2011	1.8	−0.4	−1.7	12.6	12.1
2012	0.3	6.1	0.6	4.5	6.1
2013	3.3	−2.2	−6.0	−4.9	−11.2
2014	−1.3	−4.3	2.8	−3.2	−6.2
2015	−0.3	−4.2	−2.5	−6.3	1.8
2016	3.5	0.3	5.7	−5.2	−7.6

表 3—2 **分地区技工学校综合情况**

（2016 年）

地区	技工学校个数（个）	职业培训定点培训机构数	在职教职工人数（人）	女性	文化技术理论课教师	高级讲师	讲师	助理讲师
全国	**2 526**	**1 298**	**265 053**	**118 195**	**136 638**	**36 760**	**50 216**	**36 098**
北京	29	14	3 277	1 602	1 258	389	412	274
天津	28	25	2 513	1 108	1 139	362	409	284
河北	175	52	13 076	6 532	7 107	2 373	2 645	1 494
山西	98	43	8 684	4 356	3 810	967	1 108	1 024
内蒙古	50	39	6 276	2 898	3 718	1 189	1 107	784
辽宁	108	69	8 552	4 160	4 775	1 516	1 816	878
吉林	60	32	3 727	1 764	1 761	642	654	349
黑龙江	127	65	10 893	5 223	5 788	2 197	2 037	1 090
上海								
江苏	121	62	18 882	8 767	9 979	2 674	3 896	2 586
浙江	78	63	11 229	5 089	6 454	1 884	2 222	1 804
安徽	86	52	7 676	3 137	4 298	1 370	1 549	1 052
福建	62	23	4 070	1 880	2 072	635	596	414
江西	89	39	9 604	4 190	5 029	1 535	1 763	1 216
山东	194	86	29 133	12 229	16 604	4 362	6 666	4 472
河南	149	68	14 089	5 940	6 523	1 555	2 508	2 173
湖北	124	63	7 639	3 073	3 850	1 131	1 521	878
湖南	130	62	11 056	3 546	5 185	1 756	2 042	1 287
广东	166	48	29 249	13 259	13 515	2 123	5 126	4 006
广西	43	32	6 120	2 523	2 910	577	1 190	970
海南	11	7	1 524	684	970	226	339	338
重庆	51	30	4 590	2 079	1 945	458	764	653
四川	81	39	10 480	4 571	5 909	1 404	2 277	1 626
贵州	69	44	6 455	2 950	3 173	692	1 051	1 009
云南	36	23	5 038	2 094	2 987	881	834	990
陕西	133	56	10 437	4 772	4 498	1 174	1 526	1 341
甘肃	82	41	4 553	1 706	2 163	489	958	716
青海	14	14	1 838	890	950	277	359	268
宁夏	24	11	2 873	1 513	1 558	468	449	400
新疆	108	96	11 520	5 660	6 710	1 454	2 392	1 722

续表

地区	生产实习指导教师	高级实习指导教师	一级实习指导教师	二级实习指导教师	三级实习指导教师	技师、高级技师	一体化教师人数（人）	兼职教师人数（人）
全国	**59 808**	**7 253**	**11 776**	**10 057**	**5 333**	**20 001**	**71 782**	**43 016**
北京	627	117	144	78	14	190	992	1 383
天津	504	130	188	109	24	21	867	259
河北	2 432	386	501	367	152	778	2 683	2 062
山西	1 971	212	328	276	190	791	1 802	1 355
内蒙古	1 048	168	157	158	183	319	1 535	821
辽宁	1 186	130	239	216	79	327	1 469	1 599
吉林	774	113	144	147	119	214	1 308	630
黑龙江	2 295	307	322	285	188	738	2 801	1 603
上海								
江苏	4 650	540	800	716	538	1 810	6 118	3 181
浙江	2 356	313	440	389	151	956	3 631	1 333
安徽	1 423	190	205	181	113	613	1 796	1 433
福建	975	153	182	234	79	189	982	817
江西	2 035	162	351	298	212	799	2 367	2 014
山东	6 304	973	1 401	881	393	2 097	9 225	4 017
河南	3 640	469	846	631	228	1 231	4 132	2 666
湖北	1 844	304	485	325	190	408	1 541	958
湖南	3 498	449	1 024	711	325	906	3 351	2 346
广东	8 109	433	1 520	1 288	448	3 433	8 871	2 254
广西	1 713	157	267	319	150	644	1 550	763
海南	347	37	43	84	24	117	476	147
重庆	1 043	113	172	144	157	452	1 304	1 365
四川	1 953	222	310	331	256	735	2 867	1 724
贵州	1 556	167	294	429	175	348	1 424	988
云南	1 272	189	180	256	84	323	1 627	1 138
陕西	2 674	292	441	593	394	731	1 853	2 102
甘肃	915	103	245	191	220	156	659	886
青海	489	135	131	110	39	74	536	361
宁夏	317	46	35	39	30	114	598	632
新疆	1 858	243	381	271	178	487	3 417	2 179

表 3—3　　分地区技工学校培训情况

（2016 年）　　单位：人

地区	招生学校数（个）	招生人数			在校学生人数	
			高级班学生	农业户口学生		女生
全国	**1 882**	**1 271 983**	**407 363**	**985 545**	**3 231 523**	**960 213**
北京	19	12 272	3 684	6 824	35 232	9 102
天津	25	8 034	2 274	5 842	21 795	5 330
河北	110	43 842	5 527	39 634	100 535	26 661
山西	63	34 077	8 368	26 829	100 546	30 799
内蒙古	36	8 076	1 486	4 601	16 841	4 617
辽宁	64	22 425	3 138	15 088	62 313	15 054
吉林	60	13 454	4 416	8 721	29 520	5 694
黑龙江	80	23 205	7 339	16 397	56 295	18 174
上海						
江苏	108	101 975	35 663	60 986	243 271	81 173
浙江	72	47 800	17 180	35 026	137 923	38 223
安徽	54	24 735	6 405	20 106	56 378	23 801
福建	42	32 244	3 685	21 120	59 016	19 925
江西	75	50 411	4 858	41 274	126 665	45 576
山东	167	133 600	51 492	118 247	335 348	94 172
河南	104	108 296	34 762	85 737	267 042	78 162
湖北	77	34 694	7 102	19 289	79 156	24 161
湖南	70	47 606	20 337	45 279	135 654	37 627
广东	147	186 303	79 777	146 994	532 587	153 836
广西	43	55 476	12 179	45 060	111 627	34 420
海南	11	8 295	2 359	5 465	21 802	5 049
重庆	44	29 492	7 762	21 195	97 522	34 132
四川	61	39 632	9 376	28 569	106 669	33 162
贵州	55	36 839	8 110	27 923	85 207	26 218
云南	36	53 259	28 930	47 079	132 165	35 316
陕西	131	63 635	27 266	51 939	133 876	39 857
甘肃	30	11 984	1 025	9 588	39 559	15 622
青海	12	3 026	466	2 288	16 753	4 961
宁夏	11	2 489	1 351	1 630	3 457	970
新疆	75	34 807	11 046	26 815	86 769	18 419

续表

地区	高级班学生	毕业生人数	获得中级职业资格	获得高级职业资格	就业人数	高级班学生
全国	**1 062 933**	**930 668**	**523 585**	**236 638**	**909 205**	**267 464**
北京	8 872	12 584	6 785	3 940	12 355	3 813
天津	5 790	5 917	4 054	1 825	5 786	1 854
河北	12 916	41 257	31 036	6 663	40 603	6 991
山西	27 465	38 225	25 537	11 800	37 806	11 420
内蒙古	4 319	6 157	2 219	1 489	5 935	1 865
辽宁	11 752	21 015	8 109	4 853	20 350	6 427
吉林	8 271	8 061	5 732	825	7 908	1 145
黑龙江	21 060	27 561	19 166	3 519	27 152	3 542
上海						
江苏	74 980	71 219	33 641	23 629	70 360	25 619
浙江	52 284	33 880	21 789	9 199	33 387	9 084
安徽	17 507	19 328	9 763	2 867	18 960	4 397
福建	9 657	17 500	11 825	3 839	17 240	3 928
江西	14 845	31 499	25 514	3 455	30 758	3 085
山东	134 748	89 629	32 201	31 537	87 074	38 820
河南	72 546	85 050	42 317	12 947	82 701	20 617
湖北	20 842	27 034	10 287	4 639	26 292	7 378
湖南	67 615	29 207	18 647	10 118	28 717	10 224
广东	226 645	161 419	100 045	60 618	158 128	59 487
广西	24 632	25 146	20 703	2 737	24 716	2 774
海南	7 009	5 762	2 983	1 585	5 615	1 807
重庆	25 270	23 317	15 223	1 296	22 897	2 598
四川	30 489	30 136	20 586	5 698	29 650	5 754
贵州	22 060	19 421	8 446	3 480	18 953	4 337
云南	66 936	28 815	9 925	6 917	27 999	8 130
陕西	65 284	38 359	16 157	11 456	36 407	16 336
甘肃	6 952	14 948	7 424	3 249	14 334	3 552
青海	1 781	5 778	3 268	356	5 542	340
宁夏	2 210	336	24	312	325	301
新疆	18 196	12 108	10 179	1 790	11 255	1 839

续表

地区	培训社会人员数（人次）	按培训对象分组			
		失业人员	劳动预备制学员	在职职工	农村劳动者
全国	**4 516 045**	**349 962**	**273 136**	**2 429 018**	**881 859**
北京	124 285	3 938	1 266	97 290	18 622
天津	85 994	7 135	5 783	57 753	1 317
河北	162 053	11 535	12 439	96 861	29 086
山西	120 256	4 573	3 253	95 465	9 281
内蒙古	65 579	8 999	3 230	34 430	8 885
辽宁	145 013	11 607	1 792	104 633	10 160
吉林	31 327	5 011	2 743	16 444	3 516
黑龙江	120 647	24 377	3 622	36 562	43 335
上海					
江苏	478 300	38 938	27 981	307 427	67 169
浙江	297 457	15 165	26 963	199 327	34 599
安徽	185 423	37 656	4 979	94 497	29 955
福建	89 028	12 021	2 906	39 891	18 306
江西	127 147	4 836	987	51 811	58 320
山东	407 689	32 604	26 701	233 683	71 323
河南	402 488	14 429	12 116	211 618	68 692
湖北	96 839	17 824	4 777	34 949	27 374
湖南	201 298	17 867	24 014	98 349	37 525
广东	252 547	12 357	18 291	162 796	23 913
广西	92 695	7 288	10 515	25 244	34 865
海南	25 032	252	1 419	19 847	995
重庆	110 025	9 558	5 424	65 872	13 976
四川	117 333	14 350	9 692	41 266	36 776
贵州	70 775	6 254	7 591	27 900	17 649
云南	260 574	15 572	33 748	41 400	113 817
陕西	128 771	1 883	8 345	83 888	21 022
甘肃	60 731	2 511	460	26 196	6 653
青海	27 373	1 739	1 508	16 323	6 348
宁夏	16 338	742	1 047	8 500	3 650
新疆	213 028	8 941	9 544	98 796	64 730

续表

地区	培训社会人员结业人数	按获取证书分组			
		初级职业资格	中级职业资格	高级职业资格	技师和高级技师资格
全国	**3 499 458**	**1 057 570**	**681 979**	**326 047**	**107 404**
北京	95 283	41 836	7 797	10 862	2 025
天津	77 001	22 807	27 315	16 623	2 066
河北	103 170	20 395	16 881	5 472	2 933
山西	119 603	6 857	29 491	16 598	2 100
内蒙古	53 138	14 115	13 999	1 346	2 339
辽宁	67 385	15 425	12 212	2 863	537
吉林	26 406	9 510	4 700	3 117	658
黑龙江	119 719	44 595	21 301	3 876	1 457
上海					
江苏	402 868	82 598	73 575	46 917	7 787
浙江	211 876	60 463	26 382	34 755	5 289
安徽	154 725	17 807	21 941	16 625	1 407
福建	53 637	13 886	11 741	6 701	1 460
江西	98 902	16 608	44 725	6 558	3 951
山东	280 976	91 312	66 571	28 300	10 310
河南	342 009	106 863	40 695	16 005	6 758
湖北	82 736	39 537	15 002	4 387	2 839
湖南	185 999	68 181	45 496	13 257	3 190
广东	152 463	39 423	27 526	19 388	4 588
广西	77 966	47 832	9 519	4 783	1 228
海南	11 437	755	2 108	1 280	110
重庆	87 089	21 096	15 629	4 769	1 126
四川	90 360	16 836	38 911	8 267	3 872
贵州	47 460	14 969	4 965	5 594	699
云南	217 112	112 934	33 440	24 121	32 279
陕西	83 903	32 535	15 102	9 542	2 192
甘肃	59 735	18 148	30 635	1 513	367
青海	24 774	8 531	3 262	2 426	0
宁夏	14 434	6 310	1 220	1 010	507
新疆	157 292	65 406	19 838	9 092	3 330

表 3—4　　分地区就业训练中心综合情况

（2016 年）　　单位：人

地区	就业训练中心个数（个）	在职教职工总人数	教师	兼职教师人数	培训人数	结业人数	就业人数
全国	**2 741**	**40 233**	**25 027**	**22 294**	**4 597 133**	**4 084 783**	**2 911 629**
北京	9	233	91	220	24 787	24 084	12 942
天津	18	201	91	317	49 916	48 376	29 677
河北	340	5 311	2 441	1 523	353 783	280 198	215 430
山西	68	2 201	1 161	568	161 161	151 611	69 632
内蒙古	115	503	334	277	114 540	109 042	95 796
辽宁	88	873	598	673	93 967	79 190	56 413
吉林	53	415	273	220	26 706	19 594	17 495
黑龙江	125	1 320	905	1 392	146 660	118 202	82 291
上海							
江苏	102	1 741	963	1 788	690 047	631 276	392 438
浙江	57	556	245	1 539	169 272	142 551	83 696
安徽	64	1 341	913	526	55 236	53 545	33 333
福建	81	527	240	341	48 407	44 837	37 502
江西	232	1 540	778	903	406 663	398 960	322 640
山东	356	9 207	7 033	3 506	341 878	305 435	255 461
河南	95	1 468	780	729	332 622	270 276	179 968
湖北	109	1 472	836	874	339 395	313 687	244 444
湖南	223	2 915	2 245	1 841	326 582	307 935	264 675
广东	111	2 432	1 312	1 324	324 727	243 547	150 711
广西	26	452	232	210	26 047	23 989	9 250
海南							
重庆	25	132	67	242	29 833	29 833	13 815
四川	117	917	413	743	107 593	101 412	50 811
贵州	36	172	120	223	32 189	30 910	23 022
云南							
西藏							
陕西	165	2 569	1 855	1 259	173 607	151 401	124 986
甘肃	64	1 017	543	469	158 720	148 844	98 800
青海	20	85	59	72	19 291	18 190	14 620
宁夏	7	40	27	37	3 884	2 564	3 455
新疆	35	593	472	478	39 620	35 294	28 326

表 3—5　　分地区民办职业培训机构综合情况

（2016 年）　　单位：人

地区	职业培训机构个数（个）	在职教职工		兼职教师	培训人数	结业人数	就业人数
			教师				
全国	**19 463**	**323 146**	**196 290**	**115 479**	**12 120 199**	**10 531 813**	**7 452 046**
北京	374	5 897	3 211	2 712	303 658	254 152	112 078
天津	407	6 341	4 173	3 814	215 445	204 673	92 235
河北	888	11 801	8 278	4 163	561 115	531 367	528 648
山西	465	5 931	3 577	1 925	329 385	305 538	170 358
内蒙古	405	5 316	3 632	2 615	123 917	108 295	80 575
辽宁	745	8 335	5 271	3 520	178 947	146 476	91 314
吉林	476	5 053	3 160	2 200	302 873	262 866	92 272
黑龙江	718	8 859	5 344	2 573	129 528	115 548	79 624
上海	428	42 956	16 374	3 351	649 366	448 460	566 927
江苏	1 179	16 503	10 449	7 611	815 985	685 846	551 023
浙江	912	9 145	4 294	5 161	484 535	376 893	214 386
安徽	778	8 996	5 869	3 405	224 135	202 644	136 213
福建	416	4 510	2 688	2 539	233 196	183 029	127 433
江西	552	8 461	5 490	3 075	306 402	262 080	192 113
山东	1 451	17 638	11 597	6 480	666 446	605 224	419 243
河南	956	13 758	8 783	5 278	601 571	555 542	314 835
湖北	632	11 561	7 409	3 132	307 832	275 352	191 273
湖南	532	5 782	3 977	2 199	321 845	284 977	235 887
广东	1 310	16 505	9 134	6 487	933 638	736 667	511 212
广西	347	8 314	5 907	3 124	164 095	149 917	93 514
海南	160	448	334	1 208	53 623	39 700	20 618
重庆	597	8 631	4 405	2 748	1 158 763	1 092 691	918 581
四川	1 358	18 738	12 119	6 950	723 893	605 781	378 372
贵州	276	4 419	2 999	1 518	151 262	129 655	64 078
云南	782	31 614	23 337	9 183	713 102	658 247	420 866
西藏	76	1 167	834	330	60 124	53 704	39 136
陕西	685	13 439	9 430	4 427	377 931	326 828	144 740
甘肃	533	4 732	3 442	4 875	279 973	237 557	166 825
青海	204	3 464	1 329	1 093	64 943	63 188	49 491
宁夏	309	6 401	4 405	3 199	303 178	287 966	231 355
新疆	512	8 431	5 039	4 584	379 493	340 950	216 821

表 3—6　　分地区职业技能鉴定综合情况

（2016 年）

地区	年末职业技能鉴定机构数（个）	鉴定所数	鉴定站数	其他
全国	**8 224**	**3 460**	**4 438**	**326**
行业合计	**2 473**	**10**	**2 463**	
地方合计	**5 733**	**3 450**	**1 975**	**308**
企业试点单位	**18**			**18**
北京	74	63	1	10
天津	130	95	24	11
河北	36	36		
山西	166	136	30	
内蒙古	139		138	1
辽宁	150	141	9	
吉林	15	15		
黑龙江	49	36	13	
上海	503	303	200	
江苏	542	287		255
浙江	79	45	34	
安徽	413		413	
福建	149	145	4	
江西	391	302	89	
山东	245	2	243	
河南	368	265	86	17
湖北	106	106		
湖南	135	135		
广东	26	26		
广西	119	104	1	14
海南	93	87	6	
重庆	53	53		
四川	703	308	395	
贵州	152	152		
云南	290	204	86	
西藏	20	6	14	
陕西	233	118	115	
甘肃	87	87		
青海	58	29	29	
宁夏	60	59	1	
新疆	98	74	24	
新疆兵团	51	31	20	

续表

地区	年末考评人员人数（人）	本年鉴定考核人数（人）		
			初级	中级
全国	**282 782**	**17 554 798**	**6 410 623**	**6 540 058**
行业合计	**88 341**	**2 307 553**	**746 356**	**771 495**
地方合计	**182 393**	**15 028 489**	**5 597 358**	**5 683 938**
企业试点单位	**12 048**	**218 756**	**66 909**	**84 625**
北京	678	191 714	70 296	42 314
天津	3 331	189 173	92 555	63 321
河北	6 042	454 554	173 182	134 161
山西	8 306	400 893	102 350	144 240
内蒙古	8 619	226 411	82 817	72 416
辽宁	928	254 099	85 218	91 685
吉林	513	104 475	42 967	41 106
黑龙江	959	214 345	86 309	54 196
上海	5 369	426 927	173 103	134 306
江苏	3 236	1 691 573	366 111	893 819
浙江	1 577	849 009	284 230	264 226
安徽	7 655	623 569	255 853	211 714
福建	4 665	549 536	100 573	293 524
江西	4 722	300 698	62 885	184 758
山东	2 120	1 694 221	767 742	466 086
河南	14 449	536 980	230 618	138 241
湖北	221	560 208	128 246	281 353
湖南	102	515 056	210 964	194 747
广东	55 142	1 312 832	409 516	498 787
广西	3 408	397 547	209 402	139 617
海南	92	35 221	13 206	18 921
重庆	1 091	401 222	128 784	220 975
四川	12 503	767 369	213 064	375 981
贵州	3 714	206 137	86 046	88 302
云南	12 976	567 885	262 656	174 240
西藏	24	23 626	12 577	7 797
陕西	10 463	437 038	158 875	206 497
甘肃	426	532 742	385 475	136 718
青海	629	59 016	45 642	6 571
宁夏	2 485	102 285	75 933	21 049
新疆	4 788	314 596	252 604	40 465
新疆兵团	1 160	87 532	27 559	41 805

续表

地区				本年获取证书人数（人）	
	高级	技师	高级技师		初级
全国	**3 855 614**	**577 112**	**171 391**	**14 461 529**	**5 549 708**
行业合计	**615 401**	**127 726**	**46 575**	**1 713 407**	**528 629**
地方合计	**3 184 348**	**440 709**	**122 136**	**12 617 203**	**4 981 949**
企业试点单位	**55 865**	**8 677**	**2 680**	**130 919**	**39 130**
北京	54 869	17 670	6 565	127 555	51 964
天津	23 666	5 316	4 315	178 636	87 861
河北	104 336	25 109	17 766	398 900	161 284
山西	141 967	11 135	1 201	352 044	88 806
内蒙古	48 903	18 422	3 853	188 602	75 663
辽宁	50 970	22 130	4 096	206 772	70 615
吉林	15 348	4 169	885	75 315	28 842
黑龙江	59 846	12 590	1 404	200 935	81 646
上海	101 034	14 641	3 843	268 492	127 428
江苏	399 846	29 236	2 561	1 463 980	324 725
浙江	260 839	35 645	4 069	687 681	246 219
安徽	137 617	17 610	775	509 735	217 434
福建	133 941	18 846	2 652	419 179	89 293
江西	43 582	8 523	950	278 749	62 624
山东	385 063	54 510	20 820	1 530 135	736 259
河南	152 143	12 935	3 043	459 757	216 426
湖北	120 675	16 404	13 530	527 230	124 408
湖南	83 263	20 209	5 873	421 679	193 037
广东	343 778	48 139	12 612	867 702	306 350
广西	42 764	5 022	742	336 605	185 733
海南	3 049	44	1	28 327	11 332
重庆	38 979	8 054	4 430	345 793	114 106
四川	163 797	12 270	2 257	691 588	192 602
贵州	30 766	707	316	184 435	79 492
云南	121 701	7 923	1 365	487 537	251 829
西藏	2 011	1 241	0	15 141	8 334
陕西	68 108	2 945	613	371 006	127 686
甘肃	9 875	506	168	494 944	358 432
青海	5 463	1 289	51	44 825	36 154
宁夏	4 311	887	105	88 192	68 361
新疆	16 439	4 021	1 067	283 669	230 868
新疆兵团	15 399	2 561	208	82 063	26 136

续表

地区				
	中级	高级	技师	高级技师
全国	**5 481 352**	**2 963 711**	**350 596**	**116 162**
行业合计	**585 940**	**487 299**	**78 846**	**32 693**
地方合计	**4 846 266**	**2 440 744**	**266 587**	**81 657**
企业试点单位	**49 146**	**35 668**	**5 163**	**1 812**
北京	32 451	33 921	5 899	3 320
天津	60 336	22 102	4 369	3 968
河北	119 618	86 326	18 835	12 837
山西	128 755	126 700	6 910	873
内蒙古	64 483	33 172	12 346	2 938
辽宁	74 623	43 221	15 749	2 564
吉林	32 833	10 739	2 272	629
黑龙江	52 306	54 732	11 059	1 192
上海	82 221	52 537	4 451	1 855
江苏	795 784	322 020	19 514	1 937
浙江	223 242	197 186	19 402	1 632
安徽	176 136	108 547	7 423	195
福建	233 668	88 010	7 244	964
江西	176 602	34 898	4 187	438
山东	420 113	316 839	40 119	16 805
河南	122 617	111 123	7 414	2 177
湖北	275 227	105 440	13 192	8 963
湖南	153 535	57 958	13 219	3 930
广东	327 083	209 847	18 518	5 904
广西	119 069	27 440	3 807	556
海南	14 631	2 336	27	1
重庆	194 424	28 099	5 595	3 569
四川	339 223	148 942	9 251	1 570
贵州	76 765	27 225	651	302
云南	145 614	84 724	4 607	763
西藏	5 605	872	330	0
陕西	179 070	61 700	2 080	470
甘肃	126 812	9 172	386	142
青海	4 731	2 966	950	24
宁夏	16 017	3 163	577	74
新疆	33 462	14 663	3 800	876
新疆兵团	39 210	14 124	2 404	189

（四）劳动关系与监察

表 4—1　　历年劳动人事争议仲裁案件处理情况　　单位：件

项目	1998 年	1999 年	2000 年	2001 年	2002 年	2003 年
上期未结案件数	3 475	3 840	6 374	8 739	12 472	16 276
案件受理情况						
当期案件受理数	93 649	120 191	135 206	154 621	184 116	226 391
＃集体劳动争议案件数	6 767	9 043	8 247	9 847	11 024	10 823
劳动者申诉案件数	84 829	114 152	120 043	146 781	172 253	215 512
劳动者当事人数（人）	358 531	473 957	422 617	467 150	608 396	801 042
＃集体劳动争议劳动者当事人数（人）	251 268	319 445	259 445	286 680	374 956	514 573
争议原因						
劳动报酬				45 172	59 144	76 774
社会保险				31 158	56 558	76 181
变更劳动合同	2 840	3 469	3 829	4 254	3 765	5 494
解除劳动合同	13 069	18 108	21 149	29 038	30 940	40 017
终止劳动合同	4 752	8 031	10 816	10 298	12 908	12 043
其他	9 515	8 626	12 549			
案件处理情况						
结案数	92 288	121 289	130 688	150 279	178 744	223 503
处理方式						
仲裁调解	31 483	39 550	41 877	42 933	50 925	67 765
仲裁裁决	25 389	34 712	54 142	77 250	77 340	95 774
其他方式	35 155	47 027	34 669	35 096	50 479	59 954
处理结果						
用人单位胜诉	11 937	15 674	13 699	31 544	27 017	34 272
劳动者胜诉	48 650	63 030	70 544	71 739	84 432	109 556
双方部分胜诉及其他	27 365	37 459	37 247	46 996	67 295	79 475
案外调解案件数				63 939	77 342	58 451

续表

项目	2004年	2005年	2006年	2007年	2008年	2009年	2010年
上期未结案件数	17 117	17 829	22 165	25 424	33 084	83 709	77 926
案件受理情况							
当期案件受理数	260 471	313 773	317 162	350 182	693 465	684 379	600 865
＃集体劳动争议案件数	19 241	16 217	13 977	12 784	21 880	13 779	9 314
劳动者申诉案件数	249 335	293 710	301 233	325 590	650 077	627 530	558 853
劳动者当事人数（人）	764 981	744 195	679 312	653 472	1 214 328	1 016 922	815 121
＃集体劳动争议劳动者当事人数（人）	477 992	409 819	348 714	271 777	502 713	299 601	211 755
争议原因							
劳动报酬	85 132	103 183	103 887	108 953	225 061	247 330	209 968
社会保险	88 119	97 519	100 342	97 731			
变更劳动合同	4 465	7 567	3 456	4 695			
解除劳动合同	42 881	54 858	55 502	67 565	139 702	43 876	31 915
终止劳动合同	14 140	14 015	12 366	12 696			
案件处理情况							
结案数	258 678	306 027	310 780	340 030	622 719	689 714	634 041
处理方式							
仲裁调解	83 400	104 308	104 435	119 436	221 284	251 463	250 131
仲裁裁决	110 708	131 745	141 465	149 013	274 543	290 971	266 506
其他方式	64 550	69 974	64 880	71 581	126 892	147 280	117 404
处理结果							
用人单位胜诉	35 679	39 401	39 251	49 211	80 462	95 470	85 028
劳动者胜诉	123 268	145 352	146 028	156 955	276 793	255 119	229 448
双方部分胜诉及其他	94 041	121 274	125 501	133 864	265 464	339 125	319 565
案外调解案件数	70 840	93 561	130 321	151 902	237 283	185 598	163 997

续表

项目	2011 年	2012 年	2013 年	2014 年	2015 年	2016 年
上期未结案件数	42 308	36 151	34 478	31 796	39 580	37 977
案件受理情况						
当期案件受理数	589 244	641 202	665 760	715 163	813 859	828 410
＃集体劳动争议案件数	6 592	7 252	6 783	8 041	10 466	9 745
劳动者申诉案件数	568 768	620 849	641 932	690 418	784 229	801 190
劳动者当事人数（人）	779 490	882 487	888 430	997 807	1 159 687	1 112 408
＃集体劳动争议劳动者当事人数（人）	174 785	231 894	218 521	267 165	341 588	289 924
争议原因						
劳动报酬	200 550	225 981	223 351	258 716	321 179	345 685
社会保险	149 944	159 649	165 665	160 961	158 002	145 671
变更劳动合同						
解除劳动合同	118 684	129 108	147 977	155 870	182 396	188 642
终止劳动合同						
案件处理情况						
结案数	592 823	643 292	669 062	711 044	812 461	827 717
处理方式						
仲裁调解	278 873	302 552	311 806	321 598	362 814	389 109
仲裁裁决	244 942	268 530	283 341	313 175	368 409	366 742
其他方式	69 008	72 210	73 915	76 271	81 238	71 866
处理结果						
用人单位胜诉	74 189	79 187	82 519	82 541	90 785	92 405
劳动者胜诉	195 680	213 453	217 551	250 284	287 544	285 824
双方部分胜诉及其他	322 954	350 652	368 992	378 219	434 132	369 429
案外调解案件数	194 338	212 937	215 595	227 447	258 114	240 101

注：自 2011 年起，将解除和终止劳动合同两项合并统计，解除劳动合同数为解除、终止劳动合同数之和。

表 4—2　　分地区劳动人事争议仲裁案件处理情况

（2016 年）　　单位：件

地区	上期未结案件数	案件受理情况				
		当期案件受理数	集体劳动争议案件	劳动申诉案件	劳动者当事人数（人）	集体劳动争议劳动者当事人数
全国	**37 939**	**828 714**	**9 743**	**801 482**	**1 112 375**	**289 842**
北京	3 732	81 291	786	80 241	81 291	15 622
天津	1 427	21 771	241	20 581	26 153	5 314
河北	985	18 119	193	17 594	23 249	3 289
山西	242	8 305	45	8 262	11 877	879
内蒙古	342	12 020	119	11 757	15 117	3 297
辽宁	1 270	39 142	270	34 785	44 431	6 100
吉林	207	6 050	65	5 285	9 840	2 650
黑龙江	419	10 661	56	10 496	12 690	1 831
上海	5 421	66 589	135	64 059	71 191	3 616
江苏	1 549	64 016	805	63 609	88 125	23 034
浙江	3 217	50 385	797	49 530	79 501	28 689
安徽	569	22 620	161	22 209	28 765	4 628
福建	1 388	26 596	746	26 041	48 470	20 335
江西	421	9 721	106	9 288	14 638	4 165
山东	1 976	50 417	258	50 192	63 274	9 131
河南	712	24 273	168	23 732	29 706	2 941
湖北	1 990	28 996	96	26 118	31 753	3 052
湖南	618	17 901	318	16 392	26 802	6 139
广东	7 003	107 217	3 114	105 103	214 376	108 492
广西	540	17 872	21	17 764	19 218	888
海南	108	4 885	62	4 501	5 542	1 036
重庆	1 150	34 402	115	34 210	35 643	3 601
四川	1 201	43 081	574	42 108	55 936	16 442
贵州	373	13 257	56	12 705	14 497	1 182
云南	6	14 379	125	14 032	14 379	4 601
西藏	24	305	4	300	516	77
陕西	211	10 258	23	9 191	12 056	656
甘肃	73	3 756	90	3 723	6 002	1 944
青海	48	1 453	13	1 397	2 242	693
宁夏	526	5 908	92	5 624	8 556	2 477
新疆	206	11 839	90	9 456	15 592	3 111
新疆兵团	23	925	1	905	980	12

续表

地区	案件受理情况			
	按争议类型分			
	劳动报酬	社会保险待遇	其中：工伤保险	解除、终止劳动合同
全国	**345 745**	**145 705**	**90 870**	**188 635**
北京	53 560	2 264	897	125
天津	10 914	1 243	1 043	4 641
河北	5 862	5 443	3 255	2 798
山西	3 227	2 549	1 620	1 082
内蒙古	5 737	2 085	1 105	3 005
辽宁	20 529	4 166	2 412	5 530
吉林	2 512	955	730	1 200
黑龙江	3 939	2 192	2 174	624
上海	28 446	4 015	3 089	23 722
江苏	23 377	13 040	10 841	20 243
浙江	19 137	14 942	11 459	9 430
安徽	8 747	8 275	3 176	3 534
福建	10 020	3 865	2 994	4 889
江西	2 776	2 908	1 806	2 734
山东	23 574	6 230	5 431	13 625
河南	8 279	6 449	2 368	5 185
湖北	7 280	10 084	2 778	8 712
湖南	4 707	5 552	2 906	4 420
广东	43 887	10 802	9 405	37 885
广西	9 529	2 649	642	3 546
海南	1 901	217	69	844
重庆	9 769	8 328	6 427	9 355
四川	17 043	8 969	5 364	10 071
贵州	3 823	4 704	3 756	2 058
云南	5 191	3 474	1 458	2 587
西藏	186	61	51	19
陕西	2 409	3 249	945	3 618
甘肃	1 421	806	536	900
青海	389	390	281	366
宁夏	2 299	1 490	631	963
新疆	4 860	4 033	1 029	791
新疆兵团	355	242	165	140

续表

地区	案件处理情况							案外调解案件数
	结案数	处理方式			处理结果			
		仲裁调解	仲裁裁决	其他方式	用人单位胜诉	劳动者胜诉	双方部分胜诉及其他	
全国	**827 889**	**389 737**	**366 428**	**71 724**	**92 405**	**286 020**	**449 464**	**239 298**
北京	80 323	35 257	36 075	8 991	14 111	6 754	59 458	5 185
天津	21 292	10 810	9 687	795	3 497	6 739	11 056	4 011
河北	18 689	10 556	7 027	1 106	1 985	9 692	7 012	4 763
山西	8 413	4 402	3 539	472	549	5 422	1 268	1 902
内蒙古	11 793	4 351	6 023	1 419	805	7 325	3 663	3 069
辽宁	39 919	18 558	17 712	3 649	3 882	18 236	17 801	8 177
吉林	5 881	2 622	2 846	413	473	3 989	1 419	4 651
黑龙江	10 683	3 248	5 874	1 561	778	5 260	4 645	2 665
上海	65 938	30 165	29 388	6 385	15 846	13 713	36 379	7 323
江苏	64 511	36 727	20 156	7 628	7 191	23 296	34 024	18 947
浙江	50 172	30 411	13 200	6 561	2 974	17 644	29 554	5 282
安徽	22 644	11 812	9 693	1 139	1 309	9 657	11 678	15 807
福建	26 540	12 728	11 337	2 475	1 510	10 245	14 785	9 819
江西	9 863	4 141	4 912	810	1 009	5 458	3 396	4 034
山东	50 742	27 461	21 177	2 104	4 500	17 323	28 919	12 279
河南	24 350	11 454	11 693	1 203	2 325	13 047	8 978	8 044
湖北	29 236	14 108	12 869	2 259	2 480	11 051	15 705	10 311
湖南	17 964	9 160	7 359	1 445	1 190	11 050	5 724	15 643
广东	106 625	42 008	57 757	6 860	11 248	23 196	72 181	37 140
广西	17 754	6 572	9 623	1 559	1 813	7 039	8 902	4 224
海南	4 916	1 250	2 801	865	550	1 469	2 897	69
重庆	34 245	15 803	13 688	4 754	3 767	9 875	20 603	9 912
四川	43 028	20 162	19 364	3 502	3 636	19 227	20 165	19 878
贵州	13 225	5 695	6 964	566	1 193	6 488	5 544	3 845
云南	14 332	5 844	8 189	299	817	8 034	5 481	6 350
西藏	314	183	119	12	12	185	117	794
陕西	10 309	3 291	6 116	902	837	3 609	5 863	860
甘肃	3 723	1 598	1 840	285	323	1 672	1 728	2 145
青海	1 448	519	764	165	157	868	423	99
宁夏	6 119	2 981	2 672	466	557	2 671	2 891	7 895
新疆	11 800	4 961	5 708	1 131	1 037	5 254	5 509	4 168
新疆兵团	926	271	570	85	44	336	546	810

表 4—3　　劳动保障监察情况

监察案件情况（件）	2016 年	监察执法效果情况	2016 年
结案数	322 618	**主动监察**	
案件分类		检查单位数（万户）	190.8
内部劳动保障规章制度	1 282	涉及劳动者人数（万人）	8 209.6
订立和解除劳动合同	27 521	投诉结案数（件）	278 324
女职工特殊劳动保护	189	举报结案数（件）	27 407
未成年工特殊劳动保护	202	审查用人单位报送的书面材料涉及用人单位数（万户）	222.6
工作时间和休息休假	15 017	补签劳动合同（万人）	202.7
支付工资和最低工资标准	232 841	**追发劳动者工资等待遇**	
参加社会保险和缴纳社会保险费	38 537	涉及劳动者人数（万人）	372.2
职业介绍	2 073	金额（亿元）	350.6
职业技能培训和职业技能考核	267	**督促缴纳社会保险费**	
其他	24 819	单位数（万户）	3.8
案件处理情况		金额（万元）	172 931
责令限期改正	177 183	督促办理社会保险登记单位数（户）	29 635
行政处理决定	9 276	取缔非法职业中介机构（户）	2 798
行政处罚决定	10 830	清退风险抵押金金额（万元）	1 460.0
警告	2 296	审查用人单位规章数（万件）	114.1
罚款	9 254	纠正用人单位违法规章数（万件）	26.6
其他行政处罚	145	向社会公布重大违法行为数（件）	1 581

（五）社会保障

表 5—1 **历年全国社会保险基金收支及累计结余** 单位：亿元

年份	合计	基本养老保险	失业保险	基本医疗保险	工伤保险	生育保险
基金收入						
1995	1 006.0	950.1	35.3	9.7	8.1	2.9
2000	2 644.9	2 278.5	160.4	170.0	24.8	11.2
2001	3 101.9	2 489.0	187.3	383.6	28.3	13.7
2002	4 048.7	3 171.5	215.6	607.8	32.0	21.8
2003	4 882.9	3 680.0	249.5	890.0	37.6	25.8
2004	5 780.3	4 258.4	290.8	1 140.5	58.3	32.1
2005	6 975.2	5 093.3	340.3	1 405.3	92.5	43.8
2006	8 643.2	6 309.8	402.4	1 747.1	121.8	62.1
2007	10 812.3	7 834.2	471.7	2 257.2	165.6	83.6
2008	13 696.1	9 740.2	585.1	3 040.4	216.7	113.7
2009	16 115.6	11 490.8	580.4	3 671.9	240.1	132.4
2010	18 822.8	13 872.9	649.8	4 308.9	284.9	159.6
2011	24 043.2	18 004.8	923.1	5 539.2	466.4	219.8
2012	28 909.5	21 830.2	1 138.9	6 938.7	526.7	304.2
2013	35 252.9	24 732.6	1 288.9	8 248.3	614.8	368.4
2014	39 827.7	27 619.9	1 379.8	9 687.2	694.8	446.1
2015	46 012.1	32 195.5	1 367.8	11 192.9	754.2	501.7
2016	53 562.7	37 990.8	1 228.9	13 084.3	736.9	521.9
基金支出						
1995	877.1	847.6	18.9	7.3	1.8	1.6
2000	2 385.6	2 115.5	123.4	124.5	13.8	8.3
2001	2 748.0	2 321.3	156.6	244.1	16.5	9.6
2002	3 471.5	2 842.9	186.6	409.4	19.9	12.8
2003	4 016.4	3 122.1	199.8	653.9	27.1	13.5
2004	4 627.4	3 502.1	211.3	862.2	33.3	18.8
2005	5 400.8	4 040.3	206.9	1 078.7	47.5	27.4
2006	6 477.4	4 896.7	198.0	1 276.7	68.5	37.5
2007	7 887.9	5 964.9	217.7	1 561.8	87.9	55.6

续表

年份	合计	基本养老保险	失业保险	基本医疗保险	工伤保险	生育保险
2008	9 925.1	7 389.6	253.5	2 083.6	126.9	71.5
2009	12 302.6	8 894.4	366.8	2 797.4	155.7	88.3
2010	14 818.5	10 755.3	423.3	3 538.1	192.4	109.9
2011	18 054.6	13 363.2	432.8	4 431.4	286.4	139.2
2012	22 181.6	16 182.0	450.6	5 543.6	406.3	219.3
2013	27 916.3	19 818.7	531.6	6 801.0	482.1	282.8
2014	33 002.7	23 325.8	614.7	8 133.6	560.5	368.1
2015	38 988.1	27 929.4	736.4	9 312.1	598.7	411.5
2016	46 888.4	34 004.3	976.1	10 767.1	610.3	530.6
累计结余						
1995	516.8	429.8	68.4	3.1	12.7	2.7
2000	1 327.5	947.1	195.9	109.8	57.9	16.8
2001	1 622.8	1 054.1	226.2	253.0	68.9	20.6
2002	2 423.4	1 608.0	253.8	450.7	81.1	29.7
2003	3 313.8	2 206.5	303.5	670.6	91.2	42.0
2004	4 493.4	2 975.0	385.8	957.9	118.6	55.9
2005	6 073.7	4 041.0	519.0	1 278.1	163.5	72.1
2006	8 255.9	5 488.9	724.8	1 752.4	192.9	96.9
2007	11 236.6	7 391.4	979.1	2 476.9	262.6	126.6
2008	15 225.6	9 931.0	1 310.1	3 431.7	384.6	168.2
2009	18 941.5	12 526.1	1 523.6	4 275.9	468.8	212.1
2010	22 902.7	15 787.8	1 749.8	5 047.1	561.4	261.4
2011	30 233.1	20 727.8	2 240.2	6 180.0	742.6	342.5
2012	35 679.2	26 243.5	2 929.0	7 644.5	861.9	427.6
2013	45 420.4	31 274.8	3 685.9	9 116.5	996.2	514.7
2014	52 462.3	35 644.5	4 451.5	10 644.8	1 128.8	592.7
2015	59 532.5	39 937.1	5 083.0	12 542.8	1 285.3	684.4
2016	66 349.7	43 965.2	5 333.3	14 964.3	1 410.9	675.9

注：

1. 自 2010 年起，基本养老保险中含城乡居民社会养老保险。
2. 工伤保险累计结存包括储备金。

表 5—2　　历年全国基本养老保险基金收支及累计结余　　单位：亿元

指标	1995 年	2000 年	2001 年	2002 年	2003 年	2004 年	2005 年	2006 年	2007 年
一、基金收入	950.1	2 278.1	2 489.0	3 171.5	3 680.0	4 258.4	5 093.3	6 309.7	7 834.2
（一）城镇职工	950.1	2 278.1	2 489.0	3 171.5	3 680.0	4 258.4	5 093.3	6 309.7	7 834.2
1. 企业	950.1	2 088.3	2 235.1	2 783.6	3 209.4	3 728.5	4 491.7	5 632.5	7 010.6
2. 事业、机关		189.8	253.0	387.8	470.6	529.9	601.6	677.2	823.6
（二）城乡居民									
二、基金支出	847.6	2 115.5	2 321.3	2 842.9	3 122.1	3 502.1	4 040.3	4 896.7	5 964.9
（一）城镇职工	847.6	2 115.5	2 321.3	2 842.9	3 122.1	3 502.1	4 040.3	4 896.7	5 964.9
1. 企业	847.6	1 970.0	2 116.5	2 502.8	2 716.2	3 031.2	3 495.3	4 287.3	5 153.6
2. 事业、机关		145.4	204.4	340.1	405.9	470.9	545.0	609.4	811.3
（二）城乡居民									
三、累计结余	429.8	947.1	1 054.1	1 608.0	2 206.5	2 975.0	4 041.0	5 488.9	7 391.4
（一）城镇职工	429.8	947.1	1 054.1	1 608.0	2 206.5	2 975.0	4 041.0	5 488.9	7 391.4
1. 企业	429.8	761.0	818.6	1 243.5	1 764.8	2 499.3	3 506.7	4 869.1	6 758.2
2. 事业、机关		186.1	233.2	364.5	441.7	475.7	534.3	619.8	633.2
（二）城乡居民									

指标	2008 年	2009 年	2010 年	2011 年	2012 年	2013 年	2014 年	2015 年	2016 年
一、基金收入	9 740.2	11 490.8	13 872.9	18 004.8	21 830.2	24 732.6	27 619.9	32 195.5	37 990.8
（一）城镇职工	9 740.2	11 490.8	13 419.5	16 894.7	20 001.0	22 680.4	25 309.7	29 340.9	35 057.5
1. 企业	8 800.1	10 420.6	12 218.4	15 484.8	18 363.0	20 848.7	23 305.4	26 613.2	28 692.6
2. 事业、机关	940.1	1 070.3	1 201.1	1 409.9	1 638.0	1 831.7	2 004.2	2 727.7	6 364.9
（二）城乡居民			453.4	1 110.1	1 829.2	2 052.3	2 310.2	2 854.6	2 933.3
二、基金支出	7 389.6	8 894.4	10 755.3	13 363.2	16 182.0	19 818.7	23 325.8	27 929.4	34 004.3
（一）城镇职工	7 389.6	8 894.4	10 554.9	12 764.9	15 032.3	18 470.4	21 754.7	25 812.7	31 853.8
1. 企业	6 507.6	7 886.6	9 409.9	11 425.7	14 008.5	16 741.5	19 847.2	23 140.9	25 865.1
2. 事业、机关	882.0	1 007.8	1 145.0	1 339.3	1 023.8	1 729.0	1 907.4	2 671.8	5 988.7
（二）城乡居民			200.4	598.3	1 149.7	1 348.3	1 571.2	2 116.7	2 150.5
三、累计结余	9 931.0	12 526.1	15 787.8	20 727.8	26 243.5	31 274.8	35 644.5	39 937.1	43 965.2
（一）城镇职工	9 931.0	12 526.1	15 365.3	19 496.6	23 941.3	28 269.2	31 800.0	35 344.8	38 580.0
1. 企业	9 241.0	11 774.3	14 547.2	18 608.1	22 968.0	27 192.3	30 626.3	34 115.2	36 970.3
2. 事业、机关	690.0	751.8	818.1	888.5	973.3	1 076.9	1 173.7	1 229.6	1 609.8
（二）城乡居民			422.5	1 231.2	2 302.2	3 005.7	3 844.6	4 592.3	5 385.2

注：自 2010 年起，基本养老保险中含城乡居民社会养老保险。

表 5—3　　历年全国参加城镇职工基本养老保险职工及离退休人员人数　单位：万人

年份	职工		离退休人员	
	合计	企业	合计	企业
1990	5 200.7	5 200.7	965.3	965.3
1991	5 653.7	5 653.7	1 086.6	1 086.6
1992	7 774.7	7 774.7	1 681.5	1 681.5
1993	8 008.2	8 008.2	1 839.4	1 839.4
1994	8 494.1	8 494.1	2 079.4	2 079.4
1995	8 737.8	8 737.8	2 241.2	2 241.2
1996	8 758.4	8 758.4	2 358.3	2 358.3
1997	8 670.9	8 670.9	2 533.0	2 533.0
1998	8 475.8	8 475.8	2 727.3	2 727.3
1999	9 501.8	8 859.2	2 983.6	2 863.8
2000	10 447.5	9 469.9	3 169.9	3 016.5
2001	10 801.9	9 733.0	3 380.6	3 171.3
2002	11 128.8	9 929.4	3 607.8	3 349.2
2003	11 646.5	10 324.5	3 860.2	3 556.9
2004	12 250.3	10 903.9	4 102.6	3 775.0
2005	13 120.4	11 710.6	4 367.5	4 005.2
2006	14 130.9	12 618.0	4 635.4	4 238.6
2007	15 183.2	13 690.6	4 953.7	4 544.0
2008	16 587.5	15 083.4	5 303.6	4 868.0
2009	17 743.0	16 219.0	5 806.9	5 348.0
2010	19 402.3	17 822.7	6 305.0	5 811.6
2011	21 565.0	19 970.0	6 826.2	6 314.0
2012	22 981.1	21 360.9	7 445.7	6 910.9
2013	24 177.3	22 564.7	8 041.0	7 484.8
2014	25 531.0	23 932.3	8 593.4	8 013.6
2015	26 219.2	24 586.8	9 141.9	8 536.5
2016	27 826.3	25 239.6	10 103.4	9 023.9

表 5—4　　历年全国基本养老保险待遇水平　　单位：元/月

年份	平均离退休费							
	全部离退休人员				统筹范围内离退休人员			
	合计	企业	机关	事业	合计	企业	机关	事业
1998	495	455	656	624	413	413	—	—
1999	548	495	746	723	503	494	721	725
2000	595	526	835	827	559	544	947	871
2001	643	548	1 018	944	576	556	940	894
2002	734	636	1 147	1 068	648	618	1 077	1 031
2003	784	663	1 277	1 173	674	640	1 124	1 091
2004	810	673	1 378	1 243	705	667	1 223	1 154
2005	889	734	1 534	1 369	758	716	1 257	1 208
2006	—	—	—	—	873	832	1 364	1 290
2007	—	—	—	—	1 002	947	1 711	1 576
2008	—	—	—	—	1 168	1 121	1 822	1 663
2009	—	—	—	—	1 294	1 246	1 959	1 816
2010	—	—	—	—	1 426	1 380	2 055	1 929
2011	—	—	—	—	1 574	1 528	2 241	2 105
2012	—	—	—	—	1 750	1 700	2 352	2 380
2013	—	—	—	—	1 917	1 869	2 587	2 544
2014	—	—	—	—	2 105	2 061	2 668	2 695
2015	—	—	—	—	2 318	2 251	3 251	3 240
2016	—	—	—	—	2 519	2 373	3 858	3 921

年份	平均退休费							
	全部退休人员				统筹范围内退休人员			
	合计	企业	机关	事业	合计	企业	机关	事业
1998	528	442	606	603	—	—	—	—
1999	606	481	707	702	—	—	—	—
2000	655	512	788	805	—	—	—	—
2001	689	531	964	921	—	—	—	—
2002	706	615	1 095	1 014	627	599	1 022	1 009
2003	757	644	1 221	1 151	654	621	1 069	1 069
2004	782	653	1 328	1 220	683	646	1 162	1 129
2005	861	714	1 469	1 346	737	698	1 196	1 180
2006	—	—	—	—	853	815	1 294	1 262
2007	—	—	—	—	977	925	1 639	1 543
2008	—	—	—	—	1 145	1 100	1 740	1 628
2009	—	—	—	—	1 270	1 225	1 876	1 778
2010	—	—	—	—	1 405	1 362	1 982	1 895
2011	—	—	—	—	1 555	1 511	2 167	2 073
2012	—	—	—	—	1 733	1 686	2 271	2 347
2013	—	—	—	—	1 902	1 856	2 514	2 514
2014	—	—	—	—	2 091	2 050	2 592	2 665
2015	—	—	—	—	2 304	2 240	3 193	3 210
2016	—	—	—	—	2 508	2 362	3 846	3 911

表 5—5　　历年分地区城镇职工基本养老保险参保人数　　单位：万人

地区	2001年		2002年		2003年		2004年	
	合计	离退休人员	合计	离退休人员	合计	离退休人员	合计	离退休人员
全国	**14 182.5**	**3 380.6**	**14 736.6**	**3 607.8**	**15 506.7**	**3 860.2**	**16 352.9**	**4 102.6**
北京	425.9	124.3	436.2	133.2	448.5	141.5	459.7	148.6
天津	281.4	85.2	296.0	91.4	283.3	97.6	298.1	102.9
河北	641.4	145.3	643.5	154.0	665.5	163.6	683.4	172.0
山西	365.6	81.8	361.8	85.4	364.4	88.1	376.7	93.3
内蒙古	290.6	65.3	292.9	70.8	300.9	72.6	318.8	82.0
辽宁	1 022.7	288.9	1 039.2	302.2	1 070.4	315.5	1 101.0	333.8
吉林	389.1	99.6	397.7	104.9	427.0	115.5	439.0	123.1
黑龙江	692.5	178.5	689.8	187.4	714.3	196.0	738.1	207.3
上海	683.5	239.9	699.8	246.9	715.6	254.6	770.9	265.3
江苏	888.1	212.7	1 063.5	252.9	1 135.2	271.4	1 214.1	288.8
浙江	610.4	125.1	701.1	132.6	801.2	144.2	888.0	152.4
安徽	432.7	98.5	432.3	102.8	456.6	113.6	463.9	118.8
福建	242.0	58.4	285.1	61.6	364.2	79.4	377.5	83.7
江西	328.8	78.2	339.8	82.6	355.9	93.4	371.8	99.9
山东	1 022.6	191.3	1 043.0	205.3	1 135.9	219.3	1 218.7	232.2
河南	736.6	141.9	757.8	161.5	751.1	171.0	781.1	181.1
湖北	612.1	137.7	628.8	147.2	732.4	177.9	780.5	195.4
湖南	603.4	148.0	616.5	157.7	636.2	167.5	691.7	185.4
广东	1 370.3	187.0	1 405.4	193.5	1 482.2	203.8	1 588.8	220.4
广西	248.9	58.7	257.2	63.5	264.8	66.3	279.3	70.2
海南	108.2	30.5	111.2	31.9	116.7	33.6	120.0	35.2
重庆	270.3	82.3	280.3	87.8	280.0	92.4	283.9	96.8
四川	578.9	169.4	589.2	178.1	605.5	187.5	668.0	202.7
贵州	159.0	42.4	168.9	44.9	168.0	48.0	174.9	50.0
云南	243.1	69.6	252.1	74.1	257.3	77.8	255.3	79.4
西藏	7.1	2.6	7.0	2.6	7.3	2.8	7.6	3.0
陕西	345.4	83.4	352.0	90.8	362.4	97.4	369.3	102.5
甘肃	188.4	45.3	188.0	48.1	192.0	51.2	194.5	53.5
青海	51.9	14.9	54.2	15.0	56.4	15.9	58.5	16.5
宁夏	57.9	13.2	59.0	13.7	60.7	14.3	62.5	15.2
新疆	258.4	77.6	262.1	79.6	269.3	83.0	294.8	87.3
中国人民银行	19.8	3.1	19.8	3.3	19.8	3.4	17.1	3.5
中国农业发展银行	5.4	0.2	5.5	0.3	5.6	0.4	5.8	0.4

续表

地区	2005年		2006年		2007年		2008年	
	合计	离退休人员	合计	离退休人员	合计	离退休人员	合计	离退休人员
全国	**17 487.9**	**4 367.5**	**18 766.3**	**4 635.4**	**20 136.9**	**4 953.7**	**21 891.1**	**5 303.6**
北京	520.0	155.2	603.6	160.9	671.0	171.2	757.2	180.1
天津	308.3	107.7	328.2	112.7	344.8	119.2	376.5	129.3
河北	707.9	184.2	747.5	196.0	795.6	210.2	862.5	222.7
山西	383.4	98.2	486.9	112.7	506.7	120.2	539.4	128.0
内蒙古	338.9	86.1	356.6	91.1	370.9	96.6	389.5	102.9
辽宁	1 193.6	360.8	1 248.8	383.0	1 299.7	408.1	1 406.2	429.9
吉林	455.9	131.0	480.2	138.9	501.7	147.8	525.3	155.4
黑龙江	768.9	223.2	801.0	236.5	826.8	253.0	857.8	276.0
上海	830.0	290.7	891.7	314.4	932.4	340.5	967.7	357.8
江苏	1 345.6	307.9	1 469.8	328.1	1 602.3	353.3	1 751.6	378.6
浙江	962.3	160.9	1 052.6	170.9	1 167.1	182.3	1 386.9	194.8
安徽	471.7	124.8	495.2	133.8	530.3	144.8	578.4	158.1
福建	409.6	88.9	456.1	93.6	512.8	98.1	557.2	102.6
江西	387.4	105.5	415.0	111.6	475.0	118.5	550.3	128.5
山东	1 302.4	248.6	1 368.0	261.7	1 457.1	282.2	1 565.9	305.0
河南	814.0	194.2	863.8	208.2	912.9	224.7	972.0	239.1
湖北	804.0	206.4	850.8	220.5	886.8	235.3	932.3	252.0
湖南	718.6	195.2	751.6	209.9	784.0	227.3	829.1	235.3
广东	1 796.1	231.2	1 972.3	243.5	2 226.8	257.2	2 444.3	273.0
广西	288.6	73.3	302.7	77.1	325.5	82.2	368.1	95.0
海南	120.9	36.5	132.0	38.0	141.7	39.7	156.2	42.0
重庆	290.2	100.5	317.3	107.9	344.8	112.7	406.1	130.7
四川	793.4	230.7	842.7	244.9	917.4	269.4	1 017.9	306.7
贵州	183.7	51.7	193.2	54.1	205.9	56.5	215.9	59.3
云南	258.7	81.9	267.4	83.8	279.4	87.6	293.7	89.3
西藏	7.7	3.1	7.6	3.1	8.1	3.0	8.5	3.1
陕西	376.1	107.8	391.5	111.4	408.1	117.4	433.4	124.4
甘肃	197.3	55.1	201.2	57.7	208.4	60.6	221.0	64.0
青海	60.0	16.9	62.5	17.4	65.2	18.0	68.3	18.6
宁夏	67.5	16.1	72.3	16.7	77.0	17.7	82.6	18.8
新疆	302.1	89.0	313.3	90.9	327.7	93.7	346.3	97.6
中国人民银行	17.1	3.7	17.2	3.9	17.3	4.1	17.5	4.2
中国农业发展银行	5.7	0.5	5.6	0.5	5.6	0.6	5.6	0.7

续表

地区	2009年		2010年		2011年		2012年	
	合计	离退休人员	合计	离退休人员	合计	离退休人员	合计	离退休人员
全国	**23 549.9**	**5 806.9**	**25 707.3**	**6 305.0**	**28 391.3**	**6 826.2**	**30 426.8**	**7 445.7**
北京	826.7	188.2	981.3	195.5	1 089.4	201.2	1 206.4	210.7
天津	401.5	136.5	431.5	143.6	458.7	148.8	490.3	156.9
河北	919.5	238.0	988.4	259.5	1 059.8	285.3	1 125.6	312.3
山西	563.8	136.6	591.0	147.3	623.8	158.9	648.7	168.9
内蒙古	410.8	112.8	430.7	119.2	452.4	136.6	471.9	153.0
辽宁	1 457.4	449.4	1 496.9	472.7	1 556.6	486.5	1 609.2	510.4
吉林	554.3	171.1	599.5	206.6	617.5	221.1	632.2	234.6
黑龙江	920.3	333.7	952.2	363.0	981.0	380.0	1 013.0	401.6
上海	1 001.1	376.0	1 049.5	392.2	1 382.7	406.5	1 416.9	423.8
江苏	1 883.1	415.4	2 033.0	449.1	2 223.9	483.1	2 427.5	547.0
浙江	1 527.4	209.6	1 702.2	223.6	1 919.2	253.4	2 183.3	347.8
安徽	628.2	169.5	669.5	177.5	729.3	191.5	783.8	205.4
福建	585.9	108.1	635.5	113.5	695.1	118.2	756.5	125.5
江西	581.9	135.9	607.6	145.5	653.0	168.7	707.4	189.1
山东	1 661.0	326.0	1 773.0	345.1	1 907.1	373.1	2 063.2	416.3
河南	1 019.1	254.5	1 079.3	270.3	1 168.4	287.9	1 270.6	306.0
湖北	982.0	273.6	1 039.8	301.6	1 113.4	341.7	1 171.4	367.3
湖南	879.1	246.1	938.9	265.4	988.2	277.9	1 048.0	300.4
广东	2 716.4	294.2	3 215.2	339.6	3 800.7	372.6	4 034.1	390.2
广西	411.3	118.0	449.3	138.1	483.8	151.5	512.7	163.6
海南	168.1	43.2	180.8	45.4	199.9	47.8	214.2	52.5
重庆	492.8	176.5	584.4	192.5	647.6	220.1	716.9	247.0
四川	1 176.2	393.5	1 300.9	439.0	1 494.2	495.4	1 615.4	541.7
贵州	235.6	63.5	257.3	67.0	282.1	71.3	309.4	77.7
云南	306.5	90.2	317.4	92.3	342.8	104.2	364.5	110.7
西藏	9.2	3.1	9.9	3.2	11.2	3.2	13.3	3.5
陕西	458.8	131.0	550.4	150.3	588.6	155.5	643.5	177.1
甘肃	230.9	67.5	242.5	71.3	263.0	85.1	277.4	93.7
青海	71.3	19.3	74.4	20.0	81.5	25.2	86.0	26.2
宁夏	89.4	20.0	107.8	30.5	121.4	36.4	131.2	39.9
新疆	356.9	100.6	393.8	119.2	431.5	131.9	458.8	139.0
中国人民银行	17.5	4.4	17.7	4.6	17.8	4.8	17.9	5.0
中国农业发展银行	5.6	0.7	5.7	0.8	5.8	1.0	5.9	1.0

续表

地区	2013 年		2014 年		2015 年		2016 年	
	合计	离退休人员	合计	离退休人员	合计	离退休人员	合计	离退休人员
全国	**32 218.4**	**8 041.0**	**34 124.4**	**8 593.4**	**35 361.2**	**9 141.9**	**37 929.7**	**10 103.4**
北京	1 311.3	220.0	1 392.6	228.9	1 424.2	236.7	1 546.6	275.4
天津	520.7	168.4	545.4	175.3	565.2	180.9	639.0	208.6
河北	1 194.7	335.1	1 262.0	353.6	1 320.5	368.5	1 403.1	391.3
山西	672.4	180.5	692.0	190.9	714.3	201.4	760.2	216.6
内蒙古	496.5	172.7	524.9	192.7	579.0	208.1	655.0	236.5
辽宁	1 729.5	557.8	1 769.2	601.9	1 780.2	640.5	1 800.3	679.7
吉林	655.2	248.4	676.7	261.1	693.6	273.7	706.8	286.7
黑龙江	1 062.1	422.2	1 090.1	443.4	1 118.0	471.1	1 144.1	488.5
上海	1 429.9	437.5	1 457.4	452.4	1 493.8	465.4	1 527.1	476.3
江苏	2 582.1	594.3	2 691.9	637.6	2 779.9	681.1	2 861.5	724.2
浙江	2 375.4	398.9	2 548.0	468.8	2 504.3	570.3	2 506.9	663.9
安徽	811.3	219.1	829.2	232.3	857.5	246.7	892.2	257.9
福建	812.8	133.2	848.3	140.2	883.7	147.1	979.8	174.0
江西	754.2	207.0	783.9	221.1	823.1	235.2	957.3	284.6
山东	2 259.6	459.2	2 370.2	511.5	2 477.5	554.4	2 576.4	607.4
河南	1 350.0	325.6	1 431.6	342.3	1 508.7	359.8	1 848.4	450.3
湖北	1 219.4	395.9	1 266.2	419.2	1 315.5	440.6	1 355.0	458.0
湖南	1 091.7	329.5	1 118.9	349.0	1 160.1	369.0	1 186.7	362.9
广东	4 183.0	421.3	4 809.5	445.9	5 086.5	473.3	5 392.4	524.6
广西	538.4	172.6	557.6	180.3	576.6	186.9	751.9	240.7
海南	231.5	57.1	242.3	59.9	249.8	62.0	224.9	66.5
重庆	773.1	275.4	825.5	293.3	849.3	304.9	952.2	346.3
四川	1 720.3	596.2	1 839.7	648.1	1 939.0	688.9	2 157.6	777.8
贵州	337.3	82.6	361.5	87.1	392.1	94.8	423.6	99.6
云南	384.3	115.7	397.9	118.7	412.9	121.8	581.8	168.0
西藏	14.0	3.5	15.2	3.7	16.2	3.8	21.1	6.0
陕西	685.0	191.9	716.5	200.3	751.7	207.5	790.8	213.6
甘肃	288.4	99.9	298.8	105.0	306.2	109.2	315.0	114.1
青海	90.3	27.6	94.6	28.8	100.1	30.1	132.3	41.4
宁夏	143.8	41.9	151.4	44.2	157.5	46.4	189.3	57.8
新疆	476.3	143.8	490.8	149.1	499.4	154.8	625.0	196.5
中国人民银行	18.0	5.2	18.0	5.5	18.1	5.8	18.2	6.1
中国农业发展银行	6.0	1.1	6.5	1.3	6.7	1.4	6.9	1.6

表 5—6　分地区城镇职工基本养老保险情况

（2016 年）

地区	参保职工年末人数（万人）	企业	参保离退休人员年末人数（万人）	基金收支情况（亿元）基金收入	基金支出	累计结余
全国	**27 826.3**	**25 239.6**	**10 103.4**	**35 057.5**	**31 853.8**	**38 580.0**
北京	1 271.2	1 216.2	275.4	2 249.0	1 479.4	3 566.2
天津	430.4	388.0	208.6	751.4	750.1	397.7
河北	1 011.8	846.8	391.3	1 221.3	1 269.4	707.6
山西	543.6	435.7	216.6	788.0	746.9	1 305.6
内蒙古	418.6	337.5	236.5	612.5	627.8	458.9
辽宁	1 120.5	1 056.7	679.7	1 676.1	1 930.3	916.6
吉林	420.1	420.1	286.7	636.0	676.3	342.8
黑龙江	655.6	601.8	488.5	1 005.7	1 332.7	—196.1
上海	1 050.9	988.5	476.3	2 579.7	2 158.2	1 872.5
江苏	2 137.3	2 046.4	724.2	2 324.5	2 085.6	3 402.7
浙江	1 843.0	1 710.6	663.9	2 358.4	2 157.4	3 293.5
安徽	634.3	634.3	257.9	815.9	673.1	1 185.2
福建	805.7	720.3	174.0	689.7	586.0	701.1
江西	672.7	585.0	284.6	695.9	668.2	526.7
山东	1 969.0	1 722.3	607.4	2 242.5	2 090.3	2 385.7
河南	1 398.1	1 108.5	450.3	1 145.2	1 092.2	1 050.5
湖北	897.1	853.8	458.0	1 196.9	1 225.1	822.3
湖南	823.8	661.6	362.9	1 086.7	1 019.0	1 007.0
广东	4 867.9	4 735.8	524.6	2 818.7	1 678.7	7 652.6
广西	511.2	407.2	240.7	852.8	849.0	460.4
海南	158.5	139.0	66.5	198.0	177.8	134.3
重庆	605.9	545.9	346.3	819.9	740.5	834.8
四川	1 379.8	1 196.5	777.8	2 739.9	2 679.9	2 226.3
贵州	323.9	319.0	99.6	331.3	283.9	527.8
云南	413.8	292.4	168.0	664.3	501.1	813.7
西藏	15.1	12.4	6.0	79.5	51.8	77.5
陕西	577.3	530.6	213.6	691.1	678.3	474.5
甘肃	200.9	200.9	114.1	341.8	331.7	376.0
青海	90.9	72.1	41.4	174.5	187.8	63.0
宁夏	131.5	118.3	57.8	205.8	181.9	196.1
新疆	428.5	335.2	196.5	1 052.4	934.4	979.5
中国人民银行	12.1		6.1			
中国农业发展银行	5.3		1.6	11.9	9.2	17.0

表 5—7　　历年全国养老金社会化发放人数　　单位：万人

年份	社会化发放人数	纳入社区管理的企业退休人数	纳入社区管理的企业退休人员比例（%）
2005	4 001.0	2 655.2	68.3
2006	4 232.0	2 832.8	68.8
2007	4 535.8	3 136.0	71.2
2008	4 829.1	3 461.0	73.2
2009	5 303.3	3 879.0	75.2
2010	5 805.8	4 344.0	76.2
2011	5 367.0	4 725.0	77.3
2012	6 865.5	5 328.0	78.3
2013	7 201.0	5 620.0	79.1
2014	8 093.2	6 038.0	80.2
2015	8 383.9	6 597.0	81.1
2016	8 620.5	7 086.0	82.0

注：社会化发放人数是指企业、企业化管理的事业单位及其他参保人员中的离退休人员。

表 5—8　　养老金社会化发放人数

（2016 年）　　单位：万人

地区	社会化发放人数
全国	**8 620.5**
北京	242.8
天津	180.7
河北	312.5
山西	180.0
内蒙古	213.7
辽宁	642.4
吉林	286.7
黑龙江	459.2
上海	421.9
江苏	648.7
浙江	612.5
安徽	248.0
福建	103.4
江西	241.5
山东	501.9
河南	243.0
湖北	439.5
湖南	182.1
广东	504.1
广西	192.2
海南	60.3
重庆	316.3
四川	649.0
贵州	98.8
云南	95.1
西藏	3.9
陕西	193.4
甘肃	113.5
青海	31.1
宁夏	48.7
新疆	95.9
新疆兵团	57.7

注：社会化发放人数是指企业、企业化管理的事业单位及其他参保人员中的离退休人员。

表 5—9　　历年分地区城镇基本医疗保险参保人数　　单位：万人

地区	2001年		2002年		2003年		2004年	
	合计	退休人员	合计	退休人员	合计	退休人员	合计	退休人员
全国	**7 285.9**	**1 815.2**	**9 401.2**	**2 475.4**	**10 901.7**	**2 926.8**	**12 403.6**	**3 359.2**
北京	240.7	89.4	321.1	113.2	436.1	134.7	483.9	141.7
天津	139.6	46.8	250.2	103.8	254.7	108.5	263.0	104.8
河北	282.5	61.5	330.4	73.0	383.2	84.7	472.5	108.9
山西	157.3	34.4	216.7	49.5	245.5	51.3	295.5	63.9
内蒙古	196.9	45.5	221.7	54.2	252.3	66.1	274.2	78.1
辽宁	313.6	90.4	619.0	188.7	697.7	217.2	783.7	247.3
吉林	124.2	27.8	176.9	39.8	230.8	55.3	270.0	67.5
黑龙江	308.3	89.2	392.8	108.2	435.2	122.1	544.1	151.7
上海	680.5	238.9	694.8	245.9	709.6	250.6	714.1	260.9
江苏	456.0	113.5	690.9	183.2	815.0	227.6	976.7	261.6
浙江	352.7	100.0	423.4	117.0	510.3	139.5	569.2	150.3
安徽	232.8	53.6	273.4	65.6	318.2	79.8	362.2	97.7
福建	171.0	38.3	230.0	54.7	247.8	61.8	285.9	69.5
江西	71.6	12.2	106.6	22.7	188.2	45.7	250.4	65.8
山东	490.2	86.0	625.6	119.5	691.1	138.0	771.9	153.5
河南	460.3	94.8	537.4	115.2	567.9	126.9	590.0	136.8
湖北	255.4	54.5	338.1	80.6	416.6	110.1	466.8	132.5
湖南	351.6	83.7	398.1	108.3	423.5	116.1	477.0	133.9
广东	544.8	84.4	717.7	118.8	877.0	146.4	1 034.2	168.9
广西	150.1	33.4	201.8	54.1	235.0	66.1	272.2	77.8
海南	40.9	8.5	52.6	11.5	63.1	15.4	78.6	22.3
重庆	36.8	9.7	58.7	18.0	121.8	41.7	206.3	76.2
四川	437.6	128.3	480.6	150.1	531.2	173.8	587.6	196.5
贵州	31.1	6.9	94.6	26.6	134.1	38.2	152.6	44.0
云南	185.7	45.6	238.4	65.0	281.5	81.4	302.3	89.6
西藏					6.0	1.8	7.1	2.8
陕西	231.4	49.4	261.8	65.1	301.0	77.4	325.6	86.8
甘肃	109.9	23.6	124.1	26.0	146.0	32.8	165.8	40.6
青海	38.3	12.6	51.1	16.3	56.4	17.8	60.2	19.5
宁夏	17.2	4.0	36.8	10.1	48.1	12.7	55.6	14.6
新疆	177.0	48.1	235.7	70.6	276.7	85.3	304.4	93.2

续表

地区	2005年		2006年		2007年		2008年	
	合计	退休人员	合计	退休人员	合计	退休人员	合计	退休人员
全国	**13 782.9**	**3 761.2**	**15 731.9**	**4 151.5**	**22 311.4**	**4 600.0**	**31 821.7**	**5 007.9**
北京	574.8	155.1	679.5	163.9	929.4	172.9	1 017.1	182.4
天津	299.1	118.3	344.2	126.0	403.8	133.2	484.5	141.8
河北	562.1	139.6	615.9	158.6	746.3	183.9	1 083.1	199.5
山西	324.9	73.0	353.8	82.2	460.6	98.3	593.9	108.8
内蒙古	292.0	86.0	316.2	93.1	451.6	103.8	612.5	108.6
辽宁	864.2	280.0	959.3	307.4	1 200.2	346.5	1 507.5	386.5
吉林	283.0	73.9	376.3	101.2	767.2	118.2	937.4	131.8
黑龙江	602.9	170.4	708.2	192.9	826.7	202.3	1 056.3	216.0
上海	728.6	275.9	1 023.3	291.0	1 096.8	306.4	1 355.2	320.9
江苏	1 124.1	303.0	1 274.3	338.5	2 136.6	365.4	2 837.6	390.3
浙江	639.6	163.1	730.6	172.9	946.2	185.5	1 322.6	198.3
安徽	387.1	112.7	441.2	124.7	953.3	137.1	1 323.8	148.1
福建	333.0	77.2	370.1	85.2	477.4	91.0	796.5	101.4
江西	276.7	75.0	313.3	86.5	784.7	121.6	1 207.1	149.4
山东	861.5	176.7	996.1	199.9	1 292.3	227.8	1 847.0	256.2
河南	641.5	154.1	704.1	173.3	897.7	197.4	1 549.4	220.8
湖北	502.0	147.2	565.3	166.6	870.5	196.3	1 435.7	210.9
湖南	503.4	146.6	560.5	162.4	724.5	181.9	1 321.6	206.5
广东	1 235.3	180.3	1 421.1	197.9	2 281.6	218.0	3 551.8	240.3
广西	285.9	82.3	302.0	88.7	361.4	99.2	568.2	103.8
海南	87.2	24.5	91.0	25.6	155.3	29.9	249.7	34.0
重庆	237.7	91.9	257.5	97.4	327.5	104.7	550.6	115.1
四川	647.0	220.2	734.5	247.8	1 020.0	270.6	1 413.8	296.7
贵州	180.5	51.5	199.2	57.8	293.8	66.1	404.3	73.0
云南	320.7	95.5	331.5	98.8	400.3	101.8	618.2	103.6
西藏	15.2	4.8	16.5	5.0	19.2	5.8	32.4	5.3
陕西	348.8	101.3	377.1	111.4	459.3	123.2	717.3	132.8
甘肃	176.6	46.2	195.8	51.7	449.5	61.6	522.2	68.8
青海	62.0	20.4	64.5	22.0	95.8	23.0	93.6	24.5
宁夏	64.5	17.2	73.1	19.9	114.0	21.4	158.7	22.7
新疆	321.1	97.5	335.8	101.2	367.9	105.1	652.1	109.0

续表

地区	2009年		2010年		2011年		2012年	
	合计	退休人员	合计	退休人员	合计	退休人员	合计	退休人员
全国	**40 147.0**	**5 526.9**	**43 262.9**	**5 943.5**	**47 343.2**	**6 278.6**	**53 641.3**	**6 624.2**
北京	1 083.9	191.8	1 207.3	215.1	1 347.8	232.8	1 431.6	239.1
天津	605.3	150.6	960.9	157.5	972.8	162.5	981.3	168.9
河北	1 421.1	219.7	1 518.1	238.0	1 562.2	248.2	1 644.4	261.5
山西	879.0	128.5	923.5	140.0	1 005.1	150.8	1 055.9	157.2
内蒙古	805.3	117.8	886.4	124.7	907.3	124.3	967.7	132.4
辽宁	1 895.6	444.5	2 056.2	464.1	2 120.1	494.1	2 251.9	524.8
吉林	1 242.8	147.4	1 333.8	179.9	1 350.6	188.2	1 370.0	194.0
黑龙江	1 544.3	256.5	1 560.8	278.4	1 578.0	293.6	1 580.3	309.6
上海	1 583.8	372.5	1 665.2	388.8	1 591.8	404.1	1 638.6	421.5
江苏	3 031.0	418.6	3 249.4	443.2	3 500.5	470.9	3 608.8	508.9
浙江	1 784.4	211.8	1 963.8	226.8	2 244.1	243.3	2 806.8	277.1
安徽	1 435.8	160.4	1 529.3	169.3	1 612.9	181.9	1 660.0	191.5
福建	1 137.2	114.7	1 200.6	120.7	1 217.2	126.2	1 262.9	130.2
江西	1 300.4	151.6	1 326.4	166.5	1 329.7	170.9	1 438.6	180.4
山东	2 540.2	287.8	2 770.6	316.7	2 947.8	337.5	3 101.2	365.6
河南	1 970.1	243.7	2 043.7	258.7	2 122.3	272.2	2 222.2	293.2
湖北	1 811.7	236.2	1 860.0	239.8	1 932.5	254.6	1 960.3	264.7
湖南	1 831.9	225.6	1 894.5	236.9	1 941.2	242.9	2 341.9	248.8
广东	4 568.5	259.4	5 043.2	314.5	6 767.1	340.5	8 421.8	362.8
广西	850.0	110.6	935.2	123.0	981.3	128.8	1 011.5	133.6
海南	283.8	41.5	323.3	43.2	352.4	45.3	378.5	47.5
重庆	769.5	120.8	830.8	125.6	1 324.8	133.1	3 219.1	147.9
四川	1 912.7	317.3	2 063.1	348.3	2 248.4	366.0	2 383.8	381.8
贵州	567.0	85.1	602.5	88.2	629.0	93.3	648.3	96.3
云南	762.5	118.3	820.5	121.4	865.8	126.6	882.4	129.5
西藏	36.0	6.4	38.6	6.6	43.7	6.6	50.1	7.1
陕西	890.0	145.2	947.2	151.2	1 090.4	172.8	1 118.8	175.8
甘肃	557.4	77.7	588.8	85.9	590.8	88.2	616.5	87.7
青海	104.8	24.6	140.3	25.2	151.6	25.9	172.3	26.7
宁夏	186.0	23.8	188.3	26.4	188.8	27.1	561.8	28.5
新疆	755.0	114.7	790.5	119.0	825.2	125.2	851.9	129.6

续表

地区	2013 年		2014 年		2015 年		2016 年	
	合计	退休人员	合计	退休人员	合计	退休人员	合计	退休人员
全国	**57 072.6**	**6 941.8**	**59 746.9**	**7 254.8**	**66 581.6**	**7 531.2**	**74 391.6**	**7 811.6**
北京	1 514.9	249.8	1 604.3	260.1	1 656.6	269.5	1 708.8	277.8
天津	1 001.5	177.3	1 023.6	183.6	1 054.1	190.4	1 066.8	195.4
河北	1 674.5	275.6	1 697.5	286.3	1 663.7	300.3	6 672.1	306.2
山西	1 086.3	166.9	1 101.2	175.5	1 113.8	179.4	1 121.2	185.4
内蒙古	986.2	134.5	998.1	138.6	1 008.1	141.4	1 019.8	146.1
辽宁	2 333.3	546.9	2 387.2	576.7	2 396.2	597.7	2 376.0	612.9
吉林	1 378.6	197.5	1 380.0	197.5	1 380.6	199.7	1 380.9	204.8
黑龙江	1 580.4	311.6	1 586.4	324.3	1 594.8	330.1	1 599.9	354.0
上海	1 650.5	438.4	1 678.5	453.2	1 719.2	465.8	1 806.7	477.0
江苏	3 427.6	543.6	3 797.5	577.0	4 014.3	610.8	3 984.4	641.2
浙江	4 121.1	299.5	4 847.6	324.1	4 964.1	353.7	4 993.3	383.2
安徽	1 660.8	203.3	1 756.4	211.9	1 737.6	221.1	1 621.5	231.1
福建	1 283.8	136.4	1 293.0	143.0	1 301.2	146.8	1 297.9	150.2
江西	1 476.6	189.8	1 494.2	197.7	1 530.4	201.3	1 807.0	202.8
山东	3 647.9	391.7	3 988.0	411.4	9 235.8	439.9	9 188.8	465.6
河南	2 297.2	313.4	2 340.0	327.2	2 344.9	336.6	2 360.7	344.6
湖北	1 960.6	280.7	1 968.0	286.9	1 972.1	296.3	1 981.8	300.5
湖南	2 316.2	257.5	2 300.7	261.8	2 662.3	267.1	2 646.1	272.5
广东	9 179.8	383.8	9 804.2	420.9	10 136.0	439.7	10 150.2	460.6
广西	1 031.0	137.8	1 067.3	143.8	1 077.6	148.8	1 096.4	155.0
海南	406.5	50.6	386.8	53.7	389.8	55.6	387.2	57.1
重庆	3 234.8	158.9	3 256.8	167.0	3 266.3	174.0	3 259.3	179.5
四川	2 486.0	394.5	2 576.5	407.5	2 650.7	418.8	5 056.8	439.4
贵州	672.1	98.1	687.1	99.9	955.5	105.2	973.6	108.3
云南	1 118.8	133.3	1 135.9	138.6	1 140.8	140.7	1 163.6	144.5
西藏	54.8	7.2	58.9	7.8	61.8	8.1	65.4	8.6
陕西	1 244.3	181.7	1 246.2	184.4	1 247.3	187.4	1 248.0	188.5
甘肃	622.8	90.2	630.6	96.2	635.0	99.8	643.3	106.0
青海	181.3	27.6	190.4	29.1	195.2	30.4	196.7	31.8
宁夏	565.5	29.5	578.6	31.0	584.8	32.2	594.0	33.0
新疆	877.1	134.3	885.1	138.2	891.0	142.6	923.2	148.0

表 5—10　　分地区城镇基本医疗保险基本情况

（2016 年）

地区	年末参保人数（万人）	基金收支情况（亿元）		
		基金收入	基金支出	累计结余
全国	**74 391.6**	**13 084.3**	**10 767.1**	**14 964.3**
北京	1 708.8	937.9	793.6	463.8
天津	1 066.8	310.8	255.2	199.2
河北	6 672.1	678.1	587.6	645.8
山西	1 121.2	211.2	190.4	289.0
内蒙古	1 019.8	205.5	170.0	231.1
辽宁	2 376.0	440.5	410.8	425.6
吉林	1 380.9	194.1	150.8	261.7
黑龙江	1 599.9	312.9	287.1	354.6
上海	1 806.7	903.5	609.5	1 410.8
江苏	3 984.4	990.5	843.6	1 187.2
浙江	4 993.3	1 031.8	832.6	1 319.9
安徽	1 621.5	265.8	214.4	326.5
福建	1 297.9	330.6	273.5	498.0
江西	1 807.0	210.2	161.9	276.1
山东	9 188.8	1 081.3	956.5	877.6
河南	2 360.7	353.7	285.0	472.8
湖北	1 981.8	355.1	301.9	351.0
湖南	2 646.1	368.0	296.3	390.0
广东	10 150.2	1 375.8	1 060.0	2 145.3
广西	1 096.4	202.4	153.9	287.1
海南	387.2	67.9	51.9	91.0
重庆	3 259.3	367.9	338.4	291.1
四川	5 056.8	707.3	567.2	824.2
贵州	973.6	157.8	129.7	145.4
云南	1 163.6	243.6	201.1	263.1
西藏	65.4	28.0	18.7	43.7
陕西	1 248.0	226.3	190.6	300.0
甘肃	643.3	119.1	100.6	115.3
青海	196.7	57.3	49.5	69.9
宁夏	594.0	83.4	76.2	74.1
新疆	923.2	266.0	208.7	333.7

表 5—11　分地区城镇职工基本医疗保险基本情况

（2016 年）

地区	年末参保人数（万人）			基金收支情况（亿元）			
	合计	职工	退休人员	基金收入	基金支出	累计结余	统筹基金
全国	**29 532**	**21 720**	**7 812**	**10 273.7**	**8 286.7**	**12 971.7**	**7 772.1**
北京	1 518	1 240	278	912.1	776.6	429.5	428.5
天津	536	340	195	263.5	225.8	149.3	39.1
河北	974	667	306	351.6	272.4	512.7	314.8
山西	660	475	185	187.0	170.1	260.4	102.0
内蒙古	489	343	146	179.9	148.0	201.2	125.7
辽宁	1 636	1 023	613	405.0	383.4	379.8	211.6
吉林	576	371	205	163.7	123.1	219.7	147.9
黑龙江	880	525	354	258.2	237.7	294.8	155.4
上海	1 469	992	477	849.7	554.0	1 403.0	770.6
江苏	2 491	1 849	641	868.0	733.9	1 111.8	590.0
浙江	2 017	1 634	383	755.0	565.3	1 249.3	869.8
安徽	782	551	231	218.4	177.3	267.3	158.9
福建	792	642	150	258.8	206.6	464.1	202.4
江西	592	389	203	149.2	120.4	184.0	115.3
山东	1 960	1 494	466	658.5	569.1	671.4	545.8
河南	1 227	883	345	296.1	239.0	397.9	188.0
湖北	961	660	301	299.1	259.6	262.2	92.8
湖南	830	557	272	275.8	213.8	317.5	128.5
广东	3 814	3 354	461	975.8	717.4	1 801.3	1 302.9
广西	531	376	155	174.0	137.6	231.5	103.9
海南	201	144	57	57.4	42.9	77.8	70.3
重庆	605	425	179	222.0	203.1	206.3	67.9
四川	1 441	1 001	439	493.1	386.6	689.8	426.4
贵州	390	281	108	131.3	111.0	108.2	34.4
云南	479	335	144	204.3	167.6	240.9	107.1
西藏	37	28	9	26.7	15.9	46.8	32.6
陕西	600	411	188	190.7	159.9	262.1	137.8
甘肃	314	208	106	103.3	88.0	97.4	58.2
青海	98	66	32	50.9	42.4	70.1	23.9
宁夏	117	84	33	53.6	48.1	56.1	46.0
新疆	518	370	148	241.1	189.4	307.5	173.7

表 5—12　分地区城镇居民基本医疗保险基本情况

（2016 年）

地区	年末参保居民人数（万人）	基金收支情况（亿元）		
		基金收入	基金支出	累计结余
全国	**44 860**	**2 810.5**	**2 480.4**	**1 992.6**
北京	191	25.8	17.0	34.3
天津	531	47.4	29.4	49.9
河北	5 698	326.6	315.2	133.1
山西	461	24.2	20.3	28.5
内蒙古	531	25.6	22.0	29.9
辽宁	740	35.5	27.4	45.8
吉林	805	30.4	27.7	41.9
黑龙江	720	54.6	49.4	59.8
上海	338	53.8	55.5	7.8
江苏	1 494	122.4	109.7	75.4
浙江	2 976	276.8	267.3	70.6
安徽	840	47.3	37.1	59.2
福建	506	71.8	66.9	33.8
江西	1 215	61.0	41.5	92.1
山东	7 229	422.8	387.3	206.2
河南	1 133	57.6	45.4	75.0
湖北	1 021	56.0	42.3	88.8
湖南	1 817	92.3	82.5	72.5
广东	6 336	400.0	342.6	344.0
广西	566	28.5	16.2	55.6
海南	186	10.5	9.0	13.2
重庆	2 655	145.9	135.4	84.8
四川	3 616	214.3	180.6	134.4
贵州	584	26.5	18.7	37.1
云南	684	39.3	33.4	22.1
西藏	29	1.3	2.8	−3.1
陕西	648	35.6	30.8	37.9
甘肃	329	15.8	12.6	17.9
青海	99	6.3	7.1	−0.2
宁夏	477	29.7	28.2	18.0
新疆	406	24.9	19.3	26.2

表 5—13　　历年分地区失业保险参保人数　　单位：万人

地区	2001 年		2002 年		2003 年		2004 年	
	年末参保人数	年末领取失业保险金人数	年末参保人数	年末领取失业保险金人数	年末参保人数	年末领取失业保险金人数	年末参保人数	年末领取失业保险金人数
全国	**10 355**	**312**	**10 182**	**440**	**10 373**	**415**	**10 584**	**419**
北京	287.2	5.5	299.6	4.8	306.6	5.2	308.2	3.8
天津	214.3	10.8	196.3	12.4	193.5	9.4	195.1	5.1
河北	513.2	7.3	488.6	7.2	484.2	8.3	479.0	11.0
山西	286.0	5.9	278.9	4.5	284.1	5.7	286.5	5.4
内蒙古	217.7	5.4	219.7	7.1	221.6	5.7	222.3	5.8
辽宁	656.7	20.3	591.2	82.2	622.2	67.0	616.2	81.7
吉林	283.8	13.2	284.0	15.6	292.9	16.2	282.2	12.2
黑龙江	532.6	12.5	466.0	19.6	479.0	12.6	475.8	9.7
上海	430.7	13.1	436.0	14.4	441.1	14.0	487.8	15.9
江苏	766.5	39.5	735.6	49.7	761.6	48.9	797.1	43.6
浙江	391.1	33.0	390.0	27.5	396.8	17.4	428.4	11.3
安徽	375.2	11.5	378.8	17.5	380.8	23.4	371.1	26.4
福建	239.6	9.6	249.5	11.1	266.4	10.0	266.4	9.5
江西	235.9	2.1	226.7	3.9	215.5	5.9	226.6	7.2
山东	700.2	20.5	701.2	30.1	719.1	30.1	747.5	30.6
河南	676.1	10.0	670.4	16.8	680.0	18.7	681.6	22.3
湖北	420.8	26.1	416.1	25.1	390.1	18.7	391.3	17.0
湖南	352.0	4.4	326.6	7.9	347.5	10.5	380.5	9.8
广东	819.5	21.2	890.2	26.2	954.1	25.9	1 005.8	23.4
广西	217.7	5.0	215.5	7.6	219.1	8.9	226.4	9.8
海南	56.1	0.7	60.2	1.7	57.7	1.8	57.9	2.1
重庆	210.0	7.7	205.3	9.1	199.5	8.1	193.4	9.2
四川	412.2	11.9	402.9	14.0	400.0	12.6	398.6	12.6
贵州	136.4	1.2	132.2	1.6	128.0	1.3	129.9	1.2
云南	190.7	3.6	183.2	4.6	183.0	6.6	173.2	10.5
西藏	6.3		7.1		7.1		6.7	
陕西	304.9	3.5	315.7	7.3	323.3	8.2	325.5	7.2
甘肃	162.7	1.1	161.0	2.7	162.1	3.8	161.0	4.3
青海	35.7	1.4	32.2	1.0	33.2	1.3	33.1	1.2
宁夏	34.7	0.7	35.7	0.8	36.3	1.0	36.4	1.2
新疆	188.2	3.9	185.2	5.7	186.5	7.4	192.4	7.7

续表

地区	2005年		2006年		2007年		2008年	
	年末参保人数	年末领取失业保险金人数	年末参保人数	年末领取失业保险金人数	年末参保人数	年末领取失业保险金人数	年末参保人数	年末领取失业保险金人数
全国	**10 648**	**362**	**11 187**	**327**	**11 645**	**286**	**12 400**	**261**
北京	357.5	3.5	482.2	3.1	535.3	3.0	614.3	2.6
天津	197.5	3.8	216.7	3.6	221.5	3.3	232.5	3.2
河北	461.2	13.3	470.8	13.4	473.3	11.6	481.7	9.8
山西	288.5	4.8	296.0	5.2	299.0	6.0	312.2	7.3
内蒙古	222.2	4.9	223.5	5.0	223.7	4.7	225.5	3.1
辽宁	607.7	46.5	614.1	25.9	622.1	19.6	622.7	15.7
吉林	199.4	7.5	224.4	10.2	228.7	13.9	233.7	16.5
黑龙江	459.6	10.3	457.5	17.8	464.1	15.3	467.6	10.3
上海	466.1	17.8	476.4	18.5	491.5	14.9	511.8	14.0
江苏	838.3	30.2	901.1	22.7	968.5	21.2	1 052.2	21.5
浙江	444.7	7.2	504.4	6.5	584.7	6.3	731.1	6.3
安徽	360.3	24.3	362.6	17.9	364.5	14.1	373.1	12.8
福建	266.6	8.6	293.1	6.8	318.2	5.7	338.7	4.6
江西	230.7	6.0	241.0	4.9	251.5	5.3	266.3	3.4
山东	771.1	32.2	789.7	30.3	814.9	27.8	864.1	24.9
河南	681.9	29.2	682.8	28.0	682.9	21.6	683.4	18.4
湖北	391.5	14.8	395.5	12.0	405.7	8.9	422.9	7.4
湖南	382.7	11.3	386.3	10.2	389.0	8.6	390.1	8.3
广东	1 099.1	20.4	1 208.2	16.7	1 295.5	14.3	1 471.9	13.7
广西	219.9	9.4	222.3	8.1	223.8	7.2	234.6	8.0
海南	56.7	2.0	59.1	2.3	66.2	2.5	84.7	3.3
重庆	188.2	6.4	193.0	4.8	196.7	4.1	210.1	4.4
四川	380.5	15.6	400.0	16.3	418.2	11.3	436.9	12.2
贵州	129.3	1.3	131.1	1.5	134.5	1.4	141.4	1.3
云南	180.3	9.1	183.0	6.4	185.8	4.3	191.9	3.7
西藏	6.7		7.5		7.2	0.0	7.8	0.0
陕西	326.7	8.6	326.5	14.1	327.2	13.6	329.3	9.1
甘肃	160.0	5.4	160.5	7.5	161.8	7.1	162.6	5.6
青海	33.2	1.1	34.0	1.0	34.7	2.1	35.4	2.3
宁夏	37.2	1.2	38.3	1.2	40.1	1.5	44.4	1.4
新疆	202.4	5.6	205.4	4.8	213.6	4.7	224.8	6.1

续表

地区	2009年		2010年		2011年		2012年	
	年末参保人数	年末领取失业保险金人数	年末参保人数	年末领取失业保险金人数	年末参保人数	年末领取失业保险金人数	年末参保人数	年末领取失业保险金人数
全国	**12 715**	**235**	**13 376**	**209**	**14 317**	**197**	**15 225**	**204**
北京	675.7	1.8	774.2	1.6	881.0	2.0	1 006.7	2.3
天津	239.2	3.1	246.1	3.5	258.8	2.8	268.7	2.0
河北	484.4	10.4	493.4	9.0	498.7	8.4	501.7	7.9
山西	293.3	6.1	305.7	4.6	309.4	4.3	391.0	3.8
内蒙古	229.7	2.5	230.9	2.1	232.5	2.5	232.8	2.5
辽宁	625.3	13.4	626.9	11.4	632.3	9.7	660.7	7.4
吉林	241.4	14.3	245.1	7.8	247.2	5.1	251.5	4.6
黑龙江	471.3	9.3	472.9	8.8	474.5	7.1	476.2	7.7
上海	523.5	14.6	556.2	11.6	604.2	11.2	617.4	10.9
江苏	1 079.1	19.7	1 153.8	19.7	1 238.2	29.9	1 332.2	32.7
浙江	784.5	5.5	875.0	5.8	980.6	7.4	1 065.6	7.0
安徽	377.8	10.5	384.0	7.8	397.7	6.7	402.2	6.1
福建	348.1	3.6	374.2	3.2	430.9	3.6	459.1	4.6
江西	275.5	3.4	265.3	8.2	263.5	5.4	272.2	3.3
山东	899.5	23.0	931.2	20.7	964.9	19.8	1 009.8	19.1
河南	690.2	16.7	696.7	14.7	701.2	13.3	724.2	11.4
湖北	440.3	7.0	469.7	6.4	498.2	5.1	508.6	4.8
湖南	392.0	8.3	399.5	6.9	415.6	7.0	449.9	6.0
广东	1 470.7	12.8	1 627.3	10.6	1 875.4	10.5	2 008.7	9.8
广西	237.0	7.6	238.4	6.2	240.8	5.2	243.4	5.5
海南	97.5	2.8	112.5	1.6	126.0	1.8	139.5	1.8
重庆	215.9	4.7	237.4	3.7	268.6	2.9	323.5	2.8
四川	463.5	10.0	464.7	9.1	536.8	8.1	585.5	24.5
贵州	144.6	1.1	152.5	1.2	160.5	1.1	173.5	1.0
云南	198.7	3.5	209.6	3.2	216.8	3.3	224.7	3.8
西藏	8.8	0.0	9.3	0.0	9.6	0.0	10.6	
陕西	331.0	9.3	331.6	7.5	332.2	4.5	339.1	3.5
甘肃	164.1	3.7	164.2	2.4	163.8	1.5	163.6	1.2
青海	36.0	1.0	36.6	0.4	37.3	0.6	37.9	0.7
宁夏	44.9	1.1	47.6	1.0	60.0	1.2	70.5	1.1
新疆	231.8	4.9	242.9	8.3	260.2	5.0	273.7	4.2

续表

地区	2013年		2014年		2015年		2016年	
	年末参保人数	年末领取失业保险金人数	年末参保人数	年末领取失业保险金人数	年末参保人数	年末领取失业保险金人数	年末参保人数	年末领取失业保险金人数
全国	**16 417**	**197**	**17 043**	**207**	**17 326**	**227**	**18 089**	**230**
北京	1 025.1	2.4	1 057.1	3.0	1 082.3	3.4	1 115.0	3.7
天津	278.7	2.0	287.6	2.6	295.3	7.1	302.5	7.4
河北	505.0	7.1	508.7	7.1	511.0	8.0	515.9	7.9
山西	400.7	3.1	407.7	3.0	411.3	3.1	415.2	3.0
内蒙古	233.4	2.3	236.3	2.4	242.1	2.9	241.1	3.0
辽宁	663.2	7.6	664.3	8.5	665.3	9.7	665.4	10.7
吉林	258.8	6.0	258.7	2.2	261.2	2.2	262.0	2.7
黑龙江	477.4	7.1	478.4	4.8	312.8	3.7	313.2	3.9
上海	625.7	9.9	634.1	9.8	641.8	9.5	947.3	10.5
江苏	1 389.3	29.9	1 442.7	32.1	1 490.9	34.2	1 538.1	34.0
浙江	1 144.3	7.8	1 210.3	8.2	1 260.2	9.0	1 317.0	9.0
安徽	409.0	6.1	422.0	6.5	436.6	7.7	448.5	8.8
福建	496.7	4.2	524.1	4.5	546.3	5.0	575.5	5.2
江西	271.1	1.5	271.8	1.3	281.5	1.4	282.6	1.6
山东	1 089.6	17.8	1 154.3	19.9	1 203.8	21.6	1 222.9	22.0
河南	741.3	10.5	773.3	10.2	783.3	8.3	788.1	7.6
湖北	511.3	5.2	519.0	5.6	528.4	6.0	541.9	6.9
湖南	461.7	6.1	509.5	6.9	521.2	6.7	537.5	7.0
广东	2 702.2	8.8	2 840.2	10.9	2 930.1	13.9	3 020.1	15.4
广西	253.4	5.6	259.0	6.1	273.2	6.2	283.7	5.9
海南	150.8	2.1	157.5	2.0	164.8	2.0	170.2	2.2
重庆	389.7	3.4	439.1	2.8	439.5	3.5	447.1	4.2
四川	613.5	24.1	635.8	29.8	661.0	33.2	702.0	29.8
贵州	185.2	1.3	191.9	1.5	205.3	1.7	218.1	2.4
云南	232.5	4.5	236.9	5.3	243.3	5.9	251.2	5.6
西藏	11.0	0.0	12.5	0.0	11.4	0.01	15.2	0.0
陕西	339.7	3.2	344.3	2.9	347.7	3.0	352.2	2.8
甘肃	163.1	1.0	162.4	1.0	162.8	1.0	164.3	1.1
青海	38.5	0.5	39.3	0.4	40.1	0.4	40.8	0.4
宁夏	71.3	1.1	73.5	1.3	76.6	1.3	95.6	1.3
新疆	283.9	4.8	290.2	4.7	294.9	4.9	298.7	4.5

表 5—14 **分地区失业保险基金情况**

（2016 年）

单位：亿元

地区	基金收入	基金支出	累计结余
全国	**1 228.9**	**976.1**	**5 333.3**
北京	80.7	61.7	221.5
天津	28.8	27.8	104.2
河北	38.4	49.6	157.9
山西	27.5	11.9	165.6
内蒙古	24.1	13.8	118.8
辽宁	46.8	35.0	270.3
吉林	22.5	11.7	116.4
黑龙江	24.7	18.3	165.2
上海	104.5	93.4	181.2
江苏	112.4	109.8	440.0
浙江	89.8	68.7	401.0
安徽	36.0	26.7	115.6
福建	29.2	16.8	163.9
江西	10.7	3.7	71.4
山东	92.4	70.0	297.8
河南	38.6	22.6	175.0
湖北	31.0	23.9	173.3
湖南	27.6	16.8	126.1
广东	102.0	95.3	641.2
广西	22.4	19.2	129.6
海南	6.5	4.5	34.5
重庆	20.0	15.8	112.2
四川	95.3	75.6	341.6
贵州	17.0	13.9	77.7
云南	22.2	13.1	127.7
西藏	2.7	0.1	16.4
陕西	23.2	11.8	154.4
甘肃	14.6	8.2	78.5
青海	3.6	3.3	27.5
宁夏	6.8	3.6	34.8
新疆	26.9	29.7	92.1

表 5—15　　历年分地区工伤保险基本情况　　单位：万人

地区	2001 年		2002 年		2003 年		2004 年	
	参保人数	享受待遇人数	参保人数	享受待遇人数	参保人数	享受待遇人数	参保人数	享受待遇人数
全国	**4 345**	**19**	**4 406**	**27**	**4 575**	**33**	**6 845**	**52**
北京	204.7	0.1	221.1	0.7	242.9	1.2	258.9	2.5
天津							147.2	0.1
河北	163.1	0.8	146.7	0.4	145.7	0.4	273.9	0.9
山西	71.8	0.0	46.3	0.1	48.4	0.0	104.0	0.1
内蒙古	26.7	0.5	23.8	0.2	31.8	0.3	85.0	0.5
辽宁	390.6	5.0	390.5	6.0	345.8	7.3	404.2	8.2
吉林	30.7	1.1	36.6	1.5	37.1	1.2	114.3	3.1
黑龙江	104.4	0.1	119.0	0.9	130.9	1.1	202.7	4.3
上海							488.3	0.1
江苏	473.9	0.7	480.0	1.3	503.0	1.7	577.2	2.7
浙江	219.7	0.6	226.0	1.0	287.7	1.4	360.4	2.7
安徽	73.4	0.2	69.8	0.3	68.0	0.4	102.0	0.5
福建	159.0	0.2	170.7	0.3	172.3	0.6	205.4	0.8
江西	137.8	0.2	129.3	0.2	129.7	0.3	134.7	0.4
山东	285.5	0.6	277.7	1.1	281.8	1.5	476.7	4.7
河南	196.0	0.5	218.8	0.7	210.6	0.5	324.7	1.1
湖北	182.3	1.3	183.2	1.7	189.2	1.4	187.2	1.8
湖南					8.6	0.0	203.3	0.3
广东	990.1	5.2	1 049.9	8.0	1 120.0	9.7	1 215.1	11.3
广西	124.1	0.1	117.3	0.2	120.3	0.3	133.5	0.7
海南	69.5	0.0	68.9	0.1	68.2	0.1	64.5	0.1
重庆	25.0	0.1	29.7	0.1	26.5	0.2	122.6	0.4
四川	179.3	0.5	167.4	0.6	161.4	1.2	195.6	1.6
贵州	1.7	0.0	1.3	0.0	1.3	0.0	1.2	0.0
云南	97.3	0.6	89.0	0.9	84.1	1.2	150.9	1.1
西藏								
陕西	24.5	0.1	25.6	0.0	35.1	0.1	115.1	0.7
甘肃	9.5	0.0	8.7	0.0	8.0	0.0	42.0	0.1
青海	7.1	0.0	6.6	0.0	6.6	0.0	15.7	0.1
宁夏	11.4	0.0	16.0	0.0	15.2	0.1	19.1	0.3
新疆	86.3	0.1	86.0	0.1	94.6	0.5	119.5	0.7

续表

地区	2005年		2006年		2007年		2008年	
	参保人数	享受待遇人数	参保人数	享受待遇人数	参保人数	享受待遇人数	参保人数	享受待遇人数
全国	**8 478**	**65**	**10 268**	**78**	**12 173**	**96**	**13 787**	**118**
北京	303.9	3.0	465.3	1.5	609.2	1.6	666.5	1.8
天津	162.9	0.9	209.7	1.7	257.2	2.3	274.9	2.7
河北	361.4	1.3	402.4	2.4	481.3	6.0	520.8	5.3
山西	151.4	0.5	201.4	3.3	229.1	3.9	261.0	4.6
内蒙古	110.2	0.7	131.6	0.8	163.6	1.3	185.4	1.4
辽宁	474.6	9.1	510.0	8.5	572.3	9.1	659.6	8.5
吉林	136.7	2.2	174.7	3.0	206.8	2.6	234.9	4.1
黑龙江	257.5	3.8	303.0	3.9	351.7	4.9	390.9	4.5
上海	523.7	0.5	817.7	0.7	884.4	0.9	950.4	1.2
江苏	680.2	3.7	812.7	5.6	921.0	6.6	1 056.6	8.4
浙江	453.1	4.8	603.9	7.4	1 002.9	11.2	1 261.8	16.9
安徽	148.2	1.7	200.2	2.0	248.7	2.2	292.9	2.9
福建	239.1	1.3	261.0	1.5	294.8	1.9	346.1	2.2
江西	153.6	0.8	207.9	1.5	251.3	1.7	313.6	2.0
山东	578.7	5.7	647.3	5.8	745.0	7.0	865.0	8.8
河南	404.0	1.5	421.0	1.7	448.3	2.6	500.2	3.1
湖北	230.3	1.1	275.5	1.5	327.5	2.0	360.9	2.4
湖南	228.2	0.7	280.1	2.0	342.4	2.6	403.5	3.9
广东	1 605.1	12.9	1 868.2	13.5	2 113.9	13.8	2 302.3	15.2
广西	144.4	0.8	161.1	0.8	182.4	0.9	204.9	1.1
海南	68.9	0.1	71.5	0.2	78.4	0.2	86.1	0.2
重庆	154.1	1.2	165.4	1.8	181.1	1.6	208.2	4.2
四川	270.5	2.0	304.9	2.3	397.3	3.2	464.6	4.6
贵州	65.8	0.1	90.5	0.6	110.5	0.9	129.0	1.1
云南	166.9	1.2	173.8	1.1	188.5	1.6	202.5	2.3
西藏	1.9		2.3	0.0	3.7	0.0	5.9	0.0
陕西	149.2	1.8	210.3	0.7	232.0	1.0	247.6	1.4
甘肃	70.1	0.4	86.3	0.3	98.2	0.4	108.9	0.8
青海	20.5	0.3	23.1	0.4	25.3	0.4	29.9	0.5
宁夏	23.5	0.3	24.2	0.3	30.5	0.1	37.5	0.2
新疆	139.1	0.9	161.3	1.2	194.1	1.4	214.5	1.6

续表

地区	2009年		2010年		2011年		2012年	
	参保人数	享受待遇人数	参保人数	享受待遇人数	参保人数	享受待遇人数	参保人数	享受待遇人数
全国	**14 896**	**130**	**16 161**	**147**	**17 696**	**163**	**19 010**	**191**
北京	747.1	4.1	823.8	4.4	862.4	4.7	897.2	4.8
天津	292.2	3.1	304.5	4.1	320.4	3.8	330.1	3.4
河北	559.3	6.0	594.4	7.5	640.4	8.6	694.8	9.1
山西	280.7	4.3	292.4	4.9	337.6	5.5	529.6	8.4
内蒙古	199.1	1.6	207.5	1.8	225.3	3.2	248.9	2.5
辽宁	695.8	9.0	730.0	10.0	779.1	11.3	819.1	14.0
吉林	272.2	3.0	300.5	3.7	331.6	3.3	359.4	4.2
黑龙江	401.8	5.6	415.1	6.2	450.0	8.2	470.6	6.8
上海	934.0	1.3	961.0	1.7	939.5	2.5	898.9	6.1
江苏	1 118.1	9.3	1 205.5	9.8	1 327.0	10.7	1 420.7	12.3
浙江	1 331.1	18.0	1 475.1	20.2	1 610.8	22.2	1 731.7	23.8
安徽	320.6	3.9	351.1	4.4	422.0	5.6	457.9	8.8
福建	379.3	2.3	417.7	2.4	496.9	2.8	540.9	3.4
江西	340.2	1.9	371.7	2.7	387.9	3.0	410.9	5.5
山东	1 064.6	9.2	1 211.2	10.2	1 276.1	10.8	1 339.6	11.9
河南	521.0	3.2	551.7	3.0	655.5	3.5	720.6	4.8
湖北	410.7	2.7	444.0	3.1	481.0	4.5	522.6	4.0
湖南	472.1	5.3	516.0	7.4	635.5	7.0	693.8	7.8
广东	2 435.5	15.0	2 657.8	14.7	2 847.8	15.4	2 962.8	16.7
广西	221.7	1.2	235.7	1.4	272.5	1.5	312.4	1.8
海南	90.1	0.3	95.8	0.3	104.0	0.3	119.5	0.4
重庆	226.5	4.7	266.0	5.6	337.1	6.2	374.9	8.0
四川	515.8	6.1	583.8	6.0	650.8	6.5	689.4	8.0
贵州	143.3	1.4	162.2	1.9	194.0	2.2	238.2	2.7
云南	215.1	2.4	227.4	4.6	243.4	3.6	295.3	4.0
西藏	8.3		8.8	0.0	11.8	0.0	14.2	0.1
陕西	264.9	1.4	278.6	1.6	326.8	1.9	350.4	2.2
甘肃	119.7	0.8	130.1	1.1	150.2	1.4	158.5	1.8
青海	40.1	0.5	43.2	0.5	45.6	0.5	49.2	0.6
宁夏	42.4	0.2	48.9	0.3	58.3	0.3	63.9	0.4
新疆	232.3	1.9	249.3	2.0	274.6	2.0	294.1	2.4

续表

地区	2013 年		2014 年		2015 年		2016 年	
	参保人数	享受待遇人数	参保人数	享受待遇人数	参保人数	享受待遇人数	参保人数	享受待遇人数
全国	**19 917**	**195**	**20 639**	**198**	**21 432**	**202**	**21 889**	**196**
北京	920.3	4.8	961.0	5.0	1 020.1	4.7	1 060.2	4.6
天津	335.1	3.3	345.2	3.3	385.6	3.4	388.1	3.4
河北	737.0	10.5	778.7	10.4	809.7	9.6	840.0	9.8
山西	550.0	9.7	563.1	11.1	573.1	10.1	576.0	11.4
内蒙古	277.4	2.2	289.9	2.3	297.1	2.4	303.2	2.7
辽宁	856.7	13.2	903.1	13.2	918.6	13.8	886.6	13.8
吉林	392.1	5.3	415.6	4.6	435.6	11.3	440.7	4.9
黑龙江	493.1	7.2	505.5	6.3	512.0	6.5	522.2	6.5
上海	904.1	6.6	920.5	6.9	932.9	7.0	943.5	6.5
江苏	1 487.3	13.6	1 540.1	14.3	1 594.1	14.7	1 633.9	15.1
浙江	1 826.1	22.6	1 899.4	22.6	1 930.1	20.4	1 880.7	18.7
安徽	473.2	8.1	508.3	8.3	528.9	8.3	544.6	8.7
福建	607.5	3.5	627.3	3.9	691.0	3.9	733.8	4.2
江西	431.5	4.5	461.2	4.7	500.6	4.6	502.1	4.5
山东	1 371.9	11.2	1 421.5	11.8	1 473.5	11.1	1 510.9	11.1
河南	773.1	4.6	805.7	4.6	856.7	5.0	877.0	4.8
湖北	556.9	5.7	576.7	4.9	640.1	4.9	651.1	7.9
湖南	731.2	8.3	747.9	8.7	778.0	9.3	773.3	11.1
广东	3 057.3	16.7	3 092.6	17.1	3 122.7	16.8	3 246.2	14.5
广西	325.6	1.9	338.2	1.8	360.5	1.9	374.1	1.8
海南	123.4	0.3	126.1	0.3	131.5	0.3	137.4	0.3
重庆	406.8	8.0	426.1	8.1	428.5	7.5	454.9	7.0
四川	690.1	8.3	709.7	8.6	753.2	7.9	799.1	7.6
贵州	260.4	2.3	275.4	2.3	290.2	2.8	305.0	2.5
云南	334.3	4.4	341.7	4.0	368.1	4.3	372.8	3.7
西藏	14.8	0.0	24.3	0.1	26.9	0.1	26.9	0.1
陕西	378.1	3.0	404.0	2.9	427.3	3.0	441.6	3.0
甘肃	167.7	1.8	175.1	2.2	182.6	2.3	188.4	2.5
青海	52.3	0.6	54.7	0.6	58.0	0.5	59.8	0.5
宁夏	72.7	0.5	82.2	0.5	80.8	0.6	83.5	0.5
新疆	309.5	2.5	318.2	2.8	324.4	2.9	331.9	2.4

表 5—16　分地区工伤保险基金情况

（2016 年）

单位：亿元

地区	基金收入	基金支出	累计结余	储备金结存
全国	**736.9**	**610.3**	**1 410.9**	**239.3**
北京	30.5	29.3	43.4	30.6
天津	9.9	11.3	15.0	0.7
河北	40.6	36.0	28.5	6.2
山西	30.8	28.4	58.3	6.4
内蒙古	12.9	10.2	39.0	4.9
辽宁	33.0	30.7	34.4	11.0
吉林	18.2	11.9	33.4	7.7
黑龙江	23.2	23.4	32.3	5.9
上海	32.8	29.8	60.2	10.7
江苏	78.1	55.2	110.5	19.8
浙江	52.8	45.1	86.4	11.7
安徽	20.7	16.4	41.8	4.6
福建	17.6	13.5	58.1	10.6
江西	16.3	12.2	37.1	1.8
山东	50.2	39.4	83.9	12.5
河南	26.6	19.6	56.9	7.3
湖北	16.8	12.5	36.0	1.9
湖南	36.5	27.7	58.6	4.7
广东	58.9	47.7	252.6	49.9
广西	10.2	5.2	34.4	3.6
海南	3.8	1.4	12.9	1.4
重庆	17.9	19.2	2.8	0.0
四川	29.3	23.8	60.9	6.0
贵州	12.5	11.9	20.0	0.1
云南	12.7	11.8	23.9	3.4
西藏	1.3	0.5	3.8	0.0
陕西	13.3	11.9	31.1	5.6
甘肃	8.2	6.8	13.5	0.7
青海	3.3	2.6	7.1	3.3
宁夏	4.1	3.9	9.6	0.7
新疆	13.6	10.9	24.5	5.3

注：工伤保险累计结余中含储备金。

表 5—17　　分地区工伤认定情况

（2016 年）

单位：人

地区	认定工伤数	视同工伤数	不予认定工伤人数	当期不予受理申请人数
全国	**1 027 421**	**8 718**	**16 355**	**5 104**
北京	21 406	328	173	51
天津	18 002	154	109	30
河北	50 989	573	787	20
山西	19 367	324	196	63
内蒙古	8 758	211	218	96
辽宁	29 939	458	251	100
吉林	10 456	217	86	33
黑龙江	13 426	322	146	81
上海	49 650	296	556	95
江苏	110 264	475	1 377	338
浙江	150 480	368	586	588
安徽	31 344	186	341	91
福建	31 173	167	300	142
江西	20 029	155	441	281
山东	61 457	617	649	265
河南	22 442	515	231	50
湖北	23 154	214	534	230
湖南	43 203	226	771	93
广东	149 584	955	4 874	1 504
广西	10 501	171	377	56
海南	2 417	46	64	31
重庆	42 180	156	829	213
四川	36 768	291	966	243
贵州	15 676	151	266	122
云南	15 848	297	424	67
西藏	571	16	17	11
陕西	14 354	277	130	66
甘肃	4 871	120	93	28
青海	2 670	39	31	24
宁夏	4 731	56	116	28
新疆	9 748	255	369	49
新疆兵团	1 963	82	47	15

表 5—18　　分地区劳动能力鉴定情况

（2016 年）　　单位：人

地区	申请鉴定人数						评定伤残等级人数				存在生活自理障碍人数
	小计	初次申请	再次申请	改变结论	复查申请	改变结论	小计	一至四级	五至六级	七至十级	
全国	**616 205**	**594 232**	**14 266**	**3 366**	**7 707**	**2 495**	**535 415**	**17 022**	**17 533**	**500 860**	**5 876**
北京	14 639	14 055	123	7	461	408	12 175	874	778	10 523	156
天津	8 628	8 164	203	61	261	63	8 051	164	376	7 511	80
河北	25 764	24 785	402	109	577	248	23 859	681	803	22 375	347
山西	15 167	14 760	253	73	154	50	14 014	1 461	960	11 593	432
内蒙古	6 654	6 374	184	64	96	56	5 969	274	329	5 366	144
辽宁	20 303	18 499	475	86	1 329	161	17 128	672	628	15 828	265
吉林	6 863	6 477	224	71	162	53	6 023	265	257	5 501	108
黑龙江	12 158	11 617	402	73	139	62	10 674	469	505	9 700	290
上海	43 125	40 211	981	383	1 933	369	38 973	228	392	38 353	164
江苏	75 496	74 301	799	59	396	88	66 236	657	1 170	64 409	368
浙江	79 983	78 124	1 822	528	37	14	73 449	565	1 268	71 616	311
安徽	15 646	15 026	508	145	112	53	13 874	552	534	12 788	157
福建	15 815	15 063	648	183	104	78	12 677	656	480	11 541	239
江西	10 381	9 859	472	78	50	8	9 297	308	425	8 564	150
山东	36 348	35 218	844	152	286	104	28 614	908	1 481	26 225	398
河南	14 572	13 943	500	108	129	40	11 073	444	523	10 106	270
湖北	11 963	11 176	622	170	165	75	10 461	457	429	9 575	230
湖南	20 456	20 044	336	89	76	22	19 088	581	554	17 953	214
广东	71 158	69 747	1 244	133	167	66	60 409	658	1 212	58 539	293
广西	4 689	4 562	121	33	6	1	3 460	103	155	3 202	49
海南	434	414	16	11	4	4	425	28	19	378	22
重庆	26 256	24 916	1 013	223	327	211	23 452	1 259	505	21 688	245
四川	28 785	27 608	932	221	245	76	22 255	955	822	20 478	344
贵州	13 632	13 252	263	77	117	42	12 676	632	531	11 513	122
云南	8 293	8 204	66	16	23	12	6 777	522	263	5 992	119
西藏	554	545	6	3	3	1	473	19	56	398	11
陕西	8 141	7 937	67	19	137	63	6 662	308	317	6 037	142
甘肃	4 334	4 200	73	22	61	18	3 818	442	196	3 180	55
青海	1 170	1 148	14	8	8	4	1 129	59	63	1 007	19
宁夏	4 682	4 511	141	43	30	19	3 590	745	219	2 626	43
新疆	8 622	8 031	495	104	96	23	7 327	1 046	1 230	5 051	61
新疆兵团	1 494	1 461	17	14	16	3	1 327	30	53	1 244	28

表 5—19　　历年分地区生育保险基本情况　　单位：万人，万人次

地区	2001年		2002年		2003年		2004年	
	参保人数	享受待遇人次	参保人数	享受待遇人次	参保人数	享受待遇人次	参保人数	享受待遇人次
全国	**3 455**	**24**	**3 488**	**28**	**3 655**	**36**	**4 384**	**46**
北京								
天津								
河北	131.5	0.8	95.4	0.7	94.1	0.4	114.1	0.4
山西	108.0	0.3	84.3	0.3	84.3	0.2	93.2	0.2
内蒙古	27.9	0.3	23.4	0.1	40.3	0.2	66.7	0.4
辽宁	227.8	1.2	216.1	1.2	199.1	1.5	215.9	2.1
吉林	24.0	0.1	32.7	0.1	34.0	0.1	35.1	0.2
黑龙江	68.2	0.2	153.2	1.2	167.5	2.7	187.3	3.5
上海	443.7	0.1	452.9	3.7	461.1	4.1	505.6	4.9
江苏	483.5	4.6	486.1	4.1	504.1	7.2	552.7	9.2
浙江	187.6	1.7	193.7	1.9	215.0	2.1	239.8	3.0
安徽	23.4	0.1	23.6	0.2	23.9	0.2	37.6	0.2
福建	118.2	0.9	123.7	1.0	139.4	1.4	146.5	1.7
江西	120.2	0.8	109.4	0.7	108.7	0.6	107.6	0.5
山东	331.8	3.4	322.8	3.8	336.5	4.1	390.8	4.7
河南	196.4	1.1	205.9	1.1	199.2	1.1	201.2	1.5
湖北	182.1	1.1	182.7	0.8	182.1	0.6	179.9	0.6
湖南	3.7	0.0	3.4	0.0	3.3	0.0	212.9	0.5
广东	250.1	2.4	258.7	2.5	330.8	3.0	376.7	3.6
广西	113.5	1.2	106.8	1.1	111.1	1.2	134.8	1.6
海南	10.8	0.1	23.2	0.2	28.4	0.2	31.7	0.4
重庆	23.6	0.2	19.9	0.1	16.5	0.1	12.9	0.0
四川	178.1	1.6	166.4	1.2	165.1	1.3	187.4	1.4
贵州	1.1	0.0	0.9	0.0	0.9	0.0	2.3	0.0
云南	96.1	1.2	86.9	1.0	82.8	1.4	142.3	2.3
西藏								
陕西	4.6	0.1	5.4	0.1	14.6	0.1	36.2	0.2
甘肃	5.0	0.0	5.1	0.0	6.8	0.0	31.0	0.1
青海	6.6	0.1	4.3	0.0	5.2	0.1	5.8	0.1
宁夏	8.7	0.1	15.0	0.2	15.1	0.2	18.4	0.2
新疆	78.9	1.0	86.4	1.0	85.7	2.0	117.4	2.5

续表

地区	2005 年		2006 年		2007 年		2008 年	
	参保人数	享受待遇人次	参保人数	享受待遇人次	参保人数	享受待遇人次	参保人数	享受待遇人次
全国	**5 408**	**62**	**6 459**	**108**	**7 775**	**113**	**9 254**	**140**
北京	226.1	1.1	263.3	6.7	290.6	9.8	324.1	11.8
天津	157.4	0.6	180.1	7.7	194.0	3.9	196.5	4.7
河北	215.9	0.8	264.2	1.7	338.5	2.5	408.5	5.2
山西	95.6	0.3	98.1	0.4	104.4	0.3	148.3	0.7
内蒙古	105.8	1.5	122.1	2.1	139.1	1.7	154.6	1.6
辽宁	220.1	2.7	378.7	4.9	423.0	13.2	460.2	11.7
吉林	35.3	0.8	117.7	0.6	173.6	1.6	227.9	2.5
黑龙江	156.6	2.9	172.7	3.1	216.8	3.1	241.9	3.2
上海	539.3	5.8	555.1	16.8	592.0	7.3	609.9	7.1
江苏	630.9	11.2	711.5	12.8	794.1	14.5	907.2	19.5
浙江	284.9	3.7	382.7	6.9	505.0	6.1	690.0	8.1
安徽	53.5	0.5	78.6	1.0	175.6	1.9	231.0	3.5
福建	161.8	2.1	173.5	2.0	250.4	2.7	273.9	3.2
江西	117.8	0.8	123.2	1.1	137.8	0.8	156.6	0.6
山东	461.2	5.5	488.8	10.0	563.3	8.2	638.0	10.3
河南	228.4	1.5	238.4	2.0	279.1	2.2	313.4	2.8
湖北	175.9	0.6	194.5	0.8	224.6	1.1	278.0	2.9
湖南	250.2	3.2	308.5	5.2	369.3	5.6	431.5	6.2
广东	419.4	4.2	464.8	4.8	659.1	6.6	1 011.2	9.7
广西	141.4	1.9	145.2	1.9	163.5	2.3	176.5	3.0
海南	34.9	0.5	40.6	0.7	66.7	0.8	79.8	1.1
重庆			96.8	0.6	116.9	2.2	141.6	2.6
四川	212.5	1.4	274.1	1.9	323.3	3.6	373.0	4.4
贵州	52.1	0.0	72.1	0.7	89.1	1.2	135.9	1.8
云南	156.1	2.5	159.5	2.6	165.1	2.2	168.4	2.6
西藏					9.4	0.0	12.4	0.1
陕西	43.1	0.8	86.3	0.5	120.9	0.9	147.6	1.6
甘肃	40.0	0.3	47.0	0.4	53.3	0.7	59.1	0.6
青海	6.5	0.1	7.2	0.2	6.2	0.2	6.3	0.1
宁夏	21.6	0.2	18.1	0.4	19.2	0.4	25.1	0.4
新疆	164.1	4.7	195.6	7.5	211.6	5.6	225.4	6.4

续表

地区	2009年		2010年		2011年		2012年	
	参保人数	享受待遇人次	参保人数	享受待遇人次	参保人数	享受待遇人次	参保人数	享受待遇人次
全国	**10 876**	**174**	**12 336**	**211**	**13 892**	**265**	**15 429**	**353**
北京	346.8	12.8	372.2	12.6	395.3	14.9	844.7	27.9
天津	204.6	4.8	212.0	5.6	234.6	6.6	242.7	8.0
河北	489.9	6.7	561.5	5.2	593.1	5.5	634.8	9.7
山西	185.8	0.9	211.6	1.7	253.7	2.1	407.6	3.1
内蒙古	182.9	2.0	233.9	2.2	263.3	4.8	274.8	4.3
辽宁	531.2	13.5	593.0	13.5	664.7	15.1	713.9	19.4
吉林	289.9	4.6	310.5	5.6	335.9	6.7	350.4	9.4
黑龙江	270.0	3.3	290.1	3.4	350.1	3.6	353.1	4.2
上海	625.1	6.5	657.3	7.7	703.1	8.8	711.5	11.7
江苏	962.5	23.3	1 086.4	24.4	1 199.2	44.2	1 276.2	55.5
浙江	750.7	10.4	863.7	12.4	979.8	14.9	1 084.8	19.4
安徽	303.6	4.6	346.9	5.0	400.1	6.3	430.1	9.0
福建	317.8	4.5	374.4	4.9	451.9	5.7	484.3	8.2
江西	163.0	0.7	170.0	1.0	200.1	0.8	204.2	2.0
山东	703.0	14.4	774.1	18.0	857.8	19.7	919.0	19.9
河南	379.8	4.0	412.9	5.3	460.7	6.3	520.3	12.0
湖北	357.1	6.5	381.8	11.0	420.9	13.6	452.9	18.8
湖南	502.4	9.0	527.1	12.1	538.8	15.3	546.0	14.8
广东	1 586.3	12.5	2 038.5	24.3	2 339.7	32.6	2 484.9	40.1
广西	199.0	3.2	218.5	3.6	243.8	3.9	254.7	5.1
海南	85.0	1.2	92.6	1.5	100.7	2.2	116.0	3.2
重庆	155.5	3.7	175.7	4.9	216.6	5.4	253.5	8.2
四川	426.4	5.8	484.2	5.9	601.7	6.8	654.4	12.5
贵州	152.5	1.9	164.3	2.3	198.1	2.6	221.6	3.1
云南	181.1	2.8	210.2	4.0	216.5	3.5	239.2	4.6
西藏	14.2	0.2	14.8	0.3	16.1	0.3	18.2	0.4
陕西	164.4	2.1	180.1	2.4	211.6	2.8	223.7	3.1
甘肃	71.2	0.7	82.0	1.0	110.1	1.7	129.5	2.5
青海	6.3	0.1	6.4	0.1	6.7	0.2	33.8	0.3
宁夏	30.7	0.5	39.8	0.6	59.3	1.0	66.4	1.9
新疆	236.8	6.6	249.4	8.4	268.1	7.0	281.6	10.3

续表

地区	2013年		2014年		2015年		2016年	
	参保人数	享受待遇人次	参保人数	享受待遇人次	参保人数	享受待遇人次	参保人数	享受待遇人次
全国	**16 392**	**522**	**17 039**	**613**	**17 771**	**642**	**18 451**	**914**
北京	883.2	41.1	915.6	53.2	941.6	52.8	981.0	51.9
天津	249.1	24.8	260.7	22.2	269.7	19.4	285.0	28.1
河北	667.6	15.7	684.0	22.5	713.0	18.5	710.3	33.8
山西	445.6	5.2	454.2	7.4	456.5	8.0	458.5	8.9
内蒙古	285.0	6.5	293.7	8.0	302.6	7.8	305.3	8.5
辽宁	752.3	25.9	783.9	28.5	789.3	29.6	790.1	31.7
吉林	365.9	11.2	367.0	14.0	367.5	14.0	367.8	17.1
黑龙江	355.1	6.9	356.1	7.8	357.1	6.4	358.0	9.4
上海	713.9	22.0	717.5	24.0	735.4	22.9	956.1	28.2
江苏	1 355.6	78.7	1 374.6	93.6	1 471.7	95.3	1 510.3	170.3
浙江	1 173.2	39.9	1 248.9	46.1	1 285.2	51.0	1 294.4	62.1
安徽	458.5	10.6	482.8	13.6	499.3	15.9	517.6	21.8
福建	539.6	12.1	556.7	12.8	598.3	14.0	625.8	20.9
江西	217.8	2.5	241.1	3.3	251.3	4.7	258.9	7.8
山东	974.4	47.1	1 046.5	56.2	1 111.3	48.1	1 139.1	73.4
河南	569.6	13.6	590.2	15.7	609.5	16.5	646.8	24.5
湖北	465.3	18.5	480.6	19.9	500.2	22.3	511.9	30.2
湖南	536.0	14.8	537.6	17.0	544.0	20.5	542.9	27.4
广东	2 711.6	45.0	2 801.3	50.8	3 081.8	67.0	3 161.9	117.8
广西	270.2	7.7	280.2	8.6	307.9	9.6	319.6	13.0
海南	120.2	4.0	122.0	3.8	127.1	4.7	136.5	6.0
重庆	280.4	10.2	347.5	12.5	354.3	18.3	365.7	24.3
四川	689.1	18.0	730.4	21.7	670.3	24.8	713.1	31.8
贵州	238.7	4.4	248.8	6.4	263.6	7.5	286.3	10.8
云南	270.9	11.2	279.3	13.2	289.8	12.0	295.9	16.2
西藏	20.7	0.5	22.8	0.5	23.8	0.7	24.9	0.9
陕西	240.3	4.3	250.8	5.3	265.3	6.4	283.4	9.1
甘肃	135.1	3.2	143.7	3.9	154.1	3.5	162.7	6.8
青海	42.8	1.7	45.8	3.4	48.0	5.0	49.7	3.7
宁夏	68.4	3.7	71.3	4.9	73.7	2.6	76.5	4.4
新疆	296.1	11.1	303.0	12.7	307.9	12.4	315.0	13.0

表 5—20 **分地区生育保险基本情况**

（2016 年）

地区	年末参保人数（万人）	基金收支情况（亿元）		
		基金收入	基金支出	累计结余
全国	**18 451**	**521.9**	**530.6**	**675.9**
北京	981.0	56.7	52.7	36.8
天津	285.0	9.1	11.4	17.7
河北	710.3	12.8	14.2	22.0
山西	458.5	7.6	5.6	21.6
内蒙古	305.3	8.4	5.4	17.1
辽宁	790.1	20.3	20.0	14.6
吉林	367.8	7.4	5.8	13.9
黑龙江	358.0	6.3	6.9	15.0
上海	956.1	65.1	50.6	31.6
江苏	1 510.3	38.9	60.1	45.6
浙江	1 294.4	37.8	36.7	41.4
安徽	517.6	12.0	12.9	14.0
福建	625.8	13.1	15.4	23.1
江西	258.9	4.7	4.4	10.5
山东	1 139.1	35.8	45.9	33.8
河南	646.8	14.8	14.6	30.5
湖北	511.9	11.6	10.6	24.8
湖南	542.9	12.6	9.5	26.9
广东	3 161.9	73.3	60.8	117.8
广西	319.6	8.6	8.1	18.0
海南	136.5	2.6	2.4	5.4
重庆	365.7	8.3	13.6	2.1
四川	713.1	16.2	22.7	19.0
贵州	286.3	5.5	4.9	9.1
云南	295.9	8.6	12.3	9.3
西藏	24.9	1.7	1.0	2.0
陕西	283.4	4.4	4.6	15.0
甘肃	162.7	4.0	3.6	8.7
青海	49.7	1.6	2.0	4.0
宁夏	76.5	2.4	2.8	2.4
新疆	315.0	9.7	9.0	22.3

表 5—21　　分地区城乡居民基本养老保险情况

（2016 年）

地区	参保人数（万人）	实际领取待遇人数（万人）	基金收支情况（亿元）		
			基金收入	基金支出	累计结余
全国	**50 847.1**	**15 270.3**	**2 933.3**	**2 150.5**	**5 385.2**
北京	215.7	85.4	41.7	30.2	139.0
天津	134.5	77.5	72.5	30.7	202.0
河北	3 446.0	969.4	141.6	103.6	249.2
山西	1 549.6	387.8	66.9	43.2	146.3
内蒙古	736.1	211.7	45.6	37.7	75.3
辽宁	1 039.6	385.2	59.0	53.5	62.8
吉林	667.2	244.7	29.7	26.4	43.4
黑龙江	837.6	270.3	24.4	26.2	52.5
上海	79.5	49.3	57.5	54.2	77.3
江苏	2 335.3	1 045.8	288.1	224.8	504.4
浙江	1 233.1	536.4	149.9	143.4	150.9
安徽	3 431.9	912.8	140.6	93.2	268.0
福建	1 489.1	426.9	79.0	57.9	123.9
江西	1 844.1	457.2	73.8	46.2	137.3
山东	4 538.6	1 430.9	324.4	204.8	683.6
河南	4 893.7	1 343.8	200.1	144.6	350.7
湖北	2 219.7	674.3	112.5	76.2	202.0
湖南	3 320.5	915.5	134.9	97.2	221.8
广东	2 543.2	816.7	184.8	157.1	385.2
广西	1 770.9	555.3	85.1	63.4	110.5
海南	284.0	70.9	29.0	13.0	51.0
重庆	1 115.8	369.3	57.0	50.0	101.1
四川	3 052.4	1 114.4	190.4	141.6	351.8
贵州	1 702.2	442.3	58.6	43.0	91.4
云南	2 257.5	500.3	83.6	49.2	191.6
西藏	158.5	23.2	7.7	4.7	14.5
陕西	1 720.5	460.1	87.7	65.1	171.1
甘肃	1 253.7	304.5	54.8	36.6	114.2
青海	235.2	44.7	13.7	8.5	26.8
宁夏	186.2	38.4	11.3	7.2	23.4
新疆	554.9	105.6	27.3	17.1	62.4

（六）人才队伍建设

表 6—1　　公有经济企事业单位专业技术人才分职务情况

（2016 年）　　单位：万人

地区	专业技术人才总数	高级	中级	初级
全国	**3 094.0**	**420.1**	**1 152.6**	**1 203.2**
中央	766.9	100.8	215.6	259.5
北京	53.4	7.5	17.2	19.1
天津	30.8	6.2	12.6	9.7
河北	116.3	17.3	48.5	47.6
山西	90.3	8.7	33.5	43.6
内蒙古	54.7	10.7	20.7	22.1
辽宁	70.2	15.0	34.0	19.1
吉林	53.7	8.9	21.9	22.3
黑龙江	71.3	15.1	30.4	23.9
上海	69.6	6.4	21.6	21.0
江苏	118.4	23.0	54.1	36.1
浙江	101.8	16.6	40.3	37.9
安徽	83.3	10.5	35.4	34.3
福建	69.4	9.4	27.9	26.8
江西	72.5	10.0	28.4	31.1
山东	173.6	21.9	69.2	74.3
河南	139.1	17.3	58.6	60.0
湖北	79.4	11.5	38.8	27.0
湖南	96.7	11.8	44.2	37.0
广东	153.9	17.8	70.4	56.4
广西	74.9	6.3	32.0	33.2
海南	14.1	1.6	4.9	7.1
重庆	48.3	6.1	18.2	20.6
四川	116.1	14.9	43.5	52.3
贵州	68.9	7.3	26.3	29.1
云南	82.7	12.1	32.7	34.3
西藏	8.4	0.5	2.1	5.5
陕西	77.9	8.2	26.1	39.3
甘肃	57.3	5.8	18.9	30.7
青海	13.3	1.9	4.7	6.4
宁夏	13.3	2.3	4.7	5.8
新疆	53.3	6.6	15.0	30.1

注：专业技术人才数据中包括具有专业技术和管理双重身份的 408.0 万人。

表 6—2　　公有经济企事业单位专业技术人才分学历情况

（2016 年）

单位：万人

地区	合计	研究生	大学本科	大学专科	中专	高中及以下
全国	**3 094.0**	**261.9**	**1 646.6**	**876.8**	**237.2**	**71.6**
中央	766.9	110.9	414.4	179.4	35.8	26.5
北京	53.4	8.5	32.3	9.4	2.1	1.0
天津	30.8	3.8	18.9	5.8	1.8	0.4
河北	116.3	5.6	61.3	37.4	10.5	1.5
山西	90.3	4.6	46.0	28.9	8.7	2.1
内蒙古	54.7	3.2	29.9	16.5	4.0	1.1
辽宁	70.2	5.7	36.4	19.8	6.5	1.7
吉林	53.7	3.0	26.0	16.1	7.5	1.2
黑龙江	71.3	3.9	37.1	21.8	7.4	1.1
上海	69.6	9.7	40.9	14.1	3.0	1.9
江苏	118.4	11.3	75.6	22.6	6.9	2.1
浙江	101.8	8.3	70.2	18.4	3.2	1.8
安徽	83.3	4.3	40.9	28.0	8.9	1.3
福建	69.4	4.4	37.1	19.7	7.0	1.1
江西	72.5	3.5	32.6	25.1	9.6	1.7
山东	173.6	11.9	98.6	42.7	15.8	4.6
河南	139.1	7.5	63.3	49.9	17.1	1.3
湖北	79.4	4.8	38.0	25.7	8.7	2.2
湖南	96.7	4.9	44.0	33.8	11.3	2.7
广东	153.9	10.9	84.6	44.4	11.2	2.8
广西	74.9	4.4	35.7	26.6	7.2	1.1
海南	14.1	0.7	5.9	5.0	2.0	0.4
重庆	48.3	3.5	27.5	14.3	2.2	0.9
四川	116.1	5.3	56.0	43.0	9.3	2.5
贵州	68.9	2.6	36.3	24.4	4.7	0.9
云南	82.7	3.8	44.9	27.5	5.2	1.3
西藏	8.4	0.3	4.4	3.3	0.3	0.1
陕西	77.9	5.2	37.0	25.9	7.5	2.3
甘肃	57.3	2.3	30.5	18.6	4.6	1.2
青海	13.3	0.5	7.5	4.2	0.8	0.3
宁夏	13.3	0.7	7.9	3.9	0.7	0.1
新疆	53.3	1.8	25.0	20.3	5.8	0.4

注：专业技术人才数据中包括具有专业技术和管理双重身份的 408.0 万人。

表 6—3 **事业单位管理人员分学历情况**

（2016 年）

单位：万人

地区	合计	研究生	大学本科	大学专科	中专	高中及以下
全国	**374.1**	**27.9**	**183.3**	**118.5**	**27.6**	**16.9**
中央	27.7	8.5	13.7	4.0	0.5	0.9
北京	8.4	1.1	5.6	1.4	0.2	0.2
天津	4.2	0.4	2.6	0.8	0.2	0.1
河北	18.2	0.7	8.0	6.6	2.1	0.7
山西	13.0	0.5	6.7	4.4	1.1	0.4
内蒙古	11.1	0.6	5.3	3.7	0.7	0.7
辽宁	13.7	0.8	6.7	4.7	1.0	0.6
吉林	10.8	0.5	4.9	3.5	1.5	0.5
黑龙江	10.2	0.6	4.7	3.4	1.1	0.3
上海	6.1	0.6	3.9	1.2	0.2	0.2
江苏	15.3	1.4	8.2	3.8	0.8	1.1
浙江	12.3	1.0	7.1	3.0	0.4	0.7
安徽	9.9	0.6	4.4	3.8	0.7	0.4
福建	6.5	0.4	3.9	1.6	0.5	0.2
江西	11.1	0.3	4.5	4.0	1.3	0.9
山东	28.3	1.8	15.1	7.6	2.3	1.6
河南	29.4	1.0	12.0	11.8	3.8	0.8
湖北	16.6	0.8	6.4	6.4	1.5	1.5
湖南	14.2	0.7	6.0	5.4	1.5	0.6
广东	20.1	1.2	10.2	6.3	1.1	1.2
广西	6.1	0.6	2.6	2.1	0.4	0.4
海南	2.1	0.09	0.9	0.7	0.2	0.2
重庆	6.1	0.4	3.1	2.2	0.2	0.2
四川	14.0	0.7	6.7	5.1	0.8	0.7
贵州	13.2	0.4	6.8	5.0	0.7	0.3
云南	4.6	0.3	2.6	1.4	0.2	0.1
西藏	0.9	0.082	0.5	0.3	0.058	0.021
陕西	13.9	0.8	6.3	4.9	1.3	0.6
甘肃	15.2	0.4	8.3	5.3	0.8	0.4
青海	1.3	0.051	0.8	0.4	0.1	0.04
宁夏	1.9	0.11	1.0	0.6	0.1	0.08
新疆	7.8	0.29	3.9	2.9	0.5	0.20

注：2016 年事业单位统计口径不含参公管理事业单位。

表 6—4　　公有经济企业经营管理人才分学历情况

（2016 年）　　单位：万人

地区	合计	研究生	大学本科	大学专科	中专	高中及以下
全国	**607.9**	**44.8**	**305.0**	**172.3**	**41.3**	**44.5**
中央	359.5	30.7	199.9	94.2	17.0	17.8
北京	17.2	2.1	9.0	4.1	0.8	1.2
天津	4.1	0.2	2.1	1.1	0.3	0.4
河北	6.1	0.3	2.6	2.0	0.7	0.6
山西	24.1	0.8	9.4	8.1	2.8	3.0
内蒙古	4.3	0.2	1.4	1.6	0.4	0.7
辽宁	6.2	0.3	2.2	2.2	0.7	0.8
吉林	3.1	0.4	1.3	0.9	0.3	0.3
黑龙江	11.4	0.2	4.0	4.2	2.0	1.0
上海	16.9	1.5	8.5	4.5	1.0	1.5
江苏	8.9	0.7	4.1	2.6	0.6	0.9
浙江	7.0	0.4	3.4	2.1	0.4	0.7
安徽	8.0	0.3	2.3	2.6	1.5	1.3
福建	7.2	0.4	3.7	1.9	0.6	0.6
江西	5.0	0.2	2.1	1.5	0.5	0.7
山东	17.6	1.2	8.2	4.7	2.2	1.4
河南	9.0	0.3	3.3	3.6	0.9	0.9
湖北	4.7	0.3	1.7	1.5	0.6	0.6
湖南	6.2	0.1	1.8	2.5	0.7	1.1
广东	18.1	1.3	8.5	4.8	1.4	2.1
广西	7.6	0.4	3.1	2.7	0.8	0.6
海南	2.7	0.1	0.6	0.8	0.5	0.8
重庆	7.5	0.5	3.3	2.6	0.4	0.8
四川	10.2	0.5	4.0	3.8	0.9	1.1
贵州	6.6	0.2	2.7	2.1	0.8	0.8
云南	5.2	0.3	2.4	1.7	0.4	0.4
西藏	0.3	0.01	0.04	0.1	0.04	0.1
陕西	12.7	0.8	5.2	4.3	1.0	1.4
甘肃	6.7	0.2	2.9	2.4	0.6	0.6
青海	1.0	0.04	0.3	0.4	0.1	0.1
宁夏	1.0	0.04	0.4	0.4	0.1	0.1
新疆	1.6	0.1	0.5	0.6	0.1	0.3